柳田國男全集

別巻 1

筑摩書房

柳田國男全集

別巻一

目次

年譜

凡例

本「柳田国男年譜」は、以下の手順、要領により作成した。

一、年譜の基礎事項については、まず次に列挙する文献・資料等の調査・収集にもとづき、作成した。

1、本全集編集作業（柳田全著作、解題）からの事項収集。なお、『郷土研究』『郷土会記録』『民族』『旅と伝説』『民間伝承』等主要著作については、年譜本文にはいずれも紙数の制約等にも鑑み、その出典資料名の記載を割愛した。

2、官報、中央および地方新聞、業界新聞、機関雑誌等からの事項収集。出典資料名は、例えば官報…（官）、「履歴」…（履）、中央・地方・業界新聞…（新）、『組合報』…（報）のように、（ ）内に略記した。

3、柳田国男の周辺人物の日記、著作、談話、年譜からの事項収集。参照した資料は巻末の「主要参考文献」に掲げた。

4、研究書および研究論文等からの事項収集。年譜作成において参照した研究文献のうち、主要な単行本については巻末の「主要参考文献」に掲げた。また、研究論文等についてはきわめて膨大になるため割愛せざるを得なかったが、巻末に筆者名（故人を含む）のみ掲げた。いずれも年譜本文にはその出典資料名の記載を割愛した。

5、柳田国男の書簡・来簡からの事項収集。年譜本文にはその消印日時・消息詳細等の記載を割愛した。

二、次に、前項一の作業で一応の完成をみた年譜を土台に、既存の柳田国男年譜との比較考究を行い、本年譜に加筆を施した。なお、年譜本文にはその出典資料名を（ ）内に略記した。

A、『柳田国男集』（改造社版『現代日本文学全集』五八巻、昭和六年八月）…（改造）。

B、『後狩詞記』（柳田国男先生喜寿記念会編、実業之日本社、昭和二六年一〇月）…（後狩）。

C、『柳田国男集』（講談社版『日本現代文学全集』三六巻、昭和四三年二月）…（日現）。

D、『定本柳田国男集』別巻五（筑摩書房、昭和四六年一〇月）…（定）。

E、「柳田国男年譜」（旺文社文庫、昭和五〇年以降）…（文庫）。

F、『柳田国男伝　年譜』（三一書房、昭和六三年一一月）…（伝）。

なお、右のDの資料は、従来柳田自身の日記をもとに作られた定評のある年譜であるが、本年譜もまたその「定本年譜」（定）に拠る事項の記述が少なくない。現在でもなお当該時期の日記公開がなされていないためでもある。今後の柳田評伝研究の進展のためにも一日も早い日記の発見と公開を願う。

三、月日の不明な事項については、日が不明の場合はその月の最初、月の不明の場合はその年の最後に一括して記した。

四、事実として確定できなかった事項、文献・資料によって年月日に異同が見られる事項、また今後の調査・検証が必要と思われる事項については、［ ］内に注記を施した。

明和七年（一七七〇）

このころ、松岡勘四郎（安永六年〔一七七七〕没）が子の松之助を連れて西の松岡本家から分家し初代となる。

安永九年（一七八〇）

二代松之助（文化九年〔一八一二〕没）、山崎の法華宗の娘まつと自由結婚をする。放蕩児であり侠客肌の松之助は、その性格から一代で家産を傾ける。

文政三年（一八二〇）

三代義輔、左仲（明和七年〔一七七〇〕生〜天保一一年〔一八四〇〕没）、吉益東洞の弟子田中愿仲や吉益南涯（東洞の子）に学んで医者となり、小鶴（文化三年〔一八〇六〕生〜明治六年〔一八七三〕没）を育てる。小鶴の通称名は小けん、号は縞衣［川辺の中川家からの養女説もあるが、門柃子の研究で実子説が再浮上］。法華宗（日蓮宗）に改宗したことで訴訟事件になり、所払いで一時一家四人京都に逃れて生活する。

天保三年（一八三二）

網干、中川家から至（文化七年〔一八一〇〕生〜明治七年〔一八七四〕没）を婿養子に迎え、小鶴との間に文（賢次、操、のち約斎と号す。天保三年〔一八三二〕生〜明治二九年〔一八九六〕没）が生まれる（六月一二日）。

天保一〇年（一八三九）

このころ、至がささいなことで左仲の怒りをかい離縁となる。以後、小鶴が医者をしながら文（賢次）を育てる。

弘化二年（一八四五）

賢次（文）一四歳で、藩校好古堂の角田心蔵義方に紹介され、勉学に励む。その二年後、藩主酒井緝光の前で詩を賦す栄誉を与えられる。

嘉永元年（一八四八）

大国隆正門下の秋元安民が、好古堂の教授に迎えられる。

嘉永三年（一八五〇）

賢次が好古堂を退学となり、医者の修行に入る。このころ、無断で生野にいる父真継陶庵（至）に会いに行き、母から激しく叱られる。［退学処分の理由は、好古堂に吸収される前の仁寿山校に入学するため、一時的に田島家に籍を入れたからか］。

万延元年（一八六〇）

小鶴が寺子屋塾を開き、一八六六年ごろまで続ける。この年、賢次が、加西郡市場村の尾芝利七の娘たけ（天保一一年〔一八四〇〕生～明治二九年〔一八九六〕没）と結婚する。

一〇月三日　賢次とたけの間に、長男鼎が生まれる。

文久二年（一八六二）

漢詩集『播陽風雅』に、賢次（松岡雪香）の漢詩「古墓」が載る。

文久三年（一八六三）

賢次が、姫路の町民出資で開校した熊川舎の漢詩指南となり、姫路元塩町に移り住む。弟子に、佐治実然らがいる。

一〇月　生野の変が起こり、この時、陶庵が檄文を書いたと伝わる［柳田は生涯信じていたが、朝来市生野書院の調査でも証拠は出てきていない］。

元治元年（一八六四）

賢次とたけの間に、次男俊次が生まれる。

慶応二年（一八六六）

一二月一一日　賢次とたけの間に、三男泰蔵（のちの井上通泰）が生まれる。

明治元年（一八六八）

この年、賢次（以後操）とたけの間に、四男芳江が生まれる。

明治三年（一八七〇）

九月　この年、操は、廃藩置県のため閉鎖となった熊川舎を辞職し、一家で辻川に戻り、「辻川五人組御改帳」に松岡賢次（操）一家が記載される。また、この年、芳江が二歳で夭折する。五男友治が生まれる。

明治四年（一八七一）

一〇月　辻川の大庄屋三木家が、「解放令反対一揆」で打ちこわしをうける。

一一月二〇日　操が林田県の敬業館教習として勤めることになり、一家で姫路東呉服町に転居する。

明治五年（一八七二）

一月　このころ、操が二カ月で敬業館勤務を終え、辻川に戻る。

明治六年（一八七三）

一〇月一五日　小鶴が死去する。享年六八。操は、小鶴の死後、仏壇、仏具を市川にすべて流し、以後、松岡家の葬儀は「自分が平田派の神主」となって神葬祭で行うとする。

一〇月二九日　操が、飾磨県立龍野更化中学校一等助教となるが、翌年廃校となり失職する。このころ、操が神経衰弱になり、座敷牢に入れられたり、突然行方不明となったりの事件が起きる。

明治七年（一八七四）

一〇月一五日　操が、田原の明徳小学校の二等教員となる。

一二月　このころ、大庄屋三木家の第八代当主承太郎から土地を借り、頼母子講の融資によって家を買い、移築して住む。この年、友治が四歳で夭折する。また、祖父真継陶庵が生野で亡くなり、真継家から遺品として館柳湾の『林園月令』が送られてくる。この書は、数少ない蔵書の一冊となり、折に触れて思い出す。

明治八年（一八七五）

この年、鼎が姫路師範学校に進学することになる（伝）。

明治八年（一八七五）　〇歳

七月三一日　この日の夜、飾磨県（明治九年から兵庫県）神東郡の百戸あまりの辻川村（現、兵庫県神崎郡福崎町辻川）に生まれる［従来の年譜は、すべて田原村辻川］。父松岡操（幼名賢次。当時、四三歳。天保三年〔一八三二〕生）と母たけ（当時、三六歳。天保一一年〔一八四〇〕生、加西郡市場村〔後の北条町、現、加西市〕尾芝利七の長女として生まれる）の六男として生まれたが、上の二人（芳江、明治四年に二歳で死去。友治、明治七年に四歳で死去）は他界していたので実質四男で、国男と命名される。生まれたばかりの時は、色が黒い元気な赤ん坊であったため、みんなから「九郎（くろ）さん」と呼ばれる。この時、長兄鼎は姫路師範学校に在学中、次兄俊治は姫路に住み込み奉公中で、三兄泰蔵（九歳）がいたが、二年後には井上家に入るため実質長子として育つ（後狩）。生まれた辻川という集落は、東西と南北に延びる街道の交叉する土地で、外部のものへの関心が育ったとのちに述懐する。

一〇月　操が、田尻村明徳小学校の二等教員として赴任する。

明治九年（一八七六）　一歳

一月一九日　操が、疝通の病気を理由に明徳小学校の教員の辞職願を提出する。

三月一六日　鼎が、飾磨県教員試験に合格する。

四月六日　鼎が、飾磨県六等準訓導に任命される。

明治一〇年（一八七七）　二歳

一月一〇日　鼎が、兵庫県小学準訓導を辞職し、姫路師範学校に通う。

一一月一二日　鼎が転学先の神戸師範学校小学師範学科第三級を卒業する。

一一月二四日　操が、兵庫県多可郡的場村杉原谷にある、天目一箇神を祀る荒田神社の祠官を拝命する。

一二月　この年、種痘がたたって悪性の疱瘡になり薬ばかり飲まされる日が続き、満足に大きくなってくれればよいがと言われながら育つ。このころ、常に添い寝は父親で、後に添乳の代わりは「はなし」であったとし、「素朴なる記伝性をもっていた」と振り返る（改造）。

一二月二七日　三兄の泰蔵が、田原村吉田の井上家の養嗣子となり、井上家が河野通有の一族ということから、通泰と改名する。養父井上碩平（景鴻）は、祖父至の姉の子であった。以後、月に一度か二度は、遊びに行き、その家の子供のように育つ。

明治一一年（一八七八）　三歳

一月　操が、荒田神社のある的場村の必中小学校の助教となる。

五月一日　弟静雄が生まれる（伝）［定本年譜は三月二九日］。

七月　このころ、鼎が一九歳で昌文小学校訓導となり、辻川に帰ってくる（定）。

明治一二年（一八七九）　四歳

一月二四日　鼎が松岡家の家督を相続する（伝）［定本年譜は前年一一月一二日］。

一月二八日　操が、荒田神社の祠官を辞める。

二月二八日　鼎が神戸師範学校小学師範学科第二級を卒業する。

三月　鼎、兵庫県神東神西二郡小学校長兼巡校視となる（定）。

このころ、鼎は、北野の医者をしていた皐家の娘と結婚するが、母たけとの折り合いが悪く離縁となる。

五月　この月の中旬から六月初旬の間に、兵庫県管内播磨国神東郡西田原村村立昌文小学校に、満三歳一〇カ月で入学する。虚弱のうえ学齢未満の入学について、のちに、「私の家は不幸にして、子供を若い衆の仲間に入れることなく単に教訓だけで形づけようとしたのである」と述懐する。

五月一〇日　この日、正式に天台宗から神葬祭へと改める認可が下りる。

一〇月　この年の秋、通泰が養子に入った吉田の井上家に遊びに行き、庭に植えられている柿の木が信濃柿と教えられる。

一二月　この年、昼寝をしていたのに、いつのまにか家を出て村はずれの道を歩き、「クニョハン」と呼び止められるまで気付かないほどの体験をし、のちに「神隠し」と述懐する。祝いの席で五歳の男子が務める男蝶の役を二度経験し、立派に口上をこなす。一度目は、隣の酒屋で養子を迎えた時で、二度目は、三木家の新宅の結婚式であった。このころから、「クニョハン」の他に、頭が大きいことから「シンパッつあん」（福助）と呼ばれる。

一二月一三日　昌文小学校の下等小学第八級での試業優等賞として「石筆五本」を賞与される。

明治一三年（一八八〇）　五歳

二月　通泰が上京し、大学予備門に入学する。

三月二六日　昌文小学校の下等小学第八級を卒業する。

四月　昌文小学校の下等小学第五級に飛び級する。このころ、鼎のところに訪ねてくる友人たちが酒を飲み、都々逸を歌うのをよく聞く。

一〇月六日　昌文小学校の下等小学第四級を卒業する。級も一緒か。定期試験優等の賞を受け、下等小学二級に飛び級する。

明治一四年（一八八一）　六歳

七月九日　弟輝夫（のちの映丘）が生まれる。このころ、鼎が二度目の結婚をする。しかし、鼎の妻は小さな家での二夫婦同居の生活に耐えられず、実家に帰るが、実家からも追い返され、灌漑用のため池に入水したという〔宮崎修二朗説だが、検証はされていない〕。このあと、鼎は酒に浸り、悶々とした日々を過ごす。

一〇月七日　昌文小学校の下等小学第二級を卒業し、下等一級生として「平素学事勉励他生超越候ニ付賞与」との賞を受け、同時に一級も卒業する。一歳半年上で先に入学した親戚の福渡鶴松と同級となり、卒業まで机を並べて勉学に励むことになる。

一一月　鼎、郷里に居づらくなり、医学を志し上京する。上京するにあたって、隣村の井ノ口の藤本という義侠心があった者が頼母子の世話人になり、融通してくれた金を入学の資金として東京帝国大学医科大学別科医学科に入学する。

明治一五年（一八八二）　七歳

一月　この年の初め、操に、二、三人の使いの者が来て、鳥取県赤碕の佐伯という人が開いた漢学塾順正書院の教師として来てほしいと頼まれ、単身で赴任する。家を出るときに操が詠んだ歌をずっと覚えている。

一月二五日　毎年行われる妙徳山神積寺鎮守社岩尾神社の文殊祭の鬼追いの行事に参加し興奮する。その他、年中行事の思い出としては、亥の子餅くれんこの行事には、毎年参加して、後に、未解決の問題と意識する。

四月　昌文小学校に初等科中等科が置かれる。

四月七日　昌文小学校の初等小学校第二級を卒業する。賞状には、「初」が「上」、「二」が「六」と訂正がある。

一〇月五日　昌文小学校の初等小学校第一級の優等賞を受け、同級を卒業する。このころ、学校で家に泊まり客が来ていると軽い嘘をつき、その嘘を隠すために次々と嘘をつかなくてはならなくなって困ったことが記憶に残る。

一一月　このころ、一一月二三日を「ニジュウソ」と呼ぶ習俗に興味をもつ。また鈴ノ森神社と隣村の氏神との石合戦の伝説を聞き、片目を閉じた木像があることの理由を知りたいと思う。以後、鈴ノ森神社で遊んだことは、絵馬や楊梅（やまもも）の思い出と共に終生のものとなる。また三昧とよばれる墓を見たことが、のちの両墓制への関心のもととなる。

明治一六年（一八八三）　八歳

四月一六日　昌文小学校の小学中等科第六級を卒業する。

九月一二日　兄の俊次が、奉公先の大阪で腸チフスのため亡くなる。享年一九。深夜、大阪からの飛脚で訃報が知らされ、家族の悲嘆がずっと記憶に残る。父操が、さきに亡くなった芳江、友治と三人の「松岡三子碑」を建てる。

九月二七日　昌文小学校の小学中等科第五級と第四級を八歳一カ月で卒業し、中等科第三級に飛び級する。またこのころ、『三世相』、『武家百人一首』、『蒙求　和解』、『播陽風雅』などを読む（日現、文庫）。

一〇月　神崎郡の定期試験で、中等科五級と四級の優等賞・二等（九一〜九五点）を得て、賞品を受ける。

一二月　このころ、ゆるい監視のもと道普請などで働く囚人や、演習に来た兵隊などを見たり、雲雀の卵を見つけたりと印象に残る体験をする。

この年、通泰の義父碩平のお祝いの会があり、父に手伝ってもらい五言絶句の賀詩を作っていく。通泰から、東京のお土産として、Ｊペンをもらう。このころから一年ばかり、東京の鼎から送られてくる為替を北条の郵便局まで取りに行く用事を言いつけられる。また、輝夫がよく買い物に行くようになり、筋向いの豆腐屋に揚げ豆腐を買いに行って、端が齧られている訳を鼠のせいにしたのを見て、幼い子の空想力に感心する。また、この年、単身で赤碕に行っていた操が、ひどい神経衰弱に陥り帰ってくる。

明治一七年（一八八四）　九歳

四月一六日　昌文小学校の小学中等科第三級を卒業する。

五月　このころ、春の山遊びの行事で山に登り、霞の彼方の瀬戸内の海を初めて見る。

六月　このころ家が売り払われ、一家で近くに住む親戚で同級生の鶴松の家、福渡新次郎家に世話になる。このころ、福渡家の地面続きに芝居小屋があり、折々の旅役者の興行があり楽しみにする。

一一月二四日　兵庫県播磨国神東郡第七番学区昌文小学校の小学中等科を卒業する。九歳三カ月であった。このころ、母と弟たちと茸取りに山に入り、道に迷って茫とした気持ちを経験する。これが二度目の「神隠し」の体験であったとのちに述懐する。

一二月　このころ、遊び相手のワキやん（和吉）とズズ玉を採取して首から数珠にしてよく遊ぶ。また、このころ、顔から手足一面にイボができ、父の処方で、近くの生薬屋にズズ玉の皮をとった「ヨクイニン」という薬を買いに行かされる。

新年歌会始めの「雪中早梅」という題の詠進をし、「あさとでにわがやどちかくしらゆきの　つもれるなかにほふむめがえ」を詠む。

明治一八年（一八八五）　一〇歳

一月　このころ播磨国加西郡北条町に移り、北条高等小学校に転入する。北条町田町の住まいは、八畳一間の借家住まいで、両親と弟たちと五人で住む。北条町で飢饉の惨状を目撃し、町の有力な商家「余源」などの前での炊き出しを見て心を痛める。また、家主の子、幸吉が家に来てはいたずらをしていくので困る。このころ、『和歌初学』などを読む（日現）。

一月二一日　操に北条小学校補助員の辞令が下りる。月給六円。

五月一〇日　兵庫県播磨国加西郡第一番学区町村立北条小学校の小学高等科第四級を修業する。卒業式において森岡昌純県知事から褒状を受ける。この時、初めて県知事の立場の人を見る。

このあと、三木家に預けられ、当主承三郎にかわいがられながら、多くの蔵書を貪り読み、「第一の乱読期」を過ごす。蔵書のなかにあった中井履軒の『昔々春秋』をまねて、『花鳥春秋』を書く。文章を作る最初のものであった（日現）。三木家での生活では、さまざまな祝宴などを見る機会も多く、踊り子のあでやかな姿を見る。

一〇月　この月、操に県から教授免許状が下りる。

一二月　この月、北条に帰って来た鼎と、輝夫の三人で写真を撮る。

この年、『大日本史』を読んだらどうかと父に薦められ、北条から八キロほど離れた中富の岩国玄鼎という医者の家に借りに行き、断られるが失望したわけでなく、本は借りて読むものと思う。また、このころ、姫路総社の神主庭山武正に、本を借りたり、写させてもらったりしてかわいがられる。また、江戸期の学者伴蒿蹊の弟子小島尚善の子孫と仲良くなり、たびたび家に遊びに行く。

一二月七日　操が、六等訓導となり、北条小学校の正規の教員（修身科教授）となる。月給七円。

明治一九年（一八八六）　一一歳

三月　このころ、着物に足袋姿で帰省した通泰から、「国粋保存主義」という言葉を聞く。

四月　この月、操が北条小学校を退職する。

一一月　鼎が、東京帝国大学医科大学別科医学科を卒業するにあたって、卒業を祝う「祝文」を書く。

一二月　この年、父操の一六歳から五五歳までに作った律詩を書き写した冊子を作り、『約斎律詩』と題する。またこのころ、福崎や北条の山に登って、遠くに瀬戸内の海を眺め、大きくなったら世界中の海を見て歩きたいと思う。また、この年、通泰が東京帝国大学医科大学に入学する。

明治二〇年（一八八七）　一二歳

二月　鼎、茨城県北相馬郡布川町（現、利根町）の小川虎之助の世話で、海老原医院を継ぎ、済衆医院を開業する。

八月　開業した鼎に引き取られることになり、上京を前にして、『詩語砕金』『幼学詩韻』を手本にした留別の詩文集を作る（日現、文庫）。父操が『竹馬余事』と題をつけ、「晃山生松岡克」の名前を書き込んでくれる。「晃山」とは、辻川の山日光山をつめた号と知る。また、父から国男の名前を詠み込んだ「其玉もみがけや磨けくはしぼこちたるの国をかがやかすまで」の歌と、餞別の歌「むさし野にさかせてをみん小紫　庭のをしへの色もみるべく」を贈られ、生涯忘れることがない。

八月三〇日　母たけにねだって、母が嫁入りの時に持参して、大切にしていた懐剣を貰いうける。

八月三一日　東京帝国大学医科在学中の通泰に連れられ、北条を発ち、東京に向かう。北条から人力車に乗り、途中の明石で、初めて西洋人の海水浴を見て強い印象を受ける。神戸の最高級と言われている西村屋に泊まる（『故郷七十年』では九月一日）。

九月一日　山城丸に乗船し、二〇〇〇トン以上の船に乗っているという興奮から、船のなかを見学して歩きまわり、世の中を見た初めての経験をする。

九月三日　この日の前後、東京に着き、本郷の通泰の下宿先に着いた翌日、朝早く起き、ひとりで町に出る。通泰からもらったお金で、絵草紙屋で錦絵や『北斎漫画』などを買い求め、輝夫に送ったりして、一〇日ばかり滞在する。

九月一五日　この日の前後、船橋から印旛沼に出る鎌ヶ谷街道を人力車に乗って移動し、茨城県北相馬郡布川の鼎の家に向かい、同居することになる。また、このころ、利根川の河口の方から吹く風を「イナサ」というと聞き、深い印象を受ける。

明治二一年（一八八八）　一三歳

一月　前年の秋から、このころまで　赤松家で赤松宗旦の『利根川図志』を古い版本で見て、興味を示す。また、この時期、メジロを飼ったり、ヒタキの鳴き声や挙動を観察したりして、のちに自分の野鳥趣味はこのころに始まると述懐する。

二月四日　鼎が、茨城県猿島郡若林村の旧家鈴木家の娘ひさと結婚する。

四月　春の日、隣の小川家の石の祠の扉を開け、亡くなった小川家のおばあさんが大事にしていたというきれいな蠟石の珠を見て強い感動を得る。その半月ばかり後、祠の前の土を手斧で掘り返していると寛永通宝の古銭が出てきて茫然としていると、澄み切った青空に数十の星が見えて異常心理となるが、ヒヨドリのピーッという鳴き声で、現実に戻ることができる。後日、家にいた医者志望の書生たちに話すが、笑って認めてくれない。

一二月一三日　鼎家に、長女文（のち、日本橋洋紙卸商古沢房治の妻）が誕生する。

この年、身体が弱いために学校に行かず、小川家の蔵書、『救荒要覧』、『我楽多文庫』や『浮世雑誌』『親釜集』などをよく読み、「第二の乱読期」を過ごす。『あけぼの新聞』に載った円朝の「月謡荻江一節」を読み、世の中に眼が開いたような気持ちになる。また、このころ、布川の徳満寺地蔵堂で、間引きの光景を描いた絵馬を見て、心が寒くなる感情をもつ。また、四〇歳くらいの女性から、砂まき狸の話を聞き、いつも見慣れている光景のなかの話であったので、全部実話として発表してしまい反省する。このころ、東京では、通泰が、賀古鶴所を通して森鷗外と親しくなる。

明治二二年（一八八九）　一四歳

七月一日　東海道線の新橋―神戸間が開通する。

八月　兄通泰が桂園派松波遊山の門に入り、添削指導を受ける。

九月一日　山陽鉄道の兵庫―神戸間が開通し、東海道線に連絡する。

九月　鼎が、両親と二人の弟も呼び寄せ、布川の利根川べりに家を見つけて住むことになる。両親と弟たちは、七月に開通したばかりの東海道線の汽車で上京する。鼎の家で、父操が、田口江村の遺物を見つけて驚き話題になる。来たばかりの静雄に、手賀沼のタコ釣りに連れて行ってやるとウソをつき、本気にした静雄を怒らせる。

一〇月　森鷗外が、『しがらみ草紙』を創刊する。

一一月二五日　『しがらみ草紙』第二号に、「五色の歌よみけり中に黒を」の歌一首が載る。この歌が、中央文壇の雑誌発表の最初の歌となる。

この年、隣の主人が突然発狂し、養女を斬り殺し、さらに小川家の主人虎之助に斬りかかるという事件が起きる。その事件の前から、狐の鳴き声がやまず、小川家の下男が狐の穴を埋めたためだとの噂が広まっていた矢先の出来事であった。事件の前日の昼下がり、狐の鳴き声が聞こえていた台畑を眺めていて、座っている二匹の狐を目撃する。事件後の村の人たちの狐の祟りだとする噂話に恐怖を感じる。またこの年、『古今集』をよく読む。このころ、通泰が新声社を脱退する。

明治二三年（一八九〇）　一五歳

二月　『日本之文華』の課題投稿に応じて、「野遊」と「雲雀」を布川から投稿する。

五月一五日　鼎の次女茂（のちに、岡村千秋の妻となる）が誕生する。このころ、鼎と別居することになり、小川家の近くの借家に両親と弟たちと住む。また、ツルゲーネフの『まぼろし』の一部の翻訳「羅馬」をわけがわからなかったが、酔うような気持ちで読む。

六月　『しがらみ草紙』に、「秋元安民伝」（松岡約斎口述、松岡国男筆記）が掲載される。

八月　この月、通泰が、帝国大学医科大学を卒業し、下谷区御徒町一―二五に井上眼科医院を開業する。また、世話になった布川の小川虎之助が亡くなる。享年四六。

一〇月一五日　雑誌『日本之少年』の白虎隊弔霊懸賞に応募し、「地（内賞）」となり、掲載される。

一一月　このころ、御徒町の通泰の家に身を寄せ、芋繁こと奥村繁次郎や、竹清こと三村清三郎などの町の学者の存在を知る。図書館に通ったり、天神下吹抜の横丁にある柔道の天真神揚流の井上道場に通ったりする。父方の又従兄弟中川恭次郎の影響によって文学に志す。古銭や短歌の短冊を集める趣味をもつ。また、このころ、母親の目の薬を取りに来た徳冨蘆花に初めて会う。

明治二四年（一八九一）　一六歳

二月　母と弟たちも井上家に同居する。

六月　通泰の勧めで入った桂園派東塢塾主宰の松波遊山から推薦されて松浦萩坪の門にこのころ移る。このころ、田山花袋と知り合い、松浦門下の青年だけの会（紅葉会）に誘われる「田山との出会い、秋説もある。後狩年譜では入門は二三年、定本年譜では二五年」。

この年、兄たちの援助により進学することになり、中学卒業の資格を得るため開成中学校に編入学する。

明治二五年（一八九二）　一七歳

一月二五日　この日発行の『しがらみ草紙』に、「桂園派」として田山花袋、土持綱安らと共に歌が載る。

二月一五日　紅葉会の集まりがあり、「みちのべのしみづの色は

さむけれど　柳のかげぞはるめきにける」など詠草五首に、松浦萩坪の指導を受ける。「しみづの色は」に対して萩坪から「しみづはいまだ」と添削され、四月刊行の『しがらみ草紙』第三一号に発表する。

三月二五日　この日発行の『しがらみ草紙』に紅葉会の名で、田山花袋、土持綱安、中川恭次郎らと歌を載せる。

三月二七日　この日、香川景樹五十年祭が行われる。

六月　孤山居士の名で、『しがらみ草紙』三三号に歌の批評が載り、以後、批評の論戦が続く。

八月二二日　静雄と輝夫とともに写真を撮る。

九月一八日　出産のため郷里田原村に帰っていた次兄通泰の妻マサが、赤痢に感染し身重のまま急逝する。自分たちが同居したことで居場所がなくなった兄嫁マサの悲劇に、辻川での鼎の兄嫁の悲しみが重なる。九月二五日付けの新聞『日本』に、中川恭次郎と共に死亡通知を出す。

一二月一八日　土持綱安が郷里の沖永良部島に帰る。

一二月二八日　布川から花袋へ、二四日の紅葉会に出席せずに布川に帰って来てしまって申し訳ないと葉書を出す。来月号の『小桜縅』に和歌三首の掲載を花袋に頼む。

一二月三〇日　以前書き写した、香川景樹の『土佐日記創見』の写本に、日付と署名を添え書きする。

この年、開成中学校から郁文館中学校に転校し、登下校の道すがら、珍しい短冊類を買い集め、通泰に買ってもらう。このころ、通泰の使いで、谷中に住む幸田露伴の所に書物を借りにいく。また、母たけ、弟輝夫の三人で写真を撮る。

明治二六年（一八九三）　一八歳

一月　この月、鼎、布川から対岸の千葉県南相馬郡布佐町（現、我孫子市）に移り、凌雲堂医院を開業する。

一月一八日　鼎の長男冬樹が生まれる。

一月二三日　下谷清水町から花袋宛てに葉書を出し、紅葉会の会合を二五日夜か、二六日の午前中に行いたいと伝える。

一月二六日　松浦萩坪宅で開かれた紅葉会に中川恭次郎、土持綱安と共に出席し、萩坪の指導を受ける。

三月　このころ、通泰と通泰の友人の賀古鶴所に連れられて、森鷗外に会う。以後、千駄木の鷗外宅に出入りするようになり、強い感化を受ける。また、賀古鶴所にもかわいがられ、暇があると呼び出されて、鷗外の若い時の話などを聞く。

三月二四日　萩坪宅での紅葉会に、桜井、太田春山と共に出席し、萩坪の添削指導を受け、歌六首を詠む。

四月　通泰が、養父碩平の勧める兵庫県の姫路病院に赴任するため東京を離れたことにより、輝夫の世話をすることになる。

六月　この月、萩坪宅での紅葉会で、田山、桜井、太田、土持らと萩坪の指導を受け、記録する。

七月　郁文館中学校から第一高等中学校を受験し、英二級に合格する。姫路病院に勤務していた兄井上通泰が、合格祝いとして、京都の宮入慶之助の家にあずけられていた静雄と共に招いてくれ、通泰宅に数日間滞在する。帰京途中、生まれ故郷辻川に初めて帰省し、弟と共に、生野の祖父真継陶庵の墓に詣でたり、父操が神主をしていた多可郡の荒田神社を訪ねたりする。的場村の宿に泊まり、父の話などを主人と語り合い、親切にしてもらう。麹町区四番町一三に住む、友人の八木兼夫の家に身を寄せる。また、このころ、萩坪の指示で、萩坪が筆写した香川景恒の歌を写す。

七月二四日　八木兼夫方から花袋宛てに葉書を出し、知人の下宿先を斡旋してほしいと頼む。

九月一一日　第一高等中学校入学式と入寮式に出席し、すぐ寄宿舎（本郷区向ヶ岡弥生町）に入る。北側の寒い部屋で、乾政彦、菊地駒次、今村幸男らと同室になり、一年後に入ってくる松本烝治も含め五人は生涯親しく付き合う。一年先輩に、布佐出身の岡田武松がいて驚く。

一〇月一〇日　布佐に帰り、制服姿で鼎の長男冬樹と写真を撮る。

一〇月二六日　第一高等学校の行事として、鎌倉への行軍に参加する［のちに、鎌倉が初旅と語ることもあった］。

一一月二六日　鼎の妻ひさが二八歳の若さで、三人の子を残し亡くなる（伝）。

一二月七日　花袋宛てに、「かきりなく身にしむものハ白菊のにほひをおくるあかつきのかせ」など二首の歌を書いた葉書を出す。

一二月一〇日　姫路の通泰宛てに、二〇日までに三円ばかり送ってほしいと葉書を書く。

この年、辻川の地元で『梅花集』という詩歌集が発行され、操も「上総国松岡操」の名で七言絶句を二首載せる。田崎五百穎の序と松浦辰男、松波資之らの和歌が載る。

明治二七年（一八九四）　一九歳

二月　このころ、「南寮七番」の部屋総代、寄宿寮委員となる。岡田武松が「西寮三番」、菊地駒次が「南寮九番」の総代であった。深作安文（のちの東京帝国大学倫理学教授）と同室となる。

三月　春休み、岡田武松と筑波山への旅をする。母たけから、旅費をもらい布佐を出て、徒歩で筑波山に向かい山頂に泊まる。次の日、山道で、一高の先輩の木戸孝允の遺児木戸忠太郎に会い、木戸の案内で一緒に下山する。木戸と水戸で別れたあと、常盤神社に参拝し、宿泊する。その後、太田の西山荘を見学し一泊、村越の虚空蔵様をお参りして磯崎で一泊、次の日銚子で一泊し、鉾田に出て利根川の汽船に乗り布佐に帰る。のちに、旅行の面白みを感じた最初の旅と述懐する。

三月一日　毎年恒例の寮の記念祭があり、部屋ごとの飾り付けに、同室者がみな絵が下手であったことから「丙画展覧会」と名前をつける（日現）。

三月八日　翌日の九日に予定されている御大婚祝典奉祝のため、運動場で開かれた夜宴に参加する。

三月一八日　松浦萩坪宅で開かれた紅葉会に出て、「柳」の題詠を五番歌合せで競い合い、萩坪から勝敗の判定と批評を受ける。一番歌合せを花袋と組み、「ことさらにをりてそ見つるうくひすの　とまりてなきし青柳のえた」の歌を詠み、花袋の歌に負ける。

三月二二日　この日発行の『校友会雑誌』の「柔道部勝負」の欄に、五級に進級したと発表される。一方で、器械体操が苦手で、鉄棒にぶら下がったままの姿を見た友人たちから「あめんぼう」と冷やかされる。

四月　新聞『日本』の詩や歌の募集に、赤松国祐の筆名で応募し、入選した歌が掲載される。この月、『しがらみ草紙』が廃刊となる。

六月一五日　花袋宛てに、歌二首と布佐に帰る前に会いたいと書いた葉書を出す。

六月二三日　高等学校令が公布され、第一高等中学校が第一高等学校に改まる。

七月一一日　田山花袋、中川恭次郎らと共に、一ヵ月間日光に遊び、輪王寺の塔頭、南谷の照尊院に滞在する。毎日、谷川の流れや、山の木々を見て歩く。戦場ヶ原を歩いたことをもとにして「古戦場」を書く。そのなかで、この辺りに住んでいた先住民族が、「我等の祖先に抵抗した事を、我は信せんとする」と述べる。

七月一九日　日光滞在中の尾崎紅葉、石橋思案と神橋の上で会い、面白い話を聞く。花袋は、紅葉らと裏見の滝まで散策する［同行したかは不明］。

七月二五日　この日の前後、太田玉茗からの二三日付けの花袋との連名の宛て名の手紙が日光に届く。

八月一日　日清戦争が始まる。

九月　七月に定められた大学予科規定がこの月から実施される。

一〇月五日　全寮茶話会が開かれる。

一〇月二四日　第一高等学校の行事として、松戸への行軍が行われる。

一一月二六日　通泰宛てに、送られて来た為替のお礼の葉書を書く。

一二月　この月、萩坪宅での紅葉会が開かれ、指導を受ける。

一二月二四日　鼎が、茨城県新治郡土浦町の沼尾ふみと再婚する。

この年、弟輝夫と共に夜を徹して歩いて利根川を下り、アシカ島を見に行く。

この年、柔道部で五級に進級する（伝）。

また授業では、落合直文の講義を受ける（伝）。

明治二八年（一八九五）　二〇歳

寄宿舎を出て、本郷森川町春木座隣り（現、本郷三丁目）の二階の貸家に郁文館中学に通う輝夫と共に住む。このころ、一高の雅楽の会で知り合った東京美術学校の桃沢重治に頼んで、輝夫を橋本雅邦のもとに連れていく。また、近くに住む中川恭次郎のもとをたびたび訪ね、寄贈された書籍や雑誌を読む［一八九六年か］。

一月　静雄が、海軍兵学校に入学する。
二月五日　『校友会雑誌』に、前年、日光の戦場ヶ原を歩いた時の作品、「古戦場」（日光に遊ひし者は）を発表する。
三月二四日　萩坪に、歌の添削指導を受け、「枝たかく見ゆるとなりの花ながら　なほわがやどにあらばとぞおもふ」の歌を、「わが宿の庭にもさけと枝たかき隣の花をたれか見るらむ」となおされる。
四月　春の休みに布佐に帰る。この年から「一部二年二之組」となって、守随啓四郎や水泳部の中村雅治らと同級となる。
五月七日　病のためと称し、友人たちの止めるのを振り切って、利根川の夜船に乗って布佐に帰り、しばらく学校を休む。
五月八日　鼎のもとから、花袋宛てに「例の魔力」に魅せられていると葉書を書く。一一日の会には出席できるかどうか分からないと書く。
五月一〇日　この一〇年経験もしたことのない怠惰な気持ちで、歌も作れず、読書も論文も伝記もどれもいやになったと太田玉茗宛てに手紙を書く。
六月一日　倫理講堂で祝賀式が行われる。
六月一七日　伊勢いね子の母よしが亡くなる。
七月　通泰が、第三高等学校医学部眼科教授となり、岡山に転居する。また、この月から、牛込区水道町の中川恭次郎の家が、『文学界』の発行所となり、恭次郎の手引きにより、この後、『文学界』に赤松某、赤松国祐、松男などの名で新体詩を発表する。また、この七月下旬、藤村が下宿近くの湯島新花町に移ってきて、花袋の紹介で会うことになる。
九月二九日　静雄と鎌倉に行き、腰越から七里ヶ浜を歩き、笹目にある星野天知の別荘を訪ねる。
一〇月　この月発行の『文学界』第三四号に、無題の恋歌「まどのともし火」六首を発表する。
一〇月二八日　藤沢への行軍行事に参加する。
一一月六日　布佐の父操宛てに、母親の上京が延期になったのは残念と伝える手紙を書き、静雄や友人たちの様子を伝える。
一一月一二日　鼎の三女鶴（のちに、桑島要の妻）が生まれる（伝）。
一二月　このころ、宣教師フルベッキから聖餐式の説教を聴いたり、本郷教会のコーチ牧師の話を聴く。
一二月七日　花袋宛てに、明日四谷区内藤町の花袋宅を訪れて、最近書いた韻文についての評が聞きたいと葉書を出す。
一二月一五日　市ヶ谷の教会堂で宮崎湖処子に会い、ともに市ヶ谷田町の松浦萩坪を訪ねる。
一二月一七日　中川恭次郎宅で開かれた歌会に参加し、二時間半の間に五〇首も詠むことができ、自信をつける。このころ、しばしば、中川宅を訪れ、『文学界』に寄贈された本や雑誌を読む。またここで、三年先輩の上田敏と出会う。
一二月二二日　花袋宛てに、明日会うのを楽しみにしていたが、布佐からすぐに帰るよう連絡があったので、会えないと葉書を書く。
一二月二四日　布佐に帰る。

明治二九年（一八九六）　二一歳

一月　このころ、寄宿寮の「東寮十八番」の部屋委員となる。

一月二一日　「友人回覧記」に「酔夢談余」（晃山生）を書く。

二月二八日　本郷根津片町二二から、妙義山の花袋宛てに、明後日に紅葉会をやるつもりであることと、『文学界』に「利根の夜船」を発表することを伝える葉書を出す。

三月　この月発行の『めさまし草』から、一五回にわたって佐佐木信綱が歌を発表したのに対し、厳しい批評を続け、のちに「大喧嘩」と述懐する。

三月一七日　「友人回覧記」に「歌学私議」（晃山生）、「一小魔曰」（真々子）を書く。

四月　大学予科一部三年一之組法科甲号に進級し、仲のよかった菊地、乾、松本らと同級となる。

五月一四日　「友人回覧記」に「仙人になる法」（十一峡樵夫）を書く。

五月二五日　佐佐木信綱の「歌評」をめぐって、論戦を戦わす。

六月　この月の初め、母たけが東京本郷の中川恭次郎宅で脳卒中で倒れる。しばらく、中川家で看病をする。落ち着いてから、揺れないように戸板に乗せ、隅田川から利根川に出る高瀬舟で、二日がかりで布佐まで連れて帰る。

七月八日　療養中のたけが死去する。享年五六。

七月一五日　葬式のあと、看病疲れのため肺炎カタルを患う。この日の前後、静養するために銚子の暁鶏館に向かう。一カ月以上滞在し、静養中に、「世の中を海の藻に住む子安貝　子は安けれど貝なかりけり」などの歌を詠む。

七月一七日　銚子の町に出て、終日遊ぶ。この静養中、色々な話を聞いて世間を知り、海の生活に注意するようにもなる（後狩）。

七月一八日　原稿の締め切りを目前にした花袋に、仕事の邪魔をするわけではないが、筆と紙を持ってこちらに来たらどうかと手紙を出す。

七月二五日　夜、花袋に銚子まで来る交通手段を書いて、早く来るよう促す手紙を書く。そのなかで、身体の病だけでなく、恋の病に悩んでいることを伝える。

七月二六日　手紙と入れ違いのように、暁鶏館に花袋が見舞いにきて、八月二日まで八日間滞在する。二人で、毎日のように、海岸や松原を歩き、夕暮れの浜辺でハイネの詩などを吟ずる。花袋は、この時のことを題材としてモデル小説の代表作のひとつ、「かた帆」を書く。

八月三日　前日に帰った花袋に、「母なき君をあはれとて」の詩を披露し、ここ三年間の新体詩はすべてこの「母なきいね子」のために書いたものと告白する手紙を書き、そのなかで、自分をモデルにしたと思われる花袋の「大洪水」にある駆け落ち話を想定し、いね子はまだ一六歳なので「切に君が誤解し給はざらんことを祈る」と抗議する。

八月一一日　花袋宛てに、「情の極る日は死の日我血灰と化せん時我は唯詩巻となりて天地に在るべきなり」と手紙を書く。

八月二〇日　盆踊りを見る。
八月二二日　花袋宛てに、「銚子を去る日近づきて」と手紙を書き、詩「磯間の宿」を送る。その後、布佐から父が弱っているとの知らせを受け、急遽、帰宅する。
九月三日　銚子から戻っていた布佐から花袋宛てに葉書を出す。
九月五日　父操が亡くなる。享年六四。両親の急逝にあって、それまでの計画がすっかり変わってしまう。しばらくした夜、夢枕に父が立つのを見て、「はかなくもゆめなりけりと知るからに　いとどうつつのここちこそせね」の歌を詠む。
九月一四日　九日から続いた大雨で利根川の堤防が決壊し、両親の墓やいね子の家がある布佐の町が「一孤島の如く青く漂へる」と花袋に様子を伝え、自分は今、一人であると手紙を書く。
一〇月一一日　本郷台町五七の沢田家から、花袋宛てに紅葉会のことや、『世界之日本』のことなどを相談したいと葉書を書く。
一一月一六日　大学前の喜多床という床屋の前で、花袋から、「君に会いたがっている奴があるからいっしょにいかないか」と声をかけられ、元上渋谷村宇田川の国木田独歩の家に連れていかれ、終日談話する。この時、近くに住む山路愛山も同席する。
一一月二一日　太田玉茗の自宅で開かれた紅葉会に、田山花袋、国木田独歩、宮崎湖処子、加藤雄吉らと共に出席する。
一一月二九日　花袋宛てに、フェアリーテールスをもって世に出ようとしている新人大峰古日という人の作品を送るので批評してほしいと、自分の作品「干潟の霜」を送る。

この年、一度に両親を失い色々の計画が変わる。一時は山林の技師になって山に住もうと企てるが、数学が苦手だったので転科するのを断念する。農政学を専門にしようと思うのも同じ動機であった（日現）。
この年、上田敏と中川恭次郎宅で会う（伝）。

明治三〇年（一八九七）　二二歳

一月　『文学界』に「野の家」と題した五編の恋愛詩を発表する。
一月二〇日　この日、花袋、独歩、玉茗が、民友社から新体詩集を出すことを決める。
二月　花袋、独歩らと刊行する詩集『抒情詩』に載せる「野辺のゆきゝ」の序文を書き、「これはわが思を舒べたる、我が歌なるをや」と宣言する。自分の身の回りのはかなきことと、わが身の病い多いことがこの詩集を世に出すことを急がせたとも書く。
二月二日　『文学界』から原稿料として二円をもらう。
二月七日　花袋の家を訪れ、後から来た玉茗や独歩と『抒情詩』刊行に向けた話をする。
二月一一日　静雄と共に写真を撮る。
三月三日　夜、独歩が訪ねてきて語り明かす。
三月二七日　独歩の家に行く予定であったが、雨のために止める。
四月三日　花袋が独歩を伴って布佐に来る。七日まで滞在し、恋や人生について議論する。花袋は、この時のことを題材に「わが船」を書く。この後、花袋と共に利根川を古河まで遡り、日光まで歩く。

四月二九日　独歩、花袋、太田玉茗、矢崎嵯峨の舎、宮崎湖処子と共著の詩集『抒情詩』を民友社から刊行し、松岡国男の名で「野辺のゆき丶」を発表する。

六月　『文学界』から原稿料として二円をもらう。

六月一日　総武鉄道が本所―銚子間で全線開通する。

六月二五日　布佐から花袋にこの二カ月ばかり会っていないがと書き、二カ月前に布佐で論争したことを思い出しながら、「恋愛観」や思想の違いを憂うる手紙を書く。

七月　この夏、戸川秋骨と中川恭次郎が布川と布佐を訪ねてくる。この時のことを、戸川は、「利根の川風」と題して『文学界』一〇月号に発表する。日曜日、一里ほど歩いた所にある教会に戸川を連れていく。東京から来た牧師は、友人の画家和田英作の父秀豊であった。また、このころメソディスト派の宣教師コーツと知り合い、本郷中央会堂の礼拝に出席する。

七月六日　布佐から花袋へ手紙を書き、自分の悩みは、この後、ここに来るはずの中川恭次郎に話すので、中川から聞いてほしいと伝える。

七月八日　母の一周忌なので、墓を掃除しお参りをする。九月の父の一周忌までの間、一年祭のための祝詞を自作する。この日、第一高等学校を卒業する。一〇月に発表された卒業生名簿には、第一部学科卒業法科志望甲号、ドイツ語選択七一名中一四番目に名が発表される。

八月一日　花袋宛てに、恋の悩みと大いなる決心を伝える長文の手紙を書く。

九月　東京帝国大学法科大学政治学科に進学する。

一〇月三日　いね子の父、三吉が亡くなる。

一〇月一五日　寄宿舎から花袋宛てに、本郷台一丁目二五の鈴木博の家にいることと、いね子の父親も亡くなったことを嘆く手紙を書く。その中で、いね子はまた、自分も失うことになるかもしれないとその後を暗示するようなことを書く。

一二月　この月、静雄が海軍兵学校を首席で卒業する。また、このころ、一高時代の教師落合直文を自宅に訪ねる。この時、『図書解題』の作者佐村八郎に会う。

一二月三〇日　花袋宛てに、前の日に行われた紅葉会に欠席したことを謝る葉書を書き、心身ともに不調であることを伝える。この年、輝夫を、田山花袋の友人の東京美術学校卒業生小林一意に頼んで、大和絵の山名貫義のもとに入門させる。またこの年、ハイネをよく読み、『歌の本』や『流刑の神々』に影響を受ける。また大学の吉田賢竜の寄宿舎の部屋で、泉鏡花らとよく語り合う。

明治三一年（一八九八）　二三歳

一月一日　『文学界』が終刊となる。島崎藤村が「終刊の辞」で、我らは「壮大なアマチュア」であったと述べる。

一月一二日　花袋宛てに、次の日曜日の紅葉会が終わった後、写真を撮りたいので来るようにと葉書を書く。

一月一五日 紅葉会終了後、太田玉茗、宮崎湖処子、国木田独歩、田山花袋と共に麹町区一番町にある武林写真館に立ち寄り写真を撮る。別に弟静雄との写真も撮る。

三月一二日 富士見町教会の植村正久を訪ね、話を聞く。クリスチャン・ドクトリンを借りる。

三月一三日 弟静雄に会いに横須賀に行き二泊する。夜、詩を書く。

三月一四日 葉山の日蔭茶屋で療養中の友人に会い横須賀に戻る。

四月五日 銚子に滞在していた藤村が舟で布佐に来て、訪ねてくる。弟輝夫と三人で語り合い、藤村を泊める。

四月七日 藤村と利根川沿いを歩く。藤村は、「利根川だより」を『帝国文学』六月号に発表する。この後、一四歳の時から書き綴ってきた日記を寺の崖下に埋め、しばらく布佐に帰らないことにする。

五月七日 ハイネの『ドイツ冬物語』を読み終える。

五月一七日 夜、大学寄宿舎において、『ハイネ詩集 全集』第一巻、回想録「メモアーレン」を読み終える。

五月一九日 花袋に二一日に開かれる日暮里の中川恭次郎宅での会を知らせる葉書を出す。

五月二〇日 花袋が病気であることを知り、近々見舞いに行くと葉書を出す。

五月二一日 中川宅に、博文館に勤めていた宮川春汀と共に訪ねる。渥美郡福江村出身の宮川から伊良湖の話を聞く。

六月一八日 夜、寄宿舎で、ハイネの長詩『ロマンツェロ』を読み終える。

七月一二日 三河から播州への旅に出て、伊良湖に着く。挿絵画家の宮川春汀の紹介で、網元小久保惣三郎の離れの一室に滞在する。偶然、隣の家が、子供のころ家にあった短冊で名を知っていた漁夫歌人糟谷磯丸の家であることを知り驚く。伊良湖滞在中、天気の良い日は、毎朝日課として、海岸を岬まで歩き、様々な漂着物を見る。

七月二四日 ハイネの『ハルツ紀行』を読み終える。

七月二六日 夜、散歩に出て、志摩半島の安乗崎灯台を望む。伊良湖滞在がまだ半月にもならないというのに、漁船が難破したという話を聞き、遺体が磯に打ち上げられているのを目撃する。「ただならぬ感」を覚えたと花袋に葉書を出す。

八月 散歩をしながら漁師の生活や仕事を観察する。漁師はもっぱら、貝を潜ってとったり魚も銛でとったりするくらいで、網を使っての漁法をしないでいるのを不思議に思う。メソジスト教会の牧師の話を聞く。のちに、「初めて荒浜に働く人たちの、朝晩の生活にまじった」と述べる。

八月六日 月を見ようと神島に渡り、桂光院という寺に泊まろうとするが、雲が出て見えないので、深夜の船で伊良湖に戻る。

八月八日 渥美半島で一番高い大山の上で、霧が晴れるのを待ちながら花袋宛ての葉書を書く。

八月一四日 三重県の一身田にある真宗勧学院の英語教師になっていた太田玉茗が訪ねてきて、しばらく滞在する。

八月二二日　伊勢に戻る太田を畠村の港まで送ったあと、小久保家で花袋と落ち合い、夜遅くまで話す［花袋年譜では二七日］。

八月二三日　小久保の案内で、花袋と共に神島に渡る。桂光院で休み、島の南端の洞窟、奇岩を見学したあと、海難事故の犠牲者の墓を見て、深く心に刻む。また、熱田のセメント会社の進出など、時代の波が島の人々に押し寄せてきていることに思いをはせながら、島を離れる。

八月二四日　台風が来て、風雨が強くなり二六日まで外出できない。

八月二七日　花袋と共に大山に登り、村の老婆と語り合い、東京に行って若くして亡くなった息子に似ていると泣かれ、その顔がずっと記憶に残る。夜の海辺を花袋と共に歩き、砂浜にゴザを敷いて寝る浜寝という風習を見る。大きな月の光の中に、神島の影や安乗の灯台の光を見る。

八月二八日　台風が通過した朝、海岸を散歩して、打ち上げられた椰子の実を見る。この日、花袋が伊良湖を離れる。花袋を送った後、小久保惣三郎の案内で、石門までいき、絶景の景色を楽しむ。海岸に打ち上げられた難破船の破片や割れた椰子の実などを見たり、アシカ漁の話をきいたりする。

八月三一日　盂蘭盆の様子を花袋に伝える手紙を書く。

九月　旅から帰ってすぐ、藤村に会った時に、伊良湖岬で見た椰子の実の話をすると、「その話を誰にも言わずに僕にくれたまえ」と言われる。

このころ、レクラム文庫のクライスト著『O侯爵夫人』を読み、神島で作った歌「神しまのいはほも花はさくといふを　きみがこころよはるとしもなき」を扉に書きつける。

九月一日　畠村から船に乗り、伊良湖を離れ、立馬崎、篠島をながめながら知多湾の亀崎に渡る。

九月二日　前の日、船中で書いた花袋宛ての手紙を出す。その後、一身田の太田玉茗を訪ね、奈良から大阪を経て、岡山にいる通泰と会ってから、辻川に二度目の帰郷をする。途中、神戸で『神戸新聞』の社会部長だった江見水陰に会う。玉島、多度津を経て、大阪から船で帰京する。

一〇月　大学の第二試業「統計学講座」で松崎蔵之助の演習指導を受け、農政学と出会う。

このころ、腸チフスのため入院し、翌年にかけて数カ月休学する（日現、文庫）。

一二月六日　松浦萩坪から冬季会を一一日に玉川堂でやることになったとの知らせを受ける。

この年、藤村から蒲原有明を紹介される。

明治三二年（一八九九）　二四歳

二月　このころ、輝夫を、和田英作と同門の洋画家中沢弘光のもとに訪ねさせる。

二月二〇日　田山花袋が、太田玉茗の妹里さと結婚をし、独歩と共に婚姻届に証人として署名する。

五月七日　川上眉山に会う。

五月二五日　第一高等中学校時代の寄宿寮南寮七番室で一緒だった友人たちと、同窓の集まりをもち写真を撮る。

六月　この月発行の『帝国文学』に「別離」と「人に」の二篇の詩を載せ、以後、詩の発表をしない。

八月　夏休みを利用して初めて奈良に遊ぶ。各地を回り、岡山にいる通泰のもとに行く（後狩）。また、このころ、多摩川上流に遊び、峰集落の古里村村長福島文長宅に二晩泊まり、狩りの話を聞く。帰りにお土産に、カモシカの角で作ったパイプをもらう（後狩）。

八月一日　このところの煩悶はたとえようもなく、悲涙はすべて尽きて「大なる決心をなさむ」と花袋に手紙を書く。

八月八日　甲武線に乗って国分寺まで行ったが、目的の茶店も見つからず、遠雷の音がまるで自分を笑っているように聞こえたと花袋宛てに葉書を出す。

八月末に銚子に来て、暁鶏館に泊まろうとしたが、海水浴客で一杯で、井村家に世話になる。部屋が空いたとのことで、朝、暁鶏館に入る。「詩のわかれ」を決意する文面の手紙を花袋に出す。

九月一一日　この日、輝夫が、東京美術学校日本画科予備課程に入学する。

九月一二日　銚子から花袋に、そろそろ帰るつもりと葉書を出す。八月に母を亡くした花袋を慰める言葉を書く。

一一月　このころ、松波遊山を通じて大審院判事柳田直平の養嗣子になる話が持ち上がる。松波は、柳田家と昵懇の間柄にあり、とくに直平の母安東菊子と親しく交際していた。菊子は、松浦萩坪の紅葉会に入り、国男とは同門であった（定）。

一一月二五日　鼎と、静雄、輝夫と共に写真を撮る。この日、静雄の渡欧送別の日で集まった独歩、中川恭次郎、菊地駒次、松本烝治らとの写真も撮る。

一二月　この月、本郷区駒込富士前町四〇番地浅井方に転居する。駒込富士前の下宿先に、早稲田大学の学生だった正宗白鳥が短冊を貰いに、初めて訪ねてくる。また、このころホトトギス発行所から、『俳諧三佳書』を購入し、『猿蓑』を暗記するほど読む。

明治三三年（一九〇〇）　二五歳

一月九日　小石川区関口駒井野町に住む水彩画家大下藤次郎を静雄と共に訪ねる。この後、大下は、田山花袋、岡田武松に会ったり、四月には、布佐の鼎宅に世話になってスケッチしたりすることになる（藤）。

一月一九日　数日風邪をひいて学校も休んでいるが、松浦先生の会が決まったら知らせてほしいと花袋宛てに葉書を出す。

三月六日　産業組合法が公布される。

三月九日　結核を患っていた伊勢いね子が療養先の取手で亡くなる。

三月一四日　いね子の死を知ってからの傷心の気持ちのままに、花袋宛てに「此頃のことを」として「別れては山の一重もかな

しきニ　いまは世をさへへたてつるかな」の歌二首だけを葉書に書く。正宗敦夫には、萩坪門下で始めて年下の友人ができたことを喜びながらも、和歌革新の名のもとに桂園派が攻撃されていることへの苛立ちを伝える手紙を書く。

四月一日　花袋に七日に訪問したいと葉書を出す。

四月二二日　岡山県和気郡伊里村に住む正宗敦夫宛てに、「にくきは佐々木に候」と怒りをぶつけ、いかづち会の久保猪之吉とは会うたびに激論をしていると手紙を書く。また、今年中に『文学界』復刊の動きがあるので、その折には、通泰の一番弟子である川上清辰ともども尽力してほしいとも述べる。

五月一八日　友人の青木宗太郎が日光に行くので、照尊院を紹介してほしいと花袋に葉書を書く。また、昨日、自分のところに鹿児島から出てきた加藤雄吉が訪ねてきたようだが、留守にしていて会えずに残念だったと伝えてほしいとも書く。

五月二〇日　正宗敦夫宛てに、敦夫からの質問に答える返事を書く。追伸で、敦夫の兄白鳥が東京に住んでいるというが、どこに住んでいるのかと尋ねる。このなかで、和歌の新旧歌道両派の融合に動いていた国風家懇親会を冷ややかに論ずる。

五月二一日　花袋宛てに、弟の静雄が遠洋航海から帰ってきて、花袋のためにパウル・ハイゼの小説二冊を買ってきたので、近々遊びに来てほしいと葉書を出す。このころ、髭をはやし始める。

六月一日　花袋宛てに、日光の照尊院は先約がありそうだとわかったので、別の寺を紹介してほしいと頼む。

七月　この月、京都に遊ぶ。

七月一〇日　東京帝国大学法科大学政治学科を五五名中九番目の成績で卒業する。同時に大学院にも籍を置き、三倉―義倉、社倉、常平倉―の研究を続けることにする。また農商務省参事官を兼務していた岡野敬次郎の薦めで、農商務省に入省することになる。

七月二一日　農商務省農務局勤務を命じられる。四級俸、月給四五円となる。特待生の松本烝治だけが五〇円で、他は四〇円であった。農務局農政課で愛媛出身の菅菊太郎と最初に机を並べて仕事をする。菅は、のちに伊予史談会のメンバーとなる。

七月二四日　東京帝国大学大学院に入学する（履）。

八月　この夏、正宗敦夫の紹介で小石川同心町に下宿していた白鳥と初めて会い、モーパッサンの『ベラミ』を貸す。

八月一二日　高等文官試験の勉強をするために一時的に下宿した上野公園内の元光院から、花袋に、訪問したことの礼と小田原に行っている中川恭次郎が帰ってきたら、川上眉山と共に会いに来てほしいと葉書を出す。

八月一六日　朝、思い立って、試験勉強に専念するため塩原温泉に出かけることにする。その前に、しばらくぶりに布佐に行き、柳田家への養子の話を決めるつもりと鼎に伝える。一度東京に戻ってから塩原に向かい、福渡戸の松風楼に滞在する。ここにしばらく滞在するので、一九日の会は欠席すると花袋宛ての葉書を出す。この時、臨済宗妙雲寺の禅僧の今川貞山師に会い、禅の修行をする。この時、「たか山のやまびと君になづさひてくものかへるもわすれはてにき」の歌を詠む。

九月一日　産業組合法が施行され、その普及の仕事をすることになる。

九月二〇日　塩原温泉から帰る。

九月二一日　正宗敦夫宛てに、白鳥が訪ねてきたようだが、不在して失礼したと歌四首を書いた手紙を出す。

一〇月五日　高等文官試験の第一日目の試験を受ける。花袋宛てに、第一子誕生を心配する葉書を書く。

一〇月一一日　花袋に長女が産まれたことを知り、中川恭次郎と共に、お祝いの葉書を送る。

一〇月二三日　花袋宛てに、銚子のころを思い出していると歌を書いた葉書を出す。

一一月二日　明日、松浦萩坪が来なくても会を開くと花袋に葉書で伝える。このころ、柳田家の養嗣子となることが決まる。

一一月一九日　アダム・スミスの『国富論』を読む。

一一月二〇日　文官高等試験が終わる。

一一月二四日　文官高等試験に合格し、この日付けの合格証書を受け取る。

一一月二八日　花袋宛てに、合格祝いの礼を述べたあと、「心ぼそき事多く此頃あまたゝび孤児の涙をこぼし候」と書いた手紙を出す。

一二月　この月、関屋貞三郎、猪木土彦、三松武夫らと写真を撮る。

一二月一一日　一三日から下宿生活に戻るつもりであることと、一六日には訪ねたいと花袋に葉書を書く。

明治三四年（一九〇一）　二六歳

一月一日　乾政彦と暁鶏館に向かい、六日まで滞在する。

一月六日　暁鶏館から戻り、牛込加賀町の柳田家に入る。この日から柳田家にいることが多くなり、友人も柳田家に来るようになる。

一月九日　初めて農会法の施行規則の補助金に関する案文をつくる。

一月一〇日　鼎の届けによって、松岡家の本籍が、兵庫県神東郡西田原村百拾番屋敷から千葉県東葛飾郡布佐町布佐三七七号に移される。

一月一六日　独歩の家に近い青山美竹町の農家の一間を借りて転居し、柳田家と行き来する生活となる。

二月　花袋の長女に「礼子」と名付ける。このころ、丸善帰りの花袋が、ハウプトマンやイプセンなどの洋書を抱えてよく訪ねてくる。

二月一日　官吏となっての初めての出張旅行で、群馬県西南部の視察に出て、前橋、桐生、伊勢崎、碓氷、勢多郡を回る。花袋に、時間があったら埼玉県羽生の建福寺にいる太田玉茗を訪ねるつもりと前橋から手紙を出す。利根川を眺め、布川、布佐での出来事を「近日の事」と思い出す。花袋の『憶梅記』を読む。

二月二日　この日、岡田武松が、布川の小川家の孫娘海老原みつと結婚する。このあと、きまりが悪くなって夫妻と会うことが少なくなる。

三月　この月、青山美竹町の自宅で、友人たちを集め、観梅の会を開く。

三月一三日　一橋の学士会館で開かれた社会政策学会の例会に出席し、同学会に入会する。

四月八日　花袋といたところに、上京した藤村が三宅克己と蒲原有明を連れて来て、五人で酒を飲む。その勢いで原宿の徳冨蘆花の家を訪ねる。酔っている勢いもあり、若い気炎で蘆花を圧倒する。

四月一二日　動物保護の法制を調べるために大学に行く。またこのころ、産業組合関係の本を調べに大学に行くことも多い。

四月二六日　花袋宛てに、陶淵明の詩集を借りたいので、ついでの折に柳田家に持ってきてもらいたいと葉書を書く。

五月　この月、通常会員として、大日本農業会に加入する（報）。

五月四日　柳田家の養嗣子として入籍する引き取り式が行われる。式のあと、両家の親族列席のなかで酒宴をもつ。松波遊山門下で、仲立ちをした直平の実母安東菊子や、友人代表として花袋と独歩が同席する。

五月二九日　柳田家への養子縁組を届け出る。「千葉県東葛飾郡布佐町布佐第三七七号松岡鼎弟養子縁組届」を出し、東京市牛込区市谷加賀町二丁目一六番地に籍を移し、松岡姓から柳田姓となる。義父直平（嘉永二年〈一八四九〉生まれ、五二歳）は、信州飯田藩の出身の大審院判事。義母は琴（安政元年〈一八五四〉生まれ、四七歳）。妻となる孝は当時一六歳で、両親から国男が許婚者であることを告げられる（結婚は、三七年四月）。長姉順は、矢田部良吉夫人、次姉貞は、木越安綱夫人で共に松浦萩坪の門人であった。入籍と同時に青山より牛込加賀町の柳田家に移る（定）。

六月　この月、花袋が、『野の花』を刊行する。

七月　この月、伊良湖での体験をまとめた「遊海島記」を書く。

七月一日　鼎の次男文雄が生まれる。

七月八日　青梅に住む水彩画家大下藤次郎宅を訪れ、「木がくれにさゆりなでしこさくといふ　たまの夏山なつかしきかな」を詠む。

八月八日　義理の姉順の夫で隣に住む矢田部良吉が、鎌倉の海岸で海水浴中に溺れて亡くなる。以後、雄吉や幼い達郎、勁吉らの父親代わりとなってかわいがる。

九月　この月、大日本実業学会第七期の農業学新学期講義として「産業組合」の講義を始める。また、「生産組合の性質に就て」を発表し、西垣恒矩との論争が始まる。

九月一七日　飯田長姫神社の社殿新築遷宮式に合わせて建立された常夜灯に、柳田直平、安東欽一郎、貞美らと共に寄付者として名が刻まれる。

九月二〇日　正宗敦夫の手紙に対して、最近の新体詩は、「浅ましき語の羅列の名となりはて」たと述べ、自分が歌が作れなくなっているのに理由があるわけではなく、松波遊山先生からも、作れない時は強いて作らない方がよいと言われていると農商務省から歌六首を書いた返事を出す。
九月二二日　松浦辰男の歌の会に出て、正宗に送った六首を詠み、指導を受ける。
一〇月　西垣恒矩が、『大日本農会報』に、「生産組合に就て―柳田法学士に質す―」という反論を載せる。
一〇月一日　東京専門学校の講義が続き、松崎蔵之助の後任として、この日付けで「農政経済学」の講師となる。講義には、時々自転車で通い、明治三七年日露戦争直前まで続く。
一一月一〇日　長野に向かうため、東京を発つ。
一一月一一日　足利から長野へ入る。途中、碓氷峠では紅葉も終わり、姥捨山には薄雪が降るのを見る。長野県農会から委嘱を受けた約四〇日に及ぶ初めての講演旅行となる（後狩）。
一一月一二日　信濃毎日新聞社に山路愛山を訪ねる。
一一月一三日　山路のもとで働いている記者、結城桂陵と共に小諸にいる島崎藤村に会いに行く。藤村に田山花袋の所蔵本であるゲルハルト・ハウプトマンの一冊を貸して長野に戻る。駅まで送って来た藤村に、いつまでこんな山の上に引っ込んでいるのかと言って別れる。四時半の汽車に乗り、長野に戻り歓迎会に出席する（新）。
一一月一四日　県農会第四回総会が城山館で開かれ、「産業組合について」を講演する。「組合を設くるに最も必要な要素は人物なり」と説く。この日を皮切りに、木曽を除いた長野全郡で、産業組合や農会についての講演に回るが、同じ話をしないように苦労する（報）。

一一月一五日　長野から北須坂に向かう。「北山のたかねましろにふる雪の　ゆきなやむともたれにかたらん」の歌を詠む。『信濃毎日新聞』に、「柳田法学士とだけでは県民はわからぬだろうが、叙情詩人松岡国男といえば御存知の方も多かろう」と、結城が書いたと思われる記事が載る。
一一月一六日　下高井郡中野に向かい、湯田中温泉の山懐の宿に一泊し、さまざまな方言を耳にする。「をちこちの山に炭やく夕けふり　くもとなひきて日はくれにけり」の歌を詠む。
一一月一七日　飯山に着き、真宗寺で産業組合奨励について講話する。
一一月一八日　豊野から汽車に乗り、長野に戻る。
一一月一九日　産業組合についての談話。日本の産業組合法は、農業を保護するためのものと強調する。
一一月二〇日　埴科郡で講話のあと屋代に泊まる。
一一月二一日　午前中、上田に入り、産業信用組合役員に面接調査をし、公共心に富んでいると讃える。午後、産業組合について講話したあと、この地に泊まる。
一一月二二日　上り二番列車に乗り、岩村田に向かう。
一一月二三日　南佐久郡臼田町臼田館にて産業組合について講演する。岩崎郡長からの紹介のあと、聴衆約一〇〇名を前に、産業組合の成立から信用組合、購買組合、販売組合、生産組合等の必要性を二時間にわたって説く。
一一月二四日　朝早く人力車に乗り、本牧村、長久保新町、和田へと回る。強風と初雪のなか、「あし引きの山田のこほりうち

とけて　ぬる夜すくなき旅にもあるかな」の歌を詠む。

一一月二五日　和田峠を徒歩で六里ほど歩き、下諏訪に入る。途中の峠の茶屋、東西餅屋で記念のため、餅を食べる。

一一月二六日　諏訪郡にて、山中郡長の紹介のあと、産業組合について二時間講演する。諏訪から花袋に歌を詠んだ書簡を送る。上諏訪の温泉宿に泊まる。

一一月二七日　伊那町の坂下に行く予定であったが、藤沢村からの迎えが来たので予定を変更する。夕方になってから金沢街道を杖突峠から御堂垣内に向かい、村農会の夜の集まりに出て講演し高遠に夜の九時過ぎに着く。

一一月二八日　雪の中、坂下に着く。体調を崩す。

一一月二九日　坂下を出て飯田に着き、三日間、仲之町の安東家に滞在して、松山伯母などに会う。その間、市場会社や下伊那郡役所にて講演したり、来迎寺の先祖の墓に参ったりする。養父直平と似ていることから実子と見られたり、柳田家五代目為美の功績を知ったりして、改めて柳田家の人となることを決意する。また、安東欽一郎から、金沢峠の重要性を聞かされ、いつか越えてみたいと思う。上伊那郡坂下から花袋宛てに、歌二首を書いた葉書を出す。

一一月三〇日　飯田町繭市場会社にて約二〇〇名の参加者相手に「産業組合について」を二時間にわたって講演する。仙寿楼においての慰労会に出席し、柳田家の婿養子ということで参会者が多い。

一二月一日　安東家で身体を休める。

一二月二日　大平峠を越え木曽に行く予定を、吹雪の悪天候のため変更し、坂下へ出る。

一二月三日　再び坂下に戻る。

一二月四日　塩尻から松本へ。浅間温泉に泊まり、一日、東京から取り寄せた新聞などを読み、体を休める。滞在中に、『文芸倶楽部』一二月号に載った花袋の「村長」を読む（モーパッサンの『ロックの娘』を土台とした小説）。

一二月六日　松本神道公会所において、聴衆二〇〇人を前にして産業組合についての講話をする。

一二月七日　松本浅間温泉を朝早く出て、南安曇郡豊科に向かう。松波遊山の紀行を思い出し、「二夜ねし浅間のみゆの朝けぶり田ゐも家ゐもなつかしきかな」の歌を詠む。

一二月八日　豊科を発ち、正午に大町に着く。途中、出稼ぎに行く人々を見て、あわれと同情を寄せる。松波遊山を思い、桂園門下の歌人内山真弓の出身地であることに思いをはせたことを姉の貞宛ての手紙に書く。そのなかで、この四〇日に及ぶ旅行は、見聞は得たものの、大いに読書の時間をつぶし、雪と風に悩んだ旅になったと書く。また、花袋宛てに、明日は、麻績に向かうつもりと葉書を書く。

一二月九日　大町から麻績までの六里を歩く。麻績から汽車に乗り、長野に戻る。

一二月一〇日　長野における講演旅行を終え、更級に立ち寄る。この日、田中正造が足尾鉱毒事件に関して天皇に直訴する。

一二月一三日　四〇日間の旅行を終え、夕刻、帰宅する。

この年、文学書を多読し、藤村、花袋、独歩、眉山、有明らとよくつき合う。また東京帝国大学の明治三三年卒業生の集まりの三々会をつくり、以後五〇年続く（定）。

明治三五年（一九〇二）　二七歳

一月四日　上司の酒匂常明農政課長に誘われて沼津に向かう（定）。静浦の保養館に六日まで滞在し、調べ物をする。帰路、列車のなかで、箱根帰りの泉鏡花に会い、新婚旅行だろうと冷やかされる。このころ、早稲田大学の講義には時々自転車で通う（定）。

一月一二日　自宅でやっていた文学会を、蒲原有明の提案でイギリス大使館裏の五番町快楽亭に場所を移して開き、参加する。幹事の有明と生田葵山の他、田山花袋、小栗風葉、柳川春葉、小島烏水らが集まる。文人清和会とも言う（後狩）。

一月一九日　松浦萩坪宅で開かれた歌会に出席する。

一月二二日　一橋学士会事務所で開かれた山崎覚次郎、桑田熊蔵らの社会政策学会の例会で、横井時敬から足尾鉱毒事件の調査委員会設置の提案があり、横井時敬、葛岡信虎、持地六三郎らと共に委員となる。他の出席者は、金井延、戸水寛人らであった。

二月一二日　農商務省から内閣直属の法制局参事官として法制局第二部に転じ、高等官七等、九級俸となる（官）。特赦に関する事務や部落問題の調査資料などを扱うことになり、のちに特殊部落研究や「山の人生」を発表することになる。大正三年まで勤め、「如何なる小さな案件でも、文句を付けずには通すまいとし、一日として議論をせずに過ぎた日」はなかったと述懐するほどの熱い日々を過ごす。

二月一五日　法制局参事官となった記念に写真を撮る。

二月一六日　花袋と共に、二回目の文人清和会の幹事になり、会場を自宅近くの牛込赤城下の清風亭とする。小栗風葉、柳川春葉、蒲原有明、生田葵山らの他に、川上眉山や義姉順の紹介でやってきた水野葉舟が新しく参加する。

二月二四日　二八日まで鵠沼館に泊まり、五月から始まる大日本実業学会第八期の産業組合の講義原稿を書く（定）。

三月七日　花袋宛てに、『近世奇談全集』に収める予定の「三州奇談」について、中川恭次郎から上野の図書館本と照合する必要があると指摘を受けたので二、三日遅れると葉書を書く。

三月三〇日　理財学会において「農業における分配問題」を講演する（定）。

四月　読書日記「困蟻功程」を書き始める。一週間の読書計画をたて、「月曜―テキスト。火曜―財政・地租論。水曜―テキスト。木曜―講義材料・原稿。金曜―行政法規・私法。土曜―経済原論。日曜―歴史」を原則とする。

四月五日　Coulanges の『The origin of property in land』を読み終わる。

四月一一日　役所で、コブテン倶楽部論文を読む。官吏法会議のため忙しい一日を過ごす。夜、懲戒の規定案をつくる。

四月一二日　ウィリヤムスの『物権法』を読み終える。

四月一三日　日曜日のため、百草園に遊びに行く。
四月一四日　エッケルトの『土地改良論』を読む。菊地駒次が訪ねてくる。
四月一五日　戸水寛人の『阿蘇の永小作』を読む。
四月一六日　公務として、学制に関する数学上の研究をする。また、食料に関する原稿を書き始める。
四月二〇日　夜、早稲田の原稿を書く。
四月二一日　トルストイの『モーパッサン論』を読む。
四月二四日　ストリンドベルグの悲劇『The Father』を読む。
五月　大日本実業学会の第八期新学期講義として「産業組合」の講義を始める。
五月一日　従七位を叙す。早稲田の原稿を書く。
五月四日　柳川春葉と小栗風葉が幹事となり鬼子母神境内の焼鳥屋武藤で開かれた、第三回文人清和会に田山花袋、蒲原有明、川上眉山、水野葉舟らと出席する。幹事は柳川春葉と小栗風葉でこの会に初めて小山内薫が参加する。田舎に遊び疲れて早く寝ると日記に書く。
五月五日　すでに書いた「遊海島記」をもとに、『太陽』に載せる「伊勢の海」の原稿を書く。
五月七日　「伊勢の海」の原稿を書き終える。
五月九日　公務として、鉄道抵当法規を翻訳する。ドーデを読む。
五月一〇日　モーパッサンを読む。
五月一一日　安政五年に出た俵屋清兵衛の『積翠閑話』四冊を読み終える。この後、七月まで産業組合に関する原稿を書く。
五月一三日　愚軒の『義残後覚』三冊を読み終える。
五月一四日　学士会事務所で開かれた社会政策学会の例会に出て、日鉄工場の職工の話などを聞く。この日、大学時代の友人の神戸正雄が入会する。
五月一五日　高井蘭山の『農家調宝記』三冊を読み終える。花袋の『重右衛門の最後』を読み、すぐに花袋を訪ね、「一番同情ある作品」と感想を言う。この日、花袋に長男が生まれる。
五月一六日　早稲田大学で、「銅の歴史」を講演する（定）。根岸守信の『耳袋』の再読が終わる。
五月一八日　早稲田の原稿を書く。ドーデを読む。
五月一九日　『太陽』に載った松崎蔵之助の「支那米輸出解禁を論ず」を読む。
五月二一日　花袋宛てに、名付け親を頼まれていた花袋の長男に「先蔵」とつけたことと、お七夜のお祝いの席に仕事でいけないのでお祝いを届けるとの手紙を書く。
五月二三日　松崎蔵之助が書いた「清国問題と自由貿易主義」（『国家学会雑誌』四月二〇日）や、エッケルトの『土地改良論』を読む。
五月二七日　内閣本の『夏山雑談』の写本五冊を読み、見識優れた人が書いたものと感心する。
五月二八日　『近聞偶筆』や『本朝奇跡談』を読む。農商務省が所蔵している「田制考証」などを写し取ろうという希望をもつ。
六月五日　早稲田大学学生の「日本小作料論」についてなどの卒業論文を読む。

六月六日　コックスの「土地固有論」を読み終わる。
六月八日　Webb の『Socialism in England』を再び読む。
六月一一日　産業組合の原稿を書き始める。
六月一八日　メーテルリンクのドラマを読む。
六月一九日　この日から三〇日までの間にしたことは、早稲田大学の試験答案の点検やツルゲーネフの英訳本、白隠禅師の集を読むことくらいと読書日記に書く。
七月一日　夜、産業組合大意の原稿を書く。
七月三日　産業組合の原稿を一二枚書く。ツルゲーネフの『くされ縁』を読む。
七月四日　産業組合の原稿を書く。ツルゲーネフの『煙』を読む。
七月五日　上野の美術館に行ったあと、根岸に行く。
七月一一日　一四日までの三日間で、花袋の親戚の石井家所蔵の『老媼茶話』三冊を読み、天狗の話や狐の話を見つけ、『近世奇談全集』に収めることにする。
七月一二日　雨忘庵に行く。
七月一四日　内閣文庫から津村淙庵、『譚海』全一二冊を借り、抄出しながら読み、一七日に全冊読了する。
七月一六日　ドイツの小説家、ハイネの小説を読む。
七月一九日　この日と二〇日の両日、雨忘庵の摂心に参加する。
七月二二日　雨忘会の集まりに出席する。
七月二三日　神田白龍子編の『雑話筆記』を読み終える。
七月二四日　幕末の田制研究者、長嶋尉信の自筆本『郁子園雑集』一〇冊を読み終える。
七月二五日　Menger の『Right to the whole produce of labour』を読み終わる。
七月二六日　スマアトの「収入分配論」を読む。
七月三一日　ハイネの英訳本を読む。『老媼茶話』写本の校正をする。
八月一日　七日まで病気で休む。休みながら、『近世奇談全集』に載せるため『老媼茶話』の原稿を整理する。
八月八日　この日から二三日までの東北方面の視察旅行に発つ。宇都宮市宿郷町の県立農事試験場を視察し、那須高原に泊まる。泉村の信用組合に視察で立ち寄り、柳田姓が多いことに驚く。
八月九日　白河の関を越え、会津東山温泉に泊まり、正宗敦夫から古代の衣服についての資料について尋ねられたので、返事を書く。
八月一〇日　磐越西線の車中、安子ヶ島あたりで D'Annunzio の『Dead City』を読み終える。
八月一二日　この日の前後、高湯温泉に滞在する。滞在中、D'Annunzio の『Gioconda』を読み終える。
八月一九日　仙台に入り、針久旅館本店に投宿する（新）。
八月二二日　仙台で社会問題研究会や改正選挙法について談話した後、午後中尊寺に向かう。
八月二三日　夜、帰宅する。
八月二四日　イプセンの『われら死者の目ざめる時』を読み終える。
八月二五日　イプセンの『稚きアイヨルフ』を初めて読む。
Ibsen の『The Master Builder』を読み終える。

八月二六日　小田原に行く。
八月二八日　小田原からの帰途、鎌倉長谷の独歩を訪ねる（定）。
八月三一日　徳冨蘆花の『青蘆集』やイプセンの『幽霊』を読む。
九月一日　イプセンの『ジョン・ガブリエル・ボルクマン』を読み終える。
九月四日　イプセンの『民衆の敵』を読み終える。
九月六日　イプセンの『野鴨』を読み終わる。
九月二六日　松崎蔵之助の推薦で、松崎が経営に関与する専修学校（現、専修大学）で、毎週月曜日、「経済各論農業政策」の講義を始め、日露戦争前まで続ける。
一〇月五日　イプセンの『社会の柱』を読み終える。この日発行の『東京日日新聞』の「専修学校広告」に講師として名前が載る。
一〇月二八日　Moore の『Back to the land』を読み終わる。
一一月　この月、『最新産業組合通解』の序文を書く。
一一月一二日　この日、通泰が、岡山医学専門学校（旧三高医学部）を辞任して東京に戻り、内幸町の江木邸を借り、井上眼科医院を開業する。
一一月一五日　Andrews の『Institutes of economics』を読み終わる。
一二月　この月刊行した『最新産業組合通解』をめぐって、農商務省内で話題となり、局長の岡実から呼び出され、注意される。このころの読書は、ウィリヤムス『物権法』、エッケルト『土地改良論』、『田制考証』、高井蘭山『農家調宝記』、栗本鋤雲『備荒余録』、『地方凡例集』、夏山雅談『蚋魚残篇』、『老媼茶話』、『視聴草』などで、後年の民俗学へ進む芽生えが見られる。一方、ツルゲーネフ、ハイネ、メンゲル、イプセンなどの文学書を読む。またこのころより、内閣記録課に出向し、蔵書を読む（定）。
一二月九日　八級俸となる（官）。
一二月一六日　イプセンの『恋の喜劇』を読み終える。
一二月一九日　大学院の経済統計研究室で「米穀の国内供給に就いて」の研究報告をする。
一二月二八日　この年の読書日記を「困蟻功程」と名づけて記録する（定）。

明治三六年（一九〇三）　二八歳

一月二日　この日から、森鷗外の「玉篋両浦嶼」が市村座で上演され、観に行く。
一月一〇日　五番町快楽亭で開かれた土曜会に出席し、小栗風葉、蒲原有明、国木田独歩、生田葵山などに会う。
一月一六日　メーテルリンクの『The Treasure of the Humble』をざっと通読する。
一月二七日　Smart の『Irish peasant; a sociological study』を読み終わる。
一月三〇日　田山花袋と共に、野田まで散歩をし、三宅克己を訪ねる。

二月二日　この日付けの静雄からの手紙が届き、科学関係の洋書の購入を頼まれる。
二月一二日　徴兵率の低い浅草に寄留し、徴兵検査の結果、丙種となる（定）。正宗敦夫宛てに、二、三日中に岡山に行くのでお伺いしたいと葉書を書く。
二月一四日　小作騒動が激しかった岡山県北部を視察するため、東京を出発する。
二月一五日　途中、姫路から故郷辻川に入り、氏神鈴が森神社と松岡家の墓所を詣り、次兄通泰の養子先井上家に泊まる。三度目の帰郷となる。
二月一六日　小作争議の視察実業調査として岡山県に入り、県庁にて打ち合わせをする［県庁で農政を担当する森近運平（のちに大逆事件連座で死刑となる）が県内を案内したか。争議解決の方策として、小作組合結成についてなどを話し合ったか］。
二月一七日　津山町に入る（新）。
二月一八日　苫田郡役所で説明を受けた後、模範農場を視察する。
二月一九日　勝間田から美作の倉敷（現、美作市林野）を見た後、建部村役場に立ち寄る。
二月二一日　備中高松（現、岡山市北区高松）で講演する。
二月二二日　明治三四年に発見された小田郡新山村字山口（現、笠岡市）の長福寺裏山古墳群などを見る。
二月二三日　浅口郡役所（現、倉敷市玉島）にて地方行政について視察する。
二月二五日　都窪郡役所（現、倉敷市倉敷）の視察後、帯江村帯江銅山で調査する。
二月二六日　通泰の友人で、笠岡の古墳を調査した吉備史談会の塚本吉彦を訪ねる。岡山から正宗敦夫宛てに、二八日に伺うと葉書を書く。
二月二八日　岡山を発ち、午後和気駅に降り、伊里村（現、備前市）穂浪の正宗家を訪ね、敦夫と兄白鳥に会う。
三月一日　正宗家に二泊し、「とのぐもり小雨ふる江の夕ぐれにはじめて旅をおもひしるかな」と六首の歌を詠む。
三月二日　岡山を発つ（定）。
三月三日　大阪天王寺で開催中の第五回内国勧業博覧会を見学し、数日大阪に滞在する。
三月一〇日　京都から奈良に行き、月ヶ瀬温泉に泊まる（定）。
三月一一日　月ヶ瀬から伊勢に回る途中、犬が曳く人力車に乗る。
三月一二日　津の北堀端町に住む大学時代の友人木間瀬の家から花袋に葉書を出し、一五日以降の手紙は岐阜県庁宛てに送ってほしいと伝える。
三月一四日　この日付けの静雄の手紙が自宅に届く。航海長を務める巡洋艦千代田など八隻が瀬戸内海西部で大演習を行ったことや、四月七日の神戸沖の観艦式に参加することなどが書いてある。
三月一七日　花袋との共編『校訂近世奇談全集』が博文館から刊行される。
三月三〇日　政務調査に従事したとして金一〇〇円が支給される。
四月八日　学士会で開かれた社会政策学会の例会にて、岡山県視察について「山陽地方農民事情」として話す。出席者は、金井延、桑田熊三、平田、石渡、三松らであった。

五月一六日　早稲田経済学会で「銅の歴史」について講演する。

五月二五日　この日付けで、中国山東半島から出した静雄からの手紙が届く。日本の小さな漁船がこの地域まで出漁していることや、清国海軍の将校との学問的な交流などを知る。また、ロシアとの関係が緊迫しているが、ロシア兵の士気は高くないようだとも伝えられる。

七月一三日　鼎が郡会議員に選出される。

七月二〇日　この一年の読書記録を「困蟻労程　第三」としてまとめ終わる。

七月二二日　牛込加賀町の家の増改築の工事中ということもあり、家族を連れて日光に向かう。

七月二三日　日光照尊院に大勢で訪れていることを伝える葉書を花袋に書く。家の増改築も四、五日中に完成するだろうから、出来上がったら来てほしいと伝える。

八月一日　日光滞在中、栃木県の土木技師となっている大学時代の友人、井上二郎に会い、旧交を温める。

八月四日　照尊院の住職菅原英信に頼まれ、井上二郎に大谷川の堤防の修理を依頼する手紙を書き、菅原に託す。

八月五日　一旦、帰京する。

九月一日　この日発行の『明治三十七年度　早稲田大学講義録之栞』の政治経済科学課表「第一学年」の項で、「経済学財政学」の講師として名が載る。

九月一六日　花袋宛てに、仕事も家庭生活も安定してきて、論文を書いたり、読書に励んだりし、病気にもなるが、花を植えて世間並みの生活をしていると、歌二首を添えた手紙を書く。

九月二〇日　この日の前後、一九日付けの花袋からの手紙が届き、花袋の兄実弥登の履歴書が同封されてくる。また、丸善からズーダーマンやダヌンツィオの洋書の新刊書が届いたと書いてある。

一〇月三日　花袋に、急用ができたので、朝か夜に自宅に来てほしいと葉書を出す。

一〇月九日　鼎が、千葉県東葛飾郡郡会議員選挙で、第二八区布佐町湖北村選挙区から当選する。この日付けの静雄からの手紙が届き、渤海湾での警備から一時帰国して佐世保にいるが、月末にはまた山東半島方面に行くので冬物の寝衣などの送付や、結婚の手続きを頼まれる。

一〇月二一日　新聞『日本』の記事「備荒貯蓄制の復旧」を読み、「三倉沿革論大要」の冒頭に引用することにする。

一〇月二五日　『三倉沿革』の第五章にあたる「三倉沿革論大要」を書き終える。

一一月　この月、花袋の『春潮』が刊行される。またこのころ、全国農事会（のち帝国農会）の幹事に委嘱される。

一一月一三日　この日、朝鮮半島の仁川港から山東半島の芝罘に入港した静雄からの手紙が届く。

一一月一九日　この日から二二日まで開かれた第一一回全国農事会総会で、幹事嘱託となる。

一二月　この年の読書日記を「困蛾労程」と名付ける。『無名叢書』、『千坂閑話』、『半日閑話』、『草蘆雑談　続』、『答問小録続』、『諸家随筆』四〇冊、『竹橋余筆』、『整斎随筆』、『視聴草』などを読む。また、この年、萩野由之助の紹介で考古学会に入会する。

一二月一五日　大学時代から書きためてきた研究ノート『三倉沿革』を書き終える。

一二月二四日　花袋に、二七日頃伊豆大島に遊びに行く予定と葉書を書く。

一二月二六日　高等官六等七級俸になる（官）。

一二月二七日　この日から五、六日間の予定で島嶼町村制の研究のために伊豆大島に渡り、聞き書きをする。この時の聞き書きノート「大島雑記」が、後に見当たらなくなる。滞在中に、野増村の磯山から土器や人骨が発掘された遺跡を見に行き、黒曜石の産が秩父という話を聞き驚く。また、村の地図を見て、本家と分家の配置の仕方に興味をもつ。

明治三七年（一九〇四）　二九歳

一月一日　伊豆大島から親戚や友人たちに年賀状を出す。

一月七日　伊豆大島から戻る。

一月八日　花袋宛てに、帰京したので、近いうち「島ものがたり」を聞かせたいと葉書を書く。この時、博文館発行の『中学世界』の購読依頼をする。

一月一四日　この日付けの仁川港からの静雄の長い手紙が届き、開戦間近に仁川港に残された任務に死を覚悟していると感じる。

一月二〇日　松浦萩坪が、宮中歌会始の勅題「巌上松」を詠進し、預選歌に選ばれる。

一月二二日　正宗敦夫が自宅を開放して、児童図書閲覧所を作るとの知らせを聞いて、大賛成と協力するという手紙を書く。

二月　このころ、明治三四年から続けてきた早稲田大学での講義を終了する。この間、高田馬場水稲荷神社境内で、磨製石斧を採集し、保管する。

二月一〇日　日本政府がロシアに宣戦布告をし、日露戦争が勃発する。

二月一七日　仁川沖海戦で勝利した静雄から、この日付けの手紙が届く。「幸ニ虎口をのかれ候こと、夢のやうに存候」と書いてあり、安心する。戦死した部下の葬儀に、自分に代わって参列してほしいと静雄から頼まれる。

二月二九日　正七位となる（官）。

三月二日　横須賀捕獲審検所検察官に任命される。このため、月に三、四回横須賀に行き、一回につき四、五日滞在する。長谷川喬長官の秘書となって九州及び諸地方へ出張する。この旅行で戦争下の日本の姿を見て、海軍の生活も多く知る（後狩）。

三月三日　花袋宛てに、横須賀の仕事とかけもちをし忙しくなることを伝える手紙を書く。花袋の次男誕生で訪問したいが、義父も病のためお見舞いに行けないと葉書に書く。

三月一〇日　イプセンの『ヘッダ・ガーブラー』を読み終える。

四月三日　この日の前後、花袋が、従軍記者として戦地に向かう途中の広島で出した一日付けの手紙が届く。この地で、鷗外に会うことができたこと、貸したキーランドの短編小説を読んでいることなどが書かれていて、最後に留守中のことを頼まれる。

四月九日　かねてから婚約中の孝（明治一九年五月二三日生）との結婚の儀を執り行う。孝は、女子高等師範学校付属高等学校を卒業したばかりの一九歳。

四月一三日　従軍記者として戦地に赴いた花袋の留守宅へ、自転車で見舞いに行く。

四月一五日　花袋宛てに、留守宅を見舞ったことや、森鷗外に会ったらよろしく伝えてほしいと手紙を書く。この中で、自分の結婚に対しての考えを書き、「目前の受用を詮とすれば明日死ぬ命も惜からぬやう」と内心を吐露する。

四月二六日　婚姻の届出をする。

五月　この月、布佐にある父母の墓に参る。

五月一一日　第二軍管理部写真班の花袋宛てに、戦争という極限の世界を体験して帰国する花袋に期待することを伝え、それに反して自分は、いたずらに煩悶して夜も眠れないと自分に憤慨する手紙を書く。

五月一二日　横須賀捕獲審検所に出張し、ロシア帆船ナデージダ号捕獲事件を審査し、捕獲と検定する意見を述べる（官）。

五月一五日　この日付けの静雄からの手紙が届き、静雄が作戦実行中の旅順港閉塞作戦に疑問を抱いていることを知る。親友の岩瀬機関大尉が戦死（実際は捕虜）したことによる、静雄の悲しみが伝わってくる。

七月四日　この日、輝夫が東京美術学校日本画科を首席で卒業する。画号の「映丘」は、在学中に通泰が命名する。

七月九日　この日付けの静雄からの手紙が届き、慰問品として喜ばれている物を知らされる。手紙で知らせた、通泰が博士号をとったことや輝夫の絵の評判が高いことへの静雄の喜びが綴られている。

八月三日　戦地にいる花袋宛てに長文の手紙を書き、新聞の軽佻さを批判し、民主主義が発達している国ならば、とてもこんな思い切った戦争などできるはずがないと論じる。その手紙のなかで、文学から遠ざかり学問の世界に入る決意を述べる。

八月八日　横須賀捕獲審検所に出張し、ロシアの汽船タリヤ号捕獲事件の検定の立会いをする（官）。

八月一五日　この日あたり、「中農養政策」の感想が書かれた一四日付けの新渡戸稲造からの手紙が届く。

八月二九日　弟静雄から、ウラジオストックのロシア艦隊がほぼ壊滅し、海域がやや平穏になったため一時帰国したとのこの日付けの便りが届く。

一一月一日　長谷川長官との佐世保出張を命ぜられる。

一一月三日　捕獲審検所の出張で佐世保に向かい下関に夜遅くに着く。山陽ホテルで孝に明日佐世保に向かうと葉書を書く。佐世保滞在中に、上山満之進と会う。

一一月四日　早朝、佐世保に発つ。捕獲船冨平号を調べ、甲板で写真を撮る。

一一月八日　佐世保からの帰り、宮島に立ち寄り、孝宛てに「多くあそへり」と葉書を出す。

一一月一五日　この日付けの静雄からの手紙が届き、航海続きで食べ物に困っていると知らされる。

一一月二二日　麻布の龍土軒で開かれた「凡骨会」と名づけられた談話会に出席する。

一二月四日　第四師団第一九旅団長として日露戦争に出征中の安東貞美宛てに、この日付けの葉書を書く。

一二月七日　この日、高野山文書の抄録を始めていたものの「紀伊国那賀郡荒河荘記事　上・下」を写し終える。この後、明治四〇年までの三年かけて全七冊の「高野山文書研究」をつくる。

一二月九日　横須賀に出張し、ロシア帆船ポーブリック号捕獲事件を審査し、釈放を要求する抗議を棄却する。

この年、内閣文庫の蔵書『かくり世ごと』を筆写するなどし多くの蔵書を読む。また、この年、集古会会員となり、山中笑（共古）の存在を知る。

明治三八年（一九〇五）　三〇歳

一月一日　鼎、静雄ら七人の連名で、旅順陥落の日を記念して、布佐の竹内神社に桜の木五〇〇本を寄付し、この日付けの戦勝記念碑を建立する（完成は一〇月ごろか）。兄弟三人以外の建立者の大澤岳太郎は、のちに乾政彦の義父となり、もうひとりの井上二郎は、東京帝国大学時代からの旧友であった。

一月一二日　名古屋の捕虜収容所勤務の陸軍歩兵少尉小島文八宛てに、長文の手紙を書く。そのなかで、独歩を巡る出来事について、月末には名古屋に行くので、旅順の敗軍の将スミルノフに会い、尊崇の気持ちを伝えたいと述べる。その後、講演旅行のため、水戸に発つ。一七日まで滞在し、県会議事堂において産業組合についての講演をする。

一月一七日　帰宅する。

一月一八日　講演旅行のため、孝を連れて奈良に発ち、奈良ホテルに滞在する。一週間連続の産業組合講習会で、全国農事会幹事として檄文のような講演をする。

一月二一日　講習会の合い間をぬって、孝と共に唐招提寺と薬師寺に参拝する。

一月二二日　孝と大仏殿、春日大社を回る。

一月二三日　孝と法隆寺に参拝する。

一月二五日　孝と春日野を歩く。

一月二七日　京都に入り、銀閣寺などを回る。

一月二八日　博物館、祇園社を回り、孝と共に帰京の途につく。

一月二九日　朝、帰宅する。

一月三〇日　横須賀捕獲審検所に向かう。横須賀から花袋宛てに、捕獲事件の出張でこれから四、五日も忙しいと手紙を書き、苦悶している様子を伝える。

二月四日　一旦帰宅する。

二月五日　横須賀審検所の仕事が忙しくなり、四、五日滞在して帰宅するという生活が続く。八日、一旦帰宅する。

二月六日　六級俸となる（官）。
二月九日　横須賀に向かい、一三日まで滞在する。
二月一五日　横須賀に向かい、二〇日まで滞在する。
二月二二日　横須賀での仕事が忙しく、三月二六日までの長期滞在となる。
三月一日　この日、大日本産業組合中央会が設立され、講師となる。
三月一二日　一旦自宅に帰り、一高時代からの友人乾政彦が帰国したことを受けての帰朝歓迎会に出席する。
三月一三日　花袋宛てに、土曜会に出てくるようにと手紙を書き、生田葵山の住所を聞いたり、松浦萩坪の歌集『芳宜之古枝』の出版の話の催促をしたりする。そのなかで、近日中に横須賀に行くと伝える。
三月二八日　横須賀に向かい、四月一日まで滞在する。
四月九日　静雄が田尻愛子と結婚する（定）。
四月一〇日　横須賀に向かい、四月一八日まで滞在する。
五月　毎月の第一土曜日に自宅で集まりをもち、土曜会と呼ぶ。四月に上京してきた藤村らが出席する。
五月五日　田山花袋と弟輝夫と松浦萩坪の還暦記念歌集『芳宜之古枝』の出版について相談し、表紙絵を輝夫に頼む。
五月七日　藤村の三女縫子が、ハシカから急性脳膜炎となり、六日に亡くなったことを聞き、藤村宅にお悔やみにかけつける。
五月九日　横須賀に出張し、一年前の八月に捕獲と検定したロシア汽船タリヤ号の抗議について審査し、国際法上からも支障なしと検定する。
五月一〇日　引き続き、ドイツ汽船バロス号の捕獲事件の審査をし、捕獲と検定する（官）。またこの日、Fuchs の『Grundprobleme der deutschen Agrarpolitk in der』と Green の『Agriculture and tariff reform』を読み終わる。
五月二〇日　全国農事会（のちの帝国農会）幹事となる。
五月二一日　Rogers の『Business side of agriculture』を読み終わる。
五月二二日　横須賀に日帰りで行き、ドイツ汽船バロス号の捕獲事件の審査をして、解放すべきと検定する（官）。
五月二八日　乃木希典の肖像絵葉書に、「明治三十八年五月二十七、八日　日本海大海戦記念」と書く。
六月一日　横須賀に日帰りで行き、アメリカ貨物船タコマ号及び同船が搭載する牛肉などの貨物の捕獲検定に立ち会い宣告する。
六月六日　花袋宛てに、松浦萩坪の歌集『芳宜之古枝』の表紙や原稿についての相談の葉書を書く。このころ、同書の序文を書き、内容や装丁を決める。夜、庚子会にて、社会制沿革について話す（定）。
六月七日　横須賀に出張する（官）。
六月一〇日　西宮市にある海清寺の僧南天棒を訪ね、参禅する［平塚明子と一緒か］。
六月一四日　Simons の『American farmer』を読み終わる。
六月一八日　Pratt の『Oraganization of agriculture』を読み終わる。

七月一日　雑談会が開かれ、江木翼、藤村、中沢臨川、花袋、蒲原有明、武林夢想庵、独歩らと話し合う（定）。

七月一五日　雑談会で集まった者たちで、フランス料理店の龍土軒で会合をもつ（これまで、文学会、文人清話会、土曜会などと呼んでいた集まりを龍土軒で開くことが多くなり、のちに龍土会と呼ぶようになる）。

七月二六日　一橋の学士会館で開かれた第一高等中学校英予科二級四ノ組の同級会に出席する（定）。『芳宜之古枝』が出来上がる。

八月五日　龍土軒において土曜会が開かれ出席する。常連の他に小山内薫、乾政彦、菊地駒次、徳田浩司（近松秋江）らが参加する。

八月八日　横須賀に出張し、六月に検定したタコマ号の決定に抗議する弁護人と相立し反論を述べる。その後、孝と共に、長野から群馬の温泉巡りの旅に発つ。一六日までの間に、上諏訪温泉、下諏訪温泉、別所温泉、鹿沢温泉、磯部温泉と回り、峠や地名への興味が募る。

八月一六日　帰宅する。

八月二〇日　大学院を満期除名となる。

八月二三日　農商務省の嘱託として福島、栃木への出張を命じられる（定）。

八月三〇日　福島に入り、上田技師らと合流する。

八月三一日　宿から吾妻山を見ながら、「腹の工合はよくなり申候間御安心被下へく候」と孝に葉書を出す。伊達郡半田村で収集してきた石器や土器を和紙にくるみ、日付けと場所を書く。

九月一日　福島県会議事堂で行われた産業組合講習会に講師として出席し、七〇人あまりの前で講話をする。その後信夫郡庭坂村にて山林原野や購買組合の状況を視察する（新）。

九月二日　風邪気味のなか、県庁での昼食、信夫公園散策、夜、ホテルでの学士会に出る。

九月三日　午前中、講話したあと、午後、信夫郡飯坂町に行き、同町信用組合を調査する。

九月七日　一週間にわたる講習会を閉じる。講話が評判を呼び、日を追うに連れ参会者が増える。郡山に泊まる。

九月八日　石筵の県種馬所で駒せりを見て、県の産馬技術官関口の案内で猪苗代の湖岸を通り、三代村（現、郡山市湖南町三代）のせり庭を見に行く。

九月九日　せり庭を見学したあと、岩瀬郡長沼を経て須賀川町に出て、市で借りた馬に乗り、勢至堂峠を越え白河へ向かう。白川の柳屋に泊まる。「福島県林野実情」として報告。

九月一〇日　宇都宮郊外の平石村に柳田地名を発見し訪ねるが、役場で柳原新田の略だと言われてしょげ返る。柳光寺の観音像を見て、観音堂と思いこむ。

九月一二日　帰京する。

九月二一日　法科大学から、大学院の満期除名の葉書通知が届く（定）。

一〇月四日　この日、山岳会が結成される（四月に会員となる）。

一〇月一六日　レクラム文庫版の Turgenjeff, Iwan の『Das Gnadenbrot』を読み終わる。

一〇月一七日　孝宛てに軽井沢愛宕山の絵葉書を出す。
一〇月二〇日　レクラム文庫版の Olden の『Erträumt』を読み終わる。
一〇月二六日　レクラム文庫版の Laube の『Eine vornehme Ehe』を読み終わる。
一〇月三〇日　大日本産業組合中央会の代表として愛知、静岡への講演と、水利組合視察出張を命じられる（定）。
一〇月三一日　名古屋市の愛知県庁で開かれた産業組合役員協議会に講師として出席し、「産業組合に就いて」を講演する（報）。その席で、大日本産業組合中央会愛知支会設立にむけた協議会が作られる。名古屋から孝宛てに二枚の絵葉書を出し、その一枚に、忙しくて病気のことは忘れてしまったと書く。もう一枚は、眼の見えない猫の写真の葉書で、「あはれこのめしひのねこハうまれけん　時も処も知る人なくて」と書く。
一一月　この月、大日本産業組合中央会の講師を引き受ける。
一一月一日　この後、一週間ほど愛知県下の水利組合を視察する。行程は、安城まで汽車で行き、明治用水を見て挙母に泊まってから、枝下、足助に向かう。
一一月四日　足助から伊勢神峠を越え、北設楽郡稲橋村の豪農古橋家を訪ね、当主であり、郡長でもあった古橋源六郎義真から平田国学の思想に裏付けされた「深い仕事」について聞く。また、木地師の集団の頭であった大蔵権右衛門と古橋家の関係に興味をもつ。孝宛てに、宿屋がない所なので、山崎家に厄介になるかもしれないと葉書を書き、帰京の日が二、三日遅れると伝える。
一一月五日　古橋家で借りた馬に乗り、木地屋が移住したと言われる段戸山に登り、種馬場を見る。三州街道を武節で分かれて上津具村の山崎珉平宅を訪れ、病気療養中の長女とし（敏子）を見舞う。敏子は、東京女子大学に入学した時から身元引受人となり気にかけていた。「どこかに静かな海岸はあるまいか」とつぶやいた敏子の言葉に心が痛む。その夜は、山崎家に泊まり、山崎家に残る木地屋騒動の記録を見せてもらう。
一一月六日　珉平と共に、郡の植林地や山崎家の山を見て歩き、珍しい話を多く聞く。田口、海老、大海、新城と下ってくるに連れ、振り返ると後ろの山々が幾重にも重なり、敏子の言葉を思い出す。
一一月一二日　帰京する。
一一月二六日　午後一時から、上野の東京音楽学校大講堂で開かれた「二宮尊徳翁五十年会」に参加し、農商務大臣兼内務大臣清浦圭吾の挨拶のあとの貴族院議員桑田熊蔵の報徳主義と信用組合制度の関係性を説いた講演を敬聴する。書物一三点の記念品をもらう。
一一月三〇日　横須賀捕獲審検所の事務が終了する（定）。
一二月　このころ、『閲微草堂筆記』、『農業と産業組合』、モーパッサンなどを読む。また、この年は、旅行で自宅に不在の日数が九四日に及んだ（定）。この年の秋の報徳会の会合で平福百穂と初めて会い、百穂の父穂庵の絵は少年のころからよく見ていたと自己紹介をする。この年、大審院第二民事部判事であった義父直平が退官する。従四位勲三等、年俸四〇〇〇円であった。またこのころ、新々亭において通泰と山県有朋と歓談する(伝)。

一二月二日　土曜会に出席する(定)。

一二月三〇日　興津に向かう。

明治三九年(一九〇六)　三一歳

一月一日　暮れから逗留している静岡県興津東海ホテルから孝宛てに絵葉書を出す。「うと浜のなぎさの波のたちかへり　むかしの春をしのぶけふかな」や、姉の貞や山崎珉平の敏子宛ての葉書に「海にゐてみ山恋しといふ人に　つげばや津具の旅寝がたりを」の歌を書き、後日、松浦萩坪の加評を受ける。「海にゐて」の歌は、三保の海岸で大勢で話をしていた時に、海より山の方がよいと言い出した者がいて、津具の山中で病気療養中の山崎敏子が、静かな海に行ってみたいと言っていたのを思い出して詠んだ歌であった。興津に逗留中、掛川の報徳本社を視察し、「報徳会と信用組合」を講演する。この時の講演と質疑がきっかけとなり、岡田良一郎と論争が始まる。この日付けで、引き続き大日本産業組合中央会講師と発表される。滞在中に、柿崎正治と語り合う。

一月一三日　帰宅するが、この後、腹を痛めるなど体調を崩し、この月の下旬、上総一宮の海辺の宿で療養する(後狩)。

一月一四日　Quaintance の『Influence of farm machinery on production and labor』を読み終わる。

一月　この月、河上肇が『日本農政学』を刊行し、その序において感謝の言葉を述べられる。

二月八日　自宅で、家の会とか土曜会と名づけた会を催し、江木翼、田山花袋、柳川春葉、戸川秋骨、徳田秋声、小栗風葉、カルスロップ、磯部中尉らが集まる。いなりずしや茶碗むしなどを食べながら語り合う(日現)。

二月一七日　Irvine & Alpers の『The Progress of New Zealand in the Century』を読み終わる。

二月二六日　内閣記録課で、フィリピン・シャム(タイ)に関する本を購入する。

三月一日　姫路に住む安東菊子宛てに葉書を書き、菊子の母方の伯父である桂園門下の桜井春樹について没年月日などを尋ねる。二通目の絵葉書に、二月に来日したイギリスのコンノート親王の歓迎の写真を使う。

三月三日　自宅で土曜会を開き、黒坂達三らと語り合う(定)。

三月一一日　報徳会の集まりに出る。

三月一三日　体重を測り、一二貫六八〇匁(着衣のまま)。この日、美濃郡上の深山で、子供を殺した山番の老人の特赦がある(のちに『山の人生』の冒頭の文となる)(定)。

三月二五日　島崎藤村が、『破戒』を自費出版する。

四月　この月、山岳会に入会し、会員章六七番となる。また、産業組合法が第一次改正され、信用組合の兼営が法認される。

四月一日　甥の矢田部雄吉を連れて、八時三五分上野発の汽車に乗り、柳田家の先祖の地、栃木県東部を歩く旅に出る。一時半、石橋駅を降りて東に向かい、河内郡明治村の天台宗浄光寺に寄り、住職と語らう。上三川の白鷺神社と普門寺を参拝し、普門寺の住職から柳田家の話を聞く。もとは柳田一門の本家と言う岡田雄次郎を訪ね、話を聞いてから、鬼怒川を渡り真岡に向かう。夜、三四年に会ったことのある郡長の青木浦次郎を訪ね、郡内の土地利用について話を聞き記録する。この日、捕獲審検所が廃止され、残務調理を命じらる（履）。勲六等授単光旭日章の授与と日露戦争の「従軍記章」の授与が発表され、六〇〇円を受ける（官）。

四月二日　郡役所の大貫の案内で真岡の町を見て歩く。二宮尊徳の桜町陣屋や真宗高田道場（高田山専修寺）が近くにあるが訪問できず、残念に思う。宮司が柳田姓であった大前神社を訪ねるが、外出中で会えず、氏子総代の水沼滝蔵から話を聞く。名代官と言われた山内薫正の頌徳碑である「山内明府功徳碑」を見る。小山春山による碑文には、二宮尊徳らをつかって田畑の開墾や道路の整備、義倉の設置などの施策が書かれていた。その後、益子に行き、陶芸の話を聞き記録する。赤羽、市塙、続谷と人力車に乗り、歩いて岡を越える。途中、開墾地の中に建つ開田の碑を見る。また、郡会議員石川峰吉の家を訪問し、蒐集した石器類を見せてもらい、畑で石鏃や土器を拾う。夕方烏山に着き、天保の大飢饉の折、救済に尽力した天性寺に立ち寄り、浄土宗善念寺を訪ねあて、過去帳のなかに堀家に仕えた初代柳田与兵衛の名を見つける。翌日、回向を頼むことにして、三階旅館叶屋に泊まり、按摩を頼み休む。

四月三日　早朝、再び、善念寺を訪ね、境内で偶然に先祖の墓石数基を見つけ、供養する。墓の管理をしてくれていると言われた饅頭屋青木家を住職と共に訪ねる。先祖が、柳田家から頼まれ、代々墓所を守っていると聞き、長い間の好意に感謝し、今後のことも頼む。午前九時に烏山を出て、喜連川から人車鉄道で氏家駅に行き、一二時五八分発の列車に乗る。車内で県の部長二人に会い、今回の旅の目的と成果を話す。五時に自宅に戻り、早速、父直平に報告し喜ばれる。

四月四日　横須賀捕獲審検所残務事務取扱の辞令を受ける（定）。

四月七日　自宅で家の会を開くが、来たのは、徳田秋江と正宗敦夫だけであった。夜、大学の同窓会、三々会に出席する（定）。

四月九日　報徳会評議会に出席する。

四月一一日　菊地駒次、乾政彦、今村幸男らと食事をし、小田原神社の絵葉書にそれぞれが言葉を書き込み孝に送り、自分は「今朝ハ失礼いたし候」と書く。またこの日、Nicholson の『Rates and taxes as affecting agriculture』を読み終わる。

四月一五日　『早稲田文学』五月号に載せる、藤村の『破戒』の批評を書く（定）。

五月　妻孝が重いチフスに罹り、一時、主治医の青山医師からも見放されるほどになるが、神仏にも祈願できないほどの生活を情けなく思う。また、この月、『集古会誌』の会員名簿に、関心をもっていることを「天狗」と書く。また、内閣記録課の書庫で読書し、『水虎考略』などを借り出し、写本する。

五月四日　田山花袋の家を訪ね、島崎藤村に連れられて来ていた神津猛に初めて会う。夏には、神津のいる志賀村を訪ねたいと話す（猛）。

五月一二日　集古会の第五八回の集まりに出席する。この席で、山中共古と出会う。

五月二一日　McCarthy の『Land purchase and the future prices of farm produce』を読み終わる。

六月　このころ、森鷗外、賀古鶴所が幹事となり、山県有朋の影響の強い常盤会が結成され、通泰が選者となる。

六月一〇日　「紀伊国阿立河荘記事　全」を写し終え、「高野山文書研究　二」とする。

六月一一日　大田蜀山人の『調布日記』三冊を読み終える（定）。この日、中央東線が塩尻まで開通し、自宅近くの駅、飯田町から長野までの直通運転が始まる。

六月一五日　Balfour の『Economic notes on insular free trade』を読み終わる。

六月一六日　龍土軒で開かれた龍土会に出席する（定）。

六月三〇日　赤坂溜池町にある大日本農会会堂で行われた同会第一〇四回小集会で、「都鄙問題に関する私見」を講演し、家の永続や「ドミシード（家殺し）」の話の中心に「祖先の意思」があることを強調する。終了後、会報三〇〇号刊行祝賀会に出席する。この講演は、のちに、「田舎対都会の問題」と改題して、『時代ト農政』に収める。

七月　このころ、日本農芸学会の通信教授となり、「農学」を講義する。

七月七日　花袋が幹事となって開かれた、群馬県邑楽郡川俣の田中屋、通称「土手の家」での龍土会に参加し、徹夜で飲みあかす。

七月九日　長谷川喬元長官らと共に、捕獲審検所の「残務調理免」の辞令を受ける（履）。

八月六日　長野、新潟、群馬への旅行に発ち、上諏訪、下諏訪から赤倉と温泉を巡り、長野に出て、別所、上田から磯部に回る。この時、「田代軽井沢」などの地名の問題に改めて気付く。一六日に帰宅する。

八月二一日　北海道への出張を命じられる（官）。

八月二二日　床次竹次郎内務省地方局長と共に東京を発つ。仙台菊平旅館に宿泊する。

八月二三日　県庁、市役所を訪れ、凶作救済状況について聞き、その後、早川市長の案内で物産陳列場、仙台育児院、製糸工場、羽二重精練場などを視察する（新）。

八月二四日　朝五時三〇分発の列車で仙台を発ち、盛岡に向かい、途中視察のため小岩井農場に立ち寄る。夜、宿泊先の旅館で按摩から「天狗の話」を聞く。

八月二五日　青森でネブタ流しを見学した後、深夜、津軽海峡を渡る。

八月二六日　函館に着く。

八月二七日　函館市内の区役所、支庁、病院、船渠などを視察する。

八月二八日　小樽に寄り、最終列車で札幌に向かう。札幌着午後八時四五分。山形屋に投宿する。

八月二九日　道庁にて北海道事業計画案について質問する。その後、札幌区内官公街会社等を視察する。九月一日に札幌に入る予定の荒井賢太郎大蔵省主計局長が来るまで、札幌に滞在することになる。

八月三〇日　樺太民政長官熊谷喜一郎から、樺太出張要請の電報があり、この日、出張を命じられる。軍人を除く役人として、一番早い樺太入りとなる。

八月三一日　札幌発一番列車にて、岩見沢に向かい、角田、登川両村を訪ねた後、夕張で一泊する。後に「由仁角田のあたりは一望の稲田」と触れる。一行のメンバーは、床次地方局長、荒井大蔵省主計局長、佐々木札幌税務監督局長で案内は、大塚、横山の二人の道庁事務官であった。

九月一日　室蘭に入る。

九月二日　夕張の坑務所などを視察したあと、木暮旅館で休み、終列車で札幌に戻る。

九月三日　札幌区役所を訪れる。

九月四日　荒井主計局長と共に、妹背牛から留萌に入り、築港予定地を視察する。

九月五日　旭川に入り、三浦屋で休憩した後、十勝線で落合に向かう。菅江真澄も訪れたペケレベツ高原（十勝清水）に入る。ヒトマップ村から花袋に葉書を出す。

九月六日　帯広から汽車に乗り、釧路の築港予定地の視察に向かう。途中、白糠の浜で、アイヌの人たちが、昆布を干しているのを見る。

九月七日　大雨のなか、釧路から帯広に戻る途中、昨日見た白糠の浜の昆布を見て、「たまさかにとりてほしたるしらぬかのあいぬがこぶをぬらす雨ふる（かな）」の歌を詠む。帯広の試験場を見学したあと、伏古のアイヌ学校を訪れ、伏根弘三の話を聞き、共感する。この日、東京の留守宅では、安東菊子に会いに来た松波遊山が泊まる。

九月八日　十勝地方の視察を終え、馬車で十勝清水まで行き、駄馬で狩勝峠を越え旭川に戻る。森製軸所、酒精会社を視察後、三浦屋に投宿する。

九月九日　朝、同行一一人と別れ、六時一〇分発の列車で小樽行きの列車に乗る。ニューヨーク駐在総領事内田定槌と同乗し、時が経つのを忘れるほど話をする。夕方札幌を発ち夜七時ごろ小樽越中屋に着き、一〇時、上川丸に乗船する。

九月一〇日　朝四時に出航し、稚内で一時停泊し、夜一〇時半出発する。

九月一一日　アニヴァ湾のコルサコフ（大泊）に着く。熊谷喜一郎長官と馬車で市中を一巡し、民政署で人々に会う。

九月一二日　周辺を歩く。夜、楠瀬幸彦守備軍司令官宅に招かれ、浅野経理部長や浦野憲兵隊長らと食事をする。クラブにて熊谷長官とビリヤードに興じる。

九月一三日　宿舎で書類を読む。夜、熊谷長官の招きで第一亭という店で楠瀬らと飲む。民政署の田村技官から、石器をもらう。

今村幸男からの絵葉書が届く。この日、松波遊山が急逝する。享年七七。二六日に牛込河田町の月桂寺で葬儀が行われる。

九月一四日 ソロイヨフカ（南貝塚）の種畜場を視察し、周辺にコロボックルの遺跡が多いことに興味をもつ。種畜場で働く吉川に、磨製石斧をもらう。東京帝国大学の動物学者、飯島魁が、多くの遺物を持ち帰った話を聞く。ミツリヨフカ（中里）で昼食をとり、リストウエニチノエ（唐松）からホムトフカ（清川）に出て、ウラヂミロフカ（豊原）に七時に着き、竹田通訳の官舎の部屋に泊まる。

九月一五日 一年前のロシア軍との戦いのあとが残るルゴウォエ（草野）、ノオエアレキサンドルスコエ（小沼）、ベレズニヤキイ（富岡）を経て、ガルキノウラスコエ（落合）という淋しい村の出張所で金沢出身の東という男に会う。「快男子」「此島に来てうそをつかぬ男を始めてみたり」と日記に書く。この村で多くのアイヌの人々を見て、さらに北に進みマロエタコエに泊まる。この日発行の『明治四十年度早稲田大学講義録之栞』の政治経済科学課表で農政学の講師として名前が載る。

九月一六日 ドブキイ（栄浜）に向かい、ニコライエフスコエの近藤太郎やナイブチ（内淵）の仙徳清之助、ロシエの中島宗太などアイヌの人々に会い、仙徳の若い時の写真を見て、「まるで日本人のやうなり」と記し、「竪穴あまたあり」と書く。

九月一八日 ブリヂネエからトロイツコエに行き、農作物の試作場を見る。ウラヂミロフカの宿で一緒になった者から、山々の奇談を聞き、「おどろくやうことばかりなり」と記す。

九月一九日 再び、ミツリヨフカで昼食をとり、ソロイヨフカからペリワヤパーチ（一の沢）の山道を通って帰る。途中、吉川の案内で貝塚を見る。掘ってみるが、丘の上から骨製の針だけを見つける。その後、漁場の入札に立ち会う。

九月二〇日 天晴丸でマウカ（真岡）に向かう。

九月二一日 五時にマウカに着く。宿屋がいっぱいのため、金沢辰次郎の商店に泊まる。

九月二二日 風強く船が出ないので、マウカ市内を散歩し、ロシア風家屋や畑を見る。

九月二三日 コルサコフの視察を終え、ウラヂミロフカ、ガルキノ、ナイブチ地方を経てセラルコに向かうため出発する。

九月二四日 町民からの陳情を受ける。

九月二五日 クシュンナイ（久春内）の沖に着くが、波が高く上陸せずに引き返す。

九月二七日 コルサコフに上陸し、昼食時に来島中の政友会の議員らと会う。セラルコ方面に向かうため出発する。

九月二八日 馬に乗り、ウゴリナパチの試作場を見に行く。嘱託の辞令を受ける。

九月二九日 竹田通訳から面白い北洋の話を聞く。

九月三〇日 釧路丸で来た井上勝子爵を第一亭に招待し、酒宴をもつ。

一〇月一日 ガルキノの東が辞めさせられると聞き、自分に原因があると気にかかる。風が強く、初雪が舞うなか、視察を終え、小樽に向かう船に乗船し、コルサコフを発つ。同船した井上子爵と戦後政治を論じたが、笑って聞いていてくれていた子爵が実は子を亡くした悲しみを紛らわすための旅であったことをあとから知る。

一〇月二日　小樽に着き、越中屋に投宿する。コルサコフの横田らに手紙を書き、家に電報をうつ。夜、富山から来た漁業者の大坪という人と話し、「よき男なり」と日記に書く。

一〇月三日　小樽で築港等の視察をする。

一〇月五日　札幌農学校、農事試験場や農園の視察をする。

一〇月六日　岩見沢、新十津川、砂川、留萌、増毛を視察するため朝札幌を発つ。途中から友人の中川健蔵道庁事務官（のちの台湾総督）と合流し、一週間ほど一緒に道内を回る。この日、高等官五等、五級俸となる。

一〇月七日　模範町村であった樺戸郡新十津川を視察する。その後、砂川、留萌、増毛を視察し、汽車と馬で倶知安に行く。

一〇月二〇日　帰京途中の青森から秋田の間で病気になり、やっとの思いで帰京する［青森図書館五日と定本年譜にあるが無理］。

一一月一一日　花袋宛てに、一四日の夜、会をもつので六時ごろ来てほしいと葉書を書く。

一一月一四日　自宅で開いた会に花袋らを招待し、樺太や北海道の土産話をする。

一一月二〇日　従六位となる。

一二月一〇日　龍土会で会食しているだけでは物足りなく感じ、岩野泡鳴と来年二月からイプセン会を開こうと相談する。

一二月二二日　柳光亭で開かれた龍土会納会に出席する（定）。

一二月三一日　この年の日記の最後に、「この年はとにかくよく生きたり、二ケ月の旅行を除きて十ケ月の間にも大分の本をよみたり」「内部には新しき思想の萌芽繁しこりを物にせではやまじ」と書く（日現、文庫）。

明治四〇年（一九〇七）　三二歳

一月一日　全国農事会の幹部として名簿に載る。また、引き続き、大日本産業組合中央会の講師として発表される。

一月六日　新年にあたって、題詠「松」の歌を四首と旅の歌四首を詠み、萩坪の評を受ける。

一月一〇日　「紀伊国那賀郡三箇荘記事」を写し終え、「高野山文書研究　三」とする。

一月二二日　報徳会事務所で開かれた第一回例会で、樺太と北海道の視察報告をする。参加者は横井時敬、金原明善、留岡幸助らで、金原との初めての出会いとなる。午後六時から始まり、和歌山県有田郡の耐久学舎の報告を聞き、食事と真龍斎貞水の講談を聞いたあと、九時半から話し、終了したのが一一時となる。

一月二三日　学士会館で開かれた社会政策学会の例会に出席し、小作料物納維持の桑田熊蔵と論争し、金納論を主張する。夜、報徳会で北海道旅行談を話す。この席で、金原明善に初めて会う（定）。

一月二七日　萩坪を訪れ、歌の指導を受ける。
一月三一日　「紀伊国那賀郡名手荘記事」を写し終え、「高野山文書研究　四」とする。
二月一日　前年の暮れから岩野泡鳴と準備していたイプセン会の一回目の会合を、一橋の学士会館で開く。岩野の他、田山花袋、蒲原有明、島崎藤村、長谷川天渓、小山内薫、近松秋江、前田晁、柳川春葉、中島孤島らと、イプセンの『幽霊』について語り合う。以後、毎月、第一金曜日に会をもつことになる。
二月七日　三会堂で開かれた全国農事会幹事会に出席し、各地農会の中堅幹部の報告を聞く（定）。
二月一二日　Pratt の『Transition in Agriculture』を読み終わる。
二月一四日　報徳会第二回例会で新渡戸稲造の「地方の話」の講演を聴き、新渡戸の提唱する地方学に強い影響を受ける。講演の前、新渡戸を囲んで沢柳政太郎、留岡幸助、岡田良平ら三〇人あまりと食事をする。
二月二七日　東京帝国大学の同窓会、三々会に出席する。
三月一日　第二回イプセン会に出席し、引き続き『幽霊』を読む。
三月二日　国会に行き、衆議院での郡制度廃止案の審議を傍聴する。
三月四日　『文章世界』の記者に、論文にも写生文の心持ちを入れたいことを話す。
三月一六日　Bosanquet の『The Family』を読み終わる。
三月一七日　萩坪宅での歌会「萩園会」に参加し、「池塘春草」「梅林朧月」などの題詠の歌を詠み、指導を受ける。
三月二四日　龍士会に出席する。
四月　鼎が、千葉県東葛飾郡医師会の初代会長となり、同時に日本赤十字社の特別社員となる。
四月五日　第三回イプセン会に出席し、『ロスメルスホルム』を読む。この会から、大学時代からの友人、乾政彦が参加する。
四月六日　静雄の妻愛子が亡くなる（定）。「和泉国日根郡近木荘記事」を写し終え、「高野山文書研究　五」とする。
四月九日　学士会館で開かれた報徳会評議員会に出席する。
四月二〇日　鮫洲の川崎やで開かれた、龍士会に出席する（定）。
四月二二日　「紀伊国日高郡南部荘記事」を写し終え、「高野山文書研究　六」とする。
四月二五日　Nicholson の『Relation of Rent, Wages and Profits in Agriculture』を読み終わる。
五月三日　第四回イプセン会に出席するが、参加者が三人だけだったので、流会となる。
五月九日　Melline の『Return to the Land』を読み終わる。
五月一〇日　夜七時から帝国教育会で行われた報徳会講演会で、次兄通泰の講演「蕃山先生伝」を聞く。
五月一二日　講演のため川越に行く（後狩）。
五月一七日　新潟、山形、秋田三県への出張を命じられる（官）。
五月一八日　農商務省会議室で開かれた、同省が主催する第二回産業組合講習会で、「産業組合の歴史」を講演し、自分が研究してきた三倉制について述べる。のちに、「日本に於ける産業組合の思想」と改題し、『時代ト農政』に収める。

五月一九日　日曜、妻孝を連れ新潟から山形、秋田への視察、講演旅行に出る。朝八時二〇分上野発の汽車で武蔵本庄に向かう。夜高田に着き、清香園別邸に宿泊する（報）。

五月二〇日　中頸城郡役所で産業組合について講話し、農学校を視察して柏崎の天野屋京兵衛方に宿泊する。

五月二一日　柏崎中学校を参観し、刈羽郡役所で産業組合について講演をし小千谷山田屋に泊まる。

五月二二日　片貝の浄照寺で講話し、来迎寺の高橋九郎の山荘に泊まり、「世のためにはたらく君かまれに来て　やすらふやどよたのしくあらなん」の歌を詠む。

五月二三日　加茂の農林学校で講演をして、長岡の山本宅に泊まる。

五月二四日　長岡市の女子師範を視察し、商工会議所で産業組合について講演をする。

五月二五日　車で与板の小学校に行き、講演し、新潟市内の篠田旅館に泊まる。

五月二六日　新潟市役所で産業組合について講演をする。

五月二七日　新潟に留まり、物産陳列館を見学する。新潟中学校の校長長沢市蔵は、郁文館中学校時代に英語を教えてもらった先生であった。

五月二八日　西蒲原郡巻町から人力車で三条町に入り、相生町の越前屋旅館に泊まる。

五月二九日　朝、本成寺村の外山且正が訪ねてきて、無理に短冊に歌を書かされる。この後、県の職員の案内で、裏館村の耕地整理の状況を視察したあと、寺の本堂で講演をする。宿に戻る前に書店樋口屋に立ち寄り、主人と話す。夜、その主人が宿に訪ねてきて、ゆっくりと話す。

五月三〇日　三条駅九時四八分発の列車で新津に向かい、新津の郡役所で講話をする。

五月三一日　濁川村を経て新発田に入り、長谷川旅館に宿泊する。

六月一日　郡役所で、小作組合の話を講話する。第一高等学校の友人、新発田中学校の教頭幸田文時との再会に驚く。

六月二日　車で、岩船の瀬波に向かい、松山の温泉場に泊まる。

六月三日　村上の郡役所と貯蓄銀行祝賀会とで講話をして、赤阪屋小一郎方に泊まる。

六月四日　葡萄峠を越えて、鼠ヶ関から温海に入り、越後屋清左衛門方に泊まる。

六月五日　豊浦村三瀬を経て、鳥海山を見ながら鶴岡に入り、伊勢屋に投宿する。この間、西田川の海岸線を歩き、佐藤・五十嵐の姓の境界があることに気づく。

六月六日　羽二重同業組合で講演したあと、広瀬村で信用組合の話を聞く。

六月七日　酒田に入り、山居倉庫を視察する。この日、イプセン会の定例会であったが、旅行中のため中止となる。

六月八日　人力車に乗り、吹浦から象潟の蚶満寺で記名をし、本荘に入り小園に泊まる。

六月九日　郡役所で講話をする。

六月一〇日　人力車で横手まで行き、横手から汽車で秋田に入る。

秋田の県会議事堂で講習会を予定していたが延期となる。小林旅館で、下岡知事と懇談する（新）。

六月一一日　北秋田郡扇田町に向かい、小学校で講演し大滝温泉に泊まる。

六月一二日　秋田に戻り小林旅館に逗留する。この時、秋田の紺木綿の着物についての話を聞きとる。

六月一四日　汽車で山形に入り、東村山郡志戸田の信用組合や物産陳列場を視察し、明治三五年にも泊まったことがある後藤旅館に泊まる。

六月一五日　東置賜郡興郷の購買組合を視察し、米沢の茜屋に泊まる。これらの視察の報告を、後日「地方の産業組合に関する見聞」としてまとめる。

六月一六日　米沢で上杉神社を参拝したあと、お土産の桜桃を一籠買い、午前九時半の列車に乗る。途中、氏家駅で乗って来た笹川臨川と一緒になり、夜八時半上野に着く。

七月七日　家蔵の系図や読書と写本記録、荘園制度研究の時代区分と研究資料などをまとめて綴り、「困蟻労程　第四」とする。

七月八日　六時から帝国教育会で開かれた報徳会講演会例会に出席し、文部省視学官乙竹岩造の「独逸国民の性格と勤倹の美風」と農商務省技師の吉田哲太郎の「日本商工業の欠点」の講演を聞き、八月に小田原で開く夏季講演会の打ち合わせをする。

七月一〇日　大日本農会より新渡戸稲造、横井時敬らと共に農芸委員に委嘱推薦される（報）。

七月二〇日　Collins の『The New Agriculture』を読み終わる。

七月三〇日　東京勧業博覧会の三井物産会社の出品を見に行く。三井の事務所にひやかしに来たと自分宛ての葉書を書く。

八月一日　三日からの報徳会夏季講演会の準備のため小田原小伊勢屋旅館に滞在し、連夜、寝る時間も惜しんで会の成功のため尽力する。

八月二日　小田原から孝に葉書を出す。

八月三日　小田原の県立第二中学校で開かれた報徳会夏期講演会に講師として参加する。この日は当初「村是の実行」を講演する予定であったがとりやめ、内務省書記官中川望と共に、会の運営に気を配り、多数の参加者の面倒をみる。この会で初めて高木誠一に会う。夜、八時からの懇話会を取り仕切り、井上友一内務省参事官の開会の挨拶をはじめ、地方からの参加者を紹介し報告を受ける。この日、通泰が、御歌所寄人に選ばれたことが発表される。

八月四日　第二会場において、「貯蓄の要件」を講演し会終了後、東京から来る養父母と妻孝と待ち合わせ、箱根湯本に泊まる。

八月五日　養父母と妻を伴い、人力車を雇って箱根に登る。途中、講習会の運営を手伝っていた平福百穂が徒歩で登ってきて、休む度に何度となく会う。芦ノ湖畔の宿はふや旅館（箱根ホテル）に逗留する。この間、講演会に参加していた岡山県から来た松浦萩坪門下の友人小野節と同宿となり半日語り合う。また、宿に、箱根町、元箱根村、芦の湯村一町二村（組合町村）の組合長、松岡広吉が訪ねてきて、勤労や町の産業振興の方策を話し合う。

八月六日　囲碁や昼寝をしてのんびり過ごし、小野節と記念の寄せ書きを書き、正宗敦夫に送る。この日、通泰が、御歌所に出仕する。
八月七日　滞在中、朝早く起きて、湖に出て、鱒釣りの漁を見たり、小船で湖尻まで行って景色を楽しんだりし、「忘れめや高嶺の海の釣船に　からかささしてパン食ひし日を」の歌を詠む。
八月八日　芦ノ湖を望みながら、イプセンの『稚きアイョルフ』を再び読む。
八月一〇日　三島裾野に降り、箱根で別れた小野節に絵葉書を出す。次の日、皆で自宅に戻る。
八月二一日　イプセンの『ヘッダ・ガーブラァ』を再読了する。この日、勲六等に叙せられる（定）。
九月　この月、雑誌『新小説』に発表された花袋の「蒲団」を読み不快に思う。のちに、「あんな不愉快で汚らしいもの」「批評を読むのさえいや」と述べる。この月、中央大学経済学科の講師に就任し、経済学科第二学年の農業政策を担当する。
九月六日　信州旅行に発ち、北佐久郡御代田の篠沢旅館で一泊し、神津猛に明日訪問したいと手紙を書き、使いに来た者に持たせる。また、宿でいろいろな土地の話を聞く。
九月七日　志賀村の神津猛を訪ねる。途中の根通寺坂で、迎えに来た神津猛、得一郎親子と会い、種馬所を見学した後、神津家に入る。絵葉書やマッチのレッテルの蒐集話をしたり、神津の写真を見せてもらったり、峠の道の話などを聞いたりする。
九月八日　山中共古から聞いていた「加賀様の隠し路」と考えられる十石峠（白井峠・大日向峠）を越えたかったが、台風のため諦める。朝七時半馬で出発し、志賀越を通って下仁田に降りる。そののち、藤岡、児玉、寄居を経て、九日に帰宅する。この時の峠越えの体験が、のちの「峠に関する二、三の考察」や「信州の出口入口」になる。
九月一〇日　『早稲田文学』の記者の訪問を受け、取材に応じる。
九月一三日　学士会館で開かれた第五回イプセン会に出席し、『ヘッダ・ガーブラァ』の合評をする。出席者は、岩野泡鳴、吉野臥城、正宗白鳥、長谷川天渓、田山花袋、蒲原有明、近松秋江、前田木城、三津木春影、小山内薫らであった。この会に初めて参加した吉野臥城がこの時の様子を書き、「晩餐」と題してのちに発表する。
九月一六日　この日から、毎週月曜日、中央大学で農政学の講義を始める。
九月二一日　松波遊山の一周忌法要が松浦萩坪と通泰の連名で牛込の月桂寺で行われ参列する。「つくづくと君が昔のねざめまで　おもひやらるこほろぎの声」の追悼歌を詠む。
一〇月　この月、かねてから療養中の山崎珉平の娘敏子が若くして亡くなったことを知り、「海にゐて深山恋しという人に　つげばや津具の旅寝がたりを」の歌を詠む。
一〇月四日　学士会館で開かれた第六回イプセン会に出席し、前回に引き続き、『ヘッダ・ガーブラァ』の合評をする。出席者は、花袋、天渓、白鳥、泡鳴、木城の六人と少なかった。
一〇月五日　萩坪宅を訪れ、猪苗代の歌などの旅先で詠んだ歌の評を受ける。
一〇月九日　四級俸になる（官）。
一〇月一三日　日曜日、午後二時から開かれた帝国教育会での報徳会講演会に出席し、外崎覚の「山鹿素行の行事」、菊地男爵の「外遊見聞談」、井上文学博士の「道徳と経済」の講演を聞き、晩餐会に出る。
一一月一日　学士会館で開かれた第七回イプセン会に出席し、『野鴨』の合評をする。この会から、岡村千秋が参加する。他の出席者は、天渓、花袋、泡鳴、白鳥、春影、薫の他に中島孤島、西本波太らであった。
一一月四日　大学での講義を終えて帰った気晴らしにブドウ酒を飲み、酔った勢いで、岡山にいる歌仲間の小野節宛てに、マッチ収集も「虚名いたつらに高く」なって滑稽なこともあると述べたあと、松浦萩坪の岡山行きのことや、萩坪と通泰との確執も心配しなくてよいことなどを吐露する手紙を書く。
一一月五日　Kaminsky の『Tourgenjeff and his French Circle』を読み終わる。
一一月一三日　朝、メーテルリンクの『ジョアゼル』を読み終える。
一一月一五日　鼎の長女文子が、古沢房治に嫁ぐ。
一一月二一日　笹森儀助の『南島探験―一名琉球漫遊記』（笹森儀助、明治二七年）を読み終わり、「ナイブなるかきさまにて身にしむこと多し、面白き書なり」と日記に記す。この後、内閣文庫にある奄美、沖縄関係の文献をよく読む。
一一月二三日　この日から二五日まで、全国農事会の第一五回総会が開かれ、帝国農会の法認が決議される。
一一月二六日　郁文館中学校の同窓会、旧友会に出席する。
一二月　この月、中央大学から、原稿についての電話がくる。このころ、テオフィル・ゴーチェの作品を夢中になって読む。とくに、ハーンも褒めている『アリマ・マルセラ』がよかったと述べる。
一二月六日　学士会館で開かれた第八回イプセン会に出席する。出席者は、天渓、泡鳴、白鳥、秋江、千秋らで、前回に引き続き『野鴨』の合評をする。翻訳者の倉坂が来ていたので、オットー・ブラームの『イプセン研究』の中の「野鴨」に関する一節を朗読するよう頼む。この会から秋田雨雀が加わる。
一二月一四日　賞与として一〇〇円が支給される。
一二月二〇日　この日発行された、『報徳之研究』の「本会評議員及『斯民』担当者」欄に名前が載る。
一二月二一日　静雄の所にいた宮古島出身の比嘉財定と会い、宮古島比嘉村の話を聞く。前月から引き続き、沖縄関係の本をよく読む。
一二月二二日　東京帝国大学法科大学第三二番教室で、三日間にわたる社会政策学会第一回大会が始まり、六時からの懇親会に出席する。
一二月二三日　金井延の司会で、桑田熊蔵の挨拶で始められ、「農民の教育」を講演する予定であったが、横井時敬ら前の講演者の時間が長く中止となる。

この年、茅ヶ崎駅で、石黒忠篤と初めて会う。また、このころ、旅の土産話を矢田部家の子供たちにしている席に、滝川敬一、小田内通敏、牧口常三郎らが同席し、郷土研究会と呼ばれる会が始まる。

明治四一年（一九〇八）　三三歳

一月一日　上山満之進宅に新年の挨拶に寄り、「名字のこと、異人種が日本に住むこと、御蔭まいりのこと」など話す（定）。この年大日本産業組合中央会の講師に、引き続き任命される。この年の年賀状に、一一歳になる甥の矢田部勁吉が初めて印刷機で作った年賀状を使う。

一月六日　津具の山崎珉平の次女みやのが亡くなったとの知らせを受け、敏子に続けての悲報に同情していると悔やみの手紙を書く。

一月一三日　高等官五等となり、宮内書記官を兼任し、大臣官房調査課勤務となる（定）。宮内官考査委員にも任命される。年俸四六〇円（官・履）。

一月一八日　宮中鳳凰の間で催された歌会始めに、宮内勅奏任官として、御歌所勅任寄人の兄通泰と共に参列する（定）。

一月一九日　本郷の前田侯爵家で開かれた松雲公講演会に出席する。

一月二五日　村山で開かれた龍土会に出席する（定）。

二月　この月、汽車の中で久米邦武に会い、報徳会総会での講演を頼む。

二月七日　学士会館で行われた、第九回イプセン会に出席する。長谷川天渓と岩野泡鳴が欠席したが、花袋、白鳥、秋江、雨雀らの常連に加えて池田銀次郎が初めて参加する。『稚きアイヨルフ』の話題のなか、花袋と作品論から女性観の相違に至る議論が伯仲し、「座に殺気を帯ばした位に壮んだったので、傍目には余程面白い集会であった」（雨雀）と言われる。

二月九日　日曜日、午後一時から帝国教育会講堂で開かれた報徳会講演会に出席し、講師の織田定之を紹介し、「佐藤信淵先生の家学大要及佐藤家伝統の墳墓」を聞く。評議員湯原元一の「武士道の趣味」と農商務省書記官鶴見左吉雄の「輸出商品の代謝」の講演を聞いたあと、晩餐会、談話会に出て、夜一〇時に散会する。

二月一〇日　千葉県への出張を命じられる（官）。

二月一三日　一四日と両日、千葉県会議事堂で農事に関する講演「土地と産業組合」について話す（定）。

二月一六日　Jebb の『How Landlords Can Create Small Holdings』を読み終える。

二月二二日　龍土軒で開かれた龍土会に出席する（定）。

三月八日　井上通泰、松岡静雄、輝夫と共に布佐に行き、父母の墓参りをする（定）。開墾のために風景が変わってしまったのを見て、「荒はたをふたたびもとの松原に　かへすはいつの千とせなるらん」の歌を詠む。

三月一五日　日曜日、午後一時からの帝国教育会講堂で開かれた報徳会月例講演会に出席し、当番幹事として開会の辞を述べ、久米邦武を紹介し、「町村の発達」の講演を聞く。さらに、貴族院議員の千頭清臣の「坂本龍馬の人となり」、法学博士高野岩三郎の話のあとの晩餐会に出る。懇話会で文部省編修喜田貞吉から「特殊部落の改善」の講話を聞いたあと、議論する。

四月　この月、島崎藤村、田山花袋らと『二十八人集』を新潮社より刊行し、病床の独歩に贈る。「土地と産業組合」の連載が始まる。

四月一二日　赤坂の清水亭で龍土会が開かれ、出席する（定）。

四月二四日　弟の松岡静雄が、野村初子と結婚をする（定）［静雄年譜は、七月一八日］。

五月一日　この日付けで発行された『産業組合』三一号に、大日本産業組合中央会講師として、写真入りで紹介される。

五月五日　龍土軒で兄弟の会を開く（定）。

五月八日　読売新聞「よみうり抄」で五月下旬から二カ月間、法制局の任務で四国、九州、山陰、北陸を回ると発表される。夜、学士会館でイプセン会が開かれる。

五月九日　上野原に泊まり、草鞋や足袋を買い、革靴を自宅に送り返して甲州と武州の境を歩き、八王子に出る。

五月一二日　山中共古宛てに、集古会が終わって数日後には九州に出発するとの知らせを書く。

五月二一日　法制局参事官として、高知、熊本、鹿児島の三県への出張を命じられる。

五月二四日　「産業に関する法制上の資料調査」の出張のため東京を発つ。

五月二六日　広島県の鞆の浦から三田尻へ向かう武庫川丸に乗る。

五月二七日　博多松島屋に泊まり、高浜虚子と同宿となる。

五月二八日　朝倉郡甘木町で絣絞りや製蠟の工場と模範農場、合併村の耕地整理地を視察後、恵蘇宿、木丸殿跡の山田用水番屋、後藤義孝邸に泊まる。

五月二九日　浮羽郡吉井町、田主丸町の耕地、模範農場、徒弟学校を視察した後、久留米市に入り絣、足袋工場や赤司植物園を見学し、塩屋に一泊する。

五月三〇日　八女郡羽犬塚を経て、黒木町の紅茶製造試験所を見学後、同地の唐箕屋（秀徳家）に宿泊し、報徳会に「明日天気ならば山越に肥後の菊池郡へ向ひ可申、黒木菊池間は南北時代最重要なる軍略に候へば史的興味必ず可有之と存じ候」と報告書を書く。

五月三一日　木屋村の茶樹栽培試験地を見たあと、大淵、矢部両村の天然茶の状況を視察し、黒木冬野から星原峠を越え、茶畑を見ながら熊本県菊池郡に向かう。黒木の町の屋根や、路傍の小溝の流れ、梅や柘榴の並木に感心する。「九州山間で野生の茶を見る」「茶の歴史についての一つの発見」をしたと後に述懐している。隈府の菊栄館に着き、夜八時に菊池神社に参拝し、渋江公木宮司より神社の歴史などを聞く。この日、八代―人吉間の難関工事が完了し九州縦貫鉄道が全線開通、人吉で開通式典が行われる。

六月一日　午前八時、菊池神社の竹下禰宜の案内で原井手（原地区の水路）を見ながら、阿蘇宮地に向かう。阿蘇神社楼門の前の蘇門館に二泊する。「我こまに草かふあその山人は　むかしのことも知らて老ひたり」の歌を詠む。

六月二日　阿蘇神社で神社宝物を見る。また、代々宮司を務める第八八代阿蘇惟孝の自宅に招かれ、阿蘇家に伝わる「下野狩図」などの宝物を見る。

六月三日　阿蘇山に登り、新火口の雄大さに驚き、宿泊した戸下温泉（阿蘇郡長陽村戸下）の柳屋から、滝や渓流を見ながら、花袋に「人間の小さきかあはれむべきものなりしならん」と葉書を書く。この間、阿蘇郡内二四ヵ町村の町村是を集める。報徳会に宛て、「古日本の風気精神の猶此山間に存するある」と報告書を書く。

六月四日　熊本市に入り、手取本町研屋支店に投宿する（新）。

六月五日　塩製造会社九州支場と農学校を視察後、県庁を訪れる。

六月六日　熊本を発ち、三角線の汽車で三角駅まで行き、際崎港から船に乗る。景色を楽しみながら、天草本渡町（現、天草市本渡）に渡り、梅屋旅館に泊まる。花袋に、松浦萩坪と独歩を心配していると葉書を書く。

六月七日　天草郡役所の書記井上寅太郎らの案内で、水の平焼き窯元、勝海舟が泊まったと言われている鎮道寺、富岡城を見学し、松本久太郎富岡町長が経営する缶詰工場を視察する。志岐炭鉱に立ち寄り、陶土の産地都呂々から下津深江（現、下田温泉）に入り、温泉宿長崎屋に宿をとる。「いにしえの上津深江も水あせて　さひしき浦となりにけるかな」と「天草の西のはてまて来たれとも　なをゆくものはこころなりけり」の歌を詠む。

六月八日　下津深江を出て、歩いて鬼海ヶ浦から小田床村を経て高浜村に入り、葡萄栽培に村の風情を感じる。上田家で浜崎寛治村長や当主上田松彦から陶石業などの話を聞く。大江天主堂を訪ね、ルドヴィコ・ガルニエ神父の話を聞く。大江の村を歩き、「数百年前の面影」が残っていると関心を示し、古い村の絵図を見る。大江港から船に乗り、牛深港に向かう。途中、崎津港の遠洋漁業に注目したり、魚貫村沖のきれいな海に感激したりしながら牛深港に着く。牛深で中村元彦町長らの歓迎を受け、塩屋旅館で仮眠し、夜中の三時発の船で大門港に向かう。

六月九日　河浦町の無人島産島での農業を知る。大門から馬車で本渡町梅屋旅館に戻り、三時から天草郡役所議事堂で「柳田国男先生『天草の産業』視察の旅」と題した講演をする。『斯民』一〇月号に「天草の産業」として掲載される。

六月一〇日　本渡港で船に乗り、赤崎から大矢野島に渡ろうとしたが、風のため上陸できず、無花果の産地という湯島を船から見て、三角東の際崎港に入り、薩摩屋旅館に泊まる。

六月一一日　八代神社の社務所で同社禰宜を務める神風連の生き残り緒方小太郎（六四歳）に会う。緒方は後に石神についての資料を提供する。この日のうちに熊本に入り、再び研屋支店に泊まる。

六月一二日　午後一時から、熊本県会議場で産業組合と農民の危機について講話する。熊本の弁護士広瀬莞爾と会談し、五木村の焼畑訴訟事件の話を聞く。

六月一三日　人吉に着き、球磨川河畔にある鍋屋旅館に投宿する。雨のため視察に行かず、宿で広瀬から聞いた五木村焼畑訴訟事件などの資料を読む。

六月一四日　人吉城址を見学したあと、本願寺別院で三、四十人相手に講演をし、汽車開通を喜ぶ町民にいくつかの問題点を指摘する。記者は人数が少なく残念と報告する。弁護士広瀬から日向奈須の話を聞く。

六月一六日　視察するため五木に向かい、古い文書を見て、「畑」と書いて「コバ」と読む地名が多いことや、山地野生の茶を「コバ茶」であることを知る。カネタ屋（現、五木荘）に泊まる。

六月一七日　雨が多く、終日宿で、鶯の声ばかり聴いて過ごしたと述懐する。人吉の鍋屋旅館に戻る。

六月一八日　人吉から加久藤峠を越え、吉松に出て終列車で鹿児島に入り、東千石町明治旅館に泊まり、二一日まで滞在する。

六月二〇日　朝、取材に訪れた記者に、独歩の病状や弟松岡静雄のことを話す。県庁で視察予定の相談をし、午後三時からの平之町会文社において開かれた山下報徳会で東京報徳会会員として挨拶と講演をする。夜、「桂園叢話」を共に執筆した加藤雄吉と九年ぶりに会い、一五日に自殺した川上眉山の思い出話などを語り合う。

六月二二日　桜島に遊び、その感動を花袋への葉書に表す。宮之城町の難波屋に泊まる。

六月二三日　川内白浜の高瀬屋に泊まり、独歩の死を伝える花袋からの電報を受け取る。感傷のなか「白浜のあまが垣内のあこの木に　鳴く時鳥いつかわすれん」の歌を詠む。

六月二四日　伊集院あたりを歩く。

六月二五日　川辺郡役所で郡及び郡農会が計画する事業について聞き取り、勧業について視察する。

六月二六日　鹿籠金山鉱山事務所に立ち寄った後、東南方村で村の事業計画を調査し、枕崎の養豚業を視察する。大隅から来た医師と土地の人との議論を聞いて、言葉のあまりの違いに驚く。夜、歓迎会に出席し講話する。枕崎の宮地彦六宅に泊まり、「さらぬだに家こひしきを枕崎　夕くれかけて五月雨の降る」の歌を詠む。

六月二七日　枕崎から指宿に向かう途中の村はずれの番小屋で、通さないと脅かされ困る。指宿の翠波館に泊まる。

六月二八日　指宿の港周辺を視察する。

六月二九日　鹿児島に戻り、再び明治館に投宿する。

六月三〇日　この日、東京では神田青年館での独歩の追悼会と芝紅葉館での会食があった。

七月　この月行われる中央大学経済科第二学年の「農業政策」の試験に「一、独逸又ハ仏蘭西ノ田舎ニ居住セシ其国人カ始メテ日本ノ農村ヲ旅行シテ奇異ニ感スヘキ点ハ何テアルヘキカ」の問題を出す。

七月二日　谷山港からの魚売りと桜島の果物売りの朝市を見学し、鹿児島県会議事堂で各村役場から集まった約二〇〇名の職員を前に、坂本知事の紹介のあと、産業組合について「不振の原因は多くは当局者が余りに法令の下に汲々としているから」と講演する。

七月三日　鹿児島駅で大勢の見送りを受け列車に乗り、姶良郡牧園の種畜場を視察したあと、霧島神社で妻孝の安産祈願を祈る。都城の持永旅館に泊まり、鹿児島県視察に向かうため宿泊していた高岡直吉宮崎県知事と偶然再会する（高岡は、明治三九年北海道視察時、道庁に勤務していた）。高岡から、同県には知られていない鉱山が多く存在することや、椎葉の焼畑農業や共同所有地のことなどを聞き大きな関心をもち、県内各地を視察することにする。高岡から椎葉視察の同行を約束される（新）。

七月四日　都城から再度鹿児島に入り、志布志（鹿児島県曽於郡志布志町）に泊まる。途中、雨の中、馬車から見た高隈山について「けふは雨きのふはくもりきもつきの　高くま山を見るよしもなし」の歌を詠む。『鹿児島実業新聞』に近詠四首が載る。

七月五日　飫肥の魚長旅館に泊まる。

七月六日　宮崎県の渡部豊技師らの案内で、西臼杵郡に入る。鵜戸神社に参詣し、宮崎入りする予定が大雨のため川を渡れず、青島村折生迫の水産試験場を視察する。鵜戸神社に二泊し、「人の世にいまはかよはぬわたつみのみや　路こひしき浪のおとかな」の歌を詠む。

七月八日　折生迫に泊まり、雨が上がったあと、青島に渡り、皮のおいしい日向蜜柑を食べ、「あぢまさの陰うつくしき青島を浪たちかへり又見てしがな」の歌を詠む。

七月九日　午前七時に折生迫港を出発し、九時に宮崎港に入り、大淀川の河畔にある神田橋旅館で、通泰の友人で、宮崎で眼科医を開業している杉田直（俳号、作郎）らの歓迎を受ける。すぐに、そのことを伝える通泰宛ての葉書を書き、明後日から椎葉村に入り、「五箇庄以上の古日本」を探ってくると伝える。

七月一〇日　県会議事堂において農政経済に関する講話をする。杉田家を訪ねたあと、泉亭で開かれた慰労会に出る。

七月一一日　神田橋旅館を出て、西臼杵郡視察のため県技師渡部ら県庁職員三人と共に富高（現、日向市）に向かう［予定を切り上げて前夜帰庁した高岡知事の見送りがあったはず］。

七月一二日　富高を渡部らと椎葉に向かうため出発する。途中、耳川流域で、ある鳥を河童だと思っている人の話を初めて聞く。神門（宮崎県東臼杵郡南郷村神門、現、美郷町）の旧庄屋若杉家に泊まる。

七月一三日　神門から白足袋に草鞋をはいて歩いて川上迫からの山道を登る。笹の峠で迎えに来た中瀬淳村長たちと会い、松尾の旧庄屋松岡久次郎宅に泊まる。村最大の地主で、村会議員を務める松岡から焼き畑に関する文書を見せてもらう。

七月一四日　岩屋戸の集落を経て、桑弓野に向かい、村役場で、村是や文書の調査をする。帰京後、主だった文書を中瀬から送ってもらうことになる。桑弓野郵便局長の黒木盛衛宅に泊まり、二九歳の黒木と意気投合する。

七月一五日　竹の枝尾の集落にある中瀬村長宅に寄ったあと、飯干峠を越える。途中、中瀬家で作ってもらった握り飯を食べる。

大河内の椎葉徳蔵家に泊まり、ここで見た狩の古文書や、徳蔵から聞いた狩の話に衝撃を受ける。後日、この「狩の儀式を記せる巻物」の写本を中瀬から送ってもらい、それをもとに『後狩詞記』を書く。日記に、「世の中のうきたひことに思ひつる椎葉の村は千とせにもかも」の歌を書く。

七月一六日　再び、飯干峠まで上り、小崎の集落を経て、小崎峠、不土野峠を越えて、不土野の旧庄屋で酒造業を営む那須源蔵家に泊まる。

七月一七日　不土野から上福良を通る別の道を通って黒木家に戻り、小学校の三好利七校長や医者の甲斐国手らと懇談し、宿泊する。

七月一八日　椎原の本家から分家した、十根川対岸の中の瀬で材木商を営む那須鶴千代家を訪れ、宿泊する［この間、中瀬村長宅に一泊した可能性もある］。

七月一九日　胡摩山を登り、久留美嶺（現、国見峠）から椎葉に別れを告げる。馬見原（現、熊本県上益郡山都町馬見原）に下り、造り酒屋日向屋（八田家）に泊まる。『後狩詞記』の歌「立かへり又みみ川のみなかみに　いほりせん日は夢ならでいつ」を詠む。

七月二〇日　渡部、桑原と共に三田井（現、宮崎県西臼杵郡高千穂町三田井）の藤屋旅館に泊まる。

七月二一日　渡部と別れ、桑原と二人で大分県竹田に向かい、竹田の益田旅館に泊まる。

七月二二日　別府の日名子旅館に二泊する。

七月二五日　長洲（大分県宇佐市）の駅水館に泊まる。

七月二六日　大分から広島に入り、吉川旅館に投宿する。

七月二八日　広島中学校大講堂で開かれた広島県報徳会主催の報徳講演会に出席し、七〇〇名の聴衆を前に、内務省から来た留岡幸助と共に講演する。「農村の改善に就いて」の演題のなかで、「将来町村の村是を調査すべき際に於ける参考とすべき事柄」を話す（新）。

七月二九日　報徳講演会二日目「農村に関する村税に就いて」を講演する。

七月三〇日　朝、宿に高束広島市長が訪ねてきて、市是調査について意見交換する。厳島神社を参拝し、広島をあとにする（新）。

七月三一日　松山に入り、県庁にて竹井事務官と会談する。城戸屋旅館に泊まる（新）。五月二七日からの宿泊地を書いた葉書を花袋に出す。

八月一日　県庁で調査をする。菅菊太郎ら『伊予史談』の人々と会う。久方で一泊し、「さまざまの人のこころのくまも見つうかとは旅を思はざらまし」の歌を詠む。

八月二日　この日から、一三日まで高知県内を回る（新）。柏島から土佐湾を船で須崎まで行き、仁淀川を下り、高知市に入る［途中、長者川にかかる七夕を見てその大きさに驚く］。

八月一四日　徳島市に入り、産業組合の施設経営について調査する。志摩源に投宿する（新）。

八月一五日　県庁で市町村や農商業に関する調査をする。夜、船に乗り徳島をあとにする。

八月一八日　生まれ故郷辻川に立ち寄り、三木拙二に会う。十七回忌となる通泰の妻マサにたいする歌を詠む。
八月二〇日　京都に立ち寄り、神戸新聞の編集長をしている独歩の弟、国木田収二を呼び出して慰める。京都に来ていた松浦萩坪、収二、武岡豊太と夫人、子供たちと共に保津川の船下りを楽しみ、歌を詠む（豊）。妻孝宛てに嵐峡保津浜乗船記念の絵葉書を出す。
八月二一日　吉田山の中腹、神楽岡の東面にある友人南才三の別荘で松浦萩坪と過ごし、萩坪の姿に「昔の京都の亡びていく姿」を重ねる。萩坪は、才三との初めての出会いを喜んで歌を詠む。
八月二二日　三カ月におよぶ九州、中国、四国旅行を終え、帰宅する。辻川の三木拙二に「久々に皆さまに御目にかかり　二十年前のよろこびもかなしみも取あつめて燈の前に漂とするやうにおぼえ申候」と「うぶすなのもりの山もこまいぬは　なつかしきかなものいはねども」の歌を添えた葉書を出す。
八月二九日　上山満之進が農商務省山林局長になる（官）。この後、山林を歩く視察出張が多くなる。
九月八日　映丘が、東京美術学校日本画科助教授となる。
九月一八日　条文作成に関わった皇室祭祀令が公布される。
九月二五日　法制局で九州旅行談を話す（定）。
九月三〇日　神田青年会館で独歩追悼会が開かれ、花袋の「開会の辞」の後、友人代表として経歴を語る（「国木田独歩小伝」）。夜、紅葉館での会食会に花袋と共に出席する。
一〇月　「官吏の読む小説」を発表する。
一〇月七日　高等官四等、法制局参事官として三級俸となる（官）。
一〇月一二日　Slater の『English Peasanty and the Enclosure of Common Fields』を読了する。
一〇月二五日　日曜日の当直にあたり、役所で、椎葉の中瀬淳宛てに、長い手紙を書く。そのなかで、大河内の椎葉家で見た「狩の儀式を記した巻物」を細読したいとし、浪人の身であれば、諸国の深山を歩き調べたいと述べる。
一〇月二六日　水野葉舟が、九州旅行の土産話を聞きに訪ねてくる。
一〇月二七日　Fordham の『Mother Earth』を読了する。
一〇月二八日　龍土会に出席し、花袋、藤村、秋骨、天渓、泡鳴、有明、葉舟、前田木城や乾政彦、平福百穂らと話し合う。この会は、妖怪についての話題で盛り上がり、帰路、葉舟におもしろい話をもっている男を紹介すると言われる。
一一月　犯罪人引渡条約案調査事務嘱託になる（定）。
一一月四日　水野葉舟が佐々木喜善を連れてくる。喜善の話を聞き、「その山ざとはよほど趣味あるところなり、其話を其ままかきとめて『遠野物語』をつくる」と決意する。
一一月五日　『遠野物語』を書き始める。
一一月一一日　行政研究会で「九州南部地方の民風」を報告する。
一一月一三日　竹島町に佐々木喜善を訪ねる。
一一月一八日　葉舟と喜善が訪ねてきて、夜遅くまで語り合う。
一一月二六日　喜善に「今月も二の日に御出ねがい度候」と葉書

を出す。

一二月　考古学会の会員となる。この月に開かれた社会政策学会第二回大会で、かつての上司、酒匂常明が「中農養成策」に対抗する資本優先の論を講演する。

一二月二日　喜善が訪ねてくる。

一二月七日　喜善宛てに、風邪が治っているようだったら、一一日の夜に来てもらえないかと葉書を書く。

一二月一五日　Collings の『Land Reform』を読み終わる。

一二月二一日　正六位となる（官）。

一二月二四日　高等官四等、宮内書記官、年俸六〇〇円となる（官）。

一二月二七日　博文館の花袋宛てに手紙を書く。

一二月三一日　ジョン・レーン版の英訳全集でアナトール・フランスの『シルヴェストル・ボナールの罪』を初めて読み、病みつきになる。この年、映丘が、牛込砂土原町の自宅で、歴史風俗画研究会を開き、小林古径や前田青邨らが集まる。また、この年、鼎が布佐勝蔵院に「私立布佐文庫」を開設する。

明治四二年（一九〇九）　三四歳

一月一日　この年も引き続き、大日本産業組合中央会の講師となることが発表される。

一月七日　自宅で郷土研究会を開き、小田内通敏、宮坂、松本らと島の話をする（定）。

一月八日　中瀬淳に、椎葉で見聞きした猪狩りの話は、貴方のお考えでは何でもないことかもしれないが、私たちにとってはこの上もない材料で、「あれにて都人士どもをびっくりさせる腹に候故、何分御助勢頼入候」と自分の気持ちを伝える。また、お礼として、天皇主宴の席で拝受した天盃を記念のためひとつ差し上げるので、村の宴会で使ってほしいと述べる。

一月一二日　岩野泡鳴、蒲原有明、水野葉舟、岡村千秋らと花袋の『生』の合評をする。この時、岡村は、読売新聞文芸部の記者であり、この会の記事が一七日付けの同紙に載る。

一月一六日　小島烏水の招きで、麹町の富士見軒で開かれた山岳会の第一回懇親会を兼ねた談話会に出席する。参加者一六名の前で、テーブルスピーチとして「大人の話」をし、好評を得る。

一月二一日　自宅で郷土研究会を開き、矢田部一家も交え、小田内通敏、松本烝治、川崎、滝沢政一（矢田部家書生、石黒忠篤友人）らに地名の話をする。

一月二三日　松浦萩坪宅で開かれた歌会に出席し、『松楓集』の相談をする。茅ヶ崎に行き、アナトール・フランスの『Mother of Pearl』を読み終える。

一月二五日　二一日に続き、自宅に滝沢政一らを呼び、地名についての講義をする。

一月三一日　アナトール・フランスの『The Garden of Epicurus』を読み終わる。

二月　この月、自由劇場の規約が発表され、顧問となる。またこのころまで、前年から続いていた喜善からの「遠野物語」の聞き書きが続く。この月発行の『趣味』の「文芸界消息」に、「島の話」「猟言葉」「道路の歴史」等を小冊子で出版する予定と発表される。

二月一日　『後狩詞記』の序文を書きあげ、「実の所、私はまだ山の神とは如何なる神であるかを知らない」と述べる。

二月二日　『後狩詞記』の「付録」に入れる「狩之巻」を写し終える。

二月三日　自宅で小田内通敏らに峠の話をする（定）。

二月一一日　宮内書記官を兼務しながら、法制局参事官として条例作成にかかわった「登極令」が、帝国憲法発布二十年を記念した紀元節のこの日に公布される。また、この日の前後、島崎藤村、蒲原有明らと伊豆旅行に行っている田山花袋から九日付けの葉書が届く。

二月一三日　統計協会の講話会で、「町の話」を講演する（定）。のちに、「町の経済的使命」と改題し、『時代ト農政』に収める。中瀬から、猪の肉や、一月の書簡で頼んだ狩猟民俗誌『椎葉山根元記』や『椎葉山由来記』などの写本が届き、お礼の手紙を書く。

二月一八日　夜、花袋が訪ねてきて、松浦萩坪からの提案について話し合う。

二月一九日　長女三穂が生まれる。

二月二一日　花袋宛てに、松浦萩坪の考え通り、門下生の歌集『松楓集』を出版しようと葉書を書く。

二月二七日　かわいがっていた甥の矢田部雄吉が、柔道の練習中、急性腹膜炎を起こして、二二歳の若さで亡くなる。つい一週間ほど前、生まれたばかりの三穂を元気に祝いにきてくれていたのにと愕然とする。通夜の夜、雄吉を偲び、「いつのまにけふがきのふとなりぬらん　よひのままなるともしびのかげ」など数首の挽歌を詠む。のちに、谷中の墓に、漢詩人森槐南の校閲を受けた漢文の墓碑銘を刻む。

三月一一日　『後狩詞記』が出来てきたので、兄弟や森鷗外、河上肇などに贈呈する本に献辞と署名を書き入れる。鼎には、「此本を松岡氏の書庫に蔵す」と書き、布佐文庫に贈る。

三月一二日　神奈川県への出張を命じられる（官）。

三月一三日　鎌倉円覚寺で開かれた郡農会講話会に留岡幸助らと出席する。

三月一四日　神奈川県大和村の下鶴間の分教場において行われた品評会授賞式に出席し、「農村談」を講話する。

三月一五日　高座郡溝村製繭乾燥所で開かれた立毛品評会褒賞授与式に出席し、午後一時から講演する。

三月一六日　神奈川県愛甲郡愛川村半原の元相模興業株式会社で、「農村の話」を講話する。

三月一七日　中郡高部屋村小学校で開かれた農事講習会に出席し、講演したあと帰宅する。留守中の一五日に、『後狩詞記』が自費出版発行部数五〇部で発刊される。このころ、上山満之進が東北旅行から帰り、土産として三春の玩具の馬をくれたので、お礼として同書を贈る。

三月二一日　午後一時、上野公園不忍池畔の勧業協会の楼上で開かれた報徳会例会に出席し、広島高等師範学校重田定一の「民政家としての頼杏坪翁」、農商務省参事官岡実の「中米及南米視察団」の話を聞き、五時半に散会する。

三月二二日　神奈川県愛甲郡愛川村の内藤国蔵宛てに、弟輝夫の画を添えてお礼の手紙を書く。

三月三〇日　賞与として一三〇円が支給される。

四月　前年度に引き続き、早稲田大学と中央大学で、「農業政策」「農業政策学」の講義をもつ。

四月三日　松浦萩坪と門下生九六人の歌集『松楓集』を刊行し、一一首の歌を載せる。

四月一七日　水野葉舟方にいる喜善宛てに、二一日の夕方から来てほしいと葉書を出す。そのなかで、遅れ気味なので忘れないでほしいと焦る気持ちを伝える。

四月二八日　自宅で、「お化会」を開くが人が集まらず、遅れてきた喜善から遠野の話を聞く。喜善に、内閣文庫蔵の『三閉伊路程記』や『三閉伊道中記』などを見せる。これら各三冊ずつ計六冊の和本を見た喜善が、一つの石、一本の松まで残さず描いていると驚く。またこの日、Georg の『The Relations of Geography and History』を読み終える。

五月　この月、『遠野物語』の草稿をまとめることに時間をかける。中瀬淳宛てに、『後狩詞記』があと少し残っているので、一、二部だったらわけてもよいと手紙を書く。

五月二日　馬場孤蝶の紹介で、明治三六年に『人生地理学』を刊行した富士見尋常小学校首席訓導の牧口常三郎がやってくる（定）。

五月七日　アナトール・フランスの『The Well of Saint Clare』を読み終わる。

五月一六日　帝国教育堂で開かれた山岳会の第二回大会で、「山民の生活」を講演する。日曜日のこの日は、朝から強い風雨であったが、会員九〇人、会員外七九人と盛会であった。講演後、多くの参会者から握手を求められる。山岳会は、このあとすぐの六月一日から日本山岳会となる。

五月二一日　京都、兵庫、岐阜、長野、福井、石川、富山の一府六県への出張を命じられる。

五月二六日　市ヶ谷加賀町の自宅を六時に出て、飯田町六時三五分発の汽車に乗り、車窓からの景色を見ながら塩尻に向かう。途中、富士見辺りで、雨の中、家の軒先で遊ぶ子供たちの姿を見る。塩尻のます屋に泊まり、ブランデスの「アナトール・フランス論」を読む。この旅行で、風景から各地方の文化の違いを知り、特に、北陸路では、日露戦争の戦死者のために立派な石碑を立てる風をみて、葬制の変遷を思う。

五月二七日　雨のなか、桜沢まで、建築列車に便乗する。途中、贄川で休み、奈良井で荷物持ちを雇い、トンネル工事中の鳥居峠を越える。藪原に出て人力車に乗り、木曽福島の林野管理局支庁、郡役所を訪れ、蔦屋に泊まる。郡役所で、三四年に伊那の坂下で講演をした時に会った藤江再吉県林業技師に再会する。鳥居峠の頂上の写真絵葉書に、信濃木曽探勝記念「峠」のスタンプを捺した便りを花袋に出す。鳥居峠からの景色について、のちに、棄ててしまうには惜しい風景だったと述懐する。

五月二八日　熟睡し、八時に起きる。馬車で寝覚めの床を見学した後、上松で川を渡り、高倉峠を越えて小川伐木事務所に泊まる。

五月二九日　焼畑の跡を見ながら王滝村を歩き、上島で昼食を食べる。王滝川沿いを上り、野口を通った時に、岩が露出している所を土地の人たちは「ゴウロ」と呼んでいることを知る。濁川温泉に泊まり、深夜湯壺で美濃から来た老人と話をする。

五月三〇日　朝七時に発ち、滝越や三国を越える険しい鞍掛峠の峠道を歩き、竹原川の源流から岐阜県益田郡竹原村を経て、下呂温泉吉村屋に落ち着く。途中の三国峠で見た数十の塚が印象に残り、のちに、「境に塚を築く風習」や「木曽山中の境塚」として発表する。また、「人の為の峠は又渡鳥の通路なり」と思う。

五月三一日　下呂から人力車で小坂に入る。名古屋支庁の奥田技師が同行し、小坂出張所で所長らと話した後、歩いて落合川上流の唐谷の御料林の伐木所を視察し、さらに奥の出会所に宿泊する。初めて蕨の粉を食べる。

六月一日　山口の松島屋で休んだ後、人力車で久々野を経て、高山に入る。山を下りる途中に、鹿の皮の山袴をはき、熊の皮の尻あてをした老人に案内してもらい、写真を撮るがよく写らなかった。小坂から高山までの道中で、出会った人の様子と人数を記録する。長瀬旅館に泊まり、荘川村出身の按摩から山の事を聞き、こちらには山男などいないと言われる。花袋宛てにコナシの花や躑躅の花を手折って生ける風情に感動したと絵葉書を出す。小野節宛てには、チベットに来たというのに一向にチベットらしくなく、少しは、チベットらしい白川の谷に入る予定と書く。

六月二日　高山の町を見学し、郡役所で、柿元郡長と会う。銅山を経営していたという長瀬旅館の主人から、珍しい白川の話を聞く。夜、郡長らの訪問を受ける。メレジコフスキーの『イプセン伝』を読み終わる。

六月三日　郡上街道を三日町まで行き、牧ヶ洞の峠を越え、夏厩、六厩、総則などの集落を焼畑などを見ながら通る。さまざまな花も見ることができ、「初めて旅に酔う」気持ちになるが、夕方、軽岡峠で雷雨にあう。荘川村牧戸の運送店寺田安之助宅の奥座敷に泊まる。夜、若山村長と書記が訪ねてきて、この村の土地の利用方法などを聞く。花袋に荘川の山村に宿すと葉書を書く。

六月四日　牧戸を発ち、御母衣に入り、郵便局長で大家族の遠山喜代松と食事をし、浄土真宗本願寺派の信仰の話を聞く。強い雨の中、一人で山を越え白川村に入り、荻ノ町鳩ヶ谷の田中家に泊まる。

六月五日　朝早く飯島を発ち、鳩ヶ谷から芦倉、椿原を経て、小白川の集落に着く。農家と変わらない寺で、雨にぬれた弁当を食べながら、毛坊主の話を思い出す。雨が強くなるなか尾瀬峠を越し、城端に下りる。城端の町を「機の声の町なり」と感じながら歩き、この数日の見聞により「毛坊主考」につながる関心を抱く。汽車で金沢に向かい、「今日の旅、草鞋十一里」と書く。のちに、この連日の雷雨のなかの峠越えを思い出し、「ありとあるものみなぬるるさみだれに　ひだのやまかはかちわたりせし」の歌を詠む。

六月六日　午前八時に金沢に着き、源円に投宿、終日横になり、ものを書く。夜、按摩の老人から白山の話を聞き、鏡花の小説の源泉を感じる。また、金沢周辺には、神隠しが多く、毎晩のように捜索隊が出ていることを聞く。花袋に絵葉書を出す。

六月七日　能登方面に向かい、七尾、和倉から和歌崎に入り宿泊する（新）。旧友の第四高等学校教員の平田徳次郎が昨日泊まった源円で亡くなったことを知り悲しむ。疲れと悲しみのあまりに、お腹の具合いが悪くなり、早く休む。

六月八日　和倉温泉で、終日休む。オスカー・ワイルドの『奥方の扇』とアーネストを読み、花袋に和倉温泉の写真の絵葉書を出す。

六月九日　七尾から富山に入り、高松屋に泊まる。

六月一〇日　富山の女子刑務所を見て、高松屋に泊まる。当初の予定では、この日の前後、上山局長と落ち合うことになっていたが、実現できない（新）。

六月一一日　汽車で新川に入り、滑川で鱒漁に出る練習船高志丸を見て、水産講習所の所長室からみた風景に感動する。三日市町の家々を見て、大半がアイヌの家の形と同じと思う。立山の風景や魚津の蜃気楼の様子を花袋に知らせる葉書を書く。

六月一二日　魚津を出て、黒部川沿いをさか上り、秘湯黒雉温泉に泊まる。のちに、「同人」の小集で混浴の出来事を語る。

六月一三日　さらに上流の鐘釣という温泉場に行く途中、出平の小屋で休み、猿の皮の上に座って猿の話を聞く。この話をもとにして、のちの大正一五年に「猿の皮の話」として放送で発表する。この後、泊の海岸に出て、木曽義仲が越えたという宮崎の鼻を望んで歌を詠む。

六月一四日　朝、金沢駅で、八時八分発の汽車に乗り、高岡経由で伏木に向かう（新）。飛騨から流れ運ばれてくる材木などを見るなどして、伏木港の視察を終え、高岡で乗り換え金沢に戻る。高岡での待ち時間に、町を歩き、雑誌や絵葉書などを買う。上松原町の源円に泊まり、メークルジョンの地理書を読む。町に出た時に買った森鷗外訳の『一幕物』や雑誌などを読む。

六月一五日　金沢の商品陳列場と農事試験場を視察する。

六月一六日　松任の千代女の墓を参り、金石町を視察したあと金沢に戻る。

六月一七日　朝、『一幕物』を読み終える。第九師団司令部に寄り、午後零時二分に金沢を出て、小松に入り森本別館に泊まる。大聖寺の小林区署長の菊地喜太郎が訪ねてきて夜遅くまで話す。

六月一八日　動橋から人力車で那谷の観世音に詣で、山中温泉の吉野屋別荘に泊まり、花袋に絵葉書を出す。

六月一九日　福井駅まで見送りに来た菊地喜太郎に、持っていたルネ・バザンの英訳『レデムプション』をお礼に贈る。轆轤細工の工場などを視察したあと福井の名和屋に泊まる。花袋宛てに、菊地喜太郎という人は、自分より数倍も文学好きで外国のものも数多く読んでいるので驚いたと葉書を書く。

六月二〇日　蓮如が建立した寺院跡の吉崎道場を見学し、歌を詠む。この数年後、読売新聞の関係者たちと国境に関する談話会をつくり、その最初の集まりで、ここで見てきた石川と福井の県境の話をする。

六月二一日　福井県庁に立ち寄り、農事試験場や工業試験場を視察する。

六月二二日　福井で汽車に乗り、鯖江、武生、杉津を経て敦賀で降りる。後に、杉津を通過するときの車窓からの景色が忘れられないと語る。敦賀の熊谷家に泊まる。

六月二三日　粟野から金ヶ崎城址、気比神宮を見学し敦賀に戻る。

六月二四日　敦賀を発ち、粟野へ戻り、船を雇って三湖を渡り生倉に上陸する。三方から人力車で小浜に入る。若狭姫神社を詣で、歌を詠み、清浜館に泊まる。この時の様子を、翌年、雑誌『太陽』に「島々の話」として発表する。

六月二五日　県立水産学校を視察し、午後、大島に渡る予定を大雨のため中止する。梅田雲浜の記念碑の写真入りの葉書を花袋に出す。

六月二六日　奥名田村井上の国有林調査のため小浜を発ち、区長美好家に立ち寄り、村の話を聞く。勧められて泊まることになり、美好家の奥さんが顔を出さずに布団などを障子越しに投げ入れるのを見て、昔の女の人が「出居」に出てこないことが残っていることに驚く。名田荘一帯で女子がカルサンという山袴をはいているのを知り、日本全国でこの山袴が使われているところを地図上に表してみたいと思う。

六月二七日　松尾寺を見学し、旧舞鶴の古金屋に泊まる。

六月二八日　山椒太夫の故郷を訪ねたあと宮津に入り、清輝館別荘で昼食をとる。天の橋立、成相寺を見る。文殊堂の庭で、銀のように白い矮雞が遊んでいるのを見て、雞の伝説を納得する。泊まった清輝館で、老女の按摩から天狗の話を聞き、四篇を記録する。

六月二九日　舟で岩滝から奥丹後半島を回り久美浜に出て、立ち寄った郵便局長の家で数多くの旧石器や土器を見せられ驚いたと花袋に葉書で知らせる。城崎温泉の三木屋に宿泊する。

六月三〇日　お腹の調子が悪く、通泰の同窓である太田垣医院で診察してもらう。アナトール・フランスの『バルタザル』を読了する。

七月　この月開かれた、内務省地方局主催の第一回地方改良事業講習会で、「農業経済と村是」を講演し、形式的な町村是作成を批判する。講師を務める中央大学の、一三日から二八日の間に行われた学年試験で、担当の農業政策の問題として次のような問題を出す。「一、独逸又ハ仏蘭西ノ田舎ニ居住セシ其国人カ初メテ日本ノ農村ヲ旅行シテ最奇異ニ感スヘキ点ハ何テアルヘキカ。二、埼玉県又ハ愛知県西部ノ如キ広キ平野ノ農業地方ニ新ニ開クヘキ交通機関トシテ良キ道路、運河、鉄道ノ三ハ其経済上ノ影響ニ於テ如何ナル差異アルヘキカ。三、徴兵ノ制度カ農業ノ上ニ及ホスヘキヨキ影響ハ何テアルカ。右三問中二ツニ付キ答フヘシ。」

七月二日　城崎を発ち、玄武洞を見学したあと、豊岡の城崎郡役所を訪問する。出石の玉井屋に泊まる。

七月三日　出石を人力車で発ち、竹田に行く途中の鶴山で鶴の巣を見て、家にいる長女三穂を想い「鶴山の鶴は巣立ちて遊ぶなり　家なる稚児を思いこそやれ」の歌を詠む。八鹿から汽車に乗って生野で下車する。本行寺の祖父真継陶庵の墓参りをした後、辻川に立ち寄る。陶庵について、自分の性質も容貌もこの翁に似ていると思う。五回目の帰郷となり、鈴が森神社のヤマモモを見たあと、山からの景色を眺め、心が柔らかになる。その後、三木家に立ち寄り、子供の頃世話になった老刀自、拙二の祖母るいが三月に亡くなったと聞き、胸を打たれる。引き止められ泊まり、「をさな名を人によばるるふるさとは　昔にかへるここちこそすれ」の歌を詠む。

七月四日　兄通泰の養家吉田の井上家に寄り、汽車で姫路に入り安東家に泊まる。家からの手紙で、松浦萩坪が肝臓癌に冒されていて重篤であることを知る。

七月五日　神戸の県庁で服部知事らに会う。武岡豊太と萩坪の安否を気遣う。

七月六日　神戸の安東家に立ち寄る。アナトール・フランス『Balthasav』を読み終わる。

七月七日　京都で神戸正雄、河上肇らと会う。友人の南才三と夜遅くまで話し、一二時発の夜行列車に乗り、車中下痢に悩まされながら、やっとの思いで帰宅する。

七月一〇日　花袋宛てに、松浦先生危篤の報を聞いて、旅を早めに切り上げて帰ってきた、担当の柏村先生の判断では、あと一カ月もたないのではないかと言われたと葉書を書く。

七月一一日　三木拙二宛てに、礼状を書き、不意の用事ができ急いで帰京したと述べる。

七月一二日　花袋と上京した土持綱安が訪ねてきて、萩坪の容態を心配する。この日から八月一日まで、内務省地方局主催の第一回地方改良事業講習会が開かれ、「農業経済談」を講話する。のちに、「農業経済と村是」と改題して『時代ト農政』に収める。

七月一四日　花袋と土持と共に、松浦萩坪を見舞い、歌や旅の話をして昼ごろ出て、三越の写真館で記念の写真を撮る。このあと風月堂で夕食を食べ、大野酒竹を花袋に会わせる。

七月一五日　アナトール・フランスの『Thais』を読み終わる。

七月二〇日　Russell の『River Development』を読む。

七月三〇日　Ephtallotis の『Tales from the Isles of Greece』を読み終わる。

八月七日　茅ヶ崎の別荘で、Guyot の『The Earth and Man』を読み終える。

八月一六日　以前から続けてきた全国の五万分の一の地図の蒐集が、この日で全部揃う（定）。Saint Maur の『Earth's Bounty』を読み終わる。

八月二二日　遠野に向かうため、午後一一時上野発海岸回り青森行きの夜行列車に乗る。

八月二三日　昼、花巻に着き、矢沢村（現、花巻市矢沢）から土沢、宮守、鱒沢と人力車を乗り継ぎ、夜八時に、一日市町の高善旅館に着く。

八月二四日　高善旅館の主人、高橋善次郎に馬を頼み、郡役所に寄ったあと、土淵の佐々木家に向かう。佐々木喜善の家を訪れるが、喜善は上京していて留守だと、喜善の養母イチや叔母のフクヨから聞き、がっかりする。山伏の家系の北川清を紹介され、北川家を訪れ話を聞く。夜、新屋敷の伊能嘉矩を訪ねるが不在のため宿に戻る。

八月二五日　清の息子で附馬牛小学校の教員をしていた真澄の案内で、附馬牛を回る。村役場で、役場書記の末崎子太郎や附馬牛小学校の校長福田恵次郎に村の成り立ちなどを聞き、東禅寺遺跡や常福院に立ち寄った後、菅原神社の祭で獅子踊りを見る。盂蘭盆で新盆の家に立つ紅白の旗を見ながら、松崎観音に寄ったり、雨風祭の藁人形などを見たりしながら、夜、高善旅館に戻る。昼間、伊能嘉矩が訪ねてきたことを聞く。

八月二六日　伊能嘉矩を訪ね、伊能から『旧事記』やオシラサマ、藁人形のことなどを聞き、話は、台湾における調査研究にまで及ぶ。

八月二七日　宿に、伊能が来て、再び話す。その後、新町の南部男爵家に案内され、執事の及川忠兵や、郷土史家の鈴木吉十郎から古文書や宝物を見せてもらう。午後、伊能らの見送りを受け、人力車で遠野を後にし、日詰街道を盛岡に向かう。

八月三一日　盛岡、横手、五色温泉を経て、帰京する（後狩）。五色温泉では、温泉宿の隣の小さな空き家の外形が、アイヌの家と似ていて不思議に思い、中を覗き観察する。

九月　この月の半ば、萩坪を見舞い、支那の線香を立てて静かな夜を過ごす。

九月二日　伊能嘉矩宛てに、突然の訪問にもかかわらず、南部家文書など見せていただき感謝すると礼状を出す。及川、鈴木両翁にもよろしくとしながら、自分の『後狩詞記』などは不出来で興味も減じているが、南部文書はぜひ公刊すべきと述べる。この時、伊能自身は、台湾に行っていたため、返事は一一月一八日となる。この日、長兄鼎の次女茂子が、花袋の仲人で、岡村千秋と結婚する（定）。

九月一五日　静岡吉原にいる山中笑宛てに、「シャグジの信仰」について教えてもらいたいという手紙を書く。この中で「民俗学」の名称を用いる。

九月二五日　静雄が、オーストリア大使館付海軍武官として着任する（伝）。

一〇月六日　山中笑から静岡の「オシャモジサマ」や石神様を伝える手紙が届き、その返事を書く。

一〇月七日　午前八時三〇分、肺炎を併発し松浦萩坪が市ヶ谷田町の自宅で息をひきとる。享年六七。

一〇月九日　萩坪の通夜の夜、花袋と終夜侍し、「ねざめては聞きたまひけん萩坪の　かきねの虫のこゑのかなしさ」の歌を詠み、花袋と見せ合う。

一〇月一〇日　萩坪の葬儀を執り行う。

一〇月一四日　産業組合中央会の設立が認可される。

一〇月二八日　八日付けの山中笑の手紙の返事として、「シャグジ」についての考えや、「十三塚」への関心を伝える手紙を書く。続いて、考古学者の和田千吉にも、「将軍塚」や「十三塚」について教示を求める手紙を書く。

一一月八日　二級俸となる（官）。

一一月一三日　伊能宛てに、夕方宮内省の一室で遠野の旅を思い出したと書いたあと、「シャグジ」について山中共古と書信を往復していること、韓国の民俗や古韓語を知らなければ地名を調査できないことなどを手紙に書く。

一一月一六日　アナトール・フランスの『赤い百合』を読み終える。

一一月二〇日　この日あたり、伊能から「山人説話の中心は飛驒地方に在や」という一八日付けの便りが届く。

一一月二一日　白鳥庫吉を訪ね、鏡の話を聞く。

一一月二三日　山中笑宛てに、杓子についての教示を感謝する手紙を書く。

一一月二四日　白鳥庫吉宛てに、先日は、自分の話を聞いていただいて感激したと手紙を書き、道祖神、山神、荒神、姥神などを列挙する手紙を書く。前の年、八代で会った緒方小太郎に、山神と石神についての手紙を書く。

一一月二七日　白鳥庫吉の話を聞き、シャーマニズムの勉強をしたくなる。また、小山内薫の自由劇場第一回公演イプセン作「ジョン・ガブリエル・ボルクマン」を有楽座に見に行く。劇が終わったあと、劇場の食堂で、市川左団次、小山内薫を交えて、島崎藤村、田山花袋、蒲原有明、近松秋江、谷崎潤一郎、和辻哲郎、正宗白鳥、後藤末雄、木村荘八らと歓談する。

一二月　この年、帝国農会幹事として、茨城県西茨城郡七会村に調査に入る。また、翌年発刊予定の『東京帝国大学同窓アルバム』のための礼装姿の写真をとる。

一二月五日　花袋宛てに、『田舎教師』などの感想や、萩坪の追憶談、独歩全集のことなどを相談する長い手紙を書き、向かうべき仕事や研究の方向性が定まってきたことを述べる。

一二月一二日　一一月二六日付けの山中笑の手紙の返事として、「将軍塚」や「勝軍地蔵」の語義を明白にすることが「シャグジ」を理解することになると手紙を書く。白鳥庫吉宛てに、先日聞いた満州鉄道での講演のお礼と、「サギチヤウ」や「トンド」の行事についての考えを聞く手紙を書く。

一二月一三日　農商務省会議室で開かれた産業組合中央会創立総会に出席する。午前九時に開会し、大浦農商務大臣の出席のもと、平田東助会頭を議長に選出して議事が進行される。喜田貞吉宛てに、「神籠石」についての論文を読んだことと、疑問に思っていることを告げる手紙を書く。

一二月一九日　島崎藤村から、扉裏に「田山花袋　柳田国男二君へ　四十年より四十二年にかけて、多くは成りし順序に随ひ、その折々のものがたりをあつめしものはこの集なり。ささげて紀念す。」と献辞が書かれた、第二短編集『藤村集』（博文館、一二月七日）を贈られる。

明治四三年（一九一〇）　三五歳

一月　この月、産業組合中央会が設立される。またこの月、『轆轤師記録』や『牛頭天王暦神弁』などを読む。

一月一日　花袋に新年の挨拶と、通泰の友人の弟の伊庭孝が、イプセンの『幽霊』を訳したので出版の相談にのってほしいと手紙を出す。

一月二日　『稲荷神社志料』（大貫真浦編、稲荷神社、明治三七年）を読み終える。また、アナトール・フランスを読む。

一月一三日　伊能宛てに、「シャグジ」「シャウジバ、ショウジバ」「サウヅ、ショウズ」「ソウシ」などの地名の例を挙げた長文の手紙を書く。

一月一四日　辰男が亡くなり百カ日にあたるので、品川東海寺の墓に田山花袋や島崎藤村らと参り、三河やで法要をする。

一月一五日　山中笑（共古）宛てに、大人（おおひと・山人山男）の研究が自分の研究の一題目で、これらは妖怪などではなく、この国の原住民であると思うと手紙を書く。

一月一六日　志賀重昂の自宅、代々木の四松庵で開かれた、日本山岳会の新年晩餐会に田山花袋と共に参加し、「飛騨白川村風俗及び建築」についての話をする。「山狂の集り」と書いた寄せ書きを書き、「東文士組」のひとりとして署名する。他に田山花袋、小島烏水、「西科学組」に志賀重昂、白井光太郎、山崎直方が署名する。

二月　このころから、『考古界』に「十三塚」、『太陽』に「峠に関する二、三の考察」を発表したり、『歴史地理』の「地名雑考」の連載を始めたりして、紀行、記録の類の研究が多くなる。また、この月、内閣文庫所蔵の『蕗原拾葉』について述べた「宝暦六年駒ケ岳一覧記　識語」を書く。

二月一〇日　一月二〇日、三一日付けの山中の手紙に対してのお礼と各地のサイノカミの例を書いた手紙を書く。

二月一一日　伊能宛てに、各地の道祖神と遠野の駒形神や金精神との間に何らかの脈絡があるはずと手紙を書く。白鳥庫吉にも、武蔵に点在する荒脛（アラハハキ）社などの本源を求めたいとの手紙を書く。

二月一二日　東京帝国大学の山上御殿で開かれた地理学会で、「地名の話」を講演する。

二月一五日　伊能宛てに、借りていた本のお礼と、各地の石の道祖神の例を挙げた長文の手紙を書く。

二月二三日　二一日付けの喜善の、ザシキワラシには三種類あること、西洋にも同じようなものがあるのかを尋ねる手紙が届く。

二月二七日　山中笑宛てに、左義長と道祖神との関係について述べる手紙を書く。

三月　『考古界』の二月号に「十三塚」を発表してから、このころまでに集めたものを『石神問答』に載せるためにまとめる。

三月一二日　土淵村の佐々木喜善に、返事の手紙を書き、六角牛や早池峰の山を思い浮かべていることから始まり、イェーツの『ケルトの薄明』を数年前に読んだが、アイルランドにもザシキワラシに似ている話があると思うと述べ、『遠野物語』を早く清書して夏までには出したいが、今は石神研究に打ち込んでいると書く。

三月二五日 白鳥庫吉宛てに、大歳に関する信仰を考えていて、宇賀神社や大国御魂神などの例をあげる長文の手紙を書く。

三月二八日 山中笑宛てに、一八日付けなどの共古からの手紙の返事を書き、シャグジは稲荷神社と同じに里近くにあるのに、荒神山神や道祖神の祭場が深山にあるのは奇であると述べる手紙を書く。

三月二九日 喜善宛てに、なかなか返事がこないので日々待っていたと手紙を書き、伊豆権現が伊豆には無いと言ってしまったが、相模の国との境にある伊豆山走湯権現は伊豆権現のことであったと手紙を書く。

三月三一日 賞与として一五〇円を支給される。

四月 このころ、『石神問答』の序文末尾に入れる歌、「しをりすとたたずむ道の山ぐちに　又かへり見るこしかたの雲」を詠み、このような研究を好んでいた父約斎を偲び、生きていたら喜んでくれたと思う。

四月一日 高等官俸給令が改正される（履）。

四月三日 佐々木喜善に伊豆権現についての考えなどを書き、喜善に尋ねる手紙を書く。

四月八日 この日の前後、六日付けの喜善からの手紙が届き、遠野には伊豆権現は来内だけしかないが、ウンナミ権現、ホウリヨウ権現、ソウゼンサマは到る所にあると知る。

四月九日 『石神問答』の表紙の絵を描いた映丘宛てに手紙を書く。また、緒方小太郎宛てに、狩猟図説を写し終えたので返却するとの礼状を書く。

四月一〇日 隣町の市谷に住む白鳥庫吉を訪ねる。『考古学雑誌』創刊号に載せる『石神問答』の広告文の原稿を書く。

四月一六日 亀清で開かれた、三々会の一〇年目の記念の会に出席する。

五月二日 日本山岳会の集まりがある。

五月一二日 喜善宛てに、明日の一三日夕刻に来てほしいと葉書を書く。

五月一四日 日記に「遠野物語草」と書く。

五月一六日 『遠野物語』が校了となる。『考古学雑誌』に載せる「近年久しく此種の記述あることを聞かざる也」で始まる二八〇字あまりの広告文を書く。

五月一八日 朝九時の汽車に乗り、伊豆大仁で降り、下田往還を人力車で南下して湯ヶ島温泉の落合楼に泊まる。

五月一九日 駕籠に乗って天城峠を越え、湯ヶ野温泉に泊まる。日記に、「山男の消息は既に消えつつある」と書く。

五月二〇日 馬車で下田に行き、大浦家で休息をするが、宿泊を断られたので蓮台寺の会津屋に泊まる。この日、聚精堂から『石神問答』が発行される。一五〇〇部刷ったが、実際に判を押した発行部数は、九〇〇部であった。

五月二一日 蓮台寺から馬車に乗り、加増野を経て婆娑羅峠を越え松崎に行く。船に乗り遅れて、瀬崎のかじ寅という宿に泊まり、按摩から神隠しや山男の話を聞く。

五月二二日　朝六時発の沼津行きの船に乗る。沼津駅で全ての新聞を買い、久しぶりに読みながら、弁当とイチゴを車中で食べる。鈴川で下車し、吉原町の山中共古を訪ね、共古と共に大宮の神社に行き参拝する。境内の老木に種々の物が掛けてあるのを見て、共古に何かとたずねると、山神に神酒を奉ると答えられ、甲斐の道中にも多くあることを知る。夜、興津に向かい三年前に泊まった東海ホテルに泊まる。

五月二三日　山中共古の自宅を訪れ、「甲斐の落葉」を見せてもらう。この時、共古から山形出身の蔵書家で、東京大学史料編纂所に勤める羽柴雄輔の話を聞き、興味をもつ。共古に紹介してほしいと頼む。

五月二八日　『読売新聞』に『石神問答』の広告を載せる。このころ、幸田露伴や坪井正五郎らに『石神問答』を贈る。

六月　講師を務める中央大学で一三日から二六日の間に行われた学年試験で、経済科第二年の農業政策の問題として次の三問を出す。「一、農法ノ異同ト農場ノ大小トノ関係。二、諸君ノ郷里ニ於ケル肥料使用ノ状況及其傾向ヲ記述セヨ。三、諸君ノ郷里ニ於ケル共有地ノ現状を記述セヨ。」

六月五日　この日の前後、坪井正五郎から、『石神問答』のお礼の三日付けの手紙が届き、和歌山の南方熊楠にも送るようにと紹介される。

六月九日　『遠野物語』が出来上がってくる。「よき感じなり」と日記に書く。

六月一二日　三九号と番号をうった『遠野物語』を通泰に届ける。通泰はその日のうちに読み終える。また、この日の『読売新聞』に露伴の「石神問答を読みて」が載る。

六月一三日　この日の前後、富士川游から一一日付けの『石神問答』のお礼の手紙が届く。

六月一四日　『遠野物語』三五〇部を発行し、五〇部を番号と献辞を書いて贈呈する。この日、岡山で逮捕された森近運平が東京に護送される。

六月一五日　『遠野物語』を贈った桑木厳翼から「平地人を戦慄せし御筆力の結果と敬服」との礼状が届く。

六月一七日　芝の松山病院に入院中の喜善宛てに、お見舞いと『遠野物語』を下宿先の古川方に送ったと葉書を書く。

六月一八日　喜善宛てに、『遠野物語』の「人名などハ斟酌すること能ハざりし故　わざと遠野の人ニハ一冊もおくり不申」と葉書を書く。

六月一九日　数日前、お見舞いに行った入院中の幸田成友からお礼の葉書が届く。

六月二〇日　この日の前後、一九日付けの喜善の『遠野物語』のお礼の手紙が届く。そこには、「かつて私の口よりお話上げし事のある物語ともおぼえず　さながら西洋の物語にても見る心地いたされ候」と素直に喜ぶ喜善の気持ちが書かれている。

六月二二日　兼任内閣書記官室記録課長となり、前任者の江木翼の計らいで四〇万冊と言われていた内閣文庫の管理責任を任せられ（「内閣文庫出納委任」（履））、大正三年四月まで続く。このとき、高等官四等を叙す（官）。また、このころから、宮中の宿直を勤めるようになる（定）。

六月二三日　赤坂円通寺で行われた独歩の追悼会に、花袋や満谷国四郎、小杉未醒、中沢臨川らと共に参列する。

六月二四日　『読売新聞』に載せるため、考古学者和田千吉から聞いた話をまとめた小文「和田君の談」を書く。

六月二五日　このころ、贈った『石神問答』のお礼の二三日付けの新渡戸稲造からの手紙が届く。そこには、自分も、宗教と農業の関係に興味をもっていると書かれていた。

六月二六日　この日付けの『やまと新聞』の「新刊批評」に『遠野物語』の紹介が載る。

七月　この月、柴田常恵の紹介で東京人類学会に入会する。この月発行の『中学世界』に島崎藤村が『遠野物語』の書評を載せ、『山岳』に、小島烏水が紹介を載せる。また、花袋が、『文章世界』に書いた「インキ壺」のなかで、「粗野を気取つた贅沢」と述べる。このころ、松本の胡桃沢勘内が『信濃日報』の新刊書紹介で『遠野物語』を知り購入する。

七月六日　龍土軒で開かれた龍土会の幹事を務め、五時からの会に出席する〔花袋批判はこの時か〕。

七月一二日　この日の前後、京都の内藤虎次郎（湖南）から、一〇日付けの『石神問答』のお礼の手紙が届く。

七月一三日　産業組合中央会福井支会大会の模範組合表彰式に列席して講演する。

七月一五日　この日の前後、七月一四日付けの森鷗外からの葉書が届く。

八月　このころまで、内閣の仕事として、韓国併合に関する法制の作成にあたる（定）。またこのころ、夏休みもとらずに内閣文庫の本を読む。

八月一日　この日の前後、七月三〇日付けの白井光太郎から山の神とヲコゼに関する質問に答える手紙が届く。

八月三日　『読売新聞』に載せる「勢至堂峠より白河」（のちに「勢至堂峠」と改題）の原稿を書き終える。

八月八日　藤村の妻冬子が亡くなったとの知らせを受け驚く。

八月九日　大久保長光寺で行われた島崎冬子の葬儀に花袋と共に参列する。

八月二一日　この日、南方熊楠が、神社合祀反対運動で逮捕される。

八月二二日　「韓国併合ニ関スル条約」の起草に関わった韓国併合条約が締結される。

八月二五日　一二月に刊行となる『時代ト農政』の「開白」の分を書き終え、末尾に「朝鮮併合後三日」と記す。

八月二六日　文部大臣官邸で開かれた、農商務省の月田、有働両主事の渡欧送別会に出席する。

八月二七日　この日、入檻中の南方のもとに『石神問答』が届き、二日間で一気に読み終えたことをのちに知る。

九月　この月発行の『新小説』に、泉鏡花の「遠野の奇聞」が載る。

九月二日　花袋宛てに、松浦萩坪夫人から遺品の整理に来てほしいと頼まれたので、日曜日に一緒に松浦家に出かけようと葉書を書く。

九月五日　日本山岳会の集まりがある。

九月六日　全国農事会会議に出席し、石黒忠篤と同席する（定）。この時、石黒の学問が、自分と同じ方向を志していることを知る。

九月二六日　「地名雑考（福良、袋、富士）」の原稿を書き終わる。

一〇月一日　東京帝国大学人類学教室で開かれた、東京人類学会第二五八回例会で「盆踊りに就いて」を講演し、田楽の話をする。

一〇月二日　この日前後、岡茂雄に南方熊楠に『遠野物語』を送るよう頼む。四日には、南方のもとに届く。

一〇月六日　東京帝国大学の山上御殿で開かれた、上田万年が創設した神道談話会の第八回例会に出席する。

一〇月七日　品川東海寺において、松浦辰男の一周忌を花袋と共に行う。

一〇月八日　北京にいる杉栄三郎宛てに、「生活も屢メランコリーなり、野心を絶ちて書を読まんとおもふ、国に人なしとおもふ、支那の黄塵によごれて見んとおもふ」と葉書を書く。

一〇月一五日　一七日までの三日間、松本烝治と秩父を歩く（後狩）。この日、吾野に泊まり、夏の大雨による山崩れの被害を知り、災害によって村が消滅する文明の悲劇を痛感する。

一〇月一六日　正丸峠を越え秩父に入り、秩父郡蘆ヶ久保村字ウツギ平の民家で休み、馬の草鞋を「オカマサマ」と呼ぶと聞く。

一〇月一七日　秩父から帰ってきたこの日、ウィーン駐在の静雄宛てに葉書を書き、その中で、最近、秩父の山に遊び歌を詠んだと、「旅ゆけば旅なる君ぞしのばるる　まして雨ふる秋の夕べは」と記す。

一〇月一九日　法政大学で農政学の講義を始め、毎週水曜日に出講する。

一〇月二六日　盛岡岩手病院に入院中の佐々木喜善宛てに、お見舞いと、この頃、事件が多く忙しいが、「山人」の話をさらに集めて三〇〇に達したら、また出版したいと、「ひまもなく木の葉ちるといふもり岡の　秋の夕はいかにさびしき」の歌を添えた葉書を書く。

一〇月二九日　アナトール・フランスの『The Elm-tree on the Mall』を読み終わる。

一〇月三一日　鉄道院職員救済組合審査会委員に命じられる（履）。

一一月　この月、自由劇場の公演『夜の宿』を見にいく。

一一月二日　この日の前後、一〇月三一日付けの佐々木喜善からの手紙が届く。その中に、『遠野物語』に話さなかった六話が書かれていて、「化け物問屋も病気にて、お化以上に相成り居り早々」という状態であることを知る。

一一月四日　『太陽』に載せる「伝説の系統及分類」を書き終える。

一一月七日　「地名雑考（強羅）」の原稿を書き終える。

一一月一〇日　木曽行きの話を島崎藤村に相談し、一二日に行くようだったら、吾妻村の林亀寿郎に電報を打つようにと言われる。
一一月一一日　開通した鳥居峠のトンネルを汽車で越え、木曽福島に入る。
一一月一二日　妻籠の林家に世話になり、霞網での鳥捕りを見たりして「初めて山路の夜明に逢い、旅らしい一日」を過ごす。
一一月一三日　自宅に戻る。
一一月一五日　帝国農会の設立許可が決まる（官）。三月以降に集めた十三塚に関する例を「十三塚」として書き、『東京人類学会雑誌』に発表する「アイヌの家の形」の原稿も書き終える。
一一月一六日　アナトール・フランスの『The Wicker-Work Women』を読み終わる。この日、帝国の農会の設立を受けて、全国農事会が解散される。
一一月一七日　この日、帝国農会の第一回総会が開かれる（報）。
一二月　このころ、和辻哲郎に、アナトール・フランスの『白き石の上にて』が大変いいものだからと薦める。この年発行の『東京帝国大学同窓アルバム』に、前年撮った礼装姿の写真を載せ、出来てきたアルバムに「痩せて十二貫目肥えて十三貫目従つて未だ重きを当代に為すに足らず」と書き込む。
一二月二日　『文章世界』第六巻第一号に載せる「木地屋物語」を書き終える。
一二月四日　新渡戸稲造宅で郷土会が結成され、定期的に会合をもつことになる。創立期のメンバーは、柳田以外に、新渡戸稲造、石黒忠篤、小田内通敏、木村修三、有馬頼寧、小田島省三、十時弥、小平権一、草野俊輔、小野武夫、牧口常三郎、高木誠一、会津八一らで、それまで柳田家で行っていた郷土研究会を合併吸収することになる。当時は、農政学に専念する決心をしていた（定）。また、この日、仙台に移った佐々木喜善に、体を心配し暖かい海岸地方での療養をすすめる手紙を書く。そのなかで、「あの本（遠野物語）はうれざりし割には評判たかく人ハよく貴兄のことを小生ニたつね申候」と伝える。
一二月六日　『太陽』第一七巻第一号に載せる「生石伝説」を書き終える。
一二月八日　聚精堂から、『時代ト農政』を刊行する。
一二月九日　東京帝国大学山上御殿で開かれた、神道談話会に出席し、「巫女について」の講演をする。同席者は、妻木直良、宮地直一らで、アメリカ人コーツも来会する。
一二月一〇日　この日、大逆事件の第一回公判がある。
一二月一八日　この日の『読売新聞』に、水野葉舟の「遠野物語を読みて」が載る。

明治四四年（一九一一）　三六歳

一月三日　房総半島を回る旅に出る。両国から成東、八街、東金と人力車で回る。大原勝浦から鴨川、勝山と回り船で霊岸島に渡る。途中、鴨川の町で、石の八地蔵を見て珍しさを感じる。
一月六日　帰宅する。
一月一一日　伊能嘉矩宛てに、『台湾藩政志』のお礼を述べ、自分も今年中に国内の地名を解釈する本を出したいとの意欲を述べる。

一月一八日　大審院が、幸徳秋水ら二四人に対して死刑判決を下す。

一月二四日　メーテルリンクの『THE BLUE BIRD』を読み終える。読了年月日に続けて、「此日幸徳等十二名刑ニ遭ふ」と書き込む。実際は、この日の刑の執行は一一人で、管野スガは次の日であった。

二月　この月、上総に遊ぶ。

二月四日　伊能宛てに、遠野の地での「炉辺の閑談」と伊能の遠野史の計画をうらやましいと述べ、それに比べて「東都は戦場の如き政治界の有様にて我々共迄其弊を受けをり候」とし、仙人峠の御神体を聞きながら、ヒジリ神、修験道、白髪水についての関心を述べ、協力を求める手紙を書く。

二月一八日　伊能宛てに、「仙人峠」や「アラク畑」のことがわかったと礼を述べ、『遠野古事記』が史料編纂所にあったら、写しておくことを約束する手紙を書き、悪路王の名や飽土、明戸、阿久津などの地名への関心を示す。

二月二五日　伊能宛てに、東京帝国大学図書館から『遠野古事記』を借り写させていると手紙を書く。

三月　このころ、東京地学協会に入会する。この月も上総に行く。またこの月、大手門内に内閣文庫の新書庫が完成し、移転作業に入る。移転完了は一一月。

三月三日　新渡戸稲造宅で初めて開かれた郷土会に出席する（定）。この日、高等官三等一級俸となる（履）。

三月一九日　田辺の南方熊楠に、南方が『人類学雑誌』に発表した「山神〝オコゼ〟魚を好むと云ふ事」を読みうれしかったことと、自分が書いた「山神とヲコゼ」をまだ読んでもらっていないようなので送ると初めての手紙を出す。また、そのなかで、山男に関する熊野の話を集めるのに協力してほしいと述べる。佐々木喜善に、「広遠野物語」とでも題するような美しい冊子を作りたいと手紙を書く。

三月二三日　二一日付けの南方の手紙が初めて届き、神社合併政策に抗議していることは木下友三郎からも聞いているので、意見書の公表に尽力すると返事を書く。また、そのなかで、『奇異雑談』が狩野亨吉文庫にあれば借りて送るか、内閣文庫にあれば筆写して送ると約束する。

三月二五日　京都大学の新村出が、『大阪朝日新聞』に発表した「紀元節所感」を読む。賞与として一五〇円が支給される。

三月二六日　新村出宛てに、紀要『芸文』に発表した「鷹狩」と、「紀元節所感」を読んで突然「一書さし出」したくなったと手紙を書く。

三月二八日　この日の前後、二六日付けの南方の長文の手紙が届く。その手紙には、熊楠が昨年の未決監中に読んだという『石神問答』と、その後に読んだ『遠野物語』への書き入れが書かれている。また、フレーザーの『トーテミズムと外俗婚』を読むように薦められる。

四月　この月も上総に遊ぶ。

四月一日　沼津から三島大社参拝へと回る。箱根芦ノ湖に遊び、塔ノ沢に泊まり、三日に帰宅する。

四月一三日　『考古学雑誌』五月号に掲載する「矢立峠」の原稿を書き終える。

四月一六日　南方宛てに、山男は「日本に生息する原始人種なるべしと信じ」ているとし、近日中に小文を発表し、その付録として山男に関する見聞談を二〇〇くらい集めたいので教えてほしいと手紙を書く。この時、一三〇ほどの話が集まっていた。

四月一七日　伊能嘉矩に『遠野古事記』中巻を写し終えたと伝える手紙を書く。

四月二〇日　アナトール・フランスの『On Life and Letters』を読み終わる。

四月二三日　佐々木喜善に、山人のことは熊野の南方熊楠という植物学者が蒐集してくれていると手紙を書く。また、そのなかで、山崎直方が遠野に旅行に行ったことや、遠野の道路や村落の様子がわかるものを集めておいてほしいと書き、「天くもの遠野のさともゆめに見えず　春の夜風の松にのみ吹く」の歌を添える。

四月二四日　この日の前後、二二日付けの南方からの手紙が届き、その手紙には『北越奇談』や『和漢三才図会』などに見える山男の話が書かれてある。

四月三〇日　南方宛てに、山男について二、三の質問をし、熊野にはどうしても自ら旅行しなくてはならないと思っていると手紙を書く。

五月一日　従五位となる（官）。

五月二日　日本橋の料亭にて三々会を開き、松岡均平、勝部国臣らと会う。

五月八日　岡山の小野節から鯛の浜焼きを送られ、「昨夕より一同大よろこびにて頂戴いたし候」とお礼の葉書を書く。

五月一二日　一五日まで、牧口常三郎と山梨県谷村から道志、月夜野を経て相模に入る（後狩）。道志村では、水田や畑作、水源林、畜産、交通の現状を調査する。

五月一五日　道志川渓谷から月夜野に出て帰宅し、喜善にイタコとオシラサマとの関係がわかったことは大発見と返事の葉書を書き、道志の山には、山男はいないようだと述べる。

五月一六日　調査メモをもとに「甲斐南都留郡道志村」を書き、「道志ハ蕭条タル一村ニ過ギズト雖其生意ノ豊ナルコト頗ル予想ノ外ニ在リ」と、全国の山村と違って人口が増えていることの可能性を記す。のちに、昭和二八年一〇月に刊行される『道志七里』に載せる。

五月二四日　『人類学雑誌』第二七巻第三号に載せる「踊の今と昔　一二　踊の家筋」を書き終わる。

五月二九日　真岡付近を歩く（後狩）。この日の前後、二五日付けの南方の手紙が届く。この手紙は、一週間にわたって書きつがれた長文のもので、山男や「猩々」「山わろ」の話から、自分の生い立ち、神社合併政策の抗議の意見書の話などが書かれている。

六月　講師を務める中央大学経済科第二学年農業政策の学年試験問題として、「一、村落一団ノ大小カ農業労力ノ効果ノ上ニ及ス影響ハ何カ。二、米大麦大豆ノ市価ノ昂低ハ相互間ニ何等ノ関係ナキモノカ。三、人口ノ増加カ農業ノ上ニ及スヘキ効果二アリ何カ。四、教育ハ如何ナル意味ニ於テ農業ノ労力ニ影響ヲ及スヘキカ。」の問題を出す。試験は一二日から二四日の間に行われる。飯田の太宰春台遺蹟保存会の発起人になる。

六月九日 六日付けの南方からの手紙を読み、南方宛てに、榎のことを書いた新聞三枚を同封した手紙を書く。そのなかで、「山男」が「生蕃」であることを確定することは見合わせると述べ、一方で、南方の神社合併政策に対する意見書の出版を考えていることを伝える。

六月一三日 「韓国併合ニ関シ尽力其功不少」として勲五等瑞宝章を受ける（官・新）。行賞対象の高等官九二名中、四六番目にランクされる（伝）。

六月一四日 韓国併合の行賞で、勲五等双光旭日章を受ける。この時、法制局参事官兼宮内書記官内閣書記官の役職。一二日付けの南方の那智の鬼市や、わが国にもフォークロア会の設立と「文学、考古学、里俗学の範囲」の新雑誌発刊を望むという手紙を受け取る。徳川頼倫に意見書を提出したいとする南方に対し、早速、印刷して公開した方がよいと返事を書き、その中で巫女の副業の話や地名との関連に触れる。また、この手紙で、南方から教示を得たG・L・ゴンムの著書を貸してほしいと頼む。

六月二〇日 宮内省で、メーテルリンクの『The Seven Princess』を読む。南方から楠木の老木がどんどん伐採されていく状態を嘆く一八日付けの手紙が届く。同封の『牟婁新報』二部を読み、切り抜き帖を作る。

六月二一日 南方宛てに、意見書を一日も早く送ってほしいと手紙を書く。

六月二七日 二五日付けの南方の手紙が届き、それには、『和歌山新報』に連載を始めたこと、意見書に載せる写真のこと、英文で書いた「燕石考」のことなどが書かれている。早速、『和歌山新報』が一度しか送られてきていないことを知らせる葉書を書く。また、この日、考古学雑誌に載せる「子安の地蔵」の原稿を書き終える。

六月二九日 続けて二六日付けの南方からの、三重県の阿田和の村社である引作神社の大杉と大楠木の伐採を止めてもらいたいとの手紙が届く。

七月 講師を務める法政大学専門部政治科応用経済学の学年試験問題として、「一、土地ノ価ハ如何ナル場合ニ於テ低落スヘキヤ。二、海岸ノ農業ノ特色ハ何カ。」の問題を出す。

七月一日 伊能嘉矩宛てに、この春『真澄遊覧記』を一読して、オシラ神についてさらに捜索を進めたいと思っていると手紙を書く。また、この日前後、三〇日付けの南方の手紙が届き、『和歌山新報』をすぐに送れと言ってあるのに送らないのは「はなはだ不真面目」なので今後、連載はしないと書いてくる。

七月二日 南方宛てに、『和歌山新報』の件は、このくらいのことでは怠惰というほどのことではないので、連載中止などと言わないでほしいこと、阿多和の楠木については、出来る限りの努力をすること、この後、美濃越前の山中に旅に行くので一三日までは、福井市の池松時和方宛てに便りしてほしいと手紙を書く。

七月五日　南方宛てに、『和歌山新報』が続けて届いたので連載中止などと言わず、継続してほしいことと、過去の忘却が一切の社会害悪の根源と思うので、今後とも俗界に引き出そうとするけれども余計な世話焼きと思わないでほしいと手紙を書く。

七月六日　二宮尊徳の曽孫にあたる二宮徳と、製紙業と林業視察のための美濃・越前旅行に行くため、夜九時の列車で新橋を発つ。

七月七日　朝、岐阜に着き、県庁に行き、物産館を視察する（新）。県の蔵書目録のなかの近世の郷土資料に注目し、「サンカ」のことを注意したいと思う。

七月八日　関から上有知に入り、製紙試験場を視察した後、人力車で、郡上八幡に着き、備前屋に泊まる。竹内郡長から「オゲ」と呼ばれるサンカの話や木地屋の話を聞き、「平人とさして異なる生活にはあらざるか。はたこのオゲのみが、特に彼等の中に入込んでいたものか」と日記に書く。

七月九日　長良川沿いを歩いて白鳥の町に入り、荷物を宿に置き、町を歩く。夜、小学校長からもサンカの話を聞く。

七月一〇日　草鞋を履き長良川を渡り、阿弥陀ノ滝を見て、檜峠を越え、石徹白に入る。白山仲居神社を参拝したあと、中ノ在所の医者の家に泊めてもらう。

七月一一日　朝、中ノ在所を発ち、石徹白の巡査の案内で小谷戸、三面を通り、岩ツツジを見ながら下穴馬村に出る。その後、人力車で大野に出て宿泊する。迎えに来た郡役所の松田係員から、大野町のはずれの清水に五六軒のサンカが定住しているという話を聞く。

七月一三日　大日本産業組合中央会の講師として福井支会総会の模範組合表彰式に列席し、講演する。併せて開かれている第二回福井県重要物産共進会を視察する。この日までの便りは、福井市佐佳枝町の池松時和方に預かってもらう。

七月一四日　福井を発って、再び大野に戻る。

七月一五日　下若生子、上若生子を通り、中島で昼食をとり、下秋生に宿泊する。この日、初めて稗のご飯を食べたり、歩く先々の峠の頂上に、石地蔵があるのを見たりして、「あら山のそきの萱原刈りあけて　稗まく子らも大君の民」などの歌を詠む。

七月一六日　再び美濃に入り、樽見の川のそばの宿に泊まる。

七月一七日　村の名木の淡墨桜や濃尾大震災でできた陥没地を見に行く。地蔵堂に山袴が脱ぎ捨てられているのを見る。大垣に入り、広瀬寿太郎警察署長から、警察情報としてのサンカ論を聞く。「山窩ニ対スル件報告書」（大垣警察署内報告書）をもらう。

七月一八日　大垣から京都に向かい、桑木厳翼の家に泊まることにし、夜、新村出を訪ね、藤井紫影に会う。

七月一九日　京大東洋史学の内藤湖南、河上肇、新村出、今村幸男らに会う。内藤家で、蒲葵の団扇を見る。この後、数日を梅ヶ畑、八瀬、大原に遊び、京都大学人文地理学小川琢治らに会う。

七月二二日　午後、内藤が来て、南方三を呼びだして、共に瓢亭で夕食を食べる。帰りに小川琢治を訪ねるが不在のため会えず、「白雲はいづれの山に帰りけん　ひとりさびしき岡の辺の松」の歌を詠む。

七月二三日　朝、京を発つ前に、小川が会いに来る。奈良から桜井に入り、初瀬を経て、名張に泊まる。

七月二四日　阿保峠の西、名賀郡上津村で塚を見る。津に泊まる。

七月二五日　津で、川喜多久太夫から町を歩きながら、「うだつ」の説明を受ける。栗真村にある感化院国児学園の竹葉寅一郎を訪ね、「特殊部落問題」についての意見を聞く。

七月二六日　汽車が故障し、予定より遅れるが東京に帰る。

七月三〇日　『人類学雑誌』第二七巻第五号に載せる「踊の今と昔　一三　踊の目的」から最後までを書き終わる。

八月一日　南方宛てに、二六日に旅から戻ったこと、「カワタ」「サンカ」などの特殊部落とのこと、「エタ」救済を終生の事業とする竹葉寅一郎と出会ったことなどを知らせる手紙を書く。

八月八日　この日前後、南方から引作神社の大楠の伐採が中止になって村民から礼状が届いたことと、次は神島の保護のためお世話願うとの返事を受け取る。

八月九日　南方宛てに、松村任三は旅行中なので息子の松村瞭に伝えたことと、三重の知事は人がよいので自分が出ることはないとの返事を書く。出したあと、もしうまくいかなかった時のことを考え、この手紙を田辺警察署長に見せてもよいと「内閣法制局　柳田国男」の名で二通目の手紙を書く。佐々木喜善にも、美濃・越前旅行で山窩について調べてみたと手紙を書き、来月は山形から陸中に越えるので、鬼首温泉あたりで会えないかと伝える。

八月一〇日　二回目の郷土会を自宅で開き、「美濃・越前見聞談」を報告する（定）。

八月一四日　南方から、事態は急を要しているので、自分の手紙の内容を要約してでも、徳川頼倫や松村任三宛てに配り、東京で注意を引くように公開するなどしてほしいと連続して二通の手紙と葉書が届く。早速、出来る限り世論を喚起するように尽力することと、そのためには、自分の問題は後回しにするので、意見書に関する一切の事務を任せてほしいと返事を書く。この手紙に、「エタ」や「サンカ」に関しての自分の考えをまとめたいが、山人や鬼市に関しての南方からの教示があるまでは待つとも書く。

八月三一日　この日あたり大分県津江村、熊本県小国村に生活実態調査に行っている牧口常三郎から、帰ったら報告したいという二九日付けの葉書が来る。

九月四日　自宅のすぐ近くの印刷会社の秀英舎工場に行き、南方の書簡二通を「意見書」として入稿し、五〇部印刷するよう頼む。

九月一五日　南方から、山人の例として、インドや中国の狼に育てられた子供の例を数多く紹介しながら、「それだけの話」でそれを筆記してもあとで笑われるだけと批判しているような長文の一三日付けの手紙が届く。お礼の返事を書き、その中で、八月二一日と二九日付けの二つの長文の意見書を二、三十部印刷し、気概ある人たちに配ることを考えていると伝える。

九月一八日『仏教史学』第一編第八号に載せる「掛神の信仰に就て」の原稿を書き終える。

九月二〇日 一八日付けの南方の返事が届き、植物学の白井光太郎に手紙を渡したことと、南方の「候は無学なれど」の「無学なれど」の五文字を直したことなどを伝える手紙を書く。この中で、「川童のこと」「神馬のこと」「馬蹄石のこと」の伝説を集めた本を書きたいと希望を述べる。

九月二一日 田中阿歌麿宅で開かれた郷土会に出席する（定）。

九月二二日 この日の前後、二〇日付けの白井光太郎から、「南方二書」を読んだが、「実事とは思はれ不申候」との葉書が届く。

九月二三日 この日の前後、志賀重昂や松村任三、賀古鶴所、三好学らから、「南方二書」を読んだとの葉書が届く。

九月二四日 二二日付けの南方の手紙が届く。南方からは、川童、馬蹄石についての例を教えられるが、神馬とは「意味不詳」と告げられる。

九月二五日 南方宛てに手紙を書き、南方の書簡を活版印刷した「南方二書」の送付先のメモを付ける。送付先は、内務次官や道家斉山林局長をはじめ、松村任三、白井光太郎、森林太郎、牧野富太郎ら二二名で、井上通泰には、「小生兄、医者、歌人、山県公に向ひ直言しうる者」などの説明をつける。また、これ以外にも穂積陳重、八束兄弟や井上友一神社局長、水野錬太郎などにも送るつもりと書く。数日後、井上通泰から、「南方二書」をあと四、五部残しておいてほしいとの二四日付けの葉書が届く。

九月二八日 この日あたり、小島烏水から「南方二書」を『山岳』に転載したいと書いた二六日付けの手紙が届く。

九月二九日 この日から数日にかけて、南方から、二八日から三〇日付けの、「南方二書」配布に対しての喜びが伝わってくる長文の手紙が届く。

一〇月 この月、金田一京助が、しばしば自宅に訪ねてくる。

一〇月一日 南方宛てに、「馬蹄伝説」の例すべてを資料として頂きたいということと、「伝説十七種」という書名にしたいとのことなどを伝える手紙を書く。

一〇月四日 二日付けの南方の手紙が届き返事を書く。その中で、熊野比丘尼について教えてほしいことなど書く。

一〇月七日 白井光太郎が訪ねてくる。

一〇月八日 六日付けの南方の手紙が届く。手紙には、土宜法竜師や白井光太郎などから「二書」のお礼が届いたことや、「伝説十七種」を出す前に原稿を見せてほしいとのこと、「手紙の使い」を「己が命の早使い」に直した方がよいことなどが書かれていた。夜、東京帝国大学国語研究室の亀田次郎を介して金田一京助が訪ねてくる。アイヌ語ができる金田一に、内閣文庫の「蝦夷諸目の調査」を任せる。南方に抗議書の出し方を意見する返事を書く。

一〇月九日　朝、白井光太郎が、神社合祀問題に対する論文「史蹟名勝天然記念物一大乱滅神社合併の弊害につきて」を持ってきたので、朝日新聞の杉村広太郎に電話をする。同時に『日本及び日本人』に掲載するよう働きかける。『牟婁新報』が同封された七日付けの南方の手紙が届く。考古学会評議員会に出席する（定）。

一〇月一〇日　『牟婁新報』に柳田の名前が載ってしまったことを詫びる八日付けの南方の手紙が届く。

一〇月一一日　南方に、『宣室志』を読んだが、『聊斎志異』の狐の話はこの本からかと伝え、「国論ようやく一変し、真摯なる日本研究これより起こり、雨降り地固まるの結果あらんとす」と、オクナイサマも今後研究しなくてはならないと述べる。

一〇月一三日　一〇日付けの南方の長文の手紙が届き、「南方二書」五〇部、一冊を残しすべて配布したと返事を書く。

一〇月一四日　八日付けで送った手紙を見て、南方が書いた手紙が届き、「今夕御手紙を見ていたく激するところありて、まずまずこのことのみ申し上げ候。虫のよい言い分ながら、相互の態度さえ明白にならば、この後こんな議論はやめ申したく」と返事を書く。

一〇月一五日　一三日付けの白井光太郎から、近野村の大杉伐採反対の件で、史蹟名勝天然記念物保存協会の戸川残花に相談していることと、朝日新聞の杉村に原稿を送ったことを知らせる手紙が届く。

一〇月一六日　一四日付けの南方の手紙が届き、その中で、杉村が白井論文のことで連絡をとっていることを知る。

一一月一七日　学士会館で開かれた郷土会に出席する。

一〇月一八日　一六日付けの南方の手紙が届く。『塩尻』（天野信景編、古書保存会、明治一六年）や『常陸風土記』などの例が数多く書かれている。

一〇月一九日　一七日付けの南方の、文章の書き方から愛国心に至るまで考え方が違うと長文の手紙が届く。

一〇月二二日　南方宛てに、「最近の長き御手紙（まことに愉快な手紙に候）は精読仕り候」と返事を書き、その中で、研究論文の書き方や日本研究は日本語で発表してもらいたいと述べる。

一〇月二五日　『法学新報』第二一巻第一〇号に載せる「地方見聞集　一　池掛り」の原稿を書き終える。

一〇月二六日　南方宛てに、『紀伊続風土記』産物部にある「アカゴメ」を「トウボシ」と言う理由を尋ねる葉書を書く。

一〇月二七日　夜、自由劇場のハウプトマン作の「アインザァメ・メンシャン」を見に行き、帰宅後、二五日付けで南方から葉書と原稿、長文の手紙が送られてきていたので、新しい時代とは西洋だけでなく、日本の青年にも思いやりをもってほしいと返事を書く。

一〇月二八日　二五日付けの南方の手紙が続けて二通届く。

一〇月三〇日　二八日付けの南方の手紙が届き、「トウボシ」は、唐の乾飯の意味と思うとの返事が届く。

一一月八日　六日付けの南方の手紙が届き、近野村の大杉伐採が取りやめになりそうだと伝えられ、返事を書く。
一一月九日 考古学会評議員会に出席する（定）。
一一月一五日 一二日付けの南方の手紙が届き、返事を書く。
一一月一七日 学士会館で郷土会を開く（定）。
一一月一九日 一六日夜付けの南方の手紙が届き、近野村の件で伐採が強行されては申し訳がたたないので、親子で頭を丸めたことを知らされ、神社局長と懇談したり考古学会と相談したりしているが、権限は知事にあるので、悔やし紛れに入道するなどせずに、自然研究者の冷静な観察点に戻ってほしいと返事を書く。
一一月二〇日 南方宛てに、『牟婁新報』に発表した「山の神とオコゼ」の五月六日以降の論文があったら送ってほしいと手紙を書く。
一一月二三日 二一日付けの南方の手紙が届き、神社合併政策とそれに伴う、大木の伐採に反対する運動をめぐって、外国の学者の応援を得たいとする南方の考えに対して、反対の意見を述べる手紙を書く。
一一月二七日 東京帝国大学の山上御殿で開かれた神道談話会例会に出席し、高木敏雄の講演「古事記の高等批評」を聞き、筆記する。この時、初めて高木に会い、伝説研究について相談する。同席者は、上田万年、井上哲次郎らであった。この後、毎日のように高木と会うことになる。
一一月三〇日 二八日付けの南方の手紙が届く。その中で熊楠は、政治家や外国人の助けを借りることを批判されるが、しかたのないことと反論をしたためてくる。
一二月 この年、子供のころから尊敬していた姫路総社の庭山武正が、筆写した『西播怪談実記』を送ってくる。
一二月三日 一日付けの南方からの、「南方二書」の刊行配布が逆に、神林の伐採を早めているとの手紙が届く。
一二月七日 『東京朝日新聞』紙上に、「民間伝説及童話募集」を公表する。
一二月一四日 学士会館で郷土会を開き、田中阿歌麿の諏訪湖畔の村の成立に関する調査報告を聞き話し合う。学界が必ずしも停滞しているわけではないと感じ、南方に伝える。
一二月一五日 『関秘録』や『速碧軒記』について書かれた南方の手紙が届き、そのことに触れながら返事を書く。
一二月二二日 一〇日付けの南方の手紙にようやく目を通し、南方の願いを聞き、白井光太郎宛ての書簡を同封した手紙を出す。
一二月二三日 高等官三等となる（官）。
一二月二六日 浜町藤やで開かれた島崎藤村主催の忘年会に出席する（定）。
一二月二九日 年明けの七日まで遠州御前崎と吉原に滞在するため、東京を発つ。御前崎の駒形大明神に参る。
この年、茅ヶ崎に別荘を建てる。
この年、アンダーウッドの『東アジアの宗教』を読み、とくに韓国のシャーマニズムについて書いてある第三章を注視する。
また、ポアーズの『原始人の心』も丸善に注文して購入する。

明治四五年・大正元年（一九一二）　三七歳

一月　この月、経済学研究会が開かれ「特殊部落の話」を講演する。

一月一日　遠州相良湊の公会堂に泊まり、按摩と話す。佐伯好郎の『景教碑考』を読み終える（定）。ひき続き産業組合中央会の講師となる。

一月一四日　留守中に届いていた南方の手紙を読み、昨年の暮れに遠州に行ってから風邪をひいて寝込んでいたことを返事の手紙に書く。

一月二三日　『法学新報』第二二巻第二号に載せる「地方見聞集三　屋根を葺く材料」を書き終える。

一月二七日　Bleek の『Specimens of Bushman Fokklore』を購入する。

一月二九日　石黒忠篤から琉球の話を聞き、入れ墨をした少女の写真を見る。

二月九日　南方宛てに、フォークロアの学会を今年中に打ちたてたいことや、高木敏雄と『郷土研究』のことなどを手紙に書く。

二月一三日　この日前後に一一日付けの南方の手紙が届く。それには、フォークロアの学会を作ることが難しいこと、民族学会にしろ伝説学会にしろ里伝学会にしろいずれも不適当と書いてある。

二月二四日　御大喪のため出られず、三度ほど千葉へ行く（定）。この日、その最初の旅で、三月、四月にも出かける。

二月二七日　那覇の伊波普猷から『古琉球』三冊が送られてくる。

三月　この月、伊波普猷から、『沖縄毎日新聞』に載せた論文「古琉球の政教一致を論じて経世家の宗教に対する態度に及ぶ」が送られてきたので、すぐに神道談話会の会員にも一読させると返事を書く。そのなかで、伊波に、今のうちに「ユタ」について研究しておくようにと注文する。

三月八日　南方から手紙が届いたので、久しぶりに南方に返事を書く。この間のことは、白井や高木敏雄から消息を聞いているとし、二又の木、マンジ、鍬を持っての舞踏のことを尋ねる。

三月一四日　学士会館で郷土会を開き、村誌について話をする（定）。

三月一七日　『法学新報』第二二巻第四号に載せる「新道、旧道」の原稿を書く。

三月一八日　一四日付けの新村出の手紙に対する返事を書き、本月下旬の平日は東京にいる予定と伝える。この後、新村は、内閣文庫の調査のため上京し、閲覧の便宜を図る。調査が終わった日、柳橋亭に島崎藤村を呼び出し新村に紹介する［大正三年の可能性も］。

三月二四日　南方から次々と手紙が届き、『真俗雑記』や『奇異雑談』などの本の問い合わせに答える返事を書く。

三月二五日　三々会で志田勝民や弥永克己らと食事をする。

三月三一日　南方宛てに、金堀塚や鉄糞塚と長者伝説との関連を尋ねる葉書を書く。

四月　春の一日、孝と三穂を連れ、中央気象台の岡田武松を訪ねる。このころ、山方石之助（香峰）から話を聞いていた菅江真澄の『真澄遊覧記』を一読する。
四月七日　鉄糞塚なら和歌山にもあるとする南方の手紙が届き、その場所や時代を問う返事を書く。
四月一七日　この日前後に、南方から、鍬の一件は自分の間違いであったとの手紙を受け取り、返事の葉書を書く。
四月二一日　前年から刊行されはじめたフレーザーの『金枝篇』第三版の第一部二巻「呪術と王の進化」、第二部一巻「タブーと霊魂の危機」、第三部一巻「死に動く神」を読み始める。
四月二二日　佐々木喜善に、このごろは、本業を怠るほど読書をしていると手紙を書き、そのなかで、フレーザーの『金枝篇』やギリシャ、シリア、エジプトなどの伝説をみると『遠野物語』が成長していくことも考えられると述べる。
四月二三日　神道談話会で、遠野のオソウゼンさまを例に「馬蹄石伝説について」の講演する（定）。
四月二六日　南方宛てに、南方によって教えられたフレーザーの『黄金の枝（金枝篇）』第三版を買い、少しずつ読み始めていると手紙を書く。その中で、白井（菅江）真澄の『月の出羽路』と『雪の出羽路』について触れる。
四月二七日　南方から届いた葉書に対して、オシラサマのことは白井（菅江）真澄の本によってだいぶ分かってきたと返事を書く。
四月二九日　南方宛てに、菅江真澄の『雪の出羽路』に出てくる河童相伝という接骨の薬や、河童草という草について知っていたら教えてほしいと葉書を書く。
五月一日　南方宛てに、『真澄遊覧記』にある「山ノ神ノシトギ」が出ていると葉書を書く。
五月三日　この日前後、南方の一日、二日付けの二通の手紙が続けて届く。
五月一七日　『考古学雑誌』第二巻第一〇号に載せる「勝善神」の原稿を書き上げる。
六月　講師を務める中央大学で一八日から二八日の間に行われた学年試験で、経済科第二学年の問題として、「一、都会地周囲ノ農業ハ如何ナル影響ヲ都会ヨリ受クヘキヤ理由ヲ記載スルニ及ハス成ルヘク多クノ事項ヲ列記スヘシ。二、米価騰貴ハ如何ナル場合ニ於テ農業ノ為メ有害ナリヤ若シ常ニ害ナシトセハ其理由ヲ明ニスヘシ。三、家畜ノ飼養ニ適セサル農場ハ如何ナル種類ノ農場ナリヤ。」を出題する。また、この月、内閣文庫所蔵の『朝風意林』の見聞録の抜粋を写し「海南小記」と名づける。
六月一日　郷土会の会員と原町田へ行く（定）。
六月四日　郷土会で、新渡戸稲造が、「三本木村の興立の話」をし、自らの郷土を語る。
六月五日　山中共古から『見付次第』を借りて筆写する。
六月一〇日　この日前後、八日付けの南方の手紙が届く。日本文庫のお礼。
六月一二日　南方宛てに、『郷土研究』は「高木君の雑誌」と述べ、それが発刊されれば、自分は巫女に関する研究を発表したいと手紙に書く。その中で、上野博物館に行ってイタカの持つ珠数を見てきたが、外国の巫女も着けているのかと尋ねる。

六月一四日　午後六時半から、東京地学協会会館において開かれた協会例会で、「日本に於ける地名に就て」を講演する。この後、「地名の話」と改題し『地学雑誌』に連載される。

六月一六日　「勝善経」や「貴志の甚兵衛」について書いてある一四日付けの南方の手紙が届く。

六月二六日　南方宛てに、このころ、内閣文庫整理を急ぎ多忙であると伝え、文庫にある『祠曹雑識』という書に巫祝や特殊部落に関する書類が多いと手紙を書く。また、南方のサンフランシスコ領事の柳谷謙太郎の在任期間についての問い合わせに答えたり、南方がわざわざ本を写してくることに対して、巻数や頁だけ教えてくれればいいと断ったりする。

七月　内閣文庫所蔵の対馬の故事来歴が書かれた『笠淵奇聞』（鈴木椿亭、文政二年）を写し、校了とする。

七月一日　伊能嘉矩宛てに、この春、『真澄遊覧記』を一読し、オシラ神のことが所々に見えて、一層捜索を進めたいとの希望をもったと手紙に書く。

七月二日　南方から、三〇日付けの手紙が届き、それには、「小生は言語をもってかれこれとこじ付くることは本意」ではないとの考えが書いてある。

七月五日　自宅で郷土会を開く（定）。

七月九日　「地名雑考」の鍬田の原稿（『歴史地理』第二〇巻第二号）を書き終える。

七月一一日　羽柴雄輔に、『郡中雑記』を貸してほしいと手紙を出す。また、このころ、京都府で開かれた維新前民政資料展覧会の列品目録で、丹後峰山領の風俗答書を見つけ、写させてもらう。

七月二三日　羽柴雄輔に、感謝と、『諸国叢書』と名付けて古書を保存したいと手紙を出す。

七月三〇日　明治天皇が亡くなる。大正と改元。この前後、宮内省宿直が続く（定）。

八月　この夏、樺太富内村の樺太アイヌ、山辺安之助（『あいぬ物語』博文館、大正二年の著者）が訪ねてくる。

八月一日　韓国併合記念章を授かる（履）。

八月三日　南方宛てに、教えてもらった宮武外骨や南方の文が載った『此花』（此花社）を買って一読したと葉書を書く。

八月一三日　明治天皇殯宮移御の儀で奉仕、拝礼する（定）。

九月　桑田熊蔵が、九月と一〇月刊の『帝国農会報』に「小作料金納制度の利害」を発表し、批判される。

九月二日　次女千枝が生まれる。

九月一三日　明治天皇の大葬に奉仕する（定）。

九月三〇日　条約案を作成した功により、ロシアから聖アンナ第二等勲章を授与されることになる。

一〇月九日　ロシアの聖アンナ第二等勲章を授与される（履）。

一〇月一一日　新渡戸稲造宅で開かれた郷土会に出席する（定）。

一〇月一二日　考古学会で人形塚の話をする（定）。

一〇月三〇日　宮内勅任官総代として、明治天皇山陵百日祭に参列するよう発表される。

一〇月三一日　山中共古から著書『仙梅日記』を借りうけ、「写訖正本無粉事」と書き込む。

一一月五日　午前七時新橋発の宮廷列車で、伏見桃山御陵に出発する。

一一月六日　百日祭に参列する（官・新）。

一一月二七日　夜、慶応義塾大学で開かれた義塾理財学会例会で、「小農国ノ労働問題」を講演する（定）。

一二月五日　南方宛てに、恩赦などの公務が忙しく、巫女の問題などそのままになっていると返事を書き、この間、フレーザーの『黄金の枝（金枝篇）』、スタインの『中亜第二探検記』、クラウストンの『Popular Talels and Fictions』を読み、今は、スキートの『マレー俗信篇』を読んでいると伝える。また、その中で、「わが邦のクグツは九州より上りたりと覚ゆれば、朝鮮を通過して大陸より入り込みしジプシーの片われ」ではないかと自論を述べる。

一二月八日　『考古学雑誌』に載せる「十三塚の分布及其伝説」を書き上げる。

一二月一〇日　柳橋の柳光亭で開かれた、久しぶりの龍土会に参加する。出席者は、田山花袋、島崎藤村、正宗白鳥、徳田秋声、平出修らであった。この日の会は、長谷川天渓の帰朝、小山内薫の渡欧歓送迎会で、龍土会は事実上この会合で幕をおろすことになる。南方の八日付けの手紙が届き、その中で、ジプシーについての考えを否定される。夜、クグツに関する考えは自分のなかではほぼ立証済みで、学問上の事大主義については、自分にはあてはまらないと反論を書く。

一二月一三日　『黄金の枝（金枝篇）』第五編が届いたので早速読み始める。

一二月一五日　南方の一三日付けの手紙が届く。石橋臥波らが出す予定の『民俗』に投書したが、なかなか出ないという南方に対し、石橋は病気のため刊行の見込みがないので、自分たちが出す『郷土研究』に載せてもよいと返事を書く。そのなかで、『黄金の枝（金枝篇）』を愉快に読み進めていると述べる。

一二月二一日　羽柴雄輔に筆写させていた『大泉百談』一〜四を校了とする。

一二月二八日　文官普通試験委員長を命じられる（官）。

一二月二九日　大雪が降る。

一二月三〇日　一五日から書き始め、二八日に書き終えた南方の長文の手紙が届く。続いて、田辺近郊の朝来村の沼地の排水工事に反対してほしいとの手紙が届く。

大正二年（一九一三）　三八歳

一月一日　ひき続き、産業組合中央会講師となる（報）。

一月九日　ノルウェーから勲章を授与される。御霊について書き始める（定）。

一月一〇日　法制局書記官を兼任する。文官高等試験常任委員となる（官・履）。

一月一四日　佐々木喜善宛てに、この三月に、我々の学問専門の雑誌を出すことになったと『郷土研究』の動きを伝える。また、このなかで、横浜にいるイギリス人が『遠野物語』を翻訳出版したいと言ってきたことを知らせる。二枚目の川越の絵葉書に、『遠野古事記』三冊が届いたと書き、このあとも、遠野のかくれた地誌や随筆を写したいので、選んでほしいと書く。

一月一九日　一七日付けの南方の手紙が届き、「巡礼と蟹との話」や「常世国について」の連載論考を送ると言われる。

一月二一日　高木敏雄と雑誌発刊のための打ち合わせをし、金田一京助も同席する。南方に、三月末か四月初めに出すことになったこと、創刊号は高木とふたりで書くことなどを伝える手紙を書き、「独力にて文章報国の事業に着手」するとの決意を伝える。このころ、ほぼ一年半の間、毎日のように高木敏雄と行き来して交流を深める。

一月二二日　外交官及び領事館試験委員となる（官・履）。また、この日、学士会館の経済学研究会で、「特殊部落の話（特殊部落ノ種類）」を講演する。草稿に手を入れて五月に、「所謂特殊部落ノ種類」として発表する。

一月二三日　庄内地方の神社旧跡の考証をした安部親任著の『庄内三郡雑記』上・下巻を、孫の安部元雄から借りていたのをこの日写し終える。

一月二六日　この日前後、二四日付けの南方の手紙が届き、『民俗』に載せるために石橋臥波に預けた原稿「話俗随筆」を『郷土研究』に載せてもらいたいとの意向を知る。

一月二九日　郷土会第一四回例会に出席し、高木敏雄の郷里阿蘇南郷谷久木野村の話を聞く。この場で、会員がイロハ順に話をすることが決まり、次回は石黒忠篤となる。

一月三一日　『郷土研究』創刊号に載せる「蝦夷の内地に住すること」と、第二号に載せる「鯨の位牌の話」を書く。この日、通商航海条約案作成の功により、ノルウェー政府から「サン・オラフ」第二等乙級勲章を受ける（履）。

二月　この月、『郷土研究』創刊号に載せる「巫女考」「山人外伝資料」を書く（定）。

二月一日　法律取調委員を受ける（履）。

二月四日　『郷土研究』第一巻第二号に載せる「蒲葵島」を書き終える。

二月五日　南方宛てに、石橋臥波がこちらの計画を知って怒っているので、原稿をもらうわけにはいかないと返事を書く。この中で、『甲寅叢書』の計画があることを伝える。

二月八日　夜、『郷土研究』創刊号に載せる「巫女考　ミコと云う語」を書き終える。

二月九日　『郷土研究』創刊号に載せる「キナカ」を書き終える。

二月一〇日　『郷土研究』第一巻第三号に載せる「境に塚を築く風習」を書き終える。

二月一二日　『郷土研究』創刊号に載せる「宅地の経済上の意義」を書き終える。

二月一三日　永井僚太郎が写し終えた、山中共古蔵の『田子之古道』に目を通し、感想を書く。
二月一四日　アナトール・フランスの『Jocasta and the Famished Cat』を読み終わる。
二月一五日　内閣文庫所蔵の『佐渡怪談藻塩草』に目を通し、「此書刊行ノ志アリ字句ヲ朱訂セムトセシカ仔細アリテ中止ス」と書き込む。
二月二六日　『郷土研究』創刊号に載せる「郷土会第一四回例会記事」を書く。
三月三日　新渡戸稲造宅で開かれた、郷土会第一五回例会に出席し、石黒忠篤の農家の構造についての報告を聞く。
三月六日　岡田虎二郎の静座会に入る。以後毎週月曜日、この会で静座する（定）。
三月一〇日　高木敏雄と協力し、『郷土研究』創刊号を発刊する。発行所は、編輯兼発行者の岡村千秋方の郷土研究社で、毎月一回、二〇日原稿締め切り、一〇日発行の予定で進められた。雑誌の表紙は、映丘が描いた農村風景画であった。
三月一二日　兼任法制局書記官を免ぜられる（官）。
三月一五日　『郷土研究』第一巻第二号に載せる「巫女考　神の口寄を業とする者」を書き終える。
三月二〇日　南方宛てに、『郷土研究』が順調であることを伝え、短いものでもよいから寄稿してもらいたいと手紙を書く。このころ、『郷土研究』第二号の「紙上問答」に載せる、「ハマイバ」と呼ぶ地名と地形との関係、オコゼについての珍しい話を教えてほしいとの質問を書く。
三月二一日　柳光亭で藤村渡仏の会が開かれ、花袋らと共に出席する。
三月二三日　仙台で開かれた、帝国農会第一回地方講演会で、「農政の新生面」を講演する。
三月二四日　文官高等試験常任委員を免ぜられる（履）。
三月二五日　島崎藤村が、フランスへ旅立つため、午前九時四〇分新橋発の列車に乗る。中沢、徳田らと共に品川まで見送る。
三月二九日　郷土会第一六回例会として、牧口常三郎らと、埼玉県北足立郡大和田町大字野火止（現、新座市）に一泊の調査旅行をする。風が強く土埃の立つ中、滝沢郡書記、土岐田町長の案内で、灌漑用水と土地利用を見て歩く。大農家の正親家に宿泊する。
三月三〇日　晴天の日曜日、平林寺に立ち寄り、梅林を見学する。東京府に入って清戸から田無に出て、帰宅する。
四月一二日　慶応義塾大学図書館における図書館協会で講演する（定）。
四月一五日　『郷土研究』第一巻第三号に載せる「屋敷地割の二様式」を書き終える。
四月一七日　かねてから親しかった内務省に勤めていた岩槻の慈恩寺の僧と、檀家の人たちから頼まれていた寺の由緒を書いた碑が完成する。後に、水野梅暁がこの寺に入り、その関係で、玄奘三蔵の遺骨の一部が安置されることになるのを知る。
四月一九日　土曜日のこの日、足利方面への一泊二日の考古学会遠足会に参加する。鑁阿寺、長林寺、蓮台寺と古墳を見学し、足利館に泊まり、夜の小講演会に参加する。参加者は、経済学の中島信虎や言語学の後藤朝太郎らで、足利考古学会の丸山大一郎や鑁阿寺住職の山越忍空らの世話になる。

四月二〇日 足利学校の見学のあと、佐野から堀米犬伏の町を廻り、道祖神を見たり、昔の瓦竈跡を見たりして興味がわく。新村出宛てに絵葉書を出す。

四月二一日 King の『Farmers of Forty Centuries』を読み終わる。

四月二二日 『国家学会雑誌』第二七巻第五号に載せる「所謂特殊部落ノ種類」を書き上げる。

四月二四日 二二日付けの南方の手紙が届き、椎葉や白川村の雪隠の話などを返事に書く。この手紙が「南方来書」一一五通の最後の手紙となる。

四月二五日 新渡戸稲造宅で開かれた、郷土会第一七回例会に出席し、二宮徳の伊豆と丹波の旅行談「伊豆の白浜と丹波の雲原」を聞く。女子師範の野村八良と侯爵徳川義親が初めて参加する。

四月二七日 『郷土研究』第一巻第三号に載せる「巫女考の三」を書き終える。

五月九日 七日付けの南方の葉書が届き、山本主膳が籠ったとされる城跡にある馬場の壇の話を知る。

五月一八日 『郷土研究』第一巻第四号に載せる「巫女考の四」を書き終える。

五月二二日 羽柴雄輔が、秋田の真崎勇助から借りて筆写した菅江真澄の『齶田乃苅寝』を読み終わり、「斯生誠ニ悠ナリ回向セサルヘケンヤ」と感想を書く。

五月二三日 喜善に、『遠野物語』の続きはなかなか出せないと葉書を書く。

五月二九日 この日付けの島崎藤村がパリで書いた絵葉書が後日届く。

六月 講師を務める中央大学の一八日から七月一日の間に行われた学年試験で、経済科第二年級の問題として、「一、市場ニ対スル農業者ノ地位ノ製造業者ト異ナル点ヲ挙ケヨ。二、稲作ヲ以テ農業ノ中堅ト為スヘキ経済上ノ理由如何。三、収益減ノ法則トハ何ソ養蚕業ニ就テ之ヲ説明スヘシ二問ト三問トハ其一ヲ省クコトヲ得。」の問題を出す。このころ、帝国図書館所蔵の『阿州奇事雑話』三巻や、「四季乃草茎」を写す。

六月四日 新渡戸稲造宅で開かれた、郷土会第一八回例会に出席し、新渡戸稲造の「三本木興立の話」と題した新渡戸家の青森県上北郡の三本木開拓の歴史の話を聞く。

六月六日 喜善に、原稿が面白かったので、これからも連載を望んでいると葉書を書く。

六月二〇日 日本歴史地理学会の講演を聞きに行き、大森金五郎や鳥居龍蔵の話を聞く。『郷土研究』第一巻第五号に載せる「巫女考の五」を書き終える。

六月二一日 日本民俗学会の公開講演会を聞きに行き、鳥居の千島アイヌの話を聞く。

六月二二日 『郷土研究』編集のことで、高木敏雄が訪ねてくる。

その話を受けて、高木の編集方針との隔たりを吐露し、その上で、南方に対し、寄稿論文は、ひとつひとつの題目に分けて短くしてほしいと伝える手紙を書く。

六月二八日　角田恵重に写させた江戸時代の紀行文『行脚随筆』三巻に目を通し、いつか、双林寺にあると言われている原本と校合したいと思う。

六月二九日　南方から、手紙の返事が届き、「南方随筆」は宮武外骨の『不二新聞』に連載しているので、宮武の方から送られてくると書いてある。

七月　この月、葉山御用邸に静養に入っている天皇へのお供を命じられ、一九日間、葉山で過ごす。内閣文庫の『延岡旧記』の写本を読む。

七月二一日　『郷土研究』第一巻第六号に載せる「巫女考の六」を書き終える。

七月二三日　『郷土研究』第一巻第六号に載せる連載の三回目の「山人外伝資料」を書き終える。

七月二五日　五時半から新渡戸稲造宅で開かれた、郷土会第一九回例会に出席し、十時弥の「日本における犯罪の性質とその分布」の報告を聞く。

八月　この月、フレーザーの『穀神論』（穀物と野生植物の精霊）や『不死霊魂論』を読む。「地誌書目」を作る（定）。

八月七日　花房内閣統計局長が海外出張中の間、局長事務取り扱いを命じられる（官・履）。

八月二三日　『郷土研究』第一巻第七号に載せる「巫女考の七」を書き終える。

八月二六日　一八日から日光田母沢御用邸に避暑におもむいている天皇、皇后のお供を命じられ日光に向かう。

八月二八日　田母沢御用邸を出て、寂光滝、若子神社、羽黒滝に散策に出かけた天皇にお供し、「山つみの神のみつきそゆたかなる　千草のにしき滝のしら玉」の歌を詠む。

九月四日　日光での仕事を終え、自宅に戻る。

九月五日　内田魯庵宛てに、高木敏雄の伝説集は、自分とは無関係だが、早く元手だけでも取り返してあげたいので協力を頼むと手紙を書く。そのなかで、自分は、自分の資金でやりたいので、まだ着手にも至っていないが、その時は相談させてほしいと述べる。

九月一五日　『郷土研究』第一巻第八号に載せる「妹背山」を書き終える。

九月一八日　『郷土研究』第一巻第八号に載せる「巫女考の八」を書き終える。南方宛てに久しぶりに手紙を書く。その中で、浅草の弾左衛門の家から文書が多く出て、紀州の猿引の例も知ることができると手紙に書く。そのなかで、山童と河童のサイクルは、山の神、田の神の信仰からの変化と述べる。

九月二〇日　『郷土研究』第一巻第九号に載せる「水引地蔵」を書く。

九月二五日　夜、東京帝国大学山上御殿で開かれた神道談話会に出席し、鳥居龍蔵の朝鮮の巫女の話や井上哲次郎の旅行談を聞く。

九月二六日　新渡戸稲造宅で開かれた、郷土会第二〇回例会で、小田内通敏の研究調査旅行の土産話「大山及三峰の村組織」を聞く。正宗敦夫から、通泰門人の宮内猪之熊の遺稿が贈られてきたので、お礼と感想の葉書を書く。
九月二九日　陸軍大将宇都宮太郎を訪ね、床次竹二郎の紹介でできた南洋事業を志す倉田隆吉のための旅費の予算執行を頼む。
一〇月　永井僚太郎が写した帝国図書館蔵の『房総雑記』に目を通し「校了」と記す。
一〇月二五日　郷土会第二一回例会として、神奈川県秦野、二宮、松田方面に一泊の旅行に出かける。午後一時半、新橋発の列車に乗り、四時に二宮に着く。夜は、有志で語り合ったり、古文書などを見たりする。
一〇月二六日　一日かけて、大山阿夫利神社から秦野周辺を歩き、松田から帰宅する。
一一月　この月、花袋らと独歩記念事業を企画する会をもち、記念碑を建設することなどを話し合う。
一一月三日　陸軍大将宇都宮太郎を訪ね、倉田隆吉の旅費の相談をする。
一一月一八日　『萬朝報』に、二一日に行われる淀橋の鎮め祭りの記事が載る。
一一月一九日　『郷土研究』第一巻第一〇号に載せる「鴻の巣」を書き終える。
一一月二一日　青梅街道の井の頭用水に架けられた淀橋下の水車の持ち主、淀橋銀行頭取浅田政吉家の婚儀の前に行われた鎮め祭りに招かれる。
一一月二二日　大礼使事務官、長官官房勤務を命じられる（官・履）。
一一月二八日　第一高等学校山岳会で、駒ヶ岳の話をする（定）。
一二月　この月、『郷土研究』に初めての折口信夫の投書「三郷巷談」を載せるが、最初は、「下り口でしのんでいる」という意味の筆名と思う。
一二月五日　新渡戸稲造宅で開かれた、郷土会例会で、小田島省三から長野延徳沖の水害の話を聞き、高梨黒姫伝説との関連を考える。講演が終えて、漢字の研究者後藤朝太郎が、亀卜文字の話をする。
一二月一一日　イギリスの民俗学者ジョージ・ローレンス・ゴンムの『フォークロアにおける民族学』を読み終える。これが第一回目読了で、赤鉛筆で書き入れをする。
一二月一六日　この日前後、一四日付けの南方の手紙が届く。その中で、大山神社が合祀されたことに対して『不二新聞』に投稿した文章が、大阪警察から告発を受けたことを知る。
一二月一七日　夜、東洋協会講演会で、「柱松考」の話をし、朝鮮や満州の寺院に残っている刹柱や索木と日本の諏訪神社などで立てる柱の起源は同じと述べる。賞与として、金一七〇円が支給される。
一二月一八日　『郷土研究』第一巻第一一号に載せる「巫女考の一一」を書き終える。
一二月二三日　南方宛てに、『甲寅叢書』を一月には刊行できることになったと手紙を書く。『甲寅叢書』は、宮内書記官の西園寺八郎と実業家の赤星鉄馬から三〇〇〇円の資金提供を受け、実現できた出版事業であった。「甲寅」は大正三年のこと。

一二月二五日　新村出、長谷川天渓、箭内瓦と、東京クラブで『甲寅叢書』出版について相談する。

一二月二八日　熊野神社への初詣と、南方熊楠に会うための旅に出て、松本烝治と共に和歌山田辺に向かう。

一二月二九日　大阪から和歌山までは汽車で行き、墨江までの電車に乗り換え、箕島から車夫と犬が曳く人力車に乗り、有田、日高を経て田辺に入る。

一二月三〇日　夜、田辺の南方熊楠の家を人力車で訪ねる。突然であったため、旅館錦城館で待つように言われ、待っている間、熊楠の指示で芸者栄枝が来る。宿に来る途中で二軒の店で酒を飲んで来た熊楠は、大酔いし、会っても学問上の話にはならない［後狩年譜から定本年譜まで翌年の二月訪問となっている］。

一二月三一日　午後、南方の自宅を訪ね、横になっている南方と掻巻ごしに二時間話し合う。南方は、松本に父親の松本荘一郎を知っていると言う。

この年、境川周辺を歩き、淵野辺の土地の人から、千葉県印旛郡の龍角寺縁起とよく似た話を聞く。『郷土研究』の投稿者であった名古屋の石巻良夫が雑誌を出すというので、「津具村誌」と題した木地屋の話を書いて送る。また、埼玉県慈恩寺の由緒を書いた石碑の碑文を書き、建碑にも招かれる。

大正三年（一九一四）　三九歳

一月　この月、郷土会例会を懇話会に変更して、農商務省農政課の木村修三が盛岡高等農林学校に赴任するにあたっての送別会となった会に出席する。

一月一日　熊野神社を詣で、熊野の宿で、徳富蘇峰の『時務一家言』（民友社、大正二年）を読む。ひき続き、産業組合中央会講師となる（報）。

一月二日　勝浦から新宮に向かい、新宮に泊まる。松本と連名で花袋に絵葉書を出す。

一月二〇日　この日の前後、『郷土研究』に寄せられた「七ツ釜」についての質問に答える文を書く。

一月二一日　『郷土研究』第一巻第一二号に載せる「巫女考」の原稿を書き終え、「結論」とし「巫女と云ふ階級が無かつたら我邦のフオクロアは淋しいものであつたらうと思ふ」と締める。

一月二四日　内田魯庵宛てに、金田一京助の「北蝦夷古謡遺篇」を印刷所に回したことと、今後の協力をお願いする手紙を書く。

二月　この月、「甲寅叢書刊行趣意書」を書く。このころ、松本の胡桃沢勘内から、平瀬麦雨筆名で『郷土研究』への寄稿原稿「犬飼山の神おろし」が送られてくる。

二月八日　『郷土研究』に載せる「新潟及び横須賀」の前半や、「毛坊主考　一」を書き終える。

二月九日　『郷土研究』第二巻第三号に載せる「廻り地蔵」を書

く。

二月一六日　徳富蘇峰宛てに、『甲寅叢書』という名の叢書を刊行するつもりで準備をしていると手紙を書き、今後の協力を頼む。

二月二七日　南方宛てに、泊まった旅館錦城館が火災にあったと聞き同情していることと、宿泊の会計が熊楠宛てに請求されたことを詫びる手紙を書く。

二月二八日　郷土会例会に出席し、小野俊一の「我国の地方病一斑」と題した講演を聞く。来賓として押上森蔵中将らが話を聞きに来る。

三月一日　この日、井上瀚一郎に写させていた山中共古の自筆稿本『吉居雑話』の校正を終える。

三月九日　アナトール・フランスの『Psyche's Task』を読み終わる。

三月一〇日　この日、西園寺八郎、赤星鉄馬から三〇〇〇円の資金援助を受けて発足した『甲寅叢書』の第一冊として金田一京助の『北蝦夷古謡遺篇』を出版する。

三月一一日　『郷土研究』第二巻第二号に載せる「毛坊主考　二」を書き終える。

三月一三日　『郷土研究』に載せる「新潟及び横須賀」の後半を書き終える。

三月二四日　典儀部員を命じられ、銀杯一組を賜る（履）。

三月二九日　フレーザーの『金枝篇』の第六巻を読み終わる。

四月　この月、印刷した転任の挨拶状を、親戚、友人、知人宛てに発送する。文面は、「拝啓。卑生先般転任致候ニ付テハ特ニ御懇詞ヲ忝シ、恐縮ノ至ニ御座候。今後モ一層ノ御同情ヲ仰ギ度切望仕候也。謹言。」とする。このころ、中央線の車中で、奥多摩帰りの甥の矢田部達郎に会い、同級生の渋沢敬三を紹介される。この時、渋沢は一八歳であった。このころ、『山島民譚集』第一巻の原稿を書き上げ、郷土研究に載せる広告文を書く。また、この月、高木敏雄が『郷土研究』の編集から手を引く。以後、官舎を編集所にして、夜は『郷土研究』の論文執筆と編集に没頭する。岡村千秋が、毎週土曜日に来て手伝う。雑誌発送も官舎で作業する（定）。

四月三日　『郷土研究』第二巻第三号に載せる「毛坊主考　三」を書き終える。

四月一〇日　高木敏雄が『郷土研究』の仕事から手を引き始めていて困っていると南方宛ての手紙に書く。その中で、『考古学雑誌』に熊楠が書いた古谷清の質問に答える原稿がなかなか載らないことへの弁解を述べる。

四月一一日　この日、昭憲皇太后が亡くなる。

四月一三日　内閣書記官の兼任を解かれ、七日に亡くなった太田峰三郎の後任として兼任貴族院書記官長（高等官二等）に任じられる。急遽、麹町内幸町二―二の官舎に入ることになる（定）。

四月一四日　徳川家達貴族院議長室で開かれた各派交渉会に出席し、議長から各派代表議員たちに紹介される。

四月一六日　一四日付けの熊楠の手紙が届き、その中で、熊楠は、高木のあとの協力をと言われても困ると書いてくる。すぐに、「近々閑職に就き、半日は政道の書をよみ、半日は『郷土研究』のための学問をなし、今後六、七年の雌伏をつづけ候覚悟」と返事を書く。一三日付けの古谷清の書簡を熊楠宛ての手紙に同封する。

四月二〇日　宮内書記官の兼任を解かれ、二級俸の貴族院書記官長となる（履）。年俸三七〇〇円。

四月二一日　南方宛てに葉書を書く。また、東京日日新聞の角田勤一郎宛てに、この日の同紙英字欄での紹介を感謝する手紙を書く。

四月二二日　甲寅叢書について問い合わせてきた松本の胡桃沢勘内に、東京でも評判がよく今年中にあと六編を刊行しようと思っていたが、一〇編になりそうだと返事を書く。

四月二五日　小野節の祝詞に対しての返信を書く。

四月二六日　『大阪毎日新聞』の「文芸消息」に、貴族院書記官長に就任した柳田国男は「有名な土俗学者」との記事が載る。

五月　この月、高木敏雄が『郷土研究』の編集を辞めたことを伝える郷土研究社の「社告」を書く。このあとの編集業務は、岡村千秋が担い、毎週土曜日毎に打ち合わせにくることになる。

五月二日　南方宛てに、弟静雄の努力で『郷土研究』の財政面の心配が無くなり、定期的に出せるようになったので、原稿を寄せてほしいと手紙を書く。

五月四日　貴族院書記官長になって初めての議会が開かれる。

五月九日　『郷土研究』第二巻第四号に載せる「片葉蘆考」を書き終える。

五月一二日　一〇日付けの南方の長文の手紙が届き、『郷土研究』の編集方針に関する考えを書いた返事を書く。この手紙が届く一四日付けの南方の三通の返信が届き、論争が始まる。

五月一五日　法律取調委員を免じられる（履）。

五月一六日　南方の三通の手紙に対し、南方の提言を受け入れることはできないと、夜反論を書き始める。そのなかで、「毛坊主考」は本願寺問題、特殊部落問題の解明のつもりでやっているなどと書き、翌朝投函する。

五月二〇日　正五位を叙す（履）。

五月二二日　南方の手紙を『郷土研究』に転載したいという願いに対する南方の返信が届き、雑誌の編集方針に注文してほしいと言ったのではなく、自分の論文の批評をお願いしたのだと返事を書く。一四日付けの南方の手紙を公開書簡として発表することにする。

六月　講師を務める中央大学経済科第二年級の学年試験に、「一、内地殖民ノ農政上ノ効果如何。二、現時ノ米穀取引所ノ弊害ヲ列記セヨ。」の問題を出す。この月、「甲寅叢書刊行趣意書」を石橋五郎、長谷川誠也、妻木直良、新村出らと連名で書く。

六月七日　盛岡に移った喜善に、堤知事と高等農林学校の教員で郷土会会員の木村農学士が力になってくれるはずと手紙を書く。

六月九日　喜善に、『宮古古事記』と『稗貫古事記』ともに非常に見てみたいと手紙を書き、東北の研究者と交流し北方文明を研究したいと述べる。

六月一〇日　金田一京助宛てに、金田一から送られて来た原稿を、地図を添えて『歴史地理』に回してよいかと相談する葉書を書く。そのなかで、この頃はずっと官舎にいるのでいつでも来てほしいと告げる。

六月一四日　『郷土研究』第二巻第五号に載せる「毛坊主考　四」を書き終える。

六月一九日　郷土会例会で、中村留二から「小笠原の話」を聞く。

七月　このころ、和歌山城の堀を埋め立てて、宅地とする案が市議会に提出されたことを受け、南方から反対運動に協力してほしいとの手紙が何度か届く。『山島民譚集』一が刊行され、「二」の準備もできていたが、自分のものばかり出すのはいさぎよくないと思い、差し控えることにする。

七月一日　永井僚太郎に写させた『寺川郷談』に目を通し「一校了」と記す。

七月六日　『郷土研究』第二巻第六号に載せる「毛坊主考　五」を書き終える。

七月二〇日　『郷土研究』の熱心な寄稿者、松本の平瀬麦雨こと胡桃沢勘内宛てに、「大太法師」について書いてくれるのは大いなる幸いと葉書を書く。

七月三〇日　勘内宛てに、「大太法師」や「出稼入稼」についての見聞があったら『郷土研究』に投稿してほしいと葉書を書く。

七月三一日　写本『粒々辛苦録』に目を通し、巻末に感想を書いて「校了」とする。

八月　この月、吉野に旅行する（定）。

八月一日　この日から七日まで、小石川区音羽豊山中学校で、日本歴史地理学会主催の江戸時代史講演会が開かれ話をする。

八月二日　山中共古（笑）が所蔵していた『鶏鳴旧跡志』の謄写を羽柴雄輔に依頼していたものが完成する。

八月六日　この日か次の日、江戸時代史講演会聴講のため、奈良から上京した若い田村吉永が訪ねてくる。大和屋根について興味をもち、高田十郎の名前を聞き、会いたいと思う。

八月一二日　［本成寺村の外山且正を訪れる］。

八月二二日　勘内宛てに、一、二年の年月をかけ、新しい郷土誌をつくってほしいと葉書を書く。また、喜善宛てにも、ザシキワラシの話を集めるようにと葉書を書く。

八月二七日　南方宛てに、『郷土研究』に発表した「子安地蔵」などをまとめて冊子にしたいので、それに載せる論文を書いてほしいと葉書を書く。

八月三一日　内閣文庫本を写した天保期の霊験譚『川崎秀直漫筆』を読む。

九月一日　羽柴雄輔が、七月に筆写した『雨夜談柄』に目を通し「校了」と書く。

九月三日　第三臨時議会召集日であるこの日、七月に羽柴雄輔が写し終えた『杉乃落葉』に目を通し、「一校了」と書く。

九月四日　勘内宛てに、勘内の原稿をおもしろく読んでいると葉書を書く。

九月一六日　郷土会第二七回例会で、横井春野から「黒川能の話」を聞く。

九月二六日　正宗敦夫から往復葉書が届き、来月上京するので都合を教えてほしいというので、三日からは旅行で、下旬はいることを伝える返信用葉書を出す。
一〇月　この月、『琉球国旧記』の一校を終える。
一〇月五日　万治高尾会で、吉田美風の「地蔵と生殖器崇拝」の話を聞く。
一〇月一四日　郷土会第二八回例会で、草野俊助の「屋久島と中硫黄島」の報告を聞く。
一〇月二九日　南方熊楠から薦められていたジョージ・ローレンス・ゴンムの『歴史科学としての民俗学』を注文する。この日前後、二七日付けの南方の手紙が届き、その中に、広畑きしという女性の紹介状が添えられ、そのいきさつが書かれている。
一一月　この月、飯田から秋葉街道の小川路峠を越えて、遠山和田に泊まって山住に参ってから帰京する。
一一月一一日　郷土会第二九回例会があり、田中阿歌麿の諏訪湖畔の三邑落の構造についての、写真を使った説明を聞く。
一一月二三日　この日前後、二一日付けの南方の手紙が届き、先日紹介した広畑きしが、東京に出て一人で困っているので会って、力になってほしいとの手紙が届く。
一一月二六日　貴族院官舎の庭で、孝、三穂、千枝と写真を撮る。
一一月三〇日　夜、三穂を連れて美音会の第四三回演奏会に行き、三上宗紀の平曲「那須の与市」を聴く。
一二月一日　この日前後、一一月三〇日付けの南方からの手紙が届き、広畑を一時、女中として雇うことにする。
一二月三日　羽柴雄輔が写した古谷久語の『勢陽雑記拾遺』に目を通し、校了とする。
一二月六日　Baring-Gould の『A Book of Folk-lore』を読み終え、「再読必要」と書き込む。
一二月九日　郷土会第三〇回例会に出席し、那須皓の「代々木村の今昔」と題した明治以降の代々木村の変遷の話を聞く。
一二月一一日　『郷土研究』第二巻第一一号に載せる「毛坊主考一〇」を書き終える。
一二月二〇日　内閣書記官記録室編纂『内閣文庫図書第二部漢書目録』（帝国地方行政学会）が完成する。
一二月二三日　勲四等、瑞宝章を受ける（履）。
一二月三一日　花袋宛てに、近いうちに伺いたいと久しぶりの葉書を書く。
この年、折口信夫から、候文の「髭籠の話」の原稿が届き、自分の関心と近いので驚く。

大正四年（一九一五）　四〇歳

一月三日　静岡県静浦に滞在中に、Myres の『The Dawn of History』を読み終わる。
一月六日　信濃鉄道の北松本―豊科間が開通する。
二月一〇日　定例の第二水曜日であるこの日、郷土会第三一回例会で、「俚諺集を読む」という題目で農家行事に関する風習の話をする。

二月一二日　折口信夫の「髭籠の話」に刺激を受け、『郷土研究』三月号に載せる「柱松考」を書く。

二月一七日　この日と一八日の両日にわたって、南葵文庫で開かれた史蹟名勝天然記念物保存協会の講演会で、日光について話す。

三月　映丘が、小石川区雑司ヶ谷町に新居、常夏荘を建てる。

三月八日　フレーザーの『金枝篇』を読み進める。また、Munroの『Prehistoric Britain』を読み終わる。

三月一〇日　郷土会第三二回例会に出る（定）。

三月一一日　南方宛てに原稿のお礼の手紙と、勘内宛てに、送られてきた著書の『松本と安曇』のお礼の葉書を書く。

三月一六日　南方宛てに、『郷土研究』に「髭籠の話」を発表した折口信夫のことや、遠野の佐々木喜善にオコゼを送ってほしいことなどを伝える手紙を書く。また、喜善にもオコゼを南方に頼んだと手紙を書く。

三月二〇日　フレーザーの『Lectures on the Early History of the Kingships』を読み終わる。

三月二七日　大船を通過中の車中で、Langの一九一〇年版の『The Lilac Fairy Book』を読み終わる。

四月九日　『郷土研究』五月号に載せる「柱祭と子供」を書く。

四月一一日　昭憲皇太后の一年祭の日、G・L・ゴンムの『歴史科学としての民俗学』を読み終える。

四月一二日　前日に、昭憲皇太后崩御による諒闇があけ、改めて大礼使官制が公布される。

四月一四日　郷土会第三三回例会に出席する。

四月一九日　鳥取県岩井温泉に泊まる。この日、大礼期日の告示がある。

四月二〇日　貴族院官舎にいる身重の孝宛てに、「水に臨みて菜の花多し　雨終日ふる　これより京に行きとまる」と泊った宿に印をつけた絵葉書を出す。

四月二七日　南方宛てに、来た手紙の返事を書く。

五月一日　義父直平の弟の安東貞美陸軍大臣が、第六代台湾総督に任命される。

五月四日　産業組合中央会から、紅綬功労章を受ける（報）。

五月六日　高木誠一宛てに、借りている『談取録』の写本のお礼の手紙を書き、そのなかで、樹木と農民生活との関係をまとめ「神樹篇」と題する本を出すつもりと述べる。

五月一二日　郷土会第三四回例会に出席し、有馬頼寧の「汐入村の変遷」の報告を聞く。

五月一七日　長男為正が生まれる［定本年譜では、一一日］。

五月三一日　京王電車の新宿追分—調布間が結ばれる。

六月九日　郷土会第三五回例会に出席し、阪部保治の「居宅と迷信」の話を聞く。中山太郎が、折口信夫を連れて来て、初めて会う（伝）［定本年譜では、大正五年］。また、この日、大鹿村大河原小学校の前沢政雄（淵月）に宛て、昨年の秋に飯田から小川路峠を越えて遠山和田に遊んだと手紙を書き、『後狩詞記』を安東家から借りて読むようにと伝える。また、今度は大鹿に行ってみたいと告げる。

六月一五日　叔父の安東貞美が台湾総督に着任し歓迎を受けるが、その前後に抗日運動西来庵事件が起こる。

七月　この月、静雄が農商務省農務局から『椰子栽培法』を出版するが、それ以前にさまざまな協力をする。このころまでに、金田一を北海道の嘱託に推薦し、金田一がユーカラ調査に官費で行けるようになる。

七月三日　南方宛てに、『郷土研究』に「竜燈について」を寄稿してくれたお礼の手紙を書く。

七月六日　羽柴雄輔が写した「鶏鳴旧跡志」と「高田雲雀拾遺」に目を通し、「一校了」と書く。この日、台湾タバニーの抗日蜂起で一三二人が処刑される。

七月一〇日　福島県北神谷（現、いわき市）に住む高木誠一に、一四、五日に行くので、一日案内をしてほしいと手紙を書く。

七月一六日　那須皓と、ロバートソン・スコット夫妻と那須に入る。人力車で那須ヶ原を横断し、那須湯本温泉小松屋に泊まる。途中、黒磯駅から妻孝に、「スコットさんのおくさんはおまへが行くのかと思つてゐた」と絵葉書を出す。

七月一七日　旅館の従業員と親しく話をしていることに、スコットは驚き、イギリスでは考えられないと言う。それを聞いて那須皓が、スコットに対して日本はイギリスより民主的な国だと言う。

七月一八日　茶臼岳に登り、三斗小屋温泉に泊まる。混浴の温泉にスコット夫人が驚くが、雨戸で湯を仕切って入浴することになる。

七月一九日　大峠を越え、田島町の南会津郡役所に着く。「つはくらめ来てハくらしたかれとも　常世の国をとふ人もなし」の歌を、小田島琢、那須皓、スコットらとの寄せ書き扇子に書く。郡長はじめ役所の職員たちや警察署長らと記念写真を撮る。

七月二〇日　祇園祭を見学し、この日行われる七行器行事を見て、大嘗祭との関連に気付き驚く（のちに、『日本の祭』でも述べる）。祭を見学したあと、人力車四台を雇い峠を越え、南郷村山口に出て、六十里越を越え、只見の一軒家にとまる。

七月二一日　只見川に沿って会津に出てから、阿賀野川沿いを歩き野沢駅に出て汽車に乗り、新津から三条に出る。途中、山道をぬけて日本海を望んだ所に出て、スコットが「オー、マイオールドフレンド」と叫ぶ。

七月二五日　南蒲原郡本成寺村にある西鱈田信用購買販売組合を見学した後、通泰の弟子であった外山且正家に泊まる。夜、小学校六年生の暦郎ら、外山の子供たちが「蛍の光」を歌って聞かせてくれると、那須皓が、その歌の本歌は、バーンズの「ロングサイン」だと言い、スコットの妻が歌ってくれる。外山暦郎は、こののち、民俗調査に打ち込む。

八月四日　大鹿村の前沢政雄宛てに、投稿してきた原稿を『郷土研究』の来月号に載せることと、「昆虫と俳句」については畠違いのものなので近日中に返却すると手紙に書く。

八月七日　大学の同級の岡崎（勝部）国臣が衆議院書記官長となり、岡崎に対する評の談話が『国民新聞』などに載る。

八月一三日　岡崎国臣衆議院書記官長らと共に、大礼使事務官を命じられ、典儀部に配属される（官・履）。
八月一九日　安東貞美宛てに、安東の問い合わせに対して、自分の申し出を添えて三、四日のうちに返事を書くとの手紙を出す。
八月二四日　この日の前後、北海道瀬棚村の生活調査を終えた牧口から月末に帰京したら報告するとの二二日付けの葉書を受け取る。
八月二五日　大礼使より、京都出張を命じられる。
九月一三日　児島湾開墾地を見学したのちに、高松に向かう。千枝宛ての絵葉書を書く。
九月一四日　高松市公会堂で開かれた帝国農会主催御大典紀念講演会で「新時代の農業」を講演する（報）。聴講者六〇〇人を超える。午後、同行したロバートソン・スコットらと金比羅宮（琴平）に参拝し、一五日、観音寺を経て愛媛に向かう。
九月一六日　和田浜、三島を経て西条町に入る。孝宛てに四国の地図が印刷された旅館千島亭製の絵葉書に行程を書き込んだ葉書を書く。
九月一七日　スコットと共に道後温泉琴松館別荘に泊まり、前日と同じ地図に行程を書き込み孝に送る。
九月一八日　午前九時から松山市の県公会堂で開かれた、帝国農会主催の御大典紀念会農事講演会で「農国本の真意」を約二時間にわたって講演する（報）。聴衆が一〇〇〇人を超え盛況であった。午後、愛媛県農会職員の片野温泉郡長の案内でスコットと共に温泉郡余土村を視察し、大地主の主人と話す。お礼をしたいので、何でも言ってほしいと内務部長に言われたので、スコットに島を見せたいので、水上警察の船を使わせてほしいと言う。
九月一九日　水上警察の船で興居島に渡り、民家や神社を見る。船に乗ろうとした時に、小学生らが付いてきて、その中に、後に慶応大学に入る大宮忠良がいたことを知る。藍の島や中ノ島、青島などに渡った後、宮島に泊まる。
九月二〇日　午前八時、三津港発の船で山口県に渡る。小郡駅で熱烈な歓迎を受けたあと、「御大典と農業」を講演し、湯田温泉に一泊する。
九月二一日　「御大典と農業」の講演後、スコット夫妻と共に山口を発ち、徳佐町で元知事の河野忠三宅に立ち寄り、津和野町に入る。滝口郡長らの歓迎を受け、綿屋旅館に投宿する。
九月二二日　津和野を八時に出て、益田町を経て夕方浜田に入る。道具やから、孝宛ての浜田港の絵葉書に、「此景ハ尤も最初の感じをよく表はしをり候」と書く［千代延尚寿宅に泊まったのはこの時か、昭和一四年か］。
九月二三日　那賀郡浅利村の島田慎二郎を訪ねた後、温泉津に一泊する。ラフカディオ・ハーンの旧宅に案内してほしいとスコットに言われ、大学時代の同級生根岸磐井を訪れる。集まった人たちに、ハーン先生の思い出を語り、スコットからは、ハーンを顕彰するものが日本には無いのがおかしいと言われる。温泉津の川や旅館から孝宛てに絵葉書を出す。
九月二四日　大森村や大田町を農事視察し、杵築に入る（新）。
九月二五日　杵築大社に参拝し、千家と北島両家を訪れ、杵築中学校で開催された帝国農会主催の御即位記念農会講演会で「将来の農政」を講演する。松江皆実館から孝宛てにようやく仕事を終え、心地よい休息を得ていると葉書を書く。

九月二六日 警察船保安丸に乗って美保関に寄り、美保神社に参拝する。幡間家から孝宛てにこのあと、鳥取から城崎に向かうと葉書を書く。

九月二九日 大礼使から、一一月一四日から始まる大嘗宮の儀以降の四儀式への参列者が発表され、第二日の儀を除いた三つの儀式に参列することになる。

九月三〇日 四国、山陰の旅から帰宅し、すぐに南方に原稿のお礼の葉書を書く。

一〇月一四日 台湾の西来庵事件の責任をとり、民政長官内田嘉吉が安東貞美に辞表を提出する。安東から後任人事の相談を受け、伊那出身の伊沢多喜男を推していると噂がたち、騒然となる。

一〇月一七日 『郷土研究』一一月号に載せる「勧請の木」を書く。佐々木喜善宛てに、喜善が送ってきた盛岡の新聞を楽しんで見ていると葉書を書く。

一〇月一九日 田健次郎貴族院議員が訪ねてきて、竹内友治郎が台湾総督府に就職できるよう斡旋を依頼される。

一〇月二〇日 郷土会第三六回例会に出席して、新渡戸稲造から「桜島罹災民の新部落」の報告を聞く。折口信夫も出席する。

一〇月二四日 下村宏が台湾の民政長官になったことに関与しているとの報道に対し、「実際は一木内相の推薦」との談話を『報知新聞』に発表する。

一〇月三一日 「京都行幸供奉被仰付」という辞令を受け、大正天皇即位礼に大礼使事務官として参列、庭上参役人の威儀の本位に就くことになる。

一一月一日 京都に入り、大礼使事務所開設まで松吉旅館に泊まる。車で京都を回る。『郷土研究』一二月号を休刊とする。

一一月二日 松吉旅館から、孝宛てに燕尾服を用意してもらいたいと葉書を書く。

一一月三日 大津から坂本を回り、日吉神社などを参拝する。

一一月四日 同じ大礼使事務官の鈴木鎮男と共に、報道関係者を引き連れ、春興殿、紫宸殿、大嘗宮を拝観し説明する。

一一月六日 孝宛てに、名刺と黒い櫛と読みかけの英書を、京都にくる直平に持ってきてもらいたいと葉書を書く。

一一月七日 御大典の車駕到着の日、京都駅でお召し列車の到着を待ち、晴れ上がった青空に若王子の松林の中から立ち上がる細い白煙を見て、サンカが話をしていると思う。松吉旅館から、貴族院出張所の赤万屋に移る（新）。

一一月一〇日 京都御所での即位大礼が行われる。午前の賢所大前の儀、午後の紫宸殿の儀に参列し、大礼記念章を授かる（履）。孝宛ての「大礼紀念」の絵葉書に、「御式ハ東階の下にて参役いたし候」「めでたさハ申迄も無之候」と書いて、大礼記念切手を貼って京都御所内から投函する。

一一月一三日 宮中小御所表の間での鎮魂の儀に、礼服の大礼使高等官二人のうちの一人として参列する。午後六時からの神降し式に始まり、玉の緒の儀、御衣振動の儀と、午前零時まで続く。式後、不謹慎な参列者がいることに憤慨する。

一一月一四日　大嘗祭（大嘗宮）の儀に庭上参役人第一班前列で、夕刻から翌朝までの警護役を務める。悠紀殿での本位役を交代した後、記者団に対し、大礼の様子を「私は南面神門内の西側に西方に面して本位に着」き、「神秘荘厳無比なる御儀式」であったと感動を伝える。

一一月一五日　午前一時、主基殿においての儀式が始まり、同じ威儀の本位役に就く。午前四時三〇分、大嘗宮の儀の役を無事終え、「長く子孫に伝へて一家の名誉」としたいと記者に伝える。大嘗祭に対しての宮内省式部官の西園寺八郎との議論の様子が『東京朝日新聞』に載る。

一一月一六日　二条離宮にあける大饗第一日の儀に招かれる。孝からの手紙を読み、こちらも大礼が無事に終わり、父直平も元気にしていると返事を書く。直平と共に大礼服を着て、記念写真を撮る。

一一月一七日　大饗夜宴の儀に招かれ、銀製の菓子器と花挿しを賜る。宿の赤万屋に、田健次郎が訪ねてきて、竹内友治郎が逓信管理局長に採用が決まったことを話す。

一一月一八日　赤万屋の貴族院出張所を閉鎖する。

一一月一九日　天皇が大嘗祭を終えたことを伊勢神宮に奉告する神宮御親謁の儀に奉仕するため、伊勢に移動し、五二会館に宿泊する。ここで、新聞記者から御親謁についての取材を受ける。

一一月二〇日　伊勢神宮での親祭での天皇奉告に宮内書記官小原駩吉と共に奉仕する。伊勢山田から千枝宛てに大礼記念の葉書を出す。この後、愛媛県農会の依頼により、大嘗会に関する講演をしてまわる（定）。

一一月二五日　大礼使高等官代表の任を終え、帰京する［定本年譜は、帰京が三〇日］。

一一月二六日　予算説明のための内示会に出席する。

一二月　この年の秋、ペテルブルク大学派遣の官費留学生ニコライ・ネフスキーが、折口信夫、中山太郎に連れられて官舎にやって来る。この後、ネフスキーの要望で『風土記逸文』『古風土記逸文』の輪講会を毎月、二回のペースで行うことになり、折口、中山、ネフスキーの三人との会がしばらく続く。この年、ラフカディオ・ハーンが従四位の追贈を受ける。

一二月四日　外山且正宛てに、外山の家の写真を印刷した葉書を出し、暇な時に家の平面図を作って見せてほしいと書く。

一二月一〇日　夜、『郷土研究』に載せる「獅子舞考」を書く。

一二月一二日　新渡戸家で開かれた第三七回郷土会に参加し、報告者の都合が悪く、出席者全員が短い話をすることになり、「墓の上に樹を植える風俗」の話をする。三宅驥一のカリフォルニアで見た巨木の話、尾佐竹猛や中山太郎の犯罪の地方的特色についての話、牧口や那須から旅行の話などを聞く。初めて参加したネフスキーから、谷中初音町南泉寺の女夫石の話を聞き、「我々の畏るべき競争者」と評価する。イギリス人ストライザーも初めて参加し、イギリスから帰ったばかりの石黒忠篤と共に、日本とイギリスの経済生活の相違について述べる。

一二月二三日　佐々木喜善宛てに、オコゼを送るように頼んでいる南方から、大きさが小さいがそれでよいか喜善に聞いてほしいとの便りが来たことを伝え、直接返事をしてほしいと、南方の住所を教える葉書を書く。

一二月三一日　アナトール・フランスの『Crainquebille』を読み終わる。

大正五年（一九一六）　四一歳

一月一九日　大礼行賞として旭日小綬章を受ける（覆）。

一月二八日　貴族院予算委員会第六分科会が秘密会として開かれ、下村宏が西来庵事件の報告と林野行政の是正の必要性を証言する。

二月六日　ネフスキーの二四歳の誕生日のお祝いのため、駒込林町の自宅を訪ねる。

二月九日　郷土会第三八回例会に出席し、標本を示しながらの小此木忠七郎の「刀鍛冶の話」を聞く。

二月二一日　偕行社で行われた明治聖徳記念学会の第二七回研究講演会において、大迫尚道陸軍大将、林博太郎伯爵らと共に「御大礼参列所感」を講演する。このなかで、家庭向けから事務記録、非公開記録、関係者記録の四種類の「御大礼の記録」を作る必要があると述べる。

三月一三日　夕方、『郷土研究』に載せる「一言主考」を脱稿する。

三月一九日　避寒のため葉山御用邸で過ごしていた天皇一家が皇居に帰ってくるというので、御所南の車寄せで迎え、その時の三人の皇太子に対する皇后の接し方を見て、感激する。

四月一日　大正三、四年の功として、勲三等瑞宝章と一二〇〇円を受ける（官・履）。

四月二日　奈良に着き、奈良ホテルに滞在する。「明治三十八年一月の様」と孝に出す絵葉書に思い出を書く。

四月三日　神武天皇二千五百年祭が行われる橿原神宮への行幸の先着の一員として参列する。御親祭終了後、私服に着替えて畝傍山、耳成山を見ながら三輪、纏向などを歩く。丹波市の二年前にできたばかりの天理教仮本殿に入り、観察した後、奈良ホテルに戻る。ホテルで孝宛てに手紙を書き、荷物を送ったことを伝える。

四月四日　郡山の柳沢の城に徳川家達と共に招かれる。大和郡山から当麻寺に回る。

四月五日　文部大臣高田早苗らと行動を共にし、奈良の収集家水木要太郎に会い、水木の「大福帳」に署名をする。その後、竹内峠を越えて河内富田林に出る。

四月六日　南河内長野から観心寺、千早城址を見て、五条の町に入り、宿泊する。千早村で休憩中に孝と花袋宛てに絵葉書を出す。

四月七日　五条から伊勢街道を人力車で鷲家口、杉谷と通り、高見山の麓に出て、奈良県と三重県の県境の高見峠を越える。荷物持ちの男から高見山にまつわる伝説を聞く。波瀬村から松坂に向かう。途中の宮前村赤桶礫石の風習についての話を聞き、のちに「赤子塚の話」に載せる。帰宅後すぐ、「高見山近傍の口碑」を書く。

四月八日　郷土会第三九回例会に出席し、尾佐竹猛の「伊豆新島の話」を聞く。

四月一一日　二九日の講演の手控えとして「予と此地」を書く。

四月二九日　栃木県会議事堂での第八回栃木県地主会総会で、「地主諸君の考究すべき新問題」を講演し、地主たちの前で、寄生地主撤廃と、土地の利用方法の改良を訴える。

四月三〇日　大日本産業組合中央会の講師として、栃木県支会総会に出席するため県下へ出張する。演題は、「産業組合対社会」。

五月　この月、長野で栗岩英治らによって、信濃郷土史研究会が設立される。

五月二七日　西津軽郡車力村から十三潟に入り、荒れた昔の港を見に行く。途中、黒石町で、八郎権現の出身地や「燃ゆる土」を見る。また、雪の残る岩木山を眺め、母たけから聞いた山椒太夫の話を思い出す。郡会議長の松井七兵衛から、八郎潟の主八郎の話を聞く。

五月二八日　十和田湖南岸の発荷にある十湾閣に二泊する。和井内貞行と会見する。

五月二九日　十和田湖畔を歩き、雪の中に咲く山桜を見て、山の神を美しい女性と想像して昔話を夢見た山村の人たちを想う。

五月三一日　この日の前後、鹿角の大湯温泉、宮城の鳴子温泉に立ち寄り、秋田では、マタギの生活、鳴子では、『奥の細道』に出ている尿前の長者の旧宅を見たことをのちに文章にする。

六月二日　夜、帰宅する。

六月六日　勘内宛てに、二、三日前に帰宅したと手紙を書き、諏訪に来るのなら松本に来て話すようにと言われているがと続けて述べる。岡村には、講演や座談会も応じられないと言ったが、この手紙には、茶話くらいならしてもよいと述べる。

六月八日　四、五日前に帰ったと花袋に絵葉書を出す。

六月一三日　夜、『郷土研究』に載せる「和泉式部」を脱稿する。

六月二〇日　勘内宛てに、諏訪では七月一、二日の両日話をするつもりで、二九日に篠ノ井線で入ると葉書を書く。

六月二九日　岡村千秋の兄で、長野県諏訪郡視学官をしていた岡村千馬太からの依頼で、上諏訪での講演に向かう。七時一二分、上野発の列車に乗って、ネフスキーと共に松本に入り、松本ホテルに泊まる。夜、晩餐会が開かれ胡桃沢勘内や和田小学校長で東筑摩教育部会西部支部長の手塚縫蔵と初めて会う。晩餐会は、勘内と松本尋常高等小学校長三村寿八郎（鉄水）の声かけで、小里頼永松本市長、鈴沢卯吉松本警察署長、今井五介信濃鉄道社長、矢沢米三郎松本女子師範学校長ら二二名が集まった。この席で、日本は将来、富国強兵に成ってかえって亡国となるのではないかとの憂国論を語り、また、農民の真の生活を研究する学究者がいないことや、方言保護から各地の伝説研究の話にまで及び、一二時まで続く。勘内に、南安曇郡の優等の玄米一俵を買いたいと相談する。

六月三〇日　勘内と三村の案内で、松本城天守閣を見学した後、正鱗寺の菅沼家（親戚）の墓に詣でる。この後、城山の展望台から北アルプスの連山を眺め、蟻ヶ崎を経て白板にある電気化学工芸場の中沢臨川を訪ねる。「明治三十七・八年戦役記念館（現、松本市立博物館）」を見て、午後三時二八分の汽車で諏訪に向かう。下諏訪に入り、ネフスキーと共に亀屋に宿泊し、夜、勘内や三村らと懇談する。

七月　明治四〇年九月から続けてきた、中央大学経済学科の講師を辞める。

七月一日　高島尋常高等小学校に併設されていた諏訪高等女学校講堂で開かれた、諏訪教育部会御大典記念講演で、二日間にわたり「次男三男の問題」を講演する。この日は、午後一時から三時間、次の日は、午前八時より四時間の講演で、土日であったこともあり、雨の中、茅野や諏訪の学校から二〇〇人近くの教員が聴きに来る。

七月三日　勘内とネフスキーを伴い、富士見の小川平吉の別荘である帰去来荘に逗留している花袋を訪ねる。

七月二三日　ダヌンツィオの『ハニーサックル』を読み終わる。

七月三一日　勘内宛てに、送られてきた蕗の砂糖漬けのお礼と、昨年の大嘗祭の供物、紅絹のふくさを差し上げると手紙を書く。また、各産地の米を一俵ずつ食べるという郷土研究的道楽心を起こしたので、下諏訪でお願いした玄米を買い入れる方法はあるかと尋ねる。

八月六日　八月に入ってまだどこにも行っていないので、月末に富士見立沢のスコットの所にもう一度行くつもりなので英語の練習に来ないかと勘内に手紙を書く。また、その手紙の中で、『郷土研究』の雑誌は骨が折れることだと吐露する。

八月八日　赤坂氷川町から新坂方面を歩き、石敢当を見る。

八月二二日　勘内宛てに、富士見には、二八日朝甲府発で行くつもりだが、病気の方を心配していると葉書を書く。

八月二七日　前の日の夜、東京を発ち、朝八時に富士見の駅に着く。野の花が盛りでもう秋が来ていると孝に葉書を書く。

八月二八日　勘内と待ち合わせて、富士見立沢村の高栄寺に籠って第一次世界大戦時のドイツの残虐行為を暴露する「是でも武士か」の原稿を書いているロバートソン・スコットを訪ねる。

八月三一日　伊波普猷の那覇からの残暑見舞いの葉書が届く。

九月一日　『東京朝日新聞』にスコットが人懐かしくなって、柳田に呼び出しの手紙を出したという記事が載る。

九月一〇日　『東京日日新聞』に「物知り翰長」との記事が載り、「此頃はエスペラント語の研究に夢中」と紹介される。

九月一二日　『万朝報』に、上山満之進に誘われるまま、官舎にて深夜まで囲碁をしているという記事が載る。

九月一七日　江戸文化年間の越前大野の和歌紀行文、岡田静山『深山木』に目を通し、「一校了」と記す。

九月二六日　福島県西白河郡の釜子村に入る。

九月二七日　平郡線の鉄道工事で、若い女性や年寄り、子供の激しい労働の姿を見て、楽をしているのは男達との感想をもつ。福島県平町から、孝宛てに絵葉書を出す。

一〇月一四日　この日からの第一〇回文展で、映丘の「室君」が特選首席となる。

一〇月二八日　喜善に、喜善の「昔話集」について、このままの文章でいくか、「柳田が趣味」に負けて書きかえるかの岐路にあると忠告する手紙を書く。その中で、来年は話を聞きに、土淵に行きたいと述べる。

一〇月三一日　京王電気軌道線の飛田給から府中までが開通し、新宿—府中間がつながる。

一一月二日　開通したばかりの京王線に乗って府中まで行き、そこから立川までの甲州街道を歩き、西府村、谷保村家の街道沿いの屋敷の造りを観察する。

一一月一三日　滋賀県高島郡に住む浅見安之に『郷土研究』を来年三月号で一時休刊するつもりと手紙を書く。

一一月二九日　喜善に、「奥州童話として公刊」できるものと、「童話の奥州における現状」として学問的な観察資料になるものの二つがあるとの手紙を書く。また、浅見安之には、雑誌をやめてもすることは多いと書き、桜咲くころに朽木谷に行ってみたいと手紙を書く。

一二月　この月、『郷土研究』で「諸国風俗問状」とその答書の存在を問う呼びかけをする。この日以前に、丹後峰山領の「風俗答書」を入手したことがきっかけとなる。この年、映丘が、吉川霊華、鏑木清方、結城素明、平福百穂らと共に金鈴社を結成する。この年あたり、ラングトン・ウォーナーがよく官舎に訪ねてきて話す。英語を覚えるために揃えたピネロ全集を見て、「これでは覚えられない」と言われる。このころ、藤村から台湾にいる兄の秀雄を安東総督に紹介してもらいたいとの手紙が届く。また通泰はこの年、宮内省より臨時編纂部委員を任ぜられる。

一二月一八日　スコットの『是でも武士か』を翻訳し、この日英文と合わせて丸善から刊行される。

一二月二一日　南方宛てに、「耳塚の由来に就て」の批評を求める葉書を書く。

一二月二六日　この日前後、二三日付けの南方の耳塚の事例を述べながら、『郷土研究』の休刊に先立って、自分の山男に対する考えを述べるとした長文の手紙が届く。「貴下や佐々木氏の、山男の家庭とか、山男の衣服とか、山男の何々といわるるは、この辺でいう山男にもあらねば、怪類の山獲・木客にもあらず。ただ人間の男が深山に棲むなり。」という南方の批判を読む。

一二月二七日　南方の山男に対する批判に応えようと、山人、山男についての自分の考えを整理して返事を書く。この年、折口や金田一とはかって国学院大学内に郷土研究会を創立する。また、東条操が官舎に訪ねてきたので、地名カード一箱分を譲る。

大正六年（一九一七）　四二歳

一月四日　アナトール・フランスの『Pierre Noziers』を読み終わる。

一月一五日　勘内から贈られてきたアメのお礼と、どうやって保存したらよいのかと子供と相談していると葉書を書く。
一月一六日　南方宛てに、問い合わせがあった『郷土研究』の寄稿者、熊本の川上斬水の住所を教える葉書を書く。
二月　この月あたりに、佐藤功一と発起人となり、民家研究を目的とした白茅会を創立する。主なメンバーは、今和次郎、石黒忠篤、田村鎮、内田魯庵らであった。
二月六日　花袋宛てに、二〇日過ぎに、邑楽郡赤岩の新田屋に一泊したいと葉書を出す［白茅会の民家調査か］。
二月九日　郷土会例会に出席する（定）。
三月　『郷土研究』を第四巻第一二号で休刊する。休刊の辞にフレーザーの言葉を引用する。最終号は、各種のペンネームを使い、一冊全部を一人で執筆する。
三月一日　三女が生まれ、長女三穂の三、次女千枝の千をとって三千と名付ける（のち、堀一郎と結婚する）。
三月八日　中国に出張を命じられる（官）。このころ、旅にでる前に、三穂、千枝、為正と共に記念写真を撮り、「たれか又雨ふるさとをおもひてん　ちまたの柳塵になやむと」の歌を詠む。
三月一〇日　官舎に朝日新聞の記者が訪ねてきて中国出張について取材を受ける。記者に、「只の漫遊」なのでなるべく内密にしてもらいたいと述べる。
三月一八日　今和次郎ら白茅会のメンバーに呼びかけ、国分寺方面の日帰り旅行に出かける。同行者は、山中笑も交え、建築家の大熊喜邦や木子幸三郎など七人。午前九時二〇分、中野駅に集合し、国分寺駅で下り、国分寺跡を見たのち、本多仲麿家の隣の築二〇〇年くらいの農家をスケッチする。府中人見村の河内家を見たあと、京王電鉄に乗り新宿で解散する。
三月二〇日　台湾、中国、朝鮮と回り、五月上旬帰国予定の視察旅行に出発するため、午後七時半東京駅発の列車に乗る。出発の何日か前に藤村が訪ねてきて、台湾に着いたら兄の秀雄に会ってほしいと頼まれる。
三月二二日　下関から門司に行き、製鉄所を視察するなどして二泊する。
三月二四日　午後、門司から台湾に向かう信濃丸に乗船する。門司で、新聞記者たちからの取材を受け、ロシア革命や、ドイツの情勢についての意見を聞かれる。ドイツで暴動が起これば、戦争は終結するだろうと話すと、本当に暴動が起きているとの知らせが入り、記者から質問攻めに合う。
三月二七日　台湾の基隆に着き、台北に向かう汽車のなかで、台湾日日新聞の記者の取材を受け、砂糖相場や、南洋との関係などについて語る。台北の駅で、伯父の安東貞美台湾総督夫人や、湯地総長、有田参謀長らの出迎えを受け、挨拶したのち、安東邸に向かう。この時、叔父の安東貞美は地方官会議で東京に出張中で留守であった。高等女学校や技芸学校の卒業式に出席する。台湾滞在中、下村の秘書官をしている石井光次郎に世話になる。藤村の兄秀雄に台北に着いたことを知らせる。
三月二八日　台湾神社の例祭や中学校の卒業式に参列する。安東総督の娘恒子と、夫の太田喜平広東総領事と共に四月二日に広東に向かう予定であったが、恒子の病気治療のため一週間延期となり困っていると孝宛てに便りを書く。

三月二九日　台湾銀行と農事試験場を視察し、午後、医学校講堂で開かれた台湾教育会主催の講演会で、聴衆およそ一五〇人を前に、学問の目的や台湾「蕃人」の伝説などについて話す。台北滞在中に、藤村の兄秀雄が訪ねてきて、山の払い下げのために、総督に口利きをしてほしいと頼まれるが、断る。それ以来、藤村とは絶縁状態となる。

三月三〇日　下村宏民政長官の案内で、太田広東総領事と共に島を回る。

三月三一日　朝早く二八水駅を降り、集集、日月潭を経て、埔里社を視察し、夜九時からの歓迎会に出席する。日月潭で、「海知らぬ島びとこそはあはれなれ　山のはざまをおのが世にして」の歌を詠む。

四月一日　霧社に行き事件の現場を見て、数百人の馬来族の住民と会見する。折があったら、この悲しみをいつか話したいと思う。貴族院官舎の自分宛てに、宿泊場所に×印をつけた霧社全景の絵葉書を出す。

四月二日　二八水駅で、この三日間、中央山脈のなかを回って面白い見聞をし、これから上賀茂に向かうと為正に文旦の絵葉書を出す。「霧社帰途」の題で、「時のまにとほ山まゆとなりにけり　わらひさやぎしえみし等のさと」の歌を詠む。

四月三日　台北に帰る下村と別れ、打狗市に泊まる。

四月四日　移動中の車中で、「いかばかり安けかりつる浪路かもをさなき者がゆめに訪ひ来し」の歌を詠んだと孝宛てに葉書を書く。鉄道ホテルで開かれた台北懇話会の歓迎会に出席し、西来庵で作った歌「大君は神にしませば民草の　かかる嘆きも知ろしめすらし」などの歌一〇首余りを朗吟する。この歌を含め八首の歌が、八日付けの『台湾日日新聞』に「南遊詠草」として掲載される。

四月六日　台湾の蝶と鳥の標本を送ったので、子供たちに見せてほしいと孝宛てに葉書を書く。

四月八日　下村長官の招待で、太田と共に台北郊外の北投温泉無名庵で開かれた送別会を兼ねた「牛肉会」に出席する。

四月九日　朝早く目が覚め、町を散歩した後、香港に向かう天草丸の都合で出発が延期となり、焦心していると孝に便りを書く。そのなかで、三月に産まれたばかりの三女三千の様子を心配する。

四月一〇日　朝七時五五分、太田夫妻と共に基隆港から襟裳丸に乗って大陸に渡る。

四月一一日　廈門に上陸後、南普陀寺を見学し、領事館に立ち寄る。為正宛てに、太田喜平、恒子の寄せ書きを入れた葉書を書く。

四月一二日　汕頭、潮州を往復し香港に向かう。

四月一四日　朝九時に、香港に着く。船上で、孝宛てに葉書を書き、上海には二四、五日になると思うと伝える。

四月一五日　広東に着き、日本総領事館に滞在する。

四月一六日　汽車で三水県に行き見学した後、「蜑民」の舟を雇って広西近くまで行き、広東に汽車で戻る。「蜑」と呼ばれる水上生活者の存在に興味をもつ。

四月一七日　広東省の省長や役人たちと面会する。領事館から、異国に出て初めて日本の有難さを知ったと孝宛ての長い手紙を書く。このなかで、昨日見た水上生活者の様子を詳しく伝える。

四月一八日　農商務省の河合書記官などと一行五人で、広東から汽車で八時間上流の韶州に一泊の視察旅行に発ち、舟の宿屋に泊まる。為正に絵葉書を出す。

四月二三日　譚詰明将軍と食事をしたり、厳財政庁長の自宅に招かれたりして一〇日間、広東に滞在し、広東料理を満喫する。二五日には、香港に戻ると孝宛てに葉書を書く。

四月二五日　再び香港に戻り、三井の林支店長宅に滞在し、保養のような数日間を過ごす。イギリス総督の私設秘書、ポンソンビー・フェーン・リチャード（本尊美・利茶道）という日本通の神道研究者に会う。本尊美は、のちに京都加茂に住む。

四月二七日　朝早く、舟でマカオ見物に行き、帰りの舟に乗り遅れて一泊する。

四月二八日　午後、車でイギリス領の境界近くまで回り、夜は、香取丸の人たちと会食する。林家でゆっくりしながら、孝宛てに葉書を書く。

四月二九日　香港から香取丸に乗り、上海に向かう。この時の船の中で、池原香遠と会い、佳い石があったので印を彫ってあげようと言われる。

五月一日　船中で、三木拙二宛てに、葉書を書く。

五月二日　上海に着き、五日までの滞在中に、孫文を初め、唐紹儀や孫洪伊、大谷光瑞らと積極的に会う。孫文とは、早稲田の学生だったころ、よく家に遊びに来ていた戴天仇の案内で会うことになったが、のちに何を話したか覚えていないと述べる。

五月三日　雨のなか、唐紹儀や緑孫仙らを訪ね、夜は同窓の黒葛原、村上たちと会食する。雷雨や雹に遭い、料理屋の屋根のガラスが全部破れるなどの被害の現場を見る。為正宛てに、これからの予定を書き、「少しくたびれ早く帰つてねたい」と葉書を書く。

五月四日　上海東和洋行で、孝宛てに帰国が遅くなることを伝える手紙を書く。

五月六日　朝八時上海を発ち、午後二時に南京に着き、六時間の滞在時間中に官庁や明時代の行宮跡や古物陳列所などを見て興味をもつ。また、南京では、女性が強いことや、形式的な親孝行などが印象に残る。

五月七日　南陽丸に乗り南京を出て、漢口に向かう。船中で為正に葉書を書く。

五月八日　二日間、揚子江を船で上っていると孝宛てに葉書を書く。そのなかで、少し旅行が長すぎたように思うと述べる。

五月九日　漢口に着き、漢口の日本領事館の近くの宿に泊まり、孝と三穂、千枝宛ての葉書を書く。漢口の瀬川総領事は古くからの知人で、親切にしてもらう。

五月一一日　夜七時、総領事館に招かれ在留邦人の人たちと会う。八時半に再び南陽丸に乗り、大冶鉱山に向かう。深夜に到着し、西沢所長の家に泊まる。二歳の誕生日を迎えた為正宛てに、お祝いの葉書を書く。
五月一二日　雨の中、汽車で鉱山を視察する。子供から緑青をもらう。世話になっている所長宅の写真絵葉書を孝に出す。
五月一三日　早朝、漢口に戻り、一一時半発の京漢急行で北京に向かう。
五月一四日　午後、北京に着き、六国飯店というホテルに滞在する。九日付けの孝からの手紙を読み安堵する。
五月一六日　林権助公使の計らいで議会を傍聴した後、参議院、衆議院議長と歓談する。午後、黎元洪総統に謁見し一時間ほど話し合う。この日のことを直平に報告する葉書を書く。
五月一八日　為正宛ての絵葉書に、北京で出会った人たちが「御尊父様御健康ニテ旅行中」と書き、署名をしてくれる。この滞在中に、周作人や鈴木虎雄らとも会う。
五月二〇日　孝宛てに、これからの予定を書いた葉書を書き、北京を発って帰国の途につく「武英殿帝室宝物陳列館を見学しているか」。
五月二一日　集堂にいるおたきさんに会うために天津に泊まる。
五月二二日　山東省青島のグランドホテルに滞在し、同ホテルに泊まっている客の大半が、「苦力」をイギリスやフランスに輸出するために来ていることに驚く。
五月二三日　青島周辺の公園を散歩し、ドイツが日本から取り寄せた木を植え、巣箱をかけているのを初めて見る。
五月二四日　九水を見学し、大連に向け、夕方青島を発ったと孝に葉書を書く。また、勘内にも、七月の議会が終わったころ中国旅行談を話しに行きたいと葉書を書く。
五月二六日　大連に着き、「だれか又雨ふるさとにおもひ出でんちまたの柳ちりになやむと」の歌を詠む。
五月二八日　孝宛てに、折角来たのだから夜行に乗らず、日中に動きたいので、奉天、安東、京城に一泊ずつして帰りたいと葉書を書く。
五月二九日　夜、奉天に着き、ヤマトホテルに泊まり、為正宛てに「夜分でどこも見物せず」と葉書を書く。
五月三〇日　夜、京城に着き、関屋学務局長の官舎に泊まる。
五月三一日　長谷川好道総督を表敬訪問する。京城高等普通学校と女子普通学校を参観し、総督府で高官らと会う。『京城日報』の記者に、中国に関して言いたいことはたくさんあるが、日中両国の関係が過敏になっている今、これ以上のことは言えないと述べる。
六月　スコットが、麻布市兵衛町の自宅に置いた新東洋社から『新東洋（ニューイースト）』を創刊する。またこの月以降、郷土会では村落調査様式の作成にとりかかる（伝）。
六月一日　京城を発ち、釜山に向かう。
六月二日　朝、釜山から関釜連絡線に乗り下関に向かう。
六月三日　午後一時五〇分着の列車で東京に着く。家族に迎えられ、息子の為正に髪の毛が薄くなったのを驚かれる。新聞記者たちに、「二カ月ばかりで南北を見るのは無理であったが、一ぺんに歩かないと印象が身にしみてこないので一回りしてきた」と語り、南北の違いが面白いと話す。この後、中日関係協会のようなものをつくろうと動くが失敗する。
六月一〇日　中国視察の報告講演をしてほしいという勘内に、七月二一日であれば差し支えないと返事を書く。
六月一五日　胡桃沢勘内宛てに、話す時のために、地図を用意してほしいと手紙を書き、宿は静かで気楽に休める所がよく、去年のような「入営を祝す」歓迎の会は「閉口」と書く。帰国してから、この日までの間に、流行会で、広東の話をする。
六月一六日　夜、経済学研究会で講演する。
六月二〇日　勘内宛てに、信濃鉄道が大町まで開通したのを記念して勘内が作成した『信濃鉄道案内』のお礼と、二九日に松本に行く時には、大町まで乗ってみたいと書簡を出す。
六月二一日　第三九回特別議会が召集される（七月一四日まで）。
六月二七日　午後七時から、学士会館で「支那旅行談」と題して講演し、五万人に及ぶ「苦力」が英仏に渡っていると報告する。
七月六日　徳富蘇峰宛てに、スコットの『新東洋』後援会の件に賛成してもらった礼と、一一日の小集案内の手紙を書く。
七月一一日　貴族院官舎で、ロバートソン・スコットが六月に創刊したばかりの雑誌『新東洋』を激励するための講演会を開き、スコットとバイアス、徳富蘇峰らを招く。他の参加者は、『時事新報』『東京朝日新聞』『東京日日新聞』などの新聞社各紙の主任らであった。
七月一六日　勘内宛てに、日程の調整を希望する手紙を書く。
七月二四日　松本での講演と京都での明治天皇五年祭参列のための旅に発つ。
七月二五日　一六日の勘内宛て書簡に書いた予定を変更し、糸魚川から小谷を通って佐野坂を越え、青木湖から木崎湖に立ち寄って、開設前（開所式は八月一日）の信濃木崎夏期大学を見て来ることにする。後日、財団法人信濃通俗大学評議員になる。
七月二七日　信濃大町から松本に入る。胡桃沢勘内の紹介で教育会の幹部に初めて会う。親戚の松岡一夫が経営する松本ホテルに滞在する。三木拙二宛てに、桃山での五年祭に出た後、墓地のことなどご心配をかけているので、辻川に回るつもりと葉書を書く。
七月二八日　松本中学校講堂で開かれた信濃教育会東筑摩・松本部会の都市連合講演会で、四時間に及ぶ「支那視察談―南京を中心とした支那事情」を講演する。夜、慰労会の席で「扇と人の命」の話をする。
七月二九日　松本を発ち、京都に向かう。
七月三〇日　桃山御陵での明治天皇五年祭に参列する。
八月一〇日　正宗敦夫宛てに、松本城の写真の絵葉書を書き、甲寅叢書を六冊送ったことを伝える。
八月一七日　三木拙二宛てに、京都まで行ったあとに辻川に回りたかったが、子供が病気になったことなどで、行くことができなかったことを詫び、奥平栄次郎からも便りをもらったので、墓地について任せると手紙を書き、地所代金など決まり次第教えてほしいと述べる。
九月三日　以前、内閣文庫蔵本を借写した『徳之島誌』を読む。
九月四日　大正三年に羽柴雄輔が写した『木曽古来記』に目を通

し、「校了」と書く。また、内閣文庫本を写した『高知藩田制概略』も「校了」とする。
九月二二日　伊香保から花袋に、『東京の三十年』を読んだと絵葉書を出す。
一〇月九日　この日の前後、東筑摩郡教育会での「郡誌別篇」の計画についての勘内からの便りが届く。
一〇月一一日　勘内からの便りに対する返事を書き、自分が提出した諏訪郡での案が適当であると信じているとして、「各村に一人の調査員」を置き、「目で見、耳できくことを主」とするなど具体的な調査方法を九条にわたって示す。
一〇月一七日　東筑摩郡教育会顧問会の様子を知らせる勘内の便りに長文の返事を書き、調査事項を細かく示す。
一〇月二〇日　神田学士会館で開かれた丁酉倫理会主催の講演会で、「神道の価値」を講演する。この講演記録が、年が明けた一、二月に「神道私見」として発表され、反響を呼ぶ。
一〇月二二日　小淵沢から諏訪湖に回り、前にも泊まったことのあるぼたん屋に泊まり、孝に絵葉書を書く。夜、Avebury の『Marriage, Totemism and Religion』を読み終わる。
一一月　この月、父直平と母琴夫婦の金婚式のお祝いをする。映丘からは、「春の海」「秋の山」の双幅が届く。
一一月一〇日　一〇月二七日に盲腸炎で急逝した、小野節の五五歳の死を悼む手紙を娘の美知子宛てに書く。
一一月一一日　今和次郎、佐藤功一、赤壁徳彦らと埼玉県北足立郡大石村に民家調査に行く。大字小泉の河原塚菊三郎宅や大字小敷谷の関根伝作宅、河原塚重蔵、清八宅など四軒に入る。
一一月一四日　山県有朋の意を受けて逓信大臣、田健次郎を訪ね、ヨーロッパ戦線への日本のかかわり方についての政府見解を聞く。
一一月一八日　東京帝国大学法文科大学第二七番教室で開かれた、日本歴史地理学会談話会第一〇〇回記念大会で、聴講者三五〇名を前に、「山人に就きて」（のちに「山人考」）を講演する。白鳥庫吉、喜田貞吉、坪井九馬三も講演し、終了後、午後五時からの学士会館での懇親会に出席する。懇親会でも、吉田東伍、黒板勝美、松村瞭、中山太郎らが講演し、古代民族についての議論で盛り上がる。
一一月二一日　「橋姫」の原稿を書く。
一一月二四日　前の年、松本で会った手塚縫蔵が訪ねてきて、東筑摩教育部会で作成する郡誌別篇についての考えを述べ、家名などの調査表を作ることを指示する。
一二月　この月、武蔵五日市の入野という集落の旧家、市倉家に調査に入る。また、この年、静雄が『南溟の秘密』を出版する。このころ、日蘭通交調査会の設立にむけた準備に入る。
一二月五日　勘内から、家名調査表の案が送られてきたので、加筆修正の意見を手紙に書く。
一二月一一日　勘内から、修正した家名調査表が送られてきたので、考えを書いた返事を出す。
一二月一五日　「隠里の話」を書き上げる。

大正七年（一九一八）　四三歳

一月一〇日　この日から一九日までの一〇日間、東京農業大学で、帝国農会主催の道府県農会主任技師講習会が開かれる（報）。新渡戸稲造、那須皓、松崎蔵之助、安藤広太郎らと共に講師を務め、「将来ノ農政問題」を講義する。

一月二〇日　朝、Clodd の『Animism, the Seed of Religion』を読み終わる。

一月二二日　Haddon の『The Wanderings of Peoples』を読み終え、「此日第一回本会議」と書き入れる。

一月二三日　Spence の『Elements of Folk Psychology』を読み終わる。

一月二四日　胡桃沢勘内が官舎に訪ねてきたので、『東筑摩郡誌別篇』作成への考えを述べる。

一月二六日　法制局長官有松英善宛てに、貴族院規則の全面改正のための稟議書を提出する。

二月　海軍を退役した静雄が、日蘭通交調査会を設立し、『同人』の発行者の大野若三郎が事務を執る。このころ、天保七年に書かれた青年の旅日記を二〇銭で買い、読み込む。

二月二〇日　勘内宛てに、第三次の調査題目として、「飲料水採取方法、行商種類、野生食用植物」などにも手をつけてはどうかと便りを書き、五月に調査員への講話のため松本に行くと伝える。その中で、若松製鉄所疑獄報道のなか自殺した製鉄所長官押川則吉について述べる。

三月一一日　一級俸となる（履）。

三月一三日　勘内宛てに、折口信夫が足柄下郡誌の資料収集のために作成した「石神しらべ」を同封した手紙を出す。

四月一一日　朝、E・B・タイラーの『原始文化』を読み終える。

四月一七日　郷土会で、「長野県東筑摩郡誌編纂事業」について報告する。

四月二三日　この日の前後、オランダ公史バロン・アスベクの所で、同氏蒐集のオランダ貿易関係の物品を見る。

四月二四日　貴族院事務局に認められた速記者養成所の第一期生の読書、面接試験の試験官となる。

四月二六日　勘内宛てに、四月中に片づけておかなくてはならなかった仕事が、まだ三分の一も済んでいなくて出かけられないが、約束なので夜行で往復することになるかもしれないと手紙を書く。

四月二七日　貴族院事務局の宮田光雄書記官ら一行四〇名と共に、慰安旅行として津久井大垂水峠にある層雲閣に泊まる（新）。内郷村の内郷小学校長、長谷川一郎と会う。孝宛てに、今度ここに一緒に来ようと葉書を書く。

四月二八日　快晴の日曜日のこの日、長谷川の案内で、相模川沿岸の名勝旧蹟を見学する。千木良村、小原、与瀬を経て相模川に出て、二瀬越からの川下りを楽しむ。舟を下り、川尻村長らの出迎えを受け、桂川亭で休憩したあと、東神奈川で電車に乗り帰宅する。

五月　この月発行された　国学院雑誌に、河野省三の「柳田法学士の『神道私見』を読む」が発表される。
五月一日　貴族院速記者養成所の第一期生入所式に出席し挨拶をする。
五月三日　勘内宛てに、一四日の午前中に話をすることにしてほしいと葉書を書く。
五月五日　六月一日発行の『同人』に掲載する「津軽の旅」を書き終える。
五月一一日　松本に行く前に、甲府で二泊する（定）。この間、猿橋周辺を歩く。
五月一三日　夜一一時に松本に着き、松本ホテルに泊まる。
五月一四日　東筑摩部会の郡誌別篇調査委員会で、家名調査を終えた八〇名の調査委員に対し、午前九時半より一時間半にわたって「書物の話より郡誌編纂の事に及ぶ」を話す。午後、松本ホテルで有志で座談会をした後、里山辺村の金井義雄、横山義雄委員の案内で村の視察をする。同伴したのは、勘内の他に、大池蚕雄、唐沢貞治郎松本高等女学校長、井口喜七郎神林小学校長らで、清水から横田に出てホテルに戻る。夜は、勘内と大池に対して、地名調査について話し、分類方法を示す。
五月一五日　この日、貴族院速記練習所と衆議院速記者養成所が設置される。
五月一九日　四月に会った長谷川一郎から誘われ、津久井郡教育会第三部会の行事であった三国山登山に参加する。午前九時、佐野川村井励小学校に集合し、軍刀神社を参拝したあと、三国山に登る。その後、小仏から陣馬山和田峠を経て、一行と別れて一人で恩方村に下りる。狐塚で人力車に乗り、七時半八王子発の汽車で草鞋のまま帰宅する。この日の参加者のなかに柳田謙十郎がいる。
五月二〇日　明治四五年六月から議事課に合併されていた貴族院の速記課が復活する。
五月二二日　長谷川一郎に三国山登山の礼の手紙を書き、内郷村での共同調査の打診をする。そのなかで、「内郷村誌」の作成を約束する。この時、随行した八王子の市川英作写真師が撮った写真を紛失してしまったと述べたところ、後日、長谷川が焼き増しをして送ってくれたので絵葉書にする。
五月二六日　浜松教育会主催の夏期講習会で、「南洋ノ話（几上南洋談）」を講演し、シベリア出兵に反対すると述べる。また、この講演のなかで、東南アジアの「バジョウ」と呼ばれる海上漂泊民が中国の「蜑民」、日本の「家船」と似ていると述べる（手控えには、のちに「インドネシヤノコト　浜松ニテ　大正八年」と書き入れる）。
五月二七日　留守中、北海道庁の出張所の星野が金田一に至急会いたいと言ってきたことを知り、その旨を伝える速達を代筆で出すように頼む。また、宮田書記官の転任の話の報告を河井弥八から聞き、徳川家達や勝田主計大蔵大臣と意見を交換する。
六月　このころ、慶応大学山岳部の学生であった松本信広が官舎に訪ねてきて、山岳部の大会での講演を依頼される。松本に、山岳部の人たちは、山の上ばかりを歩いて、山間の人々の生活を見ないで困ると言い、講演を引き受ける。また、この月、雑誌『同人』の今後の運営について話し合う会の話が持ち上がり、高島平三郎、牧野英一、林若吉と共に幹事となり、第一回『同人』小集を呼びかける葉書を出す。また、一月に発表した「神道私見」に対する異論が、河野省三らから出て、その反論を『国学院雑誌』に書いてほしいと、折口から言いつけられた水木直箭と牛島軍平がやってくる。

六月一日 勧内宛てに、健康であるならば、局面を転ずるために、東京に来てみないかと手紙を書く。

六月八日 徳川家達を訪ね、この間の意思疎通をはかる。

六月一二日 郷土会で第一回村落調査地を内郷村にすることを決定する。Clodd の『The Childhood of Religions』を読み終える。

六月一三日 津久井の長谷川一郎に内郷村の調査が決まったことを知らせ、村からの金銭や勤労の援助はいらない、宿はお寺を提供してもらいたいが食料寝具等はすべて持参することなど一四項目を列挙し、近日中に日帰りで打ち合わせに伺うと手紙を出す。

六月一五日 三田の慶応義塾大学大ホールで開かれた慶応大学山岳会の大会で、松本信広から依頼された「山と生活」の講演をし、「指ヶ谷」や「田代」などの身近な地名の話をする。喜善宛てに、奥州本の『義経記』が上野図書館にあるらしいと聞いたことがあるが、仙台図書館にあるかどうか、仙台にいる友人の常盤五郎に聞いてみてほしいと手紙を書く。

六月二一日 大正四年に読んだゴンムの『歴史科学としての民俗学』を再読する。

六月二三日 Anwyl の『Celtic Religion』を読み終わる。

六月二五日 Craigie の『The Religion of Ancient Scandinavia』を読み終わる。

六月二八日 「神道私見」に疑義を提起した河野省三に対しての反論「河野省三氏に答ふ」を書く。

七月 このころ、静雄と、オランダ領インドに興味をもち、丸の内の日蘭通交調査会によく行く。また、外交官になってみたいという気持ちも抱く（定）。

七月一日 勧内宛てに、「盆正月行事」の原稿を感動多く読んでいると手紙を書き、出版計画を提案する。

七月六日 丸の内の中央亭で開かれた『同人』第一回有志談話会に幹事として出席し、冒頭の挨拶で大野若三郎の人となりについて話すと共に、雑誌『同人』の改善を望む。参会者は、内田魯庵、播磨龍城、中村留二、穂積重遠、中山太郎、牧野英一、林若吉らであった。

七月一三日 琉球王朝時代に編まれた説話集『遺老説伝』の最初の校訂を終える（大正九年の沖縄旅行から帰ってから再度の校訂を加える）。

七月一四日 この日の前後、勧内から、五月の講演記録への加筆修正の原稿が届いたとの一二日付けのお礼の手紙が来る。

七月一九日 ネフスキー所蔵の『水戸歳時記』を借りて写させたものを読み、「一校了」とする。Squire の『The Mythology of Ancient Britain and Ireland』を読み終える。

七月二一日　国際観光委員会委員となる（履）。

七月二三日　海外興業の会社員であった郷土会会員小野武夫と共に内郷村に向かい、内郷小学校で調査の打ち合わせをする。帰宅してから、長谷川一郎に、内郷村の地図を準備していきたいので、学校で見せてもらった仮版の村図を至急送ってほしいと葉書を書く。

八月七日　七月三一日付けの勘内の地名調査報告の質問に対しての返事を書き、送る。勘内は、その返書をつかって「小地名整理問答」をつくり回覧する。

八月一五日　郷土会と白茅会の合同村落調査として、神奈川県津久井郡内郷村に向かうため新宿駅に集まる。与瀬駅で村長、長谷川一郎校長らの迎えを受け、内郷村に入る。小田内通敏、牧口常三郎（下谷東条小学校校長）、今和次郎（早稲田大学）、正木助次郎（中学校教員）、草野俊助（理学博士・東京大学）、中桐確太郎（早稲田大学）、佐藤功一（工学博士・早稲田大学）、田中信良（鉄道院参事）ら九名と、二五日までの一一日間にわたる日本で始めての村落調査を実施する。宿舎を正覚寺とし、長谷川一郎、鈴木重光と横浜から来た長谷川の弟、薫一が案内役を務める。石黒忠篤は、最後の二日間だけ参加する。中村留二が調査をしながら写真を一〇〇枚ほど撮る。

八月一八日　調査に入って三日目のこの日、「津久井の山村より」を書く。

八月二五日　調査の最終日に、宿舎となった正覚寺を離れるにあたって、「山寺や葱と南瓜の十日間」の句を詠む。

八月二八日　『東京日日新聞』の「余録」に内郷村調査のことが載り、その中で、「村の田吾作連を相手に」調査していると書かれ、すぐに抗議する。

八月二九日　「柳田書記翰長からお叱り」があったので、昨日の一項を取り消すとの記事が『東京日日新聞』に載る。

八月三一日　早池峰山の由来や民譚を集めた『御山先立往来』を、佐々木喜善伝写本と校合する。

九月　この月、モースの『日本その日その日』を読む（定）。

九月六日　星岡茶寮で招宴を開き、ポンソンビーやネフスキーを招く。

九月八日　三越で開かれている流行会の例会で、午後五時から「相州内郷村の話」と題した講演をする。講演に先立って、外米と新米を食する晩餐会があり、巌谷小波ら三四名が集まる。四〇分話した後、質問が続き、九時を大きく過ぎてから散会する。

九月九日　大阪朝日新聞社をめぐる「白虹事件」がおこる。

九月一〇日　河井弥八を随行させるべく準備をしてきた徳川家達の中国出張が、家達の都合で見送りとなり、不快に思う。

九月一五日　朝、Leuba の『The Psychological Origin and the Nature of Religion』を読み終わる。

九月一七日　日本移民協会有志会に出席し、志賀重昂の論に強い反対の意見を述べる。煙草の吸いすぎか、胸が少し痛む。

九月一八日　華族会館で開かれた連合国傷病兵罹災者慰問会の残金処理方法についての相談会に出る。新東洋社に立ち寄るが、スコットは軽井沢に行っていて会えない。霊南坂の上から見る景色を見ていい心持ちになる。オランダ領インド方面に探検調査に旅立つ江川俊治が一〇月七日に門司から出発すると挨拶に訪ねてくる。直平が遊びに来て、子供たちと話をする。禁煙法についての懸賞の話をされるが、自分には、煙草の知識と趣味があるので効き目はないと思う。夜、モルスの『日本随筆』を読み、後の者のためにと、いつまで続けられるか自分を試すため、しばらく休んでいた日記を書き始める。

九月一九日　一昨日、反論を述べた相手の志賀重昂から本二冊が送られてきたので礼状を書き、そのなかで移民事業についての意見を述べる。中秋の名月の夜だが、子供たちの騒ぎ声や電車の音で月見の気分にならない。

九月二〇日　「杓子孝」を三、四枚書く。日蘭通交調査会の大野若三郎が、『和蘭語文典』（日蘭通交調査会編纂、大正七年一一月八日発行）の校正を持ってきたので、目を通しなかなかよくできていると思う。午後、本野子爵の葬式のため青山霊園に行く。夜、中央亭で開かれた第三金曜日の会に出て、内田魯庵と南方の話などをする。

九月二一日　長谷川一郎と弟の薫一が訪ねてくる。長谷川兄弟と共に、内郷村調査の報告会となる郷土会に出席するため新渡戸稲造宅に向かう。調査者の他に石黒、牧口、小田内、中村留二ら常連と、今井登志喜、瀬沼寛二、高橋勇、山中省二が参加する。報告について、「依然として雑話なり、少しも学問的に非ざりし」との感想をもつ。喜善から、北海道の旅から帰ったとの葉書が来る。

九月二三日　早朝静雄が来たので、窪田四郎からの話のパラオ諸島のアンガウル計画を伝える。午前中、『和蘭語文典』の校正をする。夜、スキートの本を読む。

九月二四日　秋季皇霊祭の日、一日官舎にいて、ノートの整理をする。

九月二五日　朝、静雄が来る。その後、田尻稲次郎東京市長に呼ばれ、相談を受け、日蘭会に寄って、このことを静雄に伝える。上野の二科会の絵を見に行き、正宗と有島に会う。キュビズムの絵に驚く。夜、方言に関する二つの原稿を書き終わり、折口に送る。『都会及農村』に載せる「村を観んとする人の為に」の原稿を書き始め、今度の内郷村行きは、学問上失敗であったと書く。

九月二六日　夜、念吾会のため日本橋の音菊に行く。

九月二七日　一日、ひどい雨で、菊池研介編の『会津旧事雑考』（会津資料保存会、大正七年）などの本を読む。

九月二八日　小田内通敏が来て、生活誌を調べるという東京府の事業についての相談を受ける。また、南洋に出かけるという玉置実が訪ねてきたので、小嶺磯吉と農商務省の高橋を紹介する。モルスの紀行を少し読む。歴史地理学会から「山人考」の依頼が再度来るがそのままにしておく。この日、朝日新聞社長の村山龍平が、黒龍会壮士に襲われる。

九月二九日　寺内正毅内閣に代わって原敬内閣が成立し、日記に「いよいよ内閣が出来る」と書き、外交官になってみようかと思う。モルスの『日本随筆』の続きを独りで笑いながら読む。

九月三〇日　丸の内中央亭で開かれた「同人」第二回小集に出席し、アイヌの話や南洋の海上漂泊民の話をする。そのなかで、南洋に探検船を出し、汽船の便のない島で調査をすべきと述べる。参加者は、内田魯庵、中山太郎、大野若三郎、林若吉、松宮春一郎、久保田米斎らであった。

一〇月一日　大野若三郎に、一週間に一回、オランダ語の翻訳を頼み、その第一日目として、『外領の労働者衛生』にとりかかってもらう。一〇日に開く三々会の案内状を発送する。ネフスキーが訪ねてくる。上野精養軒で開かれた大蔵次官の招宴に招かれる。

一〇月二日　貴族院書記官の河井弥八が来て、四日の首相招宴の打ち合わせをする。徳川議長との関係を心配され、もう少し機嫌をとった方がよいと言われる。また、小嶺磯吉が来て、これから大阪商船の深尾支店長に会いに行くと立ち寄り、タスマニアのジャムを沢山くれる。役所に出て、書記官たちに貴族院規則改正の計画を話す。オランダ公使館のヒュブレヒトが来て、オランダ語の教科書を貸すと言われる。杉栄三郎と支那経済学会のことを相談する。夜、日中問題を研究する会として発足した一水会で再び会う。「よき頃に静かな生活もせねば」と日記に書く。

一〇月三日　折口信夫が訪ねてきて、雑誌『土俗と伝説』の相談を受ける。「民譚目録」は面白い企画だと思い、名目のよいものを選ぶことを薦める（定）。夜、建築局の会に出るが、何もおもしろいことなく、ただ食べるだけの会で、この頃本を読む閑がないと嘆く。

一〇月四日　長谷川一郎から玉川上流旅行の案内書が届く。田中義一陸軍大臣と慰問会の金のことを相談する。折口信夫から校正についての相談の電話がくる。

一〇月五日　松本烝治を訪ねる。スコットから軽井沢から戻ってきたと手紙が来る。三浦周行からは、京都大学史学科史学研究会の機関誌『史林』に何か書いてほしいと言ってくる。夜、カードの整理をする。

一〇月六日　喜善に、喜善からの案を関係者に送り、啓明会の委員会で話し合うとの返事を沢柳政太郎から受け取っていると葉書を書く。

一〇月七日　水野梅暁が来て大谷光瑞や新疆経営のことなどを話していく。そのことで、本郷房太郎中将に会おうとするが演習中で連絡がとれない。アナトール・フランスの『タイス』を英語とフランス語両方で読み始める。『同人』一〇月号に自分が書いた「新式占法伝授」について、「いやみなものなり」と日記に書く。

一〇月八日　朝、徳川家達を上野まで見送る。戸川明三が久しぶりに訪ねてきて、昔を思い出す。正木助次郎が来て、郷土会のことについて相談を受け、この会もどうにかして盛んにしたいと感想をもつ。九月の流行会での内郷村の話が冊子となって出来てきたが、間違いが多く冷やかしてみたくなる。また、大野若三郎がオランダ語論文の翻訳で分からないところが出てきたと言ってくる。
一〇月九日　静雄が来て、ミナハサ事業の引継ぎ方法や銀行のことなどの相談にのる。イギリス大使館で午餐会、夜はオランダ公使館のヒュブレヒト博士の晩餐会に招かれる。ニューヨークにいる今村幸男に、日本の政情を伝える手紙を書く。
一〇月一〇日　水野葉舟が訪ねてきて、『日本勧業銀行月報』に『遠野物語』を分載したいと言われるが断り、その代わりに佐々木喜善が集めている伝説類を連載したらどうかと提案する。大学同窓の牧山清砂が訪ねてきたので、一緒に三々会の会場の紅葉館に行く。参加者は、乾政彦をはじめ一三人で、おもしろい話がたくさん出る。
一〇月一一日　このころ、しきりとメキシコとの交流、支援、移民についての相談を受ける。宮内省から、先の大礼記録の賞として賜物を受ける。三浦から再度、原稿の催促を受ける。
一〇月一二日　折口信夫が来るが、忙しいとみて何も言わずに帰る。水野梅暁が来て、支那クラブ創立に尽力してほしいと頼まれる。中国南方政府使節の章士釗一行を東京駅まで迎えに行く。一六日に開かれる郷土会の出席通知を新渡戸稲造に出す。
一〇月一三日　次女の千枝を連れて内郷村に行く。九時三〇分中野発の汽車に乗り、内郷村の鈴木重光の家に立ち寄り、前の山で栗拾いなどして帰る。帰宅すると、同じ汽車に乗っていたのではと思う松本の胡桃沢勘内が来る。
一〇月一四日　孝と共に第一二回文展招待日に見に行き、輝夫や平福百穂らに会う。輝夫の「山科の宿」が、特選首席となる。

日華という中国料理の店で、小村俊三郎、五百木良三らと支那クラブを作る相談をする。日蘭通交調査会、東洋汽船などに立ち寄り、青山の本郷房太郎大将を訪れ、海蘭鉄道のことを話す。帰宅すると山中笑らの来客が多くあったことを知る。この日、大阪朝日新聞社社長村山龍平が、筆禍事件の責を負って上野理一と交代し、鳥居素川、長谷川如是閑、大山郁夫らも退社する。
一〇月一五日　風邪をひいて二〇日まで床で休む［一六日の郷土会は欠席か］。
一〇月一七日　少しよくなるが、代わりに孝や子供たちの熱が上がり、直平が見舞いにくる。水野梅暁が来る。
一〇月一八日　折口信夫と静雄が来る。
一〇月二〇日　夜、佐々木喜善が訪ねてくる。
一〇月二一日　スコットが見舞いに来る。来日中の章士釗、殷汝耕が訪ねてくる。
一〇月二二日　田中捨身や佐々木安五郎（蒙古王）ら浪人会のメンバーが四人ほど訪ねてきて、「大阪朝日をいじめるから賛成せよ」と言ってくる。これらの人たちの国家論には智恵が少しもないと思う。この日、佐々木喜善も訪ねてくる。オランダ公使館のウエストラ博士に手紙を書き、ヒュブレヒトへの届け物を頼む。夜、日華（支那）クラブのことで、近衛文麿に電話する。
一〇月二三日　今和次郎が来て、『民家図集　第一輯　埼玉県』を持ってくる。佐々木喜善が啓明会の相談に来る。近衛文麿が訪ねてきたので、日華クラブの会長になるよう勧める。
一〇月二四日　この日、予定されていた啓明会の評議委員会が開かれず、喜善の件で、沢柳政太郎や鶴見祐輔と連絡を取り合う。小野武夫、スコットなどが来る。「杓子考」の第三章を書く。

一〇月二五日　華族会館で徳川議長と面談をする。

一〇月二六日　日清汽船の白岩龍平を訪ねて、日華クラブの計画に協力を頼む。次に、外務省の小村欽一を訪ね、同クラブと海蘭鉄道のことを話し、よい返事をもらう。水野梅暁が来て、二九日に星岡茶寮に行く約束をする。一一月二日に三々会を開く通知を出す。

一〇月二九日　高等官一等を叙す（履）。夜、星岡茶寮で日支国民協会の章士釗、唐紹儀の招宴に招かれ、大作理三郎などに会う。

一〇月三〇日　京都の友人、南才三が来て、仁川の製鉄所の話をしていく。内田康哉外務大臣に会いに行き、海蘭鉄道の話をする。また、豊島法務局長を訪ね、大谷光瑞の弟子で疑獄事件の刑を受けている上原芳太郎の復権について打診してみる。その後、帝国ホテルに寄って章士釗に会う。

一〇月三一日　午後二時に天長節の参賀に行き、その後、子供たちを連れ動物園に行くが閉園時間となり失望する。かわりに発明展覧会を見て帰る。夜、木挽町花屋で行われた高橋内閣書記官長の招宴に出る。

一一月一日　水野梅暁が口羽義教を連れてきたので、南方研究所のことを話す。その後、高橋是清大蔵大臣に面会に行き、海蘭鉄道のことを話す。静雄が来る。留守中、牧口常三郎が訪ねてくる。

一一月二日　浜町錦水で開かれた三々会に出る。

一一月三日　夕方、大阪に出発する。

一一月四日　大阪に向かう途中、中興の英傑の名字の郷を見てこようと思い立ち、明け方、五時二〇分、米原で下車して、彦根から近江鉄道に乗り貴生川駅で降りる。犬が綱を曳く人力車を雇って、信楽を通って紅葉の裏白峠を越える。途中、車夫との会話で、「田原」「多羅尾」「向小多良」などの地名について考える。目的であった田原藤太秀郷の出生地と言われる宇治田原村に立ち寄ってから、電車で大阪に向かい、八時少し前やっと大阪ホテルに着く。この日、二〇キロ以上を歩く。

一一月五日　大阪米取引所を見る。多くの新聞記者のなかに斎藤弔花を見つける。南洋貿易協会の役員や三々会の木間瀬策三らに、講話として「第二九上南洋談」を話す。

一一月六日　兵庫から淡路岩屋に渡るが、道の都合が悪くて明石に引き返す。夜、大阪の町を歩き、天王寺公園やルナパークを見る。

一一月八日　高浜から小浜の風景がよいとの感想をもつ。近江にぬけ、夜、船で琵琶湖を渡り、大津に出て、一一時の汽車で帰る。

一一月九日　午後一時過ぎに、新橋につく。喜善に、啓明会はまだ決定していないようと、葉舟の手紙を同封した手紙を出す。静雄が来る。

一一月一一日　スコットを訪ねるが留守で、その後、オランダ公使館のウエストラ博士を訪ねる。

一一月一二日　スコットが来て、「エリスの日記」をくれる。
一一月一五日　午前中、渋沢翁を事務所に訪ねる。午後、次女千枝の七歳の宮参りで市ヶ谷の八幡さまに行く。夜、鉄道協会で三金会があり、津田左右吉を誘って行く。
一一月一八日　慰問会会議に出る。静雄が来る。夕刻から、後藤新平宅で開かれた信濃通俗大学評議員会に出席する［定本年譜では後藤亭］。信濃通俗大学評議員会が行われる。
一一月一九日　両親と木越夫婦、矢田部順を呼んで小宴を開く。
一一月二〇日　従四位となる（官・履）。
一一月二一日　華族会館で開かれた近衛文麿の招宴に出て、小村俊三郎、小村欣一、白岩龍平と日華クラブの相談をまとめる。
一一月二二日　四時から華族会館で、水野梅暁らを加えて前日の話の続きをし、話をまとめる。
一一月二三日　新嘗祭に、五時四〇分に参入し、一時四〇分頃まで出る。
一一月二五日　朝、喜田貞吉から電話があり、電話で議論する。夜、柳光亭での念吾会に出る。喜善に、沢柳に会って啓明会の様子を聞いたが、可能性はあると期待していると葉書を書く。
一一月二六日　午後、徳川議長と官舎で面会する。正木助次郎が来て、郷土会のことを相談する。
一一月二九日　山中共古が訪ねてくる。夕方から子供を連れて銀座に買い物に行く。
一二月　この年の末ごろまで、郷土会が続く。
一二月三日　司法省に行き、豊島法務局長と話をする。
一二月四日　昼、中央亭で海外興業の青柳、東洋汽船の浅野、郵船の伊藤米次郎との会合に出る。夜、一水会に出席し、宮島大八、細川護立、床次竹二郎、杉栄三郎、小村俊三郎らと話をする。
一二月七日　春から人に頼んで写してきた『熊野年代記』を、小野芳彦から借りた筆写本と校合する。
一二月八日　汽車で成増まで行き、新河岸から伊佐沼まで歩き、大宮から電車で帰る。テーフプルの『人類学応用論』を読む。
一二月一一日　石黒忠篤の家での郷土会に出席し、イギリスの田舎のおもしろい話を聞く。
一二月一二日　徳川議長らと紅葉館での招宴に出る。
一二月一四日　海外興業会社に行き、移民協会のことについて話す。
一二月一五日　蒲田まで電車で行き、多摩川を上り、平間、丸子、瀬田まで歩く。
一二月一六日　柳光亭に、事務局の高等官を呼び小宴を開く。
一二月一八日　正午、帝国ホテルで慰問会終結の披露をする。
一二月二〇日　夜、鉄道協会での三金会に出席する。
一二月二二日　夜、浜町のトキハで乾政彦の招宴に出る。
一二月二四日　築地の精養軒に徳川議長や議員を招く。
一二月二五日　議会召集日。華族会館で、近衛公の招集の会がある。夜、香雪軒での念吾会に出たあと、花谷での宴会に寄る。
一二月二六日　夜、上院議長の官舎での円満会に出る。
一二月二七日　海軍大臣の招宴に出席し、山梨大佐の話を聞く。

勘内宛てに、「学問より外に国の塗炭を済ひ得るものなし」と手紙を書く。
一二月二九日　中山太郎、ネフスキー、折口信夫、岡村千秋が訪ねてきて、ともに年を惜しむ。写真と夕食に誘われるが断る。
一二月三〇日　スコットを訪ねた後、養父直平がインフルエンザにかかったとのことで加賀町に見舞いに行く。
一二月三一日　一月七日の日華クラブ設立集会の議題を刷って、近衛文麿を始めとする発起人に配る。夜遅くまで本を読む。
この年、波多野敬直宮内大臣から、宮内省宗秩寮事務官へ転任する話を打診されるが断る。

大正八年（一九一九）　四四歳

一月　この月、オランダ語の原書ルーフセマの『モルッカ紀行』を読む。オランダ語は、前年から習い始めていた（定）。貴族院書記官長としてのこの年の待遇は、一等一級、従四位勲三等、年俸四二〇〇円であった。
一月四日　Lowie の『Culture & Ethnology』を読み終わる。
一月五日　皇居で開かれた新年「政始」に出席する。元法制局長官の倉富勇三郎から父直平の病状について聞かれる。
一月七日　日華クラブが発会し、発起人のひとりになる。
一月一一日　喜善に、啓明会の返答を同封し、この事業は、ほとんど自分のためのものでもあるので、これからもあらゆる方法を尽くして、成立するように努めると手紙を書く。
一月二七日　丸の内の中央亭で開かれた第四回『同人』小集の集まりに出席し、オランダのローレンツ博士が書いた『ニューギニア紀行　黒い人と白い山』について触れ、日本人でなければ行けない所と語る。中山太郎が記録をとる。
一月三〇日　四女千津が生まれる（のち、太田邦男と結婚）。
二月　この月、『英領ニウギニア誌』や『スウ島誌』など島誌を数多く読む。
二月二日　移民協会の総会に出席する。また、この日、鉄道協会相談役になる。
二月五日　喜善に、座敷ワラシの話の蒐集で一冊作るつもりでいるようにとの手紙を書き、最近読んだ、イギリスの民俗学者サビン・バリング＝グールドの著書のなかにも似た話が多いことを気付かされたと手紙を書く。
二月一一日　紀元節のこの日の朝、Havemeyer の『The Drama of Savage Peoples』を読み終える。
二月一九日　静雄とオランダ語の辞典『蘭日語彙』の計画をたてる（定）。その後、静雄は、オランダ領インドの開発やニューギニア移民を進めるためにオランダに旅発つ。
二月二七日　Moore の『Savage Survivals, the Story of the Race told in Simple Language』を読み終えたあと、Baring-Gould の『Strange Survivals: Some Chapters in the History of Man』を読む。
二月二八日　丸の内の中央亭で開かれた第五回『同人』小集の集まりに出席し、『マンチェスター、スクール』を紹介し、日本の学術的な遅れを指摘する。桶畑雪湖が記録をとる。
三月一二日　喜善に、最近は、南洋の研究のためにオランダ語を熱心に学んでいると手紙を書き、『遠野記』と『遠野旧事記』は是非とも写したいと伝える。
三月二三日　喜善に、ザシキワラシの話をできるだけ広く集めて、遠野物語的にまとめ、世人を刺激しようと手紙を書く。
三月二八日　第六回『同人』小集の集まりに出席し、雑誌に力を入れることと、ひとつの問題について話し合うことの二点を注文する。この日の『東京日日新聞』の「雑記帳」に、「態々賑しい所に出かけなくても読書でもしながら桜が見れる幸福な身だ」と官舎から外務省やロシア大使館の桜を見ているとの談話が載る。
三月三一日　喜善に、引き続き、啓明会に働きかけると手紙を書く。
四月九日　John の『Folklore; the Mabirogion』を読み終わる。
四月一一日　沢田四郎作宛ての葉書を書き、そのなかで『島』の事業について協力してほしいと述べる。
四月一三日　この数日前、芝紅葉館で開かれた「非歌人の会」に出席し、下村宏、佐佐木信綱、徳川頼倫らと歌を詠む。
四月一五日　一三日付けの「山立由来記」写本の内容紹介が書かれた喜善からの手紙が届く。
四月一六日　貴族院議長徳川家達が、原敬首相に柳田書記官長は職務に不熱心であり、「反抗的行為」で困るので善処してほしいと申し入れる（敬）。
四月一七日　洋行するのではと言ってきた喜善に、その噂は誤報だと返事を書き、「山立由来記」の礼を書く。また、ザシキワラシの話を東京で出版できるようになったと便りを書く。
四月一九日　中瀬淳からの手紙の返事で、椎葉を訪れた一二年前をなつかしく思い出していることや、先日、淳の長男泝が訪ねてきてくれていろいろ話したことなどを書く。そのなかで、近く、大分まで行くが椎葉にまで入ることができず、そうするには、「浪人」になる以外ないと考えていると心情を吐露する。
四月二五日　花袋に、近々九州に旅行に行く予定で、その前に会いたいと手紙に書く。そのなかで、『朝日新聞』に妙なものを書き始めたと「祭礼と世間」について述べる。
四月三〇日　喜善に、「山立由来記」を読んで、意外に思ったことが二点あったと「神を助けた話」に関わる感想を書いた手紙を書く。
五月　岡野敬次郎による図書館頭への転任案を拒絶する。このころ、ネフスキーが、小樽高等商業学校のロシア語教師となることが決まる。帝室博物館長への転任が新聞にもれる。また、この月、南洋協会の評議員になる。
五月一日　九州への講演旅行に発つ。この旅で、水上生活者に興味をもち、各地で家船のことなどを見聞する。
五月四日　東松浦郡呼子の漁村を見学し、田島神社で松浦佐用姫の望夫石を拝す。唐津かたやから、これから平戸に回ると孝宛てに「四日の間非常に変化あるおもしろき旅をつづけ」ていると葉書を書く。

五月六日　平戸島の田助で、小学校長らから家船の児童について話を聞く。また、小峰磯吉から家船と子供の時の話を聞く。
五月七日　夕方、長崎に入り、花袋宛てに、昨日は、終日平戸の島を歩いたと葉書を書く。
五月八日　長崎県立図書館で、家船に関する記録や支那の綿打職人の免許状、シーボルトの資料などを見る。偶然、芥川龍之介と菊池寛に会い立ち話をする。一二日には帰宅するつもりと孝に葉書を書く。
五月一〇日　大分でシャアの船を見た後、松屋寺で米の話を講演する。キッチョム話の研究に注目する。衆議院の大屋根が火災にあったとの知らせを受け、予定を切り上げ帰京の準備をする。日出の旅館から下関の大道良太鉄道管理局長に電話をかけ、東京の様子を聞く。
五月一一日　朝、門司に着く予定と孝に葉書を書く。
五月一二日　帰宅するが、徳川議長の批判を受ける。
五月一四日　徳川家達が、北京への出張旅行に発つ［東京駅に見送るか］。
五月一五日　フレーザーの『旧約民習編』を購入する。
五月一八日　喜善に、ザシキワラシの話を不完全でも早くまとめてみたらと催促の便りを書く。
五月二〇日　川口孫治郎に、飛驒の鳥の観察記を日記風に整理して、題名を『飛驒の鳥』か『飛州鳥日記』としてみたらどうかと手紙を書き、この日、川口のもとに届く。
五月二三日　神田みかど倶楽部で開かれた、第八回『同人』小集に出席し、肥前の呼子のいか釣りの話と、「老狸の住家の図」を持参して団三郎狸の話をする。
五月二五日　官舎に、昨年会った慶応大学山岳部の学生、松本信広が訪ねてきて、勉強に来ることになる。
六月一五日　喜善から、「ザシキワラシ」の原稿一三七枚と手紙が届く。
六月一九日　喜善の「ザシキワラシ」を読み、長文の返事の手紙を書く。そこで、喜善の文章には、「咏歎の文章」が多く、もっと忠実な記述におもきを置くようにと注文をつける。また、ザシキワラシについての本を出すにあたっての出版社との約束を、「イ、炉辺叢書と題し　ロ、此迄此学問の真の味を知らぬ青年を動かすべく　ハ、成るだけ興味多き研究又ハ記述を一冊一題目とし　ニ、集めて数十巻となるべき家庭読物を出さんとせしこと」の四点であることを書く。
六月二一日　山中共古、中山太郎、折口信夫、岡村千秋、プレトネルらとネフスキーの送別会を開く。
六月二六日　この日付けの『官報』の棄児の統計を見て、長崎だけが突出していることに注目する。
六月三〇日　宮良当壮に始めて会う。
七月七日　朝七時に倉富勇三郎から電話があり、すぐに倉富家を訪ねることを伝える（勇）。倉富に対し、徳川家達に対する不信感を述べ、自分は、辞職の覚悟はできているが、徳川議長が事実を認め、謝罪をしてからと言明する。
七月八日　南洋協会で話をする（定）。

七月一八日　午前中に、Shklovsky の『In Far North-east Siberia』を読み終わる。
七月一九日　別件で会った倉富と人事の話になり、自分の知らない所での画策は受け入れられないと述べる。
七月二四日　鼎宛てに葉書を書き、鼎家の蔵の中にある「水上語彙」（幸田露伴）が載っている雑誌（『智徳会雑誌』第四〇号）を送ってほしいと頼む。
八月八日　大正八年八月八日のこの日、八百松にて、明治八年生まれの結城素明、吉川霊化華らと共に集まり、明八会をつくる。
八月一四日　フレーザーの『金枝篇』第一巻を読み終わる。
八月一五日　勘内宛てに、中国の道教について書いた本の問い合わせに答える手紙を書き、そのなかで、『炉辺叢書』の計画と、井上通泰の一人息子の泰忠が松本の高等学校に入ることになったので、力添えを頼むと述べる。
八月一七日　喜善宛てに、炉辺叢書で出すザシキワラシの原稿を九月中に仕上げなくてはならないので、いくつか修正して完成させてほしいと手紙を書く。
八月一八日　喜善に、伊能嘉矩のザシキワラシに関する意見など気にせず、迷うことなく自分の見聞より以上の余分な想像など書かずに、蒐集者の任務にあたってほしいと手紙を書く。
八月二〇日　喜善に、借りていた『遠野記』と『遠野旧事記』を書留小包で送ったと手紙を書く。
八月二二日　喜善に、ザシキワラシの話をなるべく多く集めてもらいたいと葉書を書く。
八月二七日　喜善に、ザシキワラシの話が無い地域も記載することなどの細かい指示を書いた手紙を出す。
八月三一日　前年、佐々木喜善が写した早池峰山の由来記である『御山先立往来』を読む。
九月三日　河井弥八の面会を受け、「将来ノ進退」について聴取される（弥）。その中で、自ら辞職するつもりはないが、引退した時は、「一切ノ弊害」を公表すると述べる。
九月六日　このころ、ネフスキーから「先生の外誰も本当の先生のやうな人はない」との四日付けの手紙が届く。その中に、以前約束した、青森の中村武志が聞き集めたオシラサマの話が書かれた手紙の写しが同封されている。お礼の返事を書き、ラドロフの本や『熊野年代記』、『吾妻物語』を送る。この月、オランダから静雄が帰国する。
九月九日　前便の続きの中村からの手紙が届いたとして、七日付けのネフスキーからの手紙が届く。
九月一一日　ネフスキーから九日付けの本のお礼の手紙が届く。そのなかには、中村武志の家のオシラ様の話が書いてある。
九月一五日　一四日付けの「山立由来記」の所持者について書かれた喜善からの手紙が届く。
九月一九日　喜善のザシキワラシの話を集めた原稿が届き、「貴稿も亦大半読了感歎止む能ハず候」と返事を書く。
九月二三日　再び河井からの聴取を受け、自ら家達に談判にいくと述べ、文書でやりとりを行うことを希望する。
九月二六日　喜善に、原稿の辛労感謝していると手紙を書き、自分も、今、「山立由来記」の研究「神を助けた話」を終えて、「狐の話」を書いていると述べる。

九月二九日　法律取調委員の功として、銀杯一組を受ける。

九月三〇日　徳川議長に対し、辞意の意思がないことを伝える。

一〇月五日　喜善から、「奥州のザシキワラシ」の原稿が届き、読んだ感想を書いた返事を出す。そこで、原稿のなかにあった「赤子を家の内ニ埋める風習」については、フレーザーやゴンムも書いていて、ゴンムは新渡戸稲造から借りて読んだが、フレーザーの本は持っているので今度貸してもいいと書く。

一〇月八日　河井弥八に会い、後任は山之内一次貴族院議員がよいことや、家達に書翰を送付したことを告げる。

一〇月九日　史蹟名勝天然記念物調査会委員となる（履・定）。

一〇月一〇日　この日、徳川家達が、原首相に貴族院書記官長人事への配慮を望むと要請する。

一〇月一五日　再び、倉富勇三郎を訪ね、石渡敏一大臣に気持ちを伝えているものの、何の音沙汰もないことを伝える。また、家達の中国視察中は辞職するつもりがないと述べる。

一〇月二四日　喜善に、松本の胡桃沢勘内と連絡を取り合って調査にあたったらと手紙を書く。

一〇月二六日　胡桃沢勘内宛てに、松本高等学校に在学中の、通泰の息子の泰忠が世話になっていることへの感謝の葉書を書く。

一一月七日　勘内宛てに、出版社の玄文社が認めれば、炉辺叢書の続刊として、勘内の「福間三九郎」も出したいと手紙を書く。また、そのなかで、「武蔵風土記稿」を読むのが、三回目で、近くの村々を心静かに回りたいと考えていると述べる。

一一月一七日　『東京日日新聞』の「余禄」に「柳田翰長の銀座裸行列という悲惨なる珍案」を紹介される。

一一月二〇日　この日、徳川家達の弟、頼倫と達孝（侍従次長）が南文部次官を介して西園寺公望に解決策を求める。

一一月二五日　閣議中に、徳川達孝が原敬を訪ね、徳川議長との確執について配慮を求めると動いたことを知る。

一二月　この年の暮れ、冬休みで小樽から上京したネフスキーに、佐々木喜善とのオシラ神の共同研究を薦める。この年、映丘が、東京美術学校の教授となり、雑司ヶ谷の自宅に学生を集めた研究会「常夏会」を毎月第二金曜日に開くようになる。

一二月一日　喜善に、炉辺叢書で出すザシキワラシの原稿の校正は終わったが、他の本がまだなので、年内の発行は難しいと手紙を書く。

一二月一二日　原敬が、水野直に解決策は柳田辞職しかないと伝える。原は、日記にも「余は其事は大概柳田の辞職にて落着すべしと云ひ置けり」と書く。

一二月一八日　流行会にて、次の年の干支の猿の話をする（定）。その一方この日、牛込の医師小久保弥太郎による診断書がでて、病名は、「脳神疼衰弱症」で安静が必要だとし、「現在ノ職務にたへざるもの」と書かれる。

一二月二〇日　内示会会場で原首相に会い、引退の気持ちを述べると「仕方が有るまい」との返事が返ってきたので、辞職の手続きに入ることを頼む。後任には、後輩の河井弥八しかいないことを力説する。
一二月一一日　官邸に行き、原敬首相に「宿痾差重ク勤務不任意難渋仕候ニ付、此際現官ヲ退キ山野ニ放養仕度」との退官願を提出し、諒解を得る。後任に、後輩の河井弥八を推薦する。次の日、『東京日日新聞』に「これからの柳田さん　お役人生活はもう真平―田舎に引込で本を読んだり物を書いたり」の談話が載る。
一二月二三日　後任の河井が承諾し、辞任問題が決着する。この間、「白鷺はおのが白さをたのむらむ　人を見る眼のにくらしげなる」などの官僚批判の歌を詠み、色紙に書いて池上善作に贈る。為正の言葉を書いて牛込の自宅にいる孝に葉書を書き、その中で「新聞を見ずも多分うるさかつたこと御気毒に存候」と心情を伝える。
一二月二四日　官舎から加賀町の自宅に戻る。貴族院議員有志一同から記念品として写真機と蓄音機用写音機を贈られる。他に「金壱千参百八拾四円五拾銭」であった。有志人名書の筆頭は山県有朋であった。民間からも北里柴三郎や沢柳政太郎など計三〇〇名あまりが名を連ねる。
一二月二五日　この日の前後、二三日付けの勘内の手紙が届く。それには、官界を去って学問に専念されるのを喜びたいとも、反面寂しいとも書いてあり、同時に若い教員の小池直太郎が育ってきていることを知る。
一二月二八日　河井弥八との事務引き継ぎを行う。
一二月三〇日　小学校入学前の為正を連れて、茅ヶ崎の別荘に行き、二、三日のんびりと過ごす。
一二月三一日　茅ヶ崎からもどり、家族と共にゆっくり年を越す。この時、娘の三千らに退職に至る一連の動きについて、森さん（鷗外）の職を自分がとってしまうことなどできなかったともらす。またこの日の未明、大阪の自宅で上野理一が亡くなる。享年七一。

大正九年（一九二〇）　四五歳

一月　この月発売の『東方時論』に「二階から見て居た世間」を発表し、外交問題から国内の経済問題までを論ずる。
一月四日　一二年前に詠んだ歌を吟じ、松浦萩坪を懐かしみながら、口授された萩坪の評を記して「詠草」をつくる。
一月七日　貴族院書記官長在官中の賞与として五〇〇〇円を受け取る。
一月一二日　ダイダラボッチの足跡を見に、世田谷村駒沢、代田周辺を歩く（定）。
一月二〇日　高木誠一宛てに、今は閑だけれどもいつ忙しくなるかわからないので、今は学問のために力を入れていると手紙を書く。
一月二一日　喜善に、炉辺叢書がまだ完成していないが、今月末にはできるだろうと手紙を書き、印税などの委任状に記入してほしいと手紙を書く。
一月二五日　夜、松本信広が熊野出身の松本芳夫を連れてくる。

松本芳夫が蒐集した熊野の民謡を『炉辺叢書』として出版することを薦める。またこのころ、玄文社版『炉辺叢書』として刊行した四冊（『赤子塚の話』、『神を助けた話』、『おとら狐の話』（早川孝太郎共著）、『奥州のザシキワラシ』（佐々木喜善））が出来あがってくる。

三月　このころ、朝日新聞社の編集局長安藤正純から入社を勧められるが、すぐに承諾せず、七月ころまで待ってほしいという。またこのころ、桂女についての古文書を写し、自分の考えをメモする。

三月一九日　この日の前後、『炉辺叢書』の四冊が届いた喜善から、一七日付けの『奥州のザシキワラシの話』以外の三冊の感想が書かれた手紙が届く。

三月二八日　この日ころ、二五日付けのネフスキーからの『ザシキワラシの話』のお礼の長文の手紙が届く。続けて、訂正の手紙も届く。

四月　この月、鼎が、千葉県医師会の第四代の会長になる。

四月三日　高木誠一宛てに、『炉辺叢書』を村の故老に話していただき感謝していると手紙を書き、そのなかで雷様や白髭米の話があったら教えてほしいと書く。

四月九日　「セルブ・クロアート・スロヴェーヌ」国皇帝陛下から白鷲第三等勲章を受ける。この日、アナトール・フランスの『タイス』を再び読む。この日の前後、ネフスキーから長文の返事が届く。そこには、オシラサマやオコナイサマ、アイヌのシラツキカムイやイナウなどが書いてある。

五月　このころ、石黒忠篤からの薦めもあり、また、世の中がすっかり変わってそれまでの農政の学問は役に立たないと思い、農政関係の蔵書を帝国農会に寄贈する。寄贈蔵書の内訳は、欧文図書一八五部（一九七冊）、邦文図書三七部（七五冊）、調査報告書類五二冊、地方書類八二部（一一五冊）、雑誌類四〇部であった。またこの月、未来を談ずる力があるものに働いてもらいたいと「古臭い未来」と題した文を書く。

五月五日　この日ころ、ネフスキーと相談してオシラサマの話を集めているとの三日付けの喜善の手紙が届く。

五月一五日　史蹟名勝天然記念物調査会委員を免除される。この日ころ、一三日付けの喜善の手紙が届く。そこには、喜善が、オシラサマやザシキワラシの話を新しく採集しようとしている様子が書かれている。

五月一七日　勘内宛てに、田中子爵から、小池直太郎の住所を聞かれているので、教えてやってほしいと葉書を書く。

五月二七日　Clodd の『Les races et les laugues de l'Océauie』を読み終わる。

五月三一日　Philpot の『The Sacred Tree; or, the Tree in Religion and Myth』を読み終わる。

六月五日　マレットの『人類学』を再び読む。

六月八日　Wundt の『Elements of Folk Psychology』を読み終わる。

六月一五日　佐渡を一巡するための旅に出る（定）。

六月一六日　新潟から佐渡両津湾夷港に渡り、野村旅館に宿を決め、祭礼を見物し、鬼太鼓を見る。野村旅館で、イギリスの古典学者ジェーン・エレン・ハリソンの『古代芸術と祭式』を読み、第七章「祭式と芸術と人生」を再読する必要ありと書く。孝に絵葉書を書く。

六月一七日　町を歩いた後、鷲崎に帰る小舟に乗せてもらい北小浦を見ながら鷲崎に着き、木村という旧家に泊まり、当主の滋の話を聞く。

六月一八日　鷲崎を出て、弾崎、真更川、小田、後尾と外海府を歩く。昨日見た内海府との比較や地名に興味をもつ。五人の島巡礼をしている島の者たちと仲良くなり、荷物をもってもらう。歩きながら、佐渡に住む「ホイト」の話や、「ロウソウ」のおもしろい話を聞く。この日、一日で三六キロ歩き、入川の旧家で旅館を始めたばかりの服部家に泊まる。荷物を持ってくれた五人は宿泊を断られ、一人で泊まる。

六月一九日　朝、また五人と合流し、貴族院の守衛であった石見左次右衛門（岩次郎）に会うため、姫津に向かう。姫津に住む人たちは、島根からの移住者で多くが「石見」姓と聞き、大きな関心を抱く。相川の高田屋旅館に泊まる。

六月二〇日　相川を出てからは一人となり、人力車で沢根、河原田、新町と真野湾を見ながら変化の多い風景を楽しむ。小木の喜八屋旅館に泊まる。

六月二一日　朝早く小木から出る発動船に乗り、松ヶ崎まで行き、そこから小さな和船で両津に向かう。赤玉、東強清水を海から見て、夜遅く両津の港に戻る。

六月二二日　国中を歩き、中興の通泰の知人である川辺家を訪ね、土地の話を聞く。『郷土研究』に寄稿してきた茅原鉄蔵が訪ねてきて、金北山の御蛇河内の片目の蛇の話などを聞く。

六月二三日　新潟に戻り、県立図書館で、山中樵の案内で、佐渡関係の書物を見る。『佐渡年代記』の小比叡騒動の悲劇や、『佐渡志』の椰子の実漂着の記事などに興味をもつ。

六月二四日　帰京し、留守中届いていた喜善からの手紙などを読む。一六日付けの喜善の手紙には、啓明会からの調査補助金の働きかけについて、東北地方だけということでなく、全国に広げてみたら可能性があるのかと書かれている。

六月三〇日　沖縄石垣島の人、宮良当壮が初めて来る（定）。大正二年に読んだゴンムの『フォークロアにおける民族学』を再び読了する。この時の書き入れは、青鉛筆でし、量が多くなる。

七月　この月、安藤正純から連絡が入り、朝日新聞社社長の村山龍平の自宅を訪ねる。朝日新聞入社の条件として、最初の一年半は国内を、その後の一年半を南洋の島々の旅行を自由にさせてもらいたいと希望を述べ、村山社長の快諾を得る。夏休みのため小樽から上京したネフスキーに、小樽に帰る途中、磐城の高木誠一に会わせるため紹介状を書いて渡す。ネフスキーが高木を訪ねたのは、八月二五日で、その後、遠野に行き、九月一日、佐々木喜善に会ったことをのちに聞く。この日、大野若三郎が亡くなる。

七月一日　三田史学会七七回例会において、一般に公開し「フォークロアの範囲について」を講演する。

七月三日　フレーザーの『金枝篇』を再読する。
七月六日　この日あたり、喜善から中山太郎やネフスキーの様子を知らせる四日付けの手紙が届く。そこには、東北に来た折には、「盛か気仙まで迎えに出たい」と書かれている。
七月八日　『歴史と地理』の八、九月合併号に載せる「佐渡の海府」を脱稿する。フレーザーの第三巻を再読する。
七月九日　アナトール・フランスの『Pierre Noziere』を再び読む。
七月一二日　『解放』八月号に載せる「佐渡の海府から」を脱稿する。
七月一九日　アナトール・フランスの『The Wicker-work Woman』を再び読む。
七月三〇日　八月初めには、東北旅行に出発し、釜石から遠野に入るつもりと喜善に手紙を書く。
八月二日　六時上野発の列車に乗り、東北旅行の旅に出発する。午後五時半仙台に着き、旅館菊平に泊まる。
八月三日　図書館と河北新聞社に行く。土井晩翠を訪ねる。菊平から、喜善宛てに、遠野には、一五日あたりに伺うだろうと葉書を出す。
八月四日　七時半、仙台を発ち、塩釜神社を参詣し松島を見て、三時発の野蒜行きの船に乗り、浜市（現、東松島市）の斉藤家に泊まる。この日付けで、東京朝日新聞社客員となる。月手当三〇〇円で、旅費は社則に従って別途支給という待遇であった。
八月五日　八時半浜市を発ち、小野本郷を見て、石巻から自動車で、渡波、万石浦を経て女川に向かう。この日から一〇日まで連日の大雨で予定のコースを何度も変更することになる。四日付けの内田魯庵からの手紙が自宅に届く。
八月六日　金華山行きを見合わせ、石巻に引き返し、沼津、日和山を見て、石巻に泊まる。
八月七日　石巻を出て、追波川を上る発動機船に乗る。桃生郡十五浜村（現、石巻市）の船越に泊まる。
八月八日　船越を出て、飯野川に着き、五島町長や町民の話を聞く。宿で頼んだ老按摩から、「おかみん」や竹のオシラサマの話を聞き、「おかみんの話」を書き、末尾に「人の子の心のやみは果も無し　つひの光を何に求めむ」の歌を載せる。
八月九日　飯野川を出て、三浦治三郎の家に寄り、登米に着き、大地主の吉川農場を見る。佐沼で半田郡長に会った後、『郷土研究』の投稿者、高橋清治郎とオシラサマについて語り合う。「狐のわな」を書いて朝日に送る。
八月一〇日　佐沼を出て、一二時半、雨の中一関に着き、清水屋別館に泊まる。胡桃沢勘内宛てに、松本から帰った甥の泰忠からの講演依頼の伝言を聞いたが、今旅行中なので行くことができないことや、これからの旅の予定と、大雨のため東磐井郡川崎村に住む舞草小学校長、鳥畑隆治に会いにいけず、読書をしているなどと便りを書く。内郷村の長谷川一郎にも、いろいろ面白い見聞があると葉書を書く。
八月一一日　朝、起きてみると大水のため手水場にも行かれないほどであるのに、淡々としている様子に驚く。鉄道も不通となった為、清水屋旅館に足止めとなり、朝日新聞社に送る「豆手帖から」の原稿四回分を書いたり、本を読んだりし、晴れたら海沿いに進みたいと胡桃沢勘内宛てに手紙を出す。

八月一二日　朝ようやく水も引いたので、被害の様子を見たあと、正午、一関を出て黒沢尻に寄り、孝宛てにここから北は鉄道が不通のため別の道から遠野に向かうが心配はいらないと葉書を書く。黒沢尻から岩谷堂（現、江刺市）に入り、佐秀旅館に泊まる。花袋宛てに、明日は遠野に再遊を試みると葉書を書く。

八月一三日　岩谷堂を出て、人首村に着き、村役場で伊達家沼辺氏の遺臣の子孫である村長の新田経に会い、その風貌に辺境警護の歴史を見たと思い、「古物保存」を書く。新田から、人首にある坐像のオシラサマの話や、祭る家のことを「カクラ」ということなどを聞く。五輪峠を越え、小友村（現、遠野市小友町）から鱒沢に出、岩手軽便鉄道（現、釜石線）に乗って遠野に入る。予定より早く着いたため、夜、喜善の家に、着いたことを知らせる使いを出し、以前泊まった高善旅館に泊まる。

八月一四日　朝九時に、喜善が高善旅館に来て再会し、続いて、伊能嘉矩、柳田豊治町長らが挨拶に来る。次々に鈴木吉十郎、及川忠兵など十数人が集まり、夜遅くまで「フォークロア」について懇談し、折口らの様子を喜善に伝え、啓明会のことも折口と相談するようにと言う。

八月一五日　遠野内田書店発行の絵葉書に、このあとの旅程を書いて孝に送る。喜善と連名で胡桃沢宛てに手紙を書き、喜善宅に滞在していた慶応大学の大学院生松本信広を伴って遠野駅から軽便鉄道に乗る。平倉駅で下車し、徒歩で赤羽根峠を越える。気仙郡上有住村から八日町に出て、馬で世田米に入り、山内旅館に泊まる。昔からの宿場町の家並みが残る世田米の町に感心し、「町を作る人」を書く。

八月一六日　世田米を出て、馬で白石峠を越え、盛（現、大船渡市盛）に着く。郡役所に立ち寄り、『気仙郡誌』を見た後、合流するはずの喜善やネフスキーに今後の予定を葉書に書く。

八月一七日　只出（現、陸前高田市小友町）を出て、鳥羽の案内で、門前、獺沢の遺跡を見る。獺沢に住む『郷土研究』誌友、佐藤雄二郎の家を訪ねたことを、「改造のあゆみ」に書く。泊から只越まで船に乗り、歩いて石割峠を越え、気仙沼に泊まる。花袋宛てに絵葉書を出す。

八月一八日　気仙沼から発動船に乗り、唐桑半島の小鯖に上陸し、御崎神社に参拝し、神殿の改築をした方がよいと話す。景色を楽しんだ後、崎浜の三浦家で明治二九年の大津波の被害の話を聞く。「二十五箇年後」を書いて朝日に送る。

八月一九日　崎浜から船に乗り、大島に渡る。村役場で、菅原熊次郎村長に会い、オシラサマやザシキワラシの話を尋ねようとしたが、身なりから誤解され逆に詰問されたので、納得できずに怒る。その後、お互いの誤解が解け、手紙のやり取りが続く。浦の浜から気仙沼に戻る。

八月二〇日　一九日の夜遅く、気仙沼を出る三陸汽船白金丸に乗り、越喜来（現、大船渡市）に寄港し、四時に釜石に着く。佐々木喜善が迎えに来ていて合流し、三人で、佐々木旅館に泊まる。家から送られてきた手紙類を見て、内田魯庵からの手紙で、魯庵の娘の百合子がバセドー氏病で亡くなったことを知る。その内田魯庵を慰める手紙を書き、そのなかで、水上移動学校をつくり、自分は船長を務めるので、講師として出てきてほしいと述べる。

八月二一日 雨の中、釜石から歩いて鳥谷峠を越え、鵜住居村（現、釜石市鵜住居）に入り、松本信広と佐々木喜善は村役場に行き、ひとり浄楽寺に立ち寄り、亡くなった人を供養する絵額などを見て、心持ちのよい人たちが住む村と思う。大槌町の中央にある岩間旅館に泊まり、喜善に大槌の町並みを褒める。宿の主人から、この土地のナゴミタクリの話を聞く。

八月二二日 大槌を出て、霞露ヶ岳に登って山田町に向かうという松本と別れ、喜善と共に、船越村から織笠村を経て山田町に着く。途中の海沿いに、猪垣の石積のすぐ隣に道がある所を何カ所も見たり、明治二九年の三陸大津波の死者供養のために建てられた吉里吉里の「海嘯溺死精霊塔」の碑や、前年のスペイン風邪で亡くなった死者の魂を迎える夥しい数の「迎え灯籠木」を見る。山田小学校の石川耕一から山田の歴史を聞いたり、古老を紹介してもらったりする。関嘉旅館の主人武藤嘉禄の求めに応じて明治四一年に四国で詠んだ歌を書く。宿で合流した松本から、山田に来る船のなかで、船夫からこの辺ではオシラサマのことをカバカワと言うと聞いたとの話になり、興味をもつ。

八月二三日 石川校長の案内で、喜善らと関谷の武藤家を訪れ、「樺皮（カバカワ）」について詳しく聞き、メモをとる。

八月二四日 宮古を出て、田老で盆市を見た後、静かな山中を歩き、メーテルリンクの『青い鳥』の世界だと喜善と話す。山中の霊泉の辺に建つ「霊水記念碑」を見て、この碑を建てた摂待村の故老畠山長之助に会いたいと思う。草鞋が破れて小石が入るので、小本村の川口の集落の店で草鞋の下に履く足袋を買おうと立ち寄るが、座敷で履く足袋しか置いていないので困る。泊まった鈴文旅館に、宮古で知り合った熊谷唯平という青年が訪ねてきて、喜善とザシキワラシの話などをして盛り上がる。

八月二五日 小本を出て、霧の中、道に迷い炭焼きの沢を上ったり下りたりしながら、喜善たちに霧についての話をしたり、田植歌を教えたりしながら歩き、平井賀に着く。

八月二六日 平井賀を出て、普代、安家、玉川、米田を経て野田に着く。野田で盆踊りを見る。玉川あたりで、田に植えられた稗を初めて見る。

八月二七日 野田を出て、宇部、久慈、海岸の路、侍浜、中野を経て、種市村小子内に入り、疲れたので「菅原の家」と呼ばれていた旅人宿清光館に泊まる。急な旅人に対する、菅原ハツと養子の喜三郎夫婦が営む小さな旅館の親切は想像以上と思う。盆踊りを見て、女たちだけで踊る時の歌の意味を尋ねるが、笑うだけで誰も教えてくれない。通りすがりの者に話したとしても、その心持ちは解らないと思っているのだろうと考えながら、「浜の月夜」の原稿を書くが、旅先で原稿を書き、新聞連載をすることが「調子が取りにくい」ことからこれを最後とする。

八月二八日　小子内を出て、鹿糠、小船渡、大久喜、鮫、八戸小中野を経て中道に着く。小中野で中道等らの歓迎を受ける。

八月二九日　宿を江渡旅館に移し、来客らと話す。松本信広に母親が病気との知らせがあり、帰京することになる。孝宛てに、ようやく汽車が通っている所までついて一日ゆっくりしていると葉書を書く。そのなかで「陸中の海岸四十余里風物の日々に変化しゆくこと驚くはかり」と書く。伊能嘉矩に、「車井物語」が掲載された二三日付けの『岩手毎日新聞』を受け取ったとお礼の葉書を書く。

八月三〇日　八戸のオシラサマを調べる喜善を残して、浅虫温泉に向かう。途中の尻内まで中道が送りに来て、ここで帰京する松本と分かれる。夜、橋本音次郎が訪ねてくる。

八月三一日　浅虫温泉でゆっくりする。この日読み終わったホーランドの『THINGS SEEN IN JAPAN』を中道に贈る。

九月一日　青森に行き、児玉知事と会う。

九月二日　午前中、浅虫温泉で休んで、午後、車で野辺地に向かい、海岸の家で踊りを見る。浅虫温泉の宿から、孝にこの一週間は青森県内にいると葉書を書く。

九月三日　横浜大岡旅館で昼食をとり、野辺地の旅館に入る。

九月四日　荷馬車で岩屋に向かう途中、三戸から来たという若い本間権之助夫婦に親切にされ、来年の正月に大隈半島佐多岬から便りを出すことを約束する。尻屋岬の展望台や灯台を見て、灯台裏手の岩に腰かけて荒く寂しい北の海を眺めたあと、峠を越え、尻労の阪本家に宿泊する。

九月五日　尻労を発ち、居合わせた姉弟の二人の子供に道案内を頼み、猿ヶ森までの道を歩き、子供たちと別れて、田名部へ向かう。

九月六日　田名部から馬車で大畑に行き、槇旅館で休んだ後、また馬車に乗り、下風呂温泉に泊まる。

九月七日　下風呂を発ち、大畑まで馬車で向かい、薬研温泉に泊まる。この日、「対独平和条約等締結並大正四年乃至九年事件ノ功」として勲三等旭日中綬章を受章する（履）。

九月八日　薬研温泉では大雨に遭い、歩いて大畑に戻り、車で田名部に向かう。郡長と町長に会う。

九月九日　田名部を出て、野村理三郎に会う。大湊付近を歩いている途中、北海道熊の剝製を見て、青函海峡を渡ってきた熊だと聞く。その後、水交社を訪れ、夜、将校たちに話をする。田名部の客舎にてリヴァースの『親族と社会組織』を読み、「再読すべきこと」と記す。

九月一〇日　大湊を発ち、青森から汽車で弘前に入る。

九月一一日　人力車で、五所川原を経て鰺ヶ沢港で泊まる。この日、国際観光委員会委員を免除される。

九月一二日　鰺ヶ沢から馬車で深浦まで行き、泊まる。

九月一三日　修験道廃止令に反対し、修験道再興運動のリーダーでもある深浦の円覚寺の海浦義観を訪ね、運動の後援を約束し、一一月に上京して陳情する時には、紹介の労をとると言う。また、海浦から、宮崎県岡富村の住職谷山明実に会うべきとすすめられる。昔の山伏そのままのような海浦について、「一度逢ったら忘れ能はざる上人」と思う。
九月一四日　大間越、岩館、中浜まで馬で行き、椿鉱山の廃坑跡を見る。
九月一五日　水沢まで歩き、能代まで人力車に乗る。能代から汽車で秋田に入る。
九月一六日　一日、宿でゆっくり休む。
九月一七日　秋田図書館で、菅江真澄の天明六年の紀行文「配志和の若葉」を初めて読み、それ以外の真澄の著書を探したいと思う。小林旅館で、中道等宛てに、図書館で『真澄遊覧記』を見たと葉書を書く。
九月一九日　赤星家を訪問した後、秋田を発ち大曲に向かう。
九月二〇日　大曲から山形に回り、県庁や図書館などを訪れる。
九月二一日　山形から米沢に着き、図書館を見る。
九月二二日　米沢を発って帰京する。
九月二三日　ネフスキーから、東北旅行の様子を知らせる長文の手紙が届き、イタコやオカミンの話を読む。
九月二七日　慶応義塾大学で民俗学を講義する。この後、一一月、一二月と月に一度講義する。
九月二八日　大久保の折口信夫の家で開かれた、国学院大学郷土研究会例会で、「フォークロアの範囲」について話す（定）。この時、水木直箭が初めて参加する。
九月二九日　勘内宛てに、岡村千秋から勘内の妻が病気であることを聞き、お見舞いの葉書を書く。その中で、我が家でも六月以降一日も医者が来ない日が無く、自分の旅行計画が打ちこわされて困っていると伝える。
一〇月　この月、輝夫が、門人の林静野と結婚する。また、この月の上旬、東京で「準備なき外交」と題した講演をする。
一〇月五日　折口宅での国学院大学郷土研究会で、前回の続きを話す（定）。
一〇月六日　早稲田大学の課外講演として「人類学に於ける日本の地位」を講演する。喜善宛てに、東磐井郡奥玉村の太田漸という小学校の教員から、付近の村にもザシキワラシやオシラサマの話があると知らせてきたので、連絡をとってほしいと葉書を書く。
一〇月一二日　講演に来てほしいとの勘内の催促に対して、一一月末には帰京するが、信州に行けるのは、来年になりそうだと返事を書く。また、その中で、郵便の留置を、一五、一六日までは遠州二俣、二〇日は新城、二三日は岡崎、二六、二七日までは犬山と予定を書く。また、小池直太郎がまとめた『小谷四ヶ庄伝説集』を送ってもらったその日のうちに読み通したと書き、お礼を言っておいてほしいと伝える。
一〇月一三日　『朝日新聞』に紀行文を連載するため、中部、関西方面への旅に出る。
一〇月一四日　静岡の袋屋から、体調を崩していた千枝宛てに、物をおいしく食べられるようになったかを聞く葉書を書く。その中で、お父さんは頭痛も治って元気になり、久能山や三保の松原を見てきたと書く。
一〇月一五日　焼津で汽車を降り、鉄道と筋交いに歩こうと思い、大井川と天竜川の間を自由に歩く。焼津で鈴木町長の話を聞き、山村の青年を漁師に招くようにしていると聞く。二俣から胡桃沢勘内宛てに葉書を出す。

一〇月一八日　島田、掛川から浜松に入り、浜松でいろいろな話を聞き、磐田引佐から秋葉街道を八名郡に抜けようと考える。浜松で杉に葉書を書いた後、浜松の中村修二を伴い熊村に出る。

一〇月二〇日　三ヶ日から峠を越えて大野に出て、長篠まで歩く。長篠駅で早川孝太郎に葉書を書き、豊川鉄道の汽車に乗り、新城に向かう。新城で二泊し、後からきた今和次郎と合流する。作手から下山、杉平、南赤羽根、松平を歩き、途中の御前石峠から伊勢湾までの景色を見る。サンカについての文章「ポンの行方」や「馬の仕合吉」「杉平と松平」などを書く。

一〇月二一日　松平の高月院を訪れ、徳川家康の先祖が寄進した田の証文を見る。新鈴木やから孝宛てに、雨の中「好山水」を歩いたことと、今和次郎が合流し三、四日同行することになったと伝える。

一〇月二三日　岡崎に入り、菅生神社社務所で、岡崎趣味の会の会員たちに「三河が生んだ最も記念すべき人物」として菅江真澄の話をする。真澄の出身地を乙見と見当をつけて探し回るが、この時はまだ真澄の本名が白井秀雄だと知らなかったため、菅江真澄について尋ね歩いたものの、菅江真澄という神主がいたと言われたり、自分が菅江真澄の妻だと名乗る女性に出会ったり徒労に終わる。宿に着いて、菅江真澄に思いをはせて「還らざりし人」を書く。岡崎出身の和田が宿に来て泊まっていく。

一〇月二六日　孝の母方の祖母である大籐くわの墓参りをして、岩津天満宮に参拝する。千枝宛てに病気はよくなっているかと葉書を書いたあと、午後、岡崎の町で講演する。その中で、東京に帰った今和次郎がお父さんの写真を届けてくれるだろうと伝える。旅先から送った原稿が、この日から『東京朝日新聞』に「秋風帖」として連載され、一一月一七日まで一九回続く。

一〇月二八日　挙母に入る。

一〇月二九日　挙母の青柳家から、孝宛てに一旦美濃に入り名古屋から大阪に回ることを伝える葉書を書く。猿投の霊山の里を抜け、土地の小栗鉄次郎の案内で神社を参拝し、夜、飯野の旅館にたどり着く。

一〇月三〇日　飯野の経師屋の案内で美濃と尾張の境にある、年に一度サンカが全国から集まると言われている、三国山の峠を越える。柿野から多治見へ降り、車で太田まで行って大沢屋に泊まることとし、林魁一を呼び出して夜遅くまで話す。「三州挙母より三国山の東を越え申候」と折口信夫に絵葉書を出す。また孝宛てに、多治見の陶器工場の様子を伝える葉書を書く。

一〇月三一日　岐阜に出て久しぶりに汽車に乗り、大垣、海津郡、今須高田の町を見て河川工事によって交通系統や風景が全く変わってしまっていることに驚く。桑名の船津屋に泊まり、急に和歌山の加太の浦を見てみたくなる。

一一月一日　千枝からの手紙を犬山城の天守閣で読み、返事を書く。また、孝宛てにも葉書を書き、布佐から三日の鼎の還暦の祝いに来いと言われているが行けないことと、今和次郎が撮ってくれた写真と家族の写真を送ってほしいと伝える。岐阜の玉井やに入り、孝宛てに知事が上京中で郵便物の行方がわからないと葉書に書く。このあと、犬山に戻って三日には三重県に回ると伝える。

一一月三日　岐阜の大藪町から、孝宛てに葉書を出し、大垣で柿の品評会を見たと伝える。

一一月四日　夜、大阪に入る。

一一月五日　大阪土佐堀の佐々木旅館から、これより和歌山、淡路を経て、中国四国を回ると喜善に葉書を書く。この中で、遠州周智郡奥山の山住神社の神主山住氏の家にはマクラコゾウが出る部屋がある、と聞いた話を書く。

一一月七日　佐々木旅館で、一ノ関の鳥畑隆治に、八月は、大洪水で会うことができずに残念だったと葉書を書く。そのなかで、『郷土研究』に発表していた出水と白髭翁伝説を興味深く読んだが、各地の白髭水と話との関係について意見を聞く。奈良東大寺に行き、為正に「ダイブツサマニオマヰリヲシタ」と奈良公園の絵葉書を出す。汽車でまっすぐ和歌山に入り、粉河観音に参拝し、逸木盛照を訪ねるが不在のため会えない。

一一月一二日　加太海岸の大阪屋に泊まる。

一一月一三日　加太の浦に出て、淡島様を参るが、その変貌に港は案外早く忘れられるものだと思い、瀬戸内を見たいという気になる。孝にこのあと、淡路島に渡るつもりと葉書を書くが、渡る船がなく広島に向かい岡山に泊まる。岡山後楽園で、鶴の歌を詠む。

一一月一四日　広島に入り、出川旅館に落ち着く。

一一月一五日　朝、孝宛てに葉書を書き、このあと、海岸の村を訪ね香川に向かうと伝える。

一一月一七日　尾道から因島、生口島に渡り瀬戸田から孝に、瀬戸内の様子が変わったと葉書を書く。岩城島、生名と回り、手舟の衰退から島々が孤立していると感じる。

一一月一九日　京都に立ち寄り、新村出に会う。京都大学の図書館で琉球の古書や由来記を読む（定）。

一一月二一日　「秋風帖」の旅を終え、帰宅する。

一一月二六日　永楽倶楽部で開かれた第二二回『同人』小集の集まりに、岡村千秋、松宮春一郎、尾佐竹猛や弟の静雄らと共に参加する。この席で、浜松の大久保村の馬渕戠太郎がまとめた『大久保村』（時直輔、大正九年）の紹介をする。中山太郎が記録を録る。また、上京してきた小池直太郎とこの会で会い、他の同人にも紹介する。

一一月二九日　慶応義塾大学での二回目の課外講義として、「国民生活とふぉーくろあ」を講演する（定）。

一二月　このころ、次女の千枝が病気で入院し、直平から「こんな時ぐらい旅行をやめたらどうか」と言われへこたれてしまう。この年、鼎と共に辻川の鈴が森神社に大玉垣を寄進する。

一二月六日　慶応義塾大学の三回目の講義に行く。喜善宛てに、早川孝太郎から聞いた信州のザシキワラシの話を書いた葉書を出す。

一二月八日　慶応義塾大学の三田史学会例会でバチュラーの講演

「アイヌについて」を聞く。図書館前で移川子之蔵や川合貞一らと記念写真を撮る。
一二月一二日　この日、九日付けの喜善からの手紙が届く。そこには、奥羽地方の口碑伝説のカードが五〇〇枚ほどになるとか、自分の「ポエテカルなセンチメントが学問には相応しくなかった」と反省しているなどと書かれていた。
一二月一三日　沖縄への旅に出るため東京を出発する。出発の前、深浦の海浦義観宛てに、鹿児島、沖縄視察の途中、九州の修験同志者と会って、励ましてくると手紙を送る。
一二月一四日　大阪市民講座で講演をし、二泊する。その合い間をぬって、大阪図書館に行き、書目を見て『琉球国郷帳』など沖縄関係の書物を読む。
一二月一五日　孝に葉書を書いたあと、神戸から上海行きの春日丸に乗り、門司で下りる。小倉で秋山軍医を訪ね、半日ゆっくり過ごす。
一二月一七日　福岡で夜、「文明の批評」と題した講演をしたため、別府行き以降の旅程を一日延期する。福岡栄屋に泊まり、孝に去年泊まった宿だと葉書を書く。
一二月一八日　大分に向かい、海上生活者の話などを聞く。大分やをやから、孝宛てに明日は佐伯に向かうと葉書を書く。
一二月一九日　朝、大分を出て臼杵に向かい、臼杵から小舟に乗り、保土島に渡る。臼杵一帯の家船、シャア、海上生活者の話を聞く。天候が悪く船が出ないため、保土島で二泊、郵便局に泊まり、この日が偶然、賀茂神社の例祭の「お降り」の前日の夜宮であったため、伊勢踊を踊る老婆たちの歌を聞いたり、大分県一帯に伝わる炭焼小五郎伝説や河童、狸の話や、海で死んだ漁師の話などを聞いたりして過ごす。
一二月二一日　保土島を出て、佐伯湾を船で渡り落ノ浦（越知浦）に着き、水ノ子灯台やビロウ、猪垣などを見て蒲江に宿泊する。
一二月二二日　蒲江から船で土々呂まで行き、車で延岡に向かう。
一二月二三日　九月に青森深浦の円覚寺の住職で、修験道再興の運動を起こしていた海浦義観から聞いていた、同志の東臼杵郡岡富村の真言宗醍醐寺派龍仙寺の住職谷山明実を訪ね、修験の寺の歴史を聞き、修験道再興運動を励ます。喜善宛てに、日向海上からと葉書を書き、今日は、延岡に泊まると知らせる。蒲江から孝宛てに、豊後の旅は今日で終わり、二五日には飫肥に入るつもりと葉書を書く。
一二月二四日　日向南部を一二年年ぶりに訪れ、宮崎、青島周辺をなつかしく思い出しながら回り、昔詠った歌をもじって「あぢまさの蔭うつくしき青島を　波たちかへり又見つるかも」の歌を詠む。延岡から、夕方には宮崎に入ると孝に葉書を書く。
一二月二五日　石垣や石塔、石仏などを見ながら、一二年前にも泊まったことのある飫肥の町を歩く。飫肥藩の家老であり漢学者であった平部嶠南が、西南戦争で命を落とした息子、和田俊彦のために書いた碑文を読み、若い者の死よりも老学者の生存の方が今となっては痛ましいと思う。その屋敷跡を探すが、子孫も絶え探す術もなく諦める。

一二月二六日　油津港から船に乗り、築島、幸島を見ながら宮ノ浦で下船し、都井岬に寄った後、福島上町の古川善六の福善館に泊まる。
一二月二七日　車で志布志から鹿屋に出る。途中、「けふは雨きのふはくもりきもつきの　高くま山を見るよしもなし」の歌を詠む。高須から、船で鹿児島に行き、沖縄行きの船が出るのを待つ。
一二月二八日　鹿屋で孝に葉書を書く。
一二月二九日　鹿児島の明治館から孝宛てに、年内の沖縄行きの船が無いため、正月は佐多岬に行くと葉書を書く。
一二月三〇日　沖縄行きの船を待つ間にと、鹿児島から船で大根占に渡り、馬車で伊座敷に着き泊まる。
一二月三一日　伊座敷から歩いて田尻に向かう途中、島泊でボケ網を見たり炭焼きの話を聞いたりする。佐多村田尻の漁業組合長をしている土持三助の家に泊まる。枇榔の森の御崎神社に詣で、灯台を訪ねる。灯台守の小田原出身の三宅定吉からビロウや蘇鉄の実やヒヨドリのことなどを聞く。

大正一〇年（一九二一）　四六歳

一月一日　土持家で新年を迎える。早朝、佐多岬を歩き、畑仕事をしながら夢中になって俗謡を歌っている女性をみて、日本人特有のうつくしい心持ちの光景に出会う。尻屋崎で親切にしてもらった三戸の本間という若夫婦に泡盛を添えて新年の便りを送る。土持氏の姪のおゆみに荷物をもってもらい、大泊を経て伊座敷までの山越えをする。伊座敷からは一人で小根占まで歩き、宿をとる。
一月三日　小舟に乗って指宿に行き、馬車で鹿児島に戻る。明治館から孝宛てに葉書を書き、いよいよ沖縄に渡ると伝え、二時発の沖縄行きの宮古丸に乗る。
一月四日　奄美大島の名瀬港に立ち寄る。
一月五日　早朝、那覇に着き、旅館楢原館に入り、奥武山公園、思案橋などを見る。親交があった『古琉球』の著者、那覇図書館館長嘱託の伊波普猷に会い、『おもろさうし』の校訂を約束する。郷土資料室で、『南島雑話』や加藤三吾の『琉球乃研究』などを読む。真境名安興や『国頭郡誌』を書いた社会教育主事島袋源一郎に会う。
一月六日　図書館で県庁地方課に勤める比嘉春潮に会う［二一日の八重山丸船中の出会いが初めてと思うほどであったので、この日は挨拶程度か］。
一月七日　首里の尚家の第四王子の尚順男爵を訪ね、蒐集した膨大な量の宝貝を見て驚く。屋敷を出這入りする女性の手の上の入れ墨に興味をもつ。
一月九日　島袋源一郎の案内で、北部を回り、今帰仁村大字兼次の、源一郎の従兄弟にあたる諸喜田福一郎宅に泊まる。虫が啼くのを聞き、一月なのに心持は初秋のごときと思う。
一月一〇日　今帰仁城を見て、運天、屋我地島に寄り、ユタやノロなどのことを聞きながら、塩屋に泊まる。

一月一一日　雨のなか塩屋浦をくり舟で大保に渡り、久志村平良、有銘を回って、瀬嵩に泊まる。石敢当やシーサーを見る。
一月一二日　瀬嵩から宮城、東江原を回り、名護村に向かう。
一月一四日　再び、笹森儀助の『南嶋探験』を読み、抄出する。
一月一五日　与那原から首里に行き、首里の市を見る。『大島筆記』や『琉球語便覧』などを読む。
一月一六日　具志頭から糸満に行き、馬車鉄道で那覇に戻る。この日は、旧一二月八日で鬼餅の日と確認する。那覇の楢原館から花袋宛てに、花袋の娘の結婚を新聞で知ったと大葉カタバミの押し花を添えたお祝いの手紙を書く。『南島雑話』『奄美史談』『国頭郡誌』などを読み、抄出する。「鬼餅」について、のちに「食物と心臓」に書く。
一月一七日　楢原館から、内郷村の長谷川一郎に、沖縄に来て、神道の現状と農家の生活とこの島の言語を研究していると葉書を書く。
一月二一日　午後四時発の宮古島に向かう八重山丸に乗る。宮古に出張に行くため、この船に乗っていた比嘉春潮に再び会い、ゆっくり話をする。比嘉は、この時、沖縄に来ていたアナーキスト岩佐作太郎との接触を避けるために急な出張を命じられていた。花袋に絵葉書を書き、宮古島から出す。
一月二二日　宮古、漲水港に着く。川満、与那覇を馬で回り、干瀬や宝貝の話を聞く。夕方、再度乗船して翌日出港する。
一月二三日　夜、石垣島に着くが、大潮のため上陸できない。「煙波寂莫、旅愁無限」と手帳に書いたあと、白良小学校（白保と宮良小学校の合併校）校長喜舎場永珣と岩崎卓爾の出迎えを受け富士屋旅館に入る。石垣には、八日間滞在し、その期間中、気象測候所の官舎を訪れ岩崎卓爾から話を聞いたり、八重山の踊りを見たりする。喜舎場永珣の案内で島を回り、赤蜂の乱や赤マタ黒マタの祭事について興味をもつ。喜舎場永珣の「八重山民謡誌」の原稿を見て、『炉辺叢書』の一冊として出版することや、岩崎卓爾に、東洋音楽の権威田辺尚雄を調査に来させることを約束する。
一月二四日　宮鳥御嶽などを見学したあと、岩崎卓爾らのもてなしを受ける。宮良当壮の兄、渡嘉敷当奉の案内で村を回り、母満樽をたびたび訪ねて話を聞く。
一月二五日　八重山公会堂で「現代の社会的不安に対する覚悟」を話す。八重山の田植えを見る。
一月二六日　桃林寺権現堂の和漢折衷の作り方を見たり、新川の石垣長夫の庭園を参観したりする。
一月二七日　宮良、白保村と歩き、干瀬や祭の話を聞く。宮良当壮の兄の宮良当陳や母満樽らのもてなしを受ける。八重山滞在中に、泊まった旅館の女主人から、客が捕ってきた海亀をいつも海に逃がしていたら、亀に恩返しを受けたという話を聞く。
一月二八日　島を離れる前の夜、岩崎の官舎での別れの宴に招かれる。八重山の歌と踊りを見て、詳しくメモをとる。島滞在中に、「あらはまのまさごにまじるたから貝　むなしき名さへなほうもれつつ」の歌を詠む。
一月二九日　大波のため出航できず、八重山丸の船内に泊まり、石垣の夜景を見ながら、「この島も常に苦労している」と思う。

一月三〇日　八重山丸で石垣島を発つ。喜善宛てに、遠野に出来た郷土館の完成を喜ぶ手紙を書き、今年、そちらの地を訪れたいと思っていると述べる。

一月三一日　宮古島与那覇に上陸し、馬上から田植えや人頭石などを見る。比嘉と共に那覇に戻る。

二月一日　この日、『八重山新報』の創刊号が発刊され、石垣島で詠んだ歌、二五日の講演要旨や、登野城小学校を訪れた時に、子供の目眸の美しさに感動したことを記者に語ったことなどが紹介される。

二月二日　那覇に戻り、伊波の紹介状を持って、知念小学校の新垣孫一を訪ねる。新垣の案内で島袋源一郎と共に斎場御嶽を拝み、久高島を望む。新垣から、久高島のイザイホーやニレーカンザナシーなどの話を聞く。

二月四日　浦添城や浦添小学校を訪ね、干瀬の美しい海を眺めたり島緋寒桜を見たりして、島の八百年の歴史が見えると思う。ロシア文学者の昇曙夢が加計呂麻島出身であったことを思い出す。

二月五日　那覇の市場を見たあと、松山小学校で「世界苦と孤島苦」を講演し、沖縄文化の中心から離れるにしたがって低くみて特殊扱いにする意識を強い言葉で批判する。沖縄第二中学校の校長清水駿太郎から、東京帝国大学法学部の学生佐喜真興英の話を聞き、帰京したら会いたいと思う。

二月六日　歴史地理談話会で「神話のナショナル・インタープレテーション」を話す。尚順家を再び訪ねる。

二月七日　那覇を発ち、奄美大島に向かう。

二月八日　名瀬で旧正月の元日を迎える。鯛を持つ人たちに出会い、漁師から鯛漁の話を聞いた後、朝戸峠から和瀬峠を越え、三太郎峠で淋しく暮らす老夫婦を見る。西仲間の集落の富士屋旅館に宿泊する。

二月九日　子供たちの「今何時ですか」の遊びに驚きながら、西仲間集落を後にし、網野子峠を越える。古仁屋のアマミクラブ（クラブ旅館）に泊まる。

二月一〇日　古仁屋から小舟で加計呂麻島の押角に渡る。

二月一一日　浦重武一郎の案内で、村の人たちの生活を沖縄と比べながら観察し、武名まで歩き、加計呂麻島を後にする。大島本島の西古見で宿泊する。

二月一二日　西古見から阿室に入り、大正五年の大火で焼け落ちた松のこと、火防の神秋葉神社のことやノロについて詳しく聞く。特にノロについては、小学校の教員岡茂吉を旅館に呼んで夜遅くまで聞き取りをする。

二月一三日　阿室からカイヨ丸に乗って、名瀬に戻る。

二月一四日　宮古丸に乗り名瀬を出航する。船中で、糸満の漁民の漁や和歌山、千葉への移住についての話を聞く。また、白野夏雲の『七島問答』などを読む。

二月一五日　鹿児島に戻る。

二月一六日　孝宛てに、沖縄から元気に戻ったが、鹿児島、熊本、佐賀、長崎、大分と講演を頼まれていて、帰京が遅くなると葉書を書く。

二月一七日　午後、市内の旅館山形屋で開かれた婦人講演会で、「手拭いの話」をし、妹が兄に贈る沖縄のテサジの話をする。夜、松原神社での鹿児島城史談会主催の歓迎会に招かれ、知事たちの前で石敢當の話を中心に沖縄の話をする。

二月一八日　西本願寺別院で開かれた鹿児島県教育会主催講演会で、「米を中心とする食糧問題について」の講演をし、鹿児島人の奮起を促す。

二月一九日　孝宛てに、昨日は鹿児島でも雪が降り、桜島もまっ白になったと葉書を書き、熊本に向かう。そのなかで、あまりに勝手な旅行をしたために新聞社の頼みを聞きいれることになったと述べる。

二月二〇日　午前、桜山祠堂で開かれた桜山同志会主催講演会で、「沖縄の神道の話」を講演する。この時、外務省の埴原正直外務次官から川口宏治熊本県知事宛ての電報が届き、国際連盟の委任統治委員就任を促す電報であることを知る。午後、市公会堂での朝日講演会で新旧思想について批評し、自分たちが目指す文化運動について語る。講演中、軽い脳貧血をおこし、休んだあと回復する。夜、一三年前に泊まった研屋支店での歓迎晩餐会に出る。体調も戻り、熊本の思い出話や歌の話など多彩な話で参加者を驚かす。ラフカディオ・ハーンが熊本に居た時代の話になり、自分は松江での追悼会で話をしたことがあるが、熊本でも継続的に催しを開いたらよいと言う。その合い間に、熊本知事と会談し、知事から外務省に「速答シ兼ル事情アリ」と電報を打ってもらう。

二月二一日　八時四〇分、埴原次官宛てに、委員会の場所だけを尋ねる電報を打ち、返事は久留米中学校気付でとする。牡丹雪の降る中、久留米中学明善校で「阿遅摩佐の島」と題して蒲葵の話をする。埴原次官から、ジュネーブであることと二三、四日までに在仏大使に氏名を報告する必要があるので速やかに帰京してほしいとの返事が届く。講演終了後、校長の川口孫治郎や及川大渓らと座談をする。喜善からの手紙などが自宅から転送されてくる。

二月二二日　長崎で沖縄の話をし、疑いと同情のない郷土研究は道楽に終わってしまうと述べる。外務省宛てに、「即決シ能ハサル事情アリ乍遺憾命ヲ受ケ得ズ」と電報を打つ。一方、渡辺勝三郎長崎県知事は、埴原次官に義父の直平の承諾を得れば受諾するのではないかという感触と、本月中予定している大阪朝日新聞社の講演があるので、指定の日時までに返事は不可能との現状を打電する。

二月二三日　朝、喜善宛ての葉書を書き、「あたまが一杯になるほどの感慨と興味とあり早く人の来ぬ一小室に退きて少し考へて見たく候」との心情を吐露する。夜七時から、長崎市商工会議所会議室で開かれた朝日新聞と土の鈴会共催の講演会で、「海士部のこと」と題して、家船とシャアの話をする。この時聞いていた本山桂川から、速記録を送るので訂正して戻してほしいと頼まれる。その後、渡辺知事と懇談し、「政府のために働かないでも、国のために働かないということはないはず」と説き伏せられ、委任統治委員就任を承諾する意向を伝える。それを受けて、渡辺は、夜、一一時四五分、埴原宛ての電報で、承諾するようだが、二、三日の猶予が必要で、直平と朝日新聞社の承諾を得るには、友人の菊地駒次に交渉させたらよいと打電する。勘内宛てに、二一日からの講演名を書いた葉書に、「東京より折々飛電あり帰心を促し候」と書く。

二月二四日　午前九時二〇分、埴原次官宛てに、「親達ト朝日社長ノ同意ヲ得次第御受ケシマス御手数ヲ掛ケ相済ヌ」と委員就任を受諾する旨を打電する。午後、長崎県会議事堂で、「国語研究の要」を講演し、沖縄語について語る。

二月二五日　朝日講演会のため、佐賀に入る。諫早駅で無心に遊ぶ子供たちを見て、自分の身と比べ羨ましく感じる。佐賀市の勧興小学校で、八重山、奄美大島諸島の見聞をふまえて「皇室と臣民について」を講演する。旅館楽徳屋に泊まる。

二月二六日　埴原次官から、受諾に対して「帝国政府ニ於テ満足スル所ナリ」との電報がくる。

三月一日　若松市、大分市での講演予定を中止し、帰宅する。花袋宛てに、「けさ帰って来た　そして又遠い旅を企てゝをる」と葉書を出す。ロバートソン・スコットからの一月二四日付けの手紙を読む。それには、ハーンの叙勲が、松江での話の前か後のどちらであったのかを知りたい、自分が主張したことを実現してくれたことと理解していると書いてある。

三月五日　石黒忠篤の自宅で開かれた会で、沖縄の話をする。小田内通敏、今和次郎、牧口常三郎、芦田伊人ら郷土会のかつてのメンバーが集まる（定）。

三月六日　西大久保の折口信夫宅で行われた小集会で、沖縄の話をする（定）。赤坂に住む橋口貢に手紙を書き、沖縄旅行中に息子の橋口清の死を知り驚いたと慰めのことばを述べる。

三月八日　勘内宛てに、一日にやっと帰ってきたが、「五月には一寸又出かけ申候」と「琉球名所・宗元寺」の写真の絵葉書を出す。

三月一六日　『郷土研究』の寄稿者であった大分の伊東東から、伊東が書写し、謄写版で発行した『豊後国満之長者由来記・全』が送られてくる。

三月一八日　沖縄の紀行を『朝日新聞』他、『太陽』などの雑誌に発表することと、中断していた炉辺叢書を、岡村千秋の郷土研究社が出してくれることになったと、喜善に手紙を書く。

三月二六日　「南島雑話　注記」を書く。

三月二九日　この日から『東京朝日新聞』に「海南小記」の連載を始め、五月二日まで三一回続く。

三月三一日　折口宅で開かれた渡欧壮行会に招待され、金田一京助、岡村千秋、宮良当壮、ネフスキーらと語り合う。折口の座敷天麩羅を御馳走になり、宮良の八重山の歌を聞き、夜九時半に散会する。

四月　このころ、蘭領東印度政庁日本事務局長のヴァン・デ・スタットと日蘭語の交換教授をしあう。

四月一日　伊東東宛てに、炭焼長者譚の切抜きを送ると葉書を書き、別便で送る。

四月七日　文部省の松浦鎮次郎宛てに、ネフスキーの住まいや、友人などの環境づくりに配慮してほしいと手紙を書く。
四月一一日　この日の前後、金沢の第四高等学校の大谷正信から、「海南小記」連載の「今何時ですか」が面白かったとの手紙が届く。
四月一三日　この日付けのネフスキーから、写真を一枚だけでも送って下さいとの手紙が後日届く。
四月一六日　勘内宛てに、五月八日までいるので、一度、上京したらどうかと葉書を書く。
四月一八日　三越で開かれている流行会で、「八重山の歌と歴史」を講演する。田山花袋、内田魯庵、巌谷小波らが集まる。宮良当壮が三味線で、八重山の歌を弾く。
四月二二日　平和条約実施委員になる。併せて、委任統治委員会委員は、国際連盟理事会の決議により、事務局からの任命を受けることになる。外務省事務嘱託としての嘱託給は年額五七〇〇円、滞欧中の平和条約実施委員手当ては、日額四五円であった。
四月二八日　慶応義塾大学の松本信広、松本芳夫、移川子之蔵や人形芝居研究の小沢愛圀らが結成したばかりの地人会で「琉球の文献」を講演する。この会で阿部次郎や小宮豊隆らと初めて会う。松本信広は、パリに留学中で参加しなかったが、聴講者のなかには、桜田勝徳や石坂洋次郎がいたという。
四月三〇日　丸の内海上ビル内の中央亭洋食部で開かれた晩餐会に杉村楚人冠や花袋と共に出席して、宮良当壮の三味線を聞く。
五月　沖縄への旅の報告として、『国粋』の五月号に、「南の島の清水」を寄稿する。
五月三日　留守中に出す予定の原稿を書く。
五月四日　内郷村の長谷川一郎宛てに、三月に旅から帰ってきて、一度津久井の春を見にいきたいと思っていたが、すぐにヨーロッパ旅行に行かなくてはならず、内郷村の道をなつかしく思い出していると葉書を書く。
五月五日　「俗聖沿革史」を連載している『中央仏教』を出している中央仏教社宛てに、続きは帰国後にしてもらいたいと葉書を書く。
五月八日　渡欧の前夜、江川俊治の『ハルマヘイラ島生活』の序文を書く。
五月九日　横浜で和田英作と共に春洋丸に乗り込み、アメリカに向かう。東京朝日新聞社の特派員、藤田雄一郎が同行する。同じ船で、飯田出身の樋口秀雄らの議員と一緒になる。
五月一四日　春洋丸の船中で、孝宛てに東経一八〇度を越えたと葉書を書く。
五月一八日　ホノルル港に寄港する。
五月二二日　船中で孝宛てに二百何人かの一等船室の乗客の四分の一が日本人で、毎晩お祭りのような騒ぎで本が読めないと葉書に書く。
五月二四日　春洋丸の甲板庭園で和田英作と写真を撮る。
五月二五日　サンフランシスコに入港する。
五月二七日　船の中で書いた孝宛ての葉書に、葉書を出し忘れ、サンフランシスコから一昼夜離れたオグデンという町から出していると書く。
五月二九日 和田英作、松川徳市の家族とシカゴ美術館やミシガン湖岸のグランド・パークを見て回る。
五月三一日 シカゴの三越で、和田英作の妹たちと食事をする。これからニューヨークに向かうと孝に葉書を書く。
六月一日 ニューヨークに着き、ホテル・ブルトン・ホールに滞在する。新村出と同室となる。住友に勤めている今村幸男の世話になる。
六月二日 ニューヨーク郊外の海岸沿いの村に住む柏木家を訪れる。
六月三日 プリンストン大学に通う千葉三郎が訪ねてきたので、和田英作と大学を見に行く。
六月四日 孝宛てに、官舎によく来ていた千葉三郎が通う大学は、ニューヨークから二時間くらいの所にあると葉書を書く。
六月七日 ニューヨークから、喜善宛ての絵葉書を出し、明朝フランスに向かうと伝える。また、中道等にもニューヨークの様子を伝える葉書を書く。
六月一六日 大西洋上の北緯四八度西経二三度の地点を航行中、スミスの『龍の進化』を読み、再読すべきことと書き込む。
六月二〇日 ブローニュの港に初めて上陸し、夕方、和田英作と共にパリに着き、甥の矢田部達郎の出迎えを受ける。直平宛てに葉書を書く。
六月二一日 ノートルダム寺院周辺を散策し、ドーデの作品「アルヂキシール」（流竄王）を思い出す。孝宛ての葉書を書き、五月一二日付けの手紙を受け取り、三穂子のリボンの約束を思い出したとし必ず買うと伝える。夜、矢田部達郎と和田英作とトゥール・ダルジャンにあひる料理を食べに行く。酔った勢いで、孝宛ての絵葉書に三人で寄せ書きをし、和田画伯が一七年ぶりで興奮していると書く。
六月二三日 パリから花袋に出した絵葉書に、今日は独歩の命日と書く。パリに三週間滞在する。
六月二五日 孝宛てに葉書を書き、一日矢田部達郎を連れて本屋歩きをしたと伝える。パリのフラマリオン書店でアナトール・フランスの美装本を買う。
七月二日 カムベル・ホテルから孝宛てに葉書を書き、モーニングが出来てきたが背中が小さく、これでは背広でなく背細だと言う。和田英作がマルセイユに着く伊予丸の人々を迎えに行ったのでシカゴ以来一人となり淋しいと伝える。
七月五日 達郎を連れてサン＝クルーの公園に遊びに行く。
七月六日 永江海軍大尉、和田英作とブローニュのバガテル公園を歩く。為正や三千にサン＝クルー公園の絵葉書を出す。
七月七日 和田英作、古弓田実と共に、フォンテーヌブローの故宮を見学し、森の中で食事をし、琴宛てに様子を伝える葉書を書く。
七月九日 ホテル・キャンベルのサロンで、フランス語学者の折竹錫や宗教学者の尾島喜久恵と写真を撮る。この頃よく髪の毛が抜けると思う。

七月一〇日　ベルサイユ宮殿の庭園やムードンの天文台を尾島喜久恵、松平康信と歩く。孝宛てにパリに三週間もいて、イギリスに渡る暇がなかったと葉書を書く。そのなかで和田英作には大変世話になったので、奥さんに電話してお礼を言ってほしいと頼む。

七月一一日　パリから遠野の伊能嘉矩に絵葉書を出し、パリを発ちジュネーブに向かう。

七月一六日　ジュネーブのホテル・ボー＝セジュールから三千に絵葉書を送り、そのなかで新渡戸稲造や国際連盟経済封鎖委員会委員となった法学博士岡実と同宿していると書く。喜善には、ホテルの庭園を気に入り「人の来ぬ公園」と紹介する葉書を書く。このころ、庭園でくつろぐ写真を撮ったり、小鳥の観察をしたりする。

七月二〇日　この日から二三日にかけて、日本から持ってきた写真機を手引書を見ながら試し、ホテルの庭でアメリカ人の子供二人と写真を撮る。

七月二四日　日曜日、汽車に乗ってローザンヌまで行き、魚釣りを楽しむ。帰宅してから数日後、為正にそのことを伝える葉書を書く。

七月二五日　ホテルの庭で山岡国利や尾島喜久恵、岡実、佐竹三吾ら国際連盟関係者と写真を撮る。

七月二六日　孝宛てに葉書を書き、東京から新聞が届いたことと、目下困ったことは、中国のことが全くわからないことと、タバコが乾いてぼろぼろになることと、夏服をパリに置いてきたの三つだけだと伝える。

七月三〇日　孝宛てに、二六日に書いた葉書に、スコットから手紙がきたことを追記する。

七月三一日　誕生日のお祝いにと、山岡、尾島らジュネーブ在住の友だちとサレーヴ山に登り記念写真を撮り、裏書を書いて日本に送る。

八月二日　アルブ川がローヌ川に合流する「落合」の写真の絵葉書を家族に出し、六月一六日の手紙がようやく届いたと伝える。

八月六日　午後、ジュネーブを発ってチューリッヒに着き、ホテル・エデンオーラックに宿泊する。

八月七日　朝、直平宛てに葉書を書き、これから尾島、関口の二人を連れてオーストリアに向かうと伝える。また、石巻の毛利総七郎にチューリッヒの博物館で石器や土器を見てきたと葉書を書く。ヴァン・ジュネップの『伝説の形成』を読み終える。途中のインスブルックで休み、為正宛てにカタカナで書いた葉書を出す。オーストリアのフェルドキルヒに着き、孝に葉書を書き、わずか二〇分で国境を越えると風景が全く変わってしまうと伝える。

八月八日　夜遅くウィーンに入る。

八月九日　ウィーンから直平宛てに葉書を書き、一両日滞在したあと、チェコスロバキアに向かうと伝える。

八月一一日　為正宛ての葉書に、今晩九時五〇分発の夜行列車でウィーンからプラハに行くと書く。

八月一二日　プラハで開かれた第一三回エスペラント世界大会に

出る。ホテル・イムペリヤルで孝宛ての葉書を書き、プラハは京都のような町と伝える。

八月一三日　尾島喜久恵とドレスデンの博物館を訪れ、アフリカの原住民の木像の眼に子安貝が埋め込まれているのを見る。この時の体験が、以後の研究と結び付くことになる。千枝宛てに、ドレスデンの王室大庭園の絵葉書を出す。

八月一四日　夕方、ベルリンに着き、村上の出迎えを受け、ホテル・フィユルスルステンホーフに滞在する。

八月一五日　村上とオペラを見に行く。直平宛てに、明日からは一人でオランダに行くと葉書を書く。

八月一六日　孝宛てに、本をどっさり買ったと葉書を書く。このなかには、『グリムの御伽話細註』などがあった。夜一一時発の夜行列車でオランダに向かう。

八月一七日　午後二時、デン・ハーグに着き、実業家のルーパーボッシュと公使の出迎えを受ける。ホテル・ベルビューに滞在する。

八月一八日　ハーグに住む『日蘭辞典』の著者ピーテル・アドリアン・デ・スタットを訪ねるが日本に行っていて留守と言われる。以前日本で会ったことがある奥さんと娘たちと写真を撮る。ホテルにて、直平に葉書を書く。

八月二〇日　朝ハーグを発ち、ベルギーに向かう。ブリュッセルに着き、パラス・ホテルに泊まり、孝に葉書を書く。

八月二二日　イギリスに向かう。

八月二五日　千枝宛てに、ロバートソン・スコットに会ってきたことを伝える葉書を書く。

八月二六日　ロンドン郊外に住む加納久朗の家を訪ねる。

八月二七日　スコットと共に郊外を歩き、戻ってから動物園を見る。

八月二八日　孝宛てに、本を沢山買って送ったと葉書を書く。

八月三一日　朝一〇時にロンドンを発ち、パリに向かい、夜六時過ぎにパリに着きホテル・カムベルに泊まる。朝から一度も日本語を使っていない、かといってこちらの言葉も話していないと孝宛てに葉書を書く。

九月一日　パリから喜善に絵葉書を出し、本をたくさん自宅に送ったので、目録を見て読みたい本があったら、取り寄せて読んでほしいと伝える。

九月四日　ジュネーブに戻る途中のアルサスの都ストラスブールで、直平に先の大戦の原因のひとつの土地と葉書を書く。

九月五日　第二回国際連盟総会が開会される。中道等宛てに、アルサスの様子を伝える絵葉書を書く。

九月七日　朝、オテル・ド・ラペイに入る。ベルリーヴ湖畔のレストランで、朝日新聞のパリ特派員として来ている町田梓楼、大沢章、関口泰、森戸辰男らと食事をする。総会会場前で、新渡戸稲造、原田健をまじえて写真を撮る。孝宛てにこのことを伝える葉書を書く。

九月八日　国際連盟総会を傍聴したあと散歩に出て、田舎道でイチゴを取って食べる。

九月一一日　ジュネーブで花袋宛てに絵葉書を書く。この日、国際観光委員会委員になる（履）。
九月一三日　国際連盟総会に、エスペラント学習の現状調査が提案される。ホテルで、為正宛てに、葉書を書く。
九月一六日　エスペラント学習に関する提案が可決された総会を傍聴する。那須皓が訪ねてきたので、山岡国利を連れて、サレーヴ山のふもとまで足をのばす。
九月一七日　連盟の関係者の船遊びの会に招待される。孝宛てに、自分が出なくてはいけない会議は、一〇月四日には終わるので一〇月末には船も出るので帰れそうだと葉書を書く。
九月一八日　喜善に、エスペラントの運動を起こす必要があると思ったことや、こちらのホテルの一室で、喜善のことやザシキワラシの話をしていると葉書に書く。このあと、喜善は、秋田雨雀と連絡をとり本格的にエスペラントを学ぶことになる。
九月二〇日　八月一六日付けの茅ヶ崎からの手紙が届き、孝宛てに葉書を書く。
九月二四日　関口や森戸たちと来たレストランで、宮島と東京の話をする。その場で、孝宛てに葉書を書く。
九月二五日　この日の前後数日をかけ、オート＝サヴォア県の奥地を巡る。モンブラン山麓の「氷の海」が見える名所、モンタンヴェールに行き写真を撮る。シャモニーのボッソン氷河の写真絵葉書を購入する
九月二八日　ジュネーブで三木拙二に葉書を書き、予定の会議が開かれずまだこちらにいると伝える。そのなかで、拙二の母方の従妹奥山まりと、その夫でパリ在勤参事官となる国際連盟帝国事務局次長の奥山清治とはすれ違いになるかもしれないと述べる。
一〇月　このころ、ジュネーブ在住の宮島幹之助、藤沢親雄、宇佐美珍彦らに呼びかけて日本帝国議会に対するエスペラント語調査に関する請願書を起草する。
一〇月三日　マルクモニエ街の日本事務所の芝生で写真を撮る。
一〇月四日　第一回国際連盟常任委任統治委員会の一回目の会合に出席する。毎年の委任統治委員会の開催を五月とする原案に対し、遠距離の国々にとってはもっと後の日程がよいと発言し、八月開催となる。
一〇月五日　午前中に二回目、午後に三回目の委任統治委員会が開かれ、出席する。孝宛てに葉書を書き、やっと仕事らしいものにありついたと述べる。九月分の給料はこっちで受け取ったが、そちらも受け取っていたのなら、言ってくるまでそのままにしていていいと伝える。
一〇月六日　午前中に四回目、午後に五回目の委任統治委員会が開かれ、出席する。孝宛てに、仕事とフランス語の難しさを伝える葉書を書く。また、胡桃沢勘内に「此山村には色々の民譚がありザシキワラシもいます」とエーデルワイスの絵葉書を出す。
一〇月七日　午前中に六回目、午後に七回目の委任統治委員会に出席し、「人口動態統計」の要目に「人口調査統計値の変動」の観点を入れるようにと発言する。また、日本がＣ式委任統治条項にこだわる理由を述べる。助手をしている大沢章の子供た

ち三人が日本から来る。

一〇月八日　午前中に、八回目の委任統治委員会が開かれ、出席する。為正宛てに、七月三一日にサレーヴ山上をハイキングする写真を入れた絵葉書を書き、日本には一二月には帰れると伝える。

一〇月一〇日　外務省臨時平和条約事務局第一部長の山川瑞夫宛てに、九日に終わった委任統治委員会の報告の手紙を書く。その中で、「人種無差別論ノ立場ノ為」に寄与したいと述べる。

一〇月一一日　孝宛てに、九月四日付けの手紙が届いたと返事を書く。ホテルに鳩山と日本人は二人になる。

一〇月一二日　ジュネーブから花袋に絵葉書を書き、仕事も済んだので、南フランスからモナコを歩き、一二月中旬には帰国予定と知らせる。

一〇月一六日　リヨンに来てからこの日までに、河野通久郎の案内で山間部の村々を回る。ボージュの葡萄酒作りと収穫祭や美術館などを見て回り、プロバンス地方の風や土についての観察をする。孝宛てに、明日には荷物を船会社に預けるためにマルセイユに行き、船が出るまで海岸を回ると葉書を書く。

一〇月一七日　プロバンス地方を通る車中で、アーノルド・ヴァン・ジュネップの『宗教、習俗、伝説・民族誌学と言語学に関する試論』第三巻を読む。マルセイユから花袋に、ドーデの『レットルドムーラン』（風車小屋だより）を買ったと絵葉書を書く。

一〇月一九日　パリに滞在する。

一〇月二一日　リヴィエラの海岸を歩き、アンティーブの岬の端ほど静かで美しいところはないと思うと直平宛ての葉書に書く。カープの大ホテルの一室から一人で海を眺める。

一〇月二四日　この日、輝夫の長男道夫が生まれる。

一〇月二五日　マルセイユから日本に向かうクライスト号（吉野丸）に乗船する。孝宛てに、仲良しの新村出と一緒になったと葉書に書く。そのなかで、置き所が無いくらい沢山の本を買って、一生のうちに読み終えるかわからないと伝える。

一一月三日　エジプト北の海上を航行中のクライスト号の船上で、ジュネップの『宗教、習俗、伝説』の第五巻を読む。

一一月一〇日　インド洋上で、クライスト号に同乗している尾島喜久恵、新村出、市村瓚次郎ら多勢の日本人と記念写真を撮る。

一一月二〇日　マラッカ海峡を航行中、Meynier の『L'Afrique noire』を読み終える。

一二月八日　神戸に上陸する。

一二月一三日　この日の前後に、家に帰る。

一二月一五日　内田康哉外務大臣官邸で、「委任統治委員会ニ関スル柳田委員ノ報告」として、日本の主張など「一笑ニ附シ去ラントスル程度」と述べる。その後、兄弟たちが開いてくれた帰国を祝う会に出る。無事の帰国を喜ぶ喜善からの電報が届き、早速、返事の葉書を書く。そのなかで、セルバンについて書かれた本（アルフレッド・セレソル著『ヴォー州アルプスの伝説』）を買ってきたので、読み終わってから差し上げたいと伝える。

一二月二一日　喜善宛てに、帰国してからは、静かに本を読んで暮らしていると葉書を書き、続けて、『老媼夜譚』が出来たら見せてほしいと書く。

一二月二二日　喜善から、セルバンの語源は何かとか、それについて書かれた本を読んでみたいが、原書では読めそうにないと書かれた手紙が届く。

一二月二三日　勘内宛てに、一〇日ばかり前に帰ってきたが、信州に行きたいけれど寒かろうと思って勇気がでないとアルプスの絵葉書を出す。

一二月二五日　三穂と千枝を伴い、熱田神宮、伊勢神宮に帰朝報告の旅に出る（定）。

一二月三一日　熱田、伊勢神宮から、奈良の社寺を回り、京都から夜行列車に乗り、汽車の中で新年を迎える。

大正一一年（一九二二）　四七歳

一月一日　三穂、千枝と共に帰宅する。輝夫や通泰の息子の泰忠が新年の挨拶に来る。六歳になる三千が書いた絵に「試筆　六才　ミチコ　正月元日」と書く。

一月三日　安東貞美の家に挨拶に行き、帰りに娘婿でもある桑木厳翼の家に寄り長々と話をしてくる。『文化と改造』をもらってきて読む。

一月五日　エスペランチストである鉄道院の小坂狷二が訪ねてくる。このころ、日本エスペラント学会の維持会員となる。

一月六日　朝、ネフスキーから電話があったので、自宅に来るように言う。四月から大阪外国語学校に転任するというネフスキーに、宮古島方言の研究を京都大学の紀要に載せるよう口添えすると約束する。帝国劇場に、博文館招待の劇を桑木厳翼と見に行く。

一月七日　貴族院、外務省、朝日新聞社に行き、帰国の報告をする。外務省では、山川瑞夫と話をする。岡本一平にポンチの本を貸す。鉄道院に行き、小坂に会う。丸善で万年筆を買う。七草の粥の菜を大きく切る。

一月八日　為正を連れて田山花袋を訪ねる。新渡戸稲造がエスペラントに関して国際連盟に提出した報告書を読み終わる。

一月九日　小坂が来たので、エスペラントのことなどを話す。午後、中国語学者で日本エスペラント学会役員の何盛三が訪ねてきて、外国のエスペランチストとの相互サービスの仕組みについて相談する。『朝日新聞』に掲載する「小正月の晩」を書く。

一月一〇日　朝日の学芸付録に小正月のことを書く。夜、数寄屋町加賀屋で大阪から来た増田らと会食する。静雄も同席する。

一月一一日　上野の図書館に行く。銀座の日本郵船東京支店で新造客船箱根丸を予約する。通泰と道で偶然会う。丸善でタイプライターを買う。

一月一二日　日本クラブの小村、広田の二人にエスペラントのことを頼む。上山満之進を訪ねる。

一月一四日　ジョンストンの『アフリカ記』を読み終える。松本信広が来たので、銀座まで話しながら行く。赤坂錦水での三々会に出る。夜、大雪になる。
一月一六日　夜、新喜楽で開かれた内田外務大臣の会に招かれ、田中館愛橘らと同席となる。
一月一八日　雪のなか日本クラブで開かれた一水会に行き、「委任統治のこと」を話す。
一月二二日　宮良当壮が来て、八重山民謡の資料を見せてくれる。三穂たちを連れて、帝劇の鸚鵡会の演奏を聞きに行く。
一月二三日　外務省で広田、何盛三らと外国のエスペランチストとの相互サービスの仕組み「エスペラントセルボ」のことを頼む。国際連盟協会に立ち寄る。
一月二五日　朝日新聞社に寄り、旬刊誌（のちの『週刊朝日』のこと）発行の相談を受ける。学士会で開かれたエスペラントの会での帰朝歓迎会に出る。
一月二六日　昼間は、夜の講演の下書きをして、五時半に家を出る。神田明治会館で開かれた国際連盟協会で、「国際連盟の話」をする。その後、上野三橋亭での考古学会に出席する。
一月二七日　東京駅前工業俱楽部において三金会と合同の同人小集が開かれ、「柳田国男君歓迎会」と題した帰国報告会で「チョコレート趣味」について話す。そのなかで、ヨーロッパ滞在中に目撃した、ロシアからの亡命者の悲惨な実状に触れる。内田魯庵、幣原担、尾佐竹猛、安藤正次、岡村千秋、桑木厳翼、中山太郎、外山且正、松宮春一郎、増田正雄や静雄ら三七人が出席する。永田秀次郎が、自分の肖像写真が『ロンドンタイムス』に載ったと聞いたので、喜んで見ると、自分の写真ではなく、柳田と娘の写真であったというエピソードを披露する。会終了後、折口信夫と共に帰る。
一月二八日　国学院大学の「国際文化事業の将来」について話す。
一月二九日　一〇時からの赤坂錦水での三々会の碁会に出る。夜、写真を現像する。
一月三〇日　三越に行き、写真用具を買い、四方堂でエスペラントの本を買う。
一月三一日　胡桃沢勘内から、二九日付けの長文の手紙がくる。そのなかで、木曽福島山平での火災で小池直太郎の家が類焼してしまったことや、講演会は紀元節が終わった頃になりそうなどが書いてあり、すぐに、返事を書く。小池の自宅の火災については、岡村から聞いていて、燃えてしまった本などを融通する用意があることを伝え、三月ごろ話しに行きたいと述べる。また、スコットへの紹介状や、一〇月三一日付けのラッパールからの手紙の返事を書く。高木誠一からコロ柿が送られてくる。大阪朝日新聞社から講演旅行について再三電話がある。
二月　このころ、桂女に関する古文書を抜き書きしたものをまとめる。またこのころ、ジュネーブで作ったエスペラント関連の請願書が受理されなかったため、新たに一〇〇人の署名をした請願書を帝国議会に提出する。この月、先月火災にあった小池が、原稿を持って訪ねてきて、書名を『小谷口碑集』とすることを決める。
二月二日　夜、中央亭で開かれたアメリカの事情談話会（南米の会）に出席し、少し話す。

二月三日　講演旅行のため大阪に向かう。八時二〇分、大阪に着き、大阪ホテルに泊まる。
二月四日　つる家で早い夕食を食べたあと、大阪朝日新聞社の市民講座で、国際連盟の話をする。
二月五日　日曜日のこの日、一時から神戸青年会で話をした後、婦人労働問題の会に行く。一〇時の夜行列車で呉に向かう。
二月六日　八時に呉に着き、工廠を見学し、呉の婦人会で話す。聴衆一〇〇〇人以上であった。広村まで車で行き、阿賀町法憧寺での婦人会で話す。夜遅く広島に着き、吉川旅館に泊まる。
二月七日　銀行集会所での会食会で話し、夜、崇徳教舎で講演する。
二月八日　夜九時四〇分発の列車で広島を発つ。
二月九日　朝、五時に姫路に着き、六時半の列車で辻川に向かう。鈴が森神社に詣でたあと、悟真院の松岡家の墓に参る。大塚大真師に会うが、住職と再婚した鼎の別れた奥さんに会うことができず残念に思う。
二月一〇日　網干の中川家に寄り、子供のころ名前を聞いたことのある人たちに会う。五時の汽車で網干を発ち、夜九時に京都に着き、京都ホテルに泊まる。新村出に電話する。一四日まで京都ホテルに滞在する。
二月一一日　嵯峨野に行き、渡月橋を渡り、松尾神社に詣でたのち、上桂村の御霊社、徳大寺、川勝寺と回る。この時、桂女の家筋の大八木家の前を通り、偶然立っていた老女を見て多くの空想をする。午後、新村家に立ち寄る。
二月一二日　図書館で読書した後、若王子の山に登る。東六条に住む橋川正を訪ね、下桂の桂女文書を借りてメモをとる。夜、宿の京都ホテルに橋川が訪ねてきて、桂女について話し合う。
二月一三日　新村出に本を返したあと、京都大学図書館や、国史の三浦周行の研究室で本を見る。内藤や喜田貞吉、梅原末治らと会い、陳列館を見学する。日本青年館でエスペラント会員に話す。
二月一四日　大阪に行き、朝日新聞社に寄り、村山社長らに会う。夜、京都に戻る。
二月一五日　九時一五分、京都を発ち、浜松に向かう。三時からの奉公会講演会で講演した後、静岡に行き、袋屋に泊まる。
二月一六日　大雨のなか、静岡から帰り、一時前に自宅に着く。夜、東京講話会に行き、話をする。この日、平和条約実施委員の役を免除される（履）。
二月一九日　快晴の日曜日、長女三穂の誕生日を祝う。
二月二〇日　夜、折口信夫が来て、一一時ごろまで話す。
二月二一日　『郷土誌論』の校正を始める。宮城県南方村（現、登米市）の高橋清治郎に、郡誌作りの進捗状況を尋ねる書簡を書く。
二月二二日　外務省に行ったあと、日蘭協会に立ち寄ると静雄も来ていて話をする。自宅に、松宮春一郎が訪ねてくる。ラッパールに私信を送る。
二月二三日　山上御殿で開かれた神道談話会に行き、「南島神道について」の講演をする。

二月二四日　田辺尚雄を訪ねて、蓄音器の話を聞き、銀座で蓄音器とレコードを買う。夜、本郷四丁目の蕪楽軒において第三六回『同人』小集が開かれ、若い時に池の端の井上道場に柔道のけいこに通った思い出や香川景樹、三田花朝尼の話をする。中山太郎、松宮春一郎、尾佐竹猛らが出席。

二月二五日　勘内から、三月の講演会についての二三日付けの手紙が届き、飯田で一一日に話すことを決めたので、松本には一三日か一五日に行けるので汽車の時間を調べて決めてほしいと返事を書く。

二月二六日　八重山の岩崎卓爾に手紙を出す。蓄音器を試みる。梅原末治から『佐味田及新山古墳研究』（岩波書店、大正一〇年）を贈られる。

三月　この月、『郷土誌論』の序を書く。

三月一日　朝、小池直太郎が訪ねてきて、火災にあったが無事だった『小谷口碑集』を持ってくる。三時に朝日新聞社に行き、名倉や美土路昌一らと会い、喜多野家で夕食を共にする。

三月二日　東京大学に本を見に行き、文行堂や丸善で本を買う。慶応大学の地人会に招かれ、日比谷陶々亭で会食する。移川子之蔵らに会う。

三月三日　孝と三越や高島屋などに行き、買い物をする。夜、安東貞美夫妻が訪ねてくる。この日の前後、小樽のネフスキーから夏休みに宮古に行ってきたいと、一日付けの返事の手紙が届く。

三月五日　日曜日、鶴見花月園に行って遊ぶ。

三月八日　華族会館での一水会に出席する。

三月九日　勘内からの、手塚縫蔵と二人で考えたという講演日程が書かれている八日付けの手紙が届く。本山桂川からも手紙がある。喜善宛てに、写音器は届いたかと葉書を書き、そのなかで、これから一〇日ほど信州に行って来ると述べる。夜一一時、飯田町発の四〇一列車に新宿駅で乗車し、八号寝台で信州に向かう。朝、九時四分、途中の塩尻で下車する。

三月一〇日　飯田に着き、安東家に泊まる。岩崎清美らが訪ねてくる。

三月一一日　伯父、安東欽一郎といろいろな話をし、長久寺と来迎寺の先祖の墓に参る。午後二時半から、小学校で東京朝日新聞社主催の講演をするが、聴衆はそれほど多くない。夜、仙鶴楼での招宴に出る。

三月一二日　朝、大勢の人に見送られて、自動車で飯田を発つ。一一時四〇分上片桐から電車に乗り、辰野で乗り換えて、六時に木曽福島に着き、岩屋に泊まり、小学校の教員たちと語り合う。大平峠を越えたかったが、雪解けや雨などで道が悪くあきらめる。

三月一三日　午前と午後、木曽福島の小学校で開かれた西筑摩郡教育会主催の講演会で、「子供の遊戯」を話す。この会は、小池のかねてよりの要請によるもので、夜、小池や小谷の馬場治三郎らと語り合う。

三月一四日　一〇時半、小池直太郎に見送られて木曽福島を発ち、一時半松本に着く。胡桃沢勘内、手塚縫蔵と、郡教育会長の林八十司の出迎えを受け、松本ホテルで昼食をとった後、市立松本幼稚園で話をする。浅間温泉の月の湯に泊まり、親戚の菅沼政英と益司が訪ねてくる。
三月一五日　午前一〇時からの、松本女子師範学校講堂での東筑摩郡教育会主催講演会で「国際連盟について」を話す。松本館で食事した後、午後も三時まで話す。
三月一六日　月の湯から松本ホテルに来て、松岡ますや吉田昌智を含めた菅沼、安東の一族と食事をし写真を撮る。一時の汽車で胡桃沢と共に松本を発ち、長野に向かい藤屋に泊まる。胡桃沢が帰ったあと、長野の人々と話す。
三月一七日　岡村千馬太の世話で、善光寺大本瀬の明照殿で講演する。夜の会でも話すが、酒を飲んで十分とは言えなかったと反省する。
三月一八日　一〇時の汽車で長野を発ち、柏崎で下車し、相原郡長を訪ねるが、留守のため弥彦神社に向かう。急な雨に遭い、参拝をあきらめ、新潟に出て篠田に投宿する。
三月一九日　新潟図書館で本を借りて帰り、夜一二時まで読む。
三月二〇日　図書館で本を返した後、新市長となった柴崎雪次郎に会う。一一時の汽車で新潟を発ち、郡山に向かう。一八年前に泊まったことのあるわらやに投宿する。
三月二一日　朝、郡山から平に向かい、北神谷の高木誠一の家を訪れる。村の山を歩いて、永友の和田甚内の家に寄り、草野八時の汽車で平駅に引き返す。
三月二三日　二二日、平駅で、夜中の寝台列車の乗車券を買い、深夜二時発の八〇二列車の一等寝台に乗車して、朝七時上野駅に着く。松本信広が訪ねてくる。
三月二四日　喜善に贈るヨーロッパ製の写真機のフィルムを買うため、三越に出かけるが、日本では合うフィルムがないと言われ失望する。
三月二五日　早川孝太郎が訪ねてくる。喜善に、写声蓄音機の使用法の問い合わせ先と写真機のフィルムパックが日本では手に入らないようだと手紙に書く。折口にも手紙を書く。
三月二六日　三人の子を連れ木越家に遊びに行き、写真を撮る。
三月二七日　朝日新聞社に寄った後、麻布霞町の斎藤守圀を訪ねて写真のことを聞く。通泰の家に行き、夕食をごちそうになる。
三月二八日　ネフスキーや岡村千秋が来る。『郷土誌論』が出来てきたので読む。芳賀矢一纂訂の『攷證今昔物語集巻下』(冨山房、大正一〇年)が送られてきたので読む。
三月二九日　朝日新聞に「海南小記」の連載を始める。
三月三〇日　為正を連れて上野の博覧会を見に行き、水上飛行機に乗る。またこの日、郷土研究社版『炉辺叢書』として『郷土誌論』を刊行する。
三月三一日　銀行クラブで開かれた田尻稲次郎の会に出る。
四月　このころまでに、高木誠一の叔父高木常治郎が公刊した漢学者大須賀履の『啖取録』を校正し終える。
四月一日　勘内宛てに、写声蓄音機が届いたかどうかと、『福間三九郎』を今年中に出せれば、ジュネーブで読むことができると手紙に書く。また、南方熊楠が上京中のようだが、会うことができないとも書く。
四月二日　子供四人を連れて布佐に墓参に行く。
四月三日　一日家で、首里王府編の『琉球国由来記』の写本を読む。
四月四日　佐々木喜善が、写声蓄音器のことで聞いてきたので、銀座の店に電話する。
四月五日　『琉球国由来記』と『琉球国旧記』とを比較しながらの校訂を終える。夜、牧口常三郎が訪ねてくる。四日付けの勘内からの手紙が届き、小池が木曽福島を離れ、郷里の川中島に移ったことを知る。
四月六日　父直平、孝と三穂と一緒に、朝日新聞社の新聞展覧会を見に行き、安藤正純、美土路昌一らと話をする。夜、紅葉館での一水会に出席する。
四月七日　ネフスキーと宮古島の話をする。
四月一〇日　東宮御所で、摂政宮裕仁親王に「国際連盟の話」を御進講する。
四月一一日　富士見軒での甥の矢田部頸吉の結婚披露宴に出る。
四月一二日　佐喜真興英が来たので、フレーザーやネフスキーの本を貸す。孝と娘たちを連れ、仙川から井の頭まで歩き、桜を楽しむ。夜、岡村が来て、二一日の南島談話会について相談する。
四月一四日　吉田茂が来る。外務省情報部でエスペラントの話をする。この日の前後、喜善から一二日付けのアルプスや、ザシキワラシの本の礼状が届く。
四月一五日　杉栄三郎と根岸佶が来て、碁をうつ。
四月一六日　渋沢敬三が訪ねてくる。
四月一七日　岩崎卓爾と喜舎場永珣が来る。夜、中央亭で開かれた下村の歓迎会に出る。
四月一八日　朝、下村宏を訪ねると、吉田茂も来ていて話をする。外務省で旅費を受け取る。流行会で話をする。留守中、山中共古が訪ねてくる。
四月二〇日　宮良当壮や山中共古が訪ねてくる。夜、河内屋での下村宏の歓迎会に出る。
四月二一日　ジュネーブ行きの準備を少しずつ始める。一橋如水会館で開かれた南島談話会の最初の会に出席する。この会は、喜舎場永珣と岩崎卓爾が出張のために上京した機会をとらえて開かれ、渋沢敬三、折口信夫、金田一京助、上田万年、白鳥庫吉、新村出、本山桂川、三浦新七、幣原坦、移川子之蔵、東恩納寛惇、松本信広、松本芳夫、波多野承五郎、荻野仲三郎らが参加した。会の席で、新村出に対して、「君は嘘ばかり言っている。何も書かんじゃないか」と非難し、伊波普猷・真境名安興の『琉球乃五偉人』を贈る。
四月二二日　工業クラブで開かれた東京講話会で小阪狷二のエスペラントの話を聞く。
四月二三日　幣原坦、中山太郎が訪ねてくる。胡桃沢勘内から地名カードを預かっているとの手紙をもらう。喜善に、五月五日に出発の予定と手紙を書く。
四月二四日　大雨のなか、孝と買い物に行く。江木翼や倉富勇三郎を訪ねるがどちらも留守で会えない。赤坂錦水楼で、兄弟五人が集まり渡欧前の送別会を開いてもらい、寄せ書きをしたためる。

四月二五日　国学院大学の祭祀研究会で沖縄の話をする。箱根丸の出航がまた一日延びるとの知らせを受ける。奈良の高田十郎に手紙を書く。

四月二六日　戸川明三（秋骨）と東洋軒で食事をする。拓殖局で委任統治の話をする。大きな地震があり、土蔵の壁が落ちる。内郷村の長谷川一郎宛てに、慶応大学のブカナン教授に、一度、村の農業や養蚕の様子を見せてほしいと葉書を書く。自分は、三〇日が晴れていれば、鈴木重光の家まで出かけたいと思っていることも伝える。

四月二七日　高木誠一兄弟が訪ねてくる。東宮御所に呼ばれる。

四月二八日　茅ヶ崎の別荘に行き、安東家へ立ち寄る。

四月二九日　外務省、貴族院、朝日新聞社などに出国の挨拶に行く。

四月三〇日　内郷村に遊びにいく予定で準備したが、雨が降ってきてとりやめとする。勘内宛てに、六日までは、自宅にいると葉書を書く。

五月一日　四谷の三河屋で、郷土会会員による渡欧送別会が開かれ招待される。訪ねてきた高木誠一を連れていき、牧口常三郎、今和次郎、小田内通敏、小野武夫、中桐確二郎らが集まり記念写真を撮る。内郷村の調査に行った者たち八人で、「昨年の今頃は御厄介になりました」と礼を書いた寄せ書きをつくり、長谷川に贈る。

五月二日　早川孝太郎や岡村千秋らが訪ねてくる。松本信広に原稿を渡す。

五月三日　外務省、朝日新聞社に行く。木越姉夫婦、矢田部姉と会食する。夜、一水会に出るが、参加者が少ない。

五月四日　大学同級の木村林次郎に招かれ、赤坂錦水にいき、乾政彦、菊地駒次、高橋清一らの友人に激励を受ける。

五月五日　折口信夫、岡村千秋がお別れにくる。出発前に、喜善に写真機を送る。

五月六日　輝夫、金田一京助、小田内通敏、牧口常三郎らが次々にお別れの挨拶に来る。夜、『祭礼と世間』の序文を書きあげる。

五月七日　二度目のジュネーブ行きの出発の日、母と孝、四人の子供と共に東京駅に行く。静雄、輝夫を始め大勢の見送りを受ける。横浜から大船まで、木越が送りにきてくれる。

五月八日　大阪から神戸まで黒須が乗車してくれ、神戸港まで一緒に行く。増田、鞍智、中村兄弟らの見送りを受け、箱根丸に乗船し、一一時に出航する。高松あたりを航行中の午後四時半ごろ、孝宛てに葉書を書く。

五月九日　朝七時に門司に入港し、下関に上陸する。山口を車で見学し、橋本知事に会う。興隆寺や妙見社図書館、博物館などを見学した後、大正四年にも泊まったことのある湯田温泉の松田屋旅館に泊まる。

五月一〇日　朝早く温泉に入り、五時四〇分の汽車で下関に向かう。正午発の予定が遅れて五時過ぎになる。
五月一二日　一二時、上海に入港する。村上の事務所に寄り、大谷光瑞の新居を訪ねる。村上家に宿泊する。
五月一三日　朝、千枝宛てに葉書を書いた後、ジェスフィルド公園を散策し、乗船する。
五月一五日　エスペラントの稽古をする。満州鉄道調査課（のちの調査部）の長尾課長と話す。夜の茶話会で河童の話をする。勘内宛てに、岡村千秋を助けてほしいと葉書を書き、香港で投函する。
五月一六日　八時過ぎ、香港に入港し自動車で島を一周する。清風楼で昼食、金陵酒家で夕食を食べ、東京ホテルに泊まり、愛久沢ら五人と同室となる。為正宛て葉書を書き、香港の様子を伝える。
五月一七日　領事官官舎を訪ね、郡司喜一領事官と委任統治の話をする。午後四時、出航する。
五月二〇日　夜は暑くてデッキで寝て、南極星を見る。エスペラントを勉強する。『燕石雑志』『燕石十種』（岩本活東子編、第一～第三、明治四〇、四一年）か」を読み終える。
五月二二日　マレー半島の山が見えるようになる。シンガポールに着き、車で島めぐりをする。日本郵船の支店長となっている一高時代の友人小栗復吉の家に招待され一泊する。
五月二三日　長尾らと郵船の車で島内を見学した後、五時に出航する。
五月二五日　『骨董集』を読む。ペナン島に着き、一時半、ハシケで上陸する。植物園などを見学し、アボタンという果物を食べる。日本ホテルに宿泊する。
五月二六日　六時にペナンを発つ。夜は、トランプやドミノなどをして過ごす。
五月二七日　『醒睡笑』を読む。
五月二八日　橘南谿の『東西遊記　北窓瑣談』（有朋堂、明治四三年）を読む。
五月三〇日　デッキビリヤードやトランプなどをしているうち、コロンボの港に入る。夜の九時に上陸し、買い物をしたり、車で闇の町を巡ったりする。
五月三一日　博物館などを見る。海岸に椰子の実が多く実っているのを見る。『北窓瑣談』を読む。佐々木喜善宛てに、花や鳥の声が珍しく、淋しくさえなければいい旅と絵葉書を書く。また、直平宛てにもセイロンでは今日が元日と絵葉書を書く。
六月二日　『狂言記』を読む。エスペラントを勉強する。
六月三日　イギリス国王の誕生日のお祝いがある。夜、デッキで星の話を聞く。
六月五日　エドモン・プリヴァ著の『愛の人ザメンコフ』を読む。プリヴァは、ペルシャ首席代表の法律顧問でエスペランチスト。琴宛てに、葉書を書き、まだ港には着かないが、昼間、運動をしているのでよく眠れていると伝える。
六月七日　アデンの燈台が見える。
六月八日　『西鶴文集』を読む。
六月一一日　『江戸名所図会』を読む。孝宛てに、網干の中川家の五〇年祭（祖父真継陶庵　没後五〇年）に仏供を送るのを忘れたので、菓子でも送ってほしいと頼む。

六月一二日　スエズに到着するが、船に残り、碁をうったり、デッキゴルフをしたりする。

六月一三日　未明にポートサイドに入港し、領事館を訪ねる。船にもどった後、また領事がきて、内閣更迭の電報をもってきてくれる。

六月一五日　クレタ島の南を通る。西洋人たちは、仮装舞踏会を楽しみ、日本人たちは、茶話会をする。

六月一六日　『ピグミーオフエンシェンツ』を読み終わる。マルセイユのホテルと領事館に電報を打つ。

六月一七日　佐喜真興英の友人というスイス人のフンチカーと話し込み、住所などを聞く。

六月一九日　マルセイユに到着する。ラフィットに行き、本を買う。ホテル・デ・ノアイユに泊まる。

六月二〇日　箱根丸の船長らに見送られ、汽車でリヨンに向かう。リヨンでは、昨年も泊まったグランド・ホテルに泊まり、夜遅くに河野通久郎の訪問を受ける。高木誠一に、船中でおもしろい本を読み、学問を続けていると葉書を書く。

六月二二日　レーヌ川下流のギーという川魚料理の店で昼食を食べた後、フラマリオンに寄って本を買い、郊外の浜崎の家を訪ねる。

六月二四日　クロッケーやゴルフを楽しみ、ローマ水道の廃墟などを見る。

六月二五日　リヨン・グランド・ホテルでの最終日、Tayson の『A Philological Essay concerning the Pygmies of the Ancients』を読み終わる。また、先月の二六日までの『東京朝日新聞』を見る。ドミリューヌの片山英の宿に招かれて、長野出身の奥さんの蕎麦をご馳走になる。

六月二六日　ジュネーブに電報を打った後、午後一時四〇分にリヨンを発ち、六時にジュネーブに着く。ホテル・ボー＝セジュールに投宿する。アナトール・フランスの『白い石の上に』を読み終える（定）。

六月二七日　連盟事務局に行き、新渡戸稲造やラッパール教授らに会う。パリから来た奥山清治と会う。孝に、五月一二日付けの手紙と二四日付けの葉書が届いたと返事を書く。

六月二八日　助手の大沢章と家を探しにいく。喜善宛てに、日中は暑いが、周りの山々には雪が残り、空高く燕が飛んでいるのを見て、日本を恋しいと思っていると葉書を書き、寂しさを紛らわすには、本を読む以外なく、早く喜善の本が出ることを望んでいると述べる。また、三木拙二宛てにも、パリから奥山清治が訪ねてきて、三木家の話をしたと葉書を書く。

六月三〇日　ホテルからすぐ近くの所に、住む家を決め、次の日引っ越しする。すぐ近くのリッチモンド・ホテルに住んでいる、バジル・ホール・チェンバレン博士を訪ねたいと思うが、病気療養中で面会しないとの話を聞き、遠慮し会えないことで、「堪へ難い旅人の無聊」を感じる。

七月一日　花袋ら日本の友人たちに、ジュネーブ郊外に新居を構え緑陰の読書を楽しんでいると絵葉書を書く。
七月三日　毎日、午前中、フランス語をミス・ブラウンから教えてもらうことになる。
七月四日　ロンドンのスコットに新居の住所を知らせる。
七月六日　ミス・ブラウンに蓄音器で追分を聞かせる。孝宛てに、新しい家はいい家だが淋しく、早く旅に出たいと葉書を書く。
七月七日　成城学校の小原国芳にエスペラントの論文を郵送する。小谷の馬場治三郎などを思い出し、葉書を書く。
七月八日　母たけの命日で、「もう二十五年になる」と日記に書く。スコットから葉書が来る。高田十郎から音信があり、すぐに返事を出す。
七月九日　雑誌『奈良』を受け取り、高田十郎に頼まれた原稿を書く。午後、アルブ川の岸を散策する。
七月一〇日　ロミウが来て、ジュネーブ大学で人類学を教えているウジェーヌ・ピタール教授に会ってみたらと言われる。
七月一一日　フランス人のシャルル・アグノーエルから手紙が来て、すぐに返事を書く。
七月一二日　ケーデゾギーブの労働事務所に行って話し合い、川西実三と共に帰る。
七月一四日　ローザンヌの駅で、リヨンから来た河野通久郎ら一行と落ち合い、インターラケンに行き、ベルンの町を見学する。ホテル・ユングフラウに投宿する。
七月一五日　大雨で登山をあきらめ、車でワーズワースの詩に詠われたトリュンメルバッハの滝やグリンデルヴァルドの氷洞を見に行く。
七月一六日　牧場が多いいくつもの山村をめぐり、だいぶ西部スイスのなかがわかり好きになる。ツワイジンメン駅で写真を撮ったあと、河野らと別れ、ジュネーブに戻り、孝に絵葉書を出す。
七月一九日　アナトール・フランスの『白い石の上に』を読む。英訳を含めて四回目となる。花袋にも同書の三回目を読んでいると絵葉書を書く。川西夫婦が食事に来る。
七月二〇日　このころ、庭に咲いたバラの花や梅、葡萄や梨などが熟してくるのを楽しみ、梅の酸味が日本より淡いように思う。
七月二一日　「隣の庭の大木の樹実の美しさ。名を知らず。雀の子がしきりに来て鳴く。」と日記に書く。
七月二二日　プチ＝サコネまで電車で行き、前年に腰掛けたベンチに座る。先月二三日までの『大阪朝日新聞』を見たり、アナトール・フランスの『ラヴィアンフルール』(「花ざかりの頃」)を読んだりする。
七月二六日　アルブ川の岸辺の林で、日本の新聞を読む。
七月二七日　ミス・ブラウンのフランス語のレッスンを断り、唐沢真一一行とサレーヴ山に登る。
七月二八日　カテドラル及び博物館を見学する（定）。井上哲次郎が来ているので会う。
七月三〇日　孝宛てに、会議がいよいよ明後日から始まると葉書を書く。蒲大佐の留別宴に招かれ、ロミウや土屋、浅利たちと一緒になる。送って来た浅利を引き留めて夜遅くまで話す。

七月三一日　家を探すのを手伝ってくれた大沢らと昼食を共にする。静かな誕生日を過ごす。

八月一日　この日から一一日までの予定で、第二回委任統治委員会が開かれ、九時に連盟事務局に行き、一〇時半からの一回目の委員会に出席する。二回目の会議は、四時から七時過ぎまでかかり、日本の委任統治の第二回年報の検討のなかで、移民労働者の契約についての質疑で発言する。夜の雨のなか、ロンドンから太田夫妻がやってきて、ホテルまで送る。

八月二日　ホテルに行き、太田夫妻と朝食を食べ、一〇時からの三回目の委任統治委員会に出る。ラッパール委任統治部長の家に招かれ、昼食をとる。午後四時からの四回目の委員会に出席する。安東貞美の妻家栄子に、太田夫妻が来たことなどを知らせる絵葉書を書く。

八月三日　午前中に五回目、午後に六回目の委任統治委員会が開かれ、出席し、ニューギニアの報告を聞く。田中子爵と岡部が、アルプスから降りて来て一泊する。

八月四日　午後三時半からの七回目の委員会に出席する。夜、インテルナショナルクラブでラッパール書記長の招宴に出る。アメリカ大統領民主党候補者のコックスに会う。孝宛てに、会議が始まり、夜は宴会があり、急に忙しい人となったと葉書を書く。

八月五日　午前中に八回目、午後に九回目の委任統治委員会が開かれ、出席する。

八月七日　九時半からの第一〇回、午後五時からの第一一回委任統治委員会に出席する。喜善宛てに、パリ経由で手紙が来たが、自分はパリにいる日本人はきらいなので、発信はジュネーブの日本事務所に願いたいと葉書を書く。そのなかで、日々、会議が続き、心を労していて、本と煙草だけが唯一の友であると心情を吐露する。

八月八日　午前中の第一二回委任統治委員会に出席し、委員会開催日時についての意見を述べる。また、この会で、「精神的、社会的および物質的福祉」と「人口動態統計」の担当となることが決まる。午後三時半からの第一三回委員会に出席する。小池直太郎の『小谷口碑集』が届いたので読み、馬場治三郎や高木誠一に便りを書く。

八月九日　午前中の第一四回、午後の第一五回委員会に出席する。

八月一〇日　午前中開かれた、第一六回委員会に出席する。川口孫や小池直太郎に葉書を書く。

八月一一日　晴天の朝、庭に出て杏の実を採って食べる。一〇時からの最終の第一七回委任統治委員会に出る。閉会にあたって各委員の今後の研究テーマを求められ、「民族問題及『土人ノ幸福トハ何ゾヤ』ノ問題」を引き受ける。そのために、今年は日本に帰らないと決意する。夜、インテルナショナルクラブで開かれたアルベルトマ氏の招宴に出る。

八月一三日　山川宛てに、報告書を書き、委員会直属の職員として客観的に見た感想として、日本の意見が他の委員からは厄介視されていると伝え、自分は「土人ノ幸福トハ何ゾヤ」を考えたいと述べる。日本代表は、国際連盟大使石井菊次郎と、事務局長松田道一で、大学同期の松田（法律学科卒）を批判的に見る。また、英語やフランス語を自由自在に使いこなす、英仏委員に比べると、言葉の面からも困難があり、来年以後の代表と共に自分のことも考えてもらいたいと述べる。堀口大学のフランス語訳詩集をもらう。

八月一四日　新渡戸稲造と昼食を食べる。安東欽一郎に、数日前にようやく仕事も終え、スイスの山中を歩いていると葉書を書く。またこの日の朝、Lambelin の『L'Egypte et L'Angleterre』を読み終わる。

八月一五日　『小谷口碑集』を読み終わる。

八月一七日　ロミウが、モンブラン登山をすると言いに来る。ラムブランの『猶太禍論』を読む。

八月二〇日　午後、家で人々を招いて茶の会を催す。この日、郷土研究社から「炉辺叢書」の一冊として『祭礼と世間』が刊行される。

八月二一日　ミルモン街の借家を見に行き、引っ越しのことなどをミス・ブラウンに任せることにする。

八月二二日　午後一時半の汽車で発ち、ローザンヌとベーで乗り換え、ヴィラールに六時に到着し、ホテル・ベルビューで直平宛てに葉書を書く。そのなかで、九月七日に近所の家に引っ越すと伝える。

八月二四日　ベーを経て、ブリッグに午後三時に着く。乗り換えてローヌの渓谷に入る。七時過ぎにグレッチュに到着し、山国風の宿、氷河館に泊まる。

八月二五日　グレッチュを発ち、乗合自動車に乗り、氷河の傍に下車して見学をする。アンデルマットのベルビュー・ホテルで昼食を食べたあと、汽車に乗る。三時過ぎにルガーノに着き、ルガーノ湖岸のホテルに泊まる。夜、町を散歩し、ムッソリーニの小胸像が売られているのを見る。千枝にルガーノ湖の絵葉書を書き、ここはスイスだけどイタリア語を話していると伝える。

八月二六日　朝、藤沢親雄らと会い、市役所で開かれている世界婦人平和協会に行く。ドイツ人のケスラーの演説や、スイスの教育学者チェレゾレの講演を聞き、熱烈な身振りに感心する。サンサルバドルの丘に登る。胡桃沢勘内に、日本で旅をしていたお陰で思い切った道を選ぶことができていると葉書を書く。孝宛ての葉書に、世界婦人平和協会には、日本からは藤沢夫人ひとりの参加と伝え、この会のことを話したいと書く。

八月二七日　ルガーノを出て、ポルレッツァから隣のコモ湖畔のメナッジョに行き湖岸のレストランで昼食をとる。午後、再び汽船に乗って日曜の教会の鐘の音を聞きながら、美しい風景を楽しんでコーリコに上陸する。よい湖と思う。汽車に乗り、コカ山麓のソンドリオで乗り換え、午後七時に、ティラーノに着き、グランド・ホテルに泊まる。

八月二八日　ティラーノの町をゆっくり見れば面白そうな町と感じながら、町を出て、ポンテ・ディ・レーニョを経て、レティケ・アルプスを越え、クールに降りる。ワレン湖のヴェーゼンという村のホテル・スペールに投宿する。イタリアから山越えをしてスイスに戻る途中で、蕎麦や栗を見て信州が恋しくなったと直平に葉書を書く。チューリッヒでスイスの山岳風景画家のフェルディナント・ホドラーとジョバンニ・センガンティーニの画集を購入し、日本に送るよう手配する。

八月二九日　ヴェーゼンの静かな宿屋を出て、チューリッヒ、オルテン、ベルンと通ったことのある道を通り、五時半、ジュネーブの自宅に帰る。七月三〇日付けの茅ヶ崎からの便りが届いている。

八月三〇日　ミス・ブラウンに引っ越しの用事を全部任す。連盟事務局で新渡戸稲造に会い、南島談話会の報告をする。その場にいたプリヴァ博士に会う。

八月三一日　那須皓の一家が訪ねてきたので、レマン湖北岸の新渡戸稲造の私邸レ・ザマンドリエまで案内する。安東家栄子宛てに、病状を心配する葉書を書く。

九月一日　ボーリバージに行き、石井大使に面会する。孝宛ての絵葉書に、新居の住所を書く。

九月二日　那須一家と新渡戸家で開かれた茶の集まりに行く。

九月三日　家で茶の会を開く。

九月四日　一一時からの連盟総会に出席する。六時からの理事会で委任統治の問題を話し合う。

九月五日　引っ越しのために荷物を片づける。午後の総会に出席する。

九月六日　ミルモン街六番地の広い庭のある田舎風の二階家に引っ越し、家主のシュヌー夫人に会う。総会中同居することになる宮島医学博士らと、金鶏亭で昼食をとる。ミス・ブラウンに家のことを頼み、五時にジュネーブを発ち、オランダに向かう。

九月七日　フランクフルトあたりで夜が明け、ローレライ周辺の景色を楽しむ。午後七時に、オランダのデン・ハーグに着き、去年も泊まったことのあるホテル・ベルビューに泊まる。

九月八日　文書館や博物館、マウリッツハウス美術館などに寄ったあと、本を買う。夜、パラス・ホテルで開かれた田付公使の晩餐会によばれ、蘭日協会の人たちと会う。日蘭協会からの唯一の代表者として列席する。直平宛てに、この日の様子を伝える葉書を書く。

九月九日　公使の家に昨夜のお礼に行く。お昼の汽車でハーグを発ち、アムステルダムに行く。博物館を見て、夕日のワッデン海を渡り、レーワルデンのホテル・アミチシヤに泊まる。

九月一〇日　直平に「古人の如き旅愁を催しております」と葉書を書いたあと、レーワルデンを発ち、ハンブルクを経由してベルリンに入り、カイザーホフに泊まる。日本人に一人も会わない。

九月一一日　甥の矢田部頸吉と会う。夜、オペラ「ジークフリード」を見に行く。ベルリン滞在中に立ち寄った古本屋で、コロンビア大学のボアス教授に会い、フォークロアをドイツ語で何と言うのか知らなかったが、ボアスから「フォルクスクンデ」と「フェルケルクンデ」の違いを教わり、民俗学と民族学の学問の成り立ちと相互の関係の説明を聞く。また、民俗誌学にも、「一国民俗誌学」や「万国民俗誌学」、「比較民俗誌学」といった流れがあることを知る。

九月一二日　木村修三と矢田部がやってくる。一二時一五分、ベルリンを発ち、ライプチヒに向かう。三時半にライプチヒに着き、ホテル・アストリアに泊まるが、白鳥庫吉は去ったあとで会えない。博物館を見て、町を散策するが、この日も日本人に会わず、こちらが見物されていると直平宛ての葉書に書く。

九月一三日　ライプチヒを発ち、予定を変更してアウグスブルクに下車し、小さなホテル・ヴィクトリアに泊まる。夜、独りで町を歩き、映画を見る。孝宛てに葉書を書き、北原文雄との約束の写真機を買ったが、没収されるかもしれないと述べる。

九月一四日　ボウデン湖のミュンヘン丸の船中で、香阪や田中夫妻ら三人の日本人に会ったと、直平宛ての葉書を書く。香阪らと汽車に乗り、国境の山々を見ながら、スイスに入り、オルテンに泊まる。町に出てバラライカに聴き入る。

九月一五日　香阪と共にジュネーブに帰る。方々からたくさんの手紙が来ていて読むのに時間がかかる。そのなかに、「『うつぼ』と水の神」を書いた『史学』もある。

九月一六日　返事の手紙や葉書を書く。佐々木喜善にも、一週間ほどオランダ、ドイツを回りジュネーブに戻ったと書く。このころ、ジュネーブに滞在していた奥山清治、まり夫婦と時折会い、三木家の話をよくする。

九月一七日　日曜日なので、午後一人でカルージュまで散歩し、町の人たちの娯楽の様子を見る。孝宛てに、ジュネーブの船着場の絵葉書を出し、湖水巡りの記念に案内記を一冊別に送ったと書く。

九月一八日　園田寛と共に、総会を見に行く。孝宛ての絵葉書に、園田と連名で様子を伝える。

九月二〇日　午前中、総会に出席し、委任統治問題の討論を傍聴する。

九月二一日　前日に書いた、自分の後任を考えてほしいということと、パレスチナへの出張を希望するという山川宛ての書簡を出す。パレスチナへの視察は、ほぼ一〇週間、旅費として五〇〇ポンド支給してほしいと具体的に要求する。レマン湖岸を散歩する。

九月二二日　前日出した山川宛ての書簡の続きを書き、後任には、各国の植民問題を比較できる人がよいと五来欣造の名をあげる。

九月二三日　総会が早く済み事務所に行く。二〇日の水曜日に、委任統治部長のウィリアム・ラッパールの招宴に招かれていたが次の週と勘違いしていて、欠席していたことに気づく。

九月二三日　パレスチナ代表者から手紙をもらい、返事を書く。

九月二四日　宮島と二人でロミウの家に遊びに行き、ジュネーブ大学のピタール教授に初めて会い、話をする。この後、ピタールの講義にしばしば通うことになる。講義は、毎週木曜日の一一時からサン＝ヴィクトール街の人類学研究室で行われ、講義で使用していた教科書が、アルバート・ドーザの『言語地理学』草稿であった。

九月二五日　午前中、総会に出席し、ラッパールに会う。事務所で石井菊次郎大使と話をする。

九月二六日　総会でロバート・セシルの演説を聞く。シリヤの代表が訪ねてくる。

九月二七日　喜善の『江刺昔話』が届いたので、喜善宛てに、面白く読みふけっていると葉書を書き、そのなかで、表記の仕方や分類や排列についての批評があることを伝える。孝から、江ノ島での家族写真が届き、返事を書く。また、このごろ一〇日続けて先生の夢をみていますという二日付けの喜善の手紙もこのころ着く。

九月三〇日　最終日の第三回総会に出る。その後、プリヴァから電話が来る。夜、川西実三の家での日本食の食事会に新渡戸稲造と共に招かれる。

一〇月二日　ブリヴァ博士を訪ね、エスペラント語について相談する。夕方、アルヴ川岸を散策する。

一〇月三日　マルクモニエー街の日本事務所で写真を撮る。

一〇月四日　一〇時五〇分のパリ行きの汽車に乗り、夜の一〇時半にパリに着きオテル・ディエナに泊まる。

一〇月五日　ルーブル美術館で那須皓に会う。

一〇月六日　パリを発ち、昨年も来たことのあるブローニュで下車し、船に乗り、五時、ロンドンに着く。太田家に世話になる［フレーザーに会っているか。または翌年か］。

一〇月七日　ロバートソン・スコット宅を訪れる。

一〇月八日　トラファルガーに行き、スコットと会い、連れられてクェーカー教徒の集会を参観する。夜、太田一家と映画を見る。

一〇月一一日　スコットと二人でウィンチェスターに行く。大地主のジャッドと共に田舎を歩き、多くの民家を見る。

一〇月一二日　大英博物館を一人で見学する。カバンや本を買い、洋服をあつらえる。

一〇月一三日　スコットを訪ねたあと、大使館と領事館に立ち寄る。林大使の招宴に出席し、泊まっているステープル・インに戻り、孝宛ての葉書を書く。

一〇月一五日　ロンドンを発ち、フォルクストンよりブローニュに渡り、夕方パリに着いて、同じホテルに泊まる。途中の船上で関場偵次と写真を撮る。

一〇月一六日　カルチェラタンを歩き、本を買ったり、食事をしたりする。大使館で国際連盟事務局事務官の三谷隆信（のちの侍従長）らと会い、夕食を食べた後、サラ・ベルナールの「椿姫」を見る。大使館参事官となっている、父操の熊川舎時代の教え子、国府寺新作と会う。

一〇月一八日　ヴォードヴィルに行き、ブリウの「弁護士」を見る。

一〇月一九日　朝、孝宛ての絵葉書を書く（投函なし）。ルーブル美術館に行き、絵を見る。喜善宛てに、自分はいたって元気と伝える葉書を書き、夜行列車でパリを発つ。

一〇月二〇日　朝の一〇時半にジュネーブに着く。留守中に届いた手紙などに目を通し、高木誠一らに返事を書く。夜、自宅に藤沢親雄が来て、労働運動家の藤井悌にエスペラントを教えるのを見る。藤井は、この日から一一月二日まで泊まることになる。この間、日本好きの工学士ジャン・ロミウから、古書店にチェンバレン旧蔵の和書が出ていることを聞き、藤井と共に見に行くが一冊のみしか残っていなかった。売れ残っていた書入れのある『日本口語文典』は、藤井が購入したので、これでやっと日本の日の光を見たと思う。

一〇月二三日 孝宛ての葉書に、毎日天気が悪いが、家の中は暖かく健康に過ごしていると書く。

一〇月二四日 総会を傍聴する。

一〇月二五日 総会を傍聴し、ハンガリー人のセイケイと知り合う。

一〇月二七日 総会に出たあとミルモン街の自宅に戻り、エスペラントの会を開く。グルジアの代表も出席するなか、沖縄の話をする。

一〇月二九日 総選挙を見に行き、市役所の中を見学する。夜、カルメンを見に行く。

一〇月三〇日 午前中、総会に行き、午後、ドラクローズの学校を観に行くが、断られて帰る。

一一月 この月、鼎が、通泰と共に「松岡小鶴女子遺稿」を発行する。

一一月一日 風邪をひき、午前中まで休む。美濃部達吉が訪ねてきて、ムッソリーニが首相となったイタリアのことなどの話をして夜になる。

一一月二日 藤井悌がベルリンに発つのを見送り、体を心配する。

一一月四日 連盟事務局での茶会に出て、新渡戸稲造と藤沢の話を聞く。

一一月五日 珍しく好天気の日曜。午後、散歩に出て、トランプやドミノや焼き栗を買う。

一一月六日 オデッサ出身の亡命者というウマンスキー夫人を呼び、またエスペラントの練習を始める。この日から一〇日間ほど、ハンガリー人のセイケイを泊める。

一一月七日 孝宛てに、セイケイが日本に行くというから、子供たちに英語やフランス語を教えてもらったらいいと葉書を書く。

一一月八日 喜善宛てに、ジュネーブはもうすっかり冬だと葉書を書き、『江刺昔話』の二、三の話をエスペラントに訳してみようと思っていると伝える。この日、フランス代理大使を務める松田道一のもとに、柳田のパレスチナ出張を認める外務大臣内田康哉からの電報が届く。

一一月九日 新渡戸稲造を誘って、ボー＝セジュールで昼食を食べる。夜、コメディー座にハウプトマンの「織工」を見に行く。

一一月一二日 夜、「テオドラ」という映画を見に行く。

一一月一四日 ジュネーブ大学で国際連盟の講義を始める。夜、メリナ夫人宅での蓄音器を聴く小集に出かける。一二時過ぎまで話をする。

一一月一五日 松田道一帝国国際連盟事務局長が、外務大臣内田康哉宛ての暗号電報をうち、パレスチナへの「我委員ノ旅行」は利益あることと思われないと伝える。

一一月一六日 ドイツから本が届く。

一一月一七日 夜、ロシアのテノール歌手スミルノフの「ファースト」を聴きに行く。

一一月一八日　孝宛てに、セイケイが日本に向けて出発し、年明けか二月までには着くはずと葉書を書く。

一一月一九日　晴天の日曜日、一日散歩をする。サレーヴの山の登山口まで歩く。

一一月二〇日　ギリシャ・トルコ戦争講和会議を傍聴するため、汽車でローザンヌに行く。途中、汽車に乗り込む白羅紗姿のムッソリーニを見る。世界の歴史に残るべき会議と思ってきたのに、「秘密会とて様子がよく知れ不申ず」と次の日、直平宛ての手紙に書く。ホテル・サントラルに泊まり、夜、映画を見に行く。

一一月二一日　町を散歩し、大学構内の美術館を見たあと、ジュネーブに戻る。夜、映画「三つの幻滅」を見る。世界エスペラント協会のハンス・ヤコブから手紙が届いている。

一一月二二日　川口孫治郎の『飛騨の鳥　続』（大正一一年、郷土研究社）をはじめ新聞などが届く。

一一月二三日　ラ・ステロ・ジュネーブ（ジュネーブのエスペランチスト団体）の会合に出て、プリヴァのエスペラントの演説を聴く。イギリスから本が届く。

一一月二四日　世界エスペラント協会に出向く。『飛騨の鳥　続』を読み終える。この日、外務大臣から松田道一宛てに、パレスチナ出張の中止を伝える電報が送られる。

一一月二六日　夜、ダヌンツィオの「ネフ」を見る。

一一月二八日　日本に本を送るために、大きな木の箱を作る。連盟事務局でラッパールや新渡戸に会う。

一一月三〇日　数日後に行われる国民投票の準備を見に行く。パリの日本大使館から、パレスチナ行きを見合わせてほしいとの返事がきてがっかりする。夜、川西実三らと食事をする。

一二月　この月末、ジュネーブに来てから、助手として勤めてくれていた大沢章が解雇される。

一二月一日　昨夜、家に帰った夢を見る。「うなり考」をフランス語で書く気になる。ブーヴィエー女史の家でのエスペラントの会に出て、国際連盟事務局情報部の藤沢親雄（日本エスペラント学会創設者）の話を聞く。晴天のなか、散歩をし、「心最も静か也」と日記に記す。

一二月三日　川西実三、山本と三人で前日から行われていた選挙の一般投票の光景を見に行く。

一二月六日　荒井賢太郎農商務大臣にエスペラントの事についての手紙を書く。

一二月七日　日本の商業会議所に、ベネチアで開かれるエスペラント会議の案内状を送る。

一二月八日　セルクルドラプレスの会に出席して、コンスタンチノープルの幻燈を見る。

一二月九日　一一月三日付けの佐々木喜善からの手紙が届いたので、スイス地方のザシキワラシ「セルバン」のことなどを書いた長文の返事を書く。そのなかで、フォークロアの学問ほど人間味の豊な学問はなく、また、日本人に限り特別の使命があると思っているとし、早く日本に帰って、道案内になるような本を出したくてたまらないと述べる。また、勘内宛てにも葉書を書き、正月になったら旅行に出かけようと思っていると伝える。また安東欽一郎の妻すみ子にも葉書を書き、こちらから比べると日本は太平だと告げる。夜遅くまで、川西実三と話をする。

一二月一〇日　エスカラードという祭りで賑やかなジュネーブの町を散歩し、フランスとの国境近くにまで遠出する。このころ、毎日のように午後散歩をする。

一二月一五日　午前中、ミス・ブラウンと美しい木花を見て歩く。大学に行き、「動物の社会生活に就いて」の科外講義を聴く。

一二月一六日　エスペラントを教えてくれているウマンスキー夫人に木彫りの猿を贈る。ラ・ステロが主催するザメンホフの誕生記念会に出て、エスペラントで話を始めるがうまく話せずに反省する。

一二月一七日　午後、モリエールの「マラディ・イマジネール」を観に行く。

一二月二一日　午後、アルブ川岸まで少し散歩する。

一二月二二日　熱があって起きられず、一日床のなかにいる。ウマンスキーが来るが、断って帰ってもらう。

一二月二三日　一日、床のなかにあって、日本の本を寝ながら読む。

一二月三〇日　ウマンスキー夫人のエスペラントの稽古をこの日で終え、お礼に食事に招待する。ベルリンに向かうというので、本を頼み、代金二〇フランを預ける。

一二月三一日　町を散歩し、夜、火を焚いて除夜を送る。「昨年の夜は二女と共に東海道の汽車の中に在りき。その前の年は大隅佐多岬の田尻の家に宿して夜すがら風浪の音を聴く。その前の年は茅ヶ崎より帰り来て加賀町にて年を越す。その前の年はもう忘れたり。さて来年は如何。」と日記に書く。

大正一二年（一九二三）　四八歳

一月三日　この日、日本では、鼎と通泰が、生野本行寺を訪れ、祖父真継陶庵の墓を詣で、住職平賀日承と語り合う。

一月六日　ミルモン町六番地の家を引き払ってホテルに移る。午後、電車で、フランス領の上サボアドウヴェヌという村まで行き、八キロほど歩く。琴宛てに、神経痛を心配する葉書を書く。

一月七日　喜善宛てに、自分が敬服している文章は、ジュネーブの若い学者プリヴァという人の『愛の人ザメンホフ』で、エスペラントの方からも、日本の文章道を改良できると思っていると手紙を書く。

一月一〇日　ジュネーブ客舎でZangwillの『Chosen Peoples: the Hebraic Ideal Versus the Teutonic』(George Allen & Unwin)を読む。

一月一五日　リヨンに行き、矢田部勁吉の世話になる。

一月一六日　グルノーブルに行く（定）。

一月一七日　第一回目のイタリア旅行に発ち、この日はトリノに泊まる。

一月一八日　ミラノの大聖堂を見た後、ホテル・カブールで為正宛ての葉書を書く。

一月二〇日　ミラノから三木拙二にヴァチカンの礼拝堂の絵葉書を送り、非常に美しいと書く。

一月二一日　夜ミラノを発ち、ボローニャのホテル・バリオーニに泊まる。言葉の様子など日本と似た点が多いと孝に葉書を書く。

一月二二日　午後、ボローニャを発ち、フィレンツェに向かう。七日の月を見て、日本を出てから一〇回目と孝宛てに葉書を書く。グランド・ホテルに四、五日滞在し、町を見て歩く。ミラノやフィレンツェの土俗博物館や寺院を見学した印象が強く残る。フィレンツェでボッティチェリの「ビーナスの誕生」を見て、桃太郎の誕生を連想する。

二月三日　フィレンツェから花袋に絵葉書を出す。

二月六日　ラテラノの博物館とカタコンベを見学し、孝に、「まだローマで毎日の見物がすみません」と葉書を書く。パパ・ジュリオの博物館で、キリストを抱いたマリア像を見て、日本の子安観音との関連を考える。

二月七日　エジプトから来た木下杢太郎（太田正雄）の一行と会う。『即興詩人』について語り合い、鷗外をなつかしむ。木下にもらった『即興詩人』を片手にローマを見学する。サンタ・マリア教会で、九州の五島列島から修業にきているという若い学生に会う。

二月九日　ナポリに着き、待っていた河野通久郎と岡の上のレストランで景色を見ながら食事をする。

二月一〇日　ホテル・サンタルチヤで、孝に葉書を書く。

二月一七日　ソレントのホテル・ビクトリヤに滞在し、昨年末の日付けの家族からの手紙が届いたので、孝に返事を書く。

二月二二日　ソレントの町を歩き、学生時代に読んだラマルタンの小説を思い出す。ソレントのホテル・ビクトリアから、ナポリに長く滞在し過ぎて、シチリア島に行く暇がなくなったと孝に葉書を書く。

二月二七日　アマルフィのホテル・カプチニから花袋に、大分県の海部と比べて様子を伝える絵葉書を書く。アマルフィの古い城や御殿を見て、海岸線を車でサレルノに向かう。サレルノを経てローマへ戻る。サレルノのホテル・ディアナから孝宛ての葉書を出す。

三月六日　半月ぶりにローマに戻ってくると、木々は春になっていると孝宛てに葉書を書く。

三月一一日　ジェノアからミラノに向かい、ホテル・カブールに一泊する。

三月一二日　朝、孝に九時五〇分の列車でスイスに向かうと葉書を書く。夜、ジュネーブに到着する。

三月一四日　ホテルで、孝宛てに葉書を書く。

三月一七日　喜善宛てに、しきりと遠野郷のことが思い出されると長文の手紙を書く。そのなかで、イタリアで何度となく、東北大学の阿部次郎と会い、東北大学にアイヌ文化を含む北アジアの文明史の科目を置いたらどうかと話したと伝える。また、「嫁の田」の話をフランス語に訳そうと試みたが、日本の心持ちが出てこないので止めてしまったと述べる。

三月一八日　ウィルフリッド・ジャクソンの『早期文化の伝播の証拠としての貝類』の原書を読み終わる。

三月二六日　ベルンの公使館に行ったあと、公園で鳥の声を聞く。千枝に、ベルンとは熊のことだと熊の飼育所の絵葉書を書く。

三月二七日　喜善宛ての葉書で、これからイタリア北部に向かう予定と書く。

三月二八日　ルツェルン付近を歩き、喜善に様子を知らせる葉書を書く。

三月二九日　前年も訪れた北イタリアのコモのメトロポール・ホテルで、イースターの美しい行列を見たと孝宛ての葉書に書く。また、リヨンに滞在中の木下杢太郎にも絵葉書を書く。

三月三一日　ヴェネチアから花袋に絵葉書を出す。三木拙二にも葉書を書き、そのなかで、まだあと半年はこちらで暮らさなくてはならず、骨が折れ、たまに帰りたいと思うと述べる。ヴェネチアでは、地下室にどら猫が多く出ることを看板にしている豪華ホテル・ダニエリに逗留する。

四月二日　この日から五日までヴェネチア商業会議所でエスペランチストによる「商業・観光の補助言語のための国際会議」が開かれる。

四月三日　エスペラントの国際会議にプリヴァと共に参加する。出張販売していたベルリンの書店から本を買い、喜善宛てに送り、その旨を葉書に書く。孝にも、考古学の画譜を送ったので開けて見てよいと葉書に書く。

四月四日　サンマルコ大寺院の門前で、さまざまな国から集まったエスペランチストと一緒に写真を撮る。

四月五日　朝、ゴンドラに乗ってヴェネチアの宿を出て、汽車でフェラーラ、ラヴェンナの町に行き、絵を見て歩く。ホテル・サンマルコで孝宛てに葉書を書き、フランスで自動車事故で亡くなった北白川宮成久王のことを、こちらの新聞で見て知ったと書き、「嗟愕限りなく」と綴る。

四月六日　ラヴェンナの町の教会堂を見て回り、「首の骨が痛くなった」と孝宛ての葉書に書く。夜、ボローニャに着き、一月にも泊まったホテル・バリオーニに泊まる。

四月七日　汽車の出る前、古い寺院や博物館を見学したあと、自宅に本を送る。ボローニャの駅で、孝に葉書を書き、ベローナに向かう。ホテル・コロンバドーロに泊まる。

四月八日　孝宛ての葉書を出す。

四月九日　山にはまだ雪が大分あると聞き、アルプスの山越えをせずに、オーストリアを回って帰る。南チロルの湯治場メラーノで孝宛ての絵葉書を書く。

四月一〇日　一昨年の八月にも来たインスブルックに泊まる。孝宛てに、山には雪が大分あると聞き、オーストリアを回って帰ることにしたと葉書に書く。

四月一一日　ウィーンに向かう。

四月一二日　ウィーンのホテル・インペリアルで、孝宛ての葉書を書き、明日はミュンヘンを経てスイスに帰ると伝える。

四月一三日　ミュンヘンに着き、本を買い日本に送る。博物館を見学する（定）。
四月一四日　ミュンヘンの町を見学して歩く。孝宛てに葉書を書き、ミュンヘンの町の多くの店に、フランス人入るべからずとの表札がかかっていると伝える。
四月一七日　ジュネーブに戻る。
四月一九日　喜善宛てに、北イタリアの旅の印象を伝える葉書を書く。
四月二一日　一人でサレーヴ山に登り、これで三度目となると、十三本木ホテル（トレー＝ザルブル・ホテル）から孝に葉書を書く。
四月二四日　この日から七月一四日まで、毎週火曜日、イタリア語を習う。
四月三〇日　ジュネーブ大学にて、オルトラマール教授の比較宗教史を聴く（定）。
五月　この月、先生の夢をまた見たという喜善の四月二六日付けの手紙が着く。
五月一〇日　為正宛てに葉書を書き、為正の担任の先生が来たら、成城での話を聞きたいので待っていると伝える。
五月一三日　花袋宛てに、外遊中の佐藤紅緑を美術歴史博物館に案内したことを伝え、こちらに来れば若返ると渡欧を勧める絵葉書を書く。
五月一七日　四月六日七日付けの手紙が届き、返事を書く。
五月二四日　エスペラントの会で、日本の話をする（定）。
五月二九日　ジュネーブ大学で、ピタール教授の「湖上先住民」の講義を聴く（定）。人類学のゼミは、毎週木曜日に開かれた。
六月四日　ジュネーブ大学の図書館で一つ目小僧の資料を見る（定）。
六月一六日　喜善宛ての手紙を書き、四月四日に撮ったエスペランチストとの記念写真を同封する。孝宛ての葉書に、早くこちらの仕事を済ませて帰りたいと書く。
七月一一日　三木拙二宛てに、「あまりにもかはりにかはる故郷か　去年見し人のすでにいまさぬ」の歌を書いた絵葉書を出す。
七月二〇日　第三回国際連盟委任統治委員会の午前と午後の二回にわたる会議に出席する。このころ、欧米視察でジュネーブに滞在していた政友会の松田源治に会い、普通選挙について話し合う。
七月二一日　午前中の三回目、午後の四回目の会議に出席する。
七月二三日　午前中の五回目、午後の六回目の会議に出席し、フランス領トーゴランドとカメルーンの人口移動を比較して質問と意見を述べる。
七月二四日　午前中の七回目、午後の八回目の会議に出席し、八回目の会合で、「日本の委任統治下の島々における行政に関する予備審査」の発言する。また、この会議で、前年に引き続き「社会福祉」を担当することが決まる。
七月二五日　午前と午後に九回目と一〇回目の会合が開かれ、「ナウル」と「ニューギニア」の予備審査が行われ、それぞれ二回発言する。午後の会は、「原住民に対して同情心が欠如しているヨーロッパ人がいる」と述べる。

七月二六日　一〇時からの一一回目の委員会に出席する。
七月二七日　午前中の一二回目、午後の一三回目の会議に出席する。
七月二八日　午前中の一四回目、午後の一五回目の会議に出席する。前年の山川宛ての報告書で松田道一は不適任と述べたにもかかわらず、また松田がやってきてうんざりする。
七月三〇日　午前中の一六回目の会議に出席する。
七月三一日　午前中の一七回目、午後の一八回目の会議に出席する。
八月一日　午前中の一九回目、午後の二〇回目の会議に出席する。
八月二日　午前中の二一回目、午後の二二回目の会議に出席する。
八月三日　午前中の二三回目、午後の二四回目の会議に出席する。
八月四日　委任統治委員の後任に、山中千之が指名される。
八月六日　午前中の二五回目、午後の二六回目の会議に出席する。
八月七日　午前中の二七回目、午後の二八回目の会議に出席する。
八月八日　一〇時から開かれた二九回目の会議に出席し、前年からの自分のテーマであった「委任統治領における原住民の福祉と発展」の英語とフランス語の報告書を提出し、日本の台湾、朝鮮における皇民化教育に対し批判的な文言を入れる。一一時からの三〇回目、三時一五分からの三一回目の会議に出席する。
八月九日　三時半からの三二回目の会議に出席する。
八月一〇日　一〇時から開かれた三三回目の最終の委員会に出席し、各委員の研究主題の分担が決まる。
八月一二日　氷河を見るために旅行に出る（定）。
八月一三日　ツェルマットのゴルネルグランドタルム・ホテルから、直平と安東貞美宛てに、数日前から身軽になって、山中を歩き回っていると葉書を書く。また、千枝にも九日に会議が終わってくたびれたので山に遊びに来ていると葉書を書く。
八月一四日　山川瑞夫条約局長宛てに、著しく疲労困憊しているので、充分な説明ができていないが早く耳に入れたい事があると報告書を書く。そのなかで、委任統治の新制度は馬鹿気きっているとし、日本政府の対応の悪さを批判する。さらに、自分が辞めたあとの後任の人事についても触れる。孝宛ての葉書を書き、去年も泊まったフルカ峠の氷河の下のホテルに来ていると伝える。
八月一九日　バーゼルのスリーキング・ホテルから孝宛てに葉書を出し、チューリッヒからホドラーとセガンチニの画集を送ったと伝える。
八月二〇日　スイス西部のヌーシャテルの町で、京都大学の文学部の成瀬清と農学部の橋本伝左衛門と一緒になり、新村出宛てに絵葉書を書く。
八月二一日　孝宛ての葉書に、明日ジュネーブに帰り、帰国の準備をすると書く。
八月二三日　この日、ジュネーブにある国際土人保護協会に会員として入会する［定本年譜では、二〇日］。
八月三〇日　ロンドンに着く。
九月一日　安東家栄子宛てに、様子を知らせる絵葉書を書く。
九月二日　関東大震災の知らせを受ける。富士山が爆発消滅とか、江ノ島の水没、東京も全滅との情報に、家族の安否を心配し一時は相当の覚悟をする。のちに、加賀町の自宅は無事だったものの、茅ヶ崎の別荘が全壊し、避暑に来ていた養母琴と孝が重傷を負ったことを知る。

九月五日 ロンドンの林大使の家での会に出席する。この会の席上、デンマークで開かれた万国議員会議のため訪欧中の議員から、大震災は天罰だという発言を聞き、猛烈に抗議をする。このころ、横浜正金銀行ロンドン支店勤務になっていた渋沢敬三に会うが、大震災の騒ぎでゆっくり話ができない。

九月七日 千枝宛ての葉書に、「千枝子さんは地震がきらひだから一ばんびつくりしたでしやう　ロンドンでも皆大へんな心配です　少しでも早くかへりたいといふ人ばかりで船が一ぱいです　おとうさんハ多分九月二十二日の船でアメリカへ渡り十月始の春洋丸でかへります」と書く。

九月九日 辞任が、国際連盟理事会で正式に承認される。この日の前後、パニックになっている日本人に落ち着くように言い、船便を待つ間、芭蕉の『七部集』を携えてスコットランド方面への旅に出る。

九月一七日 ケズィック湖畔から孝宛てに葉書を出し、一人旅がことに淋しいと伝える。

九月二〇日 オックスフォード郊外イトベリー村のスコットの別荘に滞在する。スコット夫妻と、大正四年の会津から新潟への旅の思い出を語り合い、越後の月夜は忘れられないと言われる。「あらうみのあなたの島の秋の夜に　此はな園を又や見に来ん」の歌を詠みノートに書く。

九月二九日 ロンドンから大西洋航路の船に乗る。

一〇月七日 ニューヨークからボストンに向かい、ホテル・コプレープラザに泊まる。町を散歩し三人の日本人に会う。ハーバード大学構内を見学し、夕食後、映画を見る。

一〇月八日 ボストンで図書館や博物館を見たあと、夕方の汽車でニューヨークに戻る。

一〇月一一日 ペンシルバニアの駅で汽車に乗り、ワシントンに向かう。ホテル・ショオラムに荷を置き、すぐに日本大使館に行き、大使に会う。車で町を見学し、夕食は日本料理をご馳走になる。

一〇月一二日 町を散歩して画廊などを見る。国立博物館や印刷局を見学し、公刊目録をもらった後、六時半の汽車に乗りシカゴに向かう。

一〇月一三日 朝、シカゴに着き、夜行の汽車に乗るまで町を見て回る。

一〇月一四日 カンザスシティーで朝になる。車中で、『七部集』を暗誦する。

一〇月一五日 朝、うす雪が降るなか、車窓からアメリカ先住民の住居を見ながらアルブケルクに向かう。駅前の先住民の土産物博物館で買い物をする。

一〇月一六日 グランドキャニオンで、飯田の中学校の春日校長に会う。静かに人々と話し、アメリカ先住民の踊りを見たりする。

一〇月一七日　目が覚めると、すでにカリフォルニアに入っていて、車内が暑くなってくる。三時過ぎ、ロスアンゼルスに着き、アンバサドル・ホテルに泊まる。日本人町を回り、本を買ったり、食事をしたりした後、映画を見る。

一〇月一九日　九時半にサンフランシスコに着き、領事館に行き、ニューヨークからの荷物を受け取る。ホテル・セントフランスに泊まる。

一一月八日　横浜に上陸し、大震災の被害の惨状を目のあたりにし、民俗学樹立の決意を固める。記者に、「自分は東京の大地震で書物が焼出したと聞き、自分でも記憶出来ない程に人類学または各民族の伝説に関する書物を買ひ込んで来た」と話し、一〇日に記事となる。

一一月二二日　同人会でスイスの時計の話をする。

一一月二三日　慶應義塾大学政治学会で講演をする。

一一月三〇日　慶応義塾大学史学会例会で、松本信広、松本芳夫、移川子之蔵らを前に講演をする。終了後、三田の明石屋で開かれた地人会主催の帰朝歓迎会に出る。

一二月　この月、国際連盟委任統治委員を辞任する。

一二月一日　国学院大学郷土研究会で、ローマで買い集めた家紋の写真を見せながら、「建築に表れたる犠牲の痕跡としての牛紋様」について講義する。終了後、茶菓での納会に参加し懇談する（雑）。中道等宛てに、一一月八日帰ってきたので、いろいろな研究会を再興するつもりと葉書を書く。

一二月一五日　外務大臣官邸で、国際連盟委任統治委員会での活動を口頭で報告する。

一二月一六日　日本エスペラント学会主催のザメンホフ誕辰祭に出席し、国際連盟でのエスペラント運動について日本語で講演する。

一二月一七日　早稲田大学大隈会館で開かれた社会政策学会で講演する（定）。

一二月二一日　三木拙二宛てに、パリ凱旋門の絵葉書を出し、先月八日に帰国したことと、近く上方を回る時、帰郷したいと書く。

一二月二三日　自宅で、第一回民俗学談話会を開く。参加者は、早川孝太郎、金田一京助、松本信広、松本芳夫、中山太郎、岡村千秋、今泉忠義、西村真次、三上永人、宮本勢助らであった。第二、第四土曜日に自宅で開催することを決める。岡村千秋が、松本中学での後輩であり、東京帝国大学文学部社会学科の学生であった岡正雄を連れて来る。岡から、自分が翻訳したフレーザーの「王朝の呪的根源」を出版したいので、序文を書いてほしいと頼まれるが断り、出版するのだったら、反対すると言う［翌年の二日か］。

大正一三年（一九二四）　四九歳

一月　このころ、岡村と会うたびに、『炉辺叢書』を早く三〇冊は出したいと話し合う。

一月九日　上田万年を訪ね、沖縄で、伊波普猷と約束した『おもろさうし』の校訂の話をし、どうしてもこれを出版したいので協力してほしいと頼む。のち幣原坦に引き継がれ、一年がかりで完成する。また、この日の前後、一八日の南島談話会の案内を岡村との連名で出す。

一月一二日　自宅で、第二回民俗学談話会を開く（定）。

一月一八日　東京日日新聞社で開かれた第三回南島談話会に出席し、開会の辞として本会の趣旨を述べる。参加者は、芳賀矢一、中山太郎、金田一京助、折口信夫、宮良当壮、小沢愛圀、松本信広、松本芳夫、穂積重遠、八田三郎、松崎謙次郎、俵孫一、宮良当壮らで、三時から夜一〇時まで、折口からの八重山の花城八重の話などの話で盛り上がる（当）。岡村千秋が、会の世話人となることが決まる。

一月二六日　自宅で、第三回民俗学談話会を開く（定）。

二月一日　四国講演旅行に出発する（定）。

二月四日　高知県庁の教育課で、神社明細帳を見る。

二月五日　高知中学校で講演したあと、土佐浦戸の安政元年地震記念碑の前で写真を撮る。その後、阿波を経て大阪に入る。

二月七日　この日、朝日新聞社村山龍平社長から、「時代が代わったから、社説も文化の方に変化」をつけたいとの話があり、編輯局顧問として論説委員となることを承諾し、正式に社員となる。月給三〇〇円、旅行に関わる費用は別途に朝日新聞社から支払われる。

二月一〇日　午後七時五〇分、大阪発一二列車の一等寝台に乗車する。

二月一一日　午前九時二〇分東京駅に着き、自宅に帰る。

二月一二日　朝日新聞社に出勤し、喜善宛てに、「けふより「朝日」にかよひをり候」と便りを書く。

二月一六日　自宅で、第四回民俗学談話会を開く（定）。この日、平和条約実施委員を免ぜられる。

二月二〇日　この日、輝夫の次男春樹が生まれる。

二月二一日　朝日新聞社への入社披露を兼ねた時局問題大演説会で講演するため、同時に入社した吉野作造と一週間の関西旅行に発つ。

二月二二日　大阪中央公会堂で開かれた大阪朝日新聞社主催の「時局問題大演説会」で、「政治生活更新の期」を講演し、議員内閣制の確立を説く。

二月二三日　京都の学生エスペラント会で小講演をしたあと、岡崎公会堂で開かれた大阪朝日新聞社主催の「時局問題大演説会」で、「特権階級の名」を講演し、貴族院改革の必要性を訴える。

二月二五日　神戸市青年会館で開かれた大阪朝日新聞社主催の「時局問題大演説会」で、「普通選挙の準備作業」を講演する。そのなかで、普通選挙権をもつ者は、「幼弱無告の多数同胞のため」にそれを行使すべきと説く。次の日の吉野の講演「現代政治の史的背景」が、右翼からの告発を受け舌禍事件へと発展する。

三月三日　喜善宛てに、『朝日新聞』の学芸欄に「蒐集の趣味」の実例を書いてほしいと依頼の葉書を書く。

三月八日　自宅で、第五回民俗学談話会を開く（定）。
三月一六日　明治聖徳記念学会で、「土人保護の事業」を講演する。
三月一八日　喜善から原稿が届いたので、感想を書いた葉書を書く。
三月二二日　自宅で、第六回民俗学談話会を開く（定）。
三月二七日　国際連盟協会で、「ユダヤ人の問題」を講演する。
三月二八日　朝日新聞社の時局問題講習会の講師として、前橋、高崎、館林を回る。茂林寺に立ち寄り、宇都宮を経て、芳賀郡に入り、神田正雄の選挙応援演説をする。
三月二九日　高崎の高盛座で「護憲を徹底せしめよ」を講演する。
四月三日　帰宅する。
四月五日　喜善宛てに、『三田評論』に書いた論考に対して、炭焼長者の話の参考になると感想を書き、宮古島の話が全部、陸中にあるというのも驚きだと述べる。
四月一二日　自宅で、第七回民俗学談話会を開く（定）。
四月一五日　『おもろさうし』刊行費用が、学士院から出されることになる。この日、内ヶ崎作三郎の選挙応援に行く吉野作造と共に朝早く東京を発ち、常磐線経由で仙台に向かう。
四月一六日　仙台で開かれた時局問題講演会で話したあと、内ヶ崎コーヒー店で、土井晩翠らのエスペランチストに対して欧州に於けるエスペラントの普及状態に関する話しをする。
四月一七日　古川での選挙応援をしたのち、浦町守安事務所に入る。旅館中の里で吉野ら家族と会食をしている所に、反対派が押しかけてきて閉口する。今後、選挙の応援演説は一切しないことを心に決める。仙台のつつじが岡公園の枝垂れ桜が見事で、感激する。のちに、吉野作造から枝垂れ桜の苗木が三本届く。
四月二一日　山形、秋田を回り、この日帰宅する。
四月二二日　慶応義塾大学文学部講師となり、毎週一回、史学科で民間伝承について講義する。桜田勝徳が学生として聴講する。昭和四年三月まで続く。
四月二五日　ジュネーブ行きの前に校正し終えていた大須賀履の『焔取録』を再校しながら読み終える。
四月二六日　自宅で、第八回民俗学談話会を開き、この回で終わる（定）。郷土研究社の炉辺叢書、喜舎場永珣の『八重山島民謡誌』が刊行される。
四月二七日　家族で、内郷村の鈴木重光を訪ね、調査の際に寝泊まりした正覚寺を参拝する。
五月三日　満川亀太郎の自宅を訪れる。満川から、郷間正平を紹介される。
五月六日　高木誠一に『焔取録』のお礼の手紙を書く。
五月八日　経済研究会で、「委任統治のこと」を講演する。
五月一〇日　学士会館で、松本信広の渡仏送別会を兼ねた郷土会に参加する（定）。
五月一一日　第一五回総選挙の投票日の翌日、京都、大阪への講演旅行に発つ（定）。
五月一二日　この間、上賀茂葵祭を見学したり、エスペラント講演会に出たりする。

五月一六日　帰宅する。

五月二五日　謄写印刷された『丹後中郡風俗答状』に目を通し、「一校了」と書き、感想を書き込む。

五月二八日　朝、St.-Johnston の『The Islanders of the Pacific』を読み終わる。この日、吉野作造が、舌禍、筆禍事件で依願退社となる。これまで、東奔西走して何とか収めようとするが実を結ばず残念に思う。

六月七日　家族を連れて、会津若松に講演旅行に出る。帰路、那須温泉に遊ぶ（後狩）。

六月一一日　衆議院議員選挙法改正が可決される。

六月一二日　東京女子高等師範学校で開かれた国際教育講習会で、「エスペラントの話」を講演する。

六月一三日　一週間におよぶ東北地方の講演旅行に発つ。

六月一四日　下村宏（海南）と共に、東京朝日新聞社主催の時局問題講演会で、弘前、青森、盛岡と回る。この日は、弘前の公会堂（東奥義塾）で、「イタリアにて感ぜしこと」を講演する。中道等を訪ねる。

六月一六日　青森で、「国際都市の経験から」を講演する。

六月一八日　盛岡で、「臥薪嘗胆といふ話」を講演したあと、小岩井農場を見学する。黒沢尻から横手に回って帰京する［福島県西白河郡川崎村の箭内名左衛門を訪問するのはこの時か］。

六月二三日　栃木中学校（現、県立栃木高校）で、「歴史は何のために学ぶ」と題した講演をする（手控えは「旅行ト史学」のちに「旅行と歴史」）。

六月二六日　社会政策学会で、「経済政策と人種問題」を講演する。Verrill の『Islands & their Mysteries』を読み終える。この日、吉野作造の朝日新聞社退社が正式に決定し、吉野の「不敬罪」は不起訴となる。

六月二七日　Alder の『The Isle of Vanishing Men』を読み終わる。

六月三〇日　朝日新聞社論説委員となり、この日から毎週三回を原則に、社説を書き始める。旅行や特別の用事がないかぎり、毎朝八時に自宅を出て、夕方六時から七時の間に帰宅するという規則正しい生活を送る。この日と七月一日の両日、MacQuarrie の『Tahiti Days』を読む。

七月　この月、日本エスペラント学会の理事となる。

七月一日　『東京朝日新聞』に、アメリカの排日立法（日本移民入国禁止法）について論ずる初めての論説が載る。

七月八日　『東京朝日新聞』論説「加藤総理の善処」で、新任の加藤高明首相への注文と、特権意識の集まりと貴族院議員の数を批判する。

七月一〇日　喜善に、紫波郡昔話を早く出しましょうと手紙を書く。その次は「遠野物語の増訂を企てられてハ如何」として、文語体を口語体に改めて、なるべく多くの同じような話を集めようと薦める。また、朝日新聞社からの遠野講演依頼についてたずねる。

七月一二日　七月九日に衆議院で可決した小作調停法について論じた、論説「小作争議の将来」を発表する。

七月一三日　山梨への講演旅行に出る。
七月一四日　夏期講習会の講師を務める。昇仙峡を経て、金桜（御嶽）神社の夏祭を見るため、宮本村に泊まる。
七月一五日　神行事を見たあと、ただ棄ててあった白杖が気になり、小田切石治村長に話を聞く。のちに「杖の成長した話」に紹介する。
七月二〇日　日本クラブの日本青年館の会で、「村調査の話」を講演する（定）。
七月二四日　このころから、「小さき者の声」収録の論文を書き始める。
七月三〇日　茅ヶ崎の別荘が建て替え工事のため住めないこともあり、三千、千枝と為正の三人の子供たちを連れ、朝日新聞社主催の講演旅行に出る。
八月一日　この日の前後、糸魚川、富山を経て、敦賀から汽車に乗る。明治四二年の旅で感動した、途中の杉津駅からの眺めを為正と共に見る。新舞鶴で停車中に、車内に置いてあった荷物から電球を取っていった若者を見て、こういう場合には、どんな態度をとるのが正しいのかと悩む。
八月二日　吉野に入る前に、子供たちに大仏を見せるために奈良に立ち寄る。
八月三日　吉野山桜本坊で開かれた大阪朝日新聞社主催の吉野山夏期大学で、「太平洋民族の将来」を講演し、芳雲館に西田直二郎らと泊まる。講演の続きを次の日の午前中に話す。
八月五日　名古屋から中央線に入り、為正の体調が悪く、塩尻で途中下車する。
八月六日　大月から河口湖に入り、船津小学校で行われていた朝日新聞東京本社の夏季講習会で「人種問題について」の講演をする。宿泊した隣りの部屋には、地理学の辻村太郎の親子がいる。
八月九日　山梨から帰る。
八月一〇日　喜善宛てに、昨日山梨から帰ってきたが、今月末には北海道に行くことになっているので、なかなかそちらには行けないと葉書を書く。
八月二九日　Cloman の『Myself and a few Moros』を読み終える。
八月三一日　Cameron の『Wanderings in South-Eastern Seas』を読み終える。
九月一〇日　松本信広から喜善に送ってほしいと荷物が届いたので、喜善宛ての葉書を書き、別便で送る。
九月一三日　Carpenter の『Australia, New Zealand and some Islands of the South Seas』を読む。
九月一七日　Wollaston の『Pygmies & Papuans: the Stone Age To-day in Dutch New Guinea』を読む。
九月一八日　伊波普猷の上京に合わせて開かれた銀座千疋屋での南島談話会に出席し、挨拶をする。参加者は、昇曙夢、東恩納寛惇、折口信夫、岡村千秋、本山桂川、中山太郎、松本芳夫、移川子之蔵、岡正雄、今泉忠義、比嘉春潮ら二〇名に及んだ（新）。

九月二四日　高木誠一宛てに、白髪水のことを『青年』に書いたと葉書を書く。
九月二六日　Greenbie の『The Pacific Triangle』を読む。
九月三〇日　炉辺叢書の鈴木重光著『相州内郷村話』が刊行される。
一〇月五日　夕方、Lynch の『Isles of illusion; Letters from the South Seas』を読み終わる。
一〇月八日　論説「米国の太平洋研究」を書くが、掲載されない。
一〇月一一日　喜善宛てに、『紫波郡昔話』を二分して早く出そうと葉書を書く。
一〇月一二日　夜、早川孝太郎編で炉辺叢書の一冊として刊行する『能美郡民謡集』の「序」を書きあげる。
一〇月一五日　朝日新聞社に満川亀太郎が訪ねてくる。
一〇月三一日　京都・大阪への講演旅行に発つ。
一一月　この月、郷土研究社で「炉辺叢書刊行趣旨」を書く。
一一月二日　大阪市公会堂で開かれた、第六回関西婦人連合会大会で、「昔風と当世風」を講演する。
一一月八日　兵庫の今村幸男宛てに、手紙を書く。
一一月一〇日　宇都宮中学校（現、県立宇都宮高校）で、「国を愛する者の学問」について講演する。鷹野弥三郎の『山窩の生活』を読む。
一一月一九日　農業経済研究会発会式に出席し、農政学関係の友人と旧交を温める（定）。
一一月二三日　新聞研究所の広告講座で講演する（定）。
一一月二五日　中等学校への軍事教練導入の動きに対して、「軍事教育に反対すべき理由」の論説を発表する。
一一月二七日　国学院大学国文学会で「俳諧とフォークロア」を講演し、終了後、折口信夫の家に立ち寄る（定）。
一二月　この月、新渡戸が一時帰国していることを知り、郷土会の記録集を出すことを決意する。
一二月一九日　新村出より、この日付けで、『南蛮更紗』の寄贈を受け、お礼の葉書を書き、そのうちに新聞にも紹介したいと述べる。
この年、岡正雄が、第二高等学校時代の二年先輩の辰野町出身の有賀喜左衛門を連れて来る。また、岡茂雄に、新村出に会うようにと紹介状を書いて渡す。この年の暮れ、伊波普猷宛てに、宮良当壮の『沖縄の人形芝居』が炉辺叢書として刊行されると手紙を出す。弟静雄が、高血圧で倒れ、藤沢に引き籠る。

大正一四年（一九二五）　五〇歳

一月　このころ、震災で倒壊していた茅ヶ崎の別荘がほぼ元通り復元完成する。ただし、屋根は瓦をやめてトタン葺きとする。
一月六日　祭祀研究会で話をするため、「祭祀研究ニ就テ」と題した原稿を書く。この日の社説に「反動団体の今年」を書き、ムッソリーニとファッシスト党に学ぶべきものがあるかと述べる。
一月七日　この日から、毎週水曜日に発行される『アサヒグラフ』に「山の人生」を八月一二日まで三〇回連載する。

一月一〇日　中央亭で開かれた、桑木厳翼の娘繁子の結婚式に出席する。相手は、寺田寅彦の門下生で、地震学の松沢武雄であった。桑木の弟の彧雄も寺田寅彦と同学であったことから、寺田寅彦も出席していてその席で寺田に会い、地名の話などさまざまな話をする。

一月二〇日　朝日新聞社社長の娘婿、大阪朝日新聞社の印刷局長であった村山長挙が夫婦で上京し、帝国ホテルに滞在する。夫妻に会いにいった緒方竹虎が、赤化防止団から暴行を受け、慶応病院に運ばれたと連絡を受け、すぐに見舞いに行く。「それであなたはどうしたのです」という緒方夫人の言葉に、「さすが新聞記者の妻」と感心する。

一月二二日　考古学会で話をする（定）。

二月　この月、伊波普猷が上京する。

二月六日　緒方竹虎が編集局長となり、牧野輝智、美土路昌一が編集主幹として支える体制ができる。

二月一四日　一六日まで上総を旅行し、勝浦に泊まる。

二月二八日　有賀喜左衛門が訪ねてきて、学術用語についての相談を受ける。

三月一日　紅葉館で開かれた『鏡花全集』出版記念会に参加し、徳田秋声、笹川臨川、青柳有美、岡田三郎助、平岡権八郎らと話し合う。

三月六日　四谷三河やで上京した伊波普猷の激励会を催す。参加者は、金田一京助、折口信夫、安藤正純、橋本進吉、松本信広、岡村千秋、中山太郎らであった。

三月一四日　女子学習院で、「衣服の話」を講演する（定）。

三月二七日　「史料としての伝説」を書き終える（後狩）。

四月八日　「ジュネヴの冬は寂しかった。」で始まる『海南小記』の序を書き終わる。

四月一二日　朝日新聞社主催の巡回講演の講師となり、中国四国九州をめぐる旅に出発する。

四月一三日　この日、大岡山書店から『郷土会記録』が刊行される。

四月一四日　この日か前日、兵庫県立女学校で、「外より内を観る」を講演する。終了後、久しぶりに辻川に帰り墓参をし、改めて「我が村は日本にも珍しい好い処」と感じる。

四月一五日　朝、辻川を発ち、夕方、山口県小郡に着く。小郡から孝宛てに三木家の法事に間に合うように線香を送るよう頼む。「山の人生」を連載中の『アサヒグラフ』に「柳田国男氏の家庭」として家族一同の集合写真が掲載される。

四月一六日　山口で開かれていた第二一回全国産業組合大会で、「次の二十五年」を講演し、産業組合の本来の目的は、「貧窮を個人の問題とせず、社会共同の害敵」に対して戦うことにあったと苦言を呈する。

四月一八日　別府亀ノ井旅館から、これから宮崎に向かうと孝に葉書を出す。大分から汽車で南下し、宮崎市公会堂で、「文化史上の日向」を講演する。夜、伊東東に一九日、二〇日は別府亀ノ井旅館にいると葉書を書く。

四月一九日　別府亀ノ井旅館に戻る。
四月二〇日　市公会堂で、「炭焼小五郎の研究」を講演する。別府市の市会議事堂で、「国際生活の準備」を講演する。
四月二一日　中津の蓬莱館で開かれた、朝日新聞社大講演会で、「移民問題の病源」（「移民生活と生活安定」）を講演する。中津町から孝宛てに、別府名所海地獄の絵葉書を出し、これから炭焼長者の観音様（三重町蓮城寺）を拝みに行くと伝える。二三日まで三重町に住む伊東東の案内で回り、内山観音を参拝する。
四月二四日　この日、大岡山書店から、『海南小記』が刊行される。道後温泉から、大分で世話になった伊東にお礼の葉書を書き、『海南小記』を差し上げるので買わないようにと伝える。またこの日、吉田町に住む『郷土研究』寄稿者の長山源雄の自宅に寄り、話し込む。
四月二五日　松山高等学校で、「スイスで考えたこと」を講演する。伊予史談会でも講演し、同会に『炉辺叢書』一九冊を寄贈する。道後温泉鮒屋に泊まり、孝に葉書を書く。
四月二八日　『海南小記』が出来上がってくる（後狩）。
五月　出来たばかりの『海南小記』に、「新村大人請評」と書き、署名して、新村出宛てに送る。この月、大正四年にもなっていた、伊予史談会の名誉会員となる。
五月八日　早稲田大学で、第四七回政治経済講義として「日本農民史」の講義を始め、二年ほど続ける。
五月二五日　勘内に、折口の住所を知らせる葉書を書く。
五月三〇日　長野県立松本高等女学校で開かれた、東筑摩郡教育会の講演会で、「楽観派の文化史学」（「青年と学問」）を講演し、普通選挙が実施される今こそ「自己を見出す」ための史学が必要となると説く。学生であった池上隆祐が聴講に来ていて、講演後、初めて会う。
五月三一日　「東筑摩郡誌」資料について胡桃沢勘内、小林伍一、大池蚕雄らと打ち合わせをする。東箕輪村の小学校で講演する。講演後、矢島麟太郎と野沢虎雄に会う。野沢を誘って、下諏訪の亀屋に泊まる。
六月五日　早稲田大学新聞会で、「スイスの新聞」を講演する（定）。
六月一七日　田辺寿利から贈られた、田辺が訳したタルド『未来史の断片』（不及社）を読む。
六月二七日　松岡均平、大川周明、井上準之助、永井柳太郎、松岡洋右、満川亀太郎らと集まりをもつ。
七月　この月、堺利彦に会いに行った橋浦泰雄が、原始共産制の残る集落を調べたいと相談し、柳田に会いに行けと言われる。
七月五日　布佐に行き、両親の三十年祭を執り行う。このころ、我孫子に住む杉村楚人冠の「白馬城」と名づけた自宅を訪れ、森や池を散策し、池の金魚を狙うカワセミを嫌う楚人冠に対してカワセミを擁護する。
七月一六日　総合的な学術雑誌『民族』の計画を発表する。ここに至る話し合いのなかで、岡正雄から『郷土研究』の復刊を何度もすすめられたが、あるようなものを出す気がないと断ってきた。

八月五日　京橋の富士見永楽軒クラブに金田一京助、折口信夫、中山太郎、伊波普猷、岡村千秋、内藤吉之助らを集め、北方文明研究会を設立する。幹事に中山と金田一を選び、中山の自宅を事務所とする。『郷土研究』の寄稿者であった宮本勢助も発起人のひとりになる。この研究会での自分のテーマは、「ボサマ及び奥浄瑠璃」と発表する。会は、この後、四回続くことになる。この日の前、宮本勢助を訪ね、『炉辺叢書』の一冊として山袴研究を出してもらいたいと依頼する。

八月九日　朝日新聞社の講習会講師として、岩手、新潟、長野と回る旅に発つ（定）。

八月一四日　宮古の菊池氏の別荘から、一七日には帰途につくが、途中遠野によるつもりと喜善に葉書を出す。

八月二三日　帰宅する。

九月　この月、岡正雄、石田幹之助、田辺寿利、有賀喜左衛門、奥平武彦らと雑誌『民族』を創刊する。

九月三日　喜善宛てに、せっかく集めた話を小説風に書いてしまっては「甚だしく気持ちわるく候」と手紙を書く。

九月五日　父、操の三十一年忌、朝、喜善宛てに、『紫波郡昔話』の原稿が届いたと葉書を書く。そのなかで、東京美術学校で開かれている啓明会琉球芸術品展覧会に出かけると伝える。午後の第一五回講演会で、上原勇作や鹿児島出身の陸軍将校らを前に、「南島研究の現状」を講演する。講演前に、堺利彦から紹介されたと橋浦泰雄が会いにきたので、後日、自宅に来るように言う。また、比嘉春潮が聞きに来る。

九月六日　この日か二、三日後、橋浦泰雄が訪ねてきたので、原始共産制の村を探したいという橋浦に、地図を見ながら飛驒、美濃や三陸の村々を紹介する。佐々木喜善や釜石鹿島神社の神主などに紹介状を出しておくことを約束する。

九月一三日　喜善に、「紫波郡昔話」を全部読み終えたが、文字の使い方や文体が気になったので、訂正したと述べ、このような越権も永く残る書物にしたいという願いからだと手紙を書く。

九月一七日　鹿児島在住のアメリカ人宣教師ブールが訪ねてきて、琉球での伝道の先駆者ベッテルハイムの伝記作成のため集めた資料についての相談を受ける。

九月一八日　岡茂雄から新村出の『南蛮廣記』の寄贈を受け、新村宛てにお礼の手紙を書く。その中で、ブールの話のベッテルハイム自筆資料をなんとか京都大学図書館で保存できないかと打診する。

九月二六日　花巻の星病院に入院中の喜善に、見舞いの言葉と、自分も『民族』の準備で忙しいと手紙を出す。

九月三〇日　夏から熱病にかかり臥せっていた伊能嘉矩が亡くなる。享年五九。

一〇月　この月、早稲田大学文学部で開かれた、小田内通敏主催の集落地理学研究会で、「郷土研究といふことば」を講義する。家で飼っている秋田犬のモリを観察して「モリの実験」を書き、『遠野物語』の日本狼を思い出しながら観察を続ける。日本青年館の開館記念行事として、「郷土舞踊と民謡の会」が始まることになり、高野辰之と共に審査顧問となる。出演団体の選考にもめたことから、小寺融吉、高野辰之と共に民謡調査委員に任命される。

一〇月一七日　信州への講演旅行に発つ。

一〇月一八日　埴科実業学校で開かれた埴科郡教育会秋季総会で、「郷土研究ノ方法ト目的」（「郷土研究の目的」のちに「郷土研究といふこと」）を講演する。この講演は、長野市鍋屋田小学校に勤務していた小池直太郎の尽力で実現にいたる。

一〇月二四日　伊波普猷、折口信夫、岡村千秋と共に『おもろさうし』の研究会を開く。

一〇月二六日　日本青年館の開館式を兼ねて、第一回郷土舞踊と民謡の会が開かれ、審査顧問となる。

一一月　このころの秋の一日、国際連盟で知り合いとなったオーストラリアから来日中のウィルソンが、工業が盛んな近郊の農村を見たいというので、為正を連れ八王子市内から百草丘陵を歩く。

一一月一日　かねてから、岡正雄、有賀喜左衛門や、社会学者の田辺寿利、政治地理学の奥平武彦らと準備を進めていた『民族』を創刊する。編集名義人は、小石川区茗荷谷町五二番地の岡村千秋。発行者は、麹町区上六番町五番地、岡茂雄。

一一月七日　東京高等師範学校で開かれたエスペラントの会の講演会で、「エスペラントと将来の芸術」で話をする。二〇年ぶりに秋田雨雀に会う。

一一月九日　亡くなった伊能嘉矩の妻きよ子宛てに、後藤新平も心配していることと、遺稿を出版することが何よりの供養と考えていることを伝え、板沢武雄と相談して書き物を大切に保管しておいてほしいと手紙を書く。のちに『台湾文化志』三巻（刀江書院、昭和三年）として刊行される。

一一月二一日　土曜日のこの日、日本青年館で開かれた第六回南島談話会に出席し、『おもろさうし』完成のこと、雑誌『民族』のこと、言語調査のこと、佐喜真興英が三一歳の若さで亡くなったことなどについて話す。参加者は、常連の他に、京都からの新村出、台湾からの幣原坦をはじめ、市河三喜、内田魯庵、昇曙夢、小沢愛圀、今泉忠義らをまじえ三七人にも及んだ（当）。

一二月　この月の下旬、三カ月に及ぶ調査旅行を終えた橋浦泰雄が朝日新聞社に報告に来るというので、緒方竹虎、美土路昌一、折口、金田一、中山らを呼ぶ。この年の秋から暮れにかけて、岡茂雄を内田魯庵や渋沢敬三に紹介する。渋沢は、資金援助を約束する。この月、早川孝太郎に次男が生まれたので名付け親となり「啓」と名をつける。

一二月九日　『宮古島近古文書』の後遊紙に、「今ニ於テ複写ノ急ヲ認ト云フ　是レニコライネフスキー君ノ言也」と書く。

一二月二〇日　橋浦泰雄宛てに、二二か二三日に朝日新聞社に来てほしいと葉書を書く。

一二月二八日　松根東洋城宛てに葉書を書く。

大正一五年・昭和元年（一九二六）　五一歳

一月一日　伊東東宛てに年賀の葉書を書き、『アサヒグラフ』で民謡を集めてみたいので古風なものを二、三送ってほしいと頼む。

一月一五日　遠野で、伊能先生記念郷土学会が設立され、顧問となる。

一月二三日　橋浦泰雄の手紙の返事を書き、会は二七日の夜に自宅で開くので来てほしいと伝える。

一月二七日　自宅で、民俗学談話会を開く。

二月九日　この日から一四日まで、『沖縄朝日新聞』に「南島研究の現状」が連載される。水野葉舟宛てに、一六日の会に来るようにとの葉書を出す。

二月一六日　神田一橋の学士会館で、自分が提案した第一回吉右衛門会（きつちよむ研究会）が開かれ参加する。水野葉舟、中山太郎、折口信夫、橋浦泰雄、岡村千秋、本山桂川、日名子実三、増田正雄らが出席する。日名子から「生きているキッチョム」と題した臼杵周辺の話を聞く。この日、有賀喜左衛門と初めて会う。以後、吉右衛門の会の事務局を学士会館に置く。

二月二八日　岡正雄、有賀喜左衛門と学術用語について相談する（定）。

三月七日　帝国ホテルで開かれた行地社の集まりに出て、満川亀太郎らに会う。

三月一二日　講演と飯田での墓参のため、信州旅行に発つ。上伊那郡伊那町で講演する［この時、新野の盆踊りや「熊谷家伝記」について聞いたか］。

三月一五日　帰宅する。

三月一八日　仙台にいる喜善に、手紙と原稿を面白く読んだと葉書を書く。

三月二五日　NHKラジオで、午後七時二五分から「猿の皮の話」を放送するために、為正を連れて、愛宕山にあるNHKまで行く。

三月二八日　丁酉倫理会で、「日本のフォークロア」を講演する。

四月　第四九回早稲田大学政治経済講義の講師となり、社会問題講座で日本農民史を講義する（翌年の九月まで）。

四月一日　沢田四郎作宛てに「神隠し」の報告の葉書を書く。

四月四日　沢田四郎作から送られて来た雑誌を読み、古い分も見せてほしいと葉書を書く。

四月九日　沢田四郎作からの手紙が届き、雑誌を読んでいると返事を書く。

四月一七日　丸の内日本工業倶楽部講堂で開かれた財団法人啓明会第一八回講演会で、「眼前の異人種問題」を講演する。会全体を企画し、十勝アイヌとして伏根弘三に「アイヌ生活の変遷」を話してもらったり、金田一京助、ジョン・バチュラーからの講演を聞いたりする。鶴見左吉雄が開会の辞を述べる。終了後、朝日新聞社屋上で、伏根弘三、要作親子と写真を撮る。北海道から田中新次郎が聞きに来る。夜、日本青年館で開かれている第二回郷土舞踏大会二日目を見に行く。

四月二二日　東京帝国大学上山御殿で開かれた日本社会学会で、「民俗学の現状」（日本の民俗学）を講演し、フレーザーの業績を「フォークロアとエスノロジーの婚約」と評価する。後藤新平が聴きに来る（定）。当初の予定では「日本ニ於ケルト占ト祈禱トノ関係」を話す予定だったのが伝わっておらず、冒頭でそのことを説明する。

四月二六日　輝夫が、勲六等瑞宝章を受章する。

四月二七日　この日から五月二日まで、有賀喜左衛門の案内で、諏訪の御柱祭を見に行く（後狩）。

五月一八日　交詢社文話会で「エスノロジーとは何か」を講演する（定）。

五月一九日　尚志社で、「地誌学研究のこと」を講演する（定）。

五月二二日　南方熊楠に中山太郎の『南方随筆』の跋文は感心できないと葉書を送る。

五月二六日　南方から、二二日に出した葉書の返事（二四日付け）が届き、自分の言い分は、本の中に張り紙させてもらったと葉書を書く。

五月二七日　北方文明研究会に出る。台北帝国大学総長の幣原坦、フィンランド大使のラムステッドの他、金田一京助、松本信広、今和次郎、有賀喜左衛門、沢田四郎作らが集まる。オシラサマの話などをする。金田一がアイヌの青年を連れてくる。

五月二九日　産業組合中央会付属の産業組合学校で、「消費の整理・衣服」を講演する。

五月三一日　伊東東宛てに、葉書を書き、橋浦泰雄のために古風な村を紹介してほしいと頼む。

六月　この月、伊能先生記念郷土学会が設立する。

六月六日　『アサヒグラフ』の企画、連作長編小説「旋風」の執筆者の集まりである「旋風の会」が、午後一時から紅葉館で開かれ参加し、挨拶を述べ拍手喝采を受ける。杉村楚人冠が記録し「「旋風」作後感」としてまとめられる。記念の画帳に「川下の　柳おほろになりにけり　わかのる舟もさそかすむらん」の歌を揮毫する。この歌は大正一一年四月二四日の兄弟の送別会で詠んだ歌。

六月八日　南方から、六日付けの長文の手紙が届き、南方が中山の文をそれほど気にしていないことを知り、返事の葉書を書く。

六月一二日　朝、Charles de Brosses の『L'Ethnologie Religieuse』を読む。

六月一七日　銀座尾張町のカフェーで猿曳きと会う。

六月二〇日　岡書院から出す、佐喜真興英の『女人政治考』の序を書く。

六月二三日　富士見軒で、南島談話会を開き、伊是名島出身で東京で医師をしている銘苅正太郎から「伊平屋野列島の話」を聞く。

六月二六日　Queyrat の『Les Jeux Des Enfants』を読む。

六月三〇日　Ploix の『Le Surnaturel Dans Les Contes Populaires』を読む。

七月　八月に刊行される炉辺叢書の一冊、三上永人編『東石見田唄集』の序を書く。また、この月、財団法人となった日本エスペラント学会の理事となる。

七月三日　『民族』に論文を発表してくれた津田左右吉にお礼のため、津田の自宅を訪れる。そこで、大嘗祭についての考えを述べる。
七月四日　沢田四郎作宛てに、雑誌が中止になって淋しいでしょうと葉書を書く。
七月一五日　フランスの中世文学研究者ジョセフ・ベディエの『ファブリオ研究』を読み終わる。
七月二三日　朝、製本した雑誌を贈ってくれた沢田四郎作に礼状を書いた後、直平と共に、三穂と千枝を連れ東京を発つ。会津猪苗代湖湖畔の翁島で、成城小学校の夏季合宿に参加していた為正と合流する。直平は、体調がすぐれず次の日帰京する。
七月二四日　磐越西線、羽越線に乗り、山形に入り、吹浦の湯田温泉に泊まる。喜善に葉書を書き、二七日に投函する。
七月二五日　秋田から十和田に向かい、「二十九日には、遠野高善旅館に入る」と喜善に葉書を書き、次の日宿泊した和井内ホテル観湖楼から投函する。
七月二七日　奥入瀬を下って八戸に出て、小子内を歩き、為正に清光館の思い出を語る。のちに「清光館哀史」を書く。小子内の工藤旅館に投宿する。
七月二八日　平泉を見学後、花巻に一泊する。
七月二九日　為正らと遠野に着き、金田一京助、松村瞭と共に高善旅館に入る。伊能家に行き、清子夫人を弔問する。
七月三〇日　遠野町大慈寺で午前七時から開かれた「伊能先生追悼会」に金田一、松村らと参列する。一〇時からの遠野小学校での追悼講演会に出る。聴衆三五〇人、鈴木重男の開会の辞のあと、松村の「日本民族と東北地方」、金田一の「郷土の言語と伝説」に引き続き、「東北の研究者に望む」（当初演題「北方文化研究者への希望」）。講演手控は「遠野」）を講演し、「伊能嘉矩先生は最も道楽味の少ない真摯な人類学者」と話す。
七月三一日　前日に引き続き、二日目の講演をし、人道のため同胞救済が我々の学問の大目的と述べる。終了後、軽便鉄道で花巻に向かい、花巻温泉に泊まる。
八月一日　盛岡市内で講演する。
八月二日　東北大学で「義経記から清悦物語まで」を講演したあと、松島に滞在中の真山青果を訪ねる。仙台にいる安東とらを訪ねる。
八月四日　この日の前後、帰京する列車のなかで、知人に会い、「今度信州の旦開の盆踊りの見学にいかれるそうですなア。」と言われ、なぜ知っていると聞いて、七月一七日付けの『南信新聞』の予告記事が原因とわかる。帰宅後、新聞を読んだ人たちから、ついでに講演をしろとか、立ち寄れとかの便りが来ていて閉口する。飯田の親戚で新盆を迎える三軒の家には、寄れないと見舞いを送っていたが、盆踊りの見学と親戚の新盆とどちらが大切かと理屈を持ちこまれて参ってしまう。
八月七日　ヴァン・ジュネップの『伝説の形成』を読み終える。このころ、『郷土研究』に投稿してきた三重の井上頼寿の原稿「八幡と魚の牲」に、「記文と意見を交錯せしむることは、自他の為に利益で無い」と手を入れる。
八月一一日　横須賀の夏期大学で、三〇〇人の聴衆に対し「欧州における私のエスペラント生活」と題した講演をする。

八月一二日　長野県新野の盆踊りを見学するために、東京を発つ。

八月一三日　小寺融吉と共に飯田市に入り、来迎寺で墓参した後、新盆がある三軒の親戚の家を回る。そののち、午後八時から蕉梧堂で開かれた飯田下伊那の知識人らのサロン、春秋会例会に出る。「話をきく会」の有志も集まり、参加者は、北原阿智之助、市村咸人、伊藤兵三、前沢淵月（政雄）、岩崎清美、中島繁男、牧内武司、南信新聞記者らで、本当の歴史は民衆の生活に即したものと二時間にわたって講演する。その後、市村らと『真澄遊覧記』の復刻について相談し、「伊那の中道」を第一編として復刊する計画を語る。終了後、安東家に宿泊する。この会をきっかけに、民俗の会が結成され、のちに伊那民俗研究会となる。

八月一四日　午前九時、新野の盆踊りを調査するため、北原阿智之助の息子の文雄の案内で、自動車で小寺と共に旦開村新野に向かう。途中の大下条村まできて、車では行けないと言われ、しかたなく三人で歩く。途中、新野からの迎えの車に乗り、新野の丸八旅館に落ち着く。村内を案内された後、夕食後、古老の仲藤増蔵や早稲田大学生の後藤兵衛らと懇談する。仲藤には、折口信夫が一月の雪祭りの調査で来た時に世話になったことのお礼を言う。盆踊りの輪とは別に、老人たち三〇人ばかりが、特別に一二種の踊りを披露してくれる。零時過ぎに宿に戻り、その後戻ってきた小寺、北原、仲藤と盆踊りについて一時半ころまで話し合う。

八月一五日　一〇時ごろ、仲藤がやってきて伊東村長や金田助役らから、木地師のことなどを聞く。その時、仲藤に「熊谷家伝記」の所在を確かめ、北設楽郡誌編纂会が作成した謄写版の複製本を見せられる。旦開尋常高等小学校の玄関前で記念写真を撮ったあと、午後一時から、青年会主催の講演会で、踊り疲れた一〇〇人ほどの村人を相手に講演する。講演後、早稲田大学学生の後藤兵衛の案内で伊豆神社に行き、雪祭りの説明を聞く。「かぶき」という屋号の家では、村内で出土した土器や石器を見せてもらう。夜、再び盆踊りを見て、零時からの新盆の家の精霊送りを見学する。

八月一六日　朝、車で豊橋に出て浜名湖に向かう。この時も、浜松の盆行事を見学する。

八月一七日　帰京する。

八月二五日　この日の『朝日新聞』から五回にわたって新野の盆踊りの紹介記事を書く。

九月一九日　日本エスペラント学会の理事会に初めて出席する。

九月二四日　二六日までの三日間、日本青年館で開かれた第一四回日本エスペラント大会が開かれ、初日の議長に選出される。この日、「東邦民族と国際語」と題して講演し、日本の同志の大同団結を呼びかける。

九月二五日　大会二日目のこの日、沢柳政太郎が「国際協調の基礎」の講演をする。

一〇月　第五〇回早稲田大学政治経済講義の講師となり、社会問題講座で日本農民史を講義する。この講義は、昭和三年三月まで続く。このころ、早川孝太郎に菅江真澄の本名の白井姓が渥美郡一帯にどのように分布しているか調べてほしいと頼む。その後、昭和五年に、早川はその結果を『旅と伝説』に発表する。また、この月、『山の人生』の「自序」を書く。

一〇月一一日　東京高等師範学校地理学会で、「島の話」を講演する。

一〇月一三日　京都大学文学部の学生の小川五郎に、原稿のお礼の手紙を書き、岩国の猿屋学校のことを尋ねる。

一〇月一五日　この日、かねてから東京放送局と話を進めてきた、後藤兵衛や吉野かねよらの旦開村出身の学生による盆踊り歌の合唱がラジオで全国に放送される。

一〇月一七日　田辺の雑賀貞次郎宛てに、投稿原稿を『民族』でなく、『山の人生』のなかで引用させてもらったことを告げる手紙を書く。

一〇月二一日　孝を伴い、辻川への墓参の旅に出る。比叡山に立ち寄り、加古川、辻川と回って墓参をする（定）。

一〇月三一日　辻川から美保関、松江、小郡、宮島、宇品、尾道と回る。途中、大崎上島下島の「サウカ」と呼ばれる売春の女たちの話を聞く。笠岡から船で多度津に渡る途中、北木島に立ち寄り、婚姻習俗を採集する。津田を経て徳島の撫養からまた船で淡路島福良に渡る。水陸を使うと面白い旅行ができると思う。その後、大阪、奈良、伊勢を経て帰京する。

一一月七日　一二時からのエスペラント会に出席し、久しぶりに秋田雨雀に会う（雨）。その後、福島から水戸への講演旅行に出る。

一一月八日　白河、棚倉で講演をし、太田、水戸を経て帰宅する。

一一月一五日　郷土研究会から、『山の人生』を刊行する。

一一月二一日　水戸高等学校弁論部で「国語の管理者」について講演する。講演後、大洗に回り、次の日、帰京する。

一一月二九日　吉右会の幹事として、第三回吉右会の案内をつくり、宛名書きをする。

一二月二日　『朝日新聞』の投稿コラム「鉄箒」に「けちな悪人」を書く。読んだ芥川龍之介から手紙がくる。

一二月七日　第三回吉右会（きつちよむ研究会）が、京橋通り千代田館内の富士見軒食堂において開かれる。昔話と技芸との関係や「面白いとは何ぞや」ということを話し合う。旅行から帰って来た早川孝太郎から見聞してきたことなどを聞く。

一二月一五日　大阪から孝宛てに、今日の用事は済み、明日帰るつもりだったが、一七日の春日大社若宮祭に誘われていて遅くなると葉書を書く。堂ビルホテルに泊まる。

一二月一六日　高田十郎に案内されて、春日大社に森口奈良吉を訪ねる。

一二月一七日　水木らの案内でおん祭り（春日大社若宮祭）を見る。

一二月二五日　神楽坂の果物屋のレストランでの『民族』の編集会議に出席し、その席上、大正天皇崩御の知らせを受け、瞑目する。昭和と改元。

一二月二六日　沢田四郎作宛てに、恵贈を受けた著書のお礼の葉書を書き、『山の人生』を差し上げるつもりだったが、まだ買っていなかったら知らせてほしいと述べる。

一二月二九日　社説「御代始の議会」を発表する。

昭和二年（一九二七）　五二歳

一月四日　橋浦泰雄に、『民族』三月号の表紙に銀杏の若芽をいっぱいに描いてほしいと葉書を書く。

一月二五日　北方文明研究会の第四回小集に参加し、「北方文明研究会の現状」を話す。中道等の奥浄瑠璃の変遷の報告と、フィンランド公使のラムステッドから北方民族の言語とそれを守る国民運動の話を聞く。ラムステッドは、ウラル・アルタイ語の研究者でエスペランチストでもあった。

二月　独歩の全集に掲載するための「国木田独歩小伝」を書く。

二月四日　東京帝国大学の駒場学友会において「旅行ノ進歩及び退歩」（原題「旅人の功績」）を講演する。

二月一六日　『箋釈豊後風土記』を送ってきた伊東東にお礼の葉書を書く。

二月一八日　二〇日までの二泊三日、日本青年館で鎌倉郡連合青年団主催の成人教育幹部指導講座が開かれ、「地方研究（地方学）の新方法」「農民文芸と其遺物」を講演する。他に、田沢義鋪、熊谷辰治郎、矢内原忠雄らが講師となった（新）。

三月　この月、奄美の島々を調査してきた茂野幽考が昇曙夢の紹介で訪ねてくる。「奄美大島民族誌」を岡書院から刊行するよう動き、実現させる。

三月二八日　五ヵ月ほど書いていなかった日記を書き始め、小鳥の日記を書く。雀の方言を集める。

四月　以前、成城学園から購入した北多摩郡砧村の分譲地に家を建て始める。家は、英国風の洋館で、四〇畳の書斎や石炭による床暖房など希望のまま設計してもらう。土地、建物の名義は、義父直平とする。

五月三日　星岡茶寮で、尾佐竹猛、芥川龍之介、菊池寛と「怪談」についての座談会をする。『文芸春秋』七月号に掲載される。

五月八日　男鹿半島に二泊し、花の盛りの景色を見ながら、奈良環之助の案内で、船川から本山・真山、畠、北浦を経て羽立まで、徒歩で半島を一周する。

五月一〇日　数日間秋田に滞在し、秋田図書館の『真澄遊覧記』を見て、内閣文庫にあるものとないもののリストを作る。

五月一四日　大曲農業学校で、「東北と学問」を講演する（定）。

五月一五日　秋田図書館で行われている秋田考古会春季総会を新聞で知り、案内も持たずに出席する。話をしてほしいと頼まれ、「菅江真澄百年祭を前にして」を講演し、翌年の真澄百年祭を秋田考古会が中心となって行うようにと提案する。この講演は、赤川菊村が記録をとり、六月から七月にかけて、四回にわたって『仙北新報』に連載される。

五月一八日　青根温泉に泊まり、同宿の客から、蔵王で熊に会った話を聞く。秋田考古会に出席し、菅江真澄百年祭の相談をする。この後、南秋田の由利方面に向かい、民謡を採取する。この間、椿浦や椿村、椿山など、椿がつく地名に興味をもつ。
五月二〇日　この日の前後に帰宅する。
五月二三日　この日の前後、泉鏡花を囲む座談会に出席する。同席したのは、里見弴、久保田万太郎、菊池寛で、『文芸春秋』の八月号に掲載される。また、数日後、同誌の企画の石黒忠悳と菊池寛との座談会の世話役を務める。
五月二九日　仙台の喜善に、病状を心配し、『遠野物語』の「追加」を考えていると手紙を書き、『老媼夜譚』については、特色を出すため誤字だけを直すように岡村に言ってあると伝える。
六月　東京朝日新聞社から、蝸牛や蟷螂など二〇種類の方言と朝夕など一二の場面の挨拶の言葉を調査するためのアンケート表を全国に発信する。
六月三日　野沢虎雄宛てに、明日から上諏訪から松本に行くので、駅か車中にて会いたいと葉書を出す。
六月七日　喜善に、「遠野物語増補」の原稿を受け取ったと葉書を書く。
六月一一日　長野県南安曇郡倭小学校で開かれた南安倭村教育支会主催の講演会で話す。その後、郡誌別篇についての打ち合わせをする。
この日の前後自宅に、一〇日付けの芥川龍之介から、「蝸牛考」の抜き刷りのお礼の葉書が届き、帰京後見る。
六月一二日　松本女子師範学校の彰風会第一九回総集会で、「昔風と当世風」を講演する。
六月一八日　宮城県教育大会で「教育と民間伝承」を講演する。
六月二九日　朝日新聞社談話室にて、従来の南島談話会を一新した、在京の沖縄人中心の集まりの第二期南島談話会の第一回目の会合をもつ。出席者は、金田一京助、伊波普猷、比嘉春潮、金城朝永、島袋源七、富名腰義珍、南風原驍、仲宗根源和、魚住惇吉、岡村千秋らで、比嘉、伊波の琉球語での挨拶で始まり、出産についての話し合いをする。幹事として比嘉と金城を任命する。
七月五日　この日から、『東京朝日新聞』に「をがさべり」の連載が始まり、一五回続く。
七月八日　朝日新聞社で開かれた民俗芸術の会の実質的な設立会となった第一回茶話会に出席する。出席した今和次郎、山崎楽堂、早川孝太郎、金田一京助、日高只一、小寺融吉、藤沢衛彦、中山晋平、小沢愛圀らと会の方針について話し合う。
七月一八日　上伊那の野沢虎雄宛てに手紙を書き、家は今月いっぱいには出来ることになっているので、お兄さんによくわかるように話してから来てほしいと伝える。
七月二四日　芥川龍之介が自殺する。この日の少し前、菊池寛に呼ばれ、芥川と星岡茶寮で会う。終わった後、二人で『少年文庫』の話をしながら帰る。この夏、中学一年の為正を連れて興津に遊ぶ。
七月二七日　富山、静岡への旅に出る。富山で薬学関係の松本という青年に会い、「メダカ」の方言を二〇〇くらい集めていると聞き、驚く。

七月二八日　富山の仏教会堂での「エスペラント普及講演会」に出席し、茶話会に出る。
八月四日　帰宅し、引っ越し作業に着手する。
八月九日　野沢虎雄宛てに、一一日から上諏訪から松本に行くので、駅か車中にて会いたいと葉書を出す。
八月一〇日　昭和天皇の小笠原諸島と奄美大島への巡幸が終わったことを受け、社説「遥かなる島まで」を書き、次の日の新聞に載せる。松本に向かい、上諏訪で一泊する。
八月一一日　松本に滞在する。
八月二〇日　野沢宛てに、二四日から引っ越しにかかる予定なので、二三日の夜行で来るか、二三日に来て、牛込に泊まってもらってもよいと葉書を書く。
八月二四日　盛岡の喜善に、眼が弱って字も大きく書くようになったと手紙を書き、その中で、明日から書斎を新居に移すことができるので、初めて本と一緒に暮らせると気持ちを述べる。
八月二五日　高尾山で行われた産業組合の夏期講座で、「消費論の革新」を講演する。この日、建築中であった砧村喜多見山野の新居が完成する。ぐずぐずしていたら勉強ができないと孝を説得して、ひとりで先に移ることにする。荷物の引っ越しを早川孝太郎らに頼む。
九月　このころから、農政研究会の「農政講座」で「農村家族制度と慣習」を執筆担当することになる。
九月五日　三女三千を連れて、布佐の鼎を訪ねた後、潮来に向かい一泊する。この時の布佐行きは、その直前に発行された『日本及日本人』に掲載された「処方箋の誤り」と題がついたゴシップ記事で、明治二六年の松岡凌雲堂で起きた医療ミスと、その責任をとって「細君」が自死したことが綴られていて傷ついている鼎を慰めるためのものであった。
九月六日　潮来十二橋の水郷めぐりを楽しむ。
九月七日　筑波山に登る。三千が文久永宝を拾い、記念に持ち帰ることにする。のち、三千が結婚した際、記念として三千に贈る。
九月九日　民俗芸術の会第一回談話会に出席し、「盆踊の原始的内容と様式」について話す。出席者は、野口雨情、中山晋平、早川孝太郎、小寺融吉、北野博美、熊谷辰治郎、蔵田周忠、佐藤武夫などであった。
九月一〇日　新居での生活が始まる。書斎を喜多見の地名に因んで「喜談書屋」と呼ぶ。当面は、成城中学校に通う長男為正と、野沢虎雄、岡正雄の四人暮らしであった。このころ、岡正雄を、長女三穂の婿にどうかとの縁談話が持ち上がる。新居の為正の書架に並べるため、『世界万有科学大系』や『日本動物図鑑』などを買い揃える。
九月一一日　日曜日のこの日、完成した新居の披露を兼ねた観月会をする。岡村、折口、中山、早川、宮本勢助、中道等、岡正雄らが集まり、喜善の『老媼夜譚』を会読する。また、茂野幽考の『奄美大島民族誌』（岡書院、昭和二年）の出版記念のお祝いを兼ねる。
このころ、花袋が新居を訪ねてきて一晩泊まって語り合う。

「柳田国男君新居」と題した漢詩を贈られる。

九月一二日 土淵に戻った喜善宛てに、新居から手紙を出し、遠野の山からコクハやアケビの木を買い求めて送ってほしいと手紙を書く。

九月一八日 徳冨蘆花が亡くなる。享年五八。

九月一九日 喜善に、「○○」とどうして共同の仕事をしているのか心もとないと短い葉書を書く。

九月二一日 朝日新聞社で開かれた南島談話会に出席して、性に関する話を参加者と話し合う。

九月二七日 三田史学会で、「女性の地位の研究」を講演する。

一〇月 この月、「白井秀雄と其著述」を書き終える。また、大浦政臣の『対馬北端方言集 一』の序「対馬北端方言集」を書く。このころ、町の婦人たちの集まりの会で、主婦権について話す。

一〇月九日 この日付けの中国旅行中の奥平武彦からの絵葉書が後日届く。

一〇月一五日 朝日新聞社談話室で開かれた民俗芸術の会第二回談話会に出席し、小沢愛圀の「人形芝居について」の研究発表を聞き、感想を話す。出席者は、折口信夫、早川孝太郎、中山晋平、小寺融吉、高野辰之、北野博美、町田博三、中村吉蔵、日高只一、永田衛吉、小寺融吉らであった(雑)。

一〇月一六日 京都の小川五郎宛てに、民俗芸術の会に紹介しておいたと手紙を書く。

一〇月一七日 胡桃沢勘内宛てに、庭に植えたい信濃柿などの樹木や生け垣造りへの協力を求め、ケンポナシやミネゾと呼ばれている針葉樹(イチイ)が手にはいらないかと手紙を書く。

一〇月二六日 孝と共に、信州小谷へ、講演旅行に発つ。

一〇月二七日 南小谷小学校で開かれた北安曇教育部会北部組合会総会で、「民俗学上ヨリ地方研究ノ必要」を講演する。高橋村長や村の職員も聴講し、総勢五〇人を超す。

一〇月二八日 前日に続いて講演し、午後三時に終える。

一〇月二九日 孝と共に帰宅する。

一〇月三〇日 喜善に、コクワの実と栗茸の礼の葉書を書き、昨日、信州から帰ったと伝える。

一一月 この月の下旬、岡書院の岡茂雄を朝日新聞社に呼び出して、『雪国の春』を岩波書店から急いで出版したいと相談するが、反対されたので岡に頼むことにする。

一一月二日 大阪の沢田四郎作が、初めて訪ねてくる。東京朝日新聞本社で開かれた秋田県鹿角出身者の東京会であった鹿友会秋季例会で「東北研究の意義」を講演する。鹿友会とのつながりは、第一高等学校の一年上級にいた鹿角出身の大里武八郎を通じてのことで学生時代からであったが、直接の依頼は、毛馬内出身の朝日新聞学芸部長の石川六郎によるものであった。記録は、佐々木彦一郎が務め、一二月二五日発行の『鹿友会誌第三十冊』に掲載される。

一一月三日 勘内宛てに、送られてきたミネゾを植えたと礼状を書く。

一一月九日 沢田四郎作宛てに、京城の白川久吉の「亀頭観音様

『川柵芝居は楽屋から讃める』の原稿が届いたと返事を書く。

一一月一二日　民俗芸術の会第三回談話会に出席し、折口信夫の四時間に及ぶ発表「翁の成立」を聞き、金田一京助、早川孝太郎、小寺融吉、西角井正慶、東京中央放送局の仲木貞一らと話し合う。この席上、雑誌『民俗芸術』の創刊と、一月三越呉服店と提携して開く民族芸術写真展覧会について話し合う（雑）。

一一月一三日　岡茂雄に連れられ、新村出が訪ねてくる。その後、宇野円空、井上芳郎、松本芳夫、早川孝太郎、金田一京助、牧口常三郎、有賀喜左衛門、折口信夫らが集まる（定）［一二月一三日の可能性あり。有賀年譜］。

一一月一七日　沢田四郎作宛てに、「蟷螂考」を差し上げたいと思うと葉書を書く。

一一月二九日　南島談話会を開き、九月に引き続き性に関する話し合いをする。

一二月　一月一日発行予定の『民族芸術』の「創刊のことば」を書く。この月の初め、早川孝太郎に頼んでいた『雪国の春』の表紙絵が出来てきたが、気に入らず、橋浦泰雄に頼むことにし、中旬に中村春堂の題簽と共に出来上がってくる。また、この月、沢田四郎作が初めて訪ねてくる。

このころから、秋田犬の幼犬をもらい受け、「モリ」と名づけてかわいがる。

この年、鼎が布佐町長となり、一期務める。

一二月一日　橋浦泰雄宛てに葉書を書き、佐々木喜善が盛岡の病院に入院したと伝える。

一二月四日　岡村千秋と早川孝太郎が訪ねてきて話しているところに、中山太郎の案内で佐々木喜善が新居にやってくる。喜善に対し、本山桂川とは付き合わない方がよいと言う。

一二月一〇日　遠野の喜善から、コクハとアケビが届き、明日植えると礼状を書く。

一二月一一日　信濃教育会と信濃毎日新聞社の共催で開かれた一茶一〇〇年忌の記念講演会に招待され、長野で「文学の新展開」を講演する。この講演会は、信濃教育会編纂部専任となって『一茶叢書』の編集に携わっていた小池直太郎の要請によるものであった。講演終了後、小池や守屋喜七、小山保雄らと、更級八幡の大頭祭りを見に行く。渥美郡牟呂吉田村高須の植田家を訪ね、菅江真澄が植田義方に贈った書などを見る。

一二月一五日　ザメンホフの誕生日にあたるこの日、新築したばかりの大阪朝日会館で、京阪神エスペラント連盟主催の「講演声楽舞踏の夕べ」が開かれ「東邦民族と国際語」を講演する。続いて、秋田雨雀の「エスペラントの精神」を聴く。

一二月三一日　橋浦泰雄宛てに、急に本を出したいので表紙の絵を描いてほしいと葉書を書き、一日か二日の午前中に来てほしいと速達で出す。

昭和三年（一九二八）　五三歳

一月　この月、急いで出版の準備をしている『雪国の春』の序文を書く。また、『旅と伝説』が創刊される。

一月一日　この日の社説に「戊辰年頭の詞」を書き、普通選挙が実施されるこの年は、日本の年代記上、赤書すべき大きな年と述べる。
一月五日　四日付けの新村出の手紙が届く。
一月六日　ＮＨＫラジオ放送の趣味講座で「つばきは春の木」を放送する。
一月一六日　『雪国の春』に書き下ろしで収録する「真澄遊覧記を読む」を書き終え、岡茂雄に渡す。花祭りの見学の話もあったが、行けないで終わる。
一月二〇日　この日の前後、橋浦泰雄と長崎県五島列島へ民俗調査に向かい、橋浦を残して帰京する。
一月二一日　新村出の『東方言語史叢考』が、一週間ほど前に加賀町の家に届き、この日手にし、お礼の手紙を書く。
一月二七日　南島談話会で「マブイの話」をする（定）。
二月一日　那覇の南島研究会が『南島研究』を創刊する。企画の段階に葉書を書き、第一号から名を連ねることは遠慮するが、そのうち小研究を発表したいと伝える。
二月三日　成城高等学校で開かれた、成城学園講演部主催講演会で、「日本における漢字について」を話す。
二月八日　喜善宛ての手紙を書き、激励と『遠野物語』の増訂本についての考えを述べる。自分もよく働いてきたから、もう休んでもいいかと思うが、親や子や兄弟のことが気になり、生活が重荷だと吐露する。
二月九日　『雪国の春』が出来上がってくる。
二月一一日　喜善宛てに、『遠野物語』の追加を整理していて、今淵勘十郎の名前を伏せ字にしたらどうかと書く。
二月一六日　かねてから発起人となり呼びかけていた「町内会の設立について」の会議が高等学校で開かれる。
二月二七日　早川孝太郎が訪ねてきて、三月一一日に予定している渋沢邸での花祭の公演について相談されるが、四月の日本青年館での郷土民謡舞踊大会がよいと反対する。結局、延期となり、すでに発送していた招待客に延期の便りを出すことになる。
三月　この月、『青年と学問』の序文や「諸国祭祀暦」の「趣意書」などを書く。民俗芸術の会で、「舞と踊の区別」について講演する。
三月一七日　東京帝国大学山上御殿で開かれた史学会の講演会で、「日本婚姻制の考察」を講演する。
三月一八日　自宅に八戸からイタコの石橋貞（六二歳）を呼び、オシラアソバセをし、参加者と懇談する。自宅にあるオシラサマは、大正一五年に青森市の小笠原家から勧請したもので、この日、着せたオセンダクは、石垣島から贈られて来た与那国の象形文字を染め抜いたテサジであった。参加者は、イタコを連れてきた中道等夫妻をはじめ、フィンランド公使のラムステッドやロシアの学士院のグルスキナ・シュワルツマン夫人など三〇人以上が集まった。ラムステッドが、イタコの唄を聞き、東蒙古のシャーマンの唄と調子が同じと言い、皆その気になるが、科学的ではないと思う。また、岡村千秋が運勢を占ってほしいと言いだし、何人かが占ってもらうことになる。以後、毎年の行事として行うことを決める。ネフスキーも呼んだが、来なかったのが残念であったと思う。また、泉鏡花も開催日を一年間違えて来なかったことをあとで知る。

四月 この月、春日大社の森口奈良吉が朝日新聞社に訪ねてくる。

四月六日 日本青年館から、『青年と学問』を刊行する。

四月七日 孝を伴い、三河から信州への旅に出る。弁天島に立ち寄る。

四月九日 豊橋から電車に乗り、三河川合駅で降り、早川孝太郎や本郷町の原田清、下津具村の夏目一平、窪田五郎（本郷小学校長）らの出迎えを受け、本郷旅館に泊まる。夏目らと、花祭の公演の相談をするが時間がなく断念する。本郷町で「花祭」について講演する。

四月一一日 豊川から名古屋を回り、木曽福島、辰野から飯田に入る。柳田家の墓に参ったあと、蕉梧堂に泊まる。

四月一二日 帰宅したこの日、かねてから、岩崎卓爾と喜舎場永珣に依頼していた八重山芸能の東京公演が実現する。八重山から一行一四人が上京して、東京中央放送局で、八重山の民謡を流す。八重山では、石垣島測候所に島の人々が集まって放送を聞き、歌った娘たちの親や友人たちが感極まって泣いたとの電報が、一四日までに届く。

四月一三日 日本青年館で開かれた、第三回郷土舞踊民謡大会に審査顧問として出席し、青森、石川や沖縄などから来た多くの人たちと会う。

四月一五日 朝日新聞社講堂で開かれた日本青年館主催の第三回郷土民謡舞踊大会の八重山民謡舞踏会に出席し、上演の前に「島の歴史と芸術」を講演する。講演後、八重山群島の黒島から来た娘たちが、「黒島口説」を踊り、喝采を受ける。沖縄の新聞が、県の恥になるので呼び戻せと騒いだのを、説得してよかったと安堵する。

四月一六日 日本青年館会議室で開かれた、終わったばかりの第三回郷土舞踊と民謡会の批評会に出席する。同席者は、金田一京助、折口信夫、兼常清佐、小寺融吉と青年館の熊谷辰治郎で、途中から田沢義鋪が参加する。また、八重山からの出演者宮良長智も同席して質問に答える。記録は、『青年』の五、六、七月号に連載される。

四月二七日 朝日新聞社で開かれた八重山島歌舞合評会に出席する。同席者は、折口信夫、小寺融吉、伊波普猷、永田衛吉、日高只一、北野博美、熊谷辰治郎らで、記録は、『民俗芸術』六月号に掲載される。

五月 橋浦泰雄のために開かれる絵画頒布の「小品画会」の発起人となり、賛助を求める。発起人は、秋田雨雀、足助素一、白井喬二ら五人との連名であった。

五月一六日 成城学園母の会で、「ウソと子供」について講演する（定）。

五月一九日 東北帝国大学の阿部次郎の招きで、仙台への講演旅行に孝とヤオロフスキーと共に発つ。斎藤茂吉も呼ばれる。

五月二〇日 朝、仙台駅に着き、迎えに来た戸田閑男ら学生たちの案内で、片平町の大観楼に向かう。阿部、斎藤らと食事した後、法文学部第一教室で開かれた東北帝国大学文芸会講演会で、「笑の文学の起源」を講演する。阿部次郎、斎藤茂吉、木下杢太郎、中川善之助らと共に写真を撮る。夜も、第二教室で懇談する。

五月二一日　二日目の講演会で、「口碑論」を話した後、松島に滞在する。

五月二四日　塩原温泉に立ち寄り、帰京する（後狩）。

五月二五日　朝日新聞社での南島談話会第一〇回例会に出席する。この会から、沖縄関係だけでなく、広く九州にまで広げ、橋浦泰雄による五島列島の調査報告を聞く。参加者も増え、留学生三人を含む五二人が参加する。

五月二六日　橋浦泰雄宛てに、昨日お願いするのを忘れていた『民族』七月号の表紙の絵を今月中に描けないかと頼む葉書を出す。

五月三一日　満川亀次郎が自宅に訪ねてくる。

六月五日　日本青年館で開かれている日本宗教学会に参加する。

六月六日　この日の前後、四日付けの島崎藤村からの手紙が届く。

六月八日　午後六時からカフェブラジルで国策研究会が開かれ、満川亀太郎や永井柳太郎らと話し合う。

六月九日　東京高等師範学校で、「文化史の立場より」を講演する（定）。また、星岡茶寮で開かれた「馬場孤蝶六十歳祝賀会」に、藤村、花袋と共に出席する。

六月一〇日　飯山での講演のため、東京を発ち、長野に泊まる。

六月一一日　飯山中学校講堂で開かれた、下高井、下水内両郡教育部会郷土研究委員会主催の講演会で、「妖怪変化」を講演し、古代宗教の零落と畏怖心理の変遷について多くの例をまじえて話す。小池直太郎が、長野市の鍋屋田小学校に転任した若い教師、大月松二を連れて来る。聴衆は五〇〇人が集まり、講堂が一杯になる。小池の世話で、野沢温泉の桐屋旅館に泊まり、小池、大月をはじめ、小林伍一、本山弘治、清水謹治、佐藤藤山（嘉一）などの各学校長らが集まり、懇談する。夜、次の日講演予定の作曲家藤井清水が、東京から来て、村の人たちを頼んで、田植え歌や盆踊り歌を採録する。

六月一二日　昨日に続き、午前中「郷土研究について」と題して講演し、採集上の心構えや口碑と伝説の採集方法について話す。午後は、藤井清水が民謡の採集について講演する。

六月一三日　長野から会津に立ち寄ったのち、帰京する。留守中に、太田から金田一のことで相談の手紙が来ていて、自分も困っていると金田一宛てに手紙を書く。そのなかで、自分も「近来諸事物うく相成　外部と交渉あることはなるべくつれなく打切申候」と近況を伝える。

六月一七日　府立第五女学校校友会で、「田植の唄」を講演する。

六月一九日　新橋の花月で行われた、主婦之友社主催の「幽霊と怪談の座談会」に出席し、夜一二時まで話し込む。同席者は、医学博士の橋田邦彦、作家の長谷川時雨、里見弴、泉鏡花、画家の小村雪岱、平岡権八郎らで、記録は、『主婦之友』八月号に掲載される。

六月二一日　橋浦泰雄に「二口だけ引うけましょう」と葉書を出

し、配布したチラシを何枚か朝日新聞社に送ってほしいと書く。

七月二六日　内郷村の長谷川一郎宛てに、遺跡発掘の案内の手紙の礼を書き、そのころは忙しくて行けないが、長男の為正がこの頃、土器蒐集に熱心なので、秋に連れていくので、前の畑の発掘はその時にしてほしいと葉書を書く。また、この夏、為正を連れて北軽井沢に遊ぶ。

七月二八日　この日、菅江真澄の百年忌にあたる。

九月　このころ、家から岡正雄が出ていく。その後、野沢虎雄も郷里の伊那に帰ることになる。

九月一四日　輝夫の長女みどりが生まれる。

九月二一日　日比谷松本楼で開かれた、松本信広帰朝歓迎会や伊波普猷のハワイ公演旅行送別を兼ねた南島談話会に出席する。松本芳夫らが参加する。

九月二二日　菅江真澄百年祭に参列するため、秋田に向かう。

九月二三日　午前九時から秋田寺内村の墓前で開かれた菅江真澄百年祭に参列する。午前一一時からの、秋田図書館での記念会に出席し、午後二時から記念講演「県の大恩人たる真澄翁の事共」を二時間にわたって話す。雨の中、一〇〇人近くの人たちが集まる。この時の講演原稿は、三日間かけて清書したが、紛失したと言われ憤慨する。その後、汽車に乗り、花輪に向かい、花輪からは歩いて湯瀬に入り、真澄も泊まったという温泉宿に宿泊する。

九月二五日　鹿角街道を浄法寺から二戸方面を歩き、大豆畑の風景を楽しむ。

九月二六日　花巻温泉の千秋閣に泊まり、Milloué の『Le Sacrifice』を読み終わる。

一〇月八日　徳冨蘆花が亡くなって一年たち、『大阪朝日新聞』に「蘆花君の「みみずのたはごと」」を発表する。

一〇月二二日　橋浦泰雄宛てに、絵の申し込みがあったことを伝える手紙を書き、二六日から信州にでかけ二八日には帰ると伝える。

一〇月二六日　大町への講演旅行に発つ。

一〇月二七日　大町中学校での北安曇教育会第七七回総会で、「郷土調査の教育上の意義」を講演する。勘内と共に調査委員会顧問になる。この時の中央委員長は、一志茂樹であった。

一〇月二八日　帰宅する。

一一月　この月、指導監修した信濃教育会編の『郷土読本』が信濃毎日新聞社から刊行される。このころ、折口の原稿「常世及びまれびと」の雑誌『民族』掲載をめぐって、岡と激しくやりあい、結果として、雑誌編集から完全に手を引くことにする。

一一月五日　六日用の社説「京都行幸の日」に対して、緒方竹虎から修正を求められ、「頑固に自説を固辞」したが、最終的に一三〇〇字ほど削り新たに四〇〇字書き、「御発輦」と題して発表することになる。

一一月一〇日　天皇の即位式が、京都で執り行われる。

一一月一三日　一四日、一五日の大嘗祭を前にして社説「大嘗宮の御儀」を書くが、緒方の注文で八〇字ほど削除する。

一二月八日　東条操の『方言採集手帖』の出版記念会の主催者と

なり、東京朝日新聞社談話室で開く。上田万年、金田一京助、折口信夫、西脇順三郎、松本信広、橋本進吉、藤岡勝二、安成三郎、斎藤吉彦、アグノエルやパリ大学のヘンリー・マスペロ（日仏会館長）らが集まる。活発な意見交換が行われ、音声学協会の石黒魯平が東条操が担当する方言のページを紹介し、その流れで方言の会の組織化を提案する。橋本進吉が「方言研究会」を提議し、成立が決まる。世話人に、筧五百里と岡村千秋が選ばれ、東京帝国大学国語研究室に事務局を置くことになる。

一二月一〇日　山中共古が亡くなる。享年七九。

昭和四年（一九二九）　五四歳

二月　この月、『都市と農村』の自序を書く。また、日本青年館で開かれた村落社会学会第一回懇談会に出席する。

二月二二日　学士会館で第二回方言研究会が開かれ、上田万年、東条操、伊波普猷ら二〇人あまりの参加者に「滋賀県の話」をする。

三月　松代に住む安間清が、虹の民間信仰について書いた論文を載せた『信濃教育』二月号を送ってきたので、お礼の葉書を書き、宮良当壮やネフスキーの先行研究を紹介する。昭和三年度の所得税額が、九三七円にのぼる。この月、慶応義塾大学文学部講師を退任する。

三月一日　朝日新聞社から、『都市と農村』を刊行する。

三月六日　産業組合法公布三〇周年、第四回産業組合記念日にあたり、東京中央放送局で一般向けに「産業組合の理想郷」を放送する。

三月九日　この日、雑誌『民族』の同人や寄稿者らで作る民俗学談話会の第一回の会が学士会館で開かれるが、参加しない。

三月一八日　昨年のこの日に行ったオシラ祭の日を間違えて、この日、泉鏡花が訪ねてくる。

三月二三日　安間清宛てに、先日の葉書に、宮良論文を『三田評論』と書いたが間違いで、『国学院雑誌』であることと、宮良論文には、ネフスキーの創見を明示していなかったので、発表当時非難があったと述べる。

三月二四日　田辺の雑賀貞次郎宛てに、多屋秀太郎の『田辺方言追記』がほしいので三部ほど購入したいと葉書を書く。

四月　この月、雑誌『民族』を第四巻第三号で休刊とする。休刊を決意したきっかけは、折口の論文「常世及びまれびと」掲載をめぐっての岡との軋轢であった。このころ、国学院大学予科に入学したばかりの鈴木棠三が訪ねてくる。しばらくしてから、夏期休業中の課題として、俗信の分類をするようにとカードを渡す。またこのころ、「人形とオシラ神」を掲載した『民族芸術』四月号を、論争相手の喜田貞吉に送る。

四月三日　朝日新聞社の現代女性美選定の審査委員となる。

四月五日　栃木の高橋勝利宛てに、送られて来た『栃木県芳賀郡土俗誌資料1　猥談集』のお礼の葉書を出す。

四月七日　勘内宛てに、橋浦泰雄がそちらに伺うようだが、警察の目がやかましいようであったら、静かに絵が描けるような配慮をしてあげてほしいと、橋浦の手紙を同封した手紙を書く。

四月八日　水野葉舟宛てに、リラの木のお礼の葉書を書く。

四月一〇日　高橋勝利宛てに、送られて来た『稿本栃木県芳賀郡逆川村方言方物考』のお礼の葉書を出す。

四月一九日　二一日まで開かれる日本青年館主催の第四回郷土舞踏と民謡の会を見に行く。終了後の合評会に出席し、座長を務める。同席者は、兼常清佐、折口信夫、中山晋平、小寺融吉、本田安次らで、記録は、『青年』七月号に掲載される。

四月二一日　折口信夫宛てに、『古代研究第一』が届いたので、「今度は是非全部拝見いたすべく存居候」とお礼の葉書を書く。そのなかで、民俗学会への苦言を呈す。

四月二三日　雑賀貞次郎宛てに、『田辺方言』の多屋から寄贈を受け、一冊余ったのでそちらに贈ると葉書を書く。

四月二八日　子供たちを連れて、相模野を歩く。

五月一日　水野葉舟宛てに、子供を連れて相模野を歩いてきたと葉書を出す。

五月三日　アルスから『日本伝説集』を刊行する。

五月一七日　新村出宛てに、折口の著書を一冊差し上げたいと絵葉書を書く。

五月一八日　胡桃沢勘内宛てに、浅間温泉では、高い場所にある宿をとってほしいと手紙を書く。

五月二四日　講演旅行に行く前に、浅間高原上浅間の菅江真澄が滞在した家と言われている小柳の湯に立ち寄る。その宿から胡桃沢勘内に手紙を出す。

五月二五日　松本の東筑摩郡教育会総会で「文化伝播論」を講演する。講演後、小柳の家のことが書いてある「来目路の橋」の話から「真澄遊覧記」復刻の相談をもちかける。

五月二六日　早朝、松本を発ち伊那に向かい、上伊那郡教育会で講演する。

六月　この月、「家名小考—東筑摩郡家名一覧に題す」の原稿を書く。

六月一日　フランスの説話研究者ジェデオン・ユエの『民間説話論』を読み終える。

六月一五日　地平社書房から、『民謡の今と昔』を刊行する。

六月一六日　信州講演旅行に向かうため東京を発ち、軽井沢に泊まり、蓮華つつじの景色を楽しむ。

六月一七日　臼田町の南佐久郡教育会で「地方誌資料としての方言」を講演する。

六月一八日　野辺山念場原まで車で行き、甲州若神子へ馬で下り、雨のような郭公の鳴き声を楽しむ。途中、臼田の人に、伊那町の八木貞助の友人たちが、『真澄遊覧記』の複製本を作って頒布する計画をもっていることを聞き、松本の計画と共同するようにと手紙を書く。中央線に乗り、韮崎から甲府に出て身延鉄道で駿河を経て、夜自宅に帰る。

六月一九日　勘内宛てに、帰宅の報告と、『炉辺叢書』を刊行するのを断念したことを伝える手紙を書く。またそのなかで、昨秋の秋田での菅江真澄の講演原稿が紛失したと知らせを受け憤慨したと書く。また、勘内から『日本伝説集』の異装本の残部が無いかと聞かれ、手元に少しあるので、必要な人がいたら差し上げるとも伝える。

六月二〇日　高橋勝利が出版した『栃木県芳賀郡土俗資料２　栗山の話』（芳賀土俗研究会、昭和四年六月）が三元社から送られてきたので、お礼の葉書を出す。そのなかで、自分も五年ほど前に「昔話の新しい姿」（吉右会記事）と題して、この問題について書いたことがあると述べる。

六月二一日　夕方、朝日新聞社に新村出が訪ねてくる。いろいろ話をし、出たばかりの『日本伝説集』を贈る。

六月二八日　喜善宛てに東北土俗講座の放送題名を「東北と西南」として方言について話したいと手紙を出し、このなかで、今の状況では、自分は孤立したいと述べる。

七月　このころ、三元社から『菅江真澄遊覧記』の復刻が始まり、「信州と菅江真澄」を書き終える。この月、折口、伊波、早川らが民俗学会を設立し、実質的に孤立する。

七月二日　青山斎場で行われた内田魯庵の告別式に参列し、長谷川如是閑と共に追悼の辞を述べる。

七月五日　「シンガラ考」を書き終える。

七月六日　浦和に住む鈴木券太郎宛てに、一〇日から飛行機での旅行に出るので、九日の午後四時からの他時間が空いていないが都合はどうかと手紙を書く。

七月七日　『豊鐘善鳴録』を送ってきた伊東東にお礼の葉書を書く。

七月一〇日　弘前まで行くために飛行機に乗り、遠野早池峰山の上を飛ぶ。弘前の宿で、「チギリコッコ考」（山中共古記念文集）を書く。

七月一二日　弘前から孝に葉書を書き、午後二時には飛行機が来る予定と伝える。東京朝日新聞社の全東日本訪問飛行連絡競争に参加する飛行機に乗る。津軽海峡を越え、三厩の崎の浜にある建網を上空からはっきりと見る。

七月一五日　函館で開かれた海防義会講演会で伊東米次郎と共に講演する（新）。

七月一九日　帰京途中に仙台の佐々木喜善を訪ね、土俗講座の約束をする。

七月二〇日　旅から帰り、朝日新聞社講堂で開かれた朝日新聞社民衆講座夏期特別講演会「不思議な話の夕」で「熊谷弥惣左衛門の話」など諸地方の狐の伝説について話す。

七月二一日　鈴木券太郎宛てに、娘三穂の縁談については、東京大神学校長のカンドー師共々お世話になり感謝していると手紙を書く。奈良郡山の水木直箭宛てに、書誌作成の礼の手紙を書き、随分無益のものを書いてきたと自責の念をもったと述べる。

八月　この夏、為正を連れて白馬に遊ぶ。松本に「話をきく会」ができる。この月、病気療養中の花袋を見舞う。

八月一五日　三元社を発売所として、『真澄遊覧記』を出すことになり、『来目路の橋』を公刊する。

八月二四日　「真澄遊覧記復刻　趣意書」を出す。

八月三〇日　鈴木券太郎宛てに、娘の縁談については、本人に決意させたいと思っているが、今、家族で茅ヶ崎に行っているので、返事が遅くなり不熱心に思われるのではないかと心苦しいと手紙を書く。そのなかで、先月「聟入考」を発表したが、近代の慣行に無理が多いと感じ、一人で苦笑いをしていると書く。

九月　鈴木棠三が、俗信カードを返しに来る。このころ、松本の校長矢ヶ崎栄次郎（俳号　奇峰）が、上田の小学校教員であった箱山貴太郎を連れて来る。箱山に、上田には飯島花月と花岡茂三郎がいると話し、「郷土研究と郷土教育」などの抜き刷りを読むようにと渡す。

九月六日　鈴木券太郎宛てに、娘の縁談の相手は、市川といって申し分ないと思うが、神戸にも問い合わせているとの手紙を書く。

九月七日　朝、大町の一志茂樹が訪ねてきて、家名調査のことなど、半日話し合う。一志からも『日本伝説集』の増刷を勧められる。また、勘内宛てに、一志が訪ねてきたことを伝える手紙を書き、上田の飯島花月から来た手紙を同封し、『信濃教育』にでも載せられないかと相談する。

九月一五日　勘内宛てに手紙を書き、七月に創刊された雑誌『民俗学』に対しての不満を述べる。その中で、『真澄遊覧記』を出すにあたって函館図書館長の岡田健蔵が頼もしい存在なので連絡するようにと伝える。

九月二三日　原田清から贈られてきた『坂柿一統記』天・地・人の写本を読んだ感想を書いた手紙を書く。

九月二四日　仙台中央放送局で、東北土俗講座「東北と郷土研究」を二五日の二回にわたって放送する。この日、喜善宅に泊まる。

一〇月　このころから、大学院生であった桜田勝徳を朝日新聞社による、『明治大正史　世相篇』のための資料整理にあたらせる。

一〇月五日　村落社会学会に出席する。

一〇月八日　内郷村の鈴木重光に、栗のお礼と、一三日の日曜日が晴れていたら、石老山近くの古跡を訪ねる予定と葉書を送る。

一〇月一三日　学士会館で第三回方言研究会が開かれ、「鶺鴒の名称に関する諸国の方言の比較研究」の話をする。参会者は、上田万年、新村出、石黒忠篤ら三〇名であった。勘内宛てに、『日本伝説集』をアルスが再版すると言ってきたことを伝える葉書を書く。

一〇月一六日　小石川隣保館で行われた、中央融和事業協会主催の融和事業指導者講習会で「土俗学」を話す。この講習会は、全国から集まった四〇人が、一日から一カ月にわたって受講する講習会で、前日には朝日新聞社の見学があった（雑）。

一〇月二九日　勘内宛てに、「菴の春秋」が見つかったのは愉快と葉書を書き、近日中に、『日本伝説集』の再版本を三二〇冊送ると伝える葉書を書く。

一〇月三〇日　菅江真澄の遺稿を発見した洗馬の中村盛弥宛てに、自分が清書するので「菴の春秋」だけでも複製しようと返事を書く。また、勘内宛てにも、大館の栗盛財団文庫の「筆のまにまに」のことなどについて長文の手紙を書く。

一一月　この月、「遊歴文人のこと」を書き終える。

一一月一日　『真澄遊覧記』の一冊として、『伊那の中路』『わがこゝろ』を公刊する。
一一月八日　勘内宛てに、アルスは間違いなく、『日本伝説集』三四〇冊を送ったと言っていると葉書を書く。
一一月一二日　高橋勝利宛てに、『日本伝説集』を桜井広一にも送ったことを知らせる葉書を書く。
一一月一四日　村落社会学会に出席する。
一一月一六日　『短歌雑誌』のインタビューを受け、「民謡雑談」を話す。午後、法政大学社会学会講演会で「農民文化と言語現象」(若衆のはなし)を講演する。刀江書院の尾高豊作と会い、方言と言語関係の本を出すことの相談をする。のちに、『蝸牛考』として刊行される。
一一月一七日　自宅で、小田急線沿線に住む者たちを集め雑談会を開く。新村出より、この日付けで、『薩道先生景仰録―吉利支丹研究史回顧』の贈呈を受け、お礼の手紙を書く。
一一月二一日　鈴木券太郎宛てに、娘の縁談相手について朝日新聞神戸支局から返事がきたと手紙を書く。
一二月一一日　勘内宛てに、『日本伝説集』の代金を入手したことと、大館にある「筆のまにまに」九冊は全部民俗資料と伝える手紙を書く。
一二月一五日　勘内宛てに、「ひなの一ふし」を出すのは望ましいが、こちらも忙しいので手分けしてやりたいと手紙を書く。
一二月二五日　鈴木券太郎宛てに、リスボアの岡本良知から通信が二通来たことと、モザンビークに関する文を大阪朝日新聞に掲載することになったことなどを知らせる手紙を書く。
この年、大西伍一との連名で、『郷土研究家名簿』作成のための問い合わせの葉書を全国の研究者に発送する。
また岡村千秋から、山梨上九一色村の土橋里木が集めた甲斐の昔話の原稿を見せられ、「郷土研究社第二叢書」として刊行することを決める。

昭和五年（一九三〇）　五五歳

一月　この月、アルスから『ことわざの話』が刊行されるが、誤植が多かったので「正誤表」につける文を書く。
一月一〇日　折口信夫、高浜虚子との合書『歌・俳句・諺』がアルスから刊行される。
一月一三日　輝夫が、文部省からヨーロッパ各国への出張を命じられ、平福百穂や長谷川路可らと二月二二日に出発することになる。
一月二四日　童話作家協会主催の桃太郎の会の講演会で、「桃太郎の起源と発達」を講演する。のちに「桃太郎の誕生」としてまとめられる。
二月　三月に刊行される『日本昔話集』の「はしがき」を書く。また、菅江真澄没後百年記念刊行の『奥の手ぶり』の序文として「正月及び鳥」を書く。このころ、為正が入院する。
二月一日　高木誠一宛てに、「僕の学問は二道に分れ、その双方を理解してくれる人は誠に乏しく」君の提言は張り合いが出ると手紙を書く。そのなかで、「民俗学」にはみなばらばらの見解をもちながら「人迷はし」の表題をかかげるので協力していないとも書く。

二月一〇日　『真澄遊覧記』の一冊として、『奥の手ぶり』を公刊する。

二月一二日　花袋宛てに、花袋の病状を心配する葉書を書き、そのなかで、自分の子供も入院しているが回復に向かっていると伝える。

二月一三日　鈴木券太郎宛てに、心配させていた娘三穂が、三原勝と婚約したことを報告する手紙を書く。

三月三日　早川孝太郎の『花祭　前編』（岡書院、昭和五年四月刊）の序文を書く。

三月一五日　仙台の喜善に、大正八、九年の『話の世界』の合本が手元にあったなら貸してほしいと葉書を書く。

三月二〇日　アルスから、「日本児童文庫」の一冊として『日本昔話集　上』が刊行される。

四月　『旅と伝説』四月号に「私は今日本の昔話の分類と整頓とに熱中して居ります。」と書く。三月に刊行された『日本昔話集』の異装本を刊行し、この本に投げ込むための印刷書簡の原稿を書く。

四月一三日　三田綱町の渋沢敬三邸において開かれた新築記念と、早川孝太郎の『花祭』の出版記念の祝賀会で、三河本郷町中在家の花祭を見る。参会者は、泉鏡花、金田一京助、前田青邨、宮尾しげを、新村出、市河三喜、小林古径、幸田成友、松平斉光、伊波普猷らであった。

四月一九日　東京帝国大学人類学教室で開かれた、東京人類学会四月例会で「社会人類学の方法及び分類」を講演し、眼で見る「旅人の民族学」、耳で聞く「滞在者の民族学」、感覚に訴える「郷人の民族学」の三種類について述べる。早川孝太郎が刊行したばかりの『花祭』を持ってきたので、「こんな大きな本を作って」と述べる。

四月二〇日　前日から日本青年館で開かれていた第五回全国郷土舞踊民謡大会に行き、岡山県白石島の白石島踊などを見る。

四月二四日　東京を発ち、下諏訪に泊まる。

四月二五日　朝、下諏訪を発ち、塩尻を経て松本から洗馬村長興寺に入る。この日から三日間、『真澄遊覧記』刊行記念会を開き、「民間伝承論大意」を講演する。松本浅間温泉に泊まり二七日まで通い、合計一〇時間にわたる講演をする。聴講者は教員が多く、土曜と月曜の勤務を休んで参加する。その聴講者に「講演要項」を配布する。刊行会信濃の部の主催者として胡内はじめ矢ヶ崎栄次郎、池上喜作、一志茂樹、橋浦泰雄、今井武志や竹内利美、中村寅一ら『蕗原』同人などが集まった。この日は朝から風雨が強かったにもかかわらず、参会者は一〇〇名近くとなり、午後二時から講演を始める。夜、東北帝国大学総長熊谷岱蔵の留守宅（旧可児永通宅）に泊まり、管理者の熊谷重喜や菅江真澄の遺稿を発見した中村盛弥を交えて、主催者らと夕食を共にし歓談をする。皆から求められ、「洗馬山のかまへの菴のあめの日の　むかし話と我もなりなむ」の歌を詠む。

四月二六日　矢ヶ崎栄次郎（奇峰）の案内で、和田村の古木の枝垂れ桜を見て、矢ヶ崎からもとは墓地であったところが多いと聞き興味をもつ。期間中の講義の合い間をぬって、洗馬の東漸寺の枝垂れ桜を見に行き、檀家に死人のある前兆に提灯が点るなどの話を聞く。この体験から「しだれ桜の問題」を書き、古木のある地形や口碑などの質問を投げかける。

四月二七日　終了後、釜井庵などの周辺の真澄遺蹟を聴講者たちと回る。

四月二八日　松本女子師範学校の彰風会で「地名の話」を講演する。

五月五日　京都大学を卒業し、山口高等学校に勤める小川五郎が、忌宮お祭りの写真を送ってきたので、一度見学に行きたいとお礼の葉書を書く。

五月八日　石黒忠篤や今和次郎らと共に監修者となり、準備してきた緑草会編の『民家図集第一輯』が発行される。

五月一二日　田山花袋を代々木山谷の自宅に見舞う。

五月一三日　花袋が亡くなる。享年五九。

五月一四日　この日付けの中国旅行中の宮尾しげをからの絵葉書が届く。

五月一六日　代々木山谷の花袋の自宅での葬儀に参列し、家族同様の席に座り、友人代表を務める。葬儀のあと、花袋が愛した椎の木の下で、藤村、白鳥らの参列者と写真を撮る。「花袋君のこと」を『大阪朝日新聞』に、「花袋君の作と生き方」を『東京朝日新聞』に載せる。精進落としの席で、全集企画の話が出て、後日、新宿中村屋で開かれた花袋会に出席し、加藤武雄や島崎藤村、徳田秋声らと相談する。

五月一九日　東京府立農林学校（現、東京都立青梅総合高等学校）で、「諸君に考へて頂きたいこと」を講演する。

五月二二日　鈴木券太郎宛てに、娘三穂が結婚することになり、二八日の午後六時から東京会館で小宴を催すので奥様と一緒に来てもらいたいと手紙を書く。

五月二八日　長女三穂が、三原勝と結婚し、東京会館において式と披露宴を行う。三原勝は、三原繁吉長男で、媒酌は、法学博士長島鷲太郎夫妻と福島行信夫妻、披露宴は午後六時から行われる。

六月　このころ、井上通泰と共に三浦半島三崎まで家族同伴の講演旅行をする。

六月六日　『蝸牛考』の「小序」を書く。

六月一八日　高橋勝利宛てに、送られて来た江戸時代の絵地図、飯村図は貴重とお礼を出す。

六月二三日　箱根小涌谷に逗留し、この日、Cust の『Les races et les langues de l'Océanie』を読み終える。

六月二六日　箱根小涌谷の宿でスイス時代に購入し読んでいた、アルフレッド・セレソルの『ヴォー州アルプスの伝説』を再び読む。

六月二八日　宿で、青木純二の『山の伝説』の序を書く。

六月二九日　箱根から帰る。レニングラードに住むジトロフというロシア人の「サンカ」についての質問の手紙に対する返事を書く。数年後、宛先不明で戻ってきて届いていないことがわかる。折口宛てに、三穂の結婚祝いと送られてきた『古代研究民俗編　二』へのお礼の手紙を書く。その中で、折口たちがつくった「民俗学会」に対して、「フオクロア」は資料を文献に求めないで、民間伝承を解説する学問なのだから、「紀伝解釈の仕事」をしているのはおかしいと苦言を述べる。留守中に高橋勝利から地図複本が送られてきていたので、お礼の葉書を出す。

七月　藤岡勝二・新村出と共に同人となり企画し、刀江書院から刊行する「言語誌叢刊」の第一期刊行書として『蝸牛考』が刊行される。以後、一一年三期にわたって計一一冊を刊行する。

七月一一日　映丘が、平福百穂と共に帝国美術院の会員に任命される。

八月　夏、為正と千枝を連れて、花袋追悼の旅に出る。近江大津から京都、但馬、宮津、天の橋立、若狭、越前、直江津と明治四二年の旅のコースを逆に回り帰京する。また、この月、新村出に、出来たばかりの『風位考資料』を送る。

八月八日　新村出の『琅玕記』（改造社、昭和五年）を読み終える。

九月　三六歳で亡くなった岡山の島村知章を追悼する手紙を書く。また、『真澄随筆』の「志ののはぐさ」と「道乃夏くさ」に目を通し、巻末に感想を書く。

九月二日　この日の前後、遠野の喜善宅を訪れていた折口信夫からの手紙が届く。そこには、「日本のふぉくろあの高天原にはいつて行くけしき」とか「先生がよい古代を御覧になつてゐたんだと思ふと羨ましくてなりませんでした」などの折口の気持ちが綴られている。

九月五日　『真澄遊覧記』の一冊として、『菴の春秋』『ひなの一ふし』を公刊する。

九月六日　輝夫が帰国、横浜港に到着後東京駅に着き、三〇〇人あまりが出迎える。

九月一四日　この日の論説「生産増進と夜店政策」が、最後の論説となる。

九月一九日　安間清から『埴科郡郷土研究』第一輯が贈られてきたので、採集にも力を入れるようにと葉書を書く。

九月二七日　橋浦泰雄宛てに、本を受け取ったと葉書を書く。

一〇月　この月、牧口常三郎著『創価教育学大系　第一巻』の序文を書く。また、このころ、高橋勝利から『性にかんする説話集』が送られてきたので、この本は南方にも送るようにした方がよいと思い、南方の住所を記す。

一〇月六日　新村出宛てに、一二日に上京すると聞いていたが、一一日の夜、方言研究会を開くので出席してほしいと葉書を書く。

一〇月一一日　東京学士会館で開かれた方言研究会例会で橋本進吉に続いて、「方言採集の近状」を話す。

一〇月一六日　日本青年館において開かれた村落社会学会例会で、「家族と私有財産に就いて」を講演する。

一〇月一七日　東京帝国大学文学部学友会講演会において「膂力と信仰」を講演する。

一一月　このころ、『明治大正史　世相篇』の原稿の締め切りも過ぎているにもかかわらず、体調も思わしくなく神経衰弱になってしまう。かねてから頼んでいた桜田勝徳の資料整理、中道等の下書きに目を通し、満足がいかず全面的に書き直すことにする。

一一月三日　下谷の古書店で羽倉外記の本を探している時に内田良平に会い、その志はよいと言われ、外記の『小四海堂叢書』七種一〇冊を分けてもらう。

一一月一三日　滋賀県の浅見安之宛てに、『郷土研究』は、一時休刊するつもりだが、今後も協力をしてほしいと手紙を書く。

一一月一六日　高橋勝利から『芳賀郡土俗研究会報』一一月号が送られてきて、その編集後記で、高橋の父が亡くなったのを初めて知り、お悔やみの葉書を書く。

一一月二〇日　『明治大正史　世相篇』刊行を置き土産にして朝日新聞社論説委員を辞任する。以後、昭和二二年五月二五日まで客員として遇され、その後は社友となる（定）。

一一月二九日　浅見安之宛てに、『国名註解』のお礼と感想を書き、桜の咲く頃に朽木谷に伺いたいと手紙を書く。

一二月　暮、岡茂雄が、『人類学・民族学講座』への助言を求めに来たので、できるだけのことはしようと激励する。

一二月一六日　弘前市の斉藤吉六宛てに、斉藤吉彦の訃報を知って驚愕したと慰めの手紙を書く。

一二月二二日　この日の前後、電報で橋浦泰雄を呼び出し、原稿に追われ睡眠不足や心臓が悪くなっていることを吐露し、『明治大正史　世相篇』の原稿の第一一章「労力の配賦」の分担執筆を頼む。この数日後、橋浦は、胡桃沢勘内に、体が衰弱していることを心配していると便りを書く。

一二月二七日　橋浦泰雄宛てに、原稿執筆への感謝と、お礼を奥様あてにと同封した手紙を送る。

一二月三一日　『明治大正史　世相篇』の校正を終え、胡桃沢勘内宛てにやっと片付いたと葉書を書く。一〇月末ごろから、精神的にも落ち込んでいたことを書き、後にも『明治大正史　世相篇』を書いていた頃は、「へこたれてい」て、「リウマチで、少なからず神経衰弱になっていた」と述懐する。

昭和六年（一九三一）　五六歳

一月　『明治大正史　世相篇』の資料整理にあたった桜田勝徳にお礼として三〇〇円を渡す。桜田がそのお金で旅に出ると言うので四国に行くようにとすすめる。

一月四日　千枝と為正を連れ、関西旅行に出る。豊橋に泊まる予定を変更して蒲郡の常盤館に泊まる。

一月五日　名古屋から伊勢に入り、伊勢神宮を参拝したあと、鳥羽の対神館に泊まる。

一月六日　大阪で朝日新聞社に立ち寄った後、甲子園ホテルに宿泊する。

一月七日　村山龍平朝日新聞社社長の自宅を訪れ、退職後の挨拶をする。姫路から生野に入り、本行寺に眠る祖父真継陶庵の墓参りをし、生野に泊まる。
一月八日　福崎駅で三木庸一らの歓迎を受け、鈴が森神社を詣でたのち、松岡家の墓所や三木家を訪れ、為正らに思い出を語る。岡山に出て、三好花壇に宿泊する。岡山で「岡山文化資料」を発行している桂又三郎が訪ねてくる。
一月九日　県庁に香坂知事を訪ね、千枝と為正は桂の案内で後楽園を見学する。後楽園内の食堂で一同知事にご馳走になり、三時の列車で京都に向かう。柊家に投宿する。
一月一〇日　朝、雪が降る。京都御所、銀閣寺、清水寺などを拝観した後、京都大学考古学教室などを訪問する。京都からのつばめ車内で、新村出と一緒になる。
一月一二日　伊東東宛てに、昨日旅から帰り、留守中に届いていた『豊後伝説集』のお礼の葉書を書き、今年は九州を歩く計画をたてていると伝える。
一月一五日　新村出に、「旧作ながらもう絶版に近し　御保存を乞う」と書き、署名した『明治大正史　世相篇』を送る。
一月一六日　巣鴨に住んでいる沢田四郎作宛てに、家にいるので話にこないかと手紙を書く。
一月一九日　胡桃沢勘内宛てに、刊行したばかりの『明治大正史　世相篇』について「誤植多く文章も不明確の点不少候」と葉書を書く。
一月二一日　沢田四郎作からの便りに返事を書き、二二日の午後は出かける予定があると伝える。
一月二二日　沢田四郎作が訪ねてきて、沢田が亡母の郷里の方言などを集めた『ふるさと』の序文を書いてほしいと頼まれる。
二月九日　手紙が届いた雑賀宛てに、『炉辺叢書』は中止しているのでこのままでは本にできなくて残念と葉書を書く。
二月二二日　山岳会で山村語彙について話す（定）。
三月三日　日本青年館の分館の小金井にある浴恩館で行われた第一回青年団指導者養成所での講師として、五日まで三回連続で一〇時から一二時まで「郷土研究」について講義する。
三月八日　今和次郎や緑風会代表の横山信らと神奈川県下の民家調査に行く。自宅を集合場所として娘を連れて小田急線登戸で下車して、宿河原、長尾、菅生を経て枡形山を越えて登戸で解散する。留守中に、沢田四郎作が訪ねて著書を置いていったのでお礼の葉書を書く。
三月一四日　「芳賀郡と柳田氏」の原稿を栃木県芳賀郡逆川村に住む、芳賀郡土俗研究会の高橋勝利に送る。
三月一五日　岡村千秋の郷土研究社から『郷土研究』が復刊される。復刊号を持ってきた岡村を大いに励ます。
三月二五日　今和次郎と小野武夫と三人で第一回歩談会として、野川沿いを歩き、武蔵境に出る。この時の様子が、『婦人之友』五月号に挿絵と写真つきで掲載される。女性記者が、野川を飛び越えようとして、落ちてしまう。
三月二九日　水木直箭宛てに、来月関西方面に行くので、方言集のことなどで懇談したいと手紙を書く。
四月五日　新村出宛てに、一二日に上京と聞いたが、旅に出てしまうので会えないと葉書を書き、五月上旬に一度帰ってから京都に行く予定と伝える。

四月一〇日　一カ月に及ぶ関西、朝鮮、九州旅行のため東京を発つ。奈良ホテルで水木と会い、一緒に高田十郎を訪ねる。

四月一一日　丹波の桜を見ながら、福知山から人力車で杉原谷を経て、多可郡を横切り、辻川に帰郷する。のちに、途中の山奥の寺に咲く枝垂れ桜を、二度と見たことのない風景と述懐する。

四月一五日　岡山市西大寺町の明治製菓支店で開かれた、桂又三郎が主宰する岡山文献研究会の土俗談話会に正宗敦夫と共に招待される。午後二時に始まり、二〇人余りの出席者を前に、欧州の民俗学の中心が暫時北に移りつつあることと、これから日本の民俗学が世界の重要な位置を占めることを説く。続いて、正宗の万葉集の話を聞き、出席者と懇談する。

四月一六日　壇の浦を見て、釜山行きの船に乗る。

四月一七日　慶州の博物館分館を見て、仏国寺を参拝した後、宿泊する。

四月一八日　大邱に向かう（定）。

四月一九日　昭和四年に読み終えたユエの『民間説話論』を再読する［対馬旅行中とある］。

四月二〇日　釜山から対馬に渡る。豊崎村比田勝に上陸し、西ノ泊集落を訪れ、木造の倉が立ち並ぶのを見て、ジュネーブの風景を思い出す。

四月二一日　E・S・ハートランドの『民話と神話学―関係と解釈』を読み終え、後日、折口に貸す。

四月二二日　夜、対馬の厳原に上陸する。

四月二三日　晴れ上がった一日、八幡宮の陶山庄右衛門訥庵の記念碑を見たあと、中学校に立ち寄る。突然の訪問であったが、歓待してくれて、子供たちに猪の話をする。

四月二四日　大雨のなか、修善庵で行われた陶山庄右衛門の二百年目の法会に参列し、墓に詣でる。式が終わってからの雑談のなかで、川本達という老人から浜に流れ着いた猪の話を聞く。昨日の講演に対しての皮肉に聞こえてきて、もしそれが本当ならば、陶山先生が一番困るはずと、法要の席で議論となる。

四月二五日　厳原の旅館で、近くの曲という海女のいる集落に興味をもつ。Laufer の『Introduction of Tobacco into Europe』を読み終える。

四月二八日　郷の浦中学校で、「少年と国語」を話す。その後、教育会で、「昔話のことなど」を講演する（定）。

四月二九日　男島丸という小船に乗って壱岐島の芦辺港に着く。山口麻太郎らと初めて会い郷ノ浦に案内され平田旅館に泊まる。

四月三〇日　朝からの大雨のため、宿で一日過ごし、山口や目良亀久と話しこむ。

五月一日　山口、目良らと壱岐島住吉神社に参拝した後、国分の島分寺跡、あごかけ石、鬼の岩屋、高源院などを回る。

五月二日　渡良村の大島に行き、神社や学校を見る。小崎の国津神社を詣で景色を楽しむ。漁民が芦辺と八幡と渡良の小崎の三カ所の浜にしかいないで、農民と一緒に住まない理由が何かあるのかと思う。

五月五日　晴天の一日、小値賀丸という小さな発動機船を雇って、笛吹港から中通りの青方に渡る。客は自分ひとりで、若い船長から、島々の伝説をゆっくり聞く。福江から、ここでゆっくりしたいが、「汽船の総会」に出るためにすぐに長崎に戻ると孝宛ての葉書に書く。

五月七日　雲仙の九州ホテルから久留米、福岡から広島に回って、京都に寄って帰ると、三千と千枝に手紙を書く。久留米で、旧友の川口孫に、海を泳ぐ猪の話を聞き、対馬の議論での自分の説に自信がなくなる。

五月九日　広島高等師範学校で開かれた広島方言学会設立会に東条操と共に参加し、「方言に就いて」を講演する。

五月一〇日　京都帝国大学楽友会館において開かれた、新村出、吉沢義則らが創設した近畿国語方言学会の発会式に出席し、「言語と農民生活」を講演し、終了後の方言座談会に参加する。

五月一一日　夜、京都大学民俗談話会で、「郷土研究の近況」を講演する。

五月一二日　帰宅する。

五月一四日　東京文理科大学で、民俗学講義を始める。六月二五日まで六回続く（定）。

五月一八日　正宗敦夫宛てに、四月に御世話になったことのお礼の手紙を書き、『ひなの一ふし』を二冊別便で送ったと伝える。

五月二五日　成城高等学校で、フォークロアについての講演「民俗学に就て」をし、入学したばかりの平山敏治郎らが聞く。

六月七日　国学院大学国文学会大会講演会において、「座頭文学に就て」を講演し、昔話運搬者としての座頭の役割と、笑いの文学の発生について課題を投げかける。この講演は、折口からの依頼を鈴木脩一（棠三）が持ってきたものであった。数日後、折口が藤井春洋と鈴木脩一を連れて礼に来る。

六月八日　村落学会で、「壱岐の土地利用」について話す（定）。

六月一三日　清水谷公園内の皆香園で、大日本山林会主催の「山の趣味座談会」に出席し、スイスのアルプスや登ったサレーヴ山などと日本の山々を比べ、「日本の山は、神韻縹渺」と述べ、開聞岳、男鹿の山々、野火止から見える武甲山などを褒める。また、原始境の保存として、可能性があるのは、岩木山の暗門滝の奥や只見川上流であると述べる。同席者は、小島烏水、丸山晩霞らで、記録は、『山林』八月号に掲載される。

六月二〇日　慶応大学図書館会議室において開かれた慶応大学地人会で、「対馬旅行談」を話し、会終了後、銀座で会食する。久しぶりの会であったので、中山太郎、小泉鉄、松本信広、松本芳夫、岡村千秋、安成三郎ら大勢が集まる。

六月二五日　東京文理大学での民俗学講義が終わる。奈良県五條町に住む野村伝四宛てに、手紙を書く。

七月三日　ＮＨＫラジオ放送で、「歌沢入りの講演―我郷土の伝説　関東の巻「武蔵野の水」」を放送する。

七月九日　長野の里山辺村ヲボケ温泉に滞在中の橋浦泰雄宛てに、一六、一七日に札幌で開かれる「橋浦泰雄邦画展覧会」に、自分の名前をいかようにも利用してよいと葉書を書き、自分も絵を一枚は買うつもりと伝える。

七月一四日　東大山上会議所で開かれた第七回方言研究会で、

「方言をめぐる九州旅行談」を話す。この会で、新村出から、『蝸牛考』の評」を聞く。会の始まる前、早めに会場に着いたので、居合わせた高藤武馬を誘って、本郷のフランス料理屋の鉢ノ木で夕飯を食べる。

七月一六日　一七日と両日、札幌で開かれる「橋浦泰雄邦画展覧会」の発起人となる。

七月二五日　新宿白十字で再開された復活第三期の南島談話会小集で、顧問として「南島談話会の略史」を話す。参加者は、折口、伊波、金田一、大藤、洞富雄、比屋根安定、島袋源七、源武雄らが久しぶりに集まり、この席で、会則が決まり、「研究の交詢を計る」ことを目的とし、隔月に『南島談話』を発行することになる。引き続き、前期までの金城朝永、比嘉春潮が幹事となる。

七月二九日　自宅で談話会を開き、新村出、金田一京助、岩淵悦太郎、森銑三、今泉忠義らが集まる。国学院大学郷土研究会の学生、島根の牛尾三千夫が今泉に連れられてやってくる。

八月　このころ、博文館から刊行予定の「紀行文集」の校訂を行う。

八月一日　『歴史教育』に四海書房から出す『郷土科学講座』全一二冊の広告文を載せる。数日後、これを見た岡茂雄が新村出を連れて、事情を聞きに来る。

八月四日　伊勢の神宮皇学館における夏期講習会で七日まで四回にわたって「郷土史の研究法」などの講義をするため、東京を発つ。三女三千と四女千津を同伴する。平田館長らに迎えられ、五十鈴川ほとりの宿に落ち着く。

八月八日　早川孝太郎の案内で三河御津町御油海岸の引馬野旅館に泊まり、三河各地の民俗学研究者を囲む会に参加する。早川、夏目、原田ら一六名に「欧州諸国における民俗学の歴史」を話す。

八月九日　娘たちと海岸を散歩し、遠くに見える渥美半島を見ながら、伊良湖岬での思い出を語る。

八月一〇日　早川孝太郎に見送られ、東海道線の御油駅で別れる。この後、早川とは疎遠となる。

八月二〇日　新村出宛てに、「厄介及び居候」の誤字を訂正する葉書を書く。

八月二七日　この日あたり二五日付けの竹内長雄からの手紙と、津軽のイタコ桜庭するゑが語った「オシラ祭文」の筆録が届く。

八月二八日　ドーザの『言語の哲学』を読み終える。「此日大暑釜中に在るが如し」と記す。

九月一日　岡山に中国民俗学会が創立し、賛助員となる。この日、雑誌『方言』が創刊される。この号の編集段階で、担当となった高藤武馬と初めて会い、少なくとも二年は続けることと激励する。

九月五日　父操の命日のこの日の朝、フィンランドの民俗学者カールレ・クローンの『民俗学方法論』を原書で読み、関に翻訳を薦める。この翻訳は、昭和一五年に完成する。

九月二二日　自宅で、松本市の「話を聞く会」の分会を開き、終了後、新村出宛てに、お出でを待ったが残念として参加者の名前を葉書に書く。参加者は、金田一京助、八角三郎、池上隆祐、北野博美、折口信夫、中道等らであった。

九月二五日　新宿の喫茶店白十字で開かれた南島談話会第二回例会に出席し、「南島方言に於ける敬語法」について、金城朝永、比嘉春潮、島袋源七、宮良当壮、岩切登らから報告があり、討論に参加する。他に、伊波普猷、昇曙夢、仲原善忠、今泉忠義、服部四郎、岡村千秋、岩淵悦太郎、源武雄ら二九人であった。次回の話題を「南島に於ける海に関する話」にしたいと提案する。

一〇月　この月、『国語史　新語篇』の序文を書く。

一〇月三日　水野葉舟宛てに、『国民文学』を毎号拝読していると葉書を書く。

一〇月二三日　慶応大学地人会の例会に出席し、中村重嘉の「樺太オロッコ族の調査報告」と今村晋の「秋田県大館町の鹿踊り」の報告を聞く。

一〇月二四日　沖縄での入墨研究の調査を終えて帰京した早稲田大学学生の小原一夫のために、自宅で歓迎座談会を開く。小原から、沖縄先島諸島の針突の話を聞く。

一〇月三一日　大阪に帰った沢田四郎作宛てに、マリノウスキーを読んで新たに婚姻道徳の未来を痛感したと手紙を書き、この問題を日本で研究できるのは沢田だと激励する。この日、大本教本部に行った帰りの佐々木喜善が訪ねてくる。喜善の娘の若子が脳膜炎にかかり八月九日に亡くなったことを知り、喜善がその後、娘の夢を見続けている話を聞く。

一一月　松本の池上隆祐らが出している『郷土』が、『石神問答』記念の「石特輯号」を刊行することを発表する。このころ、同誌に載せるための、「日本農民史の考国分」を書き、「自分の義務は単に物の見方と考へ方を、諸君に伝授するだけ」と述べる。

一一月一日　攻玉社中学校で、「地理の世界と空想の世界」を講演する（定）。

一一月一四日　一一月に入ってから大和田楳之助を介して借りた栗盛財団所蔵の『田乃苅寝』の原本を読み、写本との校合を終える。

一一月一六日　学生、生徒の「思想善導」を目的として五年度から実施されている「特別講義制度」の講師として、姫路、岡山、松江の高等学校に行くため東京を発つ。この年の中等学校以上の「左翼思想事件」が頂点に達し、処分者が大量に出る。

一一月一八日　「特別講義制度」の講師として姫路高等学校で「若者組について」を講演する。岡山の宿に着き、山口の小川五郎宛てに、上ノ関に渡ってみたいが、どこから船に乗ったらよいかと葉書を書く。

一一月一九日　「特別講義制度」の講師として岡山高等学校で「民間伝承論について」を講演する。終了後、伊予に回り、丹原旅館に泊まる。

一一月二一日　「特別講義制度」の講師として松江高等学校で「民間伝承論について」を講演したあと、川波村の千代延尚寿宅に泊まる。

一一月二二日　萩に回り、トモヱ旅館に泊まり、孝宛てに、千代

柳田國男全集

別巻 1

月報 36

座談会
「年譜」刊行にあたって

石井正己
佐藤健二
小田富英

2019年3月
筑摩書房

座談会
「年譜」刊行にあたって

柳田國男全集編集委員
石井正己
佐藤健二
小田富英

等身大の柳田國男

石井　今日は筑摩書房の編集部がこういう場を持ってくださり、お礼を申し上げます。全集の仕切り直しとしていい機会を与えていただいたと思います。一九九七年から始まったこの全集の刊行が長く延び、お叱りの言葉などもいただいていますけれども、単行本編と新聞・雑誌編を時系列で並べてその全体像が見えるかたちで編集、刊行し、あとは残された文章と書簡、年譜、索引ということになってきました。この間、遅れたということはありますけど、著しい環境の変化やネットの発達、国際化の進展の中で、この全集が置かれた状況も微妙に変わってきています。そのようなことも捉えながら、お話しができればと思います。

『定本　柳田國男集』（全三十一巻・別巻五　一九六二〜七一年　筑摩書房刊）は三年間で本巻の配本を終えてから別巻の第五で総索引、書誌、年譜の三つが揃う。そこまでに七年あまりの月日をかけて完成させました。総索引は大藤時彦《おおとうときひこ》さん、書誌は水木直箭さん、年譜は鎌田久子さんが担当されています。すべて揃った時点から『定本　柳田國男集』（以下、定本）は非常に使いやすいほぼ全集に近いものとして便利に利用されてきました。定本の成果でたくさんの柳田國男研究が生まれると同時に、定本に入らなかったものがどうだったのかという検討も同時に進められました。二〇世紀はそういう形で一つの区切りになり、私どもが担当する全集は先生がお書きになったものはもちろんのこと、談話筆記や定本未収録の論考も収録して柳田國男の全貌を明らかにしようという意図でここまで来ました。

今回、編集委員のひとりである小田富英さんのご労作の年譜がほぼ整ったということで、最初に小田さんから、定本の年譜、『柳田国男伝』（柳田国男研究会編著、後藤総一郎監修、三一書房、一九八八年）の年譜を経て、今回の全集の年譜についてお話しいただければと思います。

小田　補遺と書簡と索引のあとの出版になると考えていたのですが、一応今の段階で最大限のものにはなったので、筑摩書房からの要請もあり、刊行を決断しました。

定本の年譜では鎌田久子さんが柳田國男の日記をもとに、学問に関連するものをまとめておられます。日数を計算してみたんですが、定本年譜は約一五〇〇日。そして私たちが後藤総一郎先生のもとでつくった『柳田国男伝』は一一人でやったんですが、これは定本の年譜を補完するような形で約二五〇〇日分。今回も柳田國男の日記が新たに発見されたり公開されたりすることがなかったという制約の中で、柳田自身の文章にあるデータと『官報』「履歴」を最初のベースにし、全集解題の情報、新聞関係、周辺人物の情報を入れて、まったく新しい方法でつくり直しました。日数を数えましたら七五〇〇日弱。日数的には『柳田国男伝』の三倍ぐらいの年譜はできたのかと思います。

私たちが『柳田国男伝』の年譜をつくる時、後藤先生が「出来は六〇点でいいから三〇年はもつ年譜をつくろう」とおっしゃっていました。その三一年目に今回の年譜を発表できるようになったということで、感慨深いものがあります。単なる学問的なものだけじゃなく、日常生活の中で等身大の柳田國男が出るようなものをつくろうと思っていました。後藤先生が、「悲しい時、嬉しい時に柳田がどんなものを食べていたのかがわかるぐらいの年譜じゃないと、伝わってこないだろう」とおっしゃっていました。極力そういうことを意識して書いたところもあります。朝日の論説を書いた時期などいろいろ不十分なところはありますが、ようやく発表できるということでちょっとほっとしています。批判、追加の情報等もあると思うのでよろしくお願いします。

石井　年譜作成にあたってこれまでにない方法を駆使したというお話がありましたけれども、その点について、佐藤さんはいかがですか？

佐藤　私は伝記研究や年譜研究が専門ではないので、少し的外れなことを言うかもしれませんが、日記というのはやっぱり見たい一つの資料ではあります。本人が書いた自分の記録という意味では、一級の資料なんだろうと思います。しかし、今、柳田國男研究の中で考えているのは次のようなことです。日記を特権的な第一級資料にしてしまうのではなく、もっといろんな記録の中に書かれた柳田國男、そこで書き留められた柳田の情報を入れ込む。そういうかたちで年譜をつくることが、我々が必要としている年譜に非常に近いだろうと思うんです。だから『柳田国男伝』の伝記研究の試みから広がってきた部分を上手く入れ込んで、定本の年譜を拡充させたというのは今回のひとつの業績かと思います。

ただ、年譜というのは二次的な集成で、その後の人たちがある疑問を持った時、その前に遡って確かめられるような仕掛けが必要だと思います。つまり出典とか論拠とかですが、これだけ大きな仕事だと、そこのところがどうしても見えにくくなってしまう。今回は新聞など多くの資料を使っているわけですが、それらに遡れるような手がかりが十分だろうかという部分はあります。これまでの定本やいくつかの全集の年譜を乗り越えている部分はあるけれど、もっと時間が経った時に見えにくくなるのではないかと思うんです。三〇年後ならいいが、一〇〇年もつことを考えるともう少し踏み込んでもよかったのかなと。まあ、これはないものねだりなのですが。

小田　引用の根拠を示したほうがいいということで参考文献は巻末に出しました。でも新聞が朝日新聞なのか報知新聞なのか、國民新聞なのかということはいちいち表記せず、そこにカッコして（新）と書きました。新聞はこういうものを見ましたということは、時系列で入れています。

石井　柳田國男の日記だけではなく、別の情報を盛り込んで相対化するという点について具体的にお話しいただけますか。

年譜作成のおもしろさと難しさ

小田　柳田は昭和二〇年八月一五日の敗戦の日に詔勅を聞き、日記に「八月十五日　水よう　晴。十二時大詔出づ、感激不止。午後感冒、八度二分」と記しています。その何日か前には「これから働かなければならぬ世なり」と記しているので、柳田は戦争に負けることをいつ知ったのかとか、いろんな議論があったと思います。八月一五日の「感激不止」は「これから働くぞ」という「感激不止」だという読み方をしてきたと思います。しかし、『俳句』（昭和三〇年九月一日発行）という雑誌に「武蔵野を語る」という座談会が掲載されていて、ここでは角川源義、山本健吉、加藤楸邨が柳田を囲んで武蔵野の野川について話を聞いているんですが、その中で柳田は次のようなことを言っています。あの八月一五日も晴れ渡ったきれいな青空で、一人で野川を歩いた。晴れ渡った空を見上げると涙が止まらなかった。なにせ、下駄ばきの奴らが美しい山水に入ってくるんだから、と。その時に聞き手が柳田の気持ちをもっと聞き出せば、八月一五日の柳田の気持ちがもっとわかったと思うんですが、そこでは「やっぱり先生、野川なんですね。野川に逃げちゃうんですね」みたいな感じで終わってしまっている。

　私はそれを見た時「感激不止」はもしかすると「感涙不止」なのではないかと思ったんです。しかし、「感激不止」というのは『炭焼日記』に書かれていることで、柳田も実際自分で見て直してないのでそれは間違いない。ですから年譜では「一人で野川を歩いて晴れ渡った空を見たら涙がポタポタ落ちてきて止まらなかった。それで家に帰って熱が出て寝込んだが、日記には『感激不止。午後感冒。八度二分』と書いた」としてあります。自分なりには柳田の文章を少し取り込んだ年譜にしました。これは、わかりやすい例ですが。

石井　この年譜自体がある意味で「小田年譜」みたいなもので（笑）、小田さんの読み方とかかわりながら出てきているところがありますか。

小田　危ないですかね、それは（笑）。

石井　逆に、小田年譜を批判できるような仕掛けを用意しておけばいいんだと思います。小田さんが言われたように、飯田に残っている「書き入れ本」では柳田はそこを修正していないのでそのままを認めている。そこには、柳田が自分で自分のテキストをどう認識するかというまた別の問題があると思います。そして我々がそれをどう認識するかということについては議論が深められていいだろうと思います。

佐藤　たとえば「樺太紀行」にしても、当時向こう側の長官だった人が『地学雑誌』に書いていることと突き合わせてみるといろいろなことがわかる。柳田は漁業権がどのぐらいの値段で競り落とされたかということを書いている。その話はいったい誰からどんな時に聞いたのかというと、やっぱり長官が開いたパーティーなどの中でそういう情報を聞いたのだろうと推測できる。また、地名がちょっと違っている部分があったりする。柳田自身も日記では間違っていたかもしれない。実際に地図と結びつけてやると、そういうことが見えてくる。そういう意味で言うと、本人の日記の中で間違っていることとか書いてないこととか、増補できる点はあるなと思います。また、当時言われていた現地の地名と日本語の地名との間にはひょっとすると間違いがあるかもしれない。

石井　樺太だけでなく、アイヌの地名といわゆる和人が呼ぶ地名との間にずれが生じていることは、すでに菅江真澄を見てもいくらも出てきますからね。

小田　柳田は菅江真澄の年譜をつくるにあたって「完璧なものをつくるのが自分の目標だ」と話し、なるべく多くの村里名（地名）、人名を入れて後々の人たちが「本当にここに来てるのか」と話題にしてくれるような年譜をつくりたいと考えていた。ですから樺太の地名も含め、「あっ、ここに来てたのか。もう一度確かめてみよう」「本当にこんな地名があるのか」とかそういう話題になるような出発点に今回の年譜もしたかったのです。

　もうひとつ、周辺人物の思い出なんですけど、ある座談会で柳田が「講演に行った時、憲兵にいじめられて大変な思いをした」と言ってますが、それはいつなのかということについては語られていない。「定本」の年譜ではそのことは昭和一〇年の六月十六日なんです。「石巻の小学校で「史学の自治」を講演」とあります。憲兵に事情聴取されたのはいつなのかということは書かれていないのです。これは後藤先生、神島二郎先生などによって「柳田は戦争中に冷静に教育勅語を批判し、それが憲兵に引っかかった」ということで使われている話ですが、時期がそれぞれ違っていて、神島二郎は昭和一三、四年なんです。石巻の中学校に当時いたのが本田安次ですが、彼は昭和五、六年に柳田が来たと言っています。柳田の日記をもとにすれば石巻の講演は昭和一〇年に間違いないんだけど、本当に憲兵を刺激するような話をしたのかということが、「定本」の年譜ではわからない。新しい情報として毛利総七郎という石巻の考古学者宛ての書簡があります。石巻市のホームページで見られますが、これは柳田が、青森の大鰐《おおわに》温泉の「不二屋」というところから出したお礼の葉書です。昭和一〇年六月一六日です。実際に毛利氏や本田氏らがこの前日に迎えに行ったということも書いていて、その中の一人がこの一連の出来事を語っています。このことは年譜に反映させました。でも議論は残ると思います。

自分の人生を位置づけ直していた柳田

石井　佐藤さんから「樺太紀行」についての話がありましたが、柳田國男は『故郷七十年』で自分の人生を振り返る機会を与えられ、それ以降は「樺太紀行」にしても「五十年前の伊豆日記」にしても、自分の残したものを新たに発表するという動きが最晩年まで続きます。ある意味で言うと、『故郷七十年』からは自分自身で自分の年譜作成にかかわっていくようなことをしている。定本でも「大正七年日記」とか公開されていきますけど、そういう動きは認めておいたほうがいいですね。

佐藤　修道社の『世界紀行文学全集』に古い絵はがきを載せていくというのは、『故郷七十年』のあの作業がなければなかったでしょうね。

小田　子ども時代を振り返っていたことも年譜に入れていきましたが、「こんなに小さい時代からこんなことを考えてたのかな。本当にそれを年譜に書いていいのかな」とは思いました。

石井　『故郷七十年』というのは八二歳になった柳田國男が自分の人生を回想し、『神戸新聞』に語ったものです。日記を見ながら語ったと思いますが、回想して自分の人生を位置づけ直す動きがあります。同時代の新聞や官報との整合性について、小田さんはどう考えていらっしゃいますか。

小田　『故郷七十年』で語られていることは反映しましたが、それが新聞や官報に書かれていることと合わないということはなかったですね。柳田は非常に小さい時の思い出まで語っていますよね。ニジュウソや三昧《ざんまい》の言葉から両墓制について興味を持っていた、ということを書いています。七歳から八歳ぐらいの時、言葉に興味を持ったというのはわかりますが、この時から両墓制に疑問を持っていたのかというのは判断が難しいところです。

石井　『故郷七十年』では民俗学者として大成した柳田國男が自分自身、どういうプロセスで民俗学をつくっていったかという物語の中に幼い時からのエピソードがあって、その小さなエピソードがやがて大きくなっていった。「椰子《やし》の実」の話、クロモジの話とか、彼のひとつのスタイルみたいなものを自己弁明的に述べているところがあります。ある意味で柳田國男を理解するひとつの助けになるけれども、その一方で我々には、それをどのように相対化するかという課題があります。そのあたりで小田年譜がどう機能するかというのは、知りたいことのひとつです。

小田　私は柳田の研究を始めた時、後藤さんから柳田の少年時代の体験の話を聞いて、「柳田は、子どもの時の体験から自分の学問にちゃんと整合性ができてて、なんと幸せな人生を歩んだんだろう」と思いました。でも私が年譜を作成してきた現時点での感じでは、実際には、その時代その時代一生懸命生きて、自分のやりたいことがかなわなかったことのほうがむしろ多く、挫折もあったけど、後から考えたら一本の整合性がとれていたということなのかなと思います。そのプロセスを年譜の中に見て、等身大の柳田國男が見えてきて、新たな柳田研究の課題を見つけてもらえるとうれしいですね。

佐藤　柳田は最後まで自分の仕事を全集という形で出すことには抵抗があった。彼は「定本」みたいな形、現在から編集した自分の業績を組織的に見せたいと考えていたわけで、全集というかたちであれもこれも全部見られてしまうというのは、ちょっと本意ではないという考え方を常に持っていたんじゃないでしょうか。柳田としては、今から理由づけたある種の発展の仕方、展開の仕方のほうを強調して、そこから問題を考えてもらいたい。柳田國男には、自分が見せたい柳田國男があるわけですよ。柳田が柳田をつくっていた部分がある。しかし、現実の思想家・柳田國男にはさまざまな可能性があって、柳田が選ぼうとした柳田だけが我々が考えるべき柳田ではないという気がします。柳田が見せようとした柳田だけで満足してしまってはいけないのではないか。柳田が南《みな》方熊楠《かたくまぐす》を論じた論法を借りて言えば、「もうひとりの南方先生」を生まれさせ、その「縛られた生涯」において味わったような後悔を再び味わわないように、実は伝記は書かれなければいけない。これは柳田自身にも当てはまることなんです。

小田　今回の年譜で、たとえば柳田と南方のところで「この書簡が南方にとっては絶縁状だ」と研究者には言われているようなところを、わざと絶縁状と書きませんでした。その「絶縁状」から一カ月ぐらい経った時、柳田は南方に問われた人の住所を教える手紙を書いています。また、最後になって関係は復活するわけです。「絶縁状」と言われてきたけれども、そういう言葉は書かないほうがいいかなと思いました。そういう判断には苦労しました。

石井　先ほど話に出たように、柳田自身、明治の終わりから昭和の初めにかけて菅江真澄の年譜づくりに熱心に取り組んでいる。柳田は彼の人生を明らかにしたいという野望を持っていて創元社から『菅江真澄』を出し、そこに「まだ未練が残る」みたいなことを書いている。自分自身で年譜づくりの難しさにぶつかっていくと同時に、民俗学者としての自覚も芽生えてきた。近代の民俗学者として、菅江真澄みたいに一生旅暮らしで生きていくことはできない。これを逆に反面教師として自覚し、民俗学を『郷土研究』や各種の「採集手帖」などによって共同の学問にしていくことにつながっていったのだろうなと思います。

佐藤　南方との論争にしても書簡集のそこだけ見やすくなったから、そこのレベルでだけ捉えられてきた。あの往復書簡集は、労作でしたからね。しかしながら『郷土研究』という雑誌とその編集者・柳田國男として考えれば、南方の批判にたいして「自分がつくろうとしている場は違うんだ」という非常に強い意識があった。往復書簡の局面だけでみるのは、僕もまずいんじゃないかと思います。年譜的な資料というのは、そういうところも見せてくれる。

協力者の資料提供と年譜の未来

小田　最近いろいろな研究が深まってきたことにより、その成果をこの年譜に入れられたことがいくつかあります。たとえばジュネーブ時代については、岡村民夫さんが柳田國男のスイスでの写真も含めて取り組んでおられます。去年、柳田文庫で鎌田久子さんの家から見つかったというジュネーブ時代の写真の展覧会がありました（「国際化の時代と柳田國男――ジュネーブ写真と資料で見る海外体験」）。その際、岡村さんに、詳しい説明をしていただきました。はがきの裏書には場所とかも書いてあるんですが、岡村さんは現場を見てるので、「この背景は公園じゃなくて大学の構内だ」とかがわかったりする。「瑞西《スイス》日記」に書かれていること以外についてもだいぶふくらんだとは思います。

　また、柳田との関係では岡山の森近運平のことがずっと気になっていました。それについて昔、柳田の農政学関係の論文を発表していた森山誠一さんという方が、今、岡山で「森近運平を語る会」の代表をやっていて、いろいろな資料を送っていただいて、柳田國男が岡山を視察した足跡がかなりはっきりわかりました。北海道の情報については、木呂子《きろこ》敏彦《としひこ》さんとその息子さん、また、最近は遠山秀樹さんという方が、柳田が北海道で歩いた所を追跡してくれて、昭和四年の飛行機が、全東日本訪問飛行連絡競争の朝日新聞社の機で函館に渡ったことなど、新しい情報をいただいています。また、早川昇の甥御さんの早川佳郎さんが、早川昇関係のいろんな資料を見せてくださいましたし、提供もしてくださいました。それらは、補遺編や書簡編に収録させていただけます。ほかにも、川崎の丸山教とのつながりもかなりわかって、今回の年譜に反映できました。

石井　さっき佐藤さんが言われたように、柳田國男が見せた部分と見せなかった部分がある。北海道も樺太も、新たに資料が出てくれれば、柳田國男を相対化するという意味でも大きな意義がありますね。

小田　今回、柳田の年譜と書誌を上下で照らし合わせてやってみることを構想したんですけど、書誌年譜まで入れられなかったので、単行本、また、その復刊については入れました。

佐藤　紙の媒体でそれをやろうとすると、全部をフラットに組織化しないと一枚の紙、二次元にならない。年譜は年譜でひとつの体系性があり、書誌は書誌で体系性があるので、いっぺんに書誌と年譜をやろうとすると課題が多すぎる。年譜は年譜で、書誌は書誌で、考えなきゃいけない問題がある。やはり紙でつくる年譜の限界があると思うんです。私は本のかたちであることとの積極的な意味もあると思うから、まずこの形で出していくことが重要だと思います。ただ、この後発展させていく時に同じような紙のベースでは難しくなるだろうなと思っています。電子的なツールを使って上手く見せ方を変えていくとか、別のデータベースみたいなものとの間での連絡・ネットワークを上手くつくっていくとかそういう工夫で発展させていく。その基盤として今回の年譜が上手く生きていけばいいのではないでしょうか。

石井　この間、特に二一世紀になって変わってきているのは著作権が切れたということです。さまざまなかたちでのアンソロジーの出版と同時に、中国・韓国を中心とした翻訳書が出てきました。そういう意味で言うと、情報化と同時に国際化の中で柳田國男を考えるということは、この全集が次に寄与しなければならないことだろうなと思います。

小田　佐藤さんがおっしゃったようにこういう紙ベースのものじゃなくて皆さんにCD-ROMみたいなものを配って、そこに新たな情報を書き込んでもらう。あるいはインターネットでダウンロードできて、世界中の人が見られる。現在アメリカにいる柳田研究者であるロナルド・A・モースさんからも、「小田さんの年譜が出来た後には、それがどこからでもダウンロードできて、なおかつ新しい情報を書き込めるとか、そういうことをやるべきだ」と言われてます。最終的には、この全集が完結した暁には、書簡と根拠と書誌情報を入れた完全年譜を自分なりにやりたいというのが、夢でもあります。

佐藤　今回の年譜をデータベース化し、しかも多くの人が書き込め、どこからでも挿入できるようにする。そうすることは技術的にはそんなに難しいことではないだろうなと思います。しかし誰もがいい加減なことで書けちゃうと困るから、一定程度の編集・承認をする仕組みはつくらないといけない。それが日本語という枠をこえて広がるようなことになれば、本当にグローバルな時代における柳田國男みたいな議論になるだろうなと思います。

小田　モースさんからも、「会費制にしてもいいからログインできて、どこからでも入れて、どこからでもダウンロードできるようにしてほしい」と言われています。

石井　そういう海外の要望にも応えなければいけない。一方で柳田國男の世界は、かつては訪ねていけばそこにあったわけですが、今は社会の変質の中で、柳田のテキストの中でしか探せないという現実もあります。そういう柳田の世界への距離感と国際化のバランスの中で、この全集に何ができるのか。最後の着地とともに、それを考えていかなければならないと思いますが、今日はこれぐらいにして、次の機会に備えたいと思います。ありがとうございました。

（二〇一八年十二月三日　於　筑摩書房）

○次回配本　二〇一九年秋刊行予定
別巻2　補遺

延が、アマ鯛を送ると言っていたので、着いたら礼状を出すようにと葉書を書く。
一一月二三日　萩周辺を歩く（定）。
一一月二四日　俵山温泉で昔からの友人たちから歓待を受け、孝宛てに、静岡に回って三〇日には帰宅すると葉書を出す。
一一月二八日　明治神宮表参道東京尚志会館において開かれた第三回南島談話会で、「海に関する雑話」を話す予定であったが、旅行中のため出席できなかった。
一一月二九日　静岡県立図書館で開かれた、郷土研究大会で、「世界と郷土研究」を講演する。
一一月三〇日　帰宅する。
一二月　この月、『青年と学問』を改題して再版された『郷土研究十講』の序にあたる「再版に際して」を書く。この年の暮れ、「食物と心臓」の原稿を書き、その冒頭、「昭和六年の回顧は、我々の学問の上にも永く爽快なる印象を遺そうとして居る。」と述べる。この年、四年に初めて読んだユエの『民間説話論』を読む。これが三回目となる。
一二月三日　折口宛てに、四海書房のことで、「私は全く貴君の為に加担した」と弁明の手紙を書く。
一二月一二日　勘内宛てに、血圧を下げるテルラピンという薬は、利水整腸にも効くと便りを書く。また、沢田四郎作にも、沢田が出した『大和昔譚』を、こちらでも読ませたい者がいるのでついでの時に何冊か送ってほしいと葉書を書く。
一二月一四日　昔出した講義録を単行本にして、刀江書院から『日本農民史』を刊行する。
一二月一五日　若手の岩手県出身者の県人会で、「東北農村の構成」を講演する。
一二月一六日　三時半から東大地理学教室で開かれた、日本地理学会例会で「地名の話」を講演する。
一二月二〇日　日本青年館より、『青年と学問』の改訂版として『郷土研究十講』を刊行する。
一二月二五日　勘内宛てに、薬の効き具合を尋ねる手紙を書き、自分の目下の悩みは、能率の低下と気短にあると述べる。また、鹿児島に帰っている野村伝四宛てに、手紙を書く。

昭和七年（一九三二）　五七歳

一月　この月、朝日新聞論説委員を辞める。
一月三日　ラジオ放送で、日曜日、午前一〇時三〇分、「年木、年棚、年男」を講演する。
一月七日　午前〇時五五分、加賀町の自宅で養母琴が死去する。七九歳。加賀町の家に、親族一同が集まり、九日の葬式から七日七日ごとの法事を執り行う。
一月二一日　伊東東宛てに、『豊鐘善鳴録』三冊を受け取ったと葉書を書き、印刷費がわかり次第、自分が約束した分を送金すると伝える。
一月二三日　日本大学文学部の有志がつくった郷土史談会が発足し、『郷土史談』が刊行される。

二月八日　長野での講習会終了後の晩餐会に参加し、エスペラントを学んだ動機について話す。
二月一三日　明治神宮表参道東京尚志会館において開かれた南島談話会第四回例会で、前回欠席のため延期した「海に関する雑話」を講演し、前代人の海の生活を知るためには民間伝承にたよらなくてはならないと述べ、「海の人生」を説く。ポール・セビオの「海の伝説信仰及び俗信」の目次を訳す。
二月一七日　野村伝四宛てに、「高山方言集」をぜひまとめるようにと書いた湯の川温泉の絵葉書を出す。
三月一二日　佐々木喜善宛てに、近日中に「昔話の分類」について書くつもりと葉書を書く。
三月二〇日　折口宛てに、手紙を書く。
三月二二日　水木直箭宛てに、伊勢の講演集は、誤植が多いのとわかりにくいので書き直すつもりと葉書を書く。
三月三〇日　折口宛てに、折口の教え子である四海書房の四海民蔵のことでは困っていて、半日くらいは本も読めないと手紙を書く。
四月九日　『中央公論』に掲載予定の「盲と文芸」（のちに「米倉法師」と改題して『桃太郎の誕生』に収める）を書き終える。
四月一三日　長野師範学校の教授嘱託となった小池直太郎からの電報で、一八日の講演を頼まれる。
四月一四日　勘内宛てに、松本に行くついでに「話をきく会」にも出るつもりと手紙を書き、今回は、有賀喜左衛門の薦めで、ビワの湯に泊まると伝える。そのなかで、このところ、不眠が続き、出発までに回復するか予想しかねると述べる。
四月一六日　信州への講演旅行に発つ。
四月一七日　口碑伝説調査を郷土研究の項目のひとつに設定した北佐久教育会によばれ、「口碑伝説につき」と題した講演をする。
四月一八日　小池に頼まれた、長野師範学校での講演会で「外国の郷土研究の話」を話す。午後一時から講堂で二時間話し、終了後松本に向かう。
四月一九日　松本市松本幼稚園で開かれた東筑摩教育会の『東筑摩郡誌別篇』調査委員会の民間伝承講習会で、「民間伝承分類第一部」について話す。講演後、大柳町の松本館で開かれた「話をきく会」に初めて出席し、民間伝承の分類や『真澄遊覧記』の話などをする。
四月二二日　姥捨周辺を列車の中からながめ、杏の花の風景を楽しみ、いつか成城の町にも杏の木を植えようと決心をする。
四月二四日　帰宅する。
四月二五日　自宅に、有賀喜左衛門、池上隆祐、後藤興善、大藤時彦、松本信広、熊谷辰次郎、小林正熊、野口孝徳らが集まって「郷土生活の研究法」の会が開かれる。三月に発刊された昨年の神宮皇学館での講演をまとめた「郷土史研究の方法」をテキストとする。
四月三〇日　表参道東京尚志会館で開かれた南島談話会第五回例会に出席する。前回の続きの「海に関する雑話」をやめ、伊波普猷から琉球の田植え唄の話をしてもらいたいと提言し、話し合う。参加者は、島袋源七、宮良当壮、比嘉春潮、昇曙夢、山本靖民、島袋盛敏、仲宗根政善、大藤時彦、岡村千秋らであった。

五月　このころ、三田村鳶魚、森銑三、柴田宵曲らと「式亭三馬譚話浮世風呂輪講」の会をもつ。記録は、『日本及日本人』に連載される。またこの月、四海書房の『郷土科学講座』第二冊が刊行されるが、ここで途絶える。これ以前に京都の島田貞彦の原稿を四海書房が紛失してしまったことで、これでは監修者は引き受けられないと言う。

五月一三日　龍土軒で開かれた、花袋三年忌追悼会に出席する。

五月一八日　勘内宛てに、『東筑摩郡道神図絵』の礼状を書く。

六月二四日　表参道東京尚志会館で開かれた南島談話会第六回例会に出席し、「煙草に関する座談会」のなかで、煙草のフォークロアの必要性を説く。水野葉舟からの手紙の返事を書き、ジャムのお礼をする。

七月　『石神問答』を記念して出した『郷土』（有賀喜左衛門、中村吉次、池上隆祐編集委員）の第二巻「石」特集号が発刊され、折口信夫、金田一京助、中山太郎、宇野円空、伊波普猷、佐々木喜善、早川孝太郎、胡桃沢勘内、橋浦泰雄、有賀喜左衛門、池上隆祐の署名文章や絵を入れた特装本を贈られる。お礼に、池上に『遠野物語』の毛筆とペン書き原稿、初校刷り原稿を贈る。

七月二日　東京帝国大学文学部二号館二九番教室で開かれた民俗学会主催の民俗学会大会公開講演会において、「民俗の採集と分類」（「フォークロアの蒐集と分類」）を講演する。折口信夫が開会の辞で、柳田先生のご助力を得て、「在来の学問のゆき方」を変え、少しでも世の中をよくしていきたいと述べる。

七月六日　男鹿半島の調査に行った早川昇から手紙が来たので、発表するよう葉書を出す。

七月一〇日　このころ、山梨に講演に行く。

七月二一日　国際観光局委員となる（定）。

七月二四日　勘内宛てに、暑さと闘って「桃太郎の誕生」の原稿を書いていると葉書を書く。

八月三日　福島県新山中学校で講演する（定）［双葉中のことか。ここに臼井吉見がいる］。次の日、帰宅する。

八月一二日　伊豆大島で開かれた、水産講習会で講演するため大島に渡る。

八月一三日　「日本漁村の構成」を講演する。

八月一四日　帰宅する。

八月一七日　この日の前後、一五日付けの勘内の手紙が届く。手紙には、「広遠野譚」を載せた『古東多萬』を送ったことの礼や、勘内が初めて『遠野物語』を読んだときの感動などが書かれていた。

八月一九日　この日と次の日、小金井の青年団で、「郷土研究の話」を講演する。

八月二九日　ラジオＪＯＡＫ第二放送で「関東の郷土講座　一」として「最近に於ける郷土研究の趨勢」を放送する。続けて折口、東条、渋沢、有賀などが続き、系統的な講座となる。

九月一五日　砧人会で怪談の発生について話す（定）［伊原宇三郎は昭和六年という］。

九月二四日　表参道東京尚志会館で開かれた南島談話会第七回例会に出席し、「船に関する雑話」を話す。金田一京助、東条操、松本信広、比嘉春潮、有賀喜左衛門、池上隆祐、大藤時彦、岡村千秋など二五人が参加し、初めて参加した人たちのために、会の趣旨と経過を話す。その後、桜田勝徳が、玄海灘や五島列島の船幽霊の話をする。リンゴなどを送ってきた早川昇にお礼の葉書を出す。

一〇月　この月、『小さき者の声』の序を書く。

一〇月一二日　岡書院の坂口を通して、武田久吉を誘い、伊勢原から秦野を歩く。西秦野村の堀山下の寛政三年の道祖神をはじめ、多くの庚申塔などの写真を撮る。

一〇月一三日　東京帝国大学山上会議所で開かれた、東京方言学会第一回例会に出席する。

一〇月一四日　慶応大学地人会の例会に出席する。

一〇月一五日　胡桃沢勘内の発案の長野放送局の信州民俗講座が始まる。この日の前に池上隆祐が講座の講師の依頼に来て、了承するが、突然断って池上の怒りをかう。

一〇月一八日　北陸から飛驒、信州への旅行に向かうため東京を発ち、水上温泉に立ち寄る。越後から越中に入り、宇奈月温泉、滑川、富山を経て、去年の旅で見落とした岐阜の吉城郡を歩き、平湯に行く。

一〇月二三日　平湯温泉で按摩から聞いた安房峠の道に興味がわき、松本の胡桃沢勘内に手紙を出し、飯田に行く予定を変更して、安房峠を越えて上高地に出て、それから松本に寄ることを伝える。

一〇月二四日　平湯から荷物持ちの子供を連れ、二里の道を歩いて安房峠を越えて、上高地に入る。上高地に泊まり、紅葉を楽しむ。

一〇月二五日　東筑摩郡教育部会で、四月に続けて「民間伝承分類第二部」について話す。「話をきく会」で今回の旅の感想と富山滑川で聞いたたま風の話を「ばいたまといふ風の名」と題して話す。浅間温泉西石川に泊まり、上田の箱山貴太郎に、二八日午前一一時前後に上田駅に着くと葉書を書き、そのなかで、上田中学の角田にも連絡してもらいたいと述べる。

一〇月二六日　西石川で開かれた「話をきく会」で、諏訪山浦の風呂の話、酒つくりの杜氏の話、味噌煮の話などをする。胡桃沢勘内、池上喜作、小池直太郎ら二六人が集まり、記念写真を撮る。

一〇月二七日　更級教育部会で、「民俗採集と言葉」を講演し、集まった教員たちに、郷土研究は実験の学問で、豊富な材料の持ち主たち（子供）と疑問を素直に提出してほしいと呼びかける。この日、長野放送の信州民俗講座で、池上隆祐が「民俗学より見た山の神と田の神」を放送したのを聞き、上山田温泉に呼び胡桃沢らと慰労会をする。

一〇月二八日　箱山貴太郎の要請で、上田市立図書館で「民俗学の一般につきて」と題した講演をする。子供の頃読んだ『親釜集』で知っていた飯島花月（保作）に初めて会う。箱山の案内で、別所温泉花屋に泊まる。

一〇月二九日　帰宅する。

一〇月三〇日　比嘉春潮宛てに、『島』を発行するので、協力してもらいたいと手紙を書き、一二、三日には帰宅しているので訪ねてきてほしいと述べる。野村伝四宛ての葉書を書く。

一一月　秋頃、新村出から、前年に刊行された『現代日本文学全集』を記念して、吉村冬彦と斎藤茂吉と一緒に集まろうと誘いの手紙が届き、すぐに賛同の返事を出す。

一一月二日　科学博物館で、「江戸期の民間学者について」を講演する（定）。勘内宛てに、帰ってから熱を出して、まだふらふらしていると葉書を書く。

一一月三日　箱山貴太郎からの礼状が届いたので、箱山宛てに、一〇日は和田峠を越えてみたいと思っているので、どこで下車して車を待てばよいのか長野放送局宛てに返事がほしいと葉書を書く。

一一月四日　東北から信州に回る講演旅行に発つ。

一一月五日　山形県師範学校で開かれていた郷土調査研究会の二日目として、県会議事堂で開かれた山形県郷土研究会で、小学校・補助学校の教員対象に「郷土研究と郷土教育」を講演する。

一一月六日　東北帝国大学の郷土研究会で、講演する。

一一月八日　長野放送局の信州民俗講座で「信濃柿其他」を放送する。その後、一〇月の松本での「ばいたまといふ風の名」の講演記録を校閲する。胡桃沢勘内や池上隆祐と共に戸倉温泉に泊まり、ラジオで同じ「信州民俗講座」の安間清の「りうずりということばについて」を聞く。

一一月九日　安間清に会ったので、昨日の放送の感想を言う。松代小学校で、「婚姻と恋愛文学」を講演する。上山田温泉に泊まる。

一一月一〇日　三〇年ぶりの和田峠を開通したばかりのバスに乗り、下諏訪に出て油屋別館に泊まる。高島小学校に勤める小口伊乙を電話で呼び出す。小口と山浦に向かおうと思ったが、この時期は無理と言われ、旅館で小口のハンマ童戯の話を聞き、信州民俗講座の放送で発表するよう激励する。この日、梓書房から、『秋風帖』が刊行される。

一一月一二日　宿に矢ヶ崎奇峰が訪ねてきたので、長野放送の信州民俗講座で回顧録を放送するよう説得する。

一一月一三日　帰宅して、信州に前後九日間、温泉も一二ヵ所、同じ道をあまり通らずうまく回ったと胡桃沢に手紙を書く。留守中、原稿催促が六件と講演依頼が一件きている。

一一月二六日　村落社会学会の会員で日本青年館の小林正熊と野口孝徳に、自宅で「郷土生活の研究法」について講義する。午前中二時間、翌年の三月一日まで計六回にわたって話し、まとめたものが、昭和一〇年八月に刊行の『郷土生活の研究法』となる。

一一月二八日　高田十郎の『大和の伝説』の序文を書く。

一二月　この年、客員として勤務していた朝日新聞社を退社する。

一二月一日　上田の箱山らがつくった民俗研究会が進めている婚

婣習俗調査についての便りがきたので、大体はそれでよいが、できるなら当人たちの心もちをもう少し知る必要があるだろうから、自分の調査評目も見て貰いたいし、『聟入考』も読んでほしいと返事を書く。

一二月二日　東京帝国大学農学部の農業史の時間に、民俗学の講義を始める。次の年の二月二一日まで続く。

一二月三日　尚志会館で開かれた南島談話会第八回例会で、「島と旅」の話題を話し、早川孝太郎、佐々木彦一郎、内田武志、川口孫三郎、山本靖民らの報告を聞いたあと、雑誌『島』を創刊することを発表する。参加者は、幹事、発表者以外に、岩淵悦太郎、服部四郎、杉浦健一、三谷栄一らを加えて三五人になる［定本年譜では、五日］。

一二月六日　成城高等学校の成城地歴研究会で、「歴史の一回性に就て」を講演する（日現）。

一二月七日　午後一〇時、加賀町の自宅において、養父直平が死去する。享年八三。一〇日に葬儀を執り行う。

一二月一五日　岡書院から、『女性と民間伝承』を刊行する。

一二月二〇日　墓参の留守中に比嘉春潮が訪ねてきたので、お詫びの手紙を書く。この日、大日本山林会から、『山村語彙』を刊行する。

一二月二一日　休養のため、茅ヶ崎の別荘に向かい三日間を過ごす。

この年、大西伍一が農学史を研究したいとやってくる。

昭和八年（一九三三）　五八歳

一月　この月、小宮豊隆から本のお礼の手紙が来る。

一月六日　柳田家の家督相続の届出を提出する。

二月四日　午後一時から国学院大学院友会館で開かれた国学院大学方言学会で、二時半から四時まで「何のために方言を集めるか―民俗学と言語学との関係」を話す。六時から尚志会館で開かれた南島談話会第九回例会で、前回に引き続き「島と旅」について話す。その後、比嘉春朝、島袋源七、宮良当壮らの話を聞く。参加者は、三七人となる。

二月一五日　全国産業組合懇談会で、「農村生活と産業組合」を講演する。記録は一〇月に発行される『産業組合』第三三六号に掲載される。埼玉県幸手町の上野勇宛てに、贈られてきた『幸手方言誌』のお礼の葉書を書く。

二月二五日　伊波普猷から那覇の新おもろ学派との確執を伝える葉書が届く。

三月七日　成城高等学校の卒業式に為正の保護者として参列し、挨拶をする（定）。

三月一〇日　山梨県上九一色村の仕事着ボドーを送って来た土橋里木に、お礼と宮本勢助に保存させることを伝える葉書を書く。

三月一八日　吉野作造が亡くなる。享年五五。

三月一九日　講演のため清水を訪れ、久能山のいちごを見る（定）。

三月二〇日　中学生の牧田茂に『山村語彙』を贈る。

三月二一日　「故人寄贈の桜悲し」と、吉野作造の死を悼む文を『帝国大学新聞』に載せる。

三月二二日　砧人会にて「島の話」を話す（定）。

四月　『島』発刊の準備が整う。

四月二日　朝、Wetermarck の『Memories of My Life』を読み終わり、「今年花遅椿昨始開」と書き込む。

四月六日　「郷土生活の研究法」を後述筆記した小林正熊と野口孝徳から補足の質問を受ける。一二日まで連日のように六回、通ってくる。

四月一四日　新村出が訪ねてきたので、『農業経済研究』に発表したばかりの「農村語彙」の抜き刷りを贈る。

四月二二日　尚志会館で開かれた南島談話会第一〇回例会で、山口麻太郎らと壱岐の農業や習俗などを話し合う。参加者は、常連に加えて、山口貞夫、中道等、今泉忠義、熊谷辰三郎など三七人になる。

四月二三日　斉藤昌三宛てに、書名を『退読書歴』にしてはどうかと書いた葉書を出した後、関西、中国、隠岐から四国への旅に出る。

四月二四日　神戸に住む甥の木越進の家に泊まる。

四月二五日　朝、ロープウェーで六甲山に登り、散歩する。その後、朝日新聞神戸支局で行われた兵庫県民俗研究会主催の講演会で、常民の歴史を知るためには、歩いてそこに住む人々と接することと比較研究が大切であると述べる。花隈木原旅館に泊まり、孝に葉書を書く。

四月二六日　朝、神戸を発ち、岡山倉敷を回り、高松に入る。孝宛てに絵葉書二枚を続けた葉書を書き、予定と、お世話になった木越家にお礼として『女性と民間伝承』を、井上五郎に『秋風帖』を千枝から送らせるよう頼む。

四月二七日　私立明善高等女学校に赴任したばかりの川野正雄の自宅を訪ね、夜、座談会を開く。翌日、小豆島に渡り、川野醬油工場を見学し、川野の両親に会い、タクシーで島を回る。

四月二八日　朝、高松を発ち、今治から大三島に渡り、大山祇神社に参拝する。今治で、孝に絵葉書を出す。

四月二九日　大山祇神社の宝物館を見たあと、午後の船で尾道に渡り、木曽家に世話になる。また、孝宛てに、千光寺山の絵葉書を出し、明朝ここを発ち北に向かうと伝える。

四月三〇日　玉造温泉から孝に、薬を隠岐に送ってほしいと書いたあと消して、間に合わないだろうから送らなくてよいと伝える葉書を書く。

五月一日　美保関から隠岐汽船に乗って隠岐に渡り、一週間滞在する。隠岐の島へ渡る手配は、美保神社の宮司横山清丸の世話による。

五月二日　菱浦港に入港し、焼火権現の神主である松浦静麿の出迎えをうける。船で島後の西郷港に渡り、宮谷視学官の案内で飯ノ山古墳、玉若酢神社を参拝し、億伎家の駅鈴を見て、高梨旅館に泊まる。この日行われていた大社教教会所の遷宮祭奉納の相撲を見て、物言いをお互いに出し合って、なかなか決着がつかないのを見て、呑気だと思う。また、酒盛りのなかでいい声で歌っている女性の存在に興味をもつ。

五月三日　天候不良のため、宿に東郷村神主村上菊市と松浦静麿を呼び、島後の神楽の話などを聞く。回りながら、今のままでは風景が寂しすぎるので、花の咲く苗木を植えたり、ハイキングのための道を整備したりして若い人たちを呼んだ方がよいと話す。午後から晴れてきたので、五箇村の水若酢神社の例祭を見に行くが、また雨が降ってきたので、五箇村の宿に引き帰る。手紙のやりとりをしている五箇村郷土館勤務の八幡静男を宿に呼び、話を聞く。午後五時半車で西郷に向かうが、車が二度もパンクし、国分寺のある原田から徒歩で帰る。

五月四日　東郷村に回り、飯田の民家を調べる。村上菊市が島の手打ちそばをもってやってくる。七時の船に乗り一〇時に西ノ島別府港に着き、正木旅館に泊まる。

五月五日　知夫島で牛馬の競市を見て、特徴のある言葉を夢中になって聞き取る。

五月六日　中ノ島から夜の船で隠岐を発つ。

五月七日　美保関にある出雲の神職養成所で話す。

五月八日　丹後経岬に立ち寄る。

五月一一日　黒井駅で、高田瞽女の研究者市川信次の出迎えを受け、高田に入る。夜、高田館で「民俗学の話」をし、村松苦行林（下保倉村村長、歌人）が記録する。市川らの案内で松之山温泉に遊ぶ。

五月一四日　野村伝四宛てに、葉書を書く。

五月一五日　［信濃毎日新聞社の桐生悠々に会ったあと、］帰京する。

五月一六日　旅行から帰ってきて、届いていた『島』の創刊号を見て、編集後記にあるわが国の島の数を二百数十とした比嘉の文を読み笑ってしまう。

五月二〇日　土橋里木宛てに、四、五日前に旅から帰ったが、この後、病気が治ったばかりの妻孝を連れて、富士五湖を遊覧しようと思うと手紙を書く。

五月二三日　孝と精進湖の精進ホテルに一泊し、次の日、山中湖、須走から仙石原に出て小田原から帰宅する。

五月二七日　対馬の日野清三郎と隠岐の松浦静麿、御蔵島の栗本惣吉を迎えて、南島談話会の臨時会として第一一回例会をもち、「隠岐旅行談」を話す。参加者は、比嘉、金城、伊波、金田一、東条ら常連に加えて、本山桂川などが加わり三三人となる。この後、談話会は開かれなくなり、比嘉との共同編集の『島』を創刊する。

六月一三日　錦水での明八会に出席する（定）。

六月一五日　温泉協会で話をする。輝夫も聞きにやってくる（定）。

六月一六日　野村伝四宛てに、親展の手紙を書く。

六月一八日　国学院大学院友会館で国学院大学方言研究会主催の方言資料展覧会が開かれ、『蝸牛考』の草稿などを出陳する。

六月二四日　滞在中の箱根から、孝宛てに、頼んでいた本が届いたことと、材料不足で原稿が書けないので、雨が続くようだと帰ることにすると葉書を出す。
六月二七日　自宅の庭で写真を撮り、『退読書歴』の口絵写真につかう。
六月二八日　鳥の声を聴くために高尾山に家族で出かける。この頃、しきりに鳥の声を聴くために郊外を歩くと喜善宛ての便りに書く。
六月三〇日　『退読書歴』の序文を書く。
七月二〇日　書物展望社から、『退読書歴』を刊行する。
七月二二日　富士・信州旅行にでかける。家の出入りの庭師森本彦八が同行する（定）。
七月二三日　富士登山をし、山腹で馬上の写真を撮る。
七月二四日　日本最初の試みとして実施された、富士山頂からの中継放送で午後八時から三〇分間、「霊山と神話」と題して竹取翁の話をする。
七月二五日　下山し、その足で浅間温泉に向かう。
七月二六日　二九日までの四日間、松本女子師範学校で開かれた長野県教育会東筑摩部会後援国語学講習会に金田一京助、小倉進平、新村出らと講師として参加し、小学校教育に主点をおいて「国語史論」を講演し、自分の言葉で言いたいことを自由に表現することの重要性を説く。この講習会は、新しい国語辞典を刊行したいと考えた岡茂雄の発案で実施され、その趣旨にそった新村出の「日本辞書の現実と理想」の話を聞き、辞書の名前を話し合い、『辞苑』と決める。富士登山の疲れも残るなか、会の運営に尽力し、講義の合い間をぬって、小倉らを菅江真澄のゆかりの地などに案内する。
七月二八日　新村、金田一と共に、浅間温泉富貴の湯で開かれた国語学講習会の講師と「話をきく会」同人合同の懇親会に参加する。
七月二九日　講習会終了後、上高地に向かう他の講師三人と別れ、夜、帰京する。
七月三〇日　『伊那歌道史』をまとめるため資料を集めていた飯田の村沢武夫から、歌人であった柳田為貞の父、牛郷の日記である『曲蘆日記』のなかの歌を書き写して送ってほしいとの依頼の手紙に対し、すぐに抄出するのは難しいので、上京した時に見せたいと返事を書く。
八月　この月、北海道旅行に出る前に　昔まとめた「南方来書」全一〇冊を読み返し、最終ページに朱で覚書を書き入れる。
八月六日　北海道旅行に出発する。
八月七日　青函連絡船に乗り、昭和四年に上空を飛行機で飛んだ時のことを思い出していると孝に葉書を書く。夜、旭川に着き、長兄鼎の三女つるが嫁いだ桑島家に宿泊する（新）。夫桑島要は、旭川日赤病院の院長であった。
八月八日　加計呂麻島出身のロシア文学の権威昇曙夢が、旭川に来ていることを知り、南島談話会以来久しぶりに会う。曙夢は、弟の旭川新聞社編集長季雄からの依頼で講演のために旭川を訪れていた。桑島家で要と昇兄弟とゆっくり話し、写真を撮る。
八月九日　旭川新聞の朝刊に、前夜の写真が掲載され、「雄大な風光は大いに世に推称する価値がある」という談話が載る［このあと、曙夢、季雄と大雪、阿寒を回った可能性あり」。
八月一二日　宗谷岬から北見線に乗り、声問、浜頓別の海岸を歩く。声問貝塚に立ち寄ったあと、声問駅から萩原正徳に昆布を干す風景やハマナス、ナデシコの美しさを伝える葉書を出す。話し相手もなく、車中で読むために持ってきた本はすべて読んでしまったので、旭川で買った白井光太郎の『本草論攷』（春陽堂、昭和八年）などを読んでいると書いた胡桃沢宛ての葉書を、浜頓別の駅で出す。
八月一八日　厚岸から早川昇宛てに葉書を書き、網走、阿寒を回ってきて、これから日高の様似に行ってみようと思うと伝える。しかし、あまりにひどい揺れで腹痛をおこし、予定を変更し帯広に向かう。
八月二一日　帯広の信陽館に泊まるが、腹痛がひどく、視察を打ち切って帰京を考える。
八月二二日　貴族院書記官長時代に庶務課に勤務していた小片憲次が、駅前の宿信陽館の近くにいて世話になる。小片が『郷土研究』時代の投稿者であった吉田巌を連れてきたので、以前送ってきたアイヌ童話集の原稿についての誤解を解き、アイヌ関係の本をまとめるように話す。今の公職を絶ち切ってでも、アイヌの本を出すべきだから、道庁に寄って頼んであげてもよいと話す。この後、広尾から日高様似の等樹院に寄って帰京する予定であったが、体調が悪く断念し、旭川の桑島家に向かうことにする。帯広駅で、小片と医師の水野薫と吉田に見送られ旭川に向かい、桑島家に泊まる。

八月二三日　旭川北海ホテルにて旭川新聞社主催の歓迎座談会が開かれ、昇季雄の歓迎の挨拶のあと、道内旅行で感じた拓殖文化や農村青年の思想動向などについて述べる。早川昇宛ての葉書に、明日には札幌に行けると書く。
八月二四日　旭川出発前に、奥田千春市長や詩人グループと記念写真を撮るが、体調が思わしくないため出発を延期し、桑島が院長を務める旭川日赤病院に入院する。
八月二九日　五日間入院し、この日退院する。
八月三〇日　札幌に着き、犬飼哲夫北海道大学植物園長、名取武光など信州出身の学者たちと話し、植物園に立ち寄る。道庁の学務部長に会い、吉田巌が研究に専念できるよう配慮してほしいと要望する。市内の白野家に寄り、夏雲の遺品を見た後、『新撰北海道史』の編集長となっていた、『郷土研究』の投稿者であった牧野信之助の声かけで、夏雲の孫の白野甲峰松や、高倉新一郎らが宿の山形屋に集まり夏雲のことなどを話し合う。翌日、高倉が吉田のもとに行き、行政からの支援を伝えることになる。
九月一日　洞爺湖で、吉田巌宛てに、学務部長にも渡部帯広市長にも話をして、充分に時間がとれるようお願いしたと絵葉書を書く。
九月三日　八戸の石田屋旅館に泊まり、小井川潤次郎と会う。小井川から八戸、三戸周辺の隠れ里伝説を聞き、ダンズやダンザという地名との関連を考える。
九月五日　北海道旅行から帰り、早川昇に病いはもう大丈夫と礼状を書く。北海道を歩いてみて、「北海道の方言」という新しい問題に気付く。
九月七日　比嘉春潮が訪ねてくる。
九月九日　胡桃沢勘内宛てに、北海道を一ヵ月かけて回り、その間、入院もして体が弱って帰って来たと葉書を書く。また、比嘉春潮宛てに、「青ヶ島記」は長かったものを短くしたので原稿をとりにきてほしいと葉書を書く。
九月一四日　自宅の書斎で、午前九時から一二時ごろまで『民間伝承論』の講義を始める。以後、一二月一四日まで一二回続く(定)。後藤興善、比嘉春潮、大藤時彦、杉浦健一、大間知篤三が参加し、「家の会」などと呼んでいたが、この日が木曜日であったことと、原則、毎週木曜日にもつことを確認してのちに「木曜会」と名付けられる。吉田巌に、手紙のお礼と、高倉からも札幌での話を聞いたと思うと激励の葉書を書く。
九月一七日　野村伝四宛てに、葉書を書く。
九月二一日　『民間伝承論』の第二回目の講義をする。この会から、橋浦泰雄、山口貞夫、坂口一雄が参加する。
九月二七日　白野夏雲（今泉耕作）の生地であった山梨県笹子村白野を訪ねる。勝沼の葡萄園に立ち寄り、一籠、お土産に持ち帰る。
九月二八日　『民間伝承論』の第三回目の講義をする。胡桃沢勘内宛てに、送ってもらった信州の葡萄のお礼の葉書を書く。
九月二九日　喜善が、腎臓病のため亡くなる。享年四八。
九月三〇日　喜善の訃報を電報で受け取り、自分も力を落としたが、本人が一番気の毒だと、遺族に慰みの手紙を書き、香典を同封する。
一〇月　この月、『壱岐島昔話集』の序を書く。
一〇月一日　新村出が訪ねてきて話し、帰り際に椎橋好の『下野民謡採集』を贈る。
一〇月四日　吉祥寺から、武蔵関、東村山、保谷を歩いた後、雑司ヶ谷に行き、輝夫を訪ねる。夜、湯河原温泉の天野屋での三々会の三三年記念会の集まりに出て一泊する。
一〇月五日　『民間伝承論』の第四回目の講義をする。
一〇月一二日　『民間伝承論』の第五回目の講義をする。
一〇月一四日　関西講演旅行に発つ。
一〇月一五日　豊橋の狭間小学校で開かれた、愛知県教育会と豊橋市教育会連合主催の郷土研究講習会で、二〇〇人を前に「地名と歴史」を三時間にわたって講演する。午後、集まった人たちと話し合い三時に閉会となる。
一〇月一六日　京都帝国大学の楽友会館で開かれた近畿国語方言学会第三回大会で、「そやさかいに」を講演する。夜、有志による懇談会に出席する。この日、第五回太平洋会議に出席するためカナダバンクーバーに滞在中の新渡戸稲造が膵臓腫瘍のため亡くなる。享年七二。
一〇月一八日　敦賀から金沢を経て帰京する。
一〇月二〇日　飯田から村沢武夫が訪ねてきたので、『曲藘日記』のなかの為貞の歌を見せる。
一〇月二三日　比嘉春潮宛てに、北陸を回って来たが落ち着いた所が無かったので、早く帰京したと手紙に書き、折角の休みだからまた二、三日旅行に出かけると手紙を書く。

一〇月二四日　橋浦泰雄が訪ねてきて、信州の様子の報告を受ける。胡桃沢宛てに、松本での民俗学会の講演会の話もあるようだが、自分はこの計画にはかかわりがないことを教育会の人たちに伝えてもらいたいと手紙を書く。

一〇月二五日　この日の前後、信州旅行に出る（後狩）。諏訪から突然飯田に行くことを思い立ち、飯田主税町の吉野館で「お話の会」をもつ。

一〇月二八日　帰宅する。この日、国学院大学郷土研究会の佐々木喜善追悼の集まりがあったが、欠席する。

一一月　この年の初冬、田中喜多美の『山村民俗誌　山の生活篇』（一誠社、昭和八年）の序を書く。また、この月、「狼のゆくへ」を書く。

一一月二日　『民間伝承論』の第六回目の講義をする。

一一月四日　慶応大学大ホールで開かれた社会経済史学会第三回大会公開講演会で、「食物の変遷」について講演し、将来の食物の改良のためには、過去の食物の変遷の研究が必要であることを強調する。新村出宛てに、一〇月に亡くなった新村の父荒川重平を悔やむ手紙を書く。また、一一日に予定していた新村、吉村冬彦、寺田寅彦、斎藤茂吉の四人の会が、平福百穂が亡くなったことで延期になり、一二月一日に延期したが予定はどうかと手紙を書く。

一一月九日　『民間伝承論』の第七回目の講義をする。

一一月一六日　『民間伝承論』の第八回目の講義をする。

一一月二二日　原町田近辺を散歩する（定）。

一一月二三日　『民間伝承論』の第九回目の講義をする。

一一月二四日　村山龍平が亡くなる。享年八四。

一一月三〇日　『民間伝承論』の第一〇回目の講義をする。

一二月　橋浦泰雄作品頒布会発起人となり、趣旨書を配布する。この月、『豊後方言集　第二輯』の序「豊後方言集」と水原岩太郎の『備中土面子の図』の序を書く。また、神社札の研究者で八月に亡くなったフレデリック・スタールの業績を偲ぶ、スタール博士記念墓碑を富士山麓の須走登山口に建設するための賛助員となる。このころ、法制局時代の同僚で弁護士をしている吉村源太郎の紹介で最上孝敬を知る。

一二月七日　『民間伝承論』の第一一回目の講義をする。

一二月一四日　『民間伝承論』の第一二回目の講義をする。この会を最終回とし、その内容は、後藤興善によってまとめられることになる（『民間伝承論』昭和九年八月）。最後に、参加者から会の常設が提案され、了承する。

一二月二〇日　果物を送ってきた小樽の早川昇にお礼の葉書を書き、兄の早川三代治氏にもよろしくと伝える。

一二月三一日　二八日に行われた国学院大学郷土研究会主催の佐々木喜善氏追悼講演会と晩餐会に出席するため、九州から上京した早川孝太郎が、久しぶりに訪ねてきて、志賀島の鹿の話をする。

昭和九年（一九三四）　五九歳

一月一日　朝七時ごろ洗面所で顔を洗っていると、真っ赤な初日が上っていくのが見え、後ろをふりむくと西の空に満月が沈んでいき、思わず、今度生まれた皇太子は、きっと幸せになるだろうとつぶやく。香川多度津町の和気周一宛てに新年の挨拶の葉書を書き、「農村語彙」の採集に感謝していると述べる。因伯叢書の『雪窓夜話』（上野忠親）を再び読む。

一月二日　『設楽』新年号が送られてくる。原田清の熊の話を読み、『蕗原』新年号の熊の話と比べる。

一月三日　相馬から武藤要が児童読本の相談に来るが、愚か婿の笑い話などを児童の読み物にするのは難しいと言う。山梨の石川秀三郎から『飫富方言集』が届く。

一月四日　松本信広が訪ねてきて、山村生活調査の計画について相談したり、安南の話を聞いたりする。森銑三から『村山太白』（森銑三、昭和九年）が送られてくる。

一月五日　『土の香』一一巻一号が送られてくる。松本信広の『安南紀行』を読む。

一月六日　三越六階の犬展覧会で、日本犬保存協会の会主催の講演会で「山犬雑考」の話をする。

一月七日　凡人文芸の社会的用途や、その生活に対する影響について考えているが、ひとつの論文にまとめるには気魄が必要で、今はあまりに疲れていると日記に書く。

一月八日　改造社の編集者石橋が訪ねてきたので、連句の募集を提案する。箱山貴太郎から、七夕姫と羽衣譚との関係を述べた手紙が届く。

一月九日　大間知篤三や高橋文太郎などから調査の知らせが届く。伊豆の山口栄蔵が訪ねてきて、鯨漁の労働組織が残っているうちに聞いておかなくてはならないと話す。放送局の崎山が来て、三月の八回ほどの連続講座の依頼を受け、やってみようかと思う。

一月一〇日　風邪をひいて熱が八度五分になり休む。

一月一一日　前年九月からの「民間伝承論の会」のメンバーに、守随一、倉田一郎、萩原正徳、島袋源七、金城朝永らが加わり、第一回木曜会が開かれ、大間知からツグラの話を聞いたあと、山村生活調査案について話す。この時、守随一が連れてきた倉田一郎と初めて会う。比嘉春潮に「一つ目小僧の話」を編集するように頼む。

一月一三日　訪ねてきた関敬吾と、民譚の分類の話をする。水野葉舟が成田の雑誌を送ってくる。水野が取り組もうとしている小学生の綴り方教育を自分もやってみたくなる。

一月一四日　高橋文太郎が、飛驒の写真を持って報告に来る。およそ五〇〇枚の「歳時標目」の原稿を書き終わる。

一月一五日　大間知篤三が来て、山村生活調査案の大筋の計画をたてる。農村交通に関する講義の準備をする。

一月一六日　小豆粥を食べる。冨田重明が『林業辞典―和・英・独・仏』（徳川宗敬他編、大日本山林会、昭和八年）を持ってきて、感想を求められる。明治四四年来の旧知の松井時彦が一三日に亡くなったことを知る。「餅と臼と擂鉢」の原稿を書きあげる。水野葉舟宛てに葉書を書き、葉舟の高原植物の話を興味深く読んでいると伝える。

一月一七日　多摩川南岸、南武線沿線を歩く。このころより、毎週水曜日、日帰り可能の範囲を散歩することとし、主として多摩川、境川周辺を歩く（定）。アナトール・フランスの『ルナン論』を読む。

一月一八日　「畦路や苗代時の角大師　あくれは霞む野鼠の顔」の心持ちを考える。

一月一九日　駒場の講義に行く。石黒忠篤に会い、山村生活調査の援助を頼む。水野葉舟から印旛郡の方言集が届く。箱山貴太郎からは、小県郡婚姻習俗の調査報告書が送られてくる。

一月二〇日　折口信夫が来て、話し合う。

一月二一日　フレーザーの批評集を読む。

一月二二日　大間知と山村調査のことなどを話す。

一月二三日　布佐に行き、鼎を見舞う。周辺を歩き、少年の日を思い出す。帰途、温泉協会に立ち寄る。

一月二四日　人文書院が来る。古い箱の中の切抜類や手紙を整理する。国学院大学の国文学会で「文学と婚姻」の話をする約束をする。

一月二五日　第二回木曜会を開き、大間知、比嘉、長尾宏也らが集まる。

一月二六日　青山会館で開かれている古本市に行く。根岸守信の『耳嚢』六冊本を買う。伊波普猷、折口信夫らと沖縄料理の会を開く。

一月二七日　桜田勝徳が『肥前山村紀行』を送ってくる。

一月二八日　布佐の長兄鼎が死去する。享年七五。

一月三〇日　『東京朝日新聞』に鼎の死亡を伝える広告を出し、喪主冬樹と共に、兄弟四人の名を載せる。買った『耳嚢』を他の二種の『耳嚢』と比べて読む。江戸期の世間話の発生について考える。

一月三一日　一時半から布佐町公会堂で開かれた、鼎の神道での葬式に参列する。

二月一日　深水と日本語の利用法の衰微について語り合う。

二月二日　桜田勝徳が『漁村民俗誌』（一誠社刊）を送ってくる。「叙述精細、壮年学徒の気魄を窺ふに足る」と日記に書く。

二月三日　桜田の本を読んで、初めて自分の植えた木に果実がなったような感じがする。

二月四日　伊波普猷と言葉について話し合う。

二月五日　九州の丑の日祭、大黒様迎えと東北の大黒様の嫁迎えは、元は同じ田の神送りだと考える。

二月六日　布佐に行く。

二月七日　『島』の原稿「島の三大旅行家」を書く。折口宛てに葉書を書く。

二月八日　第三回木曜会を開く。島袋、比嘉、大藤らが集まる。岡村千秋が、渋沢敬三の『祭魚洞雑録』（柳田文庫無し）を持ってくる。

二月九日　辻善之助、川合貞一と振興会の話をする。

二月一〇日　国学院大学国文学会で「文学と婚姻」を二時間二〇分、水も飲まずに講演し、もう講演は追々止めようと思う。

二月一一日　大間知篤三が来て、子守守親の話を筆記していく。

二月一二日　依田百川（学海）の『話園』（博文館、明治二六年）、農林省発行の『鳥獣調査報告』（昭和九年発行が何号か柳田文庫に無くて不明）、『参河国名所図絵』（愛知県教育会編、昭和八年、九年）上中二巻などを読む。今まで刊行されている『鳥獣調査報告』の全部の号が読みたくて、内田清之助に相談の葉書を出す。また、伊東東にも『豊鐘善鳴録』の復刊完成を祝う葉書を書く。

二月一三日　渋沢敬三の『祭魚洞雑録』（郷土研究社、昭和八年）を読む。本山桂川の『海島民俗誌　伊豆諸島篇』（一誠社、昭和九年）が出版社から送られてくるが、編纂ものに自分の見聞を入れただけのものと思う。

二月一四日　八王子丸子から蒲田まで郊外の電車を乗り回る。観光協会の晩餐会に出席する。横山武夫著の『笹森儀助翁伝―附貧旅行之記』（今泉書店、昭和九年三月）の「序」を書き終わる。

二月一五日　比嘉と大間知が来て、エリオット・スミスの話をする。新村出宛てに手紙を書き、その中で、山村調査の意義と計画を説明し、学術振興会の補助金を申請しているので、瀧精一委員長や羽田亨委員へ働きかけをしてほしいと頼む。鎌原桐山の『朝陽館漫筆』を読む。

二月一六日　小宮豊隆の『黄金虫』（小山書店、昭和九年）を読む。秋田の方言採集の報告集が届き、新しく知ったことが多いと感じる。

二月一八日　内田清之助から、依頼した『鳥獣調査報告』の刊行された全号が送られてくる。野田での講演の手稿を書く。

二月一九日　熱が少しあるので一日休む。

二月二〇日　大島波浮の松木国太郎村長が初めて訪ねてくる。流人のことを調べたいとのことなので、『八丈実記』の流人帳を貸す。新村出からの手紙の返事を書き、二六日は夕方まで朝日新聞社で待っていると伝える。

二月二一日　江戸川左岸を下り野田に行き、興風会の講演で、「温泉の伝説」について話す。野田で一泊する。

二月二二日　野田から戻り、第四回木曜会に出席する。横山隆一も参加して漫画の話をする。また、紀行文の話も出て、若山牧水が紀行文を書いていることを知る。

二月二三日　農学部の講義を終える。折口宛てに、折口編の『曙覧の研究』（高遠書房、昭和九年）が届いたお礼と感想の葉書を書く。

二月二四日　昨日、入間から届いた紅梅の若木を植える。家の光の吉田記者が来て、モヤイの話をする。

二月二五日　『幸手童謡集　方言誌』の編者である上野勇が訪ねてくる。

二月二六日　大学時代の同窓の木間瀬と渡辺の家族たちと語り合って、若い人たちが山を愛していることを知る。留守中、阪口保が中西悟堂を連れて来る。中西と雑誌『野鳥』発刊について相談する予定であった。また新村出も訪ねてくる。

二月二七日　箱山貴太郎から『小県郡婚制調査』が送られてくる。また、内田武志の『静岡県方言集』を一気に読む。

二月二八日　丸善に行き、ウエスターマークの『回教徒中の異教残留』を購入する。

三月　中西悟堂らが日本野鳥の会を設立する。賛助会員となり、手助けすることとし、杉村楚人冠、泉鏡花、吉江喬松らを会員に誘う。この月、恩賜財団愛育会が設立され、科学的調査研究を目的に設置された愛育調査会にかかわるようになる。

三月一日　中西悟堂が訪ねてきて、午前一〇時から午後三時まで野鳥談義に盛り上がる。『国語研究』四月号に載せる「妖怪古意」を書き上げる。

三月二日　東京ラジオ放送第二で、「日本民俗講座」の第一回放送「塚を築く風習」を放送する。以後、七回連続講座として、火曜、金曜に放送することになる。

三月六日　「日本民俗講座」の第二回「富士と筑波」を放送する。放送局に、泉鏡花と石黒忠篤が来る。朝日新聞社に立ち寄る。折口に葉書を書く。

三月七日　『牧水紀行文集』（改造文庫、昭和八年）を読み終える。また、『蕉門連句集』や三重県編の『史蹟名勝天然紀念物調査書』などを読む。折口宛てに、『俳句研究』に遊女のこと、『国語研究』に妖怪のことを書いたと葉書を出す。

三月八日　第五回木曜会に出席する。大間知、比嘉らが参加し、神津島と沖縄の話が出る。

三月九日　「日本民俗講座」の第三回「鬼の足跡」を放送する。

三月一〇日　原田清の義弟の鈴木七郎が訪ねてきて、農村経済研究会で話をしてもらいたいと依頼を受ける。

三月一一日　丸の内陶々亭で開かれた野鳥の会の座談会に出席する。出席者は、中西悟堂、山口蓬春、杉村楚人冠、戸川秋骨、内田清之助らで、記録は、五月に出た『野鳥』創刊号から三号続けて連載される。この日、日本野鳥の会が創立され、平田禿木、戸川秋骨、新村出らと共に設立発起人となる（雑）。

三月一三日　長崎県の社会教育主事木島甚久が訪ねてきて、島の話をする。「日本民俗講座」の第四回「昔話の小鳥」を放送する。

三月一四日　太田睦郎と共に、相模国分寺跡を歩き、正応の古鐘を見る。

三月一六日　「日本民俗講座」の第五回「忌と祭」を放送する。

三月一八日　布佐に行き、布川周辺を久しぶりに歩く（定）。

三月二〇日　中西悟堂と共に、鳥の声を聞き歩く。夜、「日本民俗講座」の第六回「忘れられた秘密」を放送する。『俳句研究』四月号に載せるために書いた「遊行女婦のこと」を見直し、自分ながら少し分からないところがあると反省する。

三月二三日　木曜会を開き、佐々木から広島、後藤から宇和大島の話を聞く。夜、「日本民俗講座」の第七回「民俗学」を放送する。

三月二九日　山口から利島の報告を聞く。

三月三〇日　早川孝太郎が椎葉の話をしに来る。二七年前のことを思い出す。小林英夫も来る。

三月三一日　雨田禎之と彫刻の話をし、面を被ったときの心持ちなどを語り合う。

四月　この月の半ば、久しぶりに、辻川に帰り、故郷の山々の花を見て歩く。その後、龍野に一泊して室津に出る。赤穂の浜の宿で、娘の縁談の下調べに来た人の話を聞き、赤穂の柳田とは関係がなく、田原村の松岡で調べてもらいたいと宿の主人に伝言を頼む。

四月二日　東京帝国大学文学部で開かれた東京人類学会五〇年大会に出席するために上京した田中喜多美が訪ねてくる。

四月四日　新村出宛てに、延期になっていた斎藤茂吉や寺田寅彦との会を、四月に上京した時にしましょうと葉書を書く。また、京都大学での集中講義は、春と秋に二回、一日おきに二時間ずつの時間割にしてほしいと希望を述べる。

四月五日　小寺廉吉が訪ねてきて、越中五箇山の話をする。

四月九日　三好重道の家で、ポンソンビーと烏祭の話をする（定）。

四月一五日　自宅の書斎を郷土生活研究所として開放し、全国山村調査の相談会をもつ。日本学術振興会に補助金申請をすることになり、農林次官の石黒忠篤と柿崎正治の推薦を受ける。

四月一八日　石川県の山下久男に『江沼郡手毬唄集』（山下久男編、昭和九年刊）のお礼の葉書を出す。

四月二一日　斎藤清衛が来て、駿河丸子宿で長者と呼ばれている老女の話を聞く。

四月二二日　菊沢季生が来て、宮城と福島の境に、大正九年の国勢調査で初めて戸籍に登録された村があることを聞き、村の名を調べてみたいと思う。

五月一日　この日付けで、『島』第二巻ができたので、同人に対して、第三巻の原稿の寄稿と誌代振り込みのお願いの印刷物を配る。

五月四日　千葉県観光協会の講演会で「旅人の為に」を話し、自分の地方の特徴を理解し、誰もが損せずに美しい風景を提供する人が富める方法を考えるべきと希望を述べる。

五月六日　七日の両日、長野で開かれる橋浦泰雄の個人展覧会の発起人となる。

五月一五日　山村調査に対しての日本学術振興会から年三〇〇〇円で三年間継続の補助金が決定され、調査項目一〇〇項の『採集手帖』を発行する。

五月一七日　小泉八雲の長男、小泉一雄宛てに、ハーンの『怪談』の耳なし芳一の話を何度も引用させてもらっていると葉書を書く。

五月一八日　『一目小僧その他』の序文を書く。

五月一九日　「鳥勧請の事」を読んだ安間清が、子供のころの思い出を手紙に書いてきたので、そのような小さな記憶にこそ真実味があるので、こうした感情を多くの人に知ってもらいたいと書き、「山村手帖」を送る。

五月二一日　京都帝国大学文学部史学科の特別講義のため、京都に行く。期間中に、京都府神職会の寄付講座「神道史講座」の講師になる。
五月二二日　京都大学の新村出を訪ねる。金田一京助が出した『北の人』の話をし、この本を贈る。
五月二三日　特別講義「民間信仰」を三〇日までに五回、合計一〇時間の講義をする。京都大学に入学した平山敏治郎をはじめ、高谷重夫、柴田実らが聴講する。平山を、滞在している下鴨宮河町の石田旅館に呼び、フレーザーの『金枝篇』を読むことを薦める。また、この日の後、近畿方言学会で、「囲炉俚談」を講演し、一七歳の牧田茂が聞きに来る。
五月二六日　大阪に行き、さまざまな人と会うが、木間瀬と今村には留守のため会えない。夕方、京都に戻り、東山を散策する。
五月二七日　愛宕山に登る。
野村伝四宛てに、葉書を書く。
五月二八日　京都帝国大学民俗学会で、「山村調査について」を講演する（定）。
五月二九日　三木拙二宛てに、京都に来ているが、毎日講義があり、参上することができないと葉書を書く。また、孝宛てに葉書を書き、講義もあとわずかだが、夜の会も続き少々疲れたと伝える。
五月三〇日　木越宏と共に、比叡山に登りさまざまな鳥の声を聞く。大原寂光院を参ったあと、高野川平八茶屋で夕飯を食べ、千枝に葉書を書く。
六月　このころ、自宅を増築する。
六月一日　京都から、野鳥の会主催の第一回探鳥会に参加するため、富士山須走に寄る。
六月二日　中西悟堂らと東京から一緒に来た次女千枝、三女三千と合流し、夜、米山館で懇親会をする。参加者は、金田一京助、春彦親子、戸川秋骨、窪田空穂、北原白秋、中村星湖（将為）、岡茂雄らで、鳥帯模写の名人高田兵太郎らの実演を楽しむ。
六月三日　浅間神社に集合して、野鳥の観察をする。二班に別れ、袴姿で「足弱組」に参加する。娘たちは「足強組」で歩き、つつじ園で合流する。野鳥の会創立時の第一回探鳥会として、話題となる。帰宅してから、橋浦泰雄に、探し物が見つからないとお詫びの手紙を書く。
六月四日　須走の探鳥会から帰ってきた次の日の早朝、窓の外をカワセミが啼いて通り過ぎていくのを見る。家の周りの鳥の声が多く、新しくなったような気がする。
六月八日　大間知篤三から、常陸高岡村の調査報告を聞く。
六月一〇日　比嘉春潮から話を聞く。
六月一四日　木曜会で、大間知らの話を聞く。
六月一五日　小山書店から、『一目小僧その他』を刊行する。
六月一六日　国学院上代文化研究会で「文化運搬の問題」を講演する。
六月二一日　この日、南房総天津の清澄館に泊まり、二五日までの房総半島一周の旅に出る。このあと、白浜から千葉に戻って、佐原、大洗に向かう。下妻、野田に立ち寄ってから帰宅する。
六月二二日　白浜岩目館に投宿し、一日のんびりと過ごす。
六月二三日　朝、孝宛てに葉書を書き、今日はこれから洲崎を見て回ると伝える。
六月二八日　常陸高岡村の烏祭の話を聞く。
七月五日　沢田四郎作から「五倍子雑筆」第一号『民俗、随筆、後記』が送られてきたので、お礼の葉書を書く。
七月一四日　新村出が訪ねてきて話をする。書斎にあった信濃教育会北安曇部会編の『北安曇郡郷土誌稿　五　民謡童言葉篇』を贈る。
七月一五日　明治書院から『新語論』を刊行する。
七月二五日　実践女学校の夏期講習会で、「女性と歴史」（のちに「女性史学」と改題、『木綿以前の事』に収録）を講演する。
七月三〇日　独歩の馴染みの溝口の旅館亀屋に、矢田部達郎と共に泊まる。
八月九日　新村出宛てに、葉書を書く。
八月一〇日　倉田一郎宛てに、平山敏治郎の住所を知らせる葉書を出す。
八月一二日　茅ヶ崎の別荘に着き、暑くなって鳥の声が止んでしまったと『野鳥』に短信を送る。
八月一三日　Westell の『Bird life of the Seasons』を読み終える。
八月一五日　大分県玖珠郡万年村に山村調査に行っている関敬吾からの電報と手紙に対し、「急に開けた土地もぢつと内側を見ることハ意義ありと存候に付土地の人々に好意ある以上此序にもう少しそこを調べ願ひ度存候」と返事を書く。
八月一七日　茅ヶ崎から『野鳥』に、尾長や五位、しぎなどの鳴き声を聞いていると短信を送る。
八月二〇日　Saintyves の『Les contes de Perrault』を読み終える。
八月二五日　共立社から後藤興善がまとめた『民間伝承論』が刊行される。
八月二七日　倉田一郎宛てに、今日、茅ヶ崎から帰ってきて道祖神の写真を見たと手紙を書き、解説文の依頼をする。
八月二九日　ピエール・サンティーヴの『ペローの昔話―類話とその起源・未開習俗と民間儀礼』を読み終える。
九月一一日　国際観光委員会委員を免じられる。
九月一五日　茨城から埼玉を歩くために出かける（定）。
九月一六日　茨城県下館から下妻、岩井、野田とバスを乗り換えて、大宮まで出たのち埼玉県の西部から群馬方面に向かう。
九月一八日　上州、武州の旅行中に Seligman の『Races of Africa』を読み終える。
九月一九日　Oswald の『Alone in the Sleeping-Sickness Country』を読み終える。
九月二四日　Gédéon Huet の『Contes populaires』を読み、三回目の読了となる。
九月二七日　八月に読み終えたサンティーヴの『ペローの昔話―類話とその起源』を製本し、『ペロール説話集研究』と題をつけ書き込みをしながら熟読する。
九月二八日　郷土研究会に水木要太郎の息子の直箭が参加し、初めて会う。
一〇月一日　信州旅行に発ち、諏訪の北山温泉に泊まる。

一〇月三日　蓼科山の新湯に宿泊し、ラングを読む。

一〇月四日　杖突峠を越え、高遠から飯田に入り、吉野館に滞在する。岩崎清美ら伊那民俗研究会員が開いた「話を聞く会」に出る。この時訪ねてきた山村書店主の山村正夫から、「信濃柿のことなど」をはじめとした信州関係の文章を集めた本をつくりたいと言われ、承諾する。

一〇月六日　三州街道を伊那谷から南下し、根羽まで歩き、予告なしに上津具村の山崎珉平を訪ねる。とし子の墓を詣でたあと、山崎家に泊まる。

一〇月七日　帰宅する。藤原相之助から「羽黒祭文　黒百合姫」の筆録の感想を感謝する書簡が届いている。胡桃沢勘内宛てに、諏訪の北山温泉から杖突峠を越えて高遠、飯田、駒場、波合を経て津具に寄ったと葉書を書く。

一〇月二一日　春に続き、京都帝国大学の特別講義のため京都に向かう。

一〇月二二日　特別講義「民間信仰」を三〇日までに五回、計一〇時間行う。この間、宿は春と同じ下鴨の石田旅館に泊まる。

一〇月二四日　講義の合い間の雨の一日、高松から川野が訪ねてきたので、一緒に松尾西芳寺や天龍寺、北嵯峨野から金閣寺など寺々を回る。三木拙二宛てに、今回も京都に来ているが、講義があることと、終わったら急いで帰る用があるため訪ねることができないと葉書を書く。孝宛てに、ここは三五年ぶりと西芳寺の絵葉書を出す。

一〇月二七日　帝塚山の女子専門学校で開かれた、中等学校教員の集まりで「日本民俗学の提唱」を講演する。電話で呼び出した沢田四郎作を、校長室で平林治徳、魚澄惣五郎や岩倉市郎に紹介し、午後二時から話す。終了後、沢田や水木らと共に、車で大阪に向かい地方裁判所官邸の桜田勝徳を訪れる。

一〇月二八日　紅葉がきれいな修学院と、白山茶花の花が満開に咲く詩仙堂を見学した後、京都下鴨の石田旅館に泊まる。三年前から文通していた宮本常一が訪ねてきて初めて会う。宮本に山村調査の話や、大阪の民俗学徒との連携の提案話など四時間にわたって話す。須走に二円送るようにと孝宛てに葉書を書く。

一〇月三〇日　京都大学の楽友会館で、祭について講演する。同じ会場で、方言学会も開かれ「形容詞」について講演する。

一一月一日　奈良猿沢の池の畔の魚宇旅館に滞在し、水木直箭が訪ねてくる。

一一月二日　奈良からバスで鷲家口までいき、丹生神社で講演して泊まる。

一一月三日　上市から吉野川を遡り、大峰から北山を経て和歌山の木ノ本に出る。距離は長いが、気持ちのよい行程と思う。途中の川上村柏木の駐車場から、孝宛てに不動窟の滝の絵葉書を出す。

一一月四日　志摩浜島の東明館に落ち着き、昨日からの好天気に誘われて鳥羽、志摩を回っていると孝に葉書を書く。この間、朝熊山金剛証寺に参拝のため立ち寄る。

一一月七日　尾鷲から名古屋に出る。この時、新宮川のプロペラ船に乗る。名古屋から富山、高田を経て帰宅する。帰ってきてすぐ、母を亡くした郡山の笹谷良造宛てに、お悔やみの手紙を書く。
一一月一〇日　大藤時彦と檜原村を採訪する（定）。斎藤茂吉からの問い合わせに答える手紙を出す。
一一月一一日　この日、大阪浜寺で第一回大阪民俗談話会が開かれたが、欠席する。
一一月一五日　沢田四郎作宛てに葉書を書き、先日は久しぶりに会うことが出来てうれしかったと述べ、自分の力は限りあるので近畿での研究を少しでも広めるため尽力してほしいと伝える。
一一月二六日　橋浦泰雄宛てに、原稿料を小為替で送ると手紙を書く。
一一月二七日　次女千枝が、赤星平馬と結婚し、式と披露宴を東京会館で行う。赤星平馬は、三菱合資会社地所部長赤星陸治の長男であり、赤星の上司、三菱合資会社常務理事の三好重道夫妻の媒酌で執り行われる。
一一月二八日　講演記録を送ってくれた沢田四郎作宛てに、お礼の葉書を書き、もう少し分かりやすく書き直してみると伝える。
一二月　この年の暮れ、岡村千秋から大正一五年以来の口約束であった『遠野物語』の増補版の話が持ち上がり、承諾する。またこの年、昭和四年、六年と読んできたユエの『民間説話論』をまた読み進める。この年、通泰が勲二等瑞宝章に叙す。
一二月一五日　『小学生が調べたる上伊那川島村郷土誌』を贈って来た竹内利美宛てに、「理想に近い形」でこんなにうれしいことはないと葉書に書く。
一二月一七日　孝を連れて伊豆を回る旅に出る（定）。
一二月一九日　修善寺菖蒲温泉から、三木拙二宛てに、拙二の妻の身体の具合いを気にかける葉書を書き、自分も妻と一緒に伊豆を回っていると述べる。
一二月二二日　帰宅する。
一二月二八日　ラジオ放送で、「歳末年始の心得＝「いはふ」といふ心持」を講演する。

昭和一〇年（一九三五）　六〇歳

一月　この月、佐々木彦一郎から、磐城の山口弥一郎が書いた炭鉱民俗誌の論文を見せられ、すぐに山口宛てに葉書を書く。
一月一七日　菊地駒次が亡くなる。享年五八。
一月三〇日　大日本山林会から『山村語彙（続編）』を刊行する。
二月一日　東京鉄道局で旅客の種類について講演する（定）。
二月四日　三木家の一〇代目庸一と美子の結婚式と披露宴が東京会館で行われ、出席する。
二月一三日　文化連盟で話す（定）。ＪＯＡＫ東京第二放送の「言葉の講座」で、「家具に関する言葉」（「家具の名二つ三つ」）を放送する。
二月一四日　岩波書店から『国史と民俗学』を刊行する。
二月一五日　孝と共に、一九日まで、銚子暁鶏館に静養する。三木拙二宛てに、結婚式のお礼の葉書を出す。
二月一七日　暁鶏館で、『インド・ヨーロッパの昔話とギリシアの伝説』を読み終える。

二月二〇日　新潟の高志路会宛てに手紙を書き、入会の意思を伝える。

二月二六日　鉄道ホテルにおける「旅の座談会」に出席して、渋沢敬三らと話し合う。この会は、後藤興善と萩原正徳の計らいで実現し、国際観光局の井上萬寿蔵の司会で始まり、昨秋の奈良の旅について語る。その後、中村清二、深尾須磨子、矢沢弦月らの旅の話を聞く。この会の記録は、『旅と伝説』の三月号に掲載される。

二月二七日　この日、根岸守信の『耳袋』の解題を書き終える。

三月　このころ、鈴木棠三に、喜善の「遠野物語拾遺」の原稿を整理するように頼む。

三月一三日　三菱倶楽部の講演会で「フィンランドの学問」を講演する。

三月一五日　東京第二放送の「ことばの講座」で、「感動詞の歴史」(「感動詞のこと」)を放送する。

四月　この月、初等国語教育研究会で、「片言と方言と」(「国語教育への期待」)を講演する。土井晩翠の妻八枝が出す『土佐の方言』の序「土佐の方言」や、『島原半島民話集』の序を書く。この月、四年半続いた折口らの民俗学会が閉会する。同時にこのころ、還暦祝賀会の申し入れを固辞したが、各県からの学徒の交流と『遠野物語』増補版の刊行を条件に認める。

四月七日　母親が亡くなった安間清に慰みの葉書を書く。

四月一一日　中央公論社の嶋中雄作宛てに、親展の手紙を書く。

四月一五日　沢田四郎作宛てに、下旬に関西に行くかもしれないので研究会の日が決まっていたら知らせてほしいと葉書を書く。

四月一九日　沢田四郎作に、二四か二五日頃大阪に立ち寄ると葉書を書く。

四月二四日　桜田勝徳が訪ねてくる。

四月二五日　沢田四郎作宛てに、一昨日こちらを発つ予定であったが、同行する孝の体調が優れずまだ家にいると葉書を書く。

五月一日　東京を発ち、松本に向かい、浅間温泉冨貴之湯に泊まり、同行できなかった孝に葉書を書く。

五月二日　胡桃沢勘内と共に、松本を発ち、木曽路に入る。坂本で下車し、自動車で下呂に行き、高山の環翠楼中井に泊まる。開通したばかりの高山線に乗る。

五月三日　一〇時ごろまで高山の町を見学し、一一時一分の高山線の汽車で富山に向かう。八尾、富山、高岡を経て、庄川をさかのぼり、船に乗って大牧温泉に渡り、客の多さにまいる。

五月四日　朝、船に乗ろうとしたところ故障で遅れ、青島町にお昼に着く。石動を経て小杉に着き、大間知篤三の叔父でもあり、倉田一郎の親戚筋でもある漢詩人片口安太郎を訪ねる。途中で孝に葉書を出し、大間知、山口貞夫と合流する。伏木の割烹旅館井上旅館に泊まり、明治四二年の旅を思い出して、「われはこのいみづの川のみなかみの　ほそきながれをかつて見たりき」の歌を勘内の手帳に書く。

五月五日　朝からの雨のなか、胡桃沢勘内、大間知篤三、山口貞夫を伴い、伏木港から高岡に向かう。高岡高等商業学校で、

「文化科学としての郷土研究」を講演する。五〇人あまりの参加者と座談会をし、胡桃沢勘内からぶりの話を聞く。高岡古城公園を散歩し、写真を撮る。

五月六日　朝、勘内と共に商品陳列館まで散歩し、植木の品定めをする。八時三〇分の列車で高山を発ち、富山で山口、大間知、片口と別れる。直江津で勘内と別れ、ひとりで山形に向かい、途中の瀬波温泉臨海ホテルに一泊する。孝に、このホテルには昨年も泊まったが、朝の海を見たいので泊まっていると葉書を書く。

五月七日　庄内の田川温泉に逗留し、ハッドンの『民族移動史』（小山栄三訳、改造文庫、昭和八年）を読み終える。新庄から堺田を経て、鳴子玉造温泉に向かう。

五月九日　雨の中関山峠を越えて作並温泉に出て宿泊する。沢田四郎作宛てに、孝の具合いがよくなかったので、大阪行きは断念し、ひとりで東北を回ってきたと葉書を書く。

五月一〇日　帰京する。

五月一五日　胡桃沢宛てに、長旅のあとの様子を聞き、自分は風邪をひいてしまったと葉書に書く。また、鹿児島から永井龍一が訪ねてきて、松本の君たちとの連携を求めていると知らせる。

五月二一日　胡桃沢宛てに、木曽福島の校長先生が、二度も上京して、講演を頼まれたので、二八日に木曽福島で講演することになったと葉書に書く。

五月二四日　千葉医科大学で、「尋常生活の重要性」を講演する（定）。

五月二七日　木曽福島へ講演のため東京を発つ。つたや本店に泊まる。

五月二八日　民謡調査を終えた木曽教育会主催の講演会で講演し、つたや本店に泊まる。松本から勘内と今井武志がやって来たので、一緒に山を見て歩く。木曽教育会の要請の講演をしたあと、すぐに帰京する。

五月二九日　放送のため帰京し、夜の趣味講座で、「田植唄の話」を放送する。

六月　この月、『遠野物語増補版』の序にあたる「再版覚書」を書く。またこの月、恩賜財団愛育会が行う産育習俗調査の調査細目を作成する。愛育会はそれを受けて、全国道府県の学務部に調査員の推薦を求める通達を出す。

六月五日　義姉の矢田部順、木越貞と孝の三人を連れ、富士裾野に鳥の声を聞きに出かける。

六月七日　帰宅する。

六月一〇日　折口宛てに、『遠野物語増補版』のお礼と、一五日から石巻に行くので、河童祭を延期してもらえると幸せと葉書に書く。勘内宛てに、東インド産のクミスクチンという利尿効果がある薬草が手に入ったので送ると葉書を書く。

六月一一日　この日、折口信夫、北野博美、熊谷辰治郎、大藤時彦らが、日本民俗協会を結成し、第一回例会を丸の内ホテルで開く。

六月一二日　勘内宛てに、クミスクチンを飲み始めるようにと葉書を書き、一五日は自分は留守にするが、東京では河童祭があるので上京するようにと述べる。
六月一三日　勘内から、クミスクチンを飲んでいると便りが来たので、一ヵ月ほど飲んで血圧を測ってみるとよいと書き、自分は、日に三度、食後二時間過ぎに湯呑に半分ほどを飲んでいると伝える。
六月一五日　朝日新聞社の依頼の講演のため、石巻に行き、考古学の毛利総七郎や石巻中学校に赴任していた本田安次らの出迎えを受ける。
六月一六日　石巻小学校で開かれた、石巻教育会の講演会で、「史学の自治」を講演する。その中で、教育勅語を批判したと問題になり、仙台の憲兵隊に呼び出される［本田安次は昭和五年、井伏鱒二、神島二郎は昭和一四年説。また、憲兵が自宅に聴取に来たという話もある］。
六月一八日　羽越線の車中でMagalhaesの『Contes Indiens du Brésil』を読む。青森大鰐温泉不二屋から、石巻で世話になった毛利総七郎に葉書を書き、この後、日本海岸を下って帰京すると伝える。
六月二四日　成城学園で、「歴史と言語」と題して講演をし、終了後、座談会に出る。
六月二七日　伊東東宛てに、「日本民俗学講習会趣意書」を入れた封書を出し、すでに三〇府県から参加があるが、大分県からはまだなので、有望な若者がいたら声をかけてほしいと頼む。
六月二八日　勘内宛てに、サツキの目録の礼と、『文芸春秋』に載っていた広告にある「二十五絃」というのが、クミスクチンのことだと説明する葉書を書く。
七月一日　菊地駒次の遺稿集『公法涓滴』（日本外交協会、昭和一〇年）に載せる「遺稿刊行の顚末」（松田道一と連名）を書く。
七月八日　恩賜財団愛育会愛育調査会で、「我が国人の産育習俗について」を講演する。のちに「小児生存権の歴史」として発表される。
七月一一日　府中警察署で、選挙のこと、親分のことを話す（定）。
七月二〇日　吉田巌の『心の碑』が刊行され、送られてくる。
七月三一日　折口信夫、金田一京助ら二二人の世話人によって準備が進んできた日本民俗学講習会が、会場は日本青年館、日程は六日までの一週間の予定で始まる。日本青年館の熊谷辰次郎が「開講の辞」を述べ、折口信夫が「地方に居て試みた民俗研究の方法」、桜田勝徳が「海上労働の話」を講演する。午後から自己紹介と地方の報告の会の座長を務める。参加者は、地方会員七〇人、在京会員二七人、国学院大学、慶応大学の学生三〇名など、合計一六六人が集まった。座談会では、京都から参加した今井啓一を最初に指名し、京都帝国大学の民俗学会の報告を聞く。この後、大阪の岩倉市郎、新潟の青木重孝、小林存、愛知の伊奈森太郎、長野の箱山貴太郎、青森の小井川潤次郎らが次々と報告に立つ。その中で、埼玉からの参加の板垣龍太郎から、岩槻の慈恩寺の碑文の依頼に伺ったのは、自分の父親であると聞かされ、懐かしがる。夜、二階大食堂で還暦祝賀会が催され、家族と共に出席する。石黒忠篤、比嘉春潮、伊波普猷、金田一京助からの祝辞のあと、答辞を述べる。宮古島から参加した源武雄から還暦祝いに、クバ団扇をもらう。またこの日、還暦記念として準備されてきた『遠野物語増補版』が郷土研究社から刊行され、佐々木喜善の遺族に三〇〇円を送る。

八月　この夏、南洋調査に向かう山口貞夫の惜別会を開く。参加者は、桜田勝徳、比嘉春潮、萩原正徳、瀬川清子、大藤時彦、最上孝敬、大間知篤三、杉浦謙一、橋浦泰雄、守随一らで、山口を中央に記念写真を撮る。

八月一日　松本信広の「仏蘭西に於ける民俗学的研究」、最上孝敬の「交易の話」の講義のあと、午後の座談会で愛知の伊奈森太郎と共に座長を務め、「食物」をテーマに各県ごとの報告を受ける。夜、レコードで大島民謡を流し、兼常清佐から採集苦心談を聞く。

八月二日　橋浦泰雄の「協同労働の慣行」、後藤興善の「方言研究と郷土人」の講義のあと、民謡と子守唄の披露を聞き、それについての見解を話す。

八月三日　岡正雄の「独墺両国に於ける民俗学的研究」、関敬吾の「昔話の採集」の講義のあと、午後の座談会で、「祭祀」について話し合う。講習会終了後、地方会員を中心に六〇人ほどの会員を自宅に招待し、庭で園遊会を催す。それぞれの国の民謡が歌われ、兵庫県から来て、初めてあったばかりの西谷勝也に、播州音頭を歌うようにと指名する。新潟からきていた青木重孝から、西頸城郡郷土研究会の山崎甚一郎から頼まれたと言って、西頸城郡訪問の要請を受ける。参加者たちから、全国的な連絡機関をつくることが提案され、賛成し名前を「民間伝承の会」とする。出獄したばかりの東大新人会の石田英一郎は、ここで岡正雄と出会い、自分の進路を決める。

八月四日　日曜日。午前八時から九時半まで「採集期と採集技能」を講演する。佐々木彦一郎の「民俗学と人文地理学との境」の講義を聞いたあと、橋浦泰雄が座長を務める座談会に出て、瀬川清子からの問題提起を聞く。終了後、参加者たちは、アチック・ミューゼアムの見学に出かける。

八月五日　大間知篤三の「冠婚葬祭の話」、伊波普猷の「琉球諸島採訪談」の講義のあと、座談会で、「婦人の労働」について話す。伊波の講義「南島稲作行事採集談」について絶賛する。吉田巌から著書『心の碑』（北海出版社、昭和一〇年）が届き、お礼の葉書に、「多難の半生、感慨止みがたく候」と書く。また、お祝いが届いた早川昇にも礼状を書き、今大会には、三七、八府県から参加者があったと報告する。

八月六日　最終日のこの日、杉浦健一の「民間信仰の話」、金田一京助の「アイヌ部落採訪談」を聞き、午後からの座談の司会をして、終了後の茶話会に出る。

八月八日　「五倍子雑筆　第三」『長野県東筑摩郡雑話他』を送ってきた沢田四郎作にお礼の葉書を書き、そのなかで、今度の大会はみんなが苦心してくれたおかげで無事終えることができたが、この次は、遠方からの同志が来やすいよう基金をつくりたいと述べる。

八月一一日　胡桃沢宛てに、民俗学講習会が盛況のうちに終わったことと、胡桃沢を世話人に指名したことを知らせる葉書を書く。

八月一五日　茅ヶ崎の別荘で、ジョン・リースの『ケルトの民俗―ウェールズ地方とマン島』を読み終える。

八月一六日　手紙が届いた沢田四郎作に返事を書き、秋の講習会は、折口信夫、西田直二郎、高田十郎らに頼み、私も偶然居あわせるくらいのことにしたらどうかと葉書を書く。そのなかで、もう肩の張る役目はごめんと述べる。

八月一七日　二一日まで開かれる梓書房発行の雑誌『山』が主催する「霧ヶ峰山の会」に参加するため、家族七人で新宿から中央線に乗り、上諏訪で降りて霧ヶ峰に向かう。詩人長尾宏也が建て、話題となっていた霧ヶ峰ヒュッテに泊まる。講師は他に武田久吉、辻村太郎らで、石黒忠篤、中西悟堂、尾崎喜八、小林秀雄、深田久弥などが集まる。この日の新聞に、小林秀雄、深田久弥が消息を絶つとの報道があり、話題となる。夜、赤星平馬と千枝夫婦も参加する。午前中は講話、午後は散策、夜は雑談会で、怪談話などをする。

八月一八日　午前中の講話で「狩と山の神」について講演する。またこの日、刀江書院から『郷土生活の研究法』を刊行する。

八月一九日　「山の幻覚のこと」などを話したあと、参加者全員に送られ、みんなより一足先に家族と共に帰京する。

八月二〇日　茅ヶ崎の別荘で、北海道の高倉新一郎から送られてきた「能登酉雄談話聞書」を読む。

八月二二日　杉村楚人冠宛てに、『和歌山方言集』の原稿を読んで、気づいたことを書き込んでみたと伝える葉書を書く。

八月二五日　木曜会に出て、橋浦泰雄の宮城県伊具郡筆甫村（丸森町）での古老座談会での採集報告と、杉浦健一の秋田県北秋田郡荒瀬村の山民についての調査報告を聞く。このころ、「民間伝承」の題字の揮毫を頼んだ会津八一から、もう紙が無く書けないのでこのなかから選んでほしいと三枚ほどが届けられるが、勿体ぶっていると思う。

八月二七日　茅ヶ崎でBettの『Nursery Rhymes and Tales』を読み終える。

九月　この月、『産育習俗語彙』の序を書く。またこの月刊行された集古会の機関誌に、賛助会員として名前が載り、研究の事項と蒐集の項目に「昔話、諺」と書く。

九月一日　この日付けの「民間伝承の会趣旨書」をつくり、下旬にかけて全国に郵送する。

九月二日　エドワード・クロッドの『トム・ティト・トット』を読み終える。

九月三日　自宅で開かれた第一回民間伝承の会に出席し、規約などを相談する。

九月五日　「民謡覚書（一）」を書き終える。

九月八日　木曜会第三九回例会で、最上孝敬の新潟県東蒲原郡東川村、関敬吾の滋賀県愛知郡東小椋村永源寺町、瀬川清子の長崎県南松浦郡久賀島村、大間知篤三の岩手県九戸郡山形村のそれぞれの調査報告を聞く。オランダライデン大学のヨハネス・ラーデルも参加する。

九月一四日　華族会館で開かれた国史回顧会例会で「史学と世相解説（選挙粛正について）」を講演する。

九月一七日　東京美術学校を辞めた映丘が、盟主として創立した国画院の顧問となる。肩書きは「朝日新聞社顧問」であった。ほかに顧問となったなかには、東京帝室博物館総長の杉栄三郎や前商工大臣の松本烝治などの友人や、次女千枝の義父、赤星陸治らが顔を揃えた。この日、映丘が、国画院設立の宣言を築地錦水で発表する。宮本常一に、大阪での講習会についての返事を書き、その後会った上野精一朝日新聞社社長にも会の説明をする。

九月一八日　民間伝承の会の機関誌『民間伝承』（タブロイド版八頁）を創刊する。発行所は、目黒区下目黒の守随一の自宅。当初の発行部数は、三〇〇部。

九月二二日　木曜会第四〇回例会に出席し、「全国山村生活調査」の経過報告を受ける。参加したばかりの石田英一郎が、発表された報告のひとつひとつが何の目標につながるのかわからないと質問したので、叱責する。胡桃沢宛てに、民間伝承の会は、ごく熱心な人で向こうから申し込んでくるのを待って、こちらからはあまり勧誘しない方針だと葉書を書く。

九月二九日　三重県鳥羽町の岩田準一をはじめ何人かに、『民間伝承』創刊号と、「趣旨書」を送り、「御住地の附近にはまだあまり会員がありません。志のある若い人に知らせてください。」との印刷物を同封する。

一〇月六日　木曜会第四一回例会に出席する。この会で、民間伝承の臨時の研究会を開くことを決定する（伝）。小西ゆき子（のちの大藤ゆき）が初めて参加する。

一〇月九日　倉田一郎宛てに、「現代の農業」からお礼が来ているので、一二日の方言学会に出るようだったら持っていくし、そうでなければ、一一日か一三日に取りに来てほしいと葉書を書く。

一〇月一三日　鎌倉で静雄に会い、「多胡碑断疑」をもらい読む。

一〇月一八日　沢田四郎作宛てに、大阪での講演会について「過分の御辛労御気の毒」と書き、こちらはあまり還暦還暦と言われたくないと述べる。

一〇月二一日　長崎県社会教育主事の木島甚久が訪ねてくる。橋浦泰雄宛てに、佐賀に行ったあと立ち寄るようにと手紙を書く。

一〇月二二日　信州から関西方面の三週間に及ぶ講演旅行に出る（新）。飯田の蕉梧堂ホテルで、原田島村、岩崎清美、市村咸人ら伊那民俗研究会会員十数人と座談会をもち、昔話の採集法、不浄を忌む風習や『熊谷家伝記』について話す。参加者は、原田、岩崎、市村以外に、伊藤兵蔵、中島繁男、井上福美、山村正夫、熊谷勝、熊谷奋、杉山愛生らであった。

一〇月二三日　下伊那郡会地小学校で開かれた、下伊那教育会第三支会（阿智支会）で一五〇人の小学校の教員たちを前に、「郷土研究」と題した一日目の講演をする。そのなかで、郷土研究とフォークロアの相違を述べ、終了後、駒場に泊まる。

一〇月二四日　二日目の講演をして、諺の本質と分類、採集方法などを述べる。講演後、珍しい村と言われている下清内路を見学し、飯田に戻る。この日、沢田四郎作からの手紙を読み、二七日には大阪に入ると返事を書く。

一〇月二五日　平谷から恵那上村の小田子までを、新道を通る乗合自動車に乗って移動する。

一〇月二六日　飯野、瀬戸、長久手、岩作と回り、名古屋に入り、名古屋女子師範学校で講演する（定）。

一〇月二七日　奈良を一覧した後、大阪に入り、玉出の沢田四郎作宅を訪ねる。宮本常一、大間知篤三も訪ねてくる。「みみつくの林かくれのしのひねを　わかにはとりのあさわらふこゑ」の歌を書く。

一〇月二八日　大阪民俗談話会が主催し、朝日新聞社後援の還暦記念講演会が開かれ、参加者三百人の前で、会の最後に民俗学の必要性を説く挨拶をする。会は、沢田四郎作の開会の辞のあと、大間知篤三の「民俗学の産屋から」、折口信夫の「年中行事と大阪」、ウィーン大学のウィルヘルム・シュミット教授の祝辞、西田直二郎の映画を見ながらの講演「丹波にのこる田楽」と続いた。この会のために、水木直箭編の『柳田国男先生著作集目録』が大阪民俗談話会から発行され、聴講者に配布される。この時、水木に目録にある「クロンウェル」は田山花袋の作品であると告げる。

一〇月二九日　京都の花園御室周辺を逍遥し、夜の京都帝国大学民俗学会と近畿国語方言学会共催の集まりに出て、新村出の開会の挨拶と奥里将建の講演のあと、「方言と民俗に渉りて」を講演し、「じれったい考」の話をする。宮本常一が聴きに来て、記録をとる。座談会に参加し、西田直二郎の閉会の挨拶で終了する［定本年譜では、一九日］。

一〇月三〇日　朝、京都を出て八瀬大原を経て山越えし、近江堅田、大溝から白髭社に入る。途中、大溝で大溝実科高等女学校教諭の三田村耕治の出迎えを受け、昼食を食べたあと、女学校と小学校教員に近藤重蔵の話をする。午後三時から大津市女子師範学校の生徒に「近江と昔話」を講演する。夕方から七時まで三田校長以下の職員との座談会に出て、大津に泊まる。この日、恩賜財団愛育会から『産育習俗語彙』を刊行する。出来たばかりの同書を、新村出に郵便で送る。

一〇月三一日　岐阜高等農林学校で講演し、大垣に引き返し一泊する。

一一月一日　南宮山、垂井、関ヶ原、今須と米原を経て多賀神社を参拝し、彦根から汽車で神戸に向かう。車中で、孝宛てに行程を伝える葉書を書く。布引滝の下の料亭で開かれた兵庫民俗資料の会の宴席に出て、太田睦郎、河本正義、赤松啓介、西谷勝也らに会い、摩耶山ホテルに宿泊する。

一一月二日　神戸から大阪へ戻り、染料会館で開かれた第一二回大阪民俗談話会の例会に出席し、都市民俗採集についての助言をする。終了後、参加者と座談会を開く。東京から守随一、橋浦泰雄も参加する。

一一月三日　橋浦泰雄と共に、姫路、佐用、津山を経て、夜、鳥取に着き、蓮仏重寿らの出迎えを受ける。

一一月四日　鳥取付近を見物した後、午後からの鳥取師範郷土研究会主催の講習会で、「今日の民俗学」を講演する。橋浦泰雄もその前に「民俗学について」を話す。聴衆二〇〇名を超え、終了後図書館屋上で写真を撮る。講演終了後、一ノ湯旅館での座談と歓迎会に出席する。

一一月五日　鳥取高等農林学校で講演したあと、雨の中、大山を登拝し紅葉を楽しむ。その後、父操が若い時に勤めていた赤碕に立ち寄り、一泊する。父の旧門人という野村研輔と会い、父の話を聞く［「橋浦の思い出と異なる」］。

一一月六日　操が住んでいたという家の前で写真を撮ったあと、赤碕を発ち、倉吉から三朝温泉に回り、孝宛てに葉書を書く。また、沢田四郎作にも葉書を書き、今回の講演会は「望外の効果を収め」たと述べる。マクラウド・イアズリーの『昔話のフォークロア』を読み終える。

一一月七日　石川県の山下久男に、大聖寺に下車するので会えないかと葉書を出す。この日も三朝温泉に泊まる。

一一月八日　豊岡、舞鶴、若狭小浜まで自動車で向かう。途中、京丹後を通る道中で、『地理評論』六・七月号に掲載された佐々木彦一郎の「山村の経済地理」と題した秩父郡浦山村の山村調査報告を読む。

一一月九日　敦賀、大聖寺に下車する。山下は県立金沢第一高女に勤務していて会えなかったが、「山下久男の代理人」と書いた旗をもった山下の母に会う。山下の母の案内で南郷村の自宅に案内される。村を回ったあと、帰る途中の駅で、この日結婚式のため帰ってきた山下と会う。金沢から夜行に乗り、翌朝帰京する。

一一月一〇日　朝自宅に戻る。木曜会第四三回例会に出席する。「メドとメドハギ」について尋ねてきた斎藤茂吉に返事を書く。

一一月一二日　山下久男にお礼の葉書を書く。

一一月一四日　美濃に調査に行き、病気に罹っていた桜田勝徳が、無事に帰ってきて安心する。小倉の曽田共助宛ての葉書を書き、『豊前』第二号のお礼と小倉郷土会への期待を述べ、民間伝承の会では一都市一人の会員を目指していると書く。

一一月一六日　沢田四郎作宛てに、自宅に帰って来たほうが仕事がたまっていて忙しく、旅行中よりも疲れると手紙を書く。

一一月二三日　自宅で、民家の座談会を開く。出席者は、今和次郎、藪重孝、橋浦泰雄、大間知篤三、関敬吾、杉浦健一、山口貞夫、瀬川清子らで、記録は、守随一の手によって、一二月の『民間伝承』第四号に掲載される。

一一月二四日　木曜会第四四回例会に出て、山村調査報告を聞く。

一一月二九日　慶応大学での講義に水木直箭が聞きに来る。

一二月　『地名の研究』の「序」を書く。この年、ジョン・リースの『ケルトのフォークロア』を読み終える。

一二月六日　沢田四郎作宛てに、橋浦泰雄の絵を送ったので記念に持っていてほしいと葉書を書く。

一二月八日　木曜会第四五回例会に出て、山村調査報告を聞く。

一二月一二日　東京帝国大学山上会議所で開かれた東京方言学会例会に出て、「山言葉と忌み詞」を話す。

一二月一九日　沢田四郎作宛てに葉書を書き、木間瀬からの手紙の問題について述べる。その中で、一月には行くかもしれないと伝える。

一二月二一日　伊東東宛てに、『民間伝承』第一号と、「民間伝承の会趣意書」、印刷した挨拶状を入れた郵便を出す。

一二月三一日　野村伝四宛てに、葉書を書く。

昭和一一年（一九三六）　六一歳

一月二日　ラジオの「趣味講座」で、「初夢と昔話」を放送する。

一月三日　沢田四郎作宛てに、年賀の葉書を出し、一九日前後にそちらに行くと伝える。その中で、神戸の雑誌と宮本常一グループの合流を喜ぶ。

一月一五日　沢田四郎作宛てに、一八日の予定を伝える葉書を書く。

一月一六日　新村出に、「新村大人御文庫」と書き、出来たばかりの『地名の研究』に署名をして贈る。

一月一七日　関西旅行に出かけるため、東京午前九時発の特急列車に乗り奈良に向かう。

一月一八日　奈良女子高等師範で講演し、午後、高田十郎が主宰する大和郷土会の座談会に出る。水木、笹谷らと大阪に向かい、沢田家に立ち寄った後、宿泊する宿で沢田、橋浦、大間知、宮本らと遅くまで九月の会の相談をする。またこの日、古今書院から山口貞夫に任せていた『地名の研究』が刊行される。

一月一九日　朝、住吉神社に参拝した後、京都に向かう。京都日出新聞社で行われた、野鳥の会主催の講演映画会で講演し、鷹司信輔、内田清之助らとの座談会に出席する。

一月二〇日　京都大学楽友会館における民俗学会に出席する（定）。

一月二一日　帰宅する。

一月二七日　京都大学図書館閲覧室が全焼したとの知らせを受け、新村出にお見舞いの手紙を書く。

一月二九日　金沢の山下久男に石川県の昔話採集の必要性を説き、時間の余裕があるかを聞く手紙を書く。また、兵庫の西谷勝也には、淡路の西海岸を歩いて、昔話をたくさん知っているお婆さんをみつけてほしいと手紙を書く。

一月　この月、伊奈森太郎から松下石人著の『三州奥郡風俗図絵』が出版される。この原本を前年の秋に伊奈から見せられ、珍しい物なので全部覆刻してもらいたいと言っていたものであった（のちに『日本の祭』で「石人和尚の風俗図絵」と紹介）。

二月一日　『近畿民俗』が創刊される。

二月三日　茅ヶ崎で「独歩終焉の碑」の話が持ち上がり、斉藤昌三から揮毫を頼まれたが断る返事を出す。

二月六日　東京朝日新聞社で、「カッコウの話」を話す（定）。

二月七日　「竹伐爺の昔話」を書き終える。

二月一五日　沢田四郎作宛てに、講習会の会場の件で懐徳書院の経済部長や幹事を紹介すると葉書に書く。

二月二一日　沢田四郎作宛てに、大阪の会場は変えない方がいいと葉書を書き、自分も四月に安井知事に会うと伝える。

二月二五日　沢田四郎作宛てに、大阪での講習会の会場についての希望を書いた手紙を書き、そのなかで、毎日手紙の返事を書くのに一時間以上も費やして、読書できなくなったが「生活は愉快」と述べる。

二月二六日　二・二六事件のこの日の夜、沖縄の源武雄に沖縄での民俗調査をする上での心がけを書いた長文の手紙を書く。

三月二一日　木曜会が開かれ、比嘉春潮の沖縄女性の巫女になる資質サーダカの報告を聞く。参加した平山敏治郎に、四月からの九州一周旅行に大学を卒業する息子為正を連れていくつもりで、話し相手を兼ねて随いてくるように誘う。

四月三日　『昔話研究』第二巻第一号に載せる「昔話採録様式」を書き上げる。

四月六日　木曜会第五三回例会を開き、山村調査の報告をする。関敬吾宛てに手紙を書く。紅梅と白梅の咲き方を比べた「梅紅白」を書く。

四月八日　沢田四郎作宛ての葉書に、一一日に東京を発つが、今回は夜の会はなしにしてほしいと書くが、投函はずっとあとになる。

四月一一日　大学を卒業した為正と倉田一郎を伴い、関西、九州の講演旅行に出る。京都大学での打ち合わせのあと、為正のために大津にある京都大学理学部付属臨湖実験所を見学し、前所長の川村多実二の紹介で上野益三新所長や川村の兄の蕈草学者清一博士に会う。次の日か一三日に辻川に立ち寄る。この日、佐々木彦一郎が亡くなる。

四月一三日　午前中京都大学に寄り、柴田実、岡見正雄、甥の木越宏（後に高木家に養子に入って正順と名乗る。平山と同級）、平山敏治郎に迎えられる。円山公園でいもごぼうをご馳走する。

四月一四日　為正と共に大阪の江崎宅を訪ね、神戸に向かう。神戸摩耶山ホテルで、神戸新聞の河本正義の「墓場の制度」の取材を受ける。平山敏治郎が翌日の打ち合わせをするため訪ねてくる。

四月一五日　神戸八時四〇分発の急行で宮島に向かう。三時過ぎに宮島に着き、厳島神社を参拝した後、連絡船で紅葉谷の岩惣旅館に宿泊する。沢田四郎作宛てに、大阪では木間瀬らに会ったが、まだ会場問題が解決していないようで残念と葉書を書く。

四月一六日　朝早く、平山と紅葉谷を散策し、鳥の声を聞く。周防大島に渡り、久賀町の小学校で「島の話（日本における島の問題）」を講演する。宮本常一の姉の案内で、車で島を回り、久賀の上田屋に泊まる。

四月一七日　小倉市の堺町小学校で「伝説とその研究法」（「豊前と伝説」）を講演する。小倉郷土会会長の曽田共助をはじめ、須田元一郎、青木直記、川崎英一らと延命寺の潮風園で食事をし、梅屋旅館に泊まる。小倉郷土会においては、二月に橋浦泰雄を講師に迎えたことを契機に、曽田らを中心に一一人が民間伝承の会員となっていた。

四月一八日　福岡の九州大学で、桑木厳翼の弟で物理学の桑木彧雄や動物学の大島広を為正に会わせる。また、小出満二らと歓談する。唐津のシーサイドホテルに泊まる。

四月一九日　午前中、唐津市内を見学し、舞鶴城址の桜を見る。呼子の漁師町を見た後、船で田島神社、名護屋と回る。甥の矢田部達郎夫妻が娘を連れて宿に来る。

四月二〇日　朝、孝宛てに今日は佐賀で話をして、嬉野温泉に向かうと葉書を書く。唐津から佐賀に向かう途中、汽車の車窓から見える民家の屋根の話から、民家の問題について話す。佐賀県教育会館で開かれた佐賀民俗講演会で「郷土研究と民俗学」を講演する。会場に、佐喜真興英の未亡人マツヨ子や、『豊後伝説集』の市場直次郎らが来て、なつかしく語り合う。佐賀駅で、大勢に見送られ汽車に乗り、武雄まで行き、バスで嬉野温泉に行き、元湯に泊まる。

四月二一日　雨のなか、長崎に着き、大間知篤三、杉浦健一の出迎えを受け、上野屋に入る。木島甚久が課長を務める県社会教育課主催の長崎郷土振興講習会が三日間開かれ、大間知と杉浦と共に講演する。午後、教育会館で「長崎と日本」を講演する(定)。壱岐から山口麻太郎、目良亀久が来る。夜、長崎の伊藤一郎を交えて皆で偕楽園で食事をする。

四月二二日　午前中、大間知、平山らを連れて長崎図書館に行き、キリシタンやシーボルト関係の資料を見る。午後、長崎医科大学で、「民俗学の研究法」を講演する(定)。動物実験室の中村大八助教授に会う。倉田一郎が合流する。

四月二三日　平山らと別れ、為正と茂木から舟に乗り、天草の富岡に向かう。為正のために九州大学理学部付属臨海実験所を見学する。

四月二五日　三角から熊本に入り、熊本高等学校で「一人前の話」を講演し、旧友の十時弥校長の招待で水前寺公園内の料亭で食事をする。沢田四郎作宛てに、一六日の周防大島を振り出しに小倉、佐賀、長崎、熊本と我々の事業を紹介してきたと葉書に書く。

四月二六日　南関町の能田太郎、多代子宅を訪ね、病床の太郎を見舞う。平山らも到着し、共に立願寺温泉の紅葉館に泊まり、為正と平山相手に、アンリ・ポアンカレの科学論を熱く語る。

四月二七日　高瀬から汽車で鹿児島に入る。楢木範行らの出迎えを受け、雨の中、城山に登る。岩崎谷荘に泊まる。ひっきりなしに訪ねてくる来客の応対をしながら、巣づくりをして盛んに啼いているイソヒヨドリの鳴き声を聞く。

四月二八日　鹿児島図書館で、郷土資料を見た後、尚古集成館や島津別邸などを見学する。十島丸で薩南の島々を回る予定であったが、荒天のため船が来ないので、指宿の海翠園に泊まる。

四月二九日　山川港の見学と薩摩半島南端の蘇鉄の林に入り、枚聞神社、池田湖を回る。長崎鼻で写真を撮る。

四月三〇日　十島丸での島巡りを断念して、枕崎に出て、坊津から港を眺める。久志、伊集院を通り、鹿児島に戻り、岩崎谷荘に泊まる。

五月一日　為正、平山、大間知らを桜島見学に向かわせ、宿に残って講演の準備をする。四時から図書館ホールで、「世相を対象とする学」を講演する。楢木茂吉、範行親子も聞きにくる。夜、山形屋百貨店で座談会をするが、茂吉とは会えずに終わる。

五月二日　国分の日当山、清水村の旧士族の家を訪ねたあと、村役場で懇談をする。神を拝むときに何と唱えるか質問をし、「オオトトウ」と答えた老人がいて、この村にもその言葉があったかと驚く。高山家の酒宴の席に招かれたあと、霧島から林田温泉に向かう。

五月三日　霧島から宮崎に回り、青島に泊まる。

五月四日　宮崎から汽車で大分に向かい、大分から蕾丸に乗船する。

五月五日　朝、大阪に着き、平山と三人で沢田家に立ち寄り、記念の色紙に署名する。ここで、平山と別れ、以前泊まったことのあるペンション大阪に為正と泊まる。

五月六日　朝、ペンションのロビーで、大阪大学に出講中の八木教授に久しぶりに会う。この日、為正と共に帰宅する。

五月一五日　旅で世話になった楢木範行と、わかめを送ってきた金沢の山下久男にお礼の葉書を書く。

五月二〇日　「働く人の着物」を放送する。

五月二三日　鵠沼において静雄が亡くなる。享年五九。

五月二六日　静雄の葬儀を執り行う。倉田一郎宛てに、この頃の「鬱憂」を紛らわすために、「漁村語彙」を急いで分類し、出版したいと葉書を書く。

五月三〇日　自宅で昔話研究会の最初の会合をもつ（定）。

六月　恩賜財団愛育会に対し、産育習俗調査の資料を整理するための嘱託に、橋浦泰雄を推薦する。

六月四日　岩崎敏夫宛てに、『福島県教育』の原稿の感想を葉書に書く。

六月六日　国学院大学国文学会（昔話と国文学の会）で、「藁しべ長者と蜂」の講演をする。

六月八日　木曜会第五六回例会を開く。その後、雑誌『風景』のための座談会に出席する（定）。

六月一一日　沢田四郎作宛てに、秋の講演会は九月から始めたらよいと葉書を書き、主催は近畿民俗学会にして委員を作る際には東京からも一人出すと伝える。

六月二二日　早川昇宛てに、その後の様子をたずねる葉書を書き、自分は、一カ月に及ぶ九州旅行を終えたばかりと伝える。

六月二四日　東京女子大学で、「家の話」を講演する。

六月二八日　木曜会第五七回例会を開く。

六月二九日　沢田四郎作宛ての手紙に、九月中旬から始める大阪懐徳堂での近畿民俗学会主催の連続講演会についての八項目に及ぶ提案を書く。また、新村出に、この連続講演会に協力してほしいことと、亡くなった静雄の『ミクロネシア語の綜合研究』への資金補助の働きかけを頼む手紙を書く。

七月　『山の神とヲコゼ』の「序」を書く。

七月四日　孝と共に、一週間ほどの新潟旅行に出る。

七月五日　前年、青木重孝と約束していた西頸城郡訪問を実現し、糸魚川小学校で開かれた西頸城郡郷土研究会主催の講演会で、郡内の教職員たち相手に「一人前と十人並」を講演する。

七月六日　夜、新潟小学校で開かれた、高志路会主催の民俗学座談会で、「民俗学的方法論について」を話す。会には、市内の教員、郷土室担当者ら四五人が集まり、その熱い思いに応え、『高志路』に原稿を書く約束をする。佐渡から中山徳太郎、市橋千太郎が参加する。

七月八日　中山らの案内で佐渡に渡り、青木重孝が勤める河原田女学校で「妹の力」を講演する。その後、河原田小学校での座談会に出席し、中山家に立ち寄る。

七月九日　孝と共に二宮村の松濤館に泊まり、中山徳太郎、松田與吉、山本修之助らと写真を撮る。この間、青木の案内で外海府を回り、姫津では、大正九年の旅の時と同じように石見佐次右衛門を捜すが、家はあったが亡くなったことを知る。浜で老漁夫から話を聞く。

七月一一日　胡桃沢勘内宛てに、妻と共に、佐渡に行ってきたと葉書を書く。

七月一二日　木曜会第五八回例会で、佐渡旅行の話をする。また若者組の話から河童、オシラ様の話など話が尽きない。フランス大使館のボンマルシャンも同席し、都会の成立のことなどについて意見の交換をする。

七月一四日　「祭礼名彙と其分類」の原稿を書き上げる。

七月一六日　沢田四郎作宛てに、原田積善会から一〇〇〇円送られてくるはずと手紙を書く。

七月二〇日　沢田四郎作宛てに、大阪での連続講演会をめぐってのさまざまな思惑に対し、計画を中止すべきとの考えを示し、積善会の補助金も二五回の講演会に対してのものだから自分の方から返却してもいいと手紙を書く。

七月二一日　杉村楚人冠宛てに、伊豆の今井浜の旅館はどうだったかと葉書を書く。

七月二二日　新村出宛てに手紙を書き、静雄の『ミクロネシア語の綜合研究』が八〇部自費出版で、印刷費も払わずにまだ組版が残っているので、できたら数百部増刷する資金を調達したいと述べる。

七月二六日　木曜会第五九回例会を開く。

七月二八日　書斎でくつろいでいるところを写真に撮る。

七月三〇日　大阪での講習会の計画を送ってきた沢田四郎作に、「御計画の案大体に異存なく候」と葉書を書き、自分は二回以上は行かれないと思うと伝える。

八月三日　国学院大学院友会館講堂で開かれた、第二回日本民俗学講習会で「伝承と伝説」について話す。聴講者として、娘の三千と千津が、静雄の三女かつみと共に参加する。また、この会で東京市立第一中学校教諭の瀬川清子と実践女子専門学校の学生だった伊藤最子が出会い、女性の読書会（女性民俗学研究会）が始まる。六日までの午前中は、折口信夫、山口貞夫、野口孝徳、比嘉春潮らの講義を聞き、午後の座談会に出る。座談の題目は、「贈答」、「年齢組」、「女性と信仰」などで、翌年『民俗座談』の小冊子にまとめる。他の聴講者に、東北帝国大学の学生、大島正隆らがいる。

八月五日　午後、「沖縄の午後」と題した伊波普猷還暦記念会を行い、伊波普猷の学業を紹介する。会は、伊波、比嘉や宮良を囲んで活発な議論となる。

八月六日　「カゼとクサ」を講演し、第三分類の「心の採集」について述べる。

八月七日　全日程を終え、茶話会で次期大会や『民間伝承』について話し合った後、閉会の辞を述べる。

八月八日　木曜会第六〇回例会に出て、山村調査報告について話し合う。

八月一三日　沢田四郎作宛てに、大阪での連続講習会については異存ないので、予定通り進めてほしいと葉書を書く。

八月一六日　茅ヶ崎の別荘で、マレーのマウケン族について書かれたWhite, Walter Graingeの『The Sea Gypsies of Malaya』を読む。

八月二六日　Milneの『Shans of Home』を読み終える。この日の前後、工兵隊の演習に参加している太田陸郎から橋浦に世話人を承諾すると伝えたとの手紙が届く。

八月三〇日　木曜会第六一回例会で、『The Sea Gypsies of Malaya』などの海外の土俗誌の話をする。山村調査に出かけている者が多く参加者は少なかったが、鹿児島から永井龍一が参加する。

九月　この月、『信州随筆』の序文を書く。新潟の高志路会に「越佐偶記」の原稿が間に合わないので、出来次第ということにしてほしいと手紙を書く。

九月九日　沢田四郎作宛てに、一九日の開会には参列するだけのつもりで講演の準備はしていないと葉書を書く。

九月一〇日　勘内宛てに、葡萄のお礼と、そちらの地方にも「昔話採集手帳」のよい記入者がほしいと葉書を書く。また杉村楚人冠宛てに、先日今井浜に寄ってきたと葉書を書き、刀江書院から贈られてきた『和歌山方言集』は面白く一人で楽しんでいると伝える。

九月一三日　木曜会第六二回例会に出て、山村調査の報告を聞く。

九月一八日　朝、鈴木棠三を伴い、大阪に向かう。沢田四郎作を訪ね、馴染みのペンションに泊まる。

九月一九日　大阪懐徳堂で開かれた近畿民俗学会主催、大阪市、大阪朝日新聞後援、財団法人原田積善会後援の「日本民俗学二五回連続講習会」に招かれ、一〇〇人余りの参加者を前に、開会の第一講として「政治教育の為に」を講演する。

九月二〇日　雨のなか淡路島を歩き、怪我をする。

九月二二日　帰宅後、沢田四郎作宛てにお礼の葉書を書き、傷が治らず寝込んでしまったと伝える。そのなかで、連続講習会の聴講者の人たちに多くの負担をかけさせないようにした方がよく、宮本常一らのような考えは撲滅するよう貴兄から説明してほしいと述べる。

九月二三日　草履を送ってくれた沢田四郎作に、お礼の葉書を書き、大阪のペンションにはこれから注意してくれればよいので気をつかわないように伝えてほしいと頼む。

九月二七日　木曜会第六三回例会で杉浦、最上の山村調査の報告と武田、牧田の昔話採集の報告を聞く。橋浦、大間知は調査から帰京した足で参加し、新潟からは小林存が参加した。

一〇月　この月、岩手県教育会九戸郡部会編の『九戸郡誌』の序を書く。
一〇月五日　飯田の山村書院から、『信州随筆』を刊行する。
一〇月六日　神田学士会館での「第七回野鳥座談会」に出席し、内田清之助の司会で、中西悟堂、水原秋桜子、清棲幸保らと話し合う。記録は、『野鳥』一二月号に載る。
一〇月一〇日　木曜会第六四回例会で、ボルネオのダイヤク族に関する書物の紹介をする。
一〇月一一日　平沼の友松会館［横浜第二中学校］で開かれた横浜民間伝承の会第一回例会で、「神奈川県と民間伝承」について講演する。
一〇月一三日　杉村楚人冠宛てに、『和歌山方言集』の出版をめぐっての刀江書院との交渉について、自分に遠慮しないで進めるように手紙を書く。
一〇月一六日　慶応大学図書館記念堂で開かれた三田経済史学会で、「運搬技術の変遷」を講演する。
一〇月二四日　長野、石川への講演旅行に発つ。
一〇月二五日　上伊那赤穂小学校で講演をする（定）。
一〇月二六日　松本女子師範学校で、「女大学の前と後」を講演し、「無知をあざ笑った古い女性の生活の中から、もう少し幸福をもたらすもののあることを、忘れてはならない」と話す。
一〇月二八日　金沢市で講演の後、中田邦造県立図書館長と話し合い、翌年度から金沢で町村誌編纂講習会をすることにする。その後、兼六公園などを見学する。
一〇月二九日　福井師範学校で講演する（定）。
一〇月三〇日　夜遅く、北陸の旅から帰宅する。
一〇月三一日　出席するはずの会があったが、疲れていたので途中で自宅に引き返す。沢田四郎作宛てに、大阪の連続講習会の運営の仕方に注文をつける手紙を書き、有名無実竜頭蛇尾の会で終わるのであれば、来年はやめてしまってもよいと苦言を述べる。
一一月二日　勘内宛てに、送られてきた餌箱のお礼の葉書を書き、一〇日ごろから九州を回ってくるので、今年の我が家の菊が咲くのを見ることができないと述べる。
一一月五日　東京商科大学（現、一橋大学）で実施された文部省教学局の日本文化講義で「青年論序説」を話す。
一一月六日　成城高等女学校で開かれた砧村婦人会の講演会で、「主婦・母・嫁の地位の歴史的変遷について」を話す（日現）。
一一月八日　木曜会第六五回例会で、イナヤ、ソリコなどについて話す。
一一月九日　この日、孝を連れ、文部省から委嘱された九州講演旅行に発つ。
一一月一二日　山口高等商業学校で開かれた文部省教学局の日本文化講義で「交易の原始形態」について二日にわたって講演する。
一一月一三日　図書館で、『長門方言集』を著した重本多喜津翁に会い、重本が採集した膨大な原稿を見て驚く。
一一月一六日　大分高等商業学校で、「日本に於ける私有思想の発達」を講演する。

一一月一七日　石仏を見て歩く。
一一月一八日　佐賀県武雄温泉東京屋旅館に泊まる。
一一月一九日　平戸から長崎に入り、上野屋旅館に落ち着き、前泊まった宿と為正に葉書を書く。
一一月二〇日　長崎高等商業学校で、「都市の構成」を講演し、夜、長崎の民俗学会の座談会に出る。この年の日本文化講義は、合計四回となる。
一一月二一日　木島甚久の配慮で、長崎県庁の平田清秀に案内され、島原雲仙に向かう。途中、長崎県南高来郡千々石町（現、雲仙市）の橘家（軍神橘周太中佐の生家）に立ち寄り、幸い木を見て感動し、近くの写真屋を呼んで写真を撮ってもらう。翌年の『朝日新聞』一月三日から五日までの「幸福の木」で紹介する。
一一月二二日　沢田四郎作宛てに、二八日の朝、神戸に着き午後にはそちらに行くと葉書を書く。雲仙岳を下って、船で三角に向かう。
一一月二三日　指宿に泊まる。
一一月二四日　秋晴れのなか、開聞岳などの景色を楽しみながら、夜、鹿児島に入る。カルカンを送ったと為正に葉書を書く。
一一月二五日　霧島に回る。
一一月二七日　長崎から熊本、鹿児島と回り、白山茶花を見る。鹿児島の楢木範行家を訪ねるが、父親の茂吉に会うことができなくて残念に思う。開聞岳の麓を通り、これが三度目と懐かしがり、為正に葉書を書く。夜、船で神戸に向かう。
一一月二八日　大阪懐徳堂で開かれている「日本民俗学二五回連続講習会」の第九講として「昔話」を講演する。夜、染料会館で座談会をし、九州で見てきた山茶花のことなどを話す。
一一月二九日　朝帰宅し、木曜会第六六回例会に出席する。エンブリ夫妻が同席し、日本の民俗について話し合う。
一二月　この月、川口孫治郎の『日本鳥類生態学資料』（巣林書房、昭和一二年）の序を書く。
一二月五日　この日、倉田一郎と鈴木棠三がアドバイザーとなり、大学生の委員会で日本民俗学講義の大綱が決まる。またこの日、刀江書院から、「国語史」の一冊として、『国語史　新語篇』を刊行する。
一二月九日　日本精神文化研究所で講演する（定）。
一二月一三日　木曜会第六七回例会で家の私有財産について話す。
一二月一六日　岩崎敏夫宛てに、原稿に追われ忙しい毎日を過ごしているので、岩崎の昔話の原稿は正月まで読めないかもしれないと葉書を書く。
一二月二四日　この日前後に、二二日付けの山田孝雄から本のお礼の葉書が届く。
一二月二七日　木曜会第六八回例会で、昔の諺の教育や正月の食物貯蔵についてなどを話す。
一二月三一日　「採集手帳」の原稿と「年中行事要項」を書き始める（定）。
この年から三カ年の計画で、服部報公会の援助による全国昔話の採集が始まる（改造）。

昭和一二年（一九三七）　六二歳

一月　この月、『婚姻習俗語彙』（大間知篤三共著、民間伝承の会、三月一〇日）の序を書く。

一月一〇日　木曜会第六九回例会で直江兼続の書や、『鹿苑日録』（景徐周麟他、辻善之助編纂、全六巻、太洋社、昭和九年〜一二年）からわかる農民や武士の生活について話す。

一月一九日　丸の内ビル八階集会室で日本民俗学講座が開講され、「童神論」を講義する。この日から毎週一回、火曜日の夜六時から九時の講義が始まり、「童神論」は以後約三〇回に及ぶ。この日、岡正雄も「民俗学序説」を講義する。この講義は、一年を三期に分け、民俗学の総論、各論、特殊題目についての講義となる。定員は、各学期ごとに一二〇人としたが、参加者は場所柄、学生よりもサラリーマンが多かった。

一月二四日　木曜会第七〇回例会を開く。

一月二六日　日本民俗学講座でフレーザーやタイラーの民俗学の方法と限界について述べる。

一月三〇日　長野市師範付属小学校に勤める小池直太郎宛てに、「農村語彙集」を着手しているが、信濃教育会で出版できるのかを再度確認してほしいと手紙を書く。また、杉村楚人冠宛てに贈られてきた『楚人冠全集』第一巻のお礼の葉書を書く。

二月二日　日本民俗学講座で民俗学と民族学の違いについて講義する。

二月七日　木曜会第七一回例会で、女性の鉄漿つけや男性の悪疸について話し合う。

二月九日　日本民俗学講座で講義をする。

二月一二日　沢田四郎作宛てに、一八日にこちらを発つので、その日の宿は奈良か丹波市にしてほしいと葉書を書く。

二月一八日　関西への講演旅行に発つ。

二月一九日　天理図書館で開かれた日本文化研究会主催の講演会で、「伝統について」を講演する。当初は座談会の予定であった。京都帝国大学楽友会館で、「盆と行器」を講演した後、柴田実、岡見正雄、平山敏治郎、沢田四郎作らと写真を撮る［このの旅行で、吉野郡小川村に立ち寄り、「郷土研究の意義」を講演したか］。

二月二〇日　大阪で開かれている日本民俗学講習会第二〇講として、「餅と団子」を講演する。新大阪ホテルに泊まる。

二月二一日　熊野に行く途中、沢田家に立ち寄り、この日も新大阪ホテルに泊まる。

二月二二日　那智山に参拝した後、新宮、尾鷲に出て二五日ごろ帰京する（定）。

二月二七日　新村出が訪ねてくる。昨年、木曽教育部会が出したばかりの『木曽民謡集』を贈る。

二月二八日　木曜会第七二回例会に出て、交際に関する座談会をして、交際の意味と範囲を確認し、各地の方言や習慣などを出し合う。出席者は、橋浦泰雄、最上孝敬、鈴木棠三、野口孝徳、瀬川清子、大間知篤三、関敬吾、杉浦健一、牧田茂、山口貞夫、守随一、白井永二で、記録は、『民間伝承』の三月号に載る。
この日、全国海村調査に対する日本学術振興会の補助が決定し、五月から調査を始めることになる（定）。
三月　このころ、橋浦泰雄のアトリエ兼住宅建築のために作品購入を呼びかける世話人になり、絵を申し込み、一三〇円を払い込む。
三月九日　新村出宛てに、寄贈を受けた『和紙談叢』（新村の「和紙外聞抄」収録）のお礼の葉書を書く。
三月一〇日　勘内宛てに、前年の四月に鹿児島に訪れたときの絵葉書を出す。
三月一四日　木曜会第七三回例会で、謄写版で出たばかりの『日本一鑑』（昭和一二年）の話をする。同人以外に、能田多代子が参加する。
三月一六日　日本民俗学講座の座談会で、座長を務める。
三月二〇日　野村伝四宛てに葉書を書く。
三月二三日　丸の内ビルで、日本民俗学講座婦人座談会がもたれ、婦人の問題を労働と精神の二方面から話す。参加者は、女性三三名、男性一四名であった。瀬川らが始めた読書会がこの会に繋がり、のちに女性民俗学研究会（女の会）に発展する。
三月二四日　この日の前後、二二日付けの魚津の郷土史家広田寿三郎から、魚津の野方地名についての質問が届き、返事として「「野方」解」を書くことにする。
三月二八日　木曜会第七四回例会に出席する。
四月　この月、『分類農村語彙』（信濃教育会、七月一日刊）の「緒言」を書く。
四月六日　のちに『成城学園時報』に載せることになる「梅紅白」の原稿を書く。
四月一一日　この日から一六日まで、顧問を務める国画院の第一回国画院展が、丸の内日清生命ビル永楽倶楽部で開かれる。
四月一三日　丸の内ビルでの日本民俗学講座の第二期が始まり、「童神論」の続きを話す。
四月一四日　日比谷松本楼で開かれた野鳥講話会で、カッコウの話をする（定）。
四月一五日　この日、鹿児島民俗研究会の『はやと』が創刊される。
四月二〇日　日本民俗学講座で「童神論」を話す。
四月二三日　沢田四郎作宛てに、前の年、大間知篤三がサツマ長崎鼻で撮った写真の自製葉書を出し、今は「農村語彙」で忙しいと伝える。
四月二四日　この日、近畿民俗学会の連続講習会が閉幕する。
四月二五日　木曜会第七六回例会に出席する。
四月二七日　日本民俗学講座で、「童神論」を話す。
四月二九日　長野の小池直太郎宛てに、「農村語彙」の原稿を送り、校正刷りは、大橋図書館の大藤時彦に送るよう指示する手紙を書く。索引は、静雄の娘の勝美が作ってくれることになったと述べる。
四月三〇日　夕方から南沢で行われた、『婦人之友』主催の座談会「国民性の陶冶」に出席し、羽仁もと子の司会で、三木清、蠟山政道、小西重直らと話し合う。記録は、『婦人之友』六月号に掲載される。
五月　全国海村生活調査である「離島及び沿海諸村に於ける郷党生活の調査」を始める。この月、『遠野物語』を英訳した戸田閑男から原稿が送られてきて、出版することの許可を求められ快諾の返事を出す。
五月一日　東北帝国大学での連続講義のため、仙台に発つ。
五月三日　秋保温泉に滞在し、東北帝国大学での日本民俗学の連続講義に通う。開講の挨拶で、「日本民俗学」と題して講義するのは初めてで、後々記念すべき出来事になるだろうと述べる。国史科から一人だけ聴講した大島正隆が熱心にノートをとる。
五月四日　二日目の講義をし、歴史は古いことさえわかればよいという時代ではなくなり、文書資料にたよらない「史心」が大切になると述べる。
五月五日　講義の合い間の一日、のんびりと仙台周辺を歩く。
五月六日　孝宛てに、毎日の通いが容易でないので、今日からは仙台ホテルに泊まると葉書を出し、講義に向かう。三回目の講義で、灯りの歴史のことなどを話す。
五月七日　四回目の講義をし、沖縄研究と方言研究が最近の好条件と研究の現状を詳しく述べる。
五月八日　一度、帰宅する。
五月九日　木曜会第七七回例会に出席し、守随一から志摩、倉田一郎から佐渡の海村調査の報告を聞く。この会に江馬修が参加する。
五月一四日　三女三千が堀一郎と結婚する。媒酌は、門野錬八郎夫妻で、披露宴は、午後五時半から東京会館で行われる。
五月一五日　金沢市町村誌編纂講習会に、石川県図書館協会の顧問として招かれ、三日間滞在する。
五月一八日　Marett & Penniman の『Spencer's scientific Correspondence with Sir J. G. Frazer and others』を読み終える。
五月二一日　吉祥寺在住の画家織田一磨らがつくる井ノ頭金曜会で、「日本の風景」を講演する。会場は、吉祥寺武蔵野倶楽部であった［定本年譜では武蔵野会館で「風景論」とある］。
五月二二日　東京高等師範学校の大塚史学会で、「葬式の話」を講演する。聴講者に、千葉徳爾がいる。
五月二六日　東北帝国大学の講義のため、仙台に発つ。仙台に着き、ホテルでフレーザーを読む。
五月二七日　仙台にて今年初めてホトトギスを聞く。
五月二八日　五回目の講義をし、第一部から第三部までを詳しく述べる。
五月二九日　蔵王山腹の青根温泉から野鳥の会に、仙台と蔵王のホトトギスについての短信を送る。また、孝宛てにも、土日でここに来て休息していると葉書を書く。
五月三〇日　仙台ホテル宛てに小宮豊隆からの怜奈楽の葉書が届く。
五月三一日　午前中に仙台ホテルに戻る。
六月一日　日本民俗学講座で「童神論」を話す。
六月二日　金沢の長岡博男宛てに、会報創刊号を仙台で見ていると葉書を書き、今日、日本民俗学講座の九回目の講義を終えたと述べる。
六月四日　小原温泉の古温かつらや旅館に泊まる。
六月五日　鳥の鳴き声を楽しみながら、孝宛てに葉書を書く。
六月六日　仙台の第二高等学校で、「平凡と非凡」を講演し、帰京する〔定本では四日〕。
六月一〇日　民間伝承の会から、山村調査の「経過報告」を付した『山村生活の研究』を刊行する。
六月一三日　木曜会第七八回例会で、スペンサーの書簡集と日記を紹介し、トーテミズムと食物の需給の話をする。宮良当壮、小林存らが来る。
六月一四日　ＮＨＫラジオ放送の国民講座で、「日本民俗学　九「昔話」」を放送する（「鳥言葉の昔話」）。この「国民講座　日本民俗学」は、一二回にわたる連続放送であった。六時三〇分からの趣味講座では、伊波普猷が話す。
六月一五日　日本民俗学講座で「童神論」を話す。
六月一八日　第一高等学校で開かれた日本文化講義で「文芸と民衆生活」を講演する。のちに「生活と俳諧」と改題され『木綿以前の事』に収録される。
六月二〇日　京都帝国大学での特別講義のため、京都に向かう。
六月二一日　朝、彦根城の城山に登り、琵琶湖を眺める。宿に戻って、孝宛てに、これから京都に向かうと葉書を書く。また、沢田四郎作にも葉書を書き、京都は三本木信楽に泊まる予定と伝え、大分疲れたので休みたいと吐露する。
六月二二日　京都に入り、三本木信楽に滞在する。
六月二三日　京都帝国大学文学部史学科の特別講義「日本民俗学」を三〇日までに五回行う。五来重や竹田聴洲らが聴講する。
六月二四日　休みの日なので、琵琶湖ホテルに泊まりに行くと孝宛てに葉書を書く。二枚目の絵葉書に、宿は親切だが、電車の音がうるさく、大藤時彦と平山敏治郎を誘って、比叡山から坂本に下って琵琶湖ホテルまで行くことにしたと述べる。
六月二七日　京都三本木信楽にて、三木拙二宛てに、京都大学の講義で京都に来ているが、この後、三重と高山で話を頼まれているので、会うことができずに残念と葉書を書く。
六月二九日　近畿国語方言学会で、「婚姻習俗に因みて」を講演する。
六月三〇日　これから伊勢に行く予定と孝に葉書を書く。
七月　上京してきた岩崎敏夫が訪ねてきて、九月に水戸から仙台に行く予定を話し、平に立ち寄る約束をする。
七月一日　三重高等農林学校で、「農業と文化について」を講演し、長良川ホテルに泊まる。
七月二日　ホテルから孝に絵葉書を出し、下呂温泉に向かう。湯の島館に泊まる。
七月三日　久々野で江馬修の出迎えを受け、朝一〇時に高山に着く。美濃太田から『郷土研究』時代の投稿者林魁一が来て、二五年ぶりの対面となる。長瀬旅館二階の大広間で一〇〇人の参会者たちと座談会をし、質問に答える。その後、角正で行われた直井高山市長主催の歓迎会に出る。夜、東小学校で、飛騨考古土俗学会主催の講演会が開かれ「郷土研究と飛騨」を講演する。また、病気療養中の杉村楚人冠宛てに、五月から出ていて病気のことを知らずにいてすまなかったとお見舞いの葉書を書く。

七月四日　高山から新村出に、帰路の途中高山に寄っていると葉書を書き、鳥の声を聴くには、下呂の湯の島がよいと薦める。

七月五日　赤倉温泉に立ち寄り一泊する［赤倉は四日か］。

七月六日　日本民俗学講座で「童神論」を話し、このテーマを終講とする。

七月八日　自宅から、江馬修夫妻に飛驒でのお礼の葉書を出す。

七月一〇日　岩波書店から、『国語史　昔の国語教育』を刊行する。

七月一一日　木曜会第七九回例会で、巫女について話す。

七月二〇日　六時から丸の内ビルで開かれた、第二回日本民俗学講座婦人座談会に出席する。採訪の折の注意や、女性が民俗採集に参加することへの期待を述べたあと、座長を能田多代子が務め、伊藤最子らから埼玉県大椚村の採訪報告を聞く。

七月二五日　木曜会第八〇回例会を開く。

七月二九日　沢田四郎作宛てに、療養中の沢田の妻へのお見舞いの葉書を書く。

八月　この月、『葬送習俗語彙』の序を書く。

八月八日　木曜会第八一回例会に出席し、近江の神事、祭礼について話す。

八月二二日　木曜会第八二回例会に出席し、最上孝敬から三宅島の海村調査報告を聞く。

八月二六日　千津を連れて盛岡への講演旅行に発ち、途中、仙台に寄る。

八月二七日　千津と松島パークホテルに泊まり、孝に葉書を書く。

八月二八日　田中喜多美が勤務する教育会館で開かれた、岩手県女教員会の総会で「農村の女性」の講演をする。『岩手日報』の森荘已池も聞きに来る。話の途中、聞いていない教員が多いので、私がなんのために東京から来ているのか考えてほしいと強く訴える。午後の汽車で湯瀬温泉に向かい、湯瀬ホテルに泊まる。

八月二九日　岩手県女教員会の総会の二日目で、東北文化についての講演をする。講演が終わったあと、千枝と能田多代子を連れ、盛岡から汽車に乗る。好摩で汽車が遅れたため、車に乗り換え大更まで行く。渋民では石川啄木や金田一京助の話をしたり、小豆沢などの地名の話をしたりして、湯瀬で下車し、湯瀬ホテルに泊まる。このあたりの光景が、山形新庄から宮城鳴子温泉に向かう途中の堺田に似ていることに驚く。

八月三〇日　十和田に向かい、蔦温泉を経て酸ヶ湯温泉に泊まり、山菜料理に舌鼓をうち、もう一泊することになる。

九月　小林存の『越後方言考』の序文を書く。

九月一日　大正五年に来たことを思い出しながら、北津軽に回り、十三村を小倉慶治という青年に案内される。隣の相内村では、村長奥田順蔵の家で奥田が集めた資料ノートに目を通し、能田に何ヵ所か書き写させる。

九月五日　酒田、米沢を経て帰宅する。この日の前後、山口弥一郎に一九、二〇日ごろ平での宿の手配を頼む葉書を書く。
九月一一日　岩崎敏夫に、二一日の水戸高校での講演後、平に行くのでなるべく静かな宿をとっておいてほしいと葉書を出す。
九月一二日　木曜会第八二回例会に出席する。
九月二〇日　民間伝承の会から、『葬送習俗語彙』を刊行する。
九月二一日　水戸高等学校で「オヤ方と義理」を講演した後、平に向かう。夜、平のマルトモ書店二階ホールで開かれた磐城民俗研究会と一三日会合同の講演会で、「郷土研究に就いて」を講演する。そのなかで、民俗学とはいかなるものかを説き、地方の民俗学徒の進むべき道を示す。そこで、まだ解けていない「しんめいさま」などの問題に着手するよう述べる。また、臭いものに蓋をするようなドイツ民俗学は、我々には合わず、ドイツの道を歩まないつもりと決意を述べる。その後、高木誠一、山口弥一郎、和田文夫、八代義定らと記念写真を撮り、甲陽館に泊まる。
九月二三日　東北帝国大学の連続講義のため仙台に入り、仙台ホテルに泊まる。
九月二四日　仙台ホテルから、鹿児島に住む楢木範行宛てに、父茂吉の死去の報を聞いての悔やみの手紙を書く。
九月二五日　春の連続講義の続きとして、「日本民俗学講義」を話す。
九月二七日　二日目の連続講義として、田原藤太の話などをする。
九月二八日　この日、東京では第三回日本民俗学講座婦人座談会が開かれ、瀬川清子が山口県見島の報告をする。
九月三〇日　三日目の連続講義をして、木地師や十三塚の話などをする。長崎の木島甚久宛てに、自分の予定と長崎在任中に漁村見聞誌などをまとめたらと励ましの手紙を書く。またこの日、Haberlandt の『Ethnology』を読み終える。
一〇月一日　小西ゆき子（大藤）宛てに、講義の休みに秋保温泉に行って来て、明日の仙台ホテルでの講義が終わったら金華山に行くつもりと葉書を書く。孝宛てにも米沢には行かないことにしたので、七日には帰れそうと葉書を書く。
一〇月二日　講義の合間をぬって、石巻から渡波、金華山をバスで往復し、金華山の社務所に一泊する。
一〇月三日　松島パークホテルから孝宛てに葉書を書き、明日から三日続けて講義をし、六日には終わると伝える。
一〇月四日　仙台紅屋ホールで開かれた東北帝国大学国史学会例会で、「国史への希望」を話す。仙台ホテルに戻り、勘内宛てに、東北大学での日本民俗学の三度目の講義に来ていると葉書を書く。また、水野葉舟にも、千葉から民間伝承の会への入会があって喜んでいると葉書を書く。
一〇月六日　連続講義を終える。
一〇月七日　東京に向かう車中で、Miller の『Psycho-Analysis and It's Derivatives』を読む。
一〇月一〇日　木曜会第八三回例会に出席し、武田明から愛媛県怒和島の年中行事の報告を聞く。
一〇月一二日　丸の内ビルでの第三期日本民俗学講座で、「路傍のフォークロア」の第一回目の講義をする。
一〇月一六日　Phillpotts の『Edda and Saga』を読む。
一〇月一七日　倉田一郎宛てに、佐渡の中山徳太郎が、奥さんの入院のために上京していると旅館名を書いた葉書を出す。
一〇月二二日　沢田四郎作宛てに、二四日から京都に行き、宿は俵屋に決めたと伝える。
一〇月二四日　京都大学での集中講義のため、東京を発ち、京都の俵屋に滞在する。
一〇月二五日　京都大学で、西田直二郎から頼まれた集中講義「日本民俗学」を始める。
一〇月二七日　京都大学で、「日本民俗学」の二回目の講義をする。
一〇月二八日　京都大学で、「日本民俗学」の三回目の講義をする。
一〇月三〇日　講義の中休みに、四国旅行に出る。高知の窪川の高原で白山茶花を見る。宿毛の宿で、安間清宛てに、『旅と伝説』に発表した「りうずり信仰」の研究について述べ、他の地方にもこれと似た事実があるかどうかを調べるようにと葉書を書く。また、三木拙二にも、自分も今年は、よく働き、ほとんど家にいなかったと振り返り、これからは、静かに暮らしたいと述べる。
一〇月三一日　宇和島市宿蔦屋旅館で、Hight, George Ainslie の『The Saga of Grettir the Strong』を読む。杉山正世の案内で、市内丸之内にある山口常助の自宅を訪ねるが、祝い事があり会えずに宿に戻る。宿に、山口が訪ねてくる。この時、山口は、一七歳であったが、大間知たちが世話になったお礼を言う。この日の前後、前年、大間知篤三が山村調査に入った北宇和郡御槙村周辺を歩く。
一一月　この月、「『二戸の昔話』を詠む」と、楢木範行の『日向馬関田の伝承』（鹿児島民俗研究会、昭和一二年）の序と、『採集手帳（沿海地方用）』の緒言を書く。
一一月一日　徳島への車中で、Moore の『Savage Survivals』を読む。
一一月二日　徳島高等工業高校で、「ユヒの話」を講演する。宿屋すしやで、昭和六年に読んだE・S・ハートランドの『民話と神話学―関係と解釈』を再び読む。
一一月三日　四国旅行の帰途、沢田家に立ち寄る。
一一月四日　京都大学で、「日本民俗学」の四回目の講義をする。
一一月五日　京都大学で、「日本民俗学」の連続講義の最終回の話をする。
一一月六日　第三高等学校で、「国民文学に対する考察」を講演する（後狩）。この年の文部省教学局の日本文化講義は、合計七回となる。
一一月一四日　木曜会第八四回例会で、九州、四国の山茶花の自生と油採取の話をする。佐渡から中山徳太郎が来る。
一一月一六日　日本民俗学講座で、「路傍のフォークロア」の第二回目の講義をする。
一一月二二日　川崎中学校で、「タウガラシの話」を講演する

（定）。

一一月二三日　日本民俗学講座で、「路傍のフォークロア」の第三回目の講義をする。

一一月二四日　沢田四郎作宛てに、先日はお世話になったとお礼の葉書を書き、刊行したばかりの『五倍子雑筆六　愛知県北設楽郡中在家の花祭見学等』を読んでいると伝え、いろいろ心づき有益だと述べる。この日、ソ連帰国後、スターリンによる粛清で逮捕されていたネフスキーとイソ夫婦が、レニングラードで銃殺刑となる。のちに、シベリアの収容所で亡くなったと知らされる。

一一月二八日　木曜会第八五回例会で、英国『フォークロア』誌上のディードの双面神の話を紹介する。また、頭上運搬と海士の話をする。

一二月三日　孝と共に、六日まで伊豆を旅行し、川奈ホテルに滞在する。

一二月七日　丸ビル集会室で開かれた日本民俗学講座で「人形と信仰生活」を三回連続で講義する。大正五年に『郷土研究』に投稿してきた平野實が聴講し、筆記記録する。

一二月一二日　「人形と信仰生活」の二回目の講義をする。平野が挨拶にきたので、記念の署名をする［一四日か］。

一二月二〇日　橋浦泰雄生誕五〇年記念会が、新宿明治製菓屋上で開かれ、中野重治と初めて会う［芳名帳には柳田の署名がない］。

一二月二三日　高木敏夫に、「私もやや用が片づいて、今は静かに衣服の歴史を書いてゐます」と葉書を書く。

一二月二六日　木曜会第八七回例会で、水谷不倒の『選択古書解題』（江戸時代古書研究叢書五、奥川書房、昭和一二年）を紹介する。金沢から山下久男が来る。

昭和一三年（一九三八）　六三歳

一月　この二、三年、風の無い日の明け方に起きて窓を開け、布団のなかでうつらうつらしながら鳥の声を聞くのを日課として過ごす。

一月九日　木曜会第八八回例会に出席し、最上孝敬、瀬川清子の報告を聞く。

一月一四日　川崎市細山在住の箕輪敏行の案内で、登戸のサイトヤキを見に行く。このことがきっかけで、小田急線沿線を中心に日帰りの散歩をし始める。

一月一八日　丸ビル集会室で第四回日本民俗学講座婦人座談会を開き、瀬川から千葉県、能田から青森県五戸、伊藤から秩父の報告を聞き、地方の採集に直接携われない者たちのために、間接採集手段について話す。山口貞夫の妻、寿々栄が記録をとる。

一月二五日　第四期日本民俗学講座で「酒の問題」を講義する。

二月二日　『禁忌習俗語彙』（国学院大学方言研究会、四月一五日）の序を書く。

二月六日　木曜会第九〇回例会に出席する。

二月二〇日　木曜会第九一回例会に出席し、橋浦泰雄の「紀州漁村採訪談」を聞く。

二月二二日　日本民俗学講座で、「酒の問題」の二回目の講義をする。大塚の東京女子高等師範学校で、「労働服の変遷」を講演（定）した後、病気療養中の弟輝夫を雑司ヶ谷に見舞い、うつむいて絵を描くのは病気に障ると忠告する。

三月一日　日本民俗学講座で、「餅の問題」の第一回目の講義をする。

三月二日　輝夫が心臓性喘息のため亡くなる。享年五六。

三月五日　青山葬儀所で執り行われた輝夫の葬儀に出る。

三月六日　木曜会第九二回例会で、開墾地の屋敷割について話をする。

三月八日　日本民俗学講座で、「餅の問題」の第二回目の講義をする。

三月二〇日　木曜会第九三回例会で、神事、禁忌の話をする。

三月二二日　日本民俗学講座で、「餅の問題」の三回目の講義をする。

三月二八日　昭和研究会に出席し、昼食後、教育改造論を話す。（定）

三月三〇日　倉田一郎宛てに、日本民俗学講座の題を「伝説の社会性」にしてほしいと葉書を書く。そのなかで、警視庁衛生部に勤める倉田に、荒玉水道の水路の地図が手に入ったら、散歩の時に使いたいので、借りるかもらうかしてほしいと頼む。

四月三日　一日に三三歳の若さで亡くなった鹿児島県の楢木範行の妻ミチに「突然の御報にて今なほ真偽をうたがふばかり」で茫然としていると手紙を書く。

四月一〇日　佐々木彦一郎が亡くなる。木曜会第九四回例会に出席し、平山敏治郎から京都、大間知篤三から八丈島の報告を聞く。

四月一四日　高尾山に鳥の声を聴きにいく（定）。楢木範行の葬儀が済んだとの知らせを受け、妻のミチ宛てに、子供のことで何か困ったことがあれば、自分はもう役には立たないが、東京には大間知らの旧友も多いので相談してほしいと手紙を書く。

四月一九日　日本民俗学講座の座談会に出る（定）。

四月二四日　木曜会第九五回例会に出席し、牧田茂、瀬川清子の報告を聞く。

四月二六日　この日から毎週火曜日の夜、丸ビル八階集会室を会場とする第五期日本民俗学講座が始まる。第一回目として「伝説の社会性（一、二）」の講義をする。『服装習俗語彙』（民間伝承の会、五月二〇日）の序を書きあげる。

五月三日　日本民俗学講座で、第二回目の講義「伝説の社会性（三）」を話す。

五月五日　群馬県大間々農業高校に異動した上野勇宛てに、採集報告の礼と、次は、村の人のことばを全文採集することを薦める葉書を書く。

五月八日　木曜会第九七回例会に出席し、祭祀語彙などについて話し合う。

五月一四日　国民思想研究会で話をする（定）。

五月一八日　金沢の山下久男に『服装語彙』を送る。

五月二二日　木曜回第九八回例会で、徳島の『三好郡志』を紹介する。
五月二八日　東京帝国大学法文経第三六番教室で開かれた、日本言語学会創立大会で、「鴫と哉」を講演する。
六月　この月、石川県図書館協会編の『町村誌編纂の栞』の序と、『海村調査報告書』の緒言を書く。
六月五日　木曜会第九九回例会に出席する。
六月七日　日本民俗学講座で、飛び入りで「猿蟹合戦の昔話」の講義をする（定）。
六月九日　東京アルカウ会で、「旅と民俗」の話をする（定）。
六月一八日　東条操宛ての葉書を書き、昇仙峡から、松原湖、草津へと回る旅に出る（後狩）。昇仙峡を歩き、鳥の声を聞こうと思ったが、水の音が大きくて聞こえない。
六月二一日　松原湖からホトトギスやカッコウなど多くの鳥の鳴き声を聞き、一三種類ほど聞き分けるが、わからない鳴き声が六種類ほどあったと、野鳥の会に短信を出す。
六月二五日　木曜会が一〇〇回目を迎えたので、赤坂の有職すしをとり小宴を開く。佐渡から中山徳太郎が参加し、臼田甚五郎、野口長義らを加えて記念写真を撮る。
六月二六日　倉田一郎宛てに、昨夜言い忘れたことがあったと葉書を書く。
六月二八日　日本民俗学講座で、「伝説の社会性（四）」の講義をする。
七月四日　赤松宗旦の『利根川図志』の解題を書き終える。
七月五日　日本民俗学講座第五期最終日で、「伝説の社会性（五）」の講義をする。
七月一〇日　木曜会第一〇一回例会に出席する。
七月一一日　倉田一郎宛てに、復刊される『ドルメン』から依頼のあった原稿を三回にわたって書いてほしいと葉書を書く。
七月二一日　中山徳太郎、青木重孝共著の『佐渡年中行事』（民間伝承の会、九月二〇日）の序文を書く（「島の年中行事」と改題し『新たなる太陽』に採録される）。
七月二四日　木曜会第一〇二回例会で、前兆の話をする。
七月二八日　二四日の会で、橋浦にお金を渡すのを忘れていたので届けるという手紙を書く。そのなかで、三、四日どこかへ出かける予定であったが、次から次へと用事ができて難しくなったと述べる。
七月三〇日　法制局時代の上司であった上山満之進が亡くなる。倉田一郎宛てに、『分類漁村語彙』を早くまとめるよう葉書を書く。
八月三日　二日続きで行われた国学院大学の夏季講座で、「国語の将来」を講演する。静雄一家と付き合いのあった丸山久子が初めて聞きに来る。
八月七日　木曜会第一〇三回例会に出席し、盆七夕について話し合う。
八月八日　倉田一郎宛てに、『分類漁村語彙』の訂正は、なるべく原稿のうちにと葉書を書く。
八月二八日　木曜会第一〇四回例会に出席し、大島正隆から隠岐の島の調査報告を聞く。
九月一一日　木曜会第一〇五回例会に出席する。
九月一三日　宇都宮への講演旅行に発つ。
九月一四日　宇都宮の高等農林学校で、「農業の将来」を講演する。終了後、日光に向かい、一六日まで滞在する。
九月二〇日　勘内宛てに、葡萄のお礼の葉書を書く。
九月二三日　津田英学塾で、「女と言葉」を講演する（定）。
九月二五日　木曜会第一〇六回例会に出席し、伊波普猷が来たので、沖縄の祝詞話などをする。
九月二七日　第六期の日本民俗学講座が開かれ、「民間年中行事」を講義する。五回の予定が六回となり、一二月一三日まで続く。
九月三〇日　島根県の牛尾三千夫宛てに、『島根民俗』創刊号発表の「石見佐次右衛門」の訂正箇所をあげ、次号で訂正してほしいと葉書を書く。また、『邑智郡誌』の余分があったら譲ってほしいと頼む。
一〇月　『民間伝承』の初代編集長を務めた守随一が、満鉄調査部に勤務するため満州に渡る。
一〇月一日　国学院大学方言研究会秋期大会の公開講演会で「語形と語音」について講演する。今泉忠義、東条操、鈴木棠三、角川源義、金田一春彦らが参加する。
一〇月四日　日本民俗学講座の「民間年中行事」の二回目の講義をする。
一〇月五日　毎週水曜日の散歩を始める。この日は、原町田から府中まで歩く。
一〇月九日　木曜会第一〇七回例会に出席する。水木京太郎が来会し、猫の話を聞く。
一〇月一一日　日本民俗学講義の「民間年中行事」の三回目の講義をする。安藤正次の還暦記念論文集のために「方言の成立」を書き上げる。
一〇月一五日　国学院大学方言研究会の公開講演会で話した「語形と語音」の講演記録をまとめる。
一〇月一六日　ＮＨＫラジオ放送・日曜座談会「海の幸　山の幸」の司会を務める。
一〇月二〇日　蓮仏重寿の『因伯民談』のために書いた「日本人のフォークロア」（「のしの起源」）を書き上げる。
一〇月二三日　木曜会第一〇八回例会に出席し、折口信夫らと話し合う。
一〇月二五日　日本民俗学講座の「民間年中行事」の四回目の講義をする。
一〇月二七日　水野葉舟から『新綴方読本』（春陽堂文庫、昭和一三年六月）が贈られてきたので、「新綴方読本ハ御想像以上の楽しみを以て精読」したが、掲載されなかった一万九九〇〇通の作品も何とか利用してほしいと感想を書いた葉書を出す。
一一月　この月末の晴れた日、横浜線淵野辺の駅を降り、大沼小沼周辺を歩き、ダイダラボッチが尻餅をついてできたというぢんだら沼の痕跡を探る。またこの月、愛育会の産育習俗調査報告を分類整理していた橋浦泰雄の作業が完了する。
一一月二日　栗を送ってくれた水野葉舟にお礼の葉書を書く。

一一月六日　木曜会第一〇九回例会に出席し、木地屋などの話をする。
一一月八日　日本民俗学講座の臨時講義で、「入道の話」をする。
一一月一一日　『分類漁村語彙』(倉田一郎共著、民間伝承の会、一二月一日)の序を書く。
一一月一三日　倉田一郎宛てに、書名は最初から『分類漁村語彙』とするつもりと葉書を書く。
一一月二二日　農村更正協会主催の小原哲二郎の研究報告会と稗試食会に出席し、「稗を語る」と題した話をする。
一一月二七日　木曜会第一一〇回例会に出席し、中央放送局の森本が来たので、二月の放送青年講座の打ち合わせをする。出席した大藤ゆきに、岩波文庫の『利根川図志』に署名して贈る。
一一月二九日　『昔話と文学』の序文を書く。
一二月　この年、山梨、長野への家族連れの旅行によく行く。この年、通泰が勅撰の貴族院議員の命を受ける。
一二月一日　杉村楚人冠から贈られてきた日記帳のお礼の葉書を書く。
一二月二日　東京外語学校で、「国語愛」を講演する(定)。前日の杉村宛て葉書に続けて、『売卜先生糠袋』なのか『糠俵』なのか、あるいは二種あるのかと葉書を書く。
一二月九日　井上通泰が貴族院議員となる(伝)。
一二月一〇日　杉村楚人冠宛てに、『売卜先生糠俵』が大橋図書館にあったと手紙を書く。この日、創元社から、『昔話と文学』を刊行する。
一二月一一日　木曜回第一一一回例会で、『喜界島調査報告　一　喜界島農家食事日誌』(拵嘉一郎、アチックミューゼアム、昭和一三年)を紹介する。
一二月一三日　日本民俗学講座の「民間年中行事」の最終講義をする。
一二月二三日　岐阜県丹生川村の松岡浅右衛門、つぎ、みか子が書いた「丹生川昔話集」(『続飛驒採訪日誌』と、沢田四郎作の五倍子雑筆　第八号『飛驒採訪日誌　続』(昭和一四年一月)を読み、「夢と夢」の話から「味噌買橋」の構想を練る。また、沢田四郎作には、「御修養の力」と、お礼の葉書を書く。
一二月二五日　木曜会第一一二回例会に出席し、倉田一郎から愛媛県の採集報告を聞く。

昭和一四年(一九三九)　六四歳

一月　この月に開かれた、祭祀研究会で、「祭祀研究ニ就テ」を話す。このころ、『おらんだ正月―日本の科学者達』(森銑三、冨山房)、『新綴方読本』(水野葉舟、春陽堂)、『支那絵画史』(内藤湖南、弘文堂書房)、『支那考古学論攷』(梅原末治、弘文堂書房)、『太平記の研究』(後藤丹治、河出書房)、『北海道幌別漁村生活誌』(佐藤三次郎、アチックミューゼアム)などの本を読む。
一月七日　NHKラジオ放送・趣味講座で「民俗と酒」を放送する。

一月八日　木曜会第一一三回例会に出席する。

一月九日　『報知新聞』の「地方文化」欄に、戸田閑男が英訳した『遠野物語』が、イギリス民俗学会から出版することになった記事が載り、「何らかの反響を期待」したいとの談話が紹介される。

一月一一日　岩崎敏夫宛てに、「石城郡昔話」の原稿を預かったことを伝える手紙を出す。

一月一三日　胡桃沢勘内宛てに、月末に上京すると聞いたが、その時は、自宅に来るようにと葉書を書き、このところ信州との縁が薄くなっていると述べる。

一月一四日　松尾禎三に『後狩詞記』は、いずれ再版したいと葉書を書く。

一月二〇日　学習院文芸部民俗学講演会で、「民俗学について」を講演する（定）。

一月二五日　民間伝承の会から、『歳時習俗語彙』を刊行する。

一月二九日　木曜会第一一四回例会に出席し、シャアの話をする。

一月三一日　函館に住む阿部龍夫宛てに、恵贈を受けた『我等の郷土由利の面影』（由利会、昭和一四年）の礼状を書き、秋田由利郡には、会の同志がいないので誰か子吉村などに知っている者がいないかと尋ねる。

二月　大間知篤三が、満州建国大学にドイツ語教師として就職が決まり、この月、満州に渡る。この後の『民間伝承』の編集は、橋浦泰雄の力に負うことになる。

二月三日　上山満之進に贈った『後狩詞記』が、亡くなった後に売り払われていたのを買い求めて便りをくれた松尾禎三にお礼の手紙を書く。

二月八日　山崎珉平の次男海平が勤める博浪社の随筆雑誌『博浪沙』に載せるために書いた「俵薬師」が、予定より長くなってしまったのでどうしたらよいかと、海平宛てに葉書を書く。

二月一二日　木曜会第一一五回例会に出席する。

二月二六日　神田駿河台の佐藤新興生活館（現、山の上ホテル）で行われた、民間伝承の会東京会員大会の日本民俗学講演会で、「文化と文化系」を講演するが、終了後、講演のみで終えたことを反省する。この一カ月ほど前、自宅に訪ねてきた直江広治と千葉徳爾が聴きに来る。この講演が終わるころ、中山太郎から質問を受け、「ことさらに茶化すことで、私を侮辱している」と怒る。

二月二七日　根岸守信編の『耳袋』の序文を書く。

二月二八日　この日の前後、直江広治と千葉徳爾が再び訪ねてくる。

三月　満州にいる守随一と石堂清倫からの二月二八日付けの葉書が届き、大連で大間知を歓迎する会をもったと知らされる。

三月二日　小谷方明に、民具図集『大阪府民具図録』（小谷方明、沢田四郎作編、和泉郷土文庫、昭和一四年）の感想と将来についての注文を葉書に書く。

三月三日　沢田四郎作宛てに葉書を書く。

三月五日　木曜会第一一六回例会で、Saintyves の『民俗学』の概要を紹介する。また、最近のドイツ民俗学会の動向に話が及ぶ。

三月六日　『居住習俗語彙』の序を書く。

三月八日　大島恭子、大藤ゆきを伴い、布佐に墓参りに行く。車中で、岩波新書の『科学史と新ヒューマニズム』（ジョージ・サートン著、森島恒雄訳、昭和一三年）を読む。成田線の湖北駅で下り、梅の花を見、鳥の鳴き声を聞きながら歩く。途中、亡くなった大沢岳太郎の家の前を通り、ドイツ人の未亡人ユーリアのことを「八十過ぎてもドイツ語しか話さないのだからずいぶん気丈な人だ」と話す。墓を詣でた後、松岡家に立ち寄り、持参の笹巻ずしを食べる。

三月九日　小谷から頼まれた『大阪府民具図録』に載せる「民具研究の将来に対する注文」を書く。

三月二二日　弟静雄と甥の冬樹の墓参に、藤沢と横浜に行く（伝）。

三月二五日　木曜会第一一七回例会に出席し、味噌買橋の話を取り上げる。

三月二六日　佐藤新興生活館で開催された民間伝承の会東京会員大会で、「伝承者」を講演し、座談会ももつ。

三月二八日　第六期まで続いた日本民俗学講座を閉じる。丸ビル集会室が廃止される。

四月　この月、『木綿以前の事』の序文を書く。また、この月、海村調査に対しての日本学術振興会からの補助金が打ち切られ、三〇カ所を調査したこの時点で中断することになる。

四月九日　木曜会第一一八回例会に出席し、瀬川清子から瀬戸の採集報告を聞く。

四月一一日　日本語教授研究所主催の日本語教授法講習会で、六月一六日までの毎週火曜日と金曜日の夕方の四時半から六時半に、「言葉と文章」を講義することになる（日現）。

四月一四日　佐藤新興生活館で行われた民間伝承の会主催の日本民俗学講座で「祭礼と固有信仰」の第一回の講義をする。丸の内ビルで行われていた日本民俗学講座の第七期にあたるが、丸の内ビル側の都合で休止していて、会場を移しての再開となったもの。以後、毎週金曜日に全一二回の予定で始め、実際は一四回開かれる。直江広治が聴講する。その後、日本語教授法講習会で「言葉と文章」の講義をする。

四月二〇日　折口宛てに葉書を書く。

四月二一日　日本民俗学講座「祭礼と固有信仰」の二回目の講義をする。その後、日本語教授法講習会で「言葉と文章」の講義をする。この日の数日前、石本統吉監督の記録映画「雪国」の試写を見る。

四月二二日　木曜会第一一九回例会で、欠席の桜田勝徳の代わりに岩手海村の採集手帖の中から主要な点を紹介する。

四月二六日　銀座さんみやで開かれた日本野鳥の会五周年記念座談会に出席する。出席者は、中西悟堂、農学博士内田清之助、文学博士兼常清佐、小杉放庵、杉村楚人冠らで、鳥の鳴き声の聞き做しについてなどを話し合う。記録は、「野鳥清談」として『野鳥』六、七、八月号に連載される。

四月二七日　浦和高等学校の第一回文化講演会で、「風土と文化」と題して、武蔵野を称え、関八州に触れた講演をする。終了後、付近を歩いてから帰宅する（定）。
四月三〇日　妻を亡くした沢田四郎作宛てに一度気分を変えに上京されたらどうかと葉書を書く。
五月六日　『稗の未来』の原稿を書き上げる。
五月七日　木曜会第一二〇回例会に出席する。
五月八日　銀座Aワンで開かれた国民学術協会の発会式に出席する。会員三一名中二六名が出席し、小泉信三、島崎藤村、津田左右吉、東畑精一、長谷川如是閑、正宗白鳥らと同席する。
五月一二日　日本民俗学講座「祭礼と固有信仰」の三回目の講義をする。
五月一三日　折口宛てに葉書を書く。
五月一七日　創元社から、『木綿以前の事』を刊行する。
五月一八日　農村更生協会から、『稗の未来』を刊行する。
五月一九日　日本民俗学講座「祭礼と固有信仰」の四回目の講義をする。
五月二〇日　Smith, G. Elliot の『TutanKhmen and the Discovery of his Tomb』を読む。
五月二三日　日本語教授法講習会で、「言葉と文章」を講義する。
五月二五日　この日の『奥南新報』の田名部町の葬送習俗として、死者を入棺する時に紫色の布を肩にかける風習があるとの記事を読む。
五月二七日　木曜会第一二一回例会に出席する。
五月二九日　高尾山の探鳥会に参加し、薬王院に泊まる。このころ、多摩川上流その他の地に、鳥の声を聴きに出ることが多くなる（定）。
五月三〇日　日本語教授法講習会で、「言葉と文章」の講義をする。
六月　初夏のこのころ、町田嘉章が訪ねてきて、民謡採集の全国旅行についての相談を受ける。
六月二日　一日から三日まで東京日日新聞社五階大講堂で開かれている、日本文化連盟主催の第一回全村学校研究協議会で「村及部落に就て」を講演する。
六月一一日　木曜会第一二二回例会で、イタリアのシシリア島デコラテイの寺の信仰と日本の御霊信仰の類似について話す。
六月一二日　大藤ゆき宛てに、原稿の相談の葉書を書き、こちらもやっと半分書き上げたと伝え、岩波書店に返すつもりと伝える。
六月一三日　東京高等農林学校で、「歴史と史学」を講演する。終了後、家族と共に日光に遊び、一五日に帰宅する（定）。
六月一六日　日本民俗学講座で、鈴木棠三の代講と、「祭礼と固有信仰」の五回目の講義をする。日本語教授法講習会の「言葉と文章」の講義を終える。岩崎敏夫に、「石城郡昔話」を出版するには、事情が難しいと判断し、時期を待つべきと知らせる。
六月二三日　木曜会第一二三回例会に出席する。日本民俗学講座「祭礼と固有信仰」の六回目の講義をする。沢田からの葉書を見て、返事を書く。
六月二七日　東京帝国大学第二食堂学生集会所で開かれた、帝大倫理研究会例会で、「習俗にうかがわれる日本の道徳の否定的性格」について講演する。
六月三〇日　日本民俗学講座「祭礼と固有信仰」の七回目の講義をし、第一学期を終了する。
七月九日　木曜会第一二四回例会に出席する。
七月一二日　『国語の将来』の未刊初稿序の「著者の言葉」を書く。
七月一五日　『後狩詞記』の謄写版が発行される。
七月二一日　折口宛てに、国学院大学での夏期講座について、広告が出ているが、こちらには何も言ってこないので、せめて時間割だけでも送るよう伝えてほしいと葉書を書く。
七月二九日　木曜会第一二五回例会で、氏神の問題を提出する。
七月三〇日　『五倍子雑筆　手向草』を送ってきた沢田四郎作に、お礼と慰みの葉書を書く。
八月三日　国学院大学の夏期講座で、この日と翌日の両日、「方言の話」を講義する（定）。
八月五日　自宅で、「国語に就いて」の座談会を行う。出席者は、吉田健一、山本健吉ら『批評』同人で、この二人以外は斉藤正直、平野仁啓、西村孝次、伊藤信吉、権守操一らから質問を受ける。記録は、一一月刊行の同誌二号に掲載された。
八月一三日　木曜会第一二六回例会に出席する。
八月二二日　奈良の辻本好孝に雑誌『磯城』が届いたと返事を書く。
八月二六日　木曜会第一二七回例会に出席する。
八月二七日　この日の前後、蔵王連峰の湯川峡谷の一軒宿に泊まっている大島正隆から絵葉書が届き、峨々温泉を勧められる。
八月二九日　群馬の上野勇宛てに、『山田郡方言集』の礼の葉書を書き、「ヒメジオン」をどうして「シャボンバナ」というのか面白いと述べる。高藤武馬が訪ねてくる。
八月三〇日　沢田四郎作宛てに、一〇日の木曜会に出てこられないかと葉書を書き、山口松山講演の予定を伝える。
九月　この月、「狐飛脚の話」と以前発表した「松島の狐」の「附記」を書く。またこのころ、アメリカのミズリー大学のブリウスターという未知の先生から、子供の遊びについての問い合わせの手紙が届く。
九月七日　泉鏡花が肺腫瘍のために亡くなる。享年六六。この日、鏡花の隣に住む里見弴から危篤の知らせを受け、駆けつけて笹川臨風らと最期を看取る。戒名を僧侶につけてもらうのに反対し、佐藤春夫に任せることにする。門司の松永美吉に、一八日の小倉の会に出席できることを伝え、二〇日には松山に行ける方法を考えてほしいと頼む葉書を出す。
九月九日　山口高等学校の小川五郎宛てに、松山高等学校から人類学の話をしてと頼まれているので、同じ話にしては張り合いがないので、山口での話は、「将来の日本文に就て」か「文章道の革新」にしてもらえないかと葉書を書く。
九月一〇日　木曜会第一二八回例会に出席する。この日、芝青松寺で行われた泉鏡花の葬儀に参列する。戒名は、「幽幻院鏡花日彩居士」となる。
九月一二日　勘内宛てに、葡萄のお礼と、明日から四国を回る旅に出ると伝える。後日、京城の秋葉隆からこの日付けの手紙が届き、先日自宅に来た陸軍太田隊のなかに、秋葉の弟、秋葉哲がいたと知る。
九月一四日　松永美吉宛てに、旅程を伝える葉書を書いたあと、孝を伴い、中国・四国地方の講演旅行に発つ。
九月一五日　創元社から、『国語の将来』を刊行する。
九月一六日　山口に向かう途中、島根浜田市に立ち寄り、つるや旅館に泊まる。急な連絡のため、訪ねてきたのは牛尾三千夫、千代延尚寿ら少人数であったが、隠岐東郷村の葬祭神楽などの話をする。
九月一七日　牛尾三千夫らの案内で島根を回ったあと、山口の湯田に入り、みどりやに泊まる。
九月一八日　小川五郎が勤める山口高等学校で「文章道の革新」を講演し、校長より揮毫を求められ署名する。門司の海員審判所に勤めていた松永美吉が迎えに来たので、一緒に小倉に向かう。途中、県立図書館を見学し、県史編纂会の『玖珂郡誌』に注目する。山口から汽車に乗り、厚狭あたりで松永に「寝太郎餅」の話をする。にしき丸の船中で、牛尾に礼状を書く。門司からは、松永の同僚の松永弦男が用意した車で小倉の曽田家に向かう。曽田共助宅で開かれた小倉民俗座談会に出て、会員からの質問に答えるなどして深夜一一時ごろまで懇談する。
九月一九日　著書を贈ってきた水田信利に、お礼の葉書を出す。牛尾宛てに、小倉の会は、二五、六人も集まり盛んだと葉書を書く。
九月二〇日　松山高等学校で、「人類学と人間学」を講演したあと、多度津の武田明を訪ねる。その後、大阪に出て熊野に回り、新宮川のプロペラ船に乗ったりして遊び、二二日までに帰京する。プロペラ船の中から、行きかう船に乗る人々の生活を垣間見て、何とかしたいと思う。
九月二二日　第二期日本民俗学講座が始まり、「祭礼と固有信仰」の八回目の講義をする。
九月三〇日　木曜会第一二九回例会で、中国、北九州、四国、熊野の旅行の報告をする。
一〇月　この月、「猫の島」「モリの実験」「歳時習俗語彙序」の原稿を書く。この月に発刊された本山桂川の『与那国島図誌』を見て、『海南小記』を刊行する時には、写真を何枚か借りたいと思い、同意を求めるため、暮れから次の年の三月くらいまでの間に、市川の本山桂川の自宅を訪れる。
一〇月八日　木曜会第一三〇回例会で、フレーザーの『サイキス・タスク』を日本民俗学の立場から再度研究する必要があると述べる。
一〇月一一日　東京帝国大学構内の山上集会所で開かれた東京方言学会に出席する。新村出の「京都言葉の考察」の報告を聞き、アクセント研究についての考えを提起する。
一〇月一四日　東京師範学校で、「文章道の衰弱」を講演する(定)。
一〇月一六日　奈良の辻本好孝に雑誌『磯城』がよい雑誌になってきたと感想と、『民間伝承』を広めてほしいと葉書を書く。

一〇月一七日　香川県多度津町の女学校の教員武田明宛てに、昔話の教育で見誤ってはいけないことや、女学生に、実際の目的に合う文章を自在に書く力をつけさせることが、戦後の女性の活躍につながると激励の長文の手紙を書く。

一〇月一八日　東京帝国大学法文経第三七番教室で開かれた、文学部学友会主催の講演会で、「ちからの語義」と題する講演をする。

一〇月二〇日　日本民俗学講座「祭礼と固有信仰」の九回目の講義をする。

一〇月二一日　木曜会第一三一回例会で、伊予の『大洲旧記　巻上、巻下』（富永彦三郎、予陽叢書刊行会、昭和一三年）を紹介する。

一〇月二五日　早稲田大学坪内逍遥講座で「文芸の起源」の講義を始める（定）。

一〇月二九日　富山の柿を送ってくれた沢田四郎作にお礼の葉書を書き、今、宮本常一が来ていてゆっくり話していると伝える。

一一月　この月、『孤猿随筆』の序を書く。また、このころ、和辻哲郎、今井登志喜、長谷川如是閑、大西克礼らと「日本文化の検討」の座談会に出席する。この記録は、『改造』一月号に掲載される。この月、直江広治らが中心となって茗渓民俗学会ができる。

一一月一日　早稲田大学坪内逍遥講座で「文芸の起源」の二回目の講義をする（定）。

一一月五日　『コトバ』一二号に掲載する、誌上シンポジウム「言語生活の指導」の結論部分を書く。

一一月八日　早稲田大学坪内逍遥講座で「文芸の起源」の三回目の講義をする（定）。

一一月一〇日　日本民俗学講座「祭礼と固有信仰」の一〇回目の講義をする。兵庫の山田隆夫に、『柱松考』の復刻を認める葉書を書く。

一一月一一日　木曜会第一三二回例会に出席する。

一一月一四日　神田如水会館で開かれた女子明徳会で、「大家族・小家族」を講演する［定本年譜では、一二月一四日］。

一一月一五日　早稲田大学坪内逍遥講座で「文芸の起源」の四回目の講義をする（定）。

一一月一六日　生徒に昔話調査をした報告書を送って来た武田明に、なかにはごく少数、伝承型の母や祖母をもった子もいるようだが、ほとんどは本からか、近世に全国を歩いた説教僧などの影響があり、気をつけなければいけないと手紙を書く。

一一月二〇日　第一高等学校瑞穂会で、「笑いの問題について」を話す（定）。

一一月二二日　早稲田大学坪内逍遥講座で「文芸の起源」の最終講義をする（定）。

一一月二四日　日本民俗学講座「祭礼と固有信仰」の一一回目の講義をする。

一一月二五日　木曜会第一三三回例会に出席する。

一一月二六日　「有王と俊寛僧都」の原稿を書き終える。

一一月二八日　奈良の辻本好孝に本の題名を『大和の祭』か『和

州祭礼記』としたらよいだろうと葉書を書く。
一二月　この月、新村出らに『孤猿随筆』を寄贈する。
一二月一日　日本民俗学講座「祭礼と固有信仰」の一二回目の講義をする。
一二月二日　奈良の辻本好孝に、本の題名を七文字にするのは賛成しかねると返事を書く。
一二月六日　東京高等商船学校で、日本文化講義として「海洋文化史」を講演する。この年の文部省教学局の日本文化講義は、全四回となる。その後、雑誌『改造』の座談会に出席し、今井登志喜、和辻哲郎、長谷川如是閑、大西克禮らと語り合い、一月号に「日本文化の検討」と題して掲載される。
一二月八日　日本民俗学講座「祭礼と固有信仰」の一三回目の講義をする。
一二月一〇日　木曜会第一三四回例会に出席する。
一二月一一日　ＪＯＡＫラジオ放送「教師の時間」で、「郷土教育講座　三」として「郷土調査の新方法」を放送する。
一二月一五日　昭和一四年度二学期の日本民俗学講座「祭礼と固有信仰」の最終講義をする。
一二月一七日　創元社から、『孤猿随筆』を刊行する。
一二月二〇日　浜むしを送ってきた沢田四郎作宛てに、お礼の葉書を書き、第二期の講座も盛況裡に終わったと伝える。
一二月二三日　木曜会第一三五回例会で、守随一の気仙大島の採集報告を聞く。終了後、年末の会食会をする。
一二月二六日　伊豆大島に孫を連れて遊びに行く。
一二月三〇日　夜、帰宅する。
一二月三一日　水木直箭の妻鈴子に、直箭が自分が書いたものを集めてくれていることには、感謝しているが、送っても返事をくれないので、届いたのかどうかを知らせてほしいとの葉書を書く。

昭和一五年（一九四〇）　六五歳

一月　この月、「モノモラヒの話」と「身の上餅のことなど」「午餉と間食」の「附記」を書く。
一月四日　前年の秋に、妻ノブが亡くなった中瀬淳宛てに、悲歎を分かち合いたいと慰める手紙を書く。
一月六日　水木直箭宛てに、自分で書いてきた「自伝」を送り、写したらすぐに返すように伝え、「謄写版ニシテハイケマセン」と書く。
一月八日　能登飯田町の飯田中学校に異動した山下久男にカレイのお礼と、飯田の海岸の思い出を葉書に書く。
一月一四日　木曜会第一三六回例会に出席し、瀬川清子の丹波、丹後の海村調査の報告を聞く。柴田実、平山敏治郎が来会する（伝）。
一月一八日　橋浦泰雄宛てに、高松牧師が立教大学に紹介状を書いてくれることになっているので、大学に挨拶にいくようにと速達の手紙を出す。
一月一九日　第三期の日本民俗学講座「民俗学と国語」が始まり、

一回目の講義をする。

一月二一日　奈良県立図書館の野村伝四と高田十郎の連名宛てに、葉書を書く。

一月二七日　木曜会第一三七回例会で、秋田の奈良環之助の『年中行事報告書』などに見える注意すべき問題を指摘する。

一月二八日　水木直箭宛てに、明治三二年の『帝国文学』に「西楼記」という文章を書いた覚えがあるので、できたら捜してほしいと葉書を書く。この日発行の『文学界』に青野季吉と佐藤信衛との座談「文学と土俗の問題」が掲載される。

二月　この月、『食物と心臓』の序や「大家族と小家族」の原稿を書き上げる。

二月九日　日本民俗学講座で、「民俗学と国語」の二回目の講義をする。

二月一一日　木曜会第一三八回例会に出席するが、出席者が六人と少なく、まとまった話はしないで終わる。

二月一六日　日本民俗学講座で、「民俗学と国語」の三回目の講義をする。

二月二〇日　水木直箭が昔自分が書いたものを書き写して送ってくれたので、礼の葉書を書き、これは作りごとが多いので覚書のなかには入れない方がよいと述べる。

二月二三日　日本民俗学講座で、「民俗学と国語」の四回目の講義をする。

二月二四日　木曜会第一三九回例会に出席し、河内只雄から沖縄、橋浦泰雄から茨城・福島、江馬修から飛驒の報告を聞く。

二月二七日　刀江書院から、『日本農民史』を刊行する。

三月　この月、「酒田節」「広遠野譚」の「附記」を書く。

三月二日　二千六百年奉祝芸能祭参加の新協劇団主催奈良朝文化講座で、「奈良朝の生活文化」を講演する。

三月八日　日本民俗学講座が終了する。

三月一〇日　木曜会第一四〇回例会で、岩倉市郎の『おきえらぶ昔話』（民間伝承の会、昭和一五年）を評価する。喜多野清一の昔話研究についての発表を聞く。この日か次の日、新村出に同書を郵送で送る。

三月一二日　日本民芸館で、柳宗悦との対談「民芸と民俗学の問題」に出席する。司会を式場隆三郎が務め、比嘉春潮も交えて、沖縄の方言札にみる標準語奨励政策を批判する。記録は『民芸』四月号に掲載される。

三月一四日　『文学界』を集めてくれた水木直箭に、もう再録する気持ちはないので、写す必要はないと葉書を書く。

三月一五日　三年間続いた日本民俗学講座の閉講記念懇親会を開催し、閉講の辞として本講座の意義と日本民俗学への大きな希望を述べる。約八〇名の参加者があり、橋浦泰雄が三年間の歩みを報告し、町田嘉章が民謡を紹介する。

三月二〇日　昭和三年に出した『雪国の春』を「創元選書」の一冊として復刊する。

三月二三日　木曜会第一四一回例会で、家や主婦について話をする。

三月二六日　吉江喬松（孤雁）が亡くなる。享年六〇。

三月三〇日　昭和七年に出した『秋風帖』を「創元選書」の一冊として復刊する。

四月二日　留守中に、高藤武馬が三国書房の花本を連れて訪ねてくる。

四月七日　家族で出かけている留守中に、倉田一郎や高藤武馬が訪ねてくる。沢田四郎作宛てに葉書を書き、宮本常一がしきりと言うので、『書物新潮』に一文を草したと伝える。

四月八日　学術協会で、普通教育効果検査法の話をする（伝）。倉田一郎宛てに、昨日の日曜日は一家で外出していたため、わざわざ訪ねてきてもらったのにすまなかったと葉書を書く。

四月一二日　高藤武馬が訪ねてきたので、三国書房に渡すようにと『日本の昔話』と『日本の伝説』を持たせる。武蔵野や相模の話をし、境川の橋を一〇〇回渡る目標をたてて歩いていると語る。

四月一四日　木曜会第一四二回例会に出席し、瀬川清子の越前海村調査の報告を聞く。半田良平が参加する。

四月一五日　大正一四年に出した『海南小記』を「創元選書」の一冊として復刊する。

四月一六日　上野勇に、赤城山麓での炭の方言がわかってうれしかったと、葉書を書く。

四月二二日　「創元選書」の一冊として『食物と心臓』を刊行する。

四月二六日　東京市吏員文化連盟の教養講座で、「都市の性格に就て―東京を語る」を講演する。磐城民俗研究会の和田文夫に葉書を書く。

四月二七日　木曜会第一四三回例会で、高木誠一の磐城の民俗の報告を聞き、食物に小豆を入れることなどについて話す。

四月二八日　ラジオ放送で「米食の歴史」を講演する。

四月三〇日　この日をもって、日本山岳会を退会する。

五月　この月、『民謡と覚書』の序文を書く。また、橋浦らが中心となり、自分が命名した西郊民俗談話会が結成される。

五月三日　沢田四郎作宛てに、山口貞夫が葉山で療養しているので、会報を送ってもらえれば、短いものだったら書いてくれるはずと葉書を書く。

五月一二日　木曜会第一四四回例会で、美作上月小学校児童の綴り方集を話題に都会の児童との比較などを話す。壱岐から山口麻太郎、京都から梅原末治、平山敏治郎らが来る。

五月一七日　この日、東京西部の民間伝承の会会員の研究会として、西郊民俗談話会が結成される。

五月二〇日　「創元選書」の一冊として『民謡覚書』を刊行する。

五月二五日　木曜会第一四五回例会で、越後三面村の児童の綴り方を話題に田植えの時の習俗について話す。建国大学の大山彦一が参加する。

五月二七日　沢田四郎作宛てに、先日、『書物新潮』掲載の原稿を渡したが、まだ出版されていないようで、出ていたら五、六部送るよう話してほしいと葉書を書く。

五月二八日　ラジオ放送で「米食の歴史」を講演する。

六月　この月、「玉依彦の問題」の「附記」を書く。

六月三日　高藤武馬が学校帰りに訪ねてきたので、三国書房のための出版プランなどを話す。
六月五日　この日の前後、『日本評論』に掲載する座談会「民俗座談」に出席し、秋田雨雀、橋浦泰雄、谷川徹三、風巻景次郎らと話し合う。
六月九日　木曜会第一四六回例会に出席し、関敬吾から『原始社会』（岡田謙、弘文堂書房教養文庫、昭和一四年）の解説を聞く。
六月一二日　一四日までの富士探鳥旅行に出て、須走、山中湖周辺を歩く。野村伝四宛てに、葉書を書く。
六月一四日　帰京する（定）。
六月一八日　『伝説』の「自序」を書く。
六月二二日　木曜会第一四七回例会で、倉田一郎から『原始社会』の書評を聞いたあと、沖縄の源為朝伝説について話す。
六月二五日　夜、東京方言学会の第三六回例会で、「沖永良部島の話」を講演する。講演後、池ノ端に出て、夜空を見上げながら、野尻抱影から星の話を聞く。
六月二九日　東宝文化映画部から民間伝承の会への入会申し込みと会費が送られてきたので、橋浦泰雄に入会の手紙を同封した手紙を書く。
六月三〇日　高藤武馬が来て、三国書房から出す『日本の伝説』の相談をする。岩波新書の『伝説』の原稿を見せ、疑問の箇所に印をつけるように頼む。
七月三日　茅ヶ崎の別荘に牧口常三郎が若い矢嶋秀覚を連れて訪ねてきて泊まる。最初のうちは、世のためのお互いの仕事について熱く語り合うが、牧口が、法華経について語りたがったとき、聞きたくなかったので「帰り給え」と言い、その後会わなくなる［三日の夜のことなのか四日のことなのか矢嶋の思い出話では不明］。
七月九日　この日から一六日まで、東京府美術館で、国画院主催の「松岡映丘遺作展」が開かれる。
七月一〇日　上野勇宛てに、草の名前を集めるのは好い仕事と手紙を書く。
七月一三日　木曜会第一四八回例会として、東宝映画の招待で、文化映画の試写会「土に生きる」を観る。その後、交詢社で、「民俗学と映画について」を講演したあと、村治夫、三木茂、橋浦泰雄、津村らとの座談会「文化映画と民俗学」に出る。
七月一六日　西郊民俗談話会の第三回例会の座談会に出席し、務台や尾崎喜八らに会う。山口の小川五郎が送って来た「文献解題」のお礼を書き、そのなかで、『大島方言集』を世に送り出したいので、原安雄と直接連絡をとりたいと述べる。
七月二二日　ラジオのAK放送中等学生の時間で「郷土研究の話」を講演する。その後、新協劇団に行き言葉の話をする（定）。
七月二四日　京都大学の国史研究室の平山敏治郎宛てに、依頼されていた「領巾から手拭」の原稿が書けずに苦しんでいるので、もう「解除」してほしいと頼む手紙を書く。
七月二七日　木曜会第一四九回例会で、『原始社会』の最終研究会として社会学との連関について話す。
七月三〇日　野村伝四宛てに葉書を書く。
八月　この月、『妹の力』の序を書き、名も無い昔の民間の女性たちが兼ね備えていた「さかしさ」と「けだかさ」を取り返す時代がやがて到来することを信じていると述べる。
八月五日　日本山岳会に退会の届出を出したが、留保の手紙が来て、取り消す返事を出す。
八月七日　一日から連続一週間開かれていた、丸の内産業組合中央会館での国民学術協会の第一回夏季公開講座「現代文化の問題」の最終日に、「涕泣史談」を講演する。参加者が七〇〇名で、嶋中雄作が終講の辞を述べる。
八月九日　奈良県立図書館長となった野村伝四宛てに、葉書を書く。
八月一五日　朝、高藤武馬が訪ねてきて、これから飛騨高山に行くので、江馬修に紹介状を書いてほしいと頼まれる。野村伝四宛てに葉書を書く。
八月一七日　木曜会第一五〇回例会に出席し、河村只雄の沖縄報告を聞いたあと、森鷗外の『渋江抽斎』（改造社改造文庫、昭和一五年）を再読した感想を述べる。
八月一九日　中央公論社の藤田圭雄宛てに、手紙を出す。
八月二〇日　沢田四郎作宛てに桃のお礼の葉書を書く。
八月二五日　水木直箭の父要太郎の蔵書のなかにあったという著作を水木から送ってもらい、お礼の葉書を書く。そのなかで、『野鳥雑記・野草雑記』が挿絵も出来ていないうちに広告してしまって迷惑をかけていると述べる。
八月二七日　「甲賀三郎の物語」の原稿を書き終える。
八月二九日　野村伝四宛てに、葉書を書く。またこの日、「創元選書」の一冊として『妹の力』を刊行する。
九月一日　オリエンタル写真工業の写真コンクールの審査委員となり、新人課題「農家と人」の審査結果をこの日発行の『オリエンタルニュース』で発表する。
九月七日　雑誌『新女苑』の企画の対談「主婦の歴史」で、山川菊栄と初めて会い、対談する（同誌一一月号に掲載される）。この日、三国同盟調印のため、ヒットラーの特使スターマーが来日したので、対談前後の雑談のなかでその話になり、戦争へと向かう時代を憂う。
九月八日　木曜会第一五一回例会に出席し、平山敏治郎の沖縄報告を聞く。
九月一二日　四谷の川添病院に出産のため入院中の大藤ゆきに、お祝いの葉書を書く。その中で、こちらも一〇日に女の子の孫が生まれたと書く。
九月一六日　丸の内糖業会館三階で、午後六時から開かれた民謡談話会に出席する。出席者は、兼常清佐、小寺融吉、町田嘉章、有馬大五郎などであった（定）。
九月二四日　学士会館にて開かれた日本方言学会創立発起人会に出席する。新村出座長の司会で始まり、会長に推挙されたあと、委員幹事を委嘱する。引き続き役員会を開き、一〇月一三日に創立大会を開き、発会記念冊子『方言研究』を発行することを決める。

九月二八日　岩波書店から、『標準語と国語教育』を刊行する。

一〇月　「おしら神と執り物」を書き終える。この月の水曜日、神奈川高座郡の深見村あたりを境川に沿って歩き、「水曜手帖」を書く。

一〇月三日　山口の小川五郎に、『大島方言集』の写しの礼を書き、「全国方言記録」として順次刊行したいと述べる。そのなかで、自分は、孫五人となったと書く。

一〇月五日　日本方言学会の創立大会案内を発送する。

一〇月六日　木曜会第一五二回例会に出席して、中田栄一から「漁村の社会組織」、比嘉春潮の沖縄報告を聞く。

一〇月一〇日　水木直箭宛てに、昔書いた「箱根の山中」や「海辺の牧」を『豆の葉と太陽』に入れたいので持っているか尋ねる葉書を書く。

一〇月一二日　四女千津が、太田邦男と結婚する。太田邦男は、丙子郎の長男で、三好重道夫妻の媒酌、挙式。披露宴は、午後六時から学士会館で行われる。この日、大政翼賛会発会式がある。

一〇月一三日　東京帝国大学法文経二号館三六番教室で開かれた日本方言学会創立大会に出席し、一年任期の初代会長に就任し、自宅を事務室とする。就任の挨拶「日本方言学会の設立にあたりて」を述べたあと、亀井孝と安藤正次の講演を聞く。発会記念冊『方言研究』を参加者に配る。参加者は、二五〇名であった。六時から開かれた山上集会所での晩餐会に出て、テーブルスピーチを述べる。出席は、安藤正次、今泉忠義、池田弘子、伊波普猷、金田一京助、東条操、橋本進吉ら三一人で、一〇時に終了後、高藤武馬と共に帰る。

一〇月一五日　多度津の和気周一宛てに、「高見島語彙」をゆくゆくは本にしたいと葉書を書く。

一〇月一八日　長野への講演旅行に発つ。

一〇月一九日　松本商業高校講堂で開かれた、東筑摩教育会主催の講演会で「反省の教育」を話す。講演後、数日前に脳卒中で倒れた胡桃沢勘内を見舞う。

一〇月二〇日　帰路、下高井郡平穏小学校にいる大月松二の自宅に立ち寄る。

一〇月二四日　牛尾三千夫宛てに、政友会の宮田光雄の息子で東大文学部の学生、宮田六郎が島根に調査に行くのでよろしく頼むとの葉書を書く。

一〇月二五日　山王の星岡茶寮で行われた、雑誌『俳句研究』主催の座談会「俳諧と日本文学」に出席する。出席者は、折口信夫、谷川徹三、風巻景次郎で、記録は、同誌一二月号に載る。

一〇月二六日　木曜会第一五四回例会に出席し、『民間伝承論』の第一章後半までを解説する。

一〇月二七日　沢田四郎作宛てに葉書を書き、一一月七日に大阪に行くが、七日の午後のみ予定が無いと知らせる。

一〇月二八日　『新女苑』の座談会に出席し、瀬川清子と共に国民服について話し合う（定）。この記録は、『新女苑』一二月号に掲載される。水木直箭宛てに、『山』に掲載した「秋風の吹く頃に」も手元にないので、貸してほしいと葉書を書く。
一一月 この月、一二月に再版される『日本の伝説』の序「再び世に送る言葉」を書く。『豆の葉と太陽』の「自序」を書く。
一一月一日 中央公論社の藤田圭雄宛てに、速達の手紙を出す。
一一月二日 午後六時から小石川茗渓会で日本方言学会役員会を開き、予算のことなどを話し合う。
一一月三日 新村出宛ての手紙を書き、前日の委員会の報告をする。そのなかで、放送協会会長など、お金を出してくれそうな人に名誉会員になってもらうなどの金策案を提案する。
一一月四日 高藤武馬が、日本方言学会の委員会の決議事項や報告書の草案を持ってきたので、『歳時習俗語彙』を贈る。水木直箭宛てに、『豆の葉と太陽』に入れたい「勢至堂峠」をどこに発表したものか忘れてしまったので、教えてほしいと葉書を書く。
一一月六日 一〇月に結婚した千津の婿の太田家が大阪のため、関西の親類縁者への披露が行われる。媒酌の三好重道夫妻と共に大阪に向かい、新大阪ホテルに宿泊する。
一一月八日 披露宴が行われる。
一一月一〇日 九日に帰る予定を変更して、宝塚から有馬に行くなどして、なるべく人がこない静かな所を回り、紅葉を楽しむ。
一一月一一日 二千六百年行事で汽車が混むことを予想し、初めから決めていた船での帰京を実行し、八幡丸に乗ってまる一日かけて帰る［後狩年譜では京都見物とある］。
一一月一二日 藤田圭雄宛てに、速達の手紙を出す。
一一月一四日 沢田四郎作宛てに、八幡丸の二四時間はよい記念となったと葉書を出す。そのなかで、鈴木東一の住所を尋ねる。
一一月一七日 木曜会第一五五回例会に出席し、古墳と葬制地名や新体制と民俗学の使命について話す。
一一月二一日 『野草雑記・野鳥雑記』を刊行する甲鳥書林の担当編集者、矢倉年宛てに、本の出来具合いに関する最終的な注文を書いた手紙を書く。
一一月二三日 ラジオ放送で、「日本文化講座（二九）」として「日常生活に於ける日本文化—食物を中心として」を放送する。
一一月二四日 新居に住むことになった平山敏治郎に、お祝いに橋浦泰雄に絵を描いてもらうので、掛け軸がよいか額がよいかを尋ねる手紙を書く。
一一月二五日 この日の前後、出来上がった『野草雑記・野鳥雑記』の見本を持って矢倉が訪ねてくる。目次の終わりに「柳田国男装てい」と書いてあるのを見て声を出して笑う。
一一月三〇日 恵泉女学園で「日本語の話」を講演する（伝）。またこの日、甲鳥書林から、『野鳥雑記・野草雑記』を刊行する。
一二月 この月発行の『早稲田文学』に娘の千枝が「柳井統子」の名で、小説「父」を発表し、芥川賞の候補作品となる。また、『改造』に、平野義太郎、東畑精一、土屋喬雄、東浦庄治らとの座談会「土地」が掲載される。
一二月四日 朝、成城学園前駅で武田久吉と待ち合わせ、新原町田から長津田方面の道祖神撮影の遠足に出る。享保三年や正徳四年の道祖神を発見し、都筑郡に入るが、ここが、三日前に横浜市に編入されたのを知らずに、横須賀鎮守府司令長官の許可なく地神塔の写真を撮ったとして問題となる。その後、『俳句研究』の座談会「風景を語る」に出席するため、武田を連れて目黒の驪山荘に向かう。同席者は、水原秋桜子、久保田万太郎、田部重治、中川一政で、記録は、同誌の一月号に掲載される。

一二月六日　能代の近藤八十二宛てに、『能代の昔』を旅した時のことを思い出しながら読んでいると手紙を書き、信州の洗馬で、菅江真澄の肖像画を偶然発見したことを伝える。

一二月八日　木曜会第一五六回例会に出席し、「時局下に於ける民俗学の役割をめぐる問題」を話す。

一二月九日　「歌と国語」(『短歌研究』)を書き上げる。

一二月一〇日　第六回西郊民俗談話会に出席し、風巻の質問を受ける。

一二月一一日　全国放送の教師の時間で、「郷土教育の調査方法」を話す。

一二月一二日　午前一〇時から、上野精養軒で開かれた大政翼賛促進の会に出席する。岸田國士大政翼賛会文化部長、菅井準一、上泉秀信副部長への激励の会が終わったあと食事をし、午後からは各方面からの代表演説の会となり、開会の辞を述べる。出席者は、司会の久米正雄の他、安部能成、辰野隆、鶴見祐輔、田中館愛橘、秋田雨雀、有島生馬、津久井龍雄、間宮茂輔、宮本武之輔、宮田少将、大谷竹次郎らであった。徳川夢声も参加していて、のちにその時が初対面と知る。

一二月一五日　朝、自宅の庭でヒタキの雄鳥が啼いているのを聞く。

一二月一六日　東京市吏員講習所で、「市民の構成」について話す(定)。

一二月二〇日　昭和四年に出した『日本神話伝説集』とその改題版(春陽堂少年文庫、昭和七年)の新訂版として、三国書房から『日本の伝説』を刊行する。

一二月二一日　木曜会第一五七回例会で、境川の上流から下流を、数十回にわたって歩いた採訪談を話す。沢田宛てに、浜むしのお礼と、近況を伝える絵葉書を出す。

一二月二五日　胡桃沢勘内が亡くなる[二八日未明と友男から知らせがくる]。新村出から、この日付けで、『杉原紙源流考上』の寄贈を受け、お礼の葉書を書く。そのなかで、新村の『日本の言葉』(創元選書、昭和一五年)の書評「馬鹿考異説」を『創元』に発表する予定と述べる。

一二月二九日　風邪をひき、寝込む。

一二月三一日　この年まで毎年のように、大晦日かその近くの日に、通泰に呼び出され、通泰の遺言書の書き換えに立ち会う。この年、斉藤茂吉から、山形県の大石田町教育会から刊行された『大石田町誌』(長井政太郎編纂、昭和一五年)に「雪まろげの曽良の手記」が載っているのを知らされる。

昭和一六年（一九四一）　六六歳

一月　岩倉市郎の『喜界島方言集』に収める原稿「喜界島方言集を第一編とした理由」を書く。

一月一日　暮れからの風邪が治らず、正月を寝て過ごす。

一月四日　高藤武馬が新年の挨拶にきたので、『日本の伝説』の礼としてお年玉を渡す。新村出宛てに、二三日の夜方言学会例会で金田一の話を聞くとの葉書を書く。

一月五日　新村出宛てに、一二日の放送局での座談会に出てほしいとのお願いと、方言学会の沈滞ムードを嘆く手紙を書く。

一月一〇日　授賞理由「日本民俗学の建設と普及」として第一二回朝日文化賞が贈られることが、『朝日新聞』紙上に発表される。同時受賞は、川合玉堂と山田耕筰であった。

一月一二日　木曜会第一五八回例会に出席し、「狼史雑話」に対する今西錦司の批評を紹介する。夜、NHKラジオ放送の座談会「国語問題を語る」に、新村出、太田正雄（木下杢太郎）、岸田國士、文部省国語課課長大岡保三と共に出席し、司会を務める。話し言葉を美しくするためには、放送局として録音を聞いて言葉の使い方を検討する委員会を作るべきと提案し、のちにNHK放送用語委員会や放送文化研究所ができることになる。

一月一五日　高藤武馬が、日本方言学会役員会の下相談に来る。華族会館で毎月第一水曜日に開かれている、宮島大八の一水会に出席する。主な出席者は、細川護立、緒方竹虎、山井格太郎（日華学会元常務理事）らであった。

一月一八日　「創元選書」の一冊として、『豆の葉と太陽』を刊行する。

一月二〇日　朝日文化賞を受けることになり、午後六時から丸ノ内蚕糸会館講堂で開かれた朝日賞贈呈式に出席する。緒方竹虎の開会の辞で始まり、賞状と副賞三〇〇〇円を受ける。受賞後、「民俗研究について」（原題「朝日文化賞所感」のちに「民俗学の三十年」となる）の講演をする。それに先立ち、和辻哲郎が紹介講演として「柳田君の業績」を述べる。

一月二三日　日本方言学会の役員会を開いたあと、午後六時からの東京帝国大学山上集会所での例会に出席し、金田一京助の報告「私自身の方言を顧みて」を聞く。

一月二四日　本郷鉢ノ木で開かれた日本方言学会の委員会に出席し、そのあと山上御殿での例会に出る。倉田一郎宛てに、『方言研究』第二輯は、実費が四七銭かかっているため、五〇銭にしようと委員会で決まったので、校正が間に合うようなら、五〇銭にしてほしいと葉書を書く。

一月二五日　木曜会第一五九回例会に出席し、山と葬地などについて話し合う。

二月　このころ、『婦人朝日』の企画で、「『家』と婦人」のテーマで、窪川稲子と対談をする（同誌三月号に掲載される）。また、『新映画』主催の座談会「柳田国男氏を囲んで　文化映画と民俗学」に、橋浦泰雄と共に出席し、村治夫、三木茂、津村秀夫らと話し合う。

二月五日　華族会館で開かれた一水会に出席する。
二月九日　木曜会第一六〇回例会に出席し、産神などの報告を聞く。
二月一〇日　『山崎琨平昔談』（山崎譲一、二月二八日発行）のために、「跋　さゝやかなる昔」を書く。倉田一郎宛てに、二五日の会に間に合うのであれば、「朝日文化賞所感」という題を「民俗学三十年」「民俗学第一期」「郷土研究以後」と変えて印刷し、掲載した『民間伝承』を六、七百人の人たちに配りたいと葉書を書く。
二月一一日　午後、新村出が訪ねてきたので、出来たばかりの『豆の葉と太陽』を贈る。倉田一郎宛てに、朝日新聞の白石の手紙は、『民間伝承』の記事に載せないようにと頼む葉書を書く。
二月一二日　小田急江ノ島線に乗って高座渋谷まで行き、「水曜手帖」の散歩をする。柳明、宮久保、下瀬谷を歩き、柳明の集落を「古くて美しくて、人に知られて居ない村」で、今どき珍しいと思う。
二月一四日　葉舟が訪ねてきて、一〇年ぶりにゆっくり話す。葉舟から歌集『滴瀝』の出版記念会の発起人になってほしいと頼まれ、引き受けることにする。葉舟に『野草雑記』を贈る。
二月一五日　閑院宮家の載仁親王に「民俗学の話」を御進講する（定）。
二月一六日　二四日に講演する「標準語について」（標準語普及案）の原稿を書き終える。
二月一八日　岩崎敏夫宛てに、昔話研究再興のことを考えていると葉書を書く。
二月二一日　新村出宛てに、来月も会って話をしたいと葉書を書く。
二月二二日　木曜会第一六一回例会に出席し、菅江真澄のことなどを話す。
二月二四日　東京帝国大学山上集会所で開かれた日本方言学会で「標準語について」（標準語普及案）を講演する［定本年譜の一六日は講演原稿の脱稿日か？］。
二月二五日　午後六時から有楽町産業組合中央会講堂で開かれた、民間伝承の会主催、日本評論社後援の朝日文化賞受賞記念日本民俗学講演会で、「次の代のために」を講演する。新しい参加者も多く、橋浦、倉田、関の講演のあと、最後に折口信夫が「日本民俗学の過去及び将来」を述べ、盛会のうちに終える。
二月二七日　水野葉舟宛てに、久し振りに会えてうれしかったと葉書を書く。
三月　この月、『分類山村語彙』の序を書く。また、このころ、坪田譲治と「昔話と民俗」のテーマで対談をする。『新女苑』五月号に掲載される。
三月五日　華族会館で開かれた一水会に出席する。
三月八日　木曜会第一六二回例会に出席し、方言の問題を話し合う。一二日付けの戸川安章宛て葉書とほぼ同じ内容の手紙を書く［なぜ前後しているのか？］。
三月一一日　新村出から寄贈された『国語問題正義』（白水社、

昭和一六年）を読み終え、「まう一度よまうと思ふ」と書き込む。

三月一二日　山形の戸川安章に、「羽州羽黒山中興覚書」を載せた青年団の団報の『神苑』第一号を慶応大学図書館の国分剛二から見せてもらったが、読ませたい仏教史家が二人いるので余分があったら送ってほしいと葉書を書く。仏教史家とは、堀一郎と五来重のことであった。葉舟から一〇日付けの便りと、ネズミモチが届き、お礼と『滴瀝』の感想を書いた葉書を出す。水木宛てに、著作の陳列会（一四日から一六日まで開かれる奈良県立奈良図書館での柳田先生編著書展観）はもう終わってしまったのかと葉書を書き、「歳時習俗語彙」の原稿を送るつもりだったがうっかりしてしまったと述べる。

三月二〇日　「羽州羽黒山中興覚書」を校訂し、註をつけて印刷したいという戸川に対し、礼と、山形刑務所などで五〇〇部くらい印刷できれば、費用を出してあげてもよいと返事を書く。

三月二二日　内幸町のレインボーグリルで、民俗学関係者の朝日文化賞受賞祝賀懇親会（第一六三回木曜会を兼ねる）が開かれる。司会が、折口信夫で、石黒忠篤、伊波普猷、伊奈森太郎、浅野晃、岡正雄らが祝辞を述べる。

三月二五日　水野葉舟の使いで染谷四男也が来て、講演依頼を受ける。

三月二六日　産業組合中央会六階講堂で開かれた、雑誌『新女苑』主催の第一回文化講座講演会で、「たのしい生活」を講演する。聴衆は女性ばかり、六〇〇名余りで、午後は音楽や映画の催しがあった。

四月　春の一日、通泰の配慮で、華族会館に親しい者たちが集まり、話を聞いてもらう。別れ際、通泰の後姿に力がなく、悪い予感がする。また、このころ、『科学ペン』の企画の「美の伝統を語る座談会」に出席し、辰野隆、金原省吾、中村研一、長谷川春子、山谷太郎らと話し合う（同誌六月号に掲載される）。この年、為正が大学の助手となる。またこのころ、牛込加賀町の家を売却する。

四月四日　戸川安章から、「羽州羽黒山中興覚書」の印刷は、鶴岡の佐藤朔太郎のロゴス印刷に頼むと知らせがあり、費用は指示を待ってロゴス宛てに支払うので、校正に尽力してほしいと手紙を書く。

四月一〇日　西神田の同盟会館で開かれた「婦人の国民生活指導者養成」を目的とした生活科学ゼミナールで、「生活文化史」を講演する。二五日までの月、水、金の連続講演となる。

四月一一日　午後五時から学士会館で開かれた日本方言学会役員会に出席し、座談会や公開講演会開催を決める。

四月一二日　華族会館で開かれた国史回顧会例会で、「家の盛衰」を講演する。

四月一三日　木曜会一六四回例会に出席し、子供の遊びのことなどを話す。

四月一六日　水野葉舟から電話がきて、翌日会うことにする。

四月一七日　水野葉舟が訪ねてきて、講演の日どりを決める。庭を散歩し、昼食を一緒に食べる。倉田一郎宛てに、小池には手紙を書いたが、そんなことをするのだったら、出版を断りたいと葉書を書く。
四月一九日　築地芳蘭亭で開かれた、葉舟の歌集『滴瀝』の出版記念会の発起人となって参加する。高村光太郎、斉藤茂吉、前田夕暮、窪田空穂、野尻抱影、北原白秋、安成三郎、山崎斌らの発起人と折口信夫などが集まる。
四月二五日　生活科学ゼミナールの連続講演「生活文化史」を終える。
四月二六日　木曜会一六五回例会に出席し、沖縄の被り物のことなどを話題にする。
四月二八日　札幌で入院中の早川昇に見舞いの葉書を書く。
五月二日　一日付けの葉舟の手紙が届き、講演に九日にお出で願えるかと尋ねられる。また、書の頒布会の賛助者として名前を貸してほしいと頼まれる。
五月四日　倉田一郎宛てに、『民間伝承』の「児童文化特輯」に載せる原稿について葉書を書く。
五月六日　沢田四郎作宛てに、このところ疲れ気味なので、回復のために東北をゆっくり歩いてきたいと手紙を書き、そのなかで、近畿民俗学会に対する不満を述べる。
五月九日　午後六時半より糖業会館で開かれた、日本方言学会の敬語に関する座談会に出て、新村出、金田一京助、東条操、橋本進吉らと三時間意見を交換する。
五月一一日　木曜会第一六六回例会に出て敬語について話したあと、東北旅行に旅立つ。
五月一三日　仙台中央放送局放送部による「東北民謡の旅」の試聴団の一行と福島で合流する。他のメンバーは、折口信夫、小寺融吉ら二一名土岐善麿、中山晋平、町田嘉章、武田忠一郎、小寺融吉ら二一名であった。
五月一四日　仙台に入り、体の調子もよく、面白いので最後まで同行したいと述べる。
五月一五日　岩手に入り、平泉を過ぎたころから、車内で、折口、土岐と即興の連句を始める。この日、信濃教育会から、倉田一郎との編輯書『分類山村語彙』が刊行される。
五月一六日　青森の商工会議所での試聴会で、「十三の砂山」の踊りなどを見る。
五月一七日　秋田に入り、秋田魁新報社講堂で開かれた郷土芸能試聴会で、民謡を聴く。富木友治が訪ねてくる。
五月一八日　山形に入り、山形放送局の熊谷幸博の案内で東根温泉に泊まる。
五月一九日　試聴の前に、護国神社に参拝し記念撮影をする。農業会館で開かれた試聴会で、「庄内おばこ」などを聞き、終了後、仙台に向かう。
五月二〇日　団長として参加した仙台中央放送局主催の東北民謡試聴団の全体の感想を放送し、民謡の分類ができたこと、民謡の運搬者が昔から東北に多かったこと、地方の歴史を民謡を通して明らかにできたことが成果であったと述べる。終了後、全員で東北の民謡を語る三時間に及ぶ座談会を行う。
五月二二日　東蒲原郡中山で高倉宮以仁王の取材に立ち寄り、上越線で帰京する。
五月二三日　水野葉舟に二八日に行けると電報を打つ。
五月二四日　木曜会第一六七回例会で、東北民謡試聴団の報告をし、新流行歌と混同している一般人も多いが、まだ採集は可能だと話す。折口宛てに、連句の直しを書いた手紙を出す。このあと、六月九日まで、連句の直しの便りを続けて出す。また、入院中の早川昇が四月の連続講演「生活文化史」について尋ねてきたので、自分では不出来だったが、記録をとっている者がいるから聞いてみると返事を書く。また、日本放送協会講演部の黒田（村井）米子宛てにも、返事の手紙を書く。
五月二六日　水野葉舟宛てに、二八日は京成線で行くと葉書を書く。
五月二八日　成田の遠山小学校で開かれた、印旛郡国語教育研究会で、「方言の調査について」を講演し、そのあと、水野葉舟の自宅に泊まる。
五月二九日　鷹野つぎの『四季と子供』を一日で読み、感想と浜松の半頭町の由来話を尋ねる手紙を書く。そのなかで、ちょうど「手拭」の問題を考えているところと述べる。
五月三〇日　戸川安章宛てに、シャモジャ節についての考えや、ロゴス印刷に一五〇円を送金したことを伝える葉書を書く。また、吉田志津子が筆記した「生活文化史」のノートを早川昇に送り、大要はこれでわかるはずと同封の手紙に書く。
六月　このころ、文部省国語課の嘱託となる。
六月一日　「こども風土記」執筆の資料を提供してくれた橋浦泰雄にお礼の手紙を書き、あまりに疲れたので旅行をしてくると述べる。
六月四日　水野葉舟からの手紙の返事を書き、方言学会や甥の結婚式などで忙しかったと伝える。七日まで長野への旅行に出る（定）［天竜川の川下りを楽しむ］。
六月七日　長野から帰り、留守中届いていた葉舟からのお礼の手紙を読み、返事を書く。
六月八日　木曜会第一六八回例会で、履物や帯など古図録からでも採集できることを話す。
六月一四日　東京女子大学で、「手拭の話」を講演する。ヨイヤ会（狂言の会）に入会する（定）。
六月一七日　常陸へ旅行する（後狩）。
六月二〇日　日本山岳会が社団法人になったことを記念する講演と映画の会で、記念講演として「山と生活」を講演する。
六月二一日　木曜会第一六九回例会に出席し、二八日にアクセント問題について話す。その後、新村出宛てに、方言地理学についての公開講演会を開くとの葉書を書く。
六月二三日　高藤武馬が著書『門の中』を持ってくる。
六月二四日　このころ、水野葉舟からさまざまな種子や菌糸が送られてくる。
六月二六日　東京帝国大学全学教養部主催の教養特殊講義で、「日本の祭」を講演する。この時の文化部長が和辻哲郎で実務を古川哲史が担当し、古川の案で実現した。第一回講義は、法文経三八番教室に六〇〇人以上を集めて開かれたが、九月の二回目から数が減り、五回の予定が三回で終了となる。この会の前に、上野風月堂で、和辻、古川と谷川徹三と夕食を共にする。

六月二七日　前日に引き続き、東京帝国大学に行き、和辻哲郎の倫理研究会例会で、「習俗にうかがはれる日本の道徳の否定的性格」について講演する。

六月二八日　有楽町の産業組合中央講堂で国語アクセント公開講演会を開き、日本方言学会会長として、音訛の研究を進めるよう提案する。他の講演者は、三宅武郎、金田一春彦、平山輝男らであった。

七月　このころ、国学院大学の学生であった角川源義が訪ねてきて、卒論を書くため、富山県氷見の柳田村に行くと聞き、まだ行ったことがない柳田村なので慰問がてら君を訪ねようと約束する。この月、財団法人国民生活協会が設立し、理事に就任する。

七月一日　水野葉舟宛てに、お礼の葉書を書く。

七月四日　折口宛てに、葉書を書く。

七月五日　国学院大学の院友会館で開かれた神社精神文化研究所の第一学期例会で、「神道と民俗学」を講演し、終了後、神祇院、皇典講究所や国学院大学、神官らの参加者と話し合う。そのあと、日本風景協会の創立記念満七周年記念大会が、吉祥寺の日産厚生園にて開かれ、武蔵野に関する講演をする。

七月六日　箱根仙石原の折口信夫の別荘叢隠居に行き、折口、西角井正慶、藤井春洋、穂積忠との連句会に出る。

七月八日　沢田四郎作宛てに、海上座談会で氷川丸に乗ってそちらに行くが、大阪に寄れるかはわからないと葉書を書く。

七月一一日　日比谷法曹会館で開かれた日本法理研究会例会で、「我国家族制度の変遷」を講演する。

七月一二日　木曜会第一七〇回例会に出席し、婦人の手拭の被り方や名称について話す。

七月一五日　新しく制定された七月二〇日の「海の記念日」に向けた、朝日新聞社企画の海上座談会に出席するため、横浜で氷川丸に乗船する。一六日の両日、氷川丸船内で行われた、日本郵船と朝日新聞社共催の座談会「海の日に因み潮風に語る」に出る。神戸に向かう船中、内田百閒の司会で、林芙美子、横山隆一、中村研一、寺尾新、武富茂治、広瀬彦太、小間芳男、秋山謙蔵や石田忠吉氷川丸船長らと語り合う。この座談会は、二〇日からの『朝日新聞』に四回にわたって連載される。

七月一六日　座談会終了後、紀伊半島の加太沖で、酒樽の鏡に、記念の一筆を書く。夜遅く神戸に着く。

七月一七日　この日前後、神戸から京都に入り新村出に会う。また、滞在した都ホテルから沢田四郎作宛てに葉書を書き、このあと、北陸を回って帰京すると伝える。

七月一八日　氷見の柳田村に来ている角川源義を高岡に呼び出し、一緒に柳田村に入る。角川が世話になっている家に、角川の旧友の荒井憲太郎と共に泊まる。

七月二〇日　この日、朝日新聞社から、『標準語と方言』を収めた『国語文化講座』を刊行する。

七月二一日　小川温泉を経て野尻湖に来て、野尻湖ホテルに泊まり、原稿を書く。

七月二三日　大雨の次の日のこの日に帰京する。

七月二五日　倉田一郎宛てに、『民間伝承』に掲載する原稿について の指示を葉書に書く。また、新村出宛てに、九月下旬の方言学会で退任の挨拶をするつもりで、後任には新村になってもらいたいとの手紙を書く。

七月二六日　木曜会第一七一回例会で、昼をスワビルと言うことからシャベルとなることやママハハのママのことなどについて話す。また、青森県五戸の孫相続の実例に触れる。前日に引き続き、新村出に手紙を書く。また、京都の中部四三部隊に配属されている牧田茂に、富山で角川源義に会い、噂をしたことなどを葉書に書く。

八月　『日本昔話集』の新訂版『日本の昔話』のための序「新訂版の始めに」を書く。

八月一〇日　木曜会第一七二回例会に出席し、晴れ着について話す。

八月一一日　待月で行われた、日本電建株式会社出版部主催の座談会「日本の住宅の伝統精神を探る座談会」に出席する。同席者は、朝倉文夫、吉田享二と厚生省住宅課技師、警視庁建築課長、平尾善保日本電建社長らで、記録は、同社発行の『朗』九月号に掲載される。

八月一二日　藤田圭雄宛てに、書留の手紙を出す。

八月一五日　午後六時五〇分、腸チフスに罹っていた兄井上通泰が渋谷区青葉町の自宅で亡くなる。享年七六。日記に、「井上兄絶命。哀悼限りなし。疲れきる。」と記す。

八月一八日　青山祭場において、盛大に葬儀を執り行うが、井上の息子が忙しいと言って、葬儀を済まさずに上海に戻ってしまって愕然とする。

八月二〇日　戸川宛てに、『羽州羽黒山中興覚書』の製本が遅れているようだが、そろそろ出来そうなものと手紙を書く。また、新村出に葉書を書き、九月はいつごろ上京するかを尋ねる。

八月二一日　橋浦泰雄宛てに、朝日新聞が、食習調査のことを聞きたいと言っていると手紙を書く。そのなかで、自分は「草を食へ」ではあまりに情けないので、稗の栽培を盛んにしたいと思っていると伝える。また、調査地の村や人の名前はぼかした方がよいとも述べる。

八月二三日　木曜会第一七三回例会に出席し、『秋田県の迷信俗信』（東北更新会秋田県支部編纂、昭和一四年）から、当番の能田多代子が質問を提出し、それをもとに話し合う。

八月二四日　『喜界島方言集』（岩倉市郎編著、中央公論社、八月一五日）を一読し、「モウ一度精読スベシ」と書き込みをする。

八月二七日　『羽州羽黒山中興覚書』（経堂院精海、戸川安章校注、羽黒山史研究会、昭和一六年）が出来て、三〇〇部送られてきたことを伝える戸川宛ての葉書を書く。残金の三〇〇円を佐藤宛てに送金する。神戸市の山田隆夫の手によって『後狩詞記』の謄写版が発行される。満州の沢田四郎作宛てに、『民間伝承』を二、三部ずつ送るので、そちらの人たちにも見せるようにと葉書を書く。

八月三一日　大政翼賛会の委託により、六月に刊行した『食習採集手帖』を使って全国五八ヵ所を一斉に調査する食習調査を実施すると発表する。

九月　この月、『菅江真澄』、「熙譚日録」の「追記」を書く。また、大田行蔵の『国語教育の現状』に「何をこの本は説いて居るか」を書く。

九月五日　前橋の今井善一郎に、送ってきた『習俗歳時記』のお礼と二冊の採集手帳を送ると葉書を書く。

九月六日　新村出宛てに、二三日か次の日に講演会を開き、月末か来月初めに方言学会の委員会を開きたいので、上京の予定を教えてほしいと手紙を書く。そのなかで、次期会長の件で少しでも御意向に反する懸念があれば、指名ではなく選挙にしたいと述べる。

九月九日　岩崎敏夫の「石城郡昔話集」の出版の見込みがたったと岩崎に葉書を書く。

九月一二日　満州の沢田四郎作宛てに、『孤猿随筆』がそちらまで行っていると聞き、国の文化の躍進に驚いていると葉書に書く。

九月一四日　木曜会第一七四回例会で、山形から来た国分剛二らと修験道の文献の話や会津田島の祭礼のことなどを話す。

九月一五日　倉田一郎宛てに、「語彙」の文字を改める気はないことを伝える葉書を書く。

九月一七日　通泰を看病していた兄嫁、井上龍子（里う）と、娘の河村桃枝が、同じ腸チフスで亡くなる。

九月二〇日　水野葉舟宛てに、いろいろのことがあって弱っていると葉書を書く。そのなかで、五月に遠山小学校に行った時に、欠伸のことを「シワクム」と言うと教えてくれた先生の名前を尋ねる。次の日に投函し、数日後、葉舟から「寺本」という返事がきたので、「熙譚日録」の名前の所を空欄にしていた校正原稿に名前を書き込む。

九月二三日　高藤武馬が来たので、『羽州羽黒山中興覚書』を贈る。

九月二五日　東京帝国大学の教養特殊講義の「日本の祭」の二回目の講義を、午後四時から法文経三八番教室で行い、六時に終える。そのあと、赤門前の鉢の木で、日本方言学会役員会を開き、次期会長として継続をと言われるが固辞する。その結果、出席者七名の表決となり新村出が決まる。またこの日、昭和五年に出した『日本昔話集（上）』の新訂版として、三国書房から『日本の昔話』を刊行する。

九月二七日　木曜会第一七五回例会に出席し、肥後和男の『宮座の研究』（弘文堂書房、昭和一六年）について話す。

一〇月　この月の上旬、方言学会の委員会を開くが、幹事四人と橋本進吉、金田一京助と少なく次期会長が決まらない。また、この月、「信州の菅江真澄」、「故郷の言葉」、「唾を」、「阿也都古考」、「鍋墨と黛と入墨」、「おかうばり」、「末子のことなど」、「ヅグリといふ独楽」、「牛言葉」、「犬言葉」、「石見方言集」の「追記」や「主婦に就ての雑話」などの原稿を書く。

一〇月二日　満州の沢田四郎作宛ての葉書に、金沢の長岡博男もそちらに行って大間知と会ったと葉書を寄こしたと書く。

一〇月四日　戸川安章宛てに、『羽州羽黒山中興覚書』を渋谷駅近くの書店に委託販売を頼んだので、売上げ金が送られてくるはずと葉書を書く。

一〇月一〇日　新村出宛てに、新村八、柳田四、橋本三、東条一との現段階の投票の様子を伝える葉書を書く。またこの日、「稗の未来」を収めた『稗食の研究』が農村更生協会から刊行される。

一〇月一二日　木曜会一七六回例会に出席して、今野円輔のオシラ信仰調査の報告を聞く。

一〇月一六日　今井善一郎宛てに、『習俗歳時記』を読んで、婚礼に青年仲間が世話をしたと書いてあるが、いつ頃のことなのか知りたいと葉書を書き、『民間伝承』に報告してほしいと伝える。

一〇月二一日　糖尿病を患っていた岡村千秋が、亡くなる。享年五八。

一〇月二二日　東京帝国大学の教養特殊講義の「日本の祭」の三回目の講義を、午後四時から六時まで法文経二五番教室で行う。当初は、五回の予定だったが、学生課の連絡が不十分であったため、この会で終わりとする。

一〇月二五日　木曜会第一七七回例会で、秋田の佐藤家の日記「莕沢―ガキツキザハ歳時記」を回覧し紹介する。その他、和歌森太郎の食習慣の報告や宮本常一の喜界島の報告などから橋浦泰雄、関敬吾、瀬川清子らと活発に議論する。牛尾三千夫宛てに、論文の書き方、引用文の説明の仕方を注意する葉書を書く。

一〇月二七日　水野葉舟から栗が届いたのでお礼の葉書を書く。

一一月二日　『大隅肝属郡方言集』（野村伝四編著、昭和一七年四月）に収めるための原稿「肝属郡方言集に題す」を書く。

一一月六日　戸川安章宛てに、二〇日ごろに、堀一郎が伺うので、いろいろご教示ねがいたいと葉書を書く。

一一月七日　折口宛てに、手紙を書く。

一一月九日　木曜会第一七八回例会で、新京の建国大学から帰国した大間知篤三を交えて、比嘉春潮からの沖縄の話について議論する。水野葉舟にベニバナの種子を送ってほしいと葉書を書く。

一一月一一日　木曜会で話題にした佐藤家日記『莕沢歳時記』（佐藤弟助、昭和一七年一月）の序文を書き上げる。また、このころ、菅江真澄の年譜を編むことを再び思い立ち、秋田叢書の『月の出羽路』を全巻通読する。

一一月一三日　今野円輔を伴って、関西、九州方面の講演旅行に発つ。新宿から松本行きの準急行に乗り、塩尻で乗り換え名古屋に向かう。車窓からの景色を見ながら、今野に鈴木重光や白野夏雲、菅江真澄などその土地土地のゆかりの人々の話をする。話の合い間に、岩波文庫の『キリシタン宗門史』を読む。名古屋観光ホテルに宿泊する［この日の前後、大政翼賛会福井支部から民俗学についての講演を依頼されていたが、実施できなくなる［断ったのか中止となったのか不明］。

一一月一四日　朝、関西急行名古屋駅から電車に乗り、伊勢中川、八木、西大寺で乗り換え、奈良に入る。奈良図書館館長野村伝四の案内で、奈良公園を歩く。野村と別れたあと、電車で京都に行き、京都ホテルに泊まる。

一一月一五日　朝、平山敏治郎と合流して、高等蚕糸学校に行き「家族制度について」の講演をする。午後、岡見正雄が来て、一緒に神戸に向かう。神戸で木越進の出迎えを受け、大阪商船瀬戸内航路紅丸に乗船する。合い間に、イギリス民俗学会の会報を読む。

一一月一六日　別府に着き、朝日新聞通信部員の中村玉雄の見送りを受ける。市内見学後、朝日新聞関係の寿楽園に泊まり、今野に『後狩詞記』や中瀬村長の思い出話をする。

一一月一七日　車窓からの景色を見ながら、昔の思い出を語ったり、本を読んだりしながら小倉に入る。讃岐の武田明や朝日新聞の曽田安広の出迎えを受け、鳥町の高尾旅館に落ち着く。小倉高等女学校の教員池田森雄が訪ねてきて、明日、話をしてほしいと依頼され、今野は健康を心配して反対したが、引き受けることにする。五時二〇分、曽田の案内で、近くの西部朝日講堂に行き、北九州文化連盟と福岡郷土会の共催の民俗学講演会で、「最近の文化運動と民俗学」を講演し、民俗学とは文化史学であると述べる。文化連盟会長の火野葦平と朝日新聞西部本社小川賢三の開会の挨拶がある。聴衆は三二〇人に及び、この中に西部本社の広告部に勤務していた松本清張がいる。帝国議会が、「国策遂行に関する決議案」を緊急可決したことを伝える夕刊を見て、「こんなばかな議会なんて、あるものか」と憤慨する。

一一月一八日　小倉高等女学校で「家屋の構造と服装について」を講演し、日本人の不調和な生活を指摘する。延命寺で昼食を食べ、座談をしたのち、夜、昨日と同じ朝日講堂で二回目の講演「九州と民俗学」を話す。九時過ぎに講演を終え、宿にもどって遅い夕食を食べる。

一一月一九日　曽田らの見送りを受け小倉を発ち、鹿児島本線二日市で降り、バスで太宰府に行く。ゆっくり天満宮に詣で、孫への土産を買う。武田明と別れ、今野と共に大牟田経由で熊本に向かう。何度も泊まったことがある手取本町の研屋支店に落ち着く。

一一月二〇日　一時から熊本医科大学で「群と道徳」の講演をする。終了後、医科大学の車で、藤崎八幡、三賢堂を案内してもらう。夜、静養軒での夕食会に招待される。

一一月二一日　朝、熊本を発ち、佐賀経由で長崎に向かう。諏訪神社の下にあり、市内を見下ろせる諏訪荘旅館に泊まり、民間伝承の会会員の伊藤一郎の家を調べる。

一一月二二日　午前中、博物学者の武藤長蔵が訪ねてくる。一時二〇分からの長崎医科大学での文化講演会で、「古典の新しい意義」を講演する。終了後、教職員と学生有志との座談会に出て、質問に答える。大学の招待での夕食会に出たあと、宿に戻って伊藤と話す。この日の講演で、この旅の予定の講演が終わり、今野から「ご無事に予定を全部終わられまして、おめでとうございました」と言われる。

一一月二三日　車で、諫早を通り、小浜温泉に向かい、春陽館に投宿する。

一一月二四日　朝、温泉に入ったあと、宿を出て、口之津までバスで行き、船で鬼池に渡る。バスで本渡経由で牛深まで行く。

一一月二五日　朝早くの船で長島に寄ったあと、汽車に乗るために阿久根に渡り、鹿児島行きの列車に乗る。市内を今野に案内し、吉松行きの列車で栗野に向かう。京町温泉の真砂旅館に泊まり、南方熊楠の話などをして夜を過ごす。

一一月二六日　七時一四分の汽車に乗り、霧島連山を見ながら人吉に着き、阿蘇に向かう。今野と別れて赤水で降り、先に観光ホテルに入る。今野は宮地まで行き、阿蘇神社を詣でてからホテルに戻る。

一一月二七日　大分行きのバスに乗り、明治四一年の歩いた旅のことを思い出して話す。別府に着き、新造船のこがね丸に乗船する。

一一月二八日　神戸港からすぐ神戸駅に向かい、横浜行きの列車に乗る。名古屋で降りて、蒲郡に泊まる。

一一月二九日　小田原で今野と別れ、小田原急行で成城にひとりで帰る。留守中、葉舟からベニバナの種子が届けられている。

一二月　この月、『菅江真澄』のもう一冊の訂正本への書き入れを終える。この年、封切られた山本嘉次郎監督、高峰秀子主演のセミドキュメンタリー映画「馬」の試写会に山本から招待され観に行く。

一二月一日　水野葉舟に花の種のお礼の葉書を書き、九州から帰ってきたと伝える。

一二月三日　為正が、大島冨美子と結婚する。冨美子は、外科医の大島仁の四女で、安井英二夫妻の媒酌で、披露宴が午後五時半から学士会館で行われる。

一二月六日　雑誌『改造』の「読書」の座談会に出て、長谷川如是閑、出隆、羽仁五郎らと話し合う。記録は、同誌の一月号に掲載される。

一二月七日　木曜会第一七九回例会に出席し、男のクセヤミのことなどを話し合う。

一二月八日　太平洋戦争開戦。

一二月九日　みぞれが降るなか、開戦の報を耳にした為正と冨美子が新婚旅行を途中でとりやめて帰ってくる。

一二月一一日　原稿を書くために、娘や孫たちを連れて伊豆に行き、伊豆長岡や熱海に滞在する。

一二月一四日　古奈の温泉で、『こども風土記』の序を書く。

一二月一八日　自宅に戻る。この間の伊豆滞在中、伊東から汽船に乗り大島に渡る。勤務する小学校が火災にあった坂口一雄を見舞い、岡田のホテルで一泊する。

一二月二一日　世田谷美術奉公団の発会式で講演する（定）。『羽黒山睡中問答』の校訂本の序文を頂きたいと言ってきた戸川安章宛てに、自分の学問との交渉は少ないので自信がないと断りの葉書を書く。また、水野葉舟の手紙の返事と、栗のお礼の葉書を書く。

一二月二九日　南方熊楠が亡くなる。享年七五。

一二月三〇日　満州にいる沢田四郎作に、こんなにぬくぬくと本を読んでいられるのも、諸君たちのおかげと葉書を書く。

一二月三一日　朝日新聞社の取材を受け、この日の同紙に、談話「南方熊楠翁のこと」を載せる。この年、島根民俗学会に対して、『島根民俗』再刊のための資金として、朝日文化賞の賞金の一部から一〇〇円を寄付する。

昭和一七年（一九四二）　六七歳

一月四日　折口信夫と話しているところに、高藤武馬が訪ねてくる。

一月五日　寒さと炭不足にまいり、熱海に向かい、樋口旅館に二三日まで滞在する。この間、『菅江真澄』刊行の準備をする。

一月九日　折口信夫が樋口旅館に来て三泊し、歌仙二巻を巻く。

一月一一日　続けて折口らと「熱海新年両吟」を巻く。

一月一三日　樋口旅館から、牛尾三千夫に葉書を出し、折口との歌仙を『俳句研究』にでも載せたいと書く。

一月一四日　木曜会第一八〇回例会に出席するため、一旦帰宅する。

一月二三日　熱海から自宅に戻る。

一月二四日　木曜会第一八一回例会で、瀬川清子の「晴着考」を批評する。宮本常一からの高知県本川村の食習採集報告や、比嘉春潮からの琉球のハチマキの話を聞く。

一月二六日　岩崎敏夫宛てに、しばらく熱海に行っていたが、今は自宅に戻っていると葉書を書く。

二月　この月、『菅江真澄』、『方言覚書』の序を書く。また、三月に刊行される『菅江真澄』に誤りを発見し、すぐに再版を決意して「再版に際して」の文を書く。文部省が、大東亜博物館建設委員会を立ち上げ、委員に任命される。この時まで、社団法人日本博物館協会の評議員を務める。

二月三日　満州の沢田四郎作から一月二二日付けの葉書が届き、そちらはマイナス四〇度とは驚いたと返事を書く。そのなかで、最近は、民族学と間違えられて木曜会同人も忙しくなっていると伝える。

二月八日　木曜会第一八二回例会に出席し、獅子舞について話す。

二月一一日　この日、社団法人日本少国民文化協会が発足し、顧問となる。

二月一七日　臨月を迎えていた次女の赤星千枝が、敗血症で亡くなり、「庭の紅梅を眺めて一人で涙ぐむ」と日記に記す。

二月二〇日　千枝の葬儀が執り行われる。

二月二六日　嶋中雄作が組織した国民学術協会の理事に就任し、二三年二月二六日までの任期中、定例理事会には毎回のように出席する〔三月二日か〕。

二月二七日　朝日新聞社から、『こども風土記』を刊行する。

二月二八日　木曜会第一八三回例会に出席し、民俗学的事実がどこまで遡れるかを話す。

三月　明治製菓発行の『スイート』に載せる「小豆の話」を書き

上げる。依頼にきたのは、当時同誌の編集者であった戸板康二と明治製菓の宣伝部長内田誠であった。この月、「昔話の発端と結び」を書く。このころ、『民間伝承』をタブロイド版の機関誌から雑誌へ変えて外部委託する話が出て、戸田謙介の六人社に頼むことが決まり、橋浦泰雄が依頼の手紙を書く。六人社に決まるまで、青磁社、甲鳥書林、協和書房などの名が上がり、紆余曲折を経る。
三月二日　国民学術協会理事に就任する。以後、この会の定例会にはよく出席する（伝）。
三月六日　創元社から、『菅江真澄』を刊行する。
三月七日　沢田四郎作宛てに、千枝が亡くなり、十ばかり歳をとってしまったと葉書を書く。
三月一〇日　折口、穂積と千枝を偲ぶ連句「千枝女追善三吟」を巻く。
三月一二日　秋田県の奈良環之助に、刊行したばかりの『菅江真澄』を送り、間違いがあったらなるべく早く知らせるようにと頼む。
三月一五日　木曜会第一八四回例会に出席し、『西頸城年中行事』（西頸城郡郷土研究会編、昭和一六年）について話す。
三月二四日　二七日まで、伊東温泉山藤旅館に滞在し、折口信夫とこの時伊東高等女学校校長をしていた穂積忠と共に連句会を楽しみ、歌仙三巻を巻く。
三月二八日　木曜会第一八五回例会に出席し、大藤時彦の頭屋についての発表を聞き、問題を話し合う。この日以降、木曜会を毎月の第二、第四土曜日午後一時から五時までとすることを決める。
四月　この月、『伊豆大島方言集』の「編輯者の言葉」を書く。
四月六日　柳田家の戸籍を長野県下伊那郡飯田町二七七番地（後に飯田市大字飯田二七七番地）から東京市世田谷区成城町三七七番地に移す。
四月七日　牛尾三千夫宛てに、日御碕のワニ漁の報告はよかったと評価する手紙を書く。そのなかで、東京には、紙類が無くなって困っていると書き、特に、やわらかい鼻紙や便箋があったら送ってほしいと頼む。
四月一一日　片栗の苗を送ってきてくれた新潟の渡部恒松に、移植したと伝える礼状を書く。
四月一二日　木曜会第一八六回例会に出席し、倉田一郎が野間吉夫がまとめた『シマの生活誌―沖永良部島採訪記』（三元社、昭和一七年）について批評したのを聞き、問題を話し合う。新潟から小林存が参加し、代用食品などの話をしていく。
四月一五日　ＪＯＡＫの民謡編集の会に出席する（定）。
四月二二日　戸川安章宛てに、『三山雅集』（東水編纂、言霊書房、昭和一七年）の感想と、版画家の勝平得之と画家の田口秋魚を知り得て「本懐の至り」と葉書を書く。
四月二六日　木曜会第一八七回例会で、関敬吾が、松岡静雄の『太平洋民族誌』（岩波書店、昭和一六年）を紹介し、霊魂についての観念の比較などを話し合う。奈良の辻本好孝に、井上頼寿の『京都古習志』（館友神職会、昭和一五年）を精読しているが、これに続く大和のものを待っていると葉書を書く。為正が女子高等師範教授の辞令を受け、冨美子がお祝いのご飯を炊いたのを記念して「小豆の話」の抜き刷りを贈る。

五月　この月、「白米城伝説分布表」を書きあげる。また、福原信三編の『武蔵野風物―写真集』（靖文社、昭和一八年）や、『日本民俗学入門』、『族制語彙』の序を書く。また、四月二四日に出獄したばかりの福本和夫が、橋浦の仲介で会いに来る。著書を何冊か贈呈する。

五月一〇日　木曜会第一八八回例会で、豊中市の館友神職会から刊行された井上頼寿著の『京都古習志』について語る。『旅と伝説』の発行者である萩原正徳が参加する。

五月一一日　四月に発行された『大隅肝属郡方言集』に書き入れをし、「再校了」と書く。

五月一七日　鎌倉に住む大藤ゆきに、問い合わせてくれたホテルのことのお礼の葉書を出し、天気なら、箱根から山中湖の方に行ってみようと思っていて、鎌倉に突然立ち寄るかもしれないと書く。また、満州の沢田四郎作宛てに、葉書の返事を書き、北満の野花の色が身にしみて懐かしいと書き、このところ人に会うのがいやで、引きこもっていると書く。

五月一八日　箱根強羅ホテルに滞在し、Johnson, Martin の『Cannibal-Land』を読む。

五月二三日　木曜会第一八九回例会に出席し、神憑のことを紹介したあと、和歌森太郎の北米先住民と日本人の霊魂観念を比較する報告を聞く。終了後、水交社における七回忌を迎える弟静雄を偲ぶ追悼座談会「太平洋民族学の開創　松岡静雄」に出席し、日蘭通交調査会の頃の話をする。座談会出席者は、石黒忠篤、永井威三郎、中村孝也、山梨勝之進らであった。

五月二六日　丸の内産組会館で開かれた日本文学報国会の創立総会に理事として出席する。

五月二七日　朝、Smith の『In Southern Seas』を読み終える。戸川安章から『三山雅集』を所蔵していた芳賀家が、菅江真澄も泊まったことのある文殊坊であることを知らされ、本のお礼と文殊坊のことはさらに気にしていってほしいと葉書を書く。

五月二八日　三〇日に発行される『方言覚書』が届き、訂正を書き入れる。

六月　この月、「鯖大師」や『桃太郎の誕生』の改版本のための序「改版に際して」と、『菅江真澄』の「再版に際して」、「全国昔話記録趣意書」を書く。日本文学報国会の理事となる。このころ、『婦人公論』の企画の「日本の家と教育」で、秋山謙蔵と古谷綱武の質問に答えながら、学校教育や文字の教育でない、昔の教育について語る。この記録は、同誌八月号に掲載される。またこのころ、山本健吉からの依頼で、芭蕉の連句の註釈をし、「新麦の歌仙」の原稿などを書く。

六月一五日　木曜会第一九〇回例会に出席し、『北安曇郡郷土誌稿　俗信俚諺篇』（郷土研究社、昭和七年）を題材に俗信について述べる。またこの日、中央公論社から、「全国方言集」の一冊として『伊豆大島方言集』を刊行する。

六月一六日　布佐を訪れ墓参したあと、鹿島神宮を参拝し、水戸に出る一泊旅行をする（後狩）。

六月一七日　この日の前後、一六日付けの福本和夫からの手紙が届き、福本が鳥取に帰郷したことを知る。

六月二二日　司法研究所で、「伝説の人生」を講演する（定）。また、この日の前後、二一日付けの福本和夫からの手紙が届き、早速、町の産業や方言についての調査に入っていることを知る。

六月二七日　木曜会第一九一回例会に出席し、「カン」とか感覚について話し合う。

七月　この月、『増補風位考資料』の序にあたる「史料とその利用」や、創元社から『日本文化名著選』の一冊として再刊される『山島民譚集』の「再版序」を書く。

七月四日　鳥取の福本和夫宛てに、調査報告書を期待をもって読んでいることと、さらに近隣まで広げて比較してみたらと葉書を書く。

七月一〇日　我孫子に住む杉村楚人冠から、「小豆の話」の感想と事例を報告する九日付けの葉書が届く。

七月一二日　木曜会第一九二回例会で、『京都古習志』や伊豆大島の年中行事をきっかけとして、五月と女性との関係について話し合う。

七月一五日　高松宮に「国語について」の御進講をする（定）。

七月二五日　木曜会第一九三回例会に出席し、橋浦泰雄の岩手県採訪報告を聞く。

七月二七日　平山敏治郎宛てに、縁談話の女性側の紹介者となって手紙を書き、「自分の家の経験でも、一ばん重要なのは当の二人の意気投合」とか「小生の娘をくれた経験でハ、話はどちらから出ようとも、やはり男の側から積極的に求めるやうでないと話ハまとまるものでなく候」と意見を述べる。

七月三〇日　箱根の折口信夫の別荘叢隠居に行き、折口、穂積忠と連句を巻く。

八月　八月初めの暑い日、日本少国民文化協会の機関誌『少国民文化』のインタビュー取材を受ける。この月、『木思石語』の序を書く。

八月一日　穂積忠の関係で実施された伊東町夏季講座で、午前中に「国語と和歌」を講演する。折口信夫が「万葉集の理想」を講演する。午後、『短歌研究』の万葉座談会に出席する。

八月二日　折口信夫、穂積忠と連句会を開き、「伊東夏三吟」を編む。

八月四日　奈良の辻本好孝に、早く一冊まとめるようにしたらどうかと勧め、序文を書くことを約束する葉書を書く。

八月九日　木曜会第一九四回例会に出席し、盆行事や屋敷神などについて述べる。

八月一〇日　だんだん病気も回復に向かっていると知らせてきた早川昇宛てに、健康に自信をもってと返事を書く。

八月一一日　改造社から、関敬吾との共著『日本民俗学入門』を刊行する。

八月一三日　福本和夫宛てに、「方言録」を添削して保管しておくと葉書に書き、野村伝四の『大隅肝属郡方言集』を精読するようにと勧める。

八月二二日　木曜会第一九五回例会で、大藤時彦が『朝鮮の郷土娯楽・朝鮮総督府編』を紹介する。
八月二六日　文学報国会の国語問題懇談会に出席する。
八月三〇日　『喜界島方言集』を再読する。このころ、二七日付けの福本和夫からの方言資料の書留小包が届く。
九月　この月、別所梅之助の『地を拓く』と、小笠原謙吉の『紫波郡昔話集』（三省堂「全国昔話記録」、昭和一七年）、『周防大島方言集』の序と「菅江真澄のこと」の原稿を書く。
九月二日　福本和夫が再び訪ねてきたので、「方言録」への書き入れの説明や、疑問点への助言をし、『増補風位考資料』を進呈する。
九月八日　為正と冨美子の間に長男清彦が生まれる。
九月一三日　木曜会第一九六回例会に出席する。当番の倉田一郎による、河村只雄の『南方文化の探究　続』（創元社、昭和一七年）の問題提起を聞く。
九月一五日　『ひだびと』に掲載する「文化と民俗学」を書き上げる。
九月二一日　平山敏治郎宛てに、進んでいる縁談話のわずかな違いで、先の話が入り、男性の気持ちを動揺させ悪いことをしたと事情説明の手紙を書く。
九月二三日　「菅江真澄のこと」を書き終わる。真澄の年譜は、自分の年頃の志と述べる。
九月二五日　葉舟に手紙を書き、国語教育研究会などに使うよう五〇円を送り、続けて『伊豆大島方言集』を送る。
九月二六日　木曜会第一九七回例会に出席する。統計局の望月が来会して、食物調査の統計作成について話し合う。その後、当番の角川源義がとりあげた涙の問題などの話を聞く。
一〇月　「蝸牛異名分布表」の「はしがき」と「説明」を書く。
一〇月四日　戸川安章宛てに、『羽州羽黒山中興覚書』の販売を渋谷の書店に頼んだので、売上げ金が送られてくると思うと葉書を書く。
一〇月八日　新村出が訪ねてきたので、一緒に溝の口を散歩し、独歩の記念碑へ案内する（定）。
一〇月一〇日　日本宗教学会での発表のために上京するという戸川宛てに、一九日ならば終日家にいると葉書を書く。
一〇月一一日　木曜会第一九八回例会で、宮本常一の『吉野西奥民俗採訪録』（日本常民文化研究所ノート20）の感想を話す。
一〇月一九日　午前中、戸川安章が訪ねてきたので、お昼を食べながらゆっくり話をする。戸川とは、手紙のやり取りはしていたが、実際に会うのは初めてであった。『桃太郎の誕生』など数冊の本を贈る。
一〇月二〇日　三元社から、『木思石語』を刊行する。
一〇月二二日　夜、西郊民俗談話会の臨時民俗座談会に出席し、座長を務める。会員外からも、谷川徹三、風巻景次郎らが参会し、会始まって以来の盛会のなか、大分県津久見神社の神官であった西郷信綱が発表した氏神信仰について論じ合う。後日、この会と別に、西郷、谷川、風巻に、戸川安章、関敬吾、和歌森太郎、堀一郎を加えて、「民族信仰の問題―「神道と郷土」

を語る」の座談会を開き、記録を『日本評論』一月号に掲載する。

一〇月二四日　木曜会第一九九回例会で、宮本常一から兵庫県上加茂村のオトウの話を聞き、続いて「家の盛衰」の実例を話す。

一〇月二六日　倉田一郎宛てに、『日本の祭』の草稿の後半を送り、校正を頼む。

一〇月二七日　折口宛てに、御新集の発刊を喜ぶ葉書を書く。

一〇月二九日　上野勇宛てに、「万場方言集」の原稿が届いたことと、今後の注文を書いた葉書を出す。

一一月　この月、『日本の祭』と『小さき者の声』の改版の序と、「女性叢書」として刊行予定の瀬川清子編著『海女記』の序を書く。

一一月四日　「水曜手帖」の散歩として、湯河原まで足を延ばす。駅のホームで、湯河原の川原の石を拾いに来た平塚の網主と話しこむ。

一一月五日　戸川からの礼状と贈られてきた小豆の礼の葉書を書く。また、水木直箭にも柿の礼の葉書を書き、『木思石語』が手に入りにくかったら言ってほしいと述べる。

一一月六日　奈良の辻本好孝に、『和州祭礼記』の組みあがった原稿を序文を書くためにもう一度読んでみることと、『日本の祭』の序文の中で紹介したことを伝える葉書を書く。また、手紙で退院を知らせてきた早川昇に、兄の早川三代治氏もさぞ喜んでいるでしょうと返事を書く。

一一月八日　木曜会第一九八回例会［本来は、二〇〇回のはず］に出席し、年取魚やヒダル神などについて話し合う。

一一月一〇日　戸川安章から黒川能を見にきてほしいとの誘いを受けたが、風邪でもひいたら迷惑がかかるので、和歌森太郎が行くであろうと返事を書く。福本和夫にも葉書を書く。

一一月一一日　「水曜手帖」の散歩として、西武線の武蔵関まで行き、庚申堂などを見て歩く。

一一月一四日　山口弥一郎が訪ねてきたので、凶作廃村や地名研究、東北地方の研究などの考えを話す。この時、「津波による村の興亡の研究」が山口の課題だと述べ、次の津波の時に役立つような読み物の本を作るべきと励ます。翌年九月、山口は、『津波と村』（恒春閣）を刊行する。また、この時、山口に会津の二筋手拭を見てみたいと言う。後日、山口から山口の母手作りの手拭が送られてくる。

一一月一八日　大政翼賛会の家の委員会で、「家の話」をする（定）。戸川安章宛てに、和歌森とは明日会って報告を聞くと返事を書き、手拭の珍しい写真を送ってほしいと頼む。

一一月二〇日　木曜会第一九九回例会［『民間伝承』に第一九九回とある］で、大島から帰ってきたばかりの坂口一雄から「伊豆大島の産育習俗について」の報告を受け、話し合う［二一日か］。後日、坂口の「伊豆大島の年中行事」の採集ノートを見ての感想と、『大島の話』としてまとめるようにとの要望を葉書に書く。

一一月二一日　岩崎敏夫に、三省堂から出した、全国昔話記録の第一冊、『磐城昔話集』がよく売れ、再版を出すことになったと葉書を出す。福本和夫宛てに、手紙を書く。
一一月二四日　『昔話覚書』の序を書く。
一二月　この月、『神道と民俗学』、『明治大正史世相篇』の「自序」を書く。
一二月一日　東京保護観察所で思想練成会主催の講演をし、「芸能と伝承」について話す（定）。
一二月四日　衣服研究社での談話会に出席し、川合玉堂、安田靫彦、前田青邨らと話し合う（定）。戸川安章宛てに、加賀帽子の写真のお礼と、テナガボシの被り方も見てみたいとの葉書を書く。
一二月一〇日　瀬川清子の『海女記』（三国書房、一一月三〇日）を読む。
一二月一三日　木曜会例会で、二〇〇回記念の写真撮影の後、一〇月に刊行された中山太郎編の『諸国風俗問状答―校註』（東洋堂）について批評し、秋田の答書は菅江真澄の筆であろうと述べる。この日の当番は、桜田勝徳で、鹿児島県の十島村の宝島の祭りについて報告をする。
一二月一五日　一〇日に発行された『日本の祭』（弘文堂書房）に書き入れをし、「扉」を変えることと、三版には索引を入れることと希望を書く。
一二月一六日　刊行されたばかりの「女性叢書」の一冊、江馬三枝子の『飛騨の女たち』に目を通し、訂正用と書く。
一二月一七日　「神道と民俗学」を書くため、伊豆韮山温泉北条の富士見荘に向かう。朝、堀一郎が品川まで送ってくれる。宿から孝宛てに、こちらに来られるようになったら朝電報を打ってくれれば迎えに行くと葉書を書く。
一二月一八日　二月一日段階の東京保護観察所所長であった長谷川瀏から、二月一六日付けの講演のお礼状が届く。
一二月一九日　富士見荘から、孝に散歩道もあり、湯もきれいで食べるものも多いのでこちらに来てみたらどうかと葉書を書く。
一二月二〇日　このころ、新村出に、『小さき者の声』を送る。

昭和一八年（一九四三）　六八歳

一月九日　神田一ツ橋の教育会館で、民間伝承の会主催の日本民俗学懇談会が開かれ、蓮仏重寿、江馬修、三枝子、小林存、上野勇など全国から五〇人、橋浦ら東京の参加を加えて七〇人ほどが集まる。大藤時彦が「民俗資料の利用法について」、倉田一郎が「正月神の性格」を講演後、参加者からの報告を受けるための座長をし、自らも報告をする。
一月一〇日　前日の集まりについて「盛況感動多く」と岩崎敏夫に伝える葉書を書く。
一月一二日　伊豆韮山に静養に行き、二三日まで滞在する。
一月一七日　伊豆韮山から、折口宛てに、新年のたよりを出す。
一月一八日　高田十郎の『随筆民話』（桑名文星堂、昭和一八年三月）の序文を書く。
一月二三日　自宅に戻り、木曜会第二〇一回例会に出席する。天保年間に編まれた、伊予の郷土誌『西条誌』のなかの憑神についてや、宝島の大祭行事の報告をする。
二月　この月、日本放送協会編『日本民謡大観　関東篇』の序を書く。
二月一日　早川昇宛てに、伊豆の方は梅が盛りだったと葉書に書き、『小さき者の声』をまだ手に入れていないようだったら進呈すると伝える。
二月三日　武田明編著の『阿波祖谷山昔話集』(「全国昔話記録」、昭和一八年)を読み終える。
二月七日　杉並に住み、西郊民俗談話会に参加していた中村星湖(将為)から、出版する予定の『文化は郷土なり』に献辞を捧げたいという知らせを受け、礼の返事を書く。
二月九日　国民学術協会の集まりに出席し、三木清の話を聞く(定)。
二月一三日　木曜会第二〇二回例会に出席し、瀬川清子らと着物について話し合う。
二月一五日　岩崎敏夫の『磐城昔話集』(「全国昔話記録」、昭和一七年)を読み終える。
二月一七日　多摩川玉翠園で開かれた、東京市吏員のための講演会で、「武蔵野の話」を講演する(定)。鈴木棠三編著の『佐渡島昔話集』(「全国昔話記録」、昭和一七年)を読む。
二月二一日　毎日新聞社文化部に勤めた今野円輔が来て、本づくりの相談にのる。
二月二三日　『民間伝承』に「磐城の正月神」を発表した和田文夫に葉書を書く。
二月二七日　木曜会第二〇三回例会で、中谷宇吉郎の『第三冬の華』(甲鳥書林)についてと三省堂から刊行される『全国昔話記録』からの話をする。
三月　このころ、折口に、花時の吉野を案内してほしいと頼む。
三月九日　国民学術協会で、「ホカイ」の話(「行器考」)をする(定)。
三月一二日　ブルーノ・タウトの全集第二巻の『日本雑記』(育生社弘道閣)を読み終える。
三月一四日　木曜会第二〇四回例会で、大藤時彦のエストニア地方の葬制についての報告を聞く。
三月一五日　この日、長野の小池直太郎が病のため亡くなる。享年五〇。
三月二四日　『火の昔』執筆のため、伊東に向かう(定)。二六日まで滞在するが、思うように進まない。
三月二七日　木曜会第二〇五回例会に出席し、能田多代子の化粧についての報告を聞き、話し合う。
三月三〇日　鎌倉で講演をする(定)。このころ、吉野で待っている折口に、東京を離れられない用事ができて行けなくなったと電報を打つ。
四月　この月、「女の家」を書き、木曜会での話題に触れる。また、能田多代子の『村の女性』(三国書房、昭和一八年三月)の序と川崎隆章編の『岳』(山と渓谷社、昭和一八年九月)の序を書く。
四月一日　共に国民学術協会の理事を務める高橋誠一郎(慶応義

塾大学図書館長）の大磯の別荘で開かれた月例評議員会に出席する。出席した長谷川如是閑、正宗白鳥、三木清、穂積重遠、桑木厳翼、市河三喜、芦田均、松本烝治、嶋中雄作や同協会の主事であった雨宮庸蔵らと、高橋の浮世絵コレクションを見る。このころ、雨宮から、伊藤安二と共訳したＦ・オグバーンの『社会変化論』をもらい、読んだあと、褒める葉書を書く。

四月六日　明世堂書店から、『神道と民俗学』を刊行する。

四月八日　中村星湖宛てに、贈られてきた星湖の著書『文化は郷土より』（大智書房、昭和一八年四月）のお礼の葉書を書く。折口宛てに、吉野にはいつ発つのかを知らせる葉書を書く。

四月一〇日　木曜会第二〇六回例会に出席し、宮本常一から屋久島の話などを聞く。執筆中の「火の昔」の話に及び、難しさを吐露する。山口の小川五郎に、「全国方言集」として『周防大島方言集』を出せたことを喜ぶ葉書を書く。

四月二〇日　折口宛てに、吉野に行けなくなったことを詫びる葉書を書く。

四月二四日　木曜会第二〇七回例会に出席し、丸山久子から岩手県大川村の年中行事の報告を聞く。この席で橋浦泰雄から、前日に倉田一郎の長男が亡くなったことを知らされ、みなで悲しむ。

四月二九日　武田久吉宛てに、原稿の礼と、武田の家の庭に咲いたという石楠類を見にいきたいことを葉書に書く。自分の家の花は主人の愛し方が足らずにいつのまにか植木屋に引き掻きまわされあとかたもなくなったと嘆く。

五月　この月、信濃教育会東筑摩部会編で刊行予定の『東筑摩郡誌別篇第二　農村信仰誌―庚申念仏篇』の序を書く。

五月一日　高藤武馬が、筍をもってきたところに、大藤時彦が上智大学の神学博士のローゲンドルフを連れてくる。ローゲンドルフに、ザビエルの書簡集を読んでいると語る。

五月五日　福本和夫宛てに、手紙を書く。

五月九日　木曜会第二〇八回例会に出席し、宮本常一から福井県大野郡石徹白村の最終報告を聞く。

五月一四日　孝と共に、新潟・東北旅行に発ち、新潟県津川町に逗留する。

五月一五日　津川滞在中、Ｅ・Ｓ・ハートランドの『民俗学とは何か』を再び読了する。

五月一八日　津川のキリン山温泉の松仙閣でゆっくりする。庄内の佐藤朔太郎に鶴岡に泊まりたいのでここを発つ時に電報を打つと葉書を書く。また、戸川安章には、羽黒山に行きたいと葉書を書く。

五月一九日　一時に鶴岡に着き、佐藤の出迎えを受ける。市内を散策し、鶴岡警察署などを見てから羽黒館に入る。清野久雄にも久し振りに会い、折口が近々この地に来ることを知る［「戸川の思い出は二〇日」。戸川安章とその両親に会い、親戚である戸川残花・秋骨父子のことも話題となり、話が弾む。

五月二〇日　朝、折口に、肘折までバスが通っていたら戸川残花に会いに行く予定と葉書に書く。その後、孝を宿に残し、佐藤朔太郎、戸川安章、清野久雄と共に羽黒山に参る。妻孝と共に新庄駅前の荘内館に泊まる。

五月二一日　朝、為正に葉書を書き、羽黒山の石段を登ったが何のさわりもなく元気と伝える。肘折に行く予定だったが、バスが混んでいたので列車で赤倉温泉に行くことにする。

五月二二日　孝と共に角館を訪れる車中で、探しに来た富木友治に会い一緒に黒沢尻中学に勤めている山口弥一郎を訪れることにする。しかし、山口は講演のため留守にしていたので会えず、山口の奥さんに宿の案内をしてもらう。この日、木曜会第二〇九回例会が開かれ、和歌森太郎が報告をする。

五月二三日　北上から横手、大曲を経て角館に入る。角館の街並みを見て、クロモズの柴垣に興味をもつ。

五月二四日　菅江真澄記念碑の前で写真を撮り、故平福百穂の家を訪れる。その後、富木庄助一家の好意で、神代村の田荘に数日間滞在する。

五月二五日　富木友治の画帖に、「玉川のながれは清くなりにけり　なほみなかみも澄めよとぞ思ふ」の歌を詠む。

五月二六日　角館に戻り、小林旅館に泊まる。

五月二七日　船越町の安田宗太郎宅と天王村八坂神社を見学する。奈良環之助に八郎潟のボラ漁を案内してもらい、上山温泉に泊まる。

五月三〇日　東北旅行を終え、夜遅く帰宅する。

五月三一日　東北の山々の桜を見、田沢湖、八郎潟に遊んで帰京したと水木直箭に手紙を書く。

六月　この月の初め、明治神宮社務所において開かれた神祇院主催の神職講習会で、「祭と司祭者」を講演する。集まった七〇名あまりの神職からの多くの事例を聴き、地方にもまだ多くの同志がいることを実感する。国際文化振興会から頼まれた「日本文化提要」を、倉田に書いてほしいと手紙を書く。

六月六日　山口弥一郎が訪ねてきたので、地名の研究や手拭のことなどを話す。

六月一〇日　京都の軍隊に配属されている牧田茂宛てに、神祇院の講習会で須賀利の神職と会ったと葉書を書き、勤務を念じていると伝える。

六月一三日　木曜会第二一〇回例会に出席して、池田弘子から昔話の話千両の話を聞いた後、今回の角館方面への旅行について語る。

六月一六日　中村将為（星湖）から二〇日に開かれる西郊民俗談話会三周年記念研究会の案内の葉書が届く。

六月一八日　今井善一郎からの近況を知らせる便りがきたので、本を贈ると葉書を書く。

六月二〇日　杉並井荻会館で開かれた西郊民俗談話会三周年記念研究会に出席し、「今日の日本民俗学について」を講演する。そのあと、橋浦の司会で、共同課題「日本道徳と民俗」の発表を聞く。

六月二二日　大政翼賛会氏子委員会に出席する（定）。八月までの三回の委員会に出席するが、委員会の意向とは違ったところに自分の関心があることに気づく。

六月二三日　読書のため、茅ヶ崎の別荘に行き、二六日までのんびりする。

六月二四日　新村出宛てに、孫娘との絵葉書を出す。

六月二六日　帰宅し、木曜会第二一一回例会に出席し、関敬吾から昔話の夜泣き松の話を聞く。

七月　このころ、『写真文化』の特集「民俗と写真」のための座談会に出席する。同席者は、坂本万七、濱谷浩、土門拳、田中俊雄で、記録は、同誌九月号に掲載される。

七月四日　井の頭文化園講堂で開かれた風景協会の会で講演する（定）。

七月五日　原稿執筆のため浅間温泉に向かう。

七月六日　浅間温泉から、折口宛てに、原稿が遅れるのを詫びる葉書を出す。

七月九日　松本の本郷国民学校で開かれた、東筑摩郡教育会郡誌別篇調査委員会で、氏神信仰調査の必要性や調査方法について講演する。冒頭、この調査は、戦時下の農村の信仰がどういう状態にあり、これからどうしていったらよいかを示すために緊急に取り組まなくてはならず、一年後には報告できるようにと述べる。四〇人ほどが集まり、熱気に満ちた会となり、教育部会長の大池蚕雄らが記録をとる。頭屋制度や、祭における女性の任務についても述べ、終了後の座談会では、実際の調査にあたっての注意点などに話が及ぶ。

七月一三日　飯田線で豊橋に出て帰宅する。

七月一五日　折口宛てに、帰京を伝える葉書を書く。この日、折口宅で、橋浦泰雄らが集まり、古希記念事業のための準備会がもたれた。

七月一八日　木曜会第二一二回例会に出席し、信州旅行の話をする。

七月二〇日　倉田一郎宛てに、『神道と民俗学』を急に再版することになったと葉書を書く。そのなかで、四月に亡くなった倉田の長男穎彦の初盆を気遣う。

七月二一日　大政翼賛会氏子委員会に出席する（定）。

七月二二日　一七日の琵琶湖での京都大学生のボート事故で、丸山久子の弟松生が水死したことを知り、丸山に悔やみの手紙を書く。

七月二七日　自宅で、文芸春秋社企画の座談会「民間伝承に就て」を行い、浅野晃と橋浦泰雄と話し合い、東南アジアや朝鮮の民俗について語る。この会の記録は、『文芸春秋』九月号に掲載される。

七月二八日　折口宛てに、「オシラサマ考」を一カ月かけて書き上げ、三千に清書させているので出来上がったら国学院へ送ると葉書を書く。

七月三〇日　橋浦泰雄、大藤時彦、倉田一郎、関敬吾らが訪ねてきて、古希記念の事業計画の説明を受け、時局を考えてお祭り騒ぎはさけることと、個人のお祝いではなく民俗学界の行事にすることを条件に承諾する。

八月　この月、通泰の歌集『南天荘集』（三国書房、八月三日）に載せる「南天の翁」と、『伊予大三島北部方言集』（藤原与一編著、中央公論社、一二月二五日）の序を書く。

八月五日　奈良の高田十郎が上京し、一〇年ぶりに会いゆっくり話す。
八月七日　沢田四郎作宛てに、この頃は暑さに弱り、本ばかり読んで暮らしていると葉書を書く。
八月九日　藤原相之助が筆録した、「羽黒祭文　黒百合姫」を『黒百合姫物語』として刊行しようとする企画書の要旨、概説を書き、鶴岡、言霊書房の佐藤朔太郎に送る。「ウブスナのこと」(「月曜通信」)を書く。
八月一五日　木曜会第二一三回例会に出席し、大藤時彦の相模国分の祭礼の報告を聞き、その後、『越佐叢書』などの書評をする。
八月一六日　戸川安章宛てに、「羽黒山夜話」は面白いので、『羽黒山二百話』と題して言霊書房から出版するのがよいと葉書を書く。「宮参り」(「月曜通信」)を書く。
八月二二日　前日行われた古希記念会の実行委員会の報告を橋浦から受け、実行委員に宮本常一、今和次郎、小山栄三らを加えるよう指示する。また、中国新京で講演会をやるのであれば、朝鮮、台湾、北京などでもやったらどうかと提案する。この日、島崎藤村が亡くなる。享年七二。
八月二三日　橋浦泰雄から献本された『民俗採訪』(六人社、八月一〇日)に保存用と書き込み、読み終わる。
八月二四日　大政翼賛会氏子委員会に出席する(定)。
八月二七日　阿部龍夫宛てに、鳥海山信仰の研究者、土田修一の発表したものを持っていたら、一カ月ほど貸してほしいと葉書を書く。この日、橋浦泰雄が渋沢敬三のもとを訪れ、古希記念会の発起人となることの快諾を受ける。
八月三〇日　中村星湖の次男文彦が戦死したという知らせを受け、悔やみの手紙を書く。その中で、「小生も子を先だて今以て中夜枕をぬらし居候」と千枝の死の悲しみが癒えることなく続いていることを吐露する。「祖霊社」(「月曜通信」)を書く。
九月　この月、『国史と民俗学』の序や「南方来書追記」、太田陸郎の『支那習俗』(三国書房、昭和一八年)の序と、『直入郡昔話集』の「編纂者の言葉」を書く。この月、大政翼賛会が改組され、第五委員会第一小委員会で、家の解体危機への対策の意見を求められる。
九月一日　斎藤茂吉からアララギ入会を勧める葉書が来る。
九月一二日　木曜会第二一四回例会が飛行機の爆音が響くなか開かれ、橋浦泰雄が、話し合ってきた古希記念事業の計画が報告される。空襲さえなければと言い、記念品などはやめ、学問の発達を計るのであればと承諾し、来年の『民間伝承』の特集テーマについて提案し、資金として五〇〇円を出す。
九月二〇日　戸川安章から、古希記念の東北大会と、東北全域の民俗学会についての相談の手紙に対して、明日の夜、発起人の会が開かれて相談すると返事を書き、そのなかで、藤原相之助の『黒百合姫物語』には、筑土鈴寛や金田一京助からも文を載せてもらいたいと述べる。
九月二一日　水野葉舟宛てに、『隣人』を読んでいると葉書を書く。

九月二五日　木曜会第二一五回例会で、ウブスナと氏神について の新しい考えを述べたり、秋田県鹿角の話をしたりする。

九月二七日　『民間伝承』に載せる「氏神さまのこと」(「月曜通信」)を書く。

九月二八日　鎌倉に行き、一〇月四日まで滞在する。滞在中、大藤時彦とゆきの家を訪れる。

九月二九日　鎌倉海浜ホテルから孝宛てに、久邇宮家に送る物を頼む葉書を書く。

一〇月　この月、山口貞夫の遺稿集『地理と民俗』(六人社、昭和一九年八月五日)の序を書く。

一〇月三日　七月に北京で設立された東方民俗研究会に顧問として加わることになる。

一〇月一〇日　木曜会第二一六回例会で、民俗学研究の資料蒐集についての課題を述べる。

一〇月一一日　平野直の『すねこ・たんぱこ―南部伝承童話集』(有光社、昭和一八年)を読み終える。

一〇月一七日　台北帝国大学の金関丈夫、中村哲が上京したことから、自宅で、『民俗台湾』の座談会を開く。金関丈夫、中村哲の他に、東京高等師範教授岡田謙、橋浦泰雄らと話し合い、「大東亜民俗学の建設と『民俗台湾』の使命」と題した記録は、同誌一二月号に掲載される。

一〇月一八日　奈良の辻本好孝に、『和州祭礼記』の序文は約束したことなので努力するが、最近健康を害しているので、仕事を断っているところだと返事を書く。

一〇月二〇日　「水曜手帖」の散歩として、小田急線の鶴川駅で降りて、広袴という村を歩く。帰ってきてから、『新篇武蔵風土記稿』で調べてみる。

一〇月二四日　木曜会第二一七回例会に出席し、瀬川清子から近江の宮座の報告を聞く。

一〇月二七日　「水曜手帖」の散歩として、南多摩郡の乞田の八幡神社周辺を歩く。

一一月一日　水野葉舟から、栗の小包が届く。

一一月二日　「水曜手帖」の散歩として、原町田方面を歩き、バスを待っている時に土地の材木商陸川老人という一人の老人と出会い話し込む。六人の子供たちの家族のご先祖になると語るその自分と年が同じくらいの老人の話に感銘を受ける。これが『先祖の話』の材料となる。

一一月四日　戸川安章宛てに、近ごろは、近村の神社に参っていると葉書に書く。

一一月一〇日　鼎の妻のお見舞いと墓参のために布佐に「水曜手帖」の散歩として出かける。

一一月一四日　木曜会第二一八回例会に出席して、関敬吾から禁忌の整理方法の提案を受け、話し合う。

一一月一七日　「水曜手帖」の散歩として、原町田の国民学校へ行く。大谷原から高ノ阪、成瀬などを歩く(定)。

一一月二五日　「水曜手帖」の散歩として、南多摩と都筑両郡の境の村々を歩く(定)。

一一月二八日　木曜会第二一九回例会で、南多摩郡の村々を歩いてわかったことなどを話す。倉田一郎が、ナウマンの『独逸民俗誌』の紹介をする。
一一月二九日　この数日前、笹谷良造が訪ねてきて、近畿での来年の計画を話し合う。また、この日、奉天にいる沢田四郎作宛てに、『昔話覚書』を手に入れていないようであったら送るようにしたいと葉書を書く。
一二月四日　この日の前、葉舟からの便りで体調を崩していることを知り、蓄膿症に効く薬を教える葉書を書く。
一二月一二日　能田から五戸の産育習俗についての報告を聞く。
一二月一四日　伊豆の古奈温泉白石館に滞在する。倉田一郎宛てに、古希記念の相談が始まっているのなら、自分も意見があるので会を開いてほしいと葉書を書く。
一二月一五日　世田谷のボロ市に散歩で出かける（定）。
一二月一八日　佐藤朔太郎が訪ねてきて、『黒百合姫祭文』を出版する相談をする。
一二月一九日　山口弥一郎が訪ねてきたので、地名研究について話す。
一二月二一日　折口宛てに、『死者の書』を感動して読んだとお礼を述べ、記念事業への取り組みに感謝する葉書を書く。
一二月二五日　阿部龍夫宛てに、送られてきた中川五郎治翁の事蹟の礼状を書く。
一二月二六日　木曜会第二二一回例会で、宮廷の日記『御湯殿の上の日記』（続群書類従完成会）の紹介をする。この年の木曜会から、本の紹介が多くなる。

昭和一九年（一九四四）　六九歳

一月　この月、辻本好孝の『和州祭礼記』（天理時報社、昭和一九年）と、小林保祥の『高砂族パイワヌの民芸』（三国書房、昭和一九年）の序を書く。
一月一日　隣に住む長岡隆一郎や橋浦泰雄や関敬吾など新年の来客の対応をする。森銑三が送ってきた『月夜車』を読む。
一月二日　蒙古善隣協会西北研究所所長となる石田英一郎が、出立の挨拶に来る。
久しぶりに、矢野太郎編の『国史叢書　浮世の有様』（国史研究会）を読み、「巻之1」（大正六年）に「御蔭参り」のことが書かれているのが印象に残る。
一月三日　櫛田民蔵の遺子である克己らが訪ねてきて、蒙古を研究すると聞く。戸川安章宛てに、「黒百合姫祭文考証」の原稿を受け取ったことと、戸川残花との関係を知って興味をもったと葉書を書く。
一月四日　矢田部勁吉や冨美子の弟の大島正浩が来る。冨美子の実家の大島家から米や小豆をいただく。
一月五日　電車に乗り、散歩に出る。吉祥寺、立川、八王子を経て横浜線原町田で下りる。車中で袋中の『琉球神道記』（横山重編）を読む。新原町田から東生田まで電車で、下車したのち、榎戸、登戸と歩く。三時前に帰ると、中河与一が訪ねてくる。
一月七日　自宅で、母琴の十三回忌の法要をする。佐藤朔太郎宛てに『黒百合姫物語』についての葉書を書く。カマボコを送ってくれた佐渡の中山徳太郎にお礼の葉書を書く。

一月九日　木曜会第二二二回例会に出席し、堀一郎の三昧聖の話を聞く。この回は、二二二回であったのを、二二三回と誤ったため、次の会が二二四回となる。

一月一〇日　波多野完治が訪ねてきて、子守唄の新作の相談をする。三国書房刊の女性叢書の新刊、宮本常一の『村里を行く』と山川菊栄の『わが住む村』を読む。また、川瀬一馬の『日本書誌学之研究』(大日本雄弁会講談社、昭和一八年)を読む。

一月一一日　病気療養中の市河三喜の自宅にお見舞いに行く。

一月一二日　南武線稲城長沼駅で降り、百村方面を歩く。

一月一三日　ロバートソン・スコットの夢を見て、もう生きていないのではと思う。辻本好孝から『和州祭礼記』の校正刷りが送られてきたので、序文を書くと改めて返事をする。

一月一四日　松岡磐木の結婚式のため、孝と共に学士会館に行く。

一月一五日　石田英一郎の使いが来て、『独乙民俗学誌』を貸す。丸山久子もやってくる。

一月一七日　三木茂が訪ねてきて、『雪国の民俗』の校正を置いていく。筑土鈴寛が原稿を持ってくる。八戸から小井川潤一郎親子が食用菊を持って訪ねてくる。

一月一九日　野尻抱影からの手紙で、東北大学の大島正隆の死を知り驚く。享年三五。

一月二〇日　松田延一の『永続農家に関する研究　第二輯』(東亜農業研究所、昭和一九年)を読む。児童語彙の整理を思い立ち、とりかかる。辻本好孝から度々速達が届く。

一月二一日　辻本好孝の『和州祭礼記』の序文を書く。

一月二三日　木曜会第二二四回例会が開かれ、小井川、橋浦、関らが集まるなか、倉田一郎より、守随一の死が知らされ嗟嘆する。事情が全く伝わってこないことを嘆く。守随は、満鉄新京支社調査室勤務。満鉄事件にまきこまれ新京憲兵隊に逮捕され、半年後に釈放されるが、獄中で罹ったチフスがもとで一月一五日に死亡していた。

一月二四日　北原白秋の遺稿歌集『橡』が送られてきて、一日で読了する。併せて斎藤茂吉歌集『のぼり路』と読み比べ、二人の違いがよくわかる。白秋の歌について、一文を書いてみたくなる。

一月二五日　風邪をひき熱が上がる。

一月二七日　原稿を書くが、夜また熱が上がり、早く休む。

一月二八日　策彦和尚の『矢島十二頭記　奥州葛西実記』(明治四三年)と、阿部龍夫の『我等の郷土由利の面影』(由利会、昭和一四年)などを読む。

一月二九日　池田弘子と丸山久子が訪ねてくる。

一月三一日　少し熱も下がったので、床を上げ部屋にこもる。佐藤朔太郎宛てに、原稿は、二、三日中に書き上げるつもりと葉書を書く。

二月　この月、『雪国の民俗』に載せる「雪国の話」を書く。

二月一日　丸山久子が、慶応大学から『永慶軍記』などを借りてきてくれたので読む。

二月四日　折口信夫が、加藤守雄を連れてきたので、伊東での新歌仙の二句を継ぐ。新村出校閲、竹内若校訂の『毛吹草』(岩波文庫、昭和一八年)が、竹内から送られてきたので読む。坂口一雄が八丈島からの帰りの船中で書いた葉書が届く。

二月五日　谷崎潤一郎の『聞書抄』(創元社、昭和一八年)が、創元社から送られてきたので読む。夜、隆子とトランプをして遊ぶ。

二月七日　堀一郎が来て、出雲恵曇村、紀伊粉河寺、奈良東大寺の話をする。

二月八日　折口信夫から俳諧の手紙が来る。

二月九日　山口貞夫の母親が訪ねてくる。戸川安章宛てに、「黒百合姫祭文考証」への激励の葉書を書く。

二月一一日　紀元節の日、清彦とラジオの「雲にそびゆる」を聞く。岩手から帰ってきた池田弘子が訪ねてきて、隠し念仏やオシラサマの話をする。

二月一二日　戸川安章が、小包みの表に「薬品」と書いて、砂糖を送ってくれる。

二月一三日　木曜会第二二五回例会に出席し、和歌森太郎の美保頭屋の話を聞く。参加者は、橋浦泰雄、関敬吾、大藤時彦、倉田一郎らと、伊予からの小林正熊らの一七人ほどになる。また、東宝プロデューサーになっている村治夫が訪ねてくる。

二月一四日　武田久吉が訪ねてきて、『農村の年中行事』(龍星閣、昭和一八年)を持ってきたので読む。

二月一五日　午後、久しぶりに散歩に出て、氷川神社に詣でる。

二月一六日　小田急で柿生まで行き、平尾の杉山神社に詣でて坂浜から長沼に出る。長沼で一時間電車が来るのを待って、自宅に戻る。

二月一七日　千枝の命日のこの日、孝が墓参りに行き、赤星家に回る。北京師範大学にいた篠崎利逸が中国の様子を話しに来たので、『方言覚書』を贈る。

二月一八日　池田弘子が山川菊栄の論文の写しを持ってくる。

二月一九日　土屋文明から一昨日もらった『万葉紀行』(養徳社刊)を読み終わり、行きたい所が増える。角館の武藤鉄城より電報が届く。

二月二〇日　武田久吉の『農村の年中行事』を読み終わる。西脇順三郎がやってきて、疎開の家を探していると聞く。

二月二一日　小林保祥が訪ねてきて、台湾の水牛のステッキを七〇歳のお祝いにと贈られる。折口信夫、加藤守雄、伊東月草が、俳諧研究委員会のことを相談に来る。

二月二二日　布佐から松岡文雄が来て、鼎の十年祭と操・たけの五十年祭について話す。

二月二三日　晩翠軒で開かれた文学報国会理事会に出席するが、「是が多分自分には最終」と日記に書く。

二月二四日　東条操が来て、国語学会の計画を聞くが、かかわらないこととする。

二月二五日　稗普及会の石田が訪ねてくる。

二月二六日　白木屋や丸善に行くが、荒涼とした感じがする。電車のなかも、いらいらした人が多く、少女の頭を殴る男などを見てあきれる。

二月二七日　大島家の冨美子の父親、大島仁が亡くなる。布佐では鼎十年祭、操・たけ五十年祭が行われるが、柳田家からは誰も行けない。木曜会第二二六回例会で、丸山久子から「田螺婿入りの話」を聞く。

二月二八日　小石川の大島家に弔問に行く。

二月二九日　伊波普猷の『沖縄考』（創元社、昭和一七年）を読む。大島家の通夜に行く。

三月一日　静雄の同期生で海軍大将を退いて学習院院長になっている山梨勝之進が、学習院の生徒の勤労奉仕についてきたと言って訪ねてくる。戦局の話などの意見を求められる。また、名古屋の含笑寺の住職、織田善雄が来て、古神道の話などをしていく。

三月三日　松本烝治が訪ねてきたので、一緒に中島健蔵の見舞いに行く。三国書房の花本が来たので、原町田の陸川老人への紹介の名刺を渡す。西田直二郎の『洛西花園小史』（積善館、昭和一九年）が送られてきたので読む。

三月六日　以前『幽冥界研究資料　第二巻』（天行居、大正一五年）や、『動物界霊異誌』（郷土研究社、昭和二年）を出した岡田建文老人が訪ねてきて、面白い話を数多くしていく。

三月七日　大藤ゆきが来て、『児やらひ』の序を頼まれるが断る。

三月八日　甲鳥書林の土橋利彦が『南溟の秘密』を持ってくる。

三月九日　三輪村を歩き、麻生から柿生に出て東京に向かう。東京堂、冨山房、三省堂、丸善支店と回り、本が少なくなったことや乱雑なことを嘆く。

三月一〇日　瀬川清子が来て、これからのことの相談にのる。

三月一一日　小林保祥や演劇博物館館長の河竹繁俊が訪ねてくる。

三月一二日　木曜会第二二七回例会が開かれ、池田弘子が欠席したので、代わりに伊波普猷の『沖縄考』の紹介をする。橋浦、瀬川、丸山、倉田、大藤らが出席する。『国史と民俗学』がやっと出て、見本本が一冊届けられるが、「用紙ことの外粗悪なり」と日記に書く。

三月一三日　当時休校となっていた文化学院の河崎なつが訪ねてくる。『今昔物語』をまた読み始める。

三月一四日　読売新聞の羽中誠がやってくる。

三月一五日　南武線に乗り、南多摩で下り歩き、再び電車に乗り谷保まで行って谷保天満宮に詣でたあと散策する。国立から電車に乗り西荻窪に行き、青樹社書房で『農村語彙』［小野武夫の『日本農民史語彙』か］を買ったあと、能田家を訪ねる。

三月一六日　雨田光平から鈴木鼓村の『鼓村襍記―鈴木鼓村遺稿』（古賀書店、昭和一九年）などが送られてくる。

三月一七日　橋浦泰雄が来て、『民間伝承』の報告を受ける。

三月一八日　中西悟堂が来て、『野鳥』の終刊について話していく。

三月一九日　橋浦泰雄が来て、大日本再生製紙の水野成夫のおかげで紙はなんとかなりそうと話していく。冨美子の弟の大島正浩が出征の挨拶に来たので、日の丸の寄せ書きに、「未来を愛せよ」と書く［一〇月五日か］。

三月二〇日　牧田茂や千葉徳爾が軍から休みをもらって訪ねてくる。それぞれの任地の話を聞く。『民間伝承』に載せる「遊戯とマ・カゲン・ホドアヒ・オモヒキリ等」（「月曜通信」）を書く。

三月二二日　三軒茶屋周辺を歩き、千枝のことを思い出して胸が痛む。渋谷に出て文学報国会の事務所に寄る。自分の選集を中国語訳にして出版する計画を聞く。出版集会所で開かれた国民学術協会例会に出席する。留守中、姪の夫である陸軍中将村上啓作が訪ねてきたことを知る。

三月二四日　鳥越憲三郎から送られてきた『琉球古代社会の研究』（三笠書房、昭和一九年）と、昨日届いた湯山清の「リズム論」（のちに『国語リズムの研究』として刊行）を一日かけて読み終える。

三月二五日　大藤時彦が来たので、選集計画について頼む。

三月二六日　木曜会第二二八回例会で、今井武志の「国民学校の教科書と民俗学」の話を聞く。大藤や倉田が欠席し、参加者が少なくなる。永橋卓介訳の『金枝篇　第二冊』（生活社、昭和一九年）が送られてきたので、この日、八〇ページほど読む。

三月二七日　柿生から歩き、真福寺に行く。道を間違え、王禅寺の梅を見に行くことができず、西生田から帰る。留守中に、福本和夫の子、邦雄が本を持ってきている。国民文化振興会の石橋貞吉が来て、選集のことを相談する。

三月二八日　時枝誠記が国語学会の相談に来る。橋浦泰雄が、『民間伝承』の三月号の用紙を大日本印刷に頼むと報告に来る。

三月三〇日　国語学会が設立され、橋本進吉が初代会長となる。日本方言研究会は、同学会に吸収されることとなる。福本邦雄が来たので、父和夫のためにと「御蔭参り」の資料を貸す。

三月三一日　フレーザーの『金枝篇　第一冊』（永橋卓介訳、生活社、昭和一八年）を読み終える。このころ、吉野に桜を見に来ないかと折口から誘われるが、家からはなれられず、この年も実現できない。

四月二日　折口信夫から電話があり、五日に近畿の人たちの辻川訪問に加わると知らせを受ける。辻本好孝が、樋口清之に案内されて『和州祭礼記』（天理時報社、昭和一九年）の「序文」のお礼に来る。大阪市役所の金丸二郎から、六日の民俗学講演会の刷り物を送ってくれると電話がある。

四月三日　前東京都知事川西実三が訪ねてきたので、女性叢書二冊を贈る。

四月四日　辻本好孝に、二日、三日の連夜の訪問と贈り物に感謝する葉書を書き、余分の二冊を神祇院と精神文化研究所にも贈ったと伝える。

四月五日　午前中散歩に出て、甲州街道に出て仙川から芦花公園まで歩く。煙草を探して新宿まで行くが、どこにも売っていないので帰る。夕方、冨美子が女の子を産んだという大島家からの電話を受ける。藤田圭雄宛てに、葉書を書く。

四月六日　高藤武馬が、筑摩書房の唐木順三を連れてくる。この日、大阪では、橋浦らによって古希記念事業の皮切りとして大阪民俗学講演会「戦時生活と民俗学」が開かれる。

四月七日　辻川を訪問した七人から葉書が来る。気仙大島の村長だった菅原熊治郎から手紙が来る。

四月八日　明治四一年に出た松屋久重の『松屋筆記』を再読する。日ユ同祖論を主張する増田正雄が訪ねてくる。

四月九日　木曜会第二二九回例会が開かれ、読み終えたばかりのフレーザーの『金枝篇』の訳本について話をする。甥で、三笠宮妃の実家の高木家に養子にいった正順が、供物の絹を持ってくる。

四月一一日　村治夫が『雪国の民俗』の校正を持ってくる。この日、孫娘のお七夜で、八枝子と名付ける。

四月一二日　電車で柿生まで行き、大沢、平尾、細山と歩き、山づたいに下って矢野口に出て南武線で帰る。一条兼良の『滑稽本集』などを読む。

四月一三日　新潟の小林存から手紙が来る。吉野作造からもらったしだれ桜が少し咲く。

四月一五日　橋浦泰雄や大藤時彦らが来る。折口信夫から電話があり、連句のことで明日来ると言う。

四月一六日　折口信夫が加藤守雄と共に訪ねてきて、文学報国会連句委員会への参加を要請され承諾する。折口にも、辻本の『和州祭礼記』を贈り、そのことを伝える葉書を辻本に書く。福本邦雄が資料を返却にきたので、和夫にと『服装語彙』を貸す。増田正雄が訪ねてきて、レナード・ウーリィの『考古学より観たるアジア』をもらう。

四月一七日　今野円輔が、病後初めて訪ねてくる。著述目録をつくると言うので、そんなことは無益だからやめなさいと言う。東亜研究所の副総裁大蔵公望が、成城に疎開にきたと挨拶に来る。

四月一八日　ラジオ放送で昔話を放送したいと相談に来たので、朗読でしたらどうかと勧める。

四月二〇日　午後、孝と共に、狛江から玉翠園まで歩き、ツクシやノビルなどを採る。

四月二一日　実業之日本社の編集者が来て、『火の昔』の初版を三〇〇〇部にしたことを聞く。画家の鏑木清方が訪ねてくる。

四月二二日　市河三喜が訪ねてくる。この日、朗読「日本の昔話」（柳田作、森赤子朗読）が放送される。

四月二三日　訪ねてきた西脇順三郎から慶応大学の言語研究所の計画を聞く。午後、木曜会第二三〇回例会に出る。

四月二五日　ラジオ放送で、朗読「日本の昔話」の二回目が放送される。

四月二六日　武蔵境の駅から玉川上水の桜を見ながら、小金井橋まで歩く。教学錬成所に立ち寄り、堀一郎らに会う。

四月二七日　『週刊朝日』の渡辺綱雄と三省堂の阿部李三学芸課長が訪ねてくる。

四月三〇日　小石川の大島家に行き、産後の冨美子を見舞う。帰りがけに三国書房に立ち寄る。

五月　この月、大藤ゆきの『児やらひ』（三国書房、昭和一九年）の序を書く。このころ、伊豆長岡温泉大和館南山荘で折口、穂積、加藤らと連句を巻く。

五月一日　堀一郎が小金井のミツバを持ってきてくれる。近所の花を見歩く途中、宮本教授の農作業姿を見る。

五月三日　小田急線で登戸まで行き、景色や花を見ながら歩く。途中、老人と語り合う。帰宅して西脇順三郎と方言集を研究所に引き渡す相談をする。牛尾三千夫に、ワカメのお礼の葉書を書き、また出雲路を歩けるような日が来ることを祈っていると述べる。

五月五日　慶応大学言語研究所に方言集類を寄贈することになり、西脇順三郎が引き取りに来る。

五月六日　大藤時彦が、ゆきの本『児やらひ』の序文を書いてほしいと催促に来る。

五月七日　節句のお祝いをする。三原、堀からも大勢来る。

五月八日　折口、加藤、伊東月草が訪ねてきて、連句の会の打ち合わせをする。

五月一〇日　水曜日なので散歩の予定であったが、見合わせて終日、書を読む。文学報国会の伊東月草から、一二日の鎌倉行きについての電話を受ける。堀一郎がやってきて、明日から諏訪神社の御柱祭に行くと言いに来る。

五月一一日　筑摩書房の古田晁と唐木順三が訪ねてくる。終日、本を読む。

五月一二日　小田急で藤沢に出て、江ノ電で鎌倉に行き、扇ヶ谷の奥の香風園で行われた文学報国会の連句委員会に出席し、高浜虚子親子、久米正雄、折口らと連句の規則について話し合う。夜の八時に解散となり、横浜回りで帰宅する。

五月一三日　大東亜館で開かれた学術協会の表彰式に参加し、新村出や金田一京助らに久しぶりに会う。市河三喜と金田一と共に帰り、八時半に自宅に帰る。

五月一四日　木曜会第二三一回例会に出て、大藤時彦の話を聞き、随筆の話をする。伊豆大島の坂口一雄が久しぶりに参加する。

五月一五日　外に出る元気もなく、本を読んでも身にならないように感じる。

五月一六日　国際無線の養成所の三好講習課長が来て打ち合わせ、「先祖の話」の話をするための準備にかかる。千津のところの応援のために、孝が夜の汽車で東京を発つ。

五月一七日　散歩を見合わせる。

五月一八日　西脇順三郎らが来たので、『全国昔話記録』などを渡す。折口と加藤守男宛てに、連句の下句を二案書いて送る。

五月一九日　創元社社員で、堀一郎の教え子であるという佐古純一郎が訪ねてくる。山口貞夫が、自分が翻訳したペー・サンティーブの『民俗学概説』（創元社、昭和一九年）を持ってくる。

五月二〇日　三好課長の迎えで国際電気通信の講習所に行き、先生たち二〇人ほどに「先祖の話」を話すが、充分に伝わらなかったと反省する。

五月二一日　橋浦泰雄に、『週刊朝日』の挿絵を頼む。

五月二二日　『黒百合姫物語』の付録の校正を送り返し、藤原相之助にも葉書を書く。孫の清彦と電車を見に行く。

五月二三日　三好課長が、二〇日のお礼に来る。午後、清彦を連れて散歩に出て、堀家に立ち寄る。

五月二四日　銀座のヤマトという理髪店に行き、帰りに西荻窪の能田家に寄り、女の会のメンバーたちにご馳走になる。
五月二五日　大藤時彦が、明後日、図書館協会で民俗学文献について話すと言いに来る。三千が来て、堀一郎が教育召集されることを知らされる。
五月二六日　一日来客なく、『曽我物語』を読む。
五月二七日　朝、下の歯の最後の一本が抜けてしまう。
五月二八日　木曜会第二三二回例会が開かれ、比嘉春潮が久しぶりに来る。大矢の俳諧の話を聞くが、常連の欠席が多く、参加は橋浦、大藤、瀬川と柴田勝、山口貞夫の妻寿々栄であった。福本和夫の子邦雄が本を返しに来る。太田家に行っていた孝が、
五月二九日　豪徳寺の岡歯科医院に歯の治療に行く。高浜年尾が、『俳諧』の既刊号を揃えて送ってくれる。
五月三一日　養徳社の村治夫、矢倉年二が来て、三木茂との共著『雪国の民俗』が一〇日に出ることの知らせを受ける。また、実業之日本社の石井が『火の昔』の校正を持ってくる。文学報国会連句規則相談会のため出かけ、中村武羅夫らに会う。鶴岡の佐藤朔太郎から召集を受けたとの便りが届き、返事を書く。関屋貞三郎から葉書が届く。
六月二日　慶応大学言語研究所の佐藤勝熊が来たので、方言関係の本を渡す。丸山久子、池田弘子と昔話の整理の相談をするが、疲れていてよい考えが浮かばないと日記に書く。
六月三日　『昔話名彙』の原稿を放送協会に渡す。
六月四日　橋浦泰雄の弟赤志が、さやえんどうを持って訪ねてくる。山川菊栄が野菜や苺を持ってきてくれる。よいや会に行く。六本木まで孫たちを連れ、本を買いに行くが、定休日で休みだったので隆子を番町まで送る。
『黒百合姫物語』が出来てくるが、柳田著とあるので訂正を求め、藤原相之助に詫び状を書く。版元の言霊書房の佐藤朔太郎宛てにも「大至急」と書いた速達を出し、「藤原翁の作」としなければならず、「飛んだことをしてくれられた」と抗議する。佐藤はのちに、出征前だったこともあり、激怒を抑えられていたと述べる。
大藤ゆきの『児やらひ』が出来てきて、一〇冊届く。
六月五日　折口信夫が訪ねてきて、藤井春洋を養子にする届けの証人を頼まれる。大藤時彦が『児やらひ』のお礼に本を持ってきたので、もう届いていると言い、折口に贈ることにする。
六月六日　橋浦泰雄が、絵を持ってくる。
六月七日　戸川安章から手紙が届く。
六月八日　三木茂が矢倉年二と共に来て、写真の原稿を譲ってくれる。深水正策が来たので、『食習採集手帖』一〇冊を産業報国会に贈る。下の入れ歯が出来たので、岡歯科医院に行く。
六月九日　早朝、河竹繁俊が謡曲全集を持ってきて貸してくれる。明治天皇の集に歌を書いてほしいと頼まれるが断る。国民学術協会例会に参加し、芦田均の話を聞く。市河三喜、長谷川如是閑や金田一京助と共に帰る。
六月一〇日　井上三綱が、二年越しに描いたという『万葉画集』

を持って訪ねてくる。通泰の『南天荘集』を贈ると、この後、通泰の墓に参りに行くという。
六月一一日 木曜会第二三三回例会に出て、大矢のサンティーブの書についての話を聞く。『黒百合姫物語』二〇〇冊が届く。
六月一二日 河竹繁俊から電話があり、こちらから本を借りに行く。堀一郎と三千を呼び、入営の壮行会として食事をする。
六月一三日 古い本を整理し始める。方言に関するものはすべて慶応大学言語研究所に送るようにする。この日、ラジオ放送で、立川宏子による朗読「日本の昔話」が放送される。
六月一四日 午後、堀家に行き、夕食をご馳走になる。
六月一六日 『週刊朝日』の記者に連れられて熊谷元一が来る。
六月一七日 石田英一郎が訪ねてくる。北京の直江広治から「昔話採集手帳」を訳した雑誌が送られてくる。
六月二〇日 町田嘉章が訪ねてくる。
六月二二日 遠野の佐々木家から送られてきたもち米小豆で牡丹もちを作る。倉野憲司から『校訂古事記伝』四（岩波文庫）を贈られる。
六月二三日 大下藤次郎の息子、正男が訪ねてくる。仕事がたまり、疲れて何もできない。
六月二四日 新村出から葉書が届く。
六月二五日 木曜会第二三四回例会を開くが、報告者がなくて雑談になる。
六月二六日 『旅と伝説』の萩原正徳が訪ねてくる。
六月二七日 偶然に古い日記をみつけ、読み始め、一日過ごす。
六月二八日 元台湾総務長官の中島健蔵が亡くなったことを新聞で知り、さっそく弔問に行く。
六月二九日 大藤時彦が買ってきてくれた白鳥庫吉の『西域史研究 下』（岩波書店、昭和一九年）の「大秦国及び払菻国に就きて」を読み、その研究の精透なことに感動する。高野辰之の「幸若研究」も読む。橋浦泰雄が来たので、『雪国の民俗』を贈る。
六月三〇日 高橋ローザに手紙、武田久吉に葉書を書く。
七月一日 大藤時彦がやってきて、『児やらひ』の「序文」の礼と言って、笹野堅編の『幸若舞曲集―序説』と『同―本文』（第一書房、昭和一八年）の二冊をもらう。創元社の太田朝男から「能楽全書」の抜刷ももらう。兵庫芦屋の鷲尾三郎から四月の辻川行きの報告の手紙が届く。角館の富木友治から手紙が届く。関屋貞三郎が久しぶりに来たので、『雪国の民俗』を贈る。
七月二日 喜多義次が本のお礼に訪ねてくる。ここ数日、新潮社の『日本文学講座』を読む。
七月三日 池田弘子が野口義恵を連れてくる。野口の画帳を見て、『週刊朝日』の挿絵を頼む。中川恭次郎の娘の深雪が、父約斎の遺墨を持って訪ねてくる。本門寺前の葛餅をいただく。孫の清彦といつものように電車を見に散歩する。清彦が、初めて返事をするようになる。
七月四日 警戒警報が出たため、来客がない。
七月五日 終日、『曽我物語』を読む。

七月六日　伊東月草が訪ねてきて、文学報国会を辞めたことを聞き、記念に連句をすることを約束し、折口に葉書を書く。
七月七日　大藤ゆきが子供を連れてくる。最近集めた歌謡集を譲ることを約束する。高知の桂井和雄や高崎正秀が訪ねてくる。高崎から『六歌仙前後』をもらう。
七月八日　実母、松岡たけの四八回目の命日を迎える。村治夫がやってきて、秋田の話をしていく。
七月九日　木曜会第二三五回例会を開くが、参加者が少なく、瀬川清子の話を聞く。明世堂が『神道と民俗学』第二版の印税と本を持ってくる。この他に礼金として五〇円と巻きタバコをもらう。
七月一〇日　『歳時習俗語彙』の追加分を整理する。
七月一一日　中央公論社がとりつぶされることを知り、愕然とする。
七月一二日　森銑三が訪ねてきたので、柳田家の日記『曲盧日記』を四冊貸し、一緒に来た柴田宵曲に『羽州羽黒山中興覚書』と『黒百合姫物語』を渡す。『天正日記―校註』（小宮山綏介校註、笠間政之、明治一六年）を読み、註解をよいと思う。
七月一三日　午前中、孝と共に向ヶ丘を越えて、桃を買いに行く。鷲尾三郎から、鷲尾が復刻した『史料としての伝説』が三〇部届く。
七月一四日　終日、来客がないので、『曲盧日記』をじっくり読む。鼎の妻の死去の報が届く。一六日の布佐での葬儀には、孝と為正、三千に行ってもらう。

七月一五日　盆参りに、三原、堀、太田らが集まり、庭に火をたかずに精霊様を送り出す。続けて、『曲盧日記』を読む。文学報国会指導部から青森、秋田での講演依頼を受けるが断る。
七月一六日　白鳥庫吉の『西域史研究　下』を読む。
七月一七日　朝日新聞社から電話があり、サイパンの状況についての談話を求められるが断る。『曲盧日記』の文化八年を読了し、七七歳になる牛郷の心痛が詳しく書いてあることに感心する。
七月一八日　『雪国の民俗』担当の村、矢倉の二氏が訪ねてきて、狐つきや狼の話などをする。
七月二〇日　内閣総辞職の放送があり、不安が少し加わる。
七月二一日　鈴木金太郎と共に、折口信夫の養嗣子に藤井春洋を入籍させる保証人になる。山口寿々栄から、貞夫の遺稿を贈られる。
七月二二日　『史籍集覧』の「矢島十二頭記」を校正する。
七月二三日　木曜会第二三六回例会に出席し、倉田一郎から船眼玉の話を聞く。
七月二四日　『群書一覧』（尾崎雅嘉、田中文求堂、享和一年）と『増補続群書一覧』（西村兼文編輯、日用書房、大正一五年）を読む。
七月二五日　橋浦泰雄が絵を持ってくる。
七月二六日　夜、折口信夫から連句委員会のことの電話がある。
七月二七日　白鳥の『西域史研究』を半分ほど読む。
七月二八日　日本放送協会の小川卓が訪ねてきて、『昔話名彙』

等の出版についての相談をする。小山書店が、「家と文学」掲載の『八雲』第三集と原稿料を持ってくる。石田幹之助の『欧米に於ける支那研究』（創元社、昭和一七年）を読む。

七月二九日　長野から大月松二が訪ねてくる。

七月三〇日　五時に起きて、為正を連れ、橋浦泰雄主催の江戸川尻網舟遊びに行く。渋沢敬三、最上孝敬、大藤時彦、戸田謙介らと妙見島を回り、川口の一本松がよく見える所まで行く。五〇年前、脳梗塞で倒れた母たけを通運丸に乗せ、布佐に帰った時のことを思い出す。

七月三一日　七〇歳の誕生日を迎え、「どうして斯う永く活きたかと思ふ」と書く。午後、連句委員会に出るが、折口も含め欠席者が多い。出席は、土岐善麿ら三人のみ。このころ、古希のお祝いと言って、渋沢敬三に隅田川の舟遊びに呼ばれる。

八月一日　家の外の道ばたに防空壕を掘る。

八月二日　久しぶりに、人見藤寧の『黒甜瑣語』（人見寛吉、明治二九年）を読む。

八月三日　棚の本の土用干しをし、出てきた『醒酔笑』や、「昨日はけふの物語」「一休咄」などを読みふけってしまう。夜、警戒警報が出たので、窓を閉め涼風を断念する。

八月四日　庄内では、「おはよう」を「ただいま」と紹介したことに対して、戸川安章から、鶴岡の方では言わないとの報告があり、きっと羽黒山麓では使われなくなっているのだろうと葉書を書く。工藤常政（白龍）の『津軽俗説後々拾遺』の巻末に、「資料トシテ価値ハ少ナシ」と記す。

八月五日　三日にわたる土用干しの最後の日、「椎葉根元記」や「椎葉山由来記」などが出てきたので懐かしく読み、中瀬淳宛てに久しぶりの葉書を書き、戦艦伊勢の艦長として戦っている中瀬の息子の泝を案ずる。

八月六日　北京から直江広治が突然やってくる。天野信景編の『塩尻』（古書保存会、明治一六年）をざっと通読する。

八月七日　『週刊朝日』の原稿をとりに来るが、もうやめたくなる。『大泉百談一―四』（杉山宜袁草稿写本、大正元年）などを読む。

八月八日　形容詞の整理に一日費やす。小山書店から、清野謙次の『日本人種論変遷史』などが送られてくる。

八月九日　『大泉百談』四巻を読み終える。

八月一〇日　小国六左衛門の『庄内物語』（写本、大正元年）と、大正七年に阪口亀彦が写した「郷村地方内定風俗帳」に目を通し、書き込みをする。

八月一一日　再び、和本を日にさらしたので、いろいろ読みふける。「葬送語彙」の追加分を整理する。

八月一二日　石橋貞吉が来て、国語改良と文学の話などをしていく。

八月一三日　木曜会第二三七回例会が開かれるが、欠席者が多い。尾高邦雄が参加し、職業と祭神のことを聞いてくる。

八月一五日　池田弘子と丸山久子がやってくる。丸山に『嬉遊笑覧』を譲る。山口寿々栄が訪ねてきて、貞夫の三回忌といってお茶をくれる。

八月一六日　『セレベス紀行』『「セレベス民俗誌」のことか」（小山書店、昭和一九年）『安斎随筆』（伊勢貞丈編、吉川半七、明治三三年）を読む。

八月一七日　来客なし。

饗庭篁村の『篁村叢書』（博文館、大正元年）を読み、世の中が変わったことに驚く。

八月一八日　三穂の娘さよ子が学童疎開に行くことになり、暇乞いに来る。六年間家事の手伝いに勤めてくれた、よしが、勤労報国隊に入るため郷里にもどることになる。森銑三が『曲盧日記』を返しにきたので、残りの四冊と歌集を貸す。

八月二一日　三木茂が出雲の写真を数多く持ってくる。森口多里の『町の民俗』（三国書房・女性叢書、昭和一九年）を読み終わる。

八月二二日　今和次郎の『暮しと住居』を読む。『週刊朝日』の「続村のすがた」の連載を中止にすることにする。

八月二五日　『曲盧日記』を読み終え、解釈を書こうと思い立つ。さよ子が静岡に発つ。この日付けで、実業之日本社から、『火の昔』を刊行する。

八月二七日　木曜会第二三八回例会に出席する。倉田一郎が八重山大浜の、舟霊御嶽のツカサの家の青年、東長田博を連れてくる。

八月二八日　橋浦泰雄が鳥取から戻ってきて、訪ねてくる。

八月三〇日　大藤ゆきの『児やらひ』を読み終える。

八月三一日　丸山久子が来たので、愛育会の松山を紹介する。

九月一日　文学報国会から連句の規則が決まったと電話がある。伊東月草が、『俳句研究』を育英書院から出すことになったと報告に来る。

九月二日　よしが去ってから入っていなかった風呂を自分で焚き、入る。

九月三日　『八丈実記』を陽に干し、庭の手入れをする。

九月五日　父操の四十九回忌を迎える。「約斎先生四十九回忌辰。追懐無限」と日記に書く。

九月七日　出雲の石塚善宛てに葉書を書き、出征した息子の尊俊の部隊名を尋ねる。そのなかで、国事のため学問は停滞しているが、一日も早く平和の日の到来を願うと書く。

九月八日　小林正熊が訪ねてきて、愛媛の様子などを話していく。清彦の誕生日だが、わずかに小豆飯を炊くのみ。

九月九日　風来山人の『根南志具佐』を初めて読む。

九月一〇日　木曜会二三九回例会があり、久しぶりの比嘉春潮や橋浦、堀、大藤、瀬川、柴田のそれぞれから頂き物をもらう。昨日も来た鹿児島の安田尚義が農商務省の主事を連れて来る。

九月一一日　一日写真の整理をして過ごす。

九月一二日　雨宮庸蔵から中央公論社の近況を聞き、同情を深くする。

九月一四日　山口貞夫の妻、寿々栄が山口の遺稿集『地理と民俗』を届けに来る。

九月一六日　中瀬淳から病気に罹ったが快復したとの手紙が来たので、自分も読書だけは続けていると葉書を書く。
九月一七日　『八丈実記』を読む。
九月一九日　孫の清彦を連れて富士見橋まで遠出をする。
九月二〇日　放送局から「影膳について」の原稿を書いてほしいと頼まれる。
九月二一日　折口信夫が、手製のなめ味噌を持ってくる。「影膳の話」の準備のため、食品ノートを整理する。秋田から奈良環之助が訪ねてきて、夜遅くまで語り合う。
九月二三日　戸田謙介が、『国史と民俗学』の二版の印税五二八円を持ってくる。
九月二四日　木曜会第二四〇回例会を開き、今井武志が疎開児童の実状について話していく。
九月二六日　放送原稿の「影膳の話」を清書する。
九月二七日　文学報国会連句委員会が開かれ、高浜虚子親子、折口信夫、久保田万太郎、佐藤漾人、深川正一郎らと参加する。折口信夫が座長を務め、泉鏡花の未亡人すず、里見弴の消息などを聞く。飯田の岩崎清美が亡くなったとの知らせを受ける。
九月二九日　小林巌雄から一〇月一五日に内務省神祇院での講演を依頼され、承諾する。
九月三〇日　三木茂が来て、日向の写真を数多く持ってくる。「祭礼語彙」の整理に一日を費やす。
一〇月一日　永田町の文学報国会で開かれた、戦勝祈願の連句の会に参加する。

一〇月三日　昨日から泊まりに来ていた千津と孫の英彦が帰る。空に残る飛行機のすじを英彦が白墨で書いたみたいと言う。落ちている栗を拾って、子供たちにあげる。
一〇月四日　「笑の本願」の原稿を仮に渡す。
一〇月五日　大島正浩が、九日に豊橋の予備士官学校に入ると言いに来る。
一〇月六日　実業之日本社が、『火の昔』を届けに来たので、半日かけて読み返す。
一〇月七日　実業之日本社が、『火の昔』再版の企画書に印をもらいに来る。
一〇月八日　京橋区泰明小学校講堂で開かれた民間伝承の会主催の古希記念会に出て、日本民俗学の成長についての感想を述べる。折口信夫が座長を務め、参加者は六〇人ほどで、半分は初めての者であった。そのなかに川端道子らがいる。橋浦泰雄の経過報告のあと、石黒忠篤、橋本進吉、石黒修、石田幹之助、小山栄三、武田久吉らが思い出を語ってくれる。最後に折口が「遠野物語」の長歌を吟じ、味噌汁を振る舞って閉会する。よい思い出となったが、時節柄、民間伝承の会の活動を停止することとする。堀一郎と帰り、『火の昔』を贈る。
一〇月一二日　宮地直一の『続神祇史』（集成堂、明治四五年）を読む。放送局から、「影膳の話」を明日の午後二時に放送するとの電話がある。
一〇月一三日　筑摩書房の唐木順三が訪ねてくる。石原綏代が来て、軽井沢に帰るというので、リースの『ケルトのフォークロ

ア　上巻』を貸す。午後二時、ラジオで、「影膳の話」が放送される。

一〇月一四日　近くに住む豊川昇を訪ねて、炭焼きの相談をする。

一〇月一五日　内務省神祇院で三〇名ほどを相手に「敬神と祈願」を陳述する。自分とすれば、まずまずの出来と思ったが、その割には感動が伝わってこない。副総裁の飯沼一省は、大正九年九月の島田の帯祭の案内をしてくれた郡長だった人で、奇遇に驚く。『秋風帖』を送ると約束する。

一〇月一七日　『週刊朝日』の小川薫記者が訪ねてきて、もう一度「村のすがた」の連載を始めてほしいと頼まれ、大筋は承諾する。

一〇月一八日　内務省神祇院で、「我国の固有信仰について」を講演する。また、東京中央放送で、「史料五編ノ七」の明恵上人のところを読む。

一〇月一九日　文学報国会から連歌の会の日程の相談の電話がある。「史料五編」の名月記や民経記のところを読む。

一〇月二〇日　宮地直一の『続神祇史』を引き続き読む。瀬川清子が来て、旧稿を本にしたいと相談を受けるが、この時期、出版社がなかなか見つからないからあきらめた方がよいと言う。

一〇月二一日　「村のすがた」の一一月五日号の原稿を書く。

一〇月二二日　木曜会第二四一回例会を開き、今野円輔、角川源義が久しぶりに来る。

一〇月二五日　創元社の佐古純一郎が出版届けの印をとりに来て、『方言覚書』が三〇〇〇部再版となることを話していく。

一〇月二六日　関敬吾が来て、北京からの招請状が来たので、橋浦、折口と共に行くことに決めたと言うので、もう止めないでおこうと思う。

一〇月二七日　一日外に出ず、明治四〇年、四一年の自分の日記を読む。

一〇月二八日　福島から岩崎敏夫、京都から平山敏治郎が訪ねてくる。それぞれから白米や松茸をもらう。午後から折口信夫の家に行き、穂積と共に歌仙一巻を巻く。気がついたら明け方の四時になっている。この連句は保存すべしと思う。群馬の今井善一郎宛てに、息子の為正が東京女子高等師範学校の勤労隊の監督で隣村の富士見村にいるので何かあったらよろしく頼むと葉書を書く。

一〇月二九日　昼過ぎに帰宅する。森銑三が、まげほ日記を返しに来たので一時間ほど話し、休む。

一〇月三〇日　文学報国会の連句委員会二日目に出る。

一〇月三一日　明治から大正にかけての自分の日記をおもしろく読む。

一一月二日　『週刊朝日』の記者小川薫が原稿をとりに来る。東山魁夷という人の挿絵を見せてもらい、気に入る。原町田に散歩に出て、土地の材木商の陸川老人に会い、先祖になるという話を聞き、「先祖の話」の材料にしようと思う。

一一月三日　倉田一郎が来て、「分類農村語彙増補」の原稿ができたと言うので、東洋堂の意向を聞く葉書を書く。今井からの返事が来たので、早速、お礼の葉書を書く。

一一月四日　炭焼きの窯を作るため、一日骨を折る。
一一月五日　東亜研究所の鏡味完二が来て、地名の研究をすると言い、いろいろ聞いていく。今井富士雄が教学錬成所に入ったことを言いに来る。
一一月六日　炭窯を作ろうとするが、わからないことがあり、橋浦泰雄に聞きにいくが留守で、散歩をして帰る。
豊川昇が留守中訪ねてきて、自分の訳書ウィンデルバンドの『近世哲学史』を置いていく。
一一月八日　炭窯に火を入れようとするがうまくいかず、雨も降ってきたので延期する。
一一月九日　橋浦が来て炭窯を焚くが、雨水が浸入して火入れがうまくいかない。
一一月一〇日　橋浦が来て、炭窯を築き直してくれ、煙が元気よく出る。夜、何度も炭窯を見に出る。
「先祖の話」を書き始めるが、なかなか筆が進まないと日記に書く。
一一月一二日　木曜会第二四二回例会を開き、比嘉春潮が来て那覇空襲などによって多くの非戦闘員が犠牲になっていることを聞く。橋浦が炭窯を見てくれるが、復活はおぼつかないようだと思う。
一一月一四日　東山魁夷が小川薫に連れられてやってくる。美術学校で映丘に師事したというので本を貸す。今井善一郎宛てに、赤城に勤労隊の監督で行っている為正が、今井を訪ねたおり、七〇歳のお祝いとしていただいた五色の豆のお礼を書く。

一一月一七日　終日炭窯にかかりきりになる。
折口が、北京行きは延期したと伝えに来る。
一一月一八日　清野謙次・太平洋協会編の『日本人種変遷史』（小山書店、昭和一九年）を読み始める。
この日、東京拘置所の病監で牧口常三郎が亡くなる。享年七四。
一一月二〇日　放送局から二七日と二九日の放送を頼まれるが、持病を理由に断る。『明治文学の潮流』を送って来た水野葉舟に、当時を偲びながら読んでいると葉書を書く。
一一月二一日　昭和九年に刊行した『国語学講習録』（信濃教育会東筑摩部会内国語学講習会編、岡書院、昭和九年）を読み終え、「十一年後ニ一読シヲハル」と書き込む。
一一月二四日　お昼から三時ごろまで空襲があり、武蔵野の中島飛行機、杉並、本所、品川など被害を受ける。
一一月二五日　朝日新聞週刊『少国民』の伊東栄之助が来たので、「手毬の話」を書くことを約束する。清沢洌と加藤武雄が訪ねてきて、時世を語り合う。
一一月二六日　木曜会第二四三回例会を開くが、来たのは堀の二人と関、柴田、和歌森、丸山の六人のみ。時節柄、この会で中断することを決める。以後、女婿堀一郎宅にて第二、第四の日曜日に、のちに『俳諧評釈』にまとめられる講義をする（伝）。
一一月二七日　「ふるさとの言葉　一」が放送される。「二」は、二九日に大藤時彦が放送する。
一一月三〇日　加藤繁から『支那学雑草』をもらい読む。
一二月一日　瀬川清子から、一一月二五、二六日に新潟の出湯で開かれた『高志路』同人による講習会の報告を聞く。小林存らに『火の昔』を送ることを瀬川に頼む。
一二月二日　村治夫に招かれて、孝と共に、東宝に電撃隊出撃の映画を見に行く。
一二月三日　空襲があり、初めて防空壕に入る。
一二月五日　三穂が子供を連れてくる。最後の柿をとってあげ、淋しい気持ちになる。炭窯に三度目の火を入れる。
一二月六日　伊東月草が訪ねてきて、俳連歌が完成し、明後日に献納することになったと聞く。夜、空襲警報を聞く。
一二月七日　円通寺の上人を呼んで、養父直平の十三回忌を執り行う。「国防服に袈裟にて読経、ことさらに哀しみ深し」と日記に書く。
一二月八日　明治神宮の大前において、日本文学報国会俳句部会の連句委員長として、大東亜戦争必勝祈願の歌仙一巻を献詠することになるが、欠席する。
一二月一〇日　堀一郎の家で、芭蕉の「炭俵」を読む会を始め、第一回の講義として「水鳥よ」の巻について話す。この記録が『俳諧評釈』となる。
一二月一一日　失敗した炭窯を埋める。『創造』の編集者が来て、原稿を頼まれるが断る。川崎に来ている岩崎敏夫が相馬に帰る途中に訪ねてきたので、『聴耳草紙』と『江刺郡昔話』を貸す。
一二月一四日　ジュネーブ時代に同居していた宮島幹之助の死去を知る。浅香幸男という人から、朝鮮で民俗学を盛んにしてみたいとの手紙を受ける。また、球磨郡の高田素次からは『後狩詞記』を再版したいとの手紙が来る。
一二月一六日　朝日新聞出版部の斉藤実が来て、疎開児童向けの読み物についての相談をする。
一二月一七日　町田嘉章が、『民謡大観　関東の部』が出来たと持ってくる。折口信夫が、連句を載せた『鳥船』の第三集を七冊持ってきてくれる。新潟の出湯に静養に行くことを勧め、二瓶と小林に葉書を書く。「蟻地獄と子供」の原稿を書く。
一二月一八日　海軍航空本部の嘱託、北村孫盛が来て、戦時労働問題の相談を受ける。
一二月二〇日　創元社の編集者に、『毎日の言葉』の原稿を渡す。
一二月二四日　堀家での連句講釈として、「種芋の巻」について話す。
一二月二五日　比嘉春潮が来て、沖縄の悲惨な話をしていく。沢田四郎作からは、朝鮮北大同郡斧山面に移動するという葉書が来る。
一二月二六日　毎日新聞記者の久保富美が正月のことを尋ねに来る。一月二日発行の『毎日新聞』に「お正月」の記事となる。岩崎敏夫に、氏神調査表についての意見を送る。
一二月二七日　柴田勝が訪ねてきて、「蟻地獄と子供」の一文を写して持ってきてくれ、これなら五年生でもわかると言うので安心する。
一二月三一日　連日の空襲警報があり、日記に「わびしき年暮る」と書く。

昭和二〇年（一九四五）　七〇歳

一月一日　八時半に新年の屠蘇をいただく。新年の挨拶の来客は、堀一郎、今野円輔、橋浦泰雄、岩崎敏夫、倉田一郎らで、寒いが静かな正月を迎える。朝日新聞社の椎橋好が原稿用紙を持ってきてくれる。渋沢、石黒、新村らに民間伝承の会の顧問になってもらう。

一月三日　池田弘子が、「親すて山」の清書を持ってくる。

一月四日　桜田勝徳が久し振りに来たので、「漁村語彙」の旧稿を渡す。

一月五日　柴田勝を呼び、「三角は飛ぶ」を読んでもらう。

一月八日　お腹にくる風邪をひき、休む。

一月九日　東山魁夷が絵を持ってくる。少国民文化協会に「祭のさまざま」の原稿を送る。

一月一一日　『新女苑』の永倉あい子が原稿を頼みに来るが、会わないで帰ってもらう。

一月一三日　新潟の出湯で療養中の折口から便りが来たので、小為替を送る。大阪の鈴木太良宛てに、戦局の好転を祈念し、貴兄も早く学問を続けていけるようにと葉書を書く。

一月一四日　堀家での俳諧評釈の会に出かけ、『奥の細道』の歌仙について話す。大西伍一が自転車で訪ねてくる。

一月一六日　宮良当壮が訪ねてきて、昨日、有栖川宮紀念金を賜ったとの話をしていく。朝日の「村のすがた」一三の原稿を渡す。

一月一八日　鹿児島県立図書館長を退職した奥田啓市が訪ねてきて、奄美の小学校教員で、エラブウナギの研究をしている永井亀彦のことなどを話す。飯田の北原阿智之助（痴山）に、岩崎清美の死を悼む手紙を書く。そのなかで、自分が持っている飯田藩堀家に関する文書をなんとかして飯田で保存してもらいたいと頼む。

一月一九日　来客が無いので、二階にこもって「棒の歴史」を書き始める。

一月二一日　角館の富木友治から『百穂手翰』の校正刷りを送ってきたので、これを読んで夜を過ごす。

一月二三日　『百穂手翰』の序文と「村のすがた」一四を書く。

一月二五日　養徳社の矢倉年二が来て、復刻本として刊行したばかりの太田全斎の『諺苑』をもらう。

一月二八日　堀家での俳諧評釈の会に出て、『奥の細道』の歌仙の話をする。

一月二九日　飯田の北原が紹介してくれた図書館長の小林郊人宛てに、飯田藩、堀家、柳田家の文書資料や自分の著書、蔵書を送ると葉書を書く。北原にも同様の手紙を書く。

一月三一日　映丘の次男の春樹が来て、東北へ研究旅行に行くと言うので、戸川安章を紹介する。新潮社の菊池重三郎が出版計画の相談に来て、島崎藤村の話を聞く。柴田勝に「千駄焚き」と「棒の歴史」の査閲を頼む。

二月　この月、富木友治編の『百穂手翰』（言霊書房、四月三〇日）の序を書き終える。

二月四日　神戸大空襲の報を聞き、千津の太田家のことが気になる。

二月五日　京都の養徳社に移った矢倉年宛てに、『諺苑』のお礼の葉書を書く。

二月六日　北京から篠原利逸が来て、『日本の事情』の原稿依頼を受け、引き受ける。毎日新聞の記者が来て、飯田で書物の疎開先をめぐって問題になっていることについて聞かれる。

二月八日　朝日新聞社の出版部から疎開読本を出す話が実現しそうなので、挿絵の材料となりそうなものを一日探す。

二月一〇日　東山魁夷が、挿絵にする絵を持ってくる。

二月一三日　堀家の俳諧評釈の会に出かけ、「炭俵」の百韻を読む。比嘉春潮が堀家まで来て、小山書店のために本を書いてほしいと言ってくる。

二月一四日　小寺融吉と宮尾しげをがやってきて、それぞれの著書を置いていく。

二月一五日　瀬川清子が「女の本」の原稿を見せにきたので、早く朝日新聞社に持っていくように言う。

二月一六日　朝七時から空襲警報がなり、翌日まで四回となり、艦載機が初めて飛んできたことを知る。

二月一八日　神楽坂に住む黒田郁男から、古書店で『海南小記』の書き込み本を手に入れたとの手紙が届き、返事の葉書を書く。

二月二〇日　硫黄島にアメリカ軍が上陸したという報を聞き、折口春洋のことばかりを考える。池田弘子が来たので、疎開読本の手伝いを頼む。

二月二四日　富木隆蔵が友治のかわりに『百穂手翰』を届けに来る。

二月二五日　朝から警報が続き、また雪も降ったために堀家の会は中止とする。

二月二六日　来客が無かったため、「村のすがた」一九、二〇、二一の原稿を書く。

三月一日　北京に送る原稿を清書する。

三月二日　空襲で生活社が焼失し、『民間伝承』の七、八月合併号が大部分焼けてしまったと橋浦から連絡を受ける。

三月三日　大間知篤三の『満州民族雑記』（満州文芸春秋社、昭和一九年）を読み終える。『火の昔』二版の印税が届く。

三月六日　成城高等学校の校長が来て、一三日に生徒に話をしてほしいと頼まれる。

三月七日　三月四日付けの富木友治からの葉書が届き、東京の様子を伝える返事を書く。そのなかで、家事を世話してくれる人手が入用で、これからずっと自分たち二人の面倒をみてくれる人を紹介してほしいと頼む。

三月九日　東京高等農林学校に勤める大西伍一が来たので、「村のすがた」の一そろえを預ける。また、自著の何冊かを同校の小出満二校長に贈ることにする。夜半過ぎから大空襲があり、「三時過ぎまで起きてふるへて居る。いつ落ちるかしれぬといふ不安をもちつゝ。」と日記に書く。

三月一〇日　東京大空襲の被害に心配しながら、日記に「勿論きょうは一人も来ず、「先祖の話」を書いてくらす」と書く。
三月一一日　堀家の会に行き、相手は二人だけだが、「ひさご」の話をする。
三月一三日　一〇時から成城高等学校で、通年動員から帰った生徒たち相手に「家と霊魂の話」を講演する。
三月一四日　家事を世話してくれる女性を紹介してきた富木友治からの手紙が届き、礼の返事を書くが、今の東京に娘を出す両親の気持ちもあるだろうから、そちらの判断に任すと述べる。東京の様子を心配してきた、上伊那郡に住む親戚の松山義雄に対して、こちらは比較的安全と返事を書く。
三月一六日　硫黄島の戦況を聞き、「いよいよあぶなくなる、胸を痛める」と日記に書く。
三月一七日　大藤ゆきが、時彦が召集を受け、小倉に入隊することになったと言いに来る。
三月一九日　関敬吾が来て、民族学研究所を彦根に疎開させると言うので、本を分ける。
三月二一日　折口の養子春洋がいる硫黄島が、全員玉砕したとの大本営発表がある。「けさ幽かに鶯の谷わたりの声を聞く、梅咲き初む、寒紅梅もさく。」との出だしで、硫黄島玉砕の悲報が公表されたことを日記に綴る。
三月二三日　思い立って『熊谷家伝記』活字本を読む。野武士文学のことや「先祖の話」が書きたくなる。
三月二四日　午前中、成城高等学校で「家と霊魂の話」の二回目の講演をする。午後、折口が久し振りに訪ねてきて、硫黄島のことで力を落として帰る。『熊谷家伝記』を詳しく読む。
三月二五日　乾政彦が子供が成城学園の編入試験を受けに来たと言って、久し振りに訪ねてくる。飯田安藤家の長男、幸正が来て泊っていく。
三月二七日　土橋里木からの手紙が届き、三省堂の「全国昔話記録シリーズ」も紙不足のため、一時中断していると返事を書く。
三月二八日　筑土鈴寛が来て、空襲で焼け出されたと聞き、文庫再建のための本と、原稿用紙を贈る。
三月三〇日　二月に会ったばかりの小寺融吉の訃報を新聞で知り驚く。
四月　この月の上旬から、再び「先祖の話」の原稿を書き始める。
四月一日　アメリカ軍が沖縄本島に上陸したと聞き、「沖縄に敵上陸」と日記に書く。
四月四日　三日夜、空襲があり、恐ろしさを感じながら、初めて防空壕で夜を過ごす。伊波普猷が島袋を連れてきて、沖縄の惨状を語っていく。
四月五日　橋浦泰雄が娘と来たので、久し振りに散歩をする。
四月六日　東山魁夷が来て、高山に疎開すると言う。
四月八日　大西伍一が来たので、東京高等農林学校の校長小出満二に寄託する蔵書をリヤカーで運んでもらう。
四月九日　自分たちの結婚記念日にもかかわらず、「話題に上らず」と日記に書く。宮良当壮の『八重山語彙』（東洋文庫、昭和五年）と『採訪南島語彙稿』（昭和二年）を読む。

四月一〇日　二階に上がって原稿を書き、沖縄激戦の報道を聞く。
四月一二日　『週刊朝日』の原稿を渡す。野口義恵が疎開読本の最後の挿絵を持ってきたので、立て替えて一〇〇円を渡す。
四月一四日　亡くなった小寺融吉の夫人にお悔やみの手紙を書く。丸山久子が来る。
四月一五日　相馬に帰っている岩崎敏夫に、弟の戦死を慰める葉書を書く。柳田家八代柳田為善（東助）の日記『心覚』を読み、平凡な日記だが詳しく書かれていると感心し、いつか清書して出版したいと思う。
四月一六日　倉田一郎宛てに、原稿を書き続けていると葉書を書く。
四月一七日　躑躅の移植や畑仕事に精を出す。
四月一九日　柴田勝が来て、成城学園の初等部が秋田の増田に疎開することになり、柴田も一緒に行くと言う。
四月二一日　京都の平山敏治郎が論文を送ってくる。『閲微草堂雑記』五種を読み終える。最初に読んだのが明治三八年ごろで、これで三回目となる。
四月二二日　木曜会を再興することはできないが、面会日とし、従来通り集まることとする。和歌森太郎、関敬吾ら八人が来るが、戦禍の話ばかりで疲れる。「先祖の話」を書きあげ、あまりのうれしさに赤いリボンで結び、丸山久子に原稿用紙に清書するようにと渡す。
四月二三日　朝日新聞出版部と相談して、疎開読本を半分だけでも早く出すことにする。平山敏治郎宛てに、送られてきた『史林』を全部読み終えたと葉書を書き、「オトナ」の起源をさらに調べるべきだと述べる。
四月二七日　牛尾三千夫宛てに、折口の教え子の石橋貞吉という若者が、そちらの新聞社に行くので会ってやってほしいと葉書を書く。
四月二八日　『週刊朝日』の小川が来て、「続村のすがた」を三〇で打ち切ることを話す。
五月一日　『現代』の鈴木慎三から、明日に予定していた座談会を七日に変更してほしいと電話がある。延喜式の校訂本を読む。
五月三日　丸山久子が、藤沢の妹の家の帰りに「先祖の話」の清書原稿第一回八三枚を届けに来る。
為正に召集令状が来て、一五日に横須賀海兵団に行くことになる。
五月四日　柴田勝が、明日、疎開先の秋田に発つことを言いに来たので、本を四、五冊渡す。
五月一一日　丸山久子が、「先祖の話」の清書原稿を届けに来る。第二回の清書を頼む。松山義雄宛てに、終日働けるようになったことを喜び、このような時世なので現実によって考える以外ないと葉書を書く。
五月一二日　岩崎敏夫や折口信夫が大阪、能登、松本と回ってきたとやってくる。
五月一三日　家の面会日として、堀、萩原、丸山、池田、橋浦、関、最上らがやってくる。丸山が「先祖の話」の清書原稿を持って来る。

五月一五日　朝早く、為正が出発する。『文芸』編集部の野田宇太郎がやってきたので、放送局から取り戻した原稿を渡す。

五月一六日　大西伍一がリヤカーで本を運びにくる。これが六回目となる。中川深雪が来て、四月の空襲の話を聞く。森銑三も本の被害に遭ったことを知る。

五月二二日　延び延びになっていた『現代』の座談会をするが、問い方が悪くて思うように話せない。午後、関敬吾が、民族学研究所を辞め、中央文化連盟の嘱託として芸能の調査に携わると言いに来る。湯をたてるが、為正が帰ってこないことをしみじみ思う。

五月二三日　丸山久子が、連日の空襲下の中で清書した「先祖の話」三四〇枚余りを草し終え、脱稿の日付けを入れる。

五月二四日　昨夜一時ごろから大空襲があり、焼夷弾が落ちるのを見る。明け方、庭に焼夷弾のリボンが落ちているのを見、「所々に焼夷弾の落つる光景、一生の思い出」と日記に書き、ようやく四時に寝る。大西伍一が来て、本をあらかた持っていく。丸山久子が、「先祖の話」の残りの清書原稿を届けに来る。「分類児童語彙」の原稿を書き始める。

五月二五日　麻布の丸山久子の家が、三発の焼夷弾を受け、全焼する。丸山は、柳田の原稿を胴にまきつけて逃れる。大藤時彦が来て、図書館協議会の人々に民俗学文献の話をすると言いに来る。

五月二六日　昨夜の空襲で、御所も大宮御所も焼けたことを知り長歎する。堀一郎が二度も来て、荷物を移したくなると言ってくる。自分も動揺する。

五月二七日　家の面会日だが、誰も来ない。

五月二九日　午前中、大空襲があり、横浜方面から煙が空高く上がる。横須賀にいる為正を案じる。

五月三一日　二五日に家が焼失した丸山久子がやってくる。

六月一日　比嘉春潮が訪れてきて、二五日の空襲で伊波普猷も焼け出され、金城朝永とともに比嘉のもとに同居していると言う。「先祖の話」の原稿を読んでもらう。

六月三日　秋田への集団疎開の引率のため、今夜発つと柴田勝が玄関まで来て、秋田に帰っている瀬川清子の消息を聞かれる。池田弘子の「下閉伊昔話稿」を一読する。

六月四日　小井川潤次郎が『奥南新報』に発表した「オシラサマの話」の切り抜きを再読する。

六月八日　国際文化振興会の石田幹之助が久し振りに来て、新著『南海に関する支那史料』（生活社、昭和二〇年）を贈られたので、『百穂手翰』と『日本の祭』を進呈し、東洋文庫の話などをする。黒田原に疎開している冨美子に葉書を書き、今日、隣の阪出さんが帰ってきたが、為正とは会えなかったようだと伝える。

六月一〇日　面会日だが、堀と関の二人だけ来て、戦況の話だけして別れる。

六月一一日　鎌倉の大藤ゆき宛ての葉書で、為正が応召したことと、千津が嫁いだ太田家は三軒とも一度に焼けてしまったことを伝える。

てくれる。

六月一三日　秋田増田の柴田勝から米一升が届いたので、礼状を書く。陸前遠田郡大貫村にいると為正から初めての手紙が来る。登米郡登米町に移った海軍千早部隊土屋隊に配属された為正に葉書を書き、仙台の安東とらの住所を伝える。

六月一四日　書斎を整理しながら、つい本を読んでしまう。平玄道述（矢野玄道）の『八十能隈手』（菅迺舎池邨、明治七年）、平田篤胤の『霊の真柱』、小寺清之の『皇国神職考』（菱屋孫兵衛、不明）などを読む。

六月一五日　この日も書斎を片付けながら本を読む。村岡典嗣の『日本思想史研究』（岡書院、昭和五年）を読み、幽冥道の研究のことなどまだまだ知らないことがあると改めて思い、鈴木雅之や南里有隣を再読しようと思う。萩原龍夫に『大神宮叢書』を借りてくるように頼む。

六月一六日　午後、丸山久子が清書した分を持って来る。

六月一七日　比嘉春潮が来て、九〇枚ほど「先祖の話」の清書をしてくれる。筑摩書房への話を頼む。

六月一八日　鼎の三男辰男が来て、近いうちに北京に行くと言いに来る。

六月二〇日　筑摩書房の唐木順三が訪ねてきて、「先祖の話」のことを相談する。四〇年前に買った吉田篁墩の『近聞寓筆』と前田夏蔭の『稲荷神社考』を読む。

六月二一日　井上円了の『天狗論』（妖怪叢書三、哲学館、明治三六年）などを読む。丸山久子が来たので、清書を持っていってもらい、「自伝」のことも頼む。

六月二三日　庭に小さな穴を掘り、自分の一三の時の写真や辻川を旅立った時の約斎の歌などを埋める。平山敏治郎に、成城学園が空襲でやられたが、自分の家は、風上で助かったと葉書を書き、『先祖の話』という本を書くため三五〇枚ほど書いたと伝える。この日、沖縄守備軍が全滅する。

六月二四日　堀家での「家の会」に出かけ、戦さの話をしないように『炭俵』の一巻について話す。

六月二五日　「自伝」の写しを丸山久子に頼み、水木直箭に見せるように伝える。

六月二六日　「先祖の話」を読み直し、不満足の点が多いと嘆く。丸山久子に、『村と学童』の第二校の校正を頼む葉書を書く。

六月二七日　唐木順三が来て、「先祖の話」を出版したいと言うので、一週間後に原稿を渡すと約束する。宮城県登米町の海軍千早部隊に配属されている為正に、家の庭での馬鈴薯の収穫のことなどを伝える葉書を書く。

六月二八日　朝日新聞出版部の斉藤実が『村と学童』の組版を持ってきてくれる。校正を任せることにする。生活社から『日本叢書』の小冊子が送られてきて、自分も一冊書いてみたくなる。

七月　この月、『村と学童』の序を書く。

七月一日　本にする文章を整理し、当分出版するのが難しい「十三塚考」や「大白神考」の原稿を箱につめる。丸山久子が『村と学童』の校正の相談に来る。

七月二日　先日、石田幹之助からもらった『南海に関する支那史料』をおもしろく読み終わり、礼状を書く。飯田から送ってきた古い手紙や日記類を整理する。

七月四日　唐木順三に「先祖の話」の原稿を一括して渡す。終日、飯田の古い文書を整理する。

七月五日　入営先の為正に、自宅の馬鈴薯畑の写真の絵葉書に、暑くなってきたので病気をしないかと心配していると気持ちを伝える。

七月七日　大西伍一が訪ねてきて、古文書を見ながら話をする。また、比嘉春潮が来て、沖縄のことを話し嘆きあう。

七月八日　水野成夫、浅野晃が来て、子供向け読み物について話し合う。午後、堀家での家の会で、「炭俵　秋の空の巻」について話す。

七月九日　倉田一郎が来て、空襲によって本もノートもすっかり焼けてしまったと落胆した様子での話を聞く。

七月一四日　唐木順三が来て、いよいよ「先祖の話」を活版に回すことになる。

七月一五日　日比谷図書館長の中田邦造が来て、文庫疎開の相談をする。橋浦泰雄が和田文夫を連れて来る。磐城への疎開を勧められるが断り、本を持っていってもらう。

七月一六日　穂積忠が来たので、「南方来書」六巻などの保管を頼み、持たせる。

七月一七日　終日、来客がないので、慈円の「百錬抄」（国史大系、経済雑誌社、明治三七年）や宮崎大門聞書『幽顕問答鈔』（写本）を読む。

七月一八日　『伴信友全集』（明治四〇年）を読んで一日過ごす。また、前日から読んでいた『幽顕問答鈔』のチェックを終え、「了」と記す。

七月一九日　山岡俊明編輯の『類聚名物考』（近藤出版所、明治三六、七年）をざっと読み通す。

七月二〇日　大西伍一が来て、高等農林に渡す予定の本は渡し終わる。伴信友の『倭姫命世紀考』を読み終わる。

七月二二日　喜多義次、筑土鈴寛が訪ねてくる。堀家での家の会に出かけ、炭俵の道くだりの巻について話す。神宮司庁編の『神都名勝誌』（吉川半七、明治二八年）を読む。

七月二三日　熊谷辰治郎と野口孝徳が来て、青年団解散のあとの問題を告げに来る。岩崎敏夫に、送られてきた自家製のお茶のお礼を書く。唐木順三が来て、明後日、原稿をもって長野に行くと聞く。

七月二四日　中田邦造と、沖縄関係の本を委託し疎開させる打ち合わせをする。

七月二五日　この日から三日間、靖国神社の文化講演会で、「氏神と氏子」の話をする予定であった［中止か］。鳥取に疎開している大藤ゆき宛てに、一六、一七日の空襲で心配していたが、そちらに移ったことを聞き、安堵したと葉書を書く。登米の為正に葉書を書き、登米には大正九年に行ったことがありよく知っていると述べ、こちらの本は、十分の一は人にあげ、さらに十分の一を都に寄付することにし、今は疎開学童のための本を書いていると伝える。
七月二六日　日比谷図書館の館員たちが来たので、沖縄関係の書物、民間伝承の会の刊行物、西洋四ヵ国の民俗学会誌などを渡し、「別れの心細いことは本も人も同じ」と日記に書く。唐木が来る。
七月二九日　中川深雪が訪ねてきて、この後、由比に行き、恭次郎の位牌を迎え、新潟に疎開するとの話を聞く。
七月三〇日　塙保己一の『群書類従』第一輯神祇部（再翻刻、経済雑誌社、明治三一年）や、白井宗因の『神社啓蒙』（寛政一〇年）などを読む。
七月三一日　古希の誕生日として、孫たちから祝いを受ける。社用で訪れた牧田茂に「沖縄文庫の計画」を話す。
八月一日　誕生祝いの赤飯を食べるが、「寂莫無上、満六十のときと比べて」と日記に書く。
八月二日　『朝日新聞』に、「永遠に生く沖縄文化　伝承に民俗学者起つ」の記事が載る。
八月四日　茅ヶ崎の山田肇が来て、鏑木清方から「今戸の雨」の絵を贈られる。江戸時代の伊勢の医者、山岡恭安の『百二十石』（巻一―巻四）や、神社司庁が編纂した『故事類苑』の「宗教部」を読む。
八月五日　暑くて何もする気にならず、一日『故事類苑』を読んで暮らす。
八月六日　国史大系の第五巻『日本紀略』（経済雑誌社、明治三七年）をざっと読み終える。
八月七日　終日、続国史大系の柳原紀光編『続史愚抄』（経済雑誌社、明治三五年）や伴信友の『神社私考』などを読む。
八月八日　武蔵境、小金井方面に空襲があり、日記には、「広島は原子爆弾でやられた日なり」と書く。松木時彦の『神都古今百物語』（文明堂書店、大正五年）や『神社私考』の続きを読み、伴信友の論に感心する。
八月九日　萩原龍夫が神社司庁編の『大神宮叢書』五冊を持ってきてくれる。
八月一一日　早朝、長岡隆一郎を訪ねるが、不在であったので帰宅する。後に長岡がやって来て、時局が迫っている話を聞き、「いよいよ働かねばならぬ世になりぬ」と日記に書く。萩原から借りた『大神宮叢書御巫清直集』を所々書き写す。また、『年中行事大成』の氏神祭、山宮祭について書かれているところを読む。
八月一二日　午前中、堀一郎の家に行き、ついに降伏を決めたようだと伝え、出雲路通次郎の『神社と祭祀』を借りて帰る。午後、自宅で家の会（木曜会）を開き、俳諧講釈「炭俵」について話す。終わって敬神についての第一回目の講義をし、伊勢参宮のことや参宮と参拝の区別について語る。別室に朝日新聞の椎橋記者が待つ。丸山久子、池田弘子、和歌森太郎、堀一郎らに、ポツダム宣言を受諾すること、ただし国体と天皇主権だけは認めてもらうという条件をスイスを通じて連合国に申し入れたということを話し、民俗学をやるものが真剣に働く時だと心構えを話す。

八月一三日　長岡のところに三度も話を聞きに行く。
八月一四日　借りた『大神宮叢書参拝記大成』や家にある御蔭参り関係の本を読む。八月五日付けの牛尾三千夫からの手紙が届き、すぐに返事を書く。そのなかで、「是からが我徒の大いに世に尽くすべき時と存候　御勇躍なされたく候　小生も空襲下毎日資料を集め敬神思想に関する小冊子をかくつもりにてその副産物の伊勢参宮史など一昨日会にて発表いたし候」と様子を伝える。
八月一五日　終戦詔書のラジオ放送を聞いたあと、ひとりで野川沿いを歩き、空を見上げると、自然と涙がこぼれ落ちてくる。家に戻り、「十二時大詔出づ、感激不止。午後感冒、八度二分。」とだけ日記に記す。
八月一六日　内閣の辞職は不賛成で、阿南陸軍大臣の自殺は論外のことで、「士道頽廃というべきか」と日記に書く。
八月一七日　佐渡から中山修平が出てきて、中山徳太郎からの伝言を伝えていく。平野義太郎が訪ねてきて、文化政策について の意見を交換したが、まだ大きな希望は生まれてこない。甥の高木正順が来て、五月の空襲で被災した事を聞く。宮中の様子も詳しく教えてくれ、おおかた了解する。
八月一八日　「大神宮叢書」の参詣記録を読み終える。中世の僧侶の押しの強さと、神官の信仰に対する不正確さに驚く。関敬吾が来て、文化連盟の改革の必要性を説いていく。前田多門が文部大臣となる知らせが届くが、長岡からは、「ただ気の毒」という言葉だけを聞く。
八月一九日　明治二五年以来の旧友であった天瀬義鑑が七月に疎開先の山梨県曽根で亡くなっていたことの知らせが来る。森銑三が訪ねてきて、四月一三日の空襲ですべて燃えてしまったと言いに来る。
八月二〇日　荒木田守武や度会延佳の氏神祭や山宮祭の資料を読み、書き写す。
八月二一日　氏神祭や山宮祭について考え始める。
八月二二日　三穂の夫である三原勝が無事に帰ってくる。汽車は除隊兵で満員という話を聞く。
八月二三日　連日、『大日本史料』を読む。
八月二四日　電気がようやくつく。次の日、水道も通る。
八月二六日　家の会で、「炭俵」雪の松の歌仙の話をし、御影参りについても話す。島袋が来るが、比嘉は来ない。除隊の話を聞くが、為正の消息は依然としてわからない。
八月二七日　大西伍一が野菜や巻きタバコの紙を持ってきてくれる。
八月二八日　「ミテグラ考」の資料を整理する。
八月二九日　丸山久子が来たので、本棚を整理してもらう。
八月三〇日　為正が仙台で除隊し、安藤家と黒田原に疎開している冨美子たちの所に立ち寄ったあと、無事に帰ってくる。
九月一日　放送協会が、「伝説名彙」の原稿が空襲で焼けてしまったことを言いにきたので、関と相談すると返事する。借りている『大神宮叢書』の随筆類を書き写す。昨日、砂糖の配給があったので、牡丹餅を作る。

九月二日　比嘉春潮が来たので、芭蕉の「冬の日」を謄写版にしてもらうために芭蕉の前期集を貸す。「降伏調印の報をきき浩歎す」と日記に書く。
九月三日　これからの世に民俗学を役立てるため、昔、自分が書いた『郷土生活の研究法』を精読する。
九月四日　今野円輔が同僚の若者を連れてきて話す。初めて若い記者の苦悩に心づく。
九月五日　父の命日を迎える。佐伯有善編の『神祇全書』(皇典講究所、明治四一年)を読み、祭日のことを調べる。
九月六日　『旅と伝説』の旧号を読みふけり、昭和六年五月の丹後の河の小船の旅を思い出す。
九月七日　以前、山の会で会ったことのある小林秀雄が初めて自宅にやって来て、雑誌を創元社から出すので協力してほしいと言われる。
九月八日　『神祇志料上・下巻』(皇朝秘笈刊行会、昭和二年)に目を通す。
九月九日　敗戦後初めての復活の木曜会で、「冬の日」の歌仙について講じ、氏神と山宮祭について話す。集まってきたのは、堀一郎夫妻、比嘉春潮、島袋源七、関敬吾、和歌森太郎、萩原龍夫、池田弘子、丸山久子、牧田茂、橋浦泰雄と高本という学生の一二人。夕方、成城学園の子供たちと共に疎開していた柴田勝が戻って来て、疎開先の話をしてくれる。
九月一〇日　高藤武馬が久しぶりに来る。
九月一一日　教部省編纂の『特選神名牒』(磯部甲陽堂、大正一四年)を読み、諸社の祭日について調べる。
九月一二日　屋代弘賢選の『古今要覧稿』(明治三八年)をざっと読み通す。
九月一三日　中田邦造が、先日委託した沖縄関係の書籍代として四七〇〇円を持って来る。
九月一四日　小林秀雄が来たので、「二十三夜」の原稿を渡そうと探したが、見つからなくて困る。
九月一五日　小林秀雄が再び訪ねてきたので、神道の研究の話をする。その後、自著の『国史と民俗学』を精読する。
九月一六日　丸山久子が来て、再び、麻布に戻ると話をしていく。
九月一七日　今井武志が来て、菖蒲町の疎開児童の話を詳しく聞く。
九月一八日　『甲子夜話』を五二巻まで続けて読む。
九月一九日　三木茂が、近く独立して民俗学関係の写真の仕事をしたいと言ってくる。
九月二二日　『甲子夜話』一〇〇巻を読み終わる。
九月二三日　木曜会で、鳥柴とミテグラの話や、「冬の日」の第二歌仙の講釈をする。参加者は、和歌森、堀、萩原、瀬川、橋浦、丸山らと福島から和田文夫が来て、一二人となる。昭和五年に買ってそのままにしてあった『駿河志料』(静岡郷土研究会、昭和五年)を読み始める。
九月二四日　終日家にいて、『駿河志料』に目を通し終わる。
九月二五日　元宮内次官の関谷貞三郎が、喜多見の鍼灸治療院に行く途中に立ち寄ったと言って訪ねてくる。

九月二六日　唐木順三が訪ねてくる。「浅間神社の歴史」を読み、写し終わる。
九月二七日　『大日本地誌大系』の『近江国輿地志略』（寒川辰清編、大正四年）、『新編鎌倉志、鎌倉攬勝考』（河井恒久纂述、大正四年）に目を通す。
九月二八日　広島図書館編輯の『芸藩通志』（裳華房、明治四〇年―大正三年）を見る。
九月二九日　相武史料刊行会編の『新編相模風土記』（相武史料刊行会、昭和四、五年）と稲荷神社編纂の『稲荷神社史料』（稲荷神社、昭和一〇―一六年）などを見る。
九月三〇日　朝日新聞社から、『村と学童』を刊行する。
一〇月一日　和歌山県神職取締所編の『紀伊続風土記』（帝国地方行政学会、明治四三―四年）や『都名所図会』（秋里籬島編、京都叢書刊行会、大正五年）を読む。
一〇月二日　『東海道名所図会』（吉川弘文館、明治四三年）を読み、木版画の面白さを知るのにいい写生画だと思う。
一〇月三日　『大日本地誌大系』の『摂陽群談』（徯志編、大正五年）、『山州名跡志』（白慧撰、大正四年）や奈良県編の『大和志料』（奈良県教育会、大正三、四年）に目を通す。
一〇月四日　中山信名編の『新編常陸国誌』（積善堂、明治三二、三四年）を読む。今まで書きためてきた小型のノートを整理しようと思うが、なかなか量が多くて進まない。富山の倉田一郎の妻二三枝宛てに、倉田が上京するのを毎日待っていると葉書に書く。
一〇月五日　小林秀雄の従兄という西村孝次が来て、創元社から出す雑誌のことを話していく。神祇院から出している『官国弊社特殊神事調』（昭和一六年）や、『房総叢書』（房総叢書刊行会、明治四五年、大正三年）を読む。
一〇月六日　倉田一郎が、除隊して三日ほど前に帰ってきたと報告に来る。
一〇月七日　小林正熊、丸山久子、比嘉春潮、大西伍一らが来て、それぞれから野菜や果物をいただく。
一〇月八日　組閣のニュースが入り、松本烝治と渋沢敬三が承諾したことを知る。斉藤夏之助の『安房志』（多田屋書店、明治四一年）などを読む。
一〇月九日　唐木順三が来て、「先祖の話」の校正を三日間で終わらせると約束する。阿部正信編の『駿国雑志』（吉見書店、明治四二年―四五年）などを読む。
一〇月一〇日　対馬、隠岐のそれぞれの『島誌』（対馬教育会、昭和三年・隠岐支庁、昭和八年）や、『厳島宝物図会』（岡田清編述、日本随筆大成刊行会、昭和四年）、『下野神社沿革誌』（風山広雄編、明治三六年）などに目を通す。
一〇月一一日　来客がなく、松平定能編の『甲斐国志』（内藤伝右衛門、明治一五年―一七年）や静岡郷土研究会編の東海文庫『辛丑雑記』（花野井有年、昭和四年）などを読む。
一〇月一二日　筑摩書房の唐木順三が臼井吉見を連れて、雑誌の話を相談に来たので、雑誌を作ることの難しさを説く。また、これから先、自分が世の中の役に立ちそうな仕事は、国民固有の信仰研究と、人の心を和らげる文学と国語教育だと語る。
一〇月一三日　堀と喜多見方面へ散歩し、関谷が通っている鍼治療の平方先生の家をみつけ、治療の時間を聞く。
一〇月一四日　午前中、喜多見の鍼の先生のところに行く。このころから始めて、晩年まで通うことになる。のちに、河井弥八も同じ日に通ってきて、昔の思い出話をするようになる。木曜会（家の会）で、山宮の話と「冬の日」第三の巻を講釈する。木橋浦、大藤、堀ら一五人が集まる。
一〇月一五日　岩崎敏夫に、『民間伝承』は、一冊二円もかかるため出せなくなったと葉書を書く。
一〇月一六日　唐木順三が訪ねてくる。
一〇月一七日　黒田原に疎開していた冨美子、清彦、八枝子たちが帰ってくる。
一〇月一九日　朝日新聞の斉藤実が、『村と学童』を一万部発行すると言いにくる。序文を書こうと思うが、なかなか進まない。唐木順三が来て、校正原稿を持っていく。
一〇月二〇日　『先祖の話』の序文を書く。
一〇月二一日　喜多野清一が病気していたと久し振りに来る。信州志賀の神津猛の近況を聞く。
一〇月二二日　野口孝徳が訪ねてくる。『先祖の話』の校正と書き終えた序文にこの日の日付けを入れて渡す。
一〇月二四日　唐木順三が校正をとりに来る。
一〇月二五日　「鳥柴考」を書き直す。
一〇月二六日　平野義太郎が訪ねてくる。
一〇月二八日　木曜会で、「祭日考」と「冬の日」第四の話をする。このころの木曜会に、和歌森太郎が、復員してきたばかりの教え子、竹田旦を連れて来る。
一〇月二九日　孫の清彦と近所の小学校を回り、被災した小学校の現状を知る。東洋堂と「農村語彙」増補版について相談する。「霊地考」の支度にかかる。
一〇月三〇日　身体の不調を知らせてきた倉田一郎に、自分のことばかり考えすぎるから神経衰弱になるので、「そんなことを言つて居たら学問で、国を済ふ日は到底来ぬだらう」と返事を書く。
一〇月三一日　「笑の本願」の校正を送ってきたので、夜、見終わる。鈴木太良宛てに、無事に復員してきたことを喜んでいることや、自分のところに毎月二〇人も集まってきて、会の回復に余念がないと葉書を書く。
一一月一日　「鳥柴考」を二〇枚まで書き、『先祖の話』の校正を六〇章あたりまでする。
一一月三日　明治節の日、昔をなつかしく思い出す。外に出て見ても国旗を立てた家が少なく、また、自分の家にも立てていないことに気付き、淋しい気持ちになる。朝日新聞社で『農業朝日』という雑誌を出すといって原稿を頼みに来る。
一一月四日　畑に出てみんなで麦をまく。日比谷図書館の中田邦造が来て、成城に書庫をつくると言う。
一一月五日　「蕪村句集」を見る。
一一月六日　文部省関係の人たちに読んでもらいたいと思いなが

ら、『展望』の原稿「喜談日録　一」を書く。

一一月七日　唐木順三が来て、校正原稿を置いていく。『対馬島誌』（対馬教育会、昭和三年）などを読む。

一一月八日　創元社から「二十三夜塔」の原稿料を送ってくる。

一一月九日　『先祖の話』の校正が終わる。

一一月一〇日　成城の初等学校で催し物があり、清彦を連れて見に行き、久し振りに子供たちが群れて遊んでいるところを見る。『埼玉叢書』巻一二や、『伊那郡神社仏閣史』などを見る。昔書いた「耳の文学」の原稿を出して読む。『新国学談』の計画を考える。

一一月一一日　木曜会を開くが、電車の制限の日であったため、参加者は堀一郎、宮本常一ら五人だけであった。

一一月一二日　長野県下高井郡の日野国民学校の校長、大月松二が林檎や柿などをもって、相談に来る。敗戦後、教育者がしっかりやらなければ国が建て直らないと話し、大月の研究テーマ「社会科指導における習俗の研究」を内地留学として研究したらよいと助言をする。その中で、頼りになるのは農民で、農民をよくするには信仰から入る必要があり、そのために今度、筑摩書房から『先祖の話』を出すことにしていると述べる。また、信州は講演中毒で、あれほど講演に行ったのに、一人もこの学問をやる者がいないと嘆く。大月は、昭和二二年の四月から二三年三月まで研修に通うことになる。

一一月一三日　『展望』創刊号に掲載する「喜談日録」を書き、「国民信仰」と「和気の文学」と「国語教育」の三つの仕事について役立ちたいと述べる。松平定信の遺著『退閑雑記』（八尾書店、明治二六年）を読み、殿様の文章はいやなものだと思う。

一一月一四日　村田了阿の書簡集『一枝余芳』（文祥堂、昭和八年）などを読む。「鳥柴考」の続きを三、四枚書く。桜井から関口健一郎の死を知らされ、浩歎する。

一一月一五日　井上翼章編輯の『越前国名蹟考』（中村興文堂、明治三五年）や、佐伯元吉選の『東伯郡誌』（東伯郡、明治四〇年）を読む。

一一月一六日　鈴木棠三がやってきて、書物疎開の手伝いをしている時、内閣文庫の本の中に自分の抄読の跡をみつけたと言う。牧田茂が朝日新聞の記者として来て、神祇院のことを聞いてきたので、昨年の講演「敬神と祈願」の講演手控えを見せる。

一一月一七日　岩崎敏夫から「村の生活聞書」が送られてきたので、終日読む。

一一月一八日　木曜会があると思って今野円輔が来る。新聞に対して、もう少し主張した方がよいと苦言を述べ、自分の意見を自由に言えるようになるまで、新聞やラジオは断っていると話す。

一一月一九日　岩崎の報告書を要約し終わる。夜、「祭日考」を書き始める。

一一月二〇日　中田邦造が、朝鮮総督府図書館長だった荻山秀雄［柳田は荻山四郎京城図書館長］を連れてくる。

一一月二二日　『雍州府志』（黒川道祐、大正五年）を読み終わる。

一一月二三日　三宅米吉評註の『以文会筆記抄』（雄山閣、昭和四年）を読む。

一一月二四日　筑摩書房の臼井吉見が原稿料を持ってくる。一枚三〇円という破格の扱いに驚く。福士幸次郎が宍戸儀一を連れて久々にやってくる。『続群書類従』の補遺『満済准后日記』（続群書類従完成会、昭和三年）を読む。

一一月二五日　深水正策が来る。木曜会を開き、「冬の日」第五章を講じる。二一年の三月第二日曜日まで休むことにする。

一一月二六日　福本和夫の息子が来て、雑誌に何か書いてほしいと言われるが断る。『満済准后日記』を読み、「義持、義教の所行、腹の立つことはマックァーサーもかはらず」と日記に書く。

一一月二七日　朝日新聞出版部の斉藤実が、『村と学童』六〇部と印税を持ってきてくれる。柴田勝が来て、秋田の疎開地の話をしていく。碓井小三郎編の『京都坊目誌』（京都叢書、大正四、五年）を読む。

一一月二八日　都の社会教育課の斉藤義彦が、祭のことを相談に来る。

一一月二九日　『展望』の原稿にとりかかる。

一一月三〇日　後崇光院の『看聞御記』（続群書類従完成会、昭和五年）を読み始める。

一二月　この月、『笑の本願』の序を書く。

一二月一日　宍戸儀一が連れて来た鎌倉書房主長谷川映太郎から『栗本鋤雲遺稿』（鎌倉書房、昭和一八年）をもらい、よい本と思う。

一二月二日　比嘉春潮が来て、沖縄の人たちが困窮していることを話していく。自著『国語の将来』に目を通すが、新たに原稿は書けない。堀が来て、研究所のことを相談する。

一二月三日　大西伍一が来たので、『村と学童』を贈りながら昔と今の親子関係のことなどを話す。この本を郵便で送る作業をする。

一二月六日　庭を掃除し、灰を畑に撒く。原稿がなかなか書けず、苦吟する。

一二月七日　筑摩書房から原稿の催促が来る。緒方竹虎らに逮捕状が出たと聞き、体のことを心配する。

一二月九日　「祭日考」の準備にかかる。

一二月一〇日　『展望』に掲載する「喜談日録（二）」を書く。復員してきたが、虚脱感で悩んでいた愛媛宇和島の山口常助宛に、まだ若いのだからもう一度始めてみたらと葉書を書き、自分も毎日一生懸命働いていると述べる。また、同じ宇和島の兵藤賢一の消息を尋ねる。

一二月一二日　平山敏治郎が来て、京都の話をしていく。ようやく『看聞御記』を読み終わったので、平山ともこの話をする。甥の矢田部達郎が刊行したばかりの『動物の思考』を持ってくる。

一二月一三日　中原康富の『康富記』（昭和一一、一二年）を読み、書き写す。

一二月一五日　この日、連合国軍総司令部が、国家神道禁止の「神道指令」を出す。

一二月一六日　「喜談日録」が掲載された『展望』創刊号が届く。
一二月一七日　「祭日考」の続きを書く。
一二月一八日　共同通信社の田中康夫が訪ねてきて、神道の行方についてのインタビューを受ける。後日、『奈良日日新聞』（二六日付け）などに掲載される。
一二月一九日　新潟にいる中川深雪から便りが来たので、返事を書く。
一二月二〇日　中野正剛の遺児泰彦が訪ねてくる。
一二月二二日　創元社の佐古純一郎が来て、『毎日の言葉』の編集のことを相談する。
一二月二四日　「祭日考」一五〇枚書き終わる。クリスマスの贈り物と言われて子供たちから煙草をもらう。この日退職した大池蚕雄が、この日の前後に挨拶に来たので、長興寺でのことを思い出し、「洗馬山のかまへの庵のあめの日の　むかし話と我もなりなむ」の歌を詠み画帖に記す。
一二月二六日　「祭日考」に一度目を通す。年内に完成してよかったと思う。朝日出版部の斉藤実が来て、『村と学童』の二刷りの印税を持ってくる。「女の本」のことを話す。
一二月二七日　鎌倉書房の長谷川映太郎に、「家閑談」の原稿を渡す。
一二月二八日　大藤時彦が来て、国際文化振興会の活動休止のことと、進駐軍の図書係を援助していると話していく。
一二月二九日　「山宮考」を書き始める。「祭日考」と併せて『新国学談　第一冊　祭日考』とするための「窓の灯」の原稿を書き終える。「本年の文業、之にて漸く千枚に達す、此外にも二三未完のものあり」と日記に書く。鎌倉書房からもらった『神々の座―印度・西蔵紀行』（ヘルベルト・ティヒー著、村上啓夫訳、昭和一九年）を読む。
一二月三〇日　橋浦泰雄が協同組合の様子を話しに来たので、石黒忠篤と相談するように言う。また、大西伍一が、野菜や煙草の紙を持ってきてくれる。今年の貰い物はこれで最後と、数えてみると一八六件もあったと日記に書く。
一二月三一日　書斎の雑巾がけをする。「山宮考」を一〇枚ほど書き、こたつに入って「年を淋しく送る」。

昭和二一年（一九四六）　七一歳

一月一日　この日、天皇の神格否定の詔書が出される。鳥取の蓮仏重寿宛ての年賀状に、昭和六年に発行した、「奥の手風俗」の六枚セットの絵葉書の一枚を使う。
一月一四日　『展望』第三号に掲載する「喜談日録」を書く。
一月一六日　「山宮考」を書き終える。
一月一八日　「女の本」の原稿を瀬川清子が持ってくる。
一月二九日　遠野中学校の教員となって遠野に住んでいる山下久男に、久し振りの便りを「うれしく拝見」と返事する。また、倉田一郎にも、一進一退を繰り返す病気に対し、「闘病勝利疑なし」と激励の葉書を書く。
一月三一日　「新国学談」の出版を決意する（定）。この日、神祇院官制が廃止となる。

二月　このころ、唐木順三に連れられて中村光夫が訪ねてきて、田山花袋のことを聞かれる。

二月四日　疎開先の児玉町にいる丸山久子からしばらく連絡が無く、心配していたが、父親の死を知らせる一月一一日付けの知らせが検閲にかかっていて、この日やっと届く。

二月一一日　丸山久子が昔話の整理のために来る。毎週木曜日に来ることになる。『新国学談　第一冊　祭日考』に収める論考に対する短い「解説」を書く。

二月一六日　倉田一郎宛てに、自分が今力を入れているのは、『新国学談』であると葉書を書く。

二月二一日　倉田一郎からの葉書の返事を書く。

三月二日　新村出宛てに、敗戦後、誰もかれも遠ざかってしまって「敗戦国の嘆きを味ひ居候」と葉書を書く。

三月六日　『毎日の言葉』の序を書く。久しぶりに和気周一から手紙が来たので、東京にあっても互いの交通が難しく、研究会が成立しないと返事を書く。

三月一二日　「信濃桜の話」の「附記」を書き終える。

四月一日　『笑の本願』の初版本が届き、すぐに目を通し、校正箇所に赤を入れ「一校了」とする。「民俗学教本」（窓の灯　三）を書く。この数日後、復員してきた石塚尊俊が食料を持って訪ねてくる。

四月一五日　「全国昔話記録」（窓の灯　六）を書く。またこの日、筑摩書房から、『先祖の話』をようやく刊行することができる。発行部数は、初版一万部であった。

四月二八日　この年初めての木曜会第二四八回例会を開き、霊地考の話をする。毎月第二、第四日曜日に開くことにする。

四月三〇日　高藤武馬と今野円輔が訪ねてきて、ゆっくり話す。

五月　この月、「民俗語彙事業」（『氏神と氏子』窓の灯　一）を書く。

五月三日　成城学園初等学校の柴田勝、馬場正男ら五人の教員が来て、話し方教育について話し合う。話し方読本を作る相談も受け、この日以降、毎週木曜日に話し方教育についての研究会を開くことにする。斎藤昌三から贈られた日記帳を取り出し、「学問の日記」「木曜会日記」と表題をつけ、余白にこれからでも書いてみようと思う。

五月七日　遠野の山下久男に、郷土関係資料展に出品させてもよいと喜善の手紙四通と鈴木重男の手紙一通を送る。

五月一〇日　文部省の篠原が訪ねてきて、これからの国語教育についての話し合いをもち、これからは聞く力と、分からない時には分からないとはっきり言うことが大切だと話す。成城学園初等学校から、二七歳の白井禄郎が初めて来たので、志をたてて勉強するように励ます。

五月一二日　木曜会第二四九回例会に出席する。

五月一三日　『民間伝承』第一一巻第一号に載せる「木曜会だより」を書く。

五月一八日　昭和一八年四月に刊行した『神道と民俗学』の初版本に、「コノ本ハ再版ノ値ナシ」と厳しい書き込みをする。

五月二一日　『神道と民俗学』の初版本に再度目を通す。
五月二二日　昭和一〇年に再版された『郷土生活の研究法』に、二〇〇ヵ所近い修正や加筆を朱筆し、「此本ハもう再版せぬつもり也」と書き入れる。
五月二五日　長野県更級郡川中島に住む須山計一に、長野県農業会編で刊行予定の『信濃の祭』（昭和二二年三月、諸田盛男解説、須山計一作画）の題字は無理だが、序文を書きたいと葉書を書く。
五月二六日　木曜会第二五〇回例会に出席する。
五月二七日　『赤トンボ』の編集者となった藤田圭雄宛てに葉書を書く。
六月　この月、『昔話覚書』が再版されるにあたっての「再版の序」を書く。また、女性民俗学研究会編の『女の本　若き友におくる民俗学』（朝日新聞社、九月三〇日）の序を書く。
六月五日　「還らざる同志」（窓の灯　七）を書く。
六月七日　平山敏治郎宛てに、養徳社から『近世未刊日記』を出すことになったので、昔から知っている内田克巳という編集者が相談に行ったらよろしく頼むと葉書に書く。
六月一一日　宮内庁の庁舎で、天皇皇后と各宮家列席の前で、国語問題について御進講する。
六月一三日　今井善一郎に、資料を提供してくれた礼に『先祖の話』を贈ると葉書を書く。
六月一五日　公職追放されたことを伝える石塚尊俊からの便りに返事を書き、「此際寸毫も迷ハず御家の御本務にいそしみたまふへく」と励ます。
六月一七日　下伊那郡会地村に住む熊谷元一宛てに、送られてきた絵本『伊那谷の菓子』のお礼と、敗戦後、故郷に戻って教職についていることを知って安心したと葉書を書く。
六月二三日　木曜会で、堀一郎から『先祖の話』の批評を受け、その後、固有信仰のあり方と課題について話す。参加者は、瀬川、能田、池田、丸山、堀、牧田らで三千も参加する。この会を、第二六五回とする。
六月二四日　和気周一宛てに、亡くなった母親を悼む葉書を書く。
七月　この月、約束していた『信濃の祭』の序文を書く。
七月一二日　一年後に廃止されることとなっていた枢密院の最後の枢密顧問官となる。廃止が決まっていることから、「馬鹿にしたこと」と最初は納得しなかったが、「国家のために引き受けて貰いたい」との吉田首相からの説得を受け、決意する。従四位勲三等の叙任を受ける。七号俸となり、二七年ぶりの官界への復帰となる。
七月一四日　木曜会第二六六回例会に出席する。
七月二三日　二五日からの「氏神と氏子」の講演のなかで、相馬の葉山信仰についても話すつもりと岩崎敏夫に葉書を書く。
七月二五日　靖国神社で開かれた文化講座で「氏神と氏子」について話す。聴衆は一五〇人ほどで、広告が民俗学の話となっていたため、若い学生が多く神社への関心が伝わってこなかった。帰宅して、蓮仏重寿宛てに疲れたと葉書を書く。
七月三〇日　石塚尊俊宛てに、出雲と石見には見残した所が多いのでまた行きたいが、今は動けないと葉書に書く。
八月　この月、『物語と語り物』『家閑談』『口承文芸史考』の序を書く。
八月三日　平山敏治郎に、出版を準備している近世の日記集に関する注文を書いた手紙を書く。
八月九日　農林専門学校で、「ニホの話」を講演する（定）。
八月一一日　木曜会第二六七回例会に出席し、ニホの話をする。
八月一五日　『国際連合』創刊号に掲載する「ジュネーブの思ひ出」を書く。当時の日記を整理して、「瑞西日記」として刊行したいと思いつく。
八月二七日　阿部龍夫宛てに、「江差追分雑考」をみんなでよんでいると久しぶりの葉書を書く。
八月三一日　平山敏治郎宛てに、古記録から民俗学の問題を探すのは一つの仕事で、自分もやりたいと思っていると葉書に書く。
九月　創元選書から『毎日の言葉』が刊行される。担当は、戦後、復職した佐古純一郎であった。この月、文部省の国定教科書『くにのあゆみ』（執筆、家永三郎・森末義彰・岡田章雄・大久保利謙）ができる。
九月五日　午前中、鍼を打ちに行き、自宅に戻ると今野円輔が日本民俗学講座のプランをもって来たので話す。演題を「疑問から出発する」か「現代科学ということ」にしてほしいと言う。
九月一〇日　中秋の宵の月を眺め、一九年前に引っ越してきて初めての中秋の夜を迎えた時のことを思い出しながら、「窓の灯」を書く。
九月一八日　都立京橋図書館において新規採用職員のための講演会で、「民俗学の文庫作業」を講演する。
九月二一日　平山敏治郎宛てに、和歌山田辺の闘鶏神社の「田辺年代記」と東京八王子の「戸田村氏日記」はぜひ保存したいので、近世日記に収めるようにと葉書を書く。
九月二二日　木曜会が開かれ、渋谷から安中の座敷神祭の話を聞き、供物をして後を振り向かない例や、直会の話をする。正宗敦夫宛てに、敦夫の弟である植物学者の正宗厳敬に聞きたいことがあるので消息先を教えてほしいと葉書を書く。また、新村出宛てに、『沖縄文化叢説』という本をつくり、学問上の関心を喚起するつもりなので、一本書いてほしいと葉書を書く。
九月二八日　この日から毎週土曜日に、三回連続の日本民俗学講座が靖国神社旧遊就館で開かれ、「現代科学と云ふこと」を講演する。神島二郎が初めて聴講する。
九月三〇日　朝日新聞社から女性民俗学研究会編の『女の本　若き友に送る民俗学』を刊行する。初版一万部であった。「女の会」の正式名称を女性民俗学研究会とする。
一〇月五日　靖国神社旧遊就館で日本民俗学講座の二回目の講演をする。
一〇月一二日　靖国神社旧遊就館で日本民俗学講座の三回目の講演をする。
一〇月二〇日　二子玉川の宝亭で開かれた、「民間伝承の会関東地方会員懇親大会」で、日本民俗学の今後の進路について話す。

その後、折口が書いた台本「黒子万歳」を今野円輔と牧田茂が演じるのを見る。女の会のメンバーと平山敏治郎、折口信夫と記念撮影をする。
一〇月二二日　宮内省委員会に出席する。
一〇月二三日　日本民俗学講座の最終授業として、講座の参加者有志と共に、南多摩郡の村を歩く。
一〇月二八日　前月に刊行された、歴史教科書『くにのあゆみ』に対しての談話を、『毎日新聞』に「歴史教育の使命―『くにのあゆみ』に寄す」と題して発表する。そのなかで、教科書不要論と、現在から遡る歴史の必要性を説く。
一〇月二九日　枢密院で憲法改正案が話し合われる。
一一月　このころ、「百問百答集」の作成にとりかかる。
一一月一日　国語教育学会の戦後復興第一回大会において「是からの国語教育」を講演し、理解の国語教育は進んでも、表現の国語教育は未だに行われていないと近代学校国語教育を批判する。
一一月二日　農林専門学校で「病田について」の講演をする（定）。のちに「御刀代田考」として発表される。
一一月四日　石井進が初めて訪ねてくる。
一一月七日　交通公社で、「フォークロアの話」を講演する。
一一月一〇日　第二六六回木曜会が開かれ、二〇人ばかりが集まり「花とイナウ」の話をする。平山敏治郎からの手紙の返事を書き、年内に会いたいと述べる。
一一月一一日　上野勇宛てに、昨日木曜会が開かれたことを伝える葉書を書く。
一一月一四日　枢密院の皇室関係法案委員会に出席する（定）。自宅において、『展望』企画の中野重治との対談「文学・学問・政治」をする。この記録は、同誌一月号に掲載される。
一一月一六日　群馬県の日本医療園大日向荘から、施設内の文庫に著書寄贈のお願いの手紙が届く。
一一月二一日　平山敏治郎宛てに、今、「田社考」という論考を書いているが、昭和一〇年ころに出た『稲荷神社史料』という本を見たいので、何とか手に入る方法を考えてほしいと葉書を書く。
一一月二五日　遠野の山下久男に、山下の母の訃報を知り、「御追慕の悲限りなかるべし」と慰めの葉書を書く。
一二月　この年、敗戦後初めて土橋里木が訪ねてきて、これからどうなるのかと聞いてきたので、「これで本来の姿に立ち返ったので、この学問の大道は却って開け永遠に栄え続ける」と述べる。このころ、座談会「常用漢字と現代かなづかい」に出席して、山本有三、安藤正次、川端康成らと話し合う。この会の記録は、『人間』一月号に掲載される。また、このころ、連合軍総司令部民間情報教育局世論・社会調査部の顧問となった齊藤褒治が、毎週末訪ねてくる。またこの年、散歩をしながら近くや生田方面の小学校を訪れ、教員たちと社会科のことなどを話し合う。
一二月九日　平山敏治郎宛てに、養徳社から刊行する近世日記類の題名を書いた葉書を出し、趣意書も近いうちに書いて相談すると述べる。

一二月一〇日　体調が治らないまま、枢密院の御前会議に出席する（定）。この日、小山書店から、『新国学談　第一冊　祭日考』を刊行する。

一二月一八日　折口信夫に、一〇日ほど前から気管支カタルになり、熱が下がらないと葉書を書く。

一二月二九日　数日前に訪ねてきた平山敏治郎に、話して楽しかったと葉書を書き、あれからも熱が下がらないので引き籠っていると述べる。

昭和二二年（一九四七）　七二歳

一月　この月、「これからの正月」を書く。

一月一一日　岩崎敏夫に、一二月以来風邪をひき、木曜会などの研究会を開けない状態であると伝える。また、平山敏治郎宛てに、熱が下がらないので、約束していた「近世諸家日記刊行趣意書」が書けず気になっているので、そちらで書いてほしいと葉書を書く。

一月一三日　岩崎敏夫に、民俗学研究所をいよいよ成立することになり、第一の事業は、地方からできるだけ多くの質問を出してもらうことだと手紙を書く。

一月一六日　国際学術協力会議に出席する（定）。

一月二〇日　『時事新報』に載せる「静臥随想　上　学問への信頼」と「同　下　日本民俗学の場合」を書く。この日、中央公論社から、『口承文芸史考』を刊行する。

一月三一日　「小さな民俗学研究所」（窓の灯　一）と「百問百答集」（窓の灯　二）を書く。

二月一日　「女の会」（窓の灯　四）「先祖の話」（窓の灯　五）を書く。

二月二日　水野葉舟が亡くなる。享年六五。「民間伝承のこと」（窓の灯　八）を書く。

二月七日　岩崎敏夫宛に、県の民俗学会を作る計画の進め方を助言し、『新国学談』の熱心な読者を各府県に二、三人ずつでも見つけたいと手紙を書く。

二月一四日　青森県北川村の剣吉国民学校に勤める小井田幸哉宛てに、贈られてきた雑誌の礼状を書き、宮本常一からも聞いていて、こちらからも連絡したかったところと述べる。

二月二八日　朝、小雪が降り、翌日開かれる枢密院に出席するため、電車の混雑をおそれて、この日の夜、八〇日ぶりに家を出て、目黒の富士ホテルに米持参で宿泊する。

三月　諸田盛男解説、須山計一作画、長野県農業会編の『信濃祭』（長野県農業会、昭和二二年）の序を書く。この月の終わりごろ、神島二郎が訪ねてきて日本の神について研究したいと言われ、書斎に通うことを認める。

三月一日　富士ホテルから、枢密院の会議に出席する（定）。帰宅後、牛尾三千夫宛てに葉書を書き、『山宮考』を校正中と伝える。また、『山陰民俗叢書1　こひに居る話』（石塚尊俊）を送ってきた石塚にお礼の葉書を書き、東京の取次店にも紹介するよう動く。
三月五日　伊那谷の熊谷元一宛てに、子どものスケッチ集のお礼と、若くして亡くなった山村書院の山村正夫の夫人を心配する葉書を書く。
三月七日　枢密院の学校教育基本法案の委員会に出席する（定）。
三月一〇日　書斎を開放して民俗学研究所を設立することにする。
三月一一日　枢密院の学校教育基本法案の委員会に出席する（定）。
三月一二日　枢密院の学校教育基本法案の委員会に出席する（定）。
三月一三日　民俗学研究所が発足し、三〇〇回近く続いた木曜会が、この日から民俗学研究所の例会になる。第二日曜日に開く会を研究所例会、第四日曜日の会を談話会と呼ぶようになる。例会で、研究所設立の意義を述べ、その後、和歌森太郎の歴史と民俗学についての論について話し合う。のちに、研究所をつくったことで、進駐軍がダンスホールに使う家を探していたことから逃れることができたと述べる［定本年譜では二三日］。
三月二〇日　第一一回女性民俗学研究会で、能田多代子から東北方言「ウジャネハク」の報告を聞き、「う」の字の文化について話す。
三月二一日　藤田圭雄宛てに葉書を書く。
三月二三日　この日、一昨年、内地留学を薦めた長野の大月松二が来て、新年度から通うことになったと挨拶に来る。「歴史という言葉を使わないで歴史を書きかえるのが社会科の使命だ」と話す。
四月　この月、一二月に出す予定の『沖縄文化叢説』の「編纂者の言葉」と、『分類農村語彙増補版』上巻の「解説」を書く。またこの月、「学習指導要領・社会科編」が公布され、九月からの社会科の実施が決まるが、全国に先駆けて、成城学園で社会科の時間が設けられる。
四月三日　帝国芸術院の欠員補充として、長谷川如是閑や土井晩翠ら一〇名と共に推薦される。
四月四日　『朝日新聞』に「よい自治体はこの一票から」が発表される。
四月五日　長野県を講演旅行中の橋浦泰雄から報告の葉書が届く。
四月六日　新村出から『童心録』が贈られてきたので、すぐに読み、お礼の葉書を書く。
四月七日　「旅行の話　その二」を書き上げる［九日か］。
四月九日　枢密院の会議に出席し、「教育基本法案」について審議する（定）。午後、自宅で、成城学園初等学校の教員、柴田勝、菊池喜栄治、白井禄郎ら二四名（成城教育研究所）と社会科の指導方法についての第一回目の談話会を行う。またこの日、『手帖』に掲載予定の「旅行史話」（のちに「旅行の話　その二」と改題）を書き終える。
四月一五日　『赤旗』の記者が訪ねてきて、『都市と農村』や『日本農民史』について聞いてきたので、悪いところばかり見ないで、日本のよいところも見るべきと講釈する。
四月一六日　九日に来た成城教育研究所の三〇人近い教員がやってきて、社会科についての第二回目の談話会をする。のちに『社会科の新構想』としてまとまる。

四月一七日　大月松二の内地留学初日として、やって来たので、民俗学研究所の趣意書を渡し、心構えを話す。その後、言語学者の小林英夫が訪ねてきて、方言や民俗語彙集について語り合う。

四月一八日　森銑三と建築家の倉田康男が来たので、研究所のことや教育問題、沖縄のことなどを語る。二人と大月を伴って、狛江の野川まで散歩する。

四月一九日　岩波書店社員が来たので、雑誌や本づくりの希望を述べる。古島敏雄が、全国農業会家の光協会の雑誌『地上』の誌上座談会のために、編集者と共に訪ねてくる。この記録は、「農民解放と民俗」と題して、同誌六月号に掲載される。

四月二一日　大月松二に、道祖神や語り物、『婚姻の話』などを講義する。

四月二三日　新聞『赤旗』に、「私は共産党へ投票する」と題した談話が発表される。

四月二六日　再刊された『日本民俗学入門　下巻』の「再刊の跋」を書く。

四月二七日　民俗学研究所第三回例会と女性民俗学研究会で「女性と民間伝承」を話す。

四月二九日　『村の話』第二巻に載せる「歌及び序」を書く。

四月三〇日　枢密院の最終の会議（閉院式）に出席し、天皇から労いの言葉をもらう。そのあと、吉田茂首相や石橋湛山蔵相らと記念写真を撮る。午後、陪食賜茶の会に臨席する。

五月　この年にはいってからこのころまでに、東京書籍から、国語の検定教科書の監修者の依頼を受け、岩淵悦太郎との共同監修であること、倉田一郎を編集委員に加えること、著作者は東京書籍であることを希望として伝える。また、編集の基本方針として、「一、児童の大半を占める中以下の子供を対象とする。二、文芸に片寄らない。三、聞く、話す、読む、書くの全体にわたる教育。」の三原則を提案し、のちのちまで東京書籍版の基本方針となる。

五月二日　枢密院廃庁により顧問官を退官する。外相官邸において開かれた、吉田首相の招宴に招かれる（定）。

五月三日　日本国憲法が施行された日、夕方から大月に、「封建的と民主的ということ、質問法の改良について」などを講義する。この日の前後、中野重治から、『あかはた』の記事を福井で読み、有り難かったとの一日付けの手紙が来る。その中で、二三日に発表した談話筆記の原稿をお見せしたのか気になっていて、二八日に帰って来てから聞いて見ると、お見せしないで載せてしまったとのこと、ご迷惑をかけて申し訳ないと謝られる。

五月四日　東京裁判の言語部長セルダンらが訪ねてきたので、根付や新かなづかいについて話す。午後、女性民俗学の会を開き、女の会との違いを求める。またこの中で、『先祖の話』について話し、昔はみな自分の郷里の山に祖先が上がったと信じていて、田舎の平和な姿を思っただけでも楽しいなどと語る。

五月五日　大月に「涕泣のこと」を講義する。

五月六日　大月に「あいさつのことば」について講義する。

五月七日　瀬川清子が成城高等女学校専攻科で、「生活史（民俗学）」の講義をもつことになり、その第一回目の講義で話をする（定）。二回目以降は、瀬川が担当する。
五月一〇日　民俗学研究所第四回例会に出席して、社会科の読み物について話し、堀一郎の十三塚の報告を聞く。
五月一一日　農林省の小泉幸一と、農地改革のことなどを話し合う。
五月一二日　「『東京の三十年』」と題した、田山花袋の思い出を書く。
五月一三日　『伝記』に掲載するため、堀一郎からインタビューを受ける。
五月一八日　大月に、沖縄の重要さを講義し、二四日の理事会のあと新聞発表すれば、全国の気風が変わると思うと話す。
五月二〇日　この日の早朝、倉田一郎が亡くなったとの電報が届き、茫然とする。
五月二三日　信濃教育会の顧問を受諾する。
五月二四日　銀座交詢社で民俗学研究所世話人会を開き、犬丸人文科学課長や勝田守一など文部省の関係者も含め、石黒忠篤、渋沢敬三、東畑精一、風巻景次郎、小泉幸一ら多方面からの参加者に対し、事前に書いてきた原稿、「民俗学研究所の成立ち」を読み、協力を求める挨拶をする。そのなかで、民俗学で社会科のすべてをまかなえると述べる。折口信夫が司会を務め、直江広治が経過を報告する。本来の目的は、財団法人としての資金集めの会であったが、頭を下げて頼むのがいやで、趣旨説明に終わってしまった
五月二五日　『火の昔』のような民俗学の知識をもって科学の研究をすると面白いと大月松二に語る。民俗学研究所の第五回例会で、関敬吾から倉田一郎の急逝の報告があり、一同で倉田の業績を偲ぶ。東京大学法学部研究室の学生たちが訪ねてきたので、婚姻、家督、相続、親子関係のことなどを語る。この日、朝日新聞の客員を辞め、この日から社友となる。
五月二七日　「山バトと家バト」の原稿を書き上げる。
五月二八日　急逝した倉田一郎の妻と息子の静也宛てに、慰めと激励の手紙を書く。
五月二九日　用紙事情打開のため、北海道に支社をつくった筑摩書房、創元社などの出版社の企画の出版文化祭の講師を引き受け、講演旅行に出かけるため、横浜から氷川丸に乗る。同行したのは、長谷川如是閑、小林秀雄、河上徹太郎、亀井勝一郎、田中美知太郎、清水幾太郎、久米正雄、川端康成、中村光夫らで、北大から理学部の中谷宇吉郎と農学部の高倉新一郎が合流した。出版社側からは、創元社小林茂、秋山修道、青磁社米岡来福や鎌倉文庫の三浦徳治、巌谷大四らであった。嘉治隆一も同行する。船中で、狸とムジナはどこが違うかと皆に質問されて答える。宮良当壮が編集する『日本の言葉』に掲載する「国語史の目的と方法」を書き上げる。
五月三一日　朝、函館港に着き、『函館新聞』主催の文化大講演会に参加し、湯の川温泉に泊まる。
六月一日　筑摩書房北海道支社長の竹之内静雄の迎えをうけ、函

館から列車で札幌に向かう。車中で乗り合わせた長谷川一夫の人気に驚き、興味をもつ。

六月二日　午前中、札幌市役所で開かれたモールス会の座談会に出席して、イナウのことやクロモジについて話す。そのなかで、北海道大学の土佐林教授からホトケの語源についての質問を受ける。夜、札幌の高倉新一郎の家に泊まる。

六月三日　北海道大学中央講堂で開かれた、出版文化協会主催の講演会で「再建は如何にすべきか」と題して、沖縄の話を講演する。札幌の宿に、ジョン万次郎の孫にあたる人が訪ねてくる。

六月四日　長谷川如是閑と清水幾太郎と共に小樽に向かう。北海ホテルに入り、早川昇がやっている小樽書物同好会主催の民俗学座談会で「犬卒塔婆の話」を講演する。小樽の石川という古本屋が訪ねてきて、ネフスキーの沖縄採集ノートが妻イソの実家である積丹の入舸の網元である萬谷家から売りに出されたことを知る。のちに、購入者北海道拓殖銀行支店長だった長谷川幾久雄に依頼状を出し、写真に複写し、服部四郎に委託する。また、小樽の吉乃屋の主人で、菓子の歴史家であった刀禰武夫に会い、熊谷元一の写生画を贈る約束をする。終了後、早川らの案内で宿泊先の銀鱗荘に向かう。

六月五日　札幌で話した「建設は如何になすべきか」を講演したあと、早川昇らに見送られ、長谷川如是閑、嘉治隆一と共に小樽を発つ。他の講師たちと合流するため登別に向かい、登別温泉の第一滝本旅館に入る。知里真志保の訪問を受け、同席した嘉治隆一に中央の言論界に知里のことを紹介してほしいと頼む。

六月一〇日　船で、三陸沖を南下し帰京する。途中、六月の雪が海に消えるのを見て、昔詠んだ歌を口ずさむ。

六月一一日　岩崎敏夫に、昨日、北海道の講演旅行から帰ったと葉書を書く。留守中に届いていた『動物文学』に、平岩米吉が狸とムジナは同じと書いているのを読むが、自分の考えを間違いとは思わない。

六月一五日　小山書店から、『新国学談　第二冊　山宮考』を刊行する。

六月一六日　柴田勝、直江広治と社会科について相談する。

六月一八日　岩波書店の玉井が来て「婚姻の話」について話す。その後、教員組合の教育新聞の編集者が来て、『少年と国語』や『こども風土記』について話す。午後、研究所常任委員会を開く。伊那谷の熊谷元一に、『伊那谷の菓子』を中央の出版社で出したいという話に尽力したいが、今は難しいと葉書を書く。

六月一九日　三木茂が訪ねてきて、民俗学の視点から映画をつくりたいと相談を受ける。午後、大月に、世間話と噂話について講義する。

六月二〇日　『東京新聞』の編集者が来て、インタビューを受ける。『祭日考』を出版した実業之日本社の編集者が来る。朝日新聞社の斎藤記者が来て、社会科と民俗学についてインタビューを受ける。その後、大月に、全国の小学校の教員の代表になったつもりで質問を考えてみたらどうかと話す。

六月二一日　郷里の辻川からの客が訪ねてきたので、父の思い出などを語る。

六月二二日　午前中、ＧＨＱのレーパーが来て、村の規模の大きさなどを話す。柴田勝から、博物館を見学した小学生の反応を聞き、質問にすぐに答えなくてよいと言う。民俗学研究所第六回例会を開き、稲荷信仰や憑物について話し合う。終了後、代議員会に出席する。

六月二三日　成城学園の門の前の加藤武雄（青城）の自宅（青城亭）で、宇田零雨、松井驥（鷲十）、青柳青々の五人が集まり、「青城亭五唫歌仙」を巻く。

六月二四日　大月に「事実の採集」について講義する。成城高等学校の女子高校生三人が来て、成城の昔について質問に答え、野鳥や野草の話をする。

六月二七日　「農村語彙増補版」（『氏神と氏子』窓の灯　二）「警下抄の事」（同　三）を書く。

六月二八日　東京大学宗教学懇談会で、宗教講座「子安神」を講演する（定）。

七月　この月、神島二郎が初めて訪ねてきたので、自由に文庫を利用してよいと言う。このころ、堀一郎との対談で、これまでの自分の学問の歩みを振り返る。この記録は、「私の歩んできた道」と題して、『伝記』八・九月合併号に掲載される。

七月二日　「新しい民俗誌」（『氏神と氏子』（窓の灯　四）「子安神の話」（同　五）を書く。

七月四日　この日の前後、青森県西津軽郡牛潟村の教員、三橋康長が訪ねてくる。

七月五日　民俗学研究所において、勝田守一、豊田武、塩田嵩、宮下三七男ら文部省社会科関係者との座談会を行う。研究所側からは、石田英一郎、堀一郎、関敬吾、瀬川清子、今野円輔、和歌森太郎、直江広治、大月松二、柴田勝らで、こちらは民俗学で社会科全部をまかなえると思っていると述べる。

七月八日　青森の同志の消息を知らせてくれた弘前の森山泰太郎に返事の葉書を書く。そのなかで、三谷栄一がいつの間にかそちらに行っていて、「弘前はいよいよ新しい文化活動の中心」となるだろうと書き、こちらの研究所も新興の気がみなぎっていると伝える。

七月九日　山形から吉田志津が訪ねてくる。六月の北海道旅行で早川昇に会ったことなどを話す。吉田が帰る頃、瀬川清子、丸山久子も訪ねてくる。

七月一〇日　国学院大学の学生たちが来たので、『先祖の話』と氏神様、御霊信仰などについて語る。

七月一二日　民俗学研究所第七回例会に出席する。平山敏治郎宛てに、刊行準備が進んでいる「近世諸家日記」についての相談の手紙の返事を書き、著作権の問題などの意見を述べる。

七月一四日　帝国芸術院会員に命じられる。

七月一七日　二泊三日で、箱根仙石原の折口信夫の山荘叢隠居に行く。今野円輔と牧田茂を伴い小田原に行き、迎えに来ていた折口、伊馬春部と合流する。折口、穂積忠と共に連句「箱根山中三吟」を巻いたり、『郷土研究』以降の民俗学の思い出や課題について語ったりする。「生きてまたことしも見たり柘の花」の句を詠む。この記録は、「仙石鼎談」として、『民間伝承』一

○月号に掲載される。
七月二二日　訪ねてきた柴田勝に、今こそ生きた言葉の教育ができると述べる。
七月二六日　映丘、通泰もすでに会員となっていた帝国芸術院（八月、日本芸術院となる）入りを果たし、兄弟三人そろっての会員となる。新潟県佐渡郡内海府村を調査した倉田一郎の「採集手帳」を読み、書き入れを入れる。
七月二七日　民俗学研究会第八回例会と、その後の第二回代議員会に出席する。
七月二八日　『民間伝承』に載せる「月曜通信　犬そとばの件」を書く。
七月二九日　日本宗教学会の評議委員になる（定）。
七月三〇日　幸田露伴が亡くなる。訪ねてきた飯島衛に、露伴の話をする。
七月三一日　『毎日新聞』の依頼で、露伴を追悼する「大きな世界」を書く。
八月　この月、『十三塚考』の序にあたる「信仰と伝説」を書く。この月の第三日曜日の談話会に、群馬の都丸十九一が初めて参加したので、群馬の「カイト」の地名の話を聞き、話し合う。
八月一日　『婦人』に掲載する「私の書斎」を書き、二〇年間続けてきた仕事場としての「書斎」への思いを述べる。
八月七日　政令の改正により、帝国芸術院から日本芸術院となる。
八月九日　民俗学研究所第九回例会で、狐をめぐる諸問題を語る。
八月一〇日　比嘉春潮や宮良当壮、沖縄文化連盟［伝年譜では、文化協会］の発会式に出席し、「沖縄文化連盟のために」を講演し志あるものを孤立させてはならないと説く。
八月一三日　伊波普猷が比嘉春潮宅で脳卒中で亡くなる。享年七一。芝青松寺での葬儀に金田一や折口らと共に参列する。
八月一八日　『民間伝承』に載せる「月曜通信　折口信夫君とニホの事」を書く。
八月二〇日　第一回国会衆議院司法委員会公聴会で、民法改正法律案審査のため、学識代表者として「婚姻の要件、夫婦財産制及び離婚手続」の参考意見を述べる。
八月二四日　民俗学研究所第一〇回例会で、「両墓制存立の歴史的地位」について講義する。
八月二五日　為正、冨美子の間に次男薫が生まれる。「折口信夫君とニホの事」の続きを書く。
九月　この月から、新設の社会科の授業が始まる。
九月一日　和歌森太郎に対して、両墓制ややいについて語り、福井県の丹生郡が古風なものが残っていて宝庫だと述べる。国学院大学の平出教授が訪ねてきて国学院宗教研究会についての相談を受ける。その中で、神道もアカデミックのことから離れて、民衆の祭の中に入っていかなければならないと述べる。日野村の小林鎮雄が、森林組合製材所の商工省の認可を受けるため来て泊まる。
九月二日　この日、社会科の授業が始まる。朝日新聞社の山本記者が来て、社会科や歴史について語り、民俗学は文化史であり、生活の発達史と述べ、社会科の読み物出版について意欲を見せる。その後、小山書店が来たので、伊波普猷についての思い出を語り、沖縄旅行時の日記を取り出して読む。和歌森太郎の『民族学概説』を読む。引き続き、小林が泊まっていく。

九月三日　青磁社の青山二郎が訪ねてきて、『思索』の原稿について話し合う。また、朝日新聞社の記者と『村のすがた』は呑気なものだったが、今でもこのようなものがほしいと述べる。

九月四日　農林省綜合研究所の小泉幸一が訪ねてきて、農業経営などについて語り合う。その中で、垣内の研究の現状を述べ、最小単位の公共団体がどのくらいの生活力があるかを調べる必要があると強調する。途中から堀一郎が加わり、暦について「日本には太陽暦は合わない」と自分の意見を述べる。

九月六日　京都の出版社三学社から、高等学校用の副教科書に採録したい旨の許可願いの封書が届く。

九月一〇日　田中梅吉の『グリンム研究　語学篇　著述と宿命』（矢代書店、昭和二二年）を読み終える。

九月一三日　民俗学研究所第一一回例会で、二回目のカイトについての講義をする。高野山文書を参考にカイトの成立と変遷について述べる。カイト研究は、農林省の綜合農業研究所から依嘱されたもので、この日、採集調査の共同項目について話し合う。また、直江広治の石巻調査、和歌森太郎の愛知県朝日村調査の報告を聞く。

九月一五日　「折口信夫君とニホの事」の続きを書く。

九月一六日　国学院大学の学生たちが来たので、沖縄研究について話す。その中で、「沖縄は戦争によって失われない。沖縄の帰属は沖縄人が決めるべき。」と述べる。

九月二一日　能田多代子宅で開いていた女性だけの読書会を民俗学研究所で開き、刊行される「婚姻の話」の続きを約一時間講義をする。最後に、民俗学は、解決を生徒に教えるものではなく、問題になっていることと、これは先生にも分からないと言うことが大切であると述べる。

九月二五日　上野中学校で開かれた、東京都の地理教育研究会で、「地理教育の新方向」を講演し、民俗学と人文地理学の関係に触れる。

九月二八日　民俗学研究所第一二回例会に出席し、萩原龍夫の美作真庭郡の八社の報告を聞き、関敬吾から、和歌森太郎の『民俗学概説』批判の話を聞く。その後の第四回代議員会で、倉田一郎の「採集手帳」を『北小浦民俗誌』として刊行することを決める。

九月三〇日　雑誌『国民の歴史』の次田記者が訪ねてきたので、「明治時代の歴史がはっきり分かることが、現代の常識を養う根底」と述べる。『展望』の臼井吉見もやってきて、他の執筆者と違って、分かりやすく書こうと、今少し書き込んでいると述べる。また、続けて毎日新聞の記者に、人心を統一するための新聞づくりへの注文を述べる。

一〇月　枢密院が廃止となり、顧問官を辞任する。この月、『日本昔話名彙』に載せる「昔話のこと」を書く。この月、文部省内の社会科教育研究委員となる。日本社会科教育研究会が設立される。

一〇月三日　『上毛の民俗』に載せる「狸とムジナ」を書く。また、牧口常三郎門下の矢嶋秀覚が訪ねてきたので、牧口の思い出や、今やらなければならない仕事について述べる。大月松二に、通っている鍼の先生から散歩を薦められているが、ただ歩くだけではつまらないから、近くの学校を見て歩きたいと語る。

一〇月四日　折口信夫が訪ねてきて、神道や、胡桃沢勘内歌集のことなどを話し合う。

一〇月五日　萩野仲三郎の娘が訪ねてくる。文部省の釘元と堀一郎が訪ねてきて、国語問題について語り合う。このころ、東京裁判を担当するリチャードソンが、妻を連れて訪ねてきて、沖縄の言葉について聞かれる。

一〇月六日　この日の前後、鶴見祐輔が訪ねてきて、アメリカの占領政策や新渡戸稲造について語り合う。

一〇月七日　大月松二と散歩に出て、川崎の生田小学校に行くが、学校行事のため引き返す。歩きながら、大月に、社会科のことなどを語る。

一〇月九日　成城学園小学部教育改造研究会に出席して、質問に答える。その中で、教育のあるべき姿を「中以下の劣等なる子供を如何によく」して、試験をなくし、「ただあの学校で生活したいということで採用」されるようにすべきだと述べる。

一〇月一〇日　『社会科の新構想』に載せるために、社会科について談話する。

一〇月一一日　民俗学研究所第一三回例会に出席し、石田英一郎からソビエトの昔話研究の現状の報告、最上孝敬から『多聞院日記』の読後感を聞く。

一〇月一四日　堀一郎の紹介で、三省堂の阿部筲人が、社会科叢書の相談に来る。

一〇月一六日　交通協会で、「戦後の民俗学」を講演する（定）。

一〇月一八日　大月松二に、衣服の変遷について誰かが記録しなければならないが、自分は、手拭いについて以前から関心をもって調べてきたと述べる。

一〇月一九日　女性民俗学研究会のメンバーと座談会をし、子安様の話や「婚姻の話」を説く。成城学園初等学校で開かれた小学教育協議会で、「国語教育の話」を講演する（定）。

一〇月二一日　藤沢親雄が訪ねてきたので、昔話研究について語る。

一〇月二二日　大月松二に、「山宮考」の次に「田社考」を書くと語る。

一〇月二五日　民俗学研究所第一四回例会に出席し、最上孝敬や堀一郎から『多聞院日記』についての話を聞く。国学院大学郷土研究会主催の伊波普猷氏追悼講演会で、「学者の後」と題した講演をし、引き継ぐ者が出てくることが必要とされていると述べる。

一〇月二六日　神田一ツ橋中学校で開かれた第一回あんとろぽす文化講座で、「二つの人類学」と題した講演をする。人類学を体質人類学と文化人類学に分け、民俗学と民族学を内包する文化人類学の可能性を述べる。勝田守一に頼まれたと言って、成城学園初等学校の社会科担当の馬場正男が訪ねてくる。新しくつくる社会科の研究組織の参与になってもらいたいと頼まれる。またこの日の前後、日本交通公社の『旅』編集者篠崎四郎に、「旅の話」(「昔の旅　これからの旅」)をする。

一〇月二七日　この日、文部省の社会科教育研究会委員となる。甲文社の編集者が来て、「特殊部落」のことなどを聞かれる。

一〇月二九日　民俗学研究所で、『昔話名彙』の序文とする「昔話のこと」を話す。集まったのは、能田、大月、瀬川、神島、土橋、鎌田らで、丸山と日本放送協会の首藤香澄によって文章化される。

一一月　このころ、学生の石井進が、先輩や友人たちと話を聞きに来る。民俗学は質問から始まることや、今までの歴史の教え方が間違っていて、その一番の問題は試験であることなどを語る。そして、今に歴史と民俗学はひとつになるとも語る。

一一月一日　神道宗教学会が成立する。

一一月三日　朝、久しぶりに高藤武馬が来て、花本書店の「女性叢書」のプランについて相談する。

一一月五日　大矢の質問に答える会をもち、氏神や先祖の神について語る。

一一月六日　大月松二と柿生小学校を訪問したが、休みだったため、付近の丘を歩く。

一一月七日　大月松二ら長野県からの内地留学生と、教育に関する座談会をもつ。大矢の質問に答える会をもち、民俗学と歴史学や考現学との違いを述べる。奈良の笹谷良造から、『俳諧評釈』を送ってほしいと為替同封の手紙が届く。

一一月八日　民俗学研究所第一五回例会に出席し、池田弘子らから垣内の報告を聞く。

一一月一〇日　農林省開拓局調査課の柳技師ら五名の訪問を受け、森林の利用や燃料問題についての懇談会をもつ。

一一月一一日　朝日新聞社の記者などの訪問がある。

一一月一三日　雑誌を送ってほしいと頼んでいた関根喜太郎から返事が届く。大月松二と入間郡金子小学校を訪ね、戻ってきながら蘆花公園を歩く。

一一月一四日　文部省科学教育局科学資料課の叶澤事務官より、迷信調査についての意見と協力を求められる。同行した解剖学の長谷部言人に、「常民」も一般人が嫌がるし、「民俗学」も自分が付けた名ではないと語り、アントロポスの講座で、民族学と文化人類学について述べたばかりと言う。

一一月一五日　有楽町の毎日新聞大講堂で開かれた先駆社第一回コミュニケーション講座で、「日本民衆の日常語」を講演、相手に分からない言葉を使う者の手にはまかせられないと訴える。

一一月二〇日　『新国学談　第三冊　氏神と氏子』が、GHQの検閲を受けた後、刊行される。

一一月二二日　神田教育会館で開かれた第一回童話教育協議会で、「説話の成長」を講演し、我々の祖先は昔話の世界の中で感覚言葉の訓練をしてきたのだと述べる。

一一月二三日　民俗学研究所第一六回例会に出席し、和歌森太郎から茨城の村の報告、萩原龍夫から美作真庭郡の嫁の話を聞く。全国から寄せられた質問に応えるかたちで、民俗学の本をつくりたいと述べる。また、この会で「垣内調査要項」をまとめる。

一一月二五日　丸の内鉄道協会（交通会館）で開かれた日本建築学会関東支部発会式で、「民家史について」を講演し、戦後の住宅に対しての提言をする。直江広治と大月松二が聴きに来ていて、帰りは二人に送られる。

一一月二六日　大矢が訪ねてきて、質問に答える第二回目の会をもち、倫理・信仰・習俗の問題に力をいれなければならないと述べる。

一一月二七日　午前中、文部省と研究所員との社会科座談会がある。午後、大月と直江を連れて、登戸から向ヶ丘自然公園を経て溝口まで歩く。

一一月二八日　月刊雑誌『明日の学校』の皆川正治ら記者三人が訪ねてきて、「地域社会の課題―あたりまえの村人をつくる教育」について話す。

一一月三〇日　高藤武馬が訪ねてくる。

一二月二日　女性民俗学研究会で、「籠の話」をする。

一二月一〇日　大矢が訪ねてきて、質問に答える三回目の会をもち、迷信、俗信や禁忌について述べ、心意現象の採集は未開拓と反省する。

一二月一三日　民俗学研究所第一七回例会に出席する。

一二月一五日　『民間伝承』に載せる「月曜通信　社会科のこと」を書き、川口プランについての批判を述べる。

一二月二一日　女性民俗学研究会で、笠の民俗についての話をする。

一二月二二日　奈良県天理の養徳社から刊行する予定の『近世諸家日記』の打ち合わせをするため、柴田実、平山敏治郎、東大史料編纂所の森末義彰と編集者らを自宅に呼び、京都大学中心で進めてよいが、相談はしてほしいと述べる。森銑三も同席し、『前田慶次道中日記』なども面白いと述べる。

一二月二五日　この日の前後、小島政二郎邸で開かれた『時事新報』企画の座談会「自由放談」に出て、小宮豊隆、安部能成、折口信夫と話し合い、即興の句会をする。この会の記録は、一月一日から四日付けの同紙に発表される。

一二月二六日　内藤文夫が訪ねてきて、小祠の研究について述べる。

一二月二八日　民俗学研究所第一八回例会に出席し、研究所の財団法人化の申請のための相談をする。この席で、志賀義雄の柳田民俗学への批判は、哲学に対する批判の公式を民俗学にあてはめているに過ぎずたいしたものではないと述べる。

一二月三一日　石塚尊俊宛てに、乾柿の礼と、これからは自由に生活してみたいと越年の葉書を出す。

この年、今野円輔、牧田茂、直江広治の三人を呼び、民俗学研究所を財団法人にするために尽力してほしいと頼む。日本社会科教育研究会設立に向けての準備委員となる。他のメンバーは、勝田守一、海後宗臣、戸田貞三、務台理作らであった。

昭和二三年（一九四八）　七三歳

一月一日　ＮＨＫ放送で「吉日思想」を放送する。元日号の『日本読書新聞』に談話「三たび春を迎う」が載り、そのなかで、横光利一の『夜の靴』や井伏鱒二の『多甚古村』を読むことを薦める。

一月八日　大月松二に、俳諧の話をする。

一月一〇日　民俗学研究所第一九回例会に出席し、社会科について話す。成城学園から柴田勝、菊池喜栄治、深水正策、明星学園から原田満寿郎の四人が参加し、直江広治が司会をする。三省堂の阿部筲人、武田新吉の二人も加わり、終了後、瀬川、丸山らと共に社会科の問題点を話し合う。

一月一二日　高等師範付属中学校の生徒たちが来たので、民俗学の話をする。

一月一六日　神社本庁調査部長の岡田米夫が訪ねてきて、二月八日に本庁講堂で、神社芸能を公開するので見に来てほしいと頼まれる。また、今年の御進講は、安藤正次だが、「来年は先生」と言われる。

一月一八日　女性民俗学研究会で「イエをめぐる習俗」の話をする。

一月二五日　民俗学研究所第二〇回例会で、瀬川清子の「沖縄の婚姻」についての発表を聞く。また、石田英一郎から、「民族学と民俗学」の報告を聞き、「族」と「俗」と耳で聞いて分からないことができたことは不快だと述べる。

一月二八日　宮中での講書始で、翌年の進講者を意味する「国書の控」として出席する。

一月二九日　読売新聞社の西記者が、暦について聞きに来るが、民俗学では干支や暦についてはあまりやらないと述べる。

一月三〇日　夜、岩崎敏夫に、『昔話名彙』がこの二月中には出ることになると葉書を書く。

二月三日　あられが降る寒い一日で、研究所に泊まる。

二月七日　民俗学研究所第二一回例会に出席し、民俗学における「百問百答集」を作ることを決める。

二月八日　神社本庁講堂で開かれた神社本庁二周年記念行事で「神社と信仰」について講演する〔定本年譜では、「永続と統一」の演題〕。

二月一二日　『時代ト農政』の再版本『柳田国男先生著作集　第四冊』の発刊に際し、同書に載せる「附記」を書き、役人を辞めた時に、それまでの農政の学問は役に立たなくなると誤解して、農政関係の蔵書を帝国農会に寄贈したが、その想像は早まっていたと述べる。

二月一三日　八雲書店から創刊された『短歌主潮』が企画した座談会「生活のなかの文学」に出る。同席者は、木俣修と服部直人で、記録は同誌の創刊号に掲載される。

二月一五日　女性民俗学研究会で「家の話」をする。鶴見和子が出席する。

二月一七日　帰郷していた大月松二が戻ってくる。『物語と語り物』の再版のために、初版本に朱で修正を書き込む。
二月二二日　民俗学研究所第二二回例会に出席する。
二月二三日　鶴見俊輔が訪ねてきて、言葉やコミュニケーションの訳語についての考えを述べ、青年期の論理教育の必要性を説く。
二月二八日　貧血のため、早めに休む。
二月二九日　神島二郎が訪ねてくる。夕方、大月松二を呼んで、今までの仕事と、今後の計画について話す。京都の平山敏治郎宛てに地理学の小牧実繁が訪ねてきたことと、「沖縄文化叢書第二輯」に着手したことを伝える葉書を書く。
三月八日　カナヤゴサマの餅を送ってきた石塚尊俊に、自分は飯より好きだとお礼の葉書を書く。そのなかで、研究所の謄写版用の薄手の和紙が手にはいらないか尋ねる。
三月一一日　正宗敦夫宛てに、弟の厳敬が帰国したと聞いたので、今、計画中の『沖縄文化叢説』という本に書いてもらいたいのでよろしくとの葉書を書く。
三月一二日　『海村生活の研究』の序「海村調査の前途」を書き終える。
三月一三日　民俗学研究所第二三回例会で、垣内研究の第二講を話す。この会の冒頭、研究会と談話会に分ける方がよいことと、民間伝承の会を学会にしようとする意見もあるが、まだ不一致だと述べる。また、第二日曜の例会は、自分が主催し、第四日曜は研究所主催に譲ることにする（後狩）。
三月一八日　晴れていれば、大月の送別会として所員たちと散歩に行く予定であったが、雨のため順延とする。
三月一九日　大月松二に、イタコとオシラサマの関係やシャーマニズムについて話す。午後、所員たちと大月の送別の散歩に出かける。一時に出発し、登戸下車、向ヶ丘村一帯の梅や桃の花を見ながら歩く。鶯鳶沼のほとりで、持ち寄った果物や菓子を食べ、帰宅途中の成城学園駅前の喫茶店で別れる。
三月二一日　女性民俗学研究会で「打板考」の話をし、これを実例として、女の人の学問の方法を考えたいと講義をする。
三月二二日　大月松二に、別れの記念に『俳諧評釈』の原稿を贈る。
三月二四日　雑誌『心』に同人として参加する（定）。
四月　この月、『西は何方』の「自序」を書く。
四月二日　加藤武雄の自宅で開かれた、成城連句会に出る。連衆は、亭主の加藤武雄（青城）、元東洋大学の中世法制史教授の松井驥（鴛十）、『渋柿』同人の菊地茂兵衛（雨々）の四吟で、「うららかやの巻」と名付ける。
四月八日　民俗学研究所に財団法人としての認可が下りる。所長は置かず、大藤、堀、直江、牧田、今野に理事を任せ、橋浦、関、最上、石田、柴田、和歌森、瀬川らと共に決議機関としての代議員となる。例会とは別に月例の談話会を始める。『国史と民俗学』の第二版の序文を書く。また、石塚尊俊宛てに、成城学園初等部に教員の欠員が出て、一人紹介してほしいと頼まれたので、島根出身の先生を紹介してほしいと手紙を書く。
四月一一日　民俗学研究所で、組織改編後初めての談話会を開く

（伝）。

四月一八日　研究所で女性民俗学研究会が開かれ、「手ぬぐいの話」について話す。

四月一九日　数日前に訪ねてきた土橋里木にお土産のお礼と、昔話集の原稿返却の葉書を書く。

四月二五日　民俗学研究所第二五回例会に出席し、終了後の第一〇回代議員会で、女性民俗学研究会の位置づけについて話し合う。長野からの内地留学生、斉藤武雄が初めて訪ねてきて、今後「国語と民俗学」をテーマに通うことになる。また、信濃教育会教育研究所の増田三良に、信州は、教育を科学と考えて、技術と考えていないのが問題だと述べる。

四月二六日　加藤武雄宅で開かれた、成城連句会に出て、二日の続きを満尾とし、「雲雀鳴くの巻」を巻き上げる。途中、安成二郎（山耳）が参加する。

四月三〇日　山下久男宛てに、遠野のクルミの礼と、文芸春秋社から『遠野物語』を出すことになり、佐々木家でも喜んでいると葉書を書く。

五月　この月、民俗学研究所が作る小冊子のための「財団法人民俗学研究所の事業に就いて」の原稿を書く。

五月三日　二月に七版が出た『国語の将来』を読み、朱で書き入れをする。しばらくして、斉藤武雄に贈る。

五月九日　民俗学研究所第二回談話会に出席する。

五月一五日　代議員会の決定を受けて、再発足第一回の女性民俗研究会が、経堂の鷗友学園で開かれ、「ミカエリ婆さん」の話を例に、民俗学の方法を話す。身近な世田谷の地にも、「ミカワリバアサン」の習俗が残っていることを喜び、出席者二七名を前に、「学問をして同胞のために働く女の人の会にしたい」と述べ、この会を第一回として再発足することとする。以後、毎月第三土曜日の午後にもたれることになる。この日、東京書籍から刊行される小中学校の国語科検定教科書の監修を受諾する。

五月二三日　民俗学研究所第二六回例会に出席する。引き続き行われた第一一回代議員会で、東京書籍から刊行する国語教科書の編集委員に大藤時彦を推挙し、承認を得る。加藤武雄宅で開かれている成城連句会に遅れて参加する。加藤、菊地、松井の他に、小宮豊隆（蓬里雨）と神葱雨が来ていて、「白牡丹の巻」を巻く。

六月　この月、文部省が、昭和二四年度用教科書の検定申請の受付を始めるが、編集に慎重を期すため今年度は見送ることとする。

六月三日　アジア協会で、「神社のこと」を講演し、その手控えをもとに『民俗学研究』第一輯に載せる「神社のこと」を書き上げる。

六月六日　世界昔ばなし文庫の一冊として刊行された知里真志保編著の『りくんべつの翁』を読み終える。

六月一〇日　甲文社から、『西は何方』を刊行する。

六月一二日　加藤武雄宅で開かれた、成城連句会にでて、五月二三日の続きの「白牡丹の巻」を巻き上げる。終わってから、雑誌社の要請で、小宮豊隆（蓬里雨）、加藤武雄（青城）、菊地茂兵衛（雨々）、松井驥（鶩十）と連句座談会をもつ。この会の記録は、『俳句研究』九月号に掲載される。

六月一四日　鶴見俊輔に対して、『思想の科学』が主張する学問用語の改良はいつか反動が来るとし、国語の改良と古語の復活を説く。鶴見の文責で、「学問用語の改良」として発表される。

六月一五日　岩崎敏夫に、「氏神考」の原稿を読んだことを伝え、自分も次々と心つくことが多く、考えも変わってきて、学問はなかなか進みにくいものだと葉書を書く。

六月一九日　鷗友学園での第二回女性民俗学研究会に出席する。

六月二七日　民俗学研究所第一二回代議員会に出席する。

七月　「信州の祭の木」の原稿を書き終える。この月、和辻哲郎らの生成会が、『心』を創刊する。

七月一日　この日の数日前、椎葉村村長が訪ねてきて、矢をお土産に置いていく。

七月三日　公用文改善協議会委員を委嘱される［七日か］。

七月五日　民俗学研究所での勝田守一、宗像誠也らと話し合う「社会科の諸問題」についての座談会に出る。研究所からは、大藤時彦、堀一郎、直江広治、大月松二、柴田勝らが出席する。

七月七日　公用文改善協議会委員を委嘱される。

七月九日　研究所に来た上毛民俗の会の今井善一郎と、群馬県の柳田姓の話をし、庭に出てヤマモモの木を紹介し実を食べさせる。

七月一〇日　第三回女性民俗学研究会に出席する。

七月一一日　民俗学研究所第四回談話会で、今井善一郎から「行人塚の研究」の報告を受ける。終了後、第一四回代議員会に出席する。この会で、島根の牛尾三千夫が研究員となり、「稲作の民俗学的研究」のテーマで研究を続けることになる。

七月一二日　直江、大藤、堀、柴田、大月ら民俗学研究所所員や勝田守一、宗像誠也らと社会科教育をめぐる座談会をもつ。

七月一九日　平山敏治郎宛てに、「近世諸家日記」の出版準備の過程での仲裁役は難儀なので、直接に話し合ってほしいと葉書を書く。

七月二三日　今井に、館林に住む飯塚多右衛門に会うように言ったが飯塚が亡くなったので、そのことを知らせる葉書を書く。

七月二五日　民俗学研究所第二八回例会で、『民間伝承』の改善について話し合う。今野円輔から文部省迷信調査についての報告があり、俗信研究の必要性を説く。終了後、代議員会に出席する。

七月三一日　第四回女性民俗学研究会に出席する。

八月　この月、『柳田国男先生著作集　第六冊　北国紀行』の「自序」と、『北小浦民俗誌』の「あとがき」を書く。

八月一日　瀬川清子に、『祭のはなし』の出だしの部分を口述させる。

八月八日　民俗学研究所第五回談話会で、和歌山県に垣内調査旅行に行った直江広治から報告を受け、垣内研究が日本民俗と他民族との比較研究に向かう可能性があることを述べる。

八月一五日　加藤武雄宅で開かれた連句の会に出席し、松井、菊地らと「小百合の巻」を巻く。
八月二二日　民俗学研究所第二九回例会で、関敬吾の発表「民俗学の方法論」を聞く。関、肥後和男らと活発に議論する。終了後、代議員会に出席する。
八月二三日　『民間伝承』に載せる「月曜通信　土穂団子の問題」を書く。
八月二九日　第五回女性民俗学研究会に出席する。
八月三〇日　アカハタ主筆の志賀義雄が訪ねてきて、民俗学について懇談する。
九月　この月、『女性と民間伝承』の再版本『柳田国男先生著作集　第七冊』のための「再刊序」や『胡桃沢勘内集』の「小序」を書く。この月、満州から引き揚げてきて、富山に帰っていた大間知篤三に上京するようにとの便りを出す。
九月五日　沢田四郎作から送られてきた方言採集ノートに赤ペンで印をつけ、最後に「村々の言葉をこのように自由に多く集めて見る機会は多分是からは無かろう」と書く。
九月一二日　民俗学研究所で、『民間伝承』に掲載するため、「民俗学の過去と将来」の座談会をもつ。牧田茂と今野円輔が司会となり、山中共古や椎葉村の話から『民間伝承』の功績などについて質問を受ける。参加者は、大藤時彦、直江広治、石田英一郎、大間知篤三、関敬吾、最上孝敬、和歌森太郎、橋浦泰雄、折口信夫、池田弘子、丸山久子、瀬川清子、桜田勝徳、今野円輔、堀一郎、牧田茂、萩原龍夫、石井、矢沢らで、記録は同誌に二回にわたって掲載される。
九月一六日　「クシャミのこと」を書き終える。
九月一七日　上野勇が送って来た「ことばの話」について、中学校初級にはよくわかるだろうが、法則への説明が足らないと注文を書いた葉書を出す。
九月二四日　金沢の長岡博男が知らせてくれた朗報に対し、こちらも研究所が発足したと返事を書く。
九月二五日　「狐塚の話」を書くために、近くの稲荷神社を見て歩く。
九月二六日　民俗学研究所第三〇回例会に出席する。鷗友学園で開かれた、第六回女性民俗学研究会に出る。
九月二七日　『民間伝承』に載せる「月曜通信　狐塚の話」を書く。
九月二八日　この日、日本芸術院会員一三人が宮中に招かれ陪食の会があるが、招待を辞退する。
九月二九日　『風花』に載せる「芭蕉の恋の句」を書き上げる。
一〇月　この月、『北小浦民俗誌』の序文となる「各地民俗誌の計画について」を書く。
一〇月一〇日　民俗学研究所第七回談話会で、イルカと信仰について話し、関、川端、大間知、瀬川、井之口らの報告を聞く。
一〇月一五日　朝日新聞社での座談会「科学と伝承」に出席する。
一〇月一六日　第七回女性民俗研究会が鷗友学園で開かれ、「男女共学になって」と題して、髪型の変遷と女性の性格について述べる。
一〇月一七日　加藤武雄宅で開かれた、成城連句会に出る。神葱雨、松井、菊地の他に中村汀女も参加し、「稲雀の巻」を起こす。

一〇月一九日　綜合農業研究所で、「垣内の話」を講演する（定）。

一〇月二四日　為正、冨美子の間に三男芳秋が生まれる。

一〇月二六日　わかもと講堂で開かれた警察官の会で、「平和について」を話す（定）。

一〇月二九日　福知山に転居した安間清から栗が贈られてきたので、お礼の葉書を書き、綾部工業高校の磯貝勇と引き会わせたいと述べる。また、安間から『日本文学大辞典』の抜き刷り本を出したいとの相談を受け、それよりも「早物語」の集録を出そうとしてそのままになっているので、追補して出してみないかと返事を書く。

一〇月三〇日　讃岐民俗研究会の和気周一に、会報のお礼と垣内調査の協力の葉書を出す。

一一月　このころ、川島武宜と「婚姻と家の問題」の対談をする。この記録は、『展望』一月号に掲載される。

一一月八日　『民間伝承』に載せる「月曜通信　七島正月の問題」を書く。

一一月九日　安間清宛てに、「早物語集」のノートの控えをとったらお貸しすると葉書を書く。

一一月一四日　登戸の丸山教本部で開かれた、橋浦泰雄の還暦記念祝賀会に出席する。渋沢敬三、今和次郎、折口信夫、上野勇、小林存、永井龍一ら三〇人あまりが集まり、冒頭の挨拶で、「辛抱強いのにも驚く」と橋浦を評する。この会は、戸田謙介（大魚）が、佐藤紅緑門下であった関係で、丸山教三世教主の伊藤葦天と知り合い、伊藤の好意で会場を借りて開くことができた。この時、初めて伊藤と会う。

一一月一八日　東京第一師範学校女子部で、「公人について」を講演する（定）。

一一月二〇日　第八回女性民俗学研究会に出席する。

一一月二一日　安間清宛てに、「早物語」は菅江真澄の『鄙の一ふし』以外にも数篇あり、それを比較するのが民俗学の仕事と葉書を書く。

一一月二八日　民俗学研究所第三二回例会に出席し、五十音順で出席者からの研究発表をすることにする。その後の代議員会にも出席する。

一二月　この月、『分類児童語彙　上巻』の「緒言」を書く。この年、甲寅叢書で『日本鋳工史稿』を出した香取秀真の子供田中磐が父親の紹介状を持って訪ねてくる。また、イギリスのスコットから『The Countryman Book 1948』が送られてくる。

一二月五日　沢田から送られてきた『五倍子雑筆』一二を読む。

一二月七日　石塚尊俊から餅が送られてきて、ちょうど父直平の十七回忌の命日だったので仏前に供えたとお礼の葉書を書く。

一二月一二日　民俗学研究所第八回談話会で、発表の記録化と後継者の育成についての希望を述べた後、瀬川清子の福島県田村郡山根村の採集報告を聞く。竹内利美の『小学生の社会調査』（日光書院、昭和二三年一〇月）を読み終え、「資料集トシテモ価値多シ」と書く。

一二月一三日　今井善一郎から『赤城山麓の民家』が送られてきたので、「ちょうど今少年向きの家の話を書かうとし」ているところで役に立つとお礼の葉書を書く。
一二月一四日　筑摩書房から刊行される『中学生全集』の監修を引き受け、積極的に関与したいと申し入れる（定）。
一二月一五日　沢田四郎作宛ての葉書に、五倍子雑筆を読んだが、自分はもうとんと書けなくなったと弱音を吐く。
一二月一七日　民俗学研究所で、「家の話」第一回として、水屋の技術について話す。以後、毎週木曜日に続けることになる（定）。
一二月一八日　加藤武雄宅で開かれた、成城連句会に参加し、一〇月の続きの「稲雀の巻」を巻き上げる。
一二月一九日　「水上大学のことなど」を話す。
一二月二四日　幸田露伴の後任として、学士院会員に推挙される（新）。
一二月二五日　沢田四郎作宛てに、元朝日新聞の記者で西宮に住む浜田収蔵に会の通知を出すようにと葉書を書く。
一二月二六日　民俗学研究所の第三三回例会に出席する。

昭和二四年（一九四九）　七四歳

一月三日　安間清宛てに、「早物語」のテキストは、丸山久子の手が空いたら追々に写し取っていくので、そのつもりでいてほしいと葉書を書く。
一月九日　民俗学研究所の談話会で、木曜会の続きとして力を尽くしていくと話す。
一月一五日　初めての成人の日に開かれた第九回女性民俗研究会で、新しい年の計画について話す。以後、研究所で開くこととする。
一月一八日　遠野から山下久男が訪ねてきて、書簡集の事、佐々木喜善の遺族のこと、方言研究のこと、大学に民俗学の講座を設ける必要があることなどを話し合い、書簡集の謄写版発行を認める。
一月一九日　日本学士院会員を命じられる。
一月二〇日　「サンバイ降しの日」（『讃岐民俗』）と「手巾序説」（『暮しの手帖』）を書き上げる。
一月二三日　民俗学研究所第三四回例会で、牧田茂の発表「船霊信仰の復原」を聞く。タマと日本固有信仰であるカミとの関係などを述べる。
一月二四日　出来上がった『分類児童語彙　上巻』に、誤植や正誤などの朱を入れる。『民間伝承』に載せる「月曜通信　田の神の祭り方」を書く。
一月二七日　丸山学が訪ねてくるが、御進講の前日なので、二階の自分の部屋に通し、話をする。
一月二八日　宮中での講書始で、天皇、皇后に「富士と筑波―常陸風土記の一節」を進講する。この日、長谷川如是閑も漢書を進講する。
二月四日　国立国語研究所評議委員を委嘱され、第一回評議会に出席する。
二月六日　ＮＨＫラジオ放送の神道の時間で、折口信夫と「神道の原始形態」を対談する。記録は、一〇月に刊行される『民俗学の話』に掲載される。
二月一〇日　東京文理大学の学生が訪ねてきたので、若い人々への希望を述べる。
二月一二日　宮本常一から送られてきた『村の社会科』（昭和文庫、昭和二三年一二月）に朱を入れながら読み進めてきて、この日読み終える。「人のたましいは海の彼方へ行くと考えられていた」などに「？」を書き入れる。
二月一三日　民俗学研究所第一〇回談話会で、瀬川清子のカノエ講についての宮城県宮城郡大沢村採集報告を聞く。
二月一四日　「田の神の祭り方」の続きを書く。
二月一五日　日本近代史研究家のＥ・Ｈ・ノーマンが来訪し、フレーザーのことなどを話し合う（伝）［二五日か］。
二月二〇日　第一〇回女性民俗研究会で、鎌田久子より静岡県水窪町西浦所能の田楽の話を聞き、田楽の猿の舞が猿信仰と関係があると話す。また、成城公民館で「農民心理の研究」を講演する。講演途中で、斉藤武雄が入ってきたのを見て、話を国語教育の話題に移す。京都から来た平山敏治郎から『近世諸家日記』についての話を聞く。
二月二一日　高知から桂井和雄が訪ねてきて、田の神まつりや、犬神について話し合う。
二月二六日　大月や斉藤ら、内地留学生一〇人ほどを集め、「東洋の自由思想」について話し、自由職業としての教師のあり方を述べる。
二月二七日　民俗学研究所第三五回例会と代議員会に出席する。
三月　この月、『標準語と方言』『老読書歴』『年中行事』の「序」や「著者の言葉」を書く。自宅を貸して、上毛民俗の会を開く。また、この月、加藤武雄の家で、中村汀女、松井驥、宇田零雨と、連句会をもち、「五吟歌仙　峡深くの巻」を巻く。
三月一日　折口信夫と学術会議の委員のことについて相談する（定）。その後、民俗学研究所役員会が開かれ、民間伝承の会を日本民俗学会と改めることが決まる。「民俗学は学者のための学問ではない。普通の人が学ぶ学問である。なぜ民間伝承の会では不都合なのか」と怒り、二階に引き籠る。
三月三日　折口宛てに、一昨日は、いろいろ話をしてくれて感謝すると葉書を書き、折口の今宮中学時代の教え子であった伊原宇三郎に描いてもらっている肖像画のお礼を述べる。
三月四日　夜、『俳諧評釈』に再度目を通し、「分類ノ索引ヲコシラヘテ二版ニツケタイモノナリ／コシラヘテオクベキカ」と書き入れる。
三月六日　民俗学研究所で、上毛民俗の会を開く（定）。大阪に移った後藤捷一宛てに、柏常秋の「沖永良部島々誌稿」は三度書き直して立派なものになったと葉書を書く。
三月九日　『高志路』の小林存と対談する。一二日にも行う（伝）。
三月一二日　アメリカ人類学会より日本人としては初の名誉会員に推挙される（新）。

三月一三日　民俗学研究所第三〇六回（木曜会の三〇〇回が加算される）談話会で、竹田亘からの間取りについての問題や瀬川清子からのオモヤとカマヤの関係などが出され、活発に論議する。
三月一五日　学士院会員に選出される（定）。
三月一七日　内地留学の一年を終えて、長野に帰る斉藤武雄のために送別の遠足に出る。同行者は、孝と孫の清彦、直江広治、千葉徳爾、鎌田久子、大月松二で、多摩川を上流に遡り、渡し船に乗る。
三月二〇日　第一一回女性民俗研究会で、能田多代子から東北方言「ウジヤネハク」の報告を聞き、「う」の字の文化についてて話す。
三月二一日　「田の神の祭り方」の続きを書く。
三月二六日　米軍民間情報教育局のベネットとパッションが訪ねてきて、ルース・ベネディクトの『菊と刀』を中心に神道などの話をする。
三月二七日　民俗学研究所第三六回例会で、最上孝敬の発表「三宅島のフナダマサマの髪入れの方式」を聞く。フナダマについて利島、神津島、甑島などで採集すべきと話す。
三月二八日　斉藤武雄が、別れの挨拶に来る。
四月一日　民間伝承の会を日本民俗学会と改め、会長となる。
四月五日　「早物語」の研究のために、文部省から助成金を受け、民俗学研究所に留学したいとの安間清からの相談に、ともかく願書を出してと返事を書く。そのなかで、「早物語」は高校生向きの読み物にしたいと述べる。また、梅のメバエを集めておくように頼む。
四月八日　肖像画を制作した伊原宇三郎を招き、肖像画完成祝いを兼ねた民俗学研究所財団法人化一周年の祝賀会を開く。
四月一〇日　民俗学研究所第三〇七回談話会で、談話会の発表を学会談話会として、木曜会以来の伝統を受け継ぎ「表現方法の練習」にしたいと提案する。
四月一二日　『菊と刀』（長谷川松治訳、社会思想研究会出版部、昭和二三年）を読み終わる。
四月一六日　自宅で、民俗学研究所と民族学協会合同座談会を開き、石田英一郎の司会で、折口信夫と「日本人の神と霊魂の観念そのほか」について対談する。この記録は、一二月に刊行される『民族学研究』第一四巻第二号に載る。
四月一七日　第一二回女性民俗学研究会で、大泉テイ子から「植物染料について」の報告を受ける。
四月一八日　一六日の対談の続きをし、記録は、「民俗学から民族学へ―日本民俗学の足跡を顧みて」と題して翌年二月に刊行される『民族学研究』第一四巻第三号に掲載される。
四月二二日　安間清から、奥丹波の民俗調査の報告が送られてきたので、返事を書く。
四月二三日　貝塚茂樹の『中国古代史学の発展』（弘文堂書房、昭和二三年）を読み終わる。
四月二四日　民俗学研究所第三七回例会で、建築史を考えるうえにも民俗学が果たす役割が大きいことを話し、古いものが変化してきた過程と理由を考えることが大切と述べる。

四月二五日　渋沢敬三、大藤時彦、千葉徳爾らと共に、進駐軍の特別列車で米軍将校と午後三時富士吉田駅に着く。山梨に戻っていた中村星湖らの出迎えを受け、河口村浅間神社の孫見祭を見学する。これにより、もともとの斎場は奥の院の山上の小祠であることがわかり、河口湖の突端産屋ヶ崎に神輿が参向する神事を見る。夜、龍宮ホテルで山梨郷土研究会の野口二郎会長はじめ大森義憲、土橋里木らとの座談会をもち、「子安貝のこと」を話し、山寺仁太郎が記録をとる。

四月二六日　石和地区警察署の公用車で、浅間神社に着き、参拝したあと、いくつかの班に分かれて採集をする。湯村昇仙閣ホテルでの夕食後、夜遅くまで座談会をする。

四月二七日　午前一〇時半甲府発の列車で帰京する。

四月二九日　加藤武雄（青城）宅で開かれた連句の会に出席する。中村汀女、宇田零雨、松井鶖十と「五吟歌仙」を編む。たまたま加藤家を訪れた、神奈川県津久井郡川尻村出身の安西勝と初めて出会う。

四月三〇日　山口弥一郎の妻の死にあたり「ここを活き抜いて新しき人生を創立するのが　やがてハ愛児の為　従つて又故人の情愛の為かと存じ候」と悔みの手紙を書く。また、安間清に対して、「早物語」の刊行の前に、この文芸の文化史的な意義を明らかにする必要があり、現時点では、文部省の助成を受ける資格はないと思うと手紙を書く。

五月　この月、『社会経済史学』五月号に載った関西大学の鋳方貞亮の「本邦古代小豆考」を読んで、一国民俗学の役割と他の文化諸学との関わりを考えるのに最もふさわしいと思う。またこのころ、『思想の科学』誌の呼びかけで、「比較社会学　日本と中国—林耀華〝金の翼〟を中心として」の二回目の座談会に出席する。同席者は、平野義太郎、仁井田陞、川島武宜、鶴見和子で、記録は、同誌七月号に掲載される。この月か、「垣内考」の講演をし、宮本常一がノートをとる。また、『方言と昔他』に載せる『祭礼と世間』の「解題」を書く。

五月一日　大正三年に「一校了」とした『寺川郷談』に目を通し、「再校了」と記す。

五月二日　大森義憲宛てに、「山梨の人たちのまじめさがよくわかり是からも勢援する気になりました」とお礼の葉書を出す。

五月七日　安間清宛てに、「早物語」の解説を一年くらいでまとめるようにと葉書を書く。

五月八日　民俗学研究所第三一〇回談話会で、四国の『寺川郷談』の例を出して、民俗学の資料としての古文書の活用を説く。

五月一〇日　明治書院から、『標準語と方言』を刊行する。

五月一一日　四月に刊行された『北小浦民俗誌』の訂正書き入れが終わり、「一校了」と書く。

五月一二日　学士院の会にはじめて出席する。以後、毎月開かれるこの会には精勤する（定）。

五月一五日　家永三郎と対談をする。この記録は、「日本歴史閑談」と題して、『改造』六月号に掲載される。またこの日、『毎日の言葉』六版本に朱の書き入れを入れる。

五月二二日　民俗学研究所第三八回例会で、日本人の国民性を探るうえにも民俗学が必要と述べた後、ベネディクトの『菊と刀』を題材に議論する。
五月二六日　朝日新聞社の文化講座の講師として関西各地を回るため東京を発つ。途中、名古屋に立ち寄り、長谷川如是閑と二時間ほどの対談をする。この記録は、二八・二九日付けの『夕刊　新東海』に掲載される。戦災で焼けた名古屋城の天守閣を見て、即興で「五月雨や尾張名古屋は何で持つ」の俳句をつくる。
五月二八日　伊勢松坂の戸田屋で、嘉治隆一から聞き書きをするから、自伝を『神戸新聞』に連載しないかと提案を受ける。
五月二九日　奈良女子高等師範学校（現、奈良女子大学）で「大和と日本民俗学―垣内の話」を講演する。聴講した宮本常一が、「垣内考」として筆記し保管する。水木と西大寺駅で別れた後、京都から来た新村出と合流し、富雄の百楽荘で夜遅くまで語り合う。
五月三〇日　朝、孝宛てに、なるべくみんなと歩きたいので京都には寄れなかったと伝える葉書を書く。吉野山の奥の水分社まで登った後、白雲荘に泊まる。岸田定雄らが訪ねてきて、野鳥の話や頭上運搬の話などをする。
五月三一日　朝、孝宛てにこの宿は素晴らしい眺望の別荘だと葉書を書く。吉野山からの帰路、明日香村に立ち寄り、岡寺、豊浦寺などを廻って、岡の造り酒屋松村家に泊まる。
六月　この月、『日本伝説名彙』に載せる「伝説のこと」を書き終える。
六月一日　長谷川如是閑、嘉治隆一、河合卯之助らと東大寺観音院に泊まる。入江泰吉が訪ねてきて、上司海雲らと写真を撮る。この時の一人で写っている写真が気に入る。
六月三日　帰京する。
六月四日　民俗学研究所で、民俗学会となって初めての業績となった『海村生活の研究』刊行を祝って座談会を開く。出席者は、大藤時彦、大間知篤三、桜田勝徳、瀬川清子、関敬吾、橋浦泰雄、堀一郎、牧田茂らで、この記録は、「『海村生活の研究』を語る」と題して『民間伝承』七月号に掲載される。
六月一〇日　『社会と学校』に載せる、「学生と旅行道」を書きあげる。沢田四郎作宛てに、奈良では時間が足りなかったのでゆっくり話せず心残りであったが、近畿の会は活気があって何よりと葉書を書く。
六月一四日　科学博物館における科学教育研究会で、「自然科学教育の目途」を話す（定）。
六月一六日　成城学園初等学校の社会科研究部員たちが訪ねてきて、社会科教育についての相談を受ける。本格的にカリキュラムづくりの勉強会を毎週一回、木曜日に研究所で定期的に行うことにする。昭和二六年一〇月まで続く。慶応義塾大学で、「田社考」と題した講演をする（定）。
六月一九日　第一三回女性民俗学研究会で、「出席者の顔ぶれも決まり、学問を楽しむ集いになってきたのは喜ばしい」と述べ、植松明石の「忌みに関する報告」を聞く。

六月二六日　民俗学研究所第三九回例会で、和歌森太郎の「親子成りの民俗」の発表を聞き、沖縄の例を話す。自分の生家に住む田原村大門の笹倉駒蔵宛てに、見学に行くものがいて、うるさいにもかかわらず、いつも親切にもてなしてもらって感謝しているとお礼の葉書を書く。

六月二七日　国立国会図書館で、「書物と民俗学」を講演する。また、この日、国立国語研究所評議委員会に出席する（定）。

六月二八日　『民間伝承』に載せる「月曜通信　小豆を食べる日」を書きあげる。

七月　この月の下旬のある日、茨城と千葉の農村の青年二人からインタビューを受け、「日本農村の生態」について語る。この記録は、日本青年館発行の『青年』一〇月号と一一月号に掲載される。

七月三日　喜多見の沖縄出身学生の南島寮で話をする（定）。

七月六日　安間清から原稿が届いたので、受け取ったと葉書を書く。

七月一五日　朝日新聞社で開かれた座談会に出席し、関口泰、前田多門、緒方竹虎らと話し合う。

七月一七日　第一四回女性民俗学研究会が開かれ、山口弥一郎らが訪ねてくる。山口に、山口が研究を始めている野良袴についての考えを話し、民俗学と家庭科教育の可能性を示す。また、この時、焼畑やお日市などについても話す。

七月二〇日　水木宛てに、南方熊楠が出した書簡集をまとめたいと葉書を書く。

七月二四日　民俗学研究所第四〇回例会で、神島二郎の「願ほどきと魂よばひ」についての発表を聞き、この二つの習俗が対峙するということが、新発見であれば面白いと述べる。また、泉井久之助の『比較言語学研究』の可能性について語る。

七月二五日　発行したばかりの東京書籍版の中学校国語教科書『新しい国語』に、赤字で書き込みを入れる。とくに、中学校一年下の教科書に載せた「あいさつのことば」に訂正箇所が多く、思い切って書き直したいと思う。二年下の教科書では生年が間違っていることに気付く。

八月二日　登戸の伊藤葦天が訪ねてきて、「初瀬」や「これさま節」「五反田節」についての意見を求められる。

八月一〇日　弘前の森山泰太郎宛てに、調査旅行の報告の手紙の返事を書く。

八月一三日　第一五回女性民俗研究会で、鎌田久子から蚊帳の俗信から考えられる本来の役割や起源についての提起を聞き、カヤの語源や信仰とのかかわりを調べてみる必要があると述べる。岩崎敏夫に、『民間伝承』が最近さびしくなってきたので、紀要に出すようなしっかりとしたものを書いてもらいたいと葉書を書く。

八月一四日　民俗学研究所第三一三回談話会で、奥野彦六郎の沖縄及び南方の火の神についての発表を聞き、部落の火の神と家の火の神は同じものであったのではないかと述べる。

八月一九日　一七日付けの安西勝からの手紙が届き、川尻村にある「花窟」の石碑についての質問に答え、「紀州熊野の海端」

にあるが、この種の石碑が二つ以上あることに興味をもつとし、土地の人で学者でない人から聞いてみるほかないだろうと返事を書く。

八月二〇日　毎日新聞社学芸部宛てに、三条商太郎の邦楽音律研究に学術奨励金給付を認めるよう推薦文を書く。

八月二九日　沢田四郎作宛てに、送られてきた『五倍子雑筆』第一一号『異国より帰りて』のお礼の葉書を書き、みんなにも読ませたいと伝える。また、東京の研究会も活発になってきたと述べる。

九月三日　愛知の郷土史家粕谷魯一からの手紙の返事を書き、伊良湖滞在中世話になった小久保家の子供だった連が七〇歳を過ぎて元気に暮らしているとの知らせに喜び、磯丸の家などできることならもう一度見に行きたいと述べる。

九月五日　父松岡約斎の五十三回目の忌辰の日を迎え、「翁は仏教は信じられなかったが、盆の魂祭は熱心に続けて居られた」と「魂の行くへ」を書く。そのなかで、自分もいつまでもこの国にとどまって「一つの学問のもう少し世の中に寄与するやうになることを、どこかささやかな丘の上からでも、見守つて居たい」と述べる。

九月一一日　民俗学研究所第三一四回談話会で、川端豊彦から福島県喜多方の歳時習俗の報告を聞き、関東では一〇月一〇日は重要な日と述べる。また、『北条分限帳』に出てくる地名について話す。

九月一七日　第一六回女性民俗学研究会が研究所で開かれ、高知から来た桂井和雄が「土佐の産育習俗について」の報告をする。また、丸山久子が「氏神と産の神の関係」や「宮詣り」について話す。

九月二四日　日本民俗学会第一回年会が開催される。公開講演は、朝日新聞社講堂で行われ、「日本を知る為に」を講演し、社会科教育への関与や、今後の離島調査の必要性を説く。折口の「日本民俗学の領域」の講演の後の質疑で、山口弥一郎の「エスノロジーとフォークロアの境は」の質問に、折口に代わって答える。

九月二五日　年会の二日目として、国学院大学講堂で開かれた研究発表会と総会に出席し、山口弥一郎の「野良袴論」や平山敏治郎の「取越正月」などの研究発表を聞き、質問をし、閉会にあたって感想を三〇分ほど話す。帰りの車に、平山を乗せ激励する。

九月二六日　研究発表者ら三四人を研究所に招待し、全員の話を聞く。

九月二八日　成城学園の柴田勝校長に連れられて庄司和晃が初めてやってくる。庄司は八月まで山形の小学校に勤め、成城学園の教員募集により採用された青年教師であった。次の社会科カリキュラムづくりの勉強会から参加することになる。

一〇月九日　民俗学研究所第三一五回談話会で、千葉徳爾の都市の民俗についての発表と関敬吾の昔話の類型分類についての考えを聞く。岩崎敏夫に、葉山信仰のことは、こちらでも問題になっていると葉書を書く。

一〇月一一日　昼、長岡半太郎、岡田武松ら六人の学士院会員と共に、宮中午餐に出席し、天皇と歓談する。
一〇月一六日　南方熊楠が、明治四五年二月九日付けで白井光太郎宛てに出した手紙と原稿「神社合祀ニ関スル意見」を「南方来書　追加」として整理する。
一〇月二〇日　安間清に、若狭大島の調査報告「大島村民俗調査」の原稿を受け取り、読んでいることと、この島の「ニソの森」という霊地について、かつて鈴木棠三が聞き書きをして発表したが、もう少し詳しく聞いてきてほしいと手紙を書く。
一〇月二二日　以前から丹波栗についての資料集めを頼んでいた安間清から報告が来たので返事を書く。
一〇月二三日　民俗学研究所の第四二回例会に出席し、大間知篤三の隠居制についての発表を聞く。また、小池長之の神社神道についての発表のあと、堀一郎を交えて活発に議論する。
一〇月二四日　沖縄伊是名島出身で麻布で医院を開業している銘苅正太郎を研究所に招き、伊是名島の葬制や墓制の話を聞く。出席者は、大間知、瀬川、千葉、山口、神島、竹田、井之口らで、この会が、「島の人に話を聞く会」となる［定本年譜では、二三日］。
一〇月二七日　成城学園の社会科カリキュラムづくりの勉強会で、「達々近々」や「郵便」「燈火」「道」などのプランを述べる。
一〇月二九日　若狭大島の「ニソの杜」の報告を送ってきた安間清に、何太夫という代々の名が本家筋に多いことに改めて気付かされたと返事を書く。

一一月　この月、島の人に話を聞く会が開かれる。このころ、萩原龍夫が勤める東京第二師範学校女子部で講演をする。また、『展望』企画の座談会「進歩　保守　反動」に出席して、中島健蔵の司会で、天野貞祐、桑原武夫、竹内好、遠藤湘吉らと話し合う。記録は、一月一日発行の同誌新年号に掲載される。また、家に保管されてあった柳田家系図などを包みに入れ、「今少し置いてみる」と記す。
一一月三日　久しぶりに消息を知らせる松浦辰男の四女、愛媛県新居郡多喜浜町在住の島村千代からの便りに、長文の返事を書く。
一一月六日　国立国会図書館で開かれている「文化の日記念人形文化資料文献の展示会」を見た後、「人形廻しの起源」を講演し、人形前史について話す。
一一月七日　石塚尊俊宛てに、紅白餅のお礼の葉書を書く。また、沢田四郎作にも葉書を書き、寒くならないうちに一度上京してほしいことと、『近畿民俗』の送付先二件を伝える。
一一月一二日　国学院大学大講堂で開かれた、神道宗教学会第三回大会で、「鳥柴考大要」を講演する。アメリカ人類学協会名誉会員に推薦される。（後狩、定）
一一月一三日　民俗学研究所第三一六回談話会で、堀一郎から北メラネシヤ諸島での死霊の行方と葬式との関係の話を聞く。
一一月一七日　社会科カリキュラムづくりの勉強会で、「年中行事」や「人の一生」についてのプランを述べる。
一一月二四日　東京農工大学記念祭で、「霜月三夜」を講演する。

研究所に戻り、社会科カリキュラムづくりの勉強会に出て、「住い」についてプランを述べる。

一一月二七日　民俗学研究所の第四三回例会に出席し、関敬吾の阿蘇郡内牧の両墓制についての報告を聞く。

一一月三〇日　『喜界島方言集』を三読する。

一二月一日　社会科カリキュラムづくりの勉強会で、「着物」「本」「言葉」についてのプランを述べる。芝書房から、『母の手毬歌』を刊行する。

一二月七日　送られてきた品物のお礼を石塚尊俊に書く。

一二月九日　社会科カリキュラムづくりの勉強会で、アメリカにおけるフォークロアや日本の従来の地理教育を批判する考えを述べる。

一二月一一日　民俗学研究所の第三一七回談話会に出席し、小さなことを知っていることを、知らない人に威張るような道楽的な気分は排除してもらいたいと注文する。その後、亀山慶一、北見俊夫、能田多代子らの話を聞く。

一二月一七日　森山泰太郎宛てに、『津軽民俗』第三号や林檎のお礼の葉書を書く。

一二月一九日　第三回島の話を聞く会が開かれ、仲原善忠を囲み、沖縄の話を聞く。

一二月二〇日　風邪をひき、三九度六分の熱がでて休む。

一二月二二日　民俗学研究所第四四回例会で、福島惣一郎から枕に関する俗信を中心とした「枕と民俗について」の発表を聞き、枕（チン）とマクラが同じものであったかが問題と答える。その他に直江広治の「ヤシキについて」と、桜田勝徳の「丹波大芋村の両墓制について」の報告を聞く。平山敏治郎に、先祖講の調査が、日本固有信仰史の中心となるとして、二ツの森の調査をしている安間清、大阪の錦耕三と連絡をとりあって進めるようにと長い手紙を書く。

一二月二八日　石塚尊俊宛てに、送られてきた『山陰民俗』第八号の「狐持・狐憑」特集のお礼の葉書を書く。そのなかで、竹川文一の「生霊憑きの話」のような報告がほしいと述べ、何回も引用しつくされた書物の記事などは、「民俗学の純性を保持」するためには必要ないと述べる。

昭和二五年（一九五〇）　七五歳

一月　第四回島の人に話を聞く会を開き、与論島出身の人の話をきく。この月、『神を助けた話』の再版となる『柳田国男先生著作集　第十冊』に載せる序「再版に際して」を書く。また、女性民俗学研究会で、「日本人の霊魂観」について講義する。その後、能田多代子からの「ドンドヤキについて」の発表を聞く。

一月二日　金沢の長岡博男が帰還後初めて上京し、挨拶に来る。

一月六日　安間清が、年賀状で丹波の株講について調べていると書いてきたので、平山敏治郎も調査し始めているので連絡を取り合うようにと葉書を書く。

一月八日　民俗学研究所第三一八回談話会で、丸山久子から汚いものに触れたときのまじないなどの話があり、資料をもっと集めるように話す。また、「沖縄のオモロ」について話し、南方の島々の文化史にもつながると提言する。青森の小井田幸哉が参加し、地名の研究について話す。岩崎敏夫も参加する。
一月一九日 社会科研究会で、「選挙民」をテーマに話し合う。
一月二二日 民俗学研究所第四五回例会で、堀一郎の「死者及び死霊崇拝の残留と分化」の研究発表を聞き、奄美大島や越後、東北の習俗について述べる。
一月二五日 中央公論社から、『私の哲学』が刊行され、鶴見俊輔による談話筆記「村の信仰」が載る。
二月 文部省の科学研究費の補助を受けて始まった『民俗学辞典』の項目の選定を始める。国立国語研究所評議員となる。
二月四日 社会科カリキュラムづくりの勉強会で、「今と昔」について話し合う。
二月五日 柏常秋著の『沖永良部島々誌稿』第一冊を受け取る。
二月一〇日 社会科カリキュラムづくりの勉強会で、一、二年の単元を見直す。
二月一一日 信州の内地留学生七人に、民俗学と教育の話をする。
二月一二日 民俗学研究所第三一九回談話会で、三須善文から「若者宿」、和歌森太郎から「聖地としての塚について」、石井進の先輩である稲垣純男から「ミカハリバアサンについて」の問題が提出され、話し合う。
二月一五日 NHKラジオ放送の「朝の訪問」の時間に、読書法について、および民俗学会の現状などについて放送する。
二月一六日 社会科カリキュラムづくりの勉強会で、雨具の変遷などについて述べる。
二月一九日 第二〇回女性民俗研究会で、「女の人の歴史、生活史は女の人自らの手でつくらねばならない」と話す。
二月二一日 安間清が、「早物語」研究の論文を雑誌『信濃』に発表したいと知らせてきたので、楽しみにしているとの返事を書く。
二月二五日 牛尾三千夫宛てに、正月の餅の礼状を書き、そのなかで、沖縄に関する論考を書くのに二カ月もかかり、歳を感じていると吐露する。
二月二六日 民俗学研究所第四六回例会で、瀬川清子の愛知県日間賀島の例を中心とした「祭りと婦人との関係」の発表を聞き、過去が一つではなく、幾段階かがあることを意味していると述べる。
二月二七日 島の人の話を聞く会で、奄美大島の岩切登の話を聞く。
二月二八日 神田小学校で開かれた東京書籍主催の新しい国語新しい算数研究会で「『新しい国語』にふれて」の講演をする。
三月 四月に刊行される宮本常一の『ふるさとの生活』(朝日新聞社)の序文「旅と文章と人生」を書く。また、島の人の話を聞く会で、三宅島の浅沼悦太郎、与論島の勇夫妻から話を聞く。
三月三日 成城児童福祉司主催の講演会で、「子供と言葉」を講演する(定)。社会科カリキュラムづくりの勉強会で、「水」や「食物」「着物」などのプランを述べる。

三月五日　「ニソの杜」についての論考を送ってきた安間清に、平山や千葉とも相談して、遠く離れた土地との比較を計画したいと手紙を書く。

三月一〇日　桐朋学園において「女の学問」と題して講演し、「はきものの話」として校内新聞に掲載される。

三月一二日　民俗学研究所第三二〇回談話会で、井之口章次の「魂よばい」についての話を受けて、今後の課題を述べる。その他、今堀恭子の「布引の滝の伝説」、服部治則の「山間部落の成立について」の報告を受け、意見を述べる。

三月一六日　NHKの「神道の時間」で、この日と一八日、二一日の三回にわたって平井直房との対談「農村と氏子」を放送する（定）。

三月一九日　第二一回女性民俗学研究会で、高橋真澄から便所に雑煮を供える話を聞き、出産と便所に関する俗信に注意したいと述べる。また、瀬川清子から生活改善の問題や婚姻の簡素化を民俗学の立場からどう見るかの発表を聞く。最後に、『芭蕉七部集』の春の日のなかの二句を挙げ、先祖まつりの話をする。また、近世史を着実に学ぶ必要性を強調する。

三月二〇日　島の人に話を聞く会を開き、三宅島から浅沼悦太郎を招いて、葬制、供養の話から舟のことなどを聞き、井之口章次が記録をとる。

三月二一日　成城協同組合で、『夜の靴』と『菊と刀』について話す（定）。

三月二六日　民俗学研究所第四七回例会で、『古今著聞集』のなかの伊予黒島の鼠の話を主とした「島の鼠」と題した話をする。

三月三一日　芸術院の会にはじめて出席する（定）。

四月　伊藤葦天から依頼があった『初瀬とこれさまと五反田節』のために「榎戸懐古」を書く。

四月二日　椎葉村の中瀬淳が亡くなる。享年八四。

四月九日　民俗学研究所第三二一回談話会で、石田英一郎の「民俗学の新しい問題について」と奥野彦六郎の「村の制裁作用について」の発表を聞き、意見を述べる。

四月一六日　滋賀県高島郡の橋本鉄男に、剣熊村の調査はまとまったのかと尋ね、ダイジョモのことが気になっていると葉書を書く。

四月二三日　民俗学研究所第四八回例会で、竹田旦から河童伝説を中心とした水神信仰についての発表があり、全国に広まったことや、それを運んだものについての研究はまだ明らかになっていないと話す。『先祖の話』に目を通し、朱で書き入れをし、「モウ自分ニモワカラヌ箇所カ多クナツテ居ル」などと書く。

四月二六日　森山泰太郎宛てに、手紙の返事を書き、「君はこの一年ニ尤もよく働いた人に候」と述べる。

四月二七日　福井武生の斉藤槻堂宛てに、問い合わせてきた手紙の返事を書く。

四月三〇日　民俗学研究所に上毛民俗の会の会員を招き、座談会をする。出席者は、都丸十九一、上野勇、今井善一郎、斉藤武雄、狩野喜与松、森田秀策、池田秀夫らで、研究所から直江広治らが出席する。記録は、九月に、上毛民俗の会から、『上毛座談』として発表される。会終了後、孫や千葉徳爾、井之口章次、鎌田久子らをまじえて写真を撮る。

五月　『民俗学研究　第一輯』の「序文」を書く。

五月五日　この日か数日前、一〇日から始まるバードウィークを前にして、毎日新聞社内のサン写真新聞社で開かれた座談会「野鳥を語る」に出席する。出席者は、中西悟堂、鷹司信輔、窪田空穂で、サン写真新聞社の石川社長と辻編集局長の司会で進められ、記録は、六日から一〇日付けの同紙に五回にわたって連載される。

五月二〇日　岩崎敏夫に、相馬には、郷土会時代からの友人で植物生理学の草野俊助がいると葉書を書く。

五月二二日　明治から大正にかけての講演メモや手控えを整理し、七種類をまとめて綴じ、「諸所講演草稿」とする。後日、千葉徳爾に預ける。

五月二七日　播磨郷土文化協会から頼まれた「播磨の印象　諸家随想」の回答として「故郷の山桜」を書く。

五月二八日　民俗学研究所第四九回例会で、夏から実施される八学会連合の対馬調査に因んで、「対馬における民間信仰について」を話す。その後、堀一郎の司会で、両墓制について座談会をする。

五月二九日　島の人に話を聞く会で、仲原善忠から久米島の話を聞く。

六月　このころ、久しぶりに浅野晃が訪ねてくる。この五年間、北海道で詩を書いていたと聞き、「この大事な時に詠嘆をこととしているとは何事だ」と叱る。同じ日、国会図書館副館長をしていた中井正一が訪ねてきて、一度、図書館を見に来てほしいと言われる。

六月一日　山口県の小野田高等学校に異動した小川五郎宛てに、自分は、今、島々の鼠について研究していると葉書を書き、小野田には、「フワウナ」の研究者はいないかと尋ねる。

六月三日　西谷勝也宛てに、『伝承』一月号の報告が、狐と地神との関係、旧一一月二三日の先祖祭とのことのふたつのことのよい証拠となったと葉書を書く。

六月一一日　民俗学研究所第三二回談話会で、神島二郎からフレデリック・S・ハリスの「日本社会の素描」の紹介があったが、我々には何の益するところがないと批評する。

六月一二日　東京大学の岸本英夫を研究所に招き、アメリカ帰国報告「アメリカ民俗研究の現状」を聞く。この日、留学生として森山泰太郎が初めて訪れる。

六月一七日　民族学協会例会で、「蟲神考」と題した講演をする。

六月二一日　上智大学のカトリック神父シェーファーと研究所で「子安神について」対談する。

六月二五日　民俗学研究所第五〇回例会で、関敬吾の「機織淵伝説によって考えられる水神信仰」についての問題提起を受けて話し合う。

六月二九日　ロンドン大学のダニエル教授と東京大学社会学科研究生ドーアと共に、日本語、とりわけ方言について話し合う。

七月　この月から、民俗学研究所の事業として三年計画で全国離島村落の調査研究が始まる。それにあわせて、「本邦離島村落の調査　趣旨」（『離島村落の研究』「序にかえて」）を書き上げる。また、九学会連合の二年計画の対馬共同調査が始まり、民俗学会からは和歌森太郎、竹田旦、桜井徳太郎、瀬川清子が参加する。

七月一日　北海道の高倉新一郎が訪ねてきて、ネフスキーのことなどを話す。

七月七日　成城学園初等学校の社会科研究会のメンバー七人と共に社会科の単元づくりの話し合いをする。この日のテーマは、「海」と「郵便」であった。

七月九日　民俗学研究会第三二三回談話会で、小林梅次の「盆の迎え火送り火の信仰」、川端豊彦の「厠神について」、北見俊夫の「市神について」の提起を受け、それぞれに意見を述べる。

七月一一日　この日と一三日、一五日の三回にわたって、NHKで宮地治邦との対談「お盆と神道」を放送する（定）。

七月一二日　六月に発足した庄内民俗学会の戸川安章から、顧問就任の依頼があり、会員を自任するも顧問とは大げさと述べながら、折口も共に受諾との葉書を書く。国学院大学教授を受諾する（定）。

七月一三日　石川岩吉国学院大学学長から電話があり、来年度新設する大学院の神道概論の講義の依頼を受ける。

七月一四日　石川学長の依頼を受けて、折口信夫が訪ねてくる。国学院大学での講義を快諾したことを話す。

七月一七日　第二四回女性民俗学研究会で、「沖縄のおもろそうしの話」と「手ぬぐいの話」をする。

七月二〇日　農林省総合研究所の女性研究員が二人訪ねてきて、これからの農村女性の生活指導について聞かれる。民俗芸能研究の本田安次と獅子踊りについて話す。

七月二三日　民俗学研究所第五一回例会で、千葉徳爾から「山の神の姿を女性と考える信仰」の発表を聞き、意見を述べる。

七月三一日　談話会で森山泰太郎が津軽の海村調査の要点を発表する。伊那の今村良夫宛てに、伊那谷を旅した歌人の歌集が出たが、兄通泰は、伊那に行ったこともなく、歌も別人のものと思うと葉書を書く。

八月八日　高知の桂井和雄が訪ねてきて、水無月、田植え祇園祭のことなどを話し合う。

八月一二日　対馬の離島調査から帰った瀬川清子と和歌森太郎の中間報告会を行う。石塚尊俊宛てに、原稿の約束はできないが、あてにしないで待っていてほしいと葉書を書く。

八月一三日　民俗学研究会第三二四回談話会で、小池長之の「遍路について」の発表を聞き、意見を述べる。

八月二一日　女性民俗学研究会で、「手拭の話」と題した話をする。

八月二六日　二階の書斎に森山泰太郎を呼び、ゆっくり話す。大田南畝の『一話一言』の津軽のネズミの話などを話す。

八月二九日　昭和九年に贈られた宮良当壮の『南島叢考』（一誠社、昭和九年）を再読する。また、今井善一郎が贈って来た上毛民俗叢書『巫祝見聞記』のお礼の葉書を書き、宗教学の岸本英夫にも送りたいので、余裕があればもう一冊送ってほしいと頼む。
九月一一日 島の人に話を聞く会で、済州島出身の梁承孝から同島の習俗についての話を聞く。
九月一二日 上野勇からの手紙に返事を書き、猿聟入りの兎になった代り形も新発見だが、ダイロウ聟の牛と蝸牛との絵が面白いと葉書を書く。
九月一八日 女性民俗学研究会で、根の国やオシラサマの話をする。
九月三〇日 日本民俗学会第二回年会の総会と公開講演会が、日本大学講堂で開かれ、総会の席で会長を辞任し、理事に柳田、大藤、大間知、堀、和歌森の五人、名誉会員に柳田以外に折口と橋浦の三人とすることを提案し、承認される。引き続きの公開講演会で挨拶をし、大間知、和歌森、石田の講演を聞く。
一〇月一日 この日、「甲州の山宮」を発表した小沢秀之に、発表原稿を借り、感想や意見を添えて、後日、返却する。
一〇月二日 年会に出席した後、民俗学研究所で懇親会を開く(定)。
一〇月八日 民俗学研究会第三二六回談話会で、最上孝敬からの「摂津丹波地方の両墓制について」の報告を聞き意見を述べる。山口弥一郎が訪ねてきたので、前回に引き続き、焼畑についての考えを述べる。
一〇月一五日 女性民俗研究会で、沖縄の入墨の話をする。
一〇月二〇日 比嘉春潮宛てに、原稿の校正希望の手紙を書く。
一〇月二四日 折口信夫と共に関西旅行に出発する。岡野弘彦が同行する。東京駅で、妻孝と堀一郎、伊馬春部、岩本徳一らに見送られ、朝九時発の「つばめ」に乗り、東京駅を出発する。名古屋で下り、来田親明神宮文化課長の出迎えを受け、近鉄に乗り換え、宇治の酢久旅館に泊まる。
一〇月二五日 内宮に参拝し、古殿池の心の御柱の跡を見たいと申し出るが、わからないと言われ、不満に思う。夜、神宮の職員二、三十人と座談会をもつ。自分の両親は、伊勢参りをしたいと願っていたが、それを果たせずに死んでしまった。こういう人がいるということを、これからの神道は考えていかなければならないと述べ、信仰と学問について語る。座談会も終わるころ、杉谷禰宜から、宝貝を蒐集していると聞き、自宅に行き、コレクションを見る。宿に帰ると、岡野の父親が来ていて、代々仕えているという神社の話を聞く。
一〇月二六日 伊勢の学者大西源一の案内で、外宮を参拝したあと、城田村荒木田氏の山宮や田丸町田辺の氏神を回る。神宮司庁文化課主催の文化講演会で、全国から集まった神職など約四〇〇人が聴講するなかで「日本民俗学の現状」を講演する。少宮司の秋岡保治が国学院で折口の同級であったことから、この講演が実現した。折口は、山田高校と市の公会堂で講演する。
一〇月二七日 内宮の奥の剣峠を越えた時、眼下に広がる五ヶ所湾を見下ろして神宮の御神霊が五十鈴川の川上に鎮座した理由に気づき興奮し、岡野に写真に収めるように指示する。
一〇月二八日 志摩郡御座村琴平山の麓の海岸を歩き、近鉄宇治山田駅から大和に入る。橿原神宮を参拝し、折口と近世の国学者の話が弾み、岩崎美隆の歌を口ずさむ。この日は、当麻寺の中ノ坊に泊まり、松村実照住職の歓待を受ける。夜、朝日新聞の記者の取材を受ける。

一〇月二九日　車で竹内峠を越え、上の太子、誉田八幡に参って大阪に向かう。聖徳太子の廟、上の太子で若い衛視に立ち入り禁止の場所と強く叱られるが、張り紙もせずに責めを人にばかり負わせるのは卑劣だとたしなめる。その後、源頼信、頼義、義家の源氏三代の墓を参り、誉田八幡に参拝し、阿倍野に着く。大阪に住む同級生、木間瀬策三を自宅に訪ねたあと、大阪営林局構内のみやま寮での近畿民俗学会の座談会に出る。今橋の鴻ノ家に泊まり、深夜泥棒騒ぎで起きる。

一〇月三〇日　朝食を食べながら、早朝、折口と岡野が折口の生家跡を探しに行った話を聞く。伏見稲荷に参拝し、三一日の両日、稲荷神社に泊まる。

一〇月三一日　京都大学史学研究室や理学部動物学教室に寄り、黒田徳米教授や徳田御稔教授らから、宝貝や鼠が海を渡る話を聞き、感銘を受ける。午後、国史研究室で学生たちに、折口と共に短い話をし、鼠について述べる。夜、伏見稲荷で「狐の話」をする。

一一月一日　京都で岡野と別れ、平山敏治郎に切符の手配をしてもらい、折口と共に帰京する。車窓から品川東海寺を見て、折口に松浦辰男の思い出を語る。数日後、岡野が旅行の清算をするために折口と訪ねてきて、折口が支払うというのを断る。話し合いの結果、折口が出したお金は、研究所に寄付してもらうことで落ち着く。

一一月六日　金沢の長岡博男、高知の桂井和雄が訪ねてくる。大間知篤三、大藤時彦、直江広治らと共に地方学会のあり方について話し合う。

一一月八日　「田社考大要　一」を書き上げる。

一一月一〇日　『伝説』の第七刷り本へ、訂正の朱書き入れと第八刷以降への希望を書き込む。平山敏治郎宛てに、京都では、いろいろな所に引き回して迷惑をかけたと手紙を書き、そのなかで、丸山久子の家の日記が貴重なことや、宝貝や鼠、狐などの研究テーマについて述べる。

一一月一二日　民俗学研究所第三二七回談話会で、植松明石より沖縄のマブイワカシを例に死者の霊魂の清まりについて疑問が出され、それについて答える。

一一月一四日　一〇日から書き込んできた『伝説』の朱入り作業を終え、「一校了」と書く。

一一月一九日　女性民俗研究会で、高橋真澄、鎌田久子から伊豆大島の女性の民俗についての報告があり、産育習俗を中心に話し合う。

一一月二六日　民俗学研究所第五五回例会で、最上孝敬の両墓制の発表を聞き、日本の固有信仰はこの両墓制の問題を明らかにしなければ前に進めないと述べる。

一二月　この年、中学校国語教科書の編集を済ませた後、高等学校国語教科書の編集に入り、民俗学研究所での編集委員会に積極的にかかわり、教材などを提出する。高校の国語教科書への希望として、教科書を初めて手にした時の好奇心が青年には大切なので、「教科書臭さを少なくし、内容の新味をもって読書心を刺激する。名文礼拝の悪癖を改め、普通文体を普及させる。内容をつとめて民衆の生活に近づける」などと述べる。

一二月一〇日　民俗学研究所第三二八回談話会で、「講」について桜井徳太郎、「漁業神としてのイナリ信仰」について亀山慶一から話題の提出があり、それぞれに自分の考えを述べる。

一二月一一日　沖縄文化協会の人々に宝貝の話をする（定）。

一二月一七日　女性民俗研究会で、敬語について話す。

一二月二四日　民俗学研究所第五六回例会で、この一年間の民俗学の歩みを回顧し、将来に発展する問題について話す。そのなかで美作の荒神森の話に触れる。

一二月二九日　安間清が訪ねてきて、北佐久郡郷土誌民俗学篇の調査要項立案のための話をする。

一二月三〇日　松山義雄が送ってきた『山の動物記』（吾妻書房、昭和二五年）に朱を入れながら読み終わる。

昭和二六年（一九五一）　七六歳

一月七日　『柳田国男先生著作集　第一一冊　新語論』に、「此本ハ再版に付せず、ただ一部分を再用するやうにしたし」と書き入れる。

一月八日　『民謡覚書』の初版本に訂正を朱での書き込みを終え、「いつかは索引を作つて附けたいものなり」と書く。

一月一〇日　比嘉春潮宛てに、『沖縄水産誌』や『魚名目録』のようなものがあったら「シュク」とか「ヒシュク」という小魚の本名、学名を教えてもらいたいと葉書を書く。松山義雄宛てに、『山の動物記』は学問上の価値がある本なので、水産の末広教授に勧めたとの葉書を書く。

一月一二日　『民俗学辞典』の序文を書く。その中で、本辞典の目的は、民俗学の有効性を示すだけでなく、社会科教育の参考になるという自信にあると述べる。

一月一四日　民俗学研究所第三二九回談話会で、小池長之から兵庫県有馬郡の花山院伝説についての話を聞き、全国各地に広まっているので調べの方法を考えなければと述べる。その他に竹田旦の「姉家督」と瀬川清子の「対馬の民具」について話題が出される。

一月一六日　新村出に、『島の人生』を郵送で送る。

一月一七日　森山泰太郎宛ての葉書を書き、そのなかで、津軽の沿岸で「ラク」か「ロキ」の語尾をもつ地名があるかと尋ねる。

一月二一日　改めて第二〇回とした女性民俗研究会で、「歌かるた」の話をする。

一月二二日　長野に戻ってきた安間清から『東国古道記』を再版したいとの申し出を受け、悪文だけれども、校正に注意して再刊してほしいと葉書を書く。そのなかで、この三カ月間、風邪が治らず引き籠っていると述べる。

一月二七日　島嶼社会地理研究会を民俗学研究所で開き、島の文化について話す（定）。昭和一一年に刊行した『国語史　新語篇』をもう一度読み直し、「実例の排列拙なく、解説も多くハ明白ならす」と書き入れをする。

一月二八日　民俗学研究所第六九回例会で、牧田茂が発表した「民俗の現代性」（『民間伝承』第一六巻二号）について大間知、堀、和歌森らと活発に議論をする。また、この日、第一九回南島研究会も開かれ、松本信広の「船の名前とその伝説」の発表を聞き、帆の形状と呼び方の比較研究をしてはと話す。

一月三一日　『民俗学辞典』が東京堂から発行される。

二月二日　茨城県水海道の富村登から寄せられた疑問に答える手紙（「水海道古称」として発表される）を書き、「御津垣内」の「ミツカイト」説を述べる。

二月一〇日　大西伍一が訪ねてきたので、社会科の重要性や、判断力を養うことについて語る。

二月一一日　民俗学研究所第三三回談話会で、民俗学辞典の発刊について話した後、談話会にうつり、西垣晴次、平井直房、福島惣一郎からの報告を聞く。

二月一二日　箕輪敏行が勤める川崎市立西生田小学校（伊藤千松校長）で開かれた研究発表会を参観する。この発表会は、成城学園の教員たちと続けてきた社会科カリキュラムづくりの勉強会に参加した西生田小学校の農村モデル校としての発表であった。

二月一六日　『加賀紫水翁記念誌』に載せる「土の香の思い出」を書く。

二月一八日　第二一回女性民俗研究会で、「茶道」について民俗学ではどのように見たらよいのかを話す。

二月一九日　母親の郷里の山形県南村山郡西郷村にいる木村博宛てに、南村山郡には一人も会員がいないので、両墓制の事例があるかないかを注意してほしいと葉書を書く。また、安間清宛てに、『東国古道記』の再刊にあたって、悪文なので、少し手を入れておけばよかったと思っていると葉書を書く。

三月　この月、深川円通寺に柳田家代々の墓を建立する（伝）。

三月三日　大西伍一が訪ねてきて、青年に郷土研究の気運があり、具体的にどうしたらよいかを聞かれる。

三月五日　森山泰太郎宛てに、「オシラ祭文」の新しく採集したものがあれば、「オシラ神考」の出版にとりかかっているので見てみたいと葉書を書く。

三月六日　三月下旬に上京すると言ってきた長野県下高井郡瑞穂村小学校に勤める大月松二に、その時に、社会科に関する研究会を開くことを提案する葉書を書く。

三月一〇日　牛尾三千夫宛てに、『島根民俗』第二号の礼と、大元森と荒神森は併立するのか関係を明らかにしたいと葉書を書く。

三月一一日　民俗学研究所第三三一回談話会で、犀川碇吉の種子島の民俗についての報告と、三須義文の離婚とシツケについての話題を聞く。鹿児島の鶴丸高等学校の村田熙宛てに、贈られてきた鶴丸高校地歴部の研究誌『地歴研究』第一輯号の礼と金沢などと交換し日本一国を学ぶようにと葉書を書く。

三月一八日　女性民俗研究会で、「家の話、女性と台所について」を話す。

三月二〇日　刀江書院から、「日本民俗叢書」の一冊として『北小浦民俗誌』を刊行する。

三月二五日　民俗学研究所第五九回例会で、瀬川清子から対馬鰐浦の婦人の労働についての報告を聞き、酢を造ることを各地の例と比較してみる必要があると述べる。

三月三一日　約一週間、上州を旅する（後狩）。

四月　国学院大学の石川岩吉学長らからの要請に応え、月給のかわりに車での送迎を条件に教授就任を受け入れ、神道理論、神道教壇史を担当することになる。この月、自宅を貸して、上毛民俗の会を開き、会員たちと座談をし、のちに「上毛座談」としてまとめる。

四月三日　『北小浦民俗誌』刀江書院版に「モウ一度丁寧ニ書キ改メテ見タイ念願アリ」と書き込む。

四月八日　民俗学研究所第三三二回談話会で、中西良雄の「同齢感覚について」の話を聞いた後、三笠宮から質問があったと言って「ニヒナメについて」を話す。一一日付けの『時事新報』に載せるための取材を受け、「これからの琉球―島中心の文化史のために」と題した談話となる。この談話の最後に、「琉球の調査と研究に出かけるのを唯一のたのしみにしている」と述べる。

四月一四日　朝日講堂において開かれた南方熊楠追悼記念講演会で、「生まれつきと生き方」を講演し、終了後、渋沢敬三、田中長三郎、下田将美らと写真を撮る。この講演の録音は、四月一九、二〇日に放送される（定）。

四月一五日　第二三回女性民俗研究会に出て、女の会で行った神奈川県岡上村の調査報告を聞く。夜、赤坂福吉町の「あかはね」で開かれた朝日三翁喜寿祝賀の宴によばれ、明治八年の同年生まれの下村海南、長谷川如是閑と共に祝ってもらう。参加者は、町田梓楼、緒方竹虎、笠信太郎、嘉治隆一、前田多門、関口泰、田畑政治で楽しいひと時を過ごす。

四月一九日　ラジオ第二放送で、「南方熊楠の生き方と生まれつき（1）」、二〇日には「南方熊楠の思い出（2）」が放送される。この講演記録をもとにした「南方熊楠先生―その生き方と生れつき」が『展望』七月号に掲載される。

四月二〇日　新村出より、この日付けで、『語源をさぐる　1』（岡書院、昭和二六年）の寄贈を受ける。すぐに眼を通し、「二三異見アリ　後日話題トスヘシ」と書き込み、新村宛てに、語源についての話し合いを申し込む手紙を書く。

四月二一日　安藤広太郎の『日本古代稲作史雑考』（地球出版、昭和二六年）の出版祝賀会を呼びかけ、中野の星岡茶寮に東畑精一、石黒忠篤、盛永俊太郎らを集める。この会が、稲作史研究会設立のきっかけとなる。

四月二三日　民俗学研究所第六〇回例会で、井之口章次が「魂呼ばひ」について発表し、感想を述べる。次に、二一日に安藤広太郎や石黒忠篤と話し合いをした「稲作」について考えを述べる。

四月二九日 民俗学研究所で、上毛民俗の会を開く（定）。
五月一日 国学院大学大学院の開講式に出席し、午後「瑞穂国について」を講演する。大学院では、理論神道学の講座をもち、以後、昭和三五年まで続ける（定）。
五月六日 ラジオ放送の番組「朝の訪問」で釘本久春との対談「近頃の言葉づかい」が放送される。
五月八日 今井善一郎宛てに、四月の上毛民俗の会は、新鮮な一日であったと葉書を書く。
五月一三日 民俗学研究所第三三三回例会で、石井進の東京都西多摩郡小河内村の山姥の話を聞き、改めて信仰の道筋を探るうえで興味深いと話す。和歌森太郎から、山姥と五月五日の関係の質問を受ける。
五月一四日 民俗学研究所の「本邦離島村落調査」に、文部省の昭和二六年度試験研究費交付金二五万円がおりることが決定する。
五月二〇日 この日発行の『国学院大学新聞』にインタビュー「無用の学への執着」が載り、そのなかで、「私の学問はそれ迄の教育に対する反抗と疑問」から始まったと述べる。
五月二一日 上野勇宛てに、今月末から四、五日、孝と二人で、休養に行きたいと葉書を書く。
五月二三日 東京工業大学で、「茶の話」を講演する（定）。
五月二七日 民俗学研究所第六一回例会で、千葉徳爾の「民俗資料の量的取扱について」と題する発表を聞く。直江広治の天草御所浦島の採集報告を聞き、キツネツキの話題に触れる。斎藤槻堂宛てに、斎藤が編集した大井永昌記の礼を書き、南条郡堺村に行った時に、大河内の場所を確認して地図を見せてほしいと頼む。
五月三〇日 四月に亡くなった友人乾政彦の追悼の思い出を、奈良十津川郷友会宛ての手紙に書く。
五月三一日 上野勇を同行し、孝との上州旅行に発ち、奥利根の宝川温泉に向かう。
六月一日 汪泉閣に滞在し、栃の花などを楽しみながらトロッコに乗る。宿で、「霊地考」のノートを整理する（定）。
六月三日 留守中の女性民俗学研究会で、瀬川清子が、山村海村調査手帳をもとに調査における注意を話し、会員相互の意見交換をする。
六月四日 帰宅する。
六月一〇日 民俗学研究所第三三四回談話会で、酒井卯作の青ヶ島報告を聞いた後、「採集資料と文献資料」について話す。
六月一一日 金沢の長岡博男に、二三日の大阪からの帰りに、金沢に一泊するつもりなので、少数の同志のみなさんと会って話をしたいと葉書を書く。
六月二〇日 斎藤槻堂宛てに、精進講の例は、東北では伊勢遥拝講となっていることや、研究している田村馨を紹介する葉書を書く。
六月二二日 東京書籍の会と近畿民俗学会での講演のため、関西方面への旅に出て、嵐山に泊まる。
六月二三日 京都の西芳寺を拝観したあと、愛日小学校で「国語教育の進むべき道」を講演する。講演を終えたあと、この日の宿鴻の家に集まった大阪の会員たちと話し込む。休む前に孝宛てに葉書を書き、明日は金沢に向かうと伝える。

六月二四日　金沢の長岡博男宅で開かれた加能民俗の会で、「民俗学の諸問題」を三時間にわたって話す。

六月二六日　上田を経て、翌日の二七日に帰宅する。

七月　この月、九月に刊行する『大白神考』の「序文―オシラ様とニコライ・ネフスキー」を書き、非業の死をとげたネフスキーを偲び、「終りを全うせざる友情の悲しき記念」と綴る。

七月二日　金沢の長岡博男宛てに、世話になったことのお礼の葉書を書き、角川文庫から『桃太郎の誕生』を出したので、加能民俗の会のみなさんに賞品として渡したいと述べる。

七月三日　沢田四郎作宛てに、二三日の会では、自分だけが話しただけで損なことをしたと手紙を書き、そのなかで、このごろは、新嘗と稲村や霜月の先祖祭との関係に興味があると述べる。親戚の松山義雄から近く刊行予定の『山国の動物たち』、実際は『猿・鹿・熊―日本にすむ野生動物の生活』（さ・え・ら書房、昭和二六年）の序文を頼まれたことに対し、このごろは約束しても書けた例がないので、引き受けられないと葉書を書く。

七月八日　民俗学研究会第三三五回談話会で、亀山慶一から栽培植物に関する禁忌、小池長之から箱根街道について、小林梅次から大和のヘビマツリについての報告を聞く。

七月一〇日　東京都立大学学長室で開かれた第一回にいなめ研究会で、三笠宮、柴田雄次総長、阿部行蔵、松平斉光らの前で、「にいなめの祭の歴史」と題して、新嘗祭と奥能登のアエノコトの神事との関連について三時間にわたって話す。

七月一二日　斎藤槻堂宛てに、敦賀湾周辺の村のアエノコトという行事に注目してほしいと、新嘗祭とアエノコトについて三笠宮の前で話したことを伝える葉書を書く。

七月一五日　第二五回女性民俗学研究会で、「華道以前について」を話す。

七月一六日　平家蟹について尋ねてきたジュリアン・ハックスレに対して、質問に答える手紙を書く。

七月二二日　民俗学研究所第六三回例会で、関敬吾からの民俗学における文献の使用についての意見発表を聞き、文献と伝承の双方を自由に使いこなすべきと述べる。

七月二三日　義理の姉、木越貞が亡くなる。享年八一。

七月二五日　国学院大学主催の華道芸術講座で、「華道以前」を講演し、樹木と人の関係を話す。

七月二九日　英文学者の土居光知宛てに、戦前にイギリス民俗学会会長から『遠野物語』英訳本の出版許可の要請があったが、そのままになってしまっているので、これから話を進めるとしたら相手方の担当者は誰なのかを調べてもらいたいと手紙を書く。このころ、アメリカからも英訳の話が持ち込まれてきたので、馴染みのあったイギリスの話を確かめてから返事をしようと思う。この英訳は、昭和一〇年に戸田閑男が英訳し、一部を発表したものの原稿で、土居が戦前にイギリスに持ち込み、英訳の話を進めていたものであった。

八月　この月、『島の人生』の序を書く。このころ、国立国語研究所所員たちと、日本語について話し合う。出席者は、中村通夫、林大、宇野義方、斎賀秀夫、水谷静夫らで、記録は、「日本語をどうするか―柳田国男氏をかこんで」と題して『言語生活』一〇月号に掲載される。またこのころ、沖縄調査旅行のため来日したカリフォルニア大学ヒアリング教授が訪ねてくる。

八月四日　評議員会が開かれる。

八月六日　七月に刊行された『南方熊楠全集』第八巻書簡篇の「神社合祀問題関係書簡」などを、書き込みながら読み、再版の際には直すところが多いと思う。

八月一二日　民俗学研究所第三三六回談話会で、竹田旦から対馬の年中行事の報告を受けた後、「『民俗誌』の比較について」を話す。

八月一三日　岩崎敏夫に、相馬在住の旧友、草野俊助に話をしておいたので、訪問してみたらどうかと葉書を書く。

八月一九日　女性民俗研究会で、馬場富子の相馬郡中村町の年中行事の報告を聞く。また、ウブゲソリの慣習やトトツケなどの子供の頭に残す毛のことを話し合い、罰の意味で半分毛を剃るハンコについて話す。

九月　『思想』九月号に載った大阪市立大学助教授梅棹忠夫の「ヤク島の生態」を読み、感心したのですぐに自宅に遊びにくるようにと葉書を出す。

九月一日　思想の科学研究会第三回総会で、顧問に選ばれる。

九月九日　民俗学研究所で、南島研究について民族学協会との協議会をもち、出席する。協会側からの出席者は、岡正雄、泉靖一、馬淵東一、石田英一郎、杉浦健一で、研究所から理事、代議員がほとんど参加する。この話し合いで都内在住の南島出身者対象の予備調査ののち、講和条約発効を待って調査団を派遣することが決まる。

九月一三日　大森義憲宛てに、今、「みろくの船」の原稿を書いているところで、那覇のみろく踊りについて何か材料があれば貸してほしいと葉書を書く。そのなかで、城辺の郷土史を見たいと頼む。

九月一六日　第二七回女性民俗研究会で、鎌田久子から伊豆新島の呼び名の報告があり、「現在失われつつある二人称の呼び名を集める必要がある」と述べる。

九月一七日　島の人に話を聞く会が南島研究会となり、通算第一三回目の会合を開く。八重山出身の内盛唯夫から、八重山の民俗の話を聞く。この日付けの『朝日新聞』に「沖縄に探る〝古代日本〟柳田氏の喜寿に記念事業」のタイトルで、「沖縄研究室」の設置と南島調査を喜寿記念事業の柱とする記事が載る。

九月二一日　大森義憲から『城辺村村史』が送られてきたので、礼の葉書を書く。

九月二三日　研究所に訪問にきた沖縄教育使節団の一行のために、「社会教育について」の話をする。

九月二六日　平山敏治郎宛てに、貸してある隠岐の二人の僧侶の旅日記を子孫の家に返そうと思っているので返却してほしいと葉書を書く。そのなかで、来月、丹波市に行く予定だが、体調を崩して心配だと述べる。
九月二八日　大森義憲宛てに、送られてきた宮古島他二村の郷土史の礼の葉書を書く。
九月三〇日　胡桃沢友男が東京のＮＨＫ勤務になったと挨拶に来る。一〇月の関西旅行からの帰路、松本の池上喜作らに招かれているので立ち寄りたいと言う。
一〇月　成城学園初等学校の教員たちと作ってきた社会科カリキュラム『昭和二四―二六年度試案　社会科単元と内容』（ガリ刷り）が完成し、成城小学校で行われた第一回全国私立学校研究討議会で発表される。以後、これに基づいた実践が続き「柳田社会科」と呼ばれる。
一〇月八日　民俗学研究所で、南島研究会を開き、金城朝永の発表「沖縄のミロク」を聞き、八重山のミロク踊りは新しいのか古いのかが大事と質問する。このころから、咳が止まらず引き籠ることが多くなる。
一〇月一〇日　喜寿記念として、実業之日本社から『後狩詞記』が「年譜」と「著作目録」を併せて刊行される。
一〇月一三日　国学院大学で、喜寿記念会としての第三回年会が、この日と次の日の一四日の両日開かれ、折口、瀬川から記念品を、成城学園の女子学生から菊の花束を受ける。三笠宮も出席し、金田一京助、西尾実らの祝辞のあと挨拶をする。
一〇月一五日　沢田ら年会出席者を研究所に招く。西谷勝也から、頭屋の写真を見せられる。
一〇月一七日　文化勲章受章が、文部省より発表される。
一〇月一八日　関西各地から長野への旅行のため、東京を発つ。
一〇月一九日　天理大学図書館楼上で、日本宗教学会が開かれ、公開講演会で「樹木と信仰形態」を講演する。三笠宮が出席する。
一〇月二〇日　丸川仁夫らと石上神宮に参拝する。
一〇月二二日　堀一郎と共に三輪神社を参拝し、帝塚山の「鉢の木」に着く。沢田が、自宅に届いた手紙や朝日新聞社からの文化勲章受章の記念講演依頼の電報などを持ってくる。宿に高校時代からの友人、木間瀬策三が訪ねてきて歓談する。
一〇月二三日　朝日新聞社社主上野精一を訪問した後、朝日新聞社の車で沢田四郎作宅を訪れ、近畿民俗学会の座談会に出て弥勒信仰のことなどを話す。参加者が六〇人を超える。文化勲章受章のお祝いの言葉を水木直箭が代表で述べる。高校生を対象とした民俗学の大意を書いてみたいと述べる。夕飯は、近くの料理屋松半で堀一郎、富田砕花らと食べ、帝塚山の宿に泊まる。
一〇月二四日　大阪外国語大学で、「ネフスキーを偲ぶ」を講演する（定）。
一〇月二五日　大淀区北浦江の金蘭会高等学校（金蘭女学校）で、「日本を知るために」を講演する。その後、京都に向かい新村出宅を訪ね、ゆっくり話をし、二〇日付けで新村に届いていた喜寿記念会編の『後狩詞記』に、書き込みと署名をする。午後、京都大学に立ち寄る。
一〇月二六日　この日、成城学園を会場とした第一回全国私立学校研究討議会が開かれ、柳田社会科の「単元とその内容」が発表される。
一〇月二七日　京都で開かれていた日本人類学会と日本民族学会の第六回連合大会に参加する。夜、北野のスッポン料理屋での、渋沢敬三の招待の宴席に出る。新村出や羽田亨、田中秀央らが同席する。新村出から、俳人木村緑平の雀の句集を贈られる。堀一郎と祇園下河原の旅館松園に泊まり、沢田宛てに二人で葉書を書く。
一〇月二八日　京都大学人文科学研究所に立ち寄る。
一〇月二九日　名古屋の南山大学で、「若宮」について講演する(定)。
一〇月三〇日　堀一郎と共に名古屋から松本に入り、出迎えの池上喜作らと浅間温泉西石川に荷を下ろし、入浴後、六時から松本のレストラン鯛万で、久しぶりに開かれた「話を聞く会」で講演する。県内から一六名が集まり、「話を聞く会」の再興第一回目の会となる。話は、隠れキリシタンの話にも及び、九時半まで話す。
一〇月三一日　松本市の車で塩尻峠を越え、諏訪に出て、夕方少し疲れて帰宅する。
一一月二日　沢田宛てに、世話になったお礼の葉書を書き、ネフスキーの遺書のことを小樽の石川古書店と相談してほしいと伝える。
一一月三日　第一〇回文化勲章を受章する。光田健輔、西川正治、菊池正士、武者小路実篤、斎藤茂吉、初代中村吉右衛門と共に授賞式に出席し、記念写真を撮る。
一一月五日　平山敏治郎宛てに、京都では毎日世話になったとお礼の葉書を書き、『大谷学報』に載っている三品彰英の「穀霊儀礼と神話」を読みたいので送ってほしいと頼む。夜、朝日新聞社主催の文化勲章受章記念講演会で、民俗学の名称についての話をする。
一一月八日　一〇月に刊行された『南方熊楠全集』第一〇巻書簡Ⅲに収録された自分宛ての書簡に目を通す。『民俗学辞典』が朝日出版文化賞を受賞する。
一一月一〇日　石塚尊俊宛てに、紅白餅のお礼の葉書を書き、先月末に帰宅してから、風邪が治らず、今は家に籠って読書のみしていると告げる。
一一月一一日　民俗学研究所第三三八回談話会で、中西良雄から流灌頂について、当麻成志から埼玉県吾野村の成立事情について、吉川勇三から埼玉県比企郡の両墓制についての報告を受け、それぞれに感想を述べる。
一一月一二日　民俗学研究所で、第一五回南島研究会を行い、発表者の桜田勝徳と関敬吾に、村の様子、外国に移住した人の話やノロのことを質問する。参加者は、大藤、大間知、馬淵、直江、井之口、酒井卯作らであった。
一一月一三日　平山敏治郎宛てに、『大谷学報』のお礼の葉書を書き、京都からの風邪がまだ治らないので、原稿を書く気が起こらなくて困っていると述べる。
一一月一八日　第二九回女性民俗研究会で、今後のこの「女の会」の向かうべき道を述べる。この日発行の『読売ウィークリー』のコラム「人間」で、「ワンマン」の彼に続くものがいないと評される。
一一月一九日　民俗学研究所で第一六回南島研究会を開き、沖縄から招いた崎浜秀明から沖縄本島国頭地方の話を聞く。
一一月二一日　大森義憲宛てに、沖縄採訪記録の礼と、崎浜秀明を呼んで話を聞いたと葉書に書く。この日、文化功労者年金法によって年金五〇万円が支給される。
一一月二五日　民俗学研究所第六七回例会で、竹田旦から種子島の稲作についての発表があり、信仰の面からも稲作の起源を究めたいと述べる。また、桜井徳太郎の「伊勢講におけるハバキヌギの習俗について」の発表を聞く。
一二月　この年、辻川の地蔵堂が再建されることになり、「金五千円」を寄付として送る。
一二月三日　石塚尊俊宛てに、贈られてきた『出雲市誌』のお礼の葉書を書く。
一二月九日　民俗学研究所第三三九回談話会で、安池正雄の継子話を例とした語り物と昔話との交渉についての発表を聞き、「我々が昔話の採集を怠っていた期間が、昔話が最も薄れていく時期であったことは残念」と述べる。
一二月一二日　学士院に行き、古畑種基の研究のために手紋の石膏をとられる（定）。
一二月一六日　第三〇回女性民俗学研究会で、「蓬萊にきかばや伊勢の初だより」の「蓬萊」について話す。
一二月一七日　第一八回南島研究会で、沖縄調査にかかわった宮本演彦も同席し、折口信夫から日琉神道の相違などの話を聞き、意見の交換をする。出席者は、堀、馬淵、大間知、宮本、関、瀬川、竹田旦、井之口、大藤、平野孝国、丸山、鎌田、酒井らであった。この日の前後、新村出に、『母の手毬歌』を送る。着一九日。
一二月一九日　朝日新聞社で、村山社長、前田多門、長谷川如是閑らと会う。
一二月二二日　東京書籍教科書連絡会に出席する。
一二月二三日　民俗学研究所第六八回例会で、丸山久子から誕生餅の習俗についての発表があり、比較民族学からの分析も必要と述べる。次に、堀一郎の「文化の伝播と変容」の発表を聞いた後、最後に大間知篤三の『八丈島―民俗と社会』（創元社、昭和二六年）の感想を述べる。
一二月三〇日　岩崎敏夫に、干し柿のお礼と、先日上京した草野俊助からそちらの様子を聞いたと葉書を書く。
一二月三一日　大森義憲宛てに、いろいろの贈り物の礼と、沖縄採集の続稿を待っているとの葉書を書く。またこの年、森直太郎の案内で窪田空穂が訪ねてきて、ゆっくり話し合う。

昭和二七年（一九五二）　七七歳

一月　この月、牧田茂が角川新書で『生活の古典―民俗学入門』を出版したので、三笠宮らに読んでもらおうと、一〇冊ほど購入する。

一月一日　ＮＨＫラジオ放送で、「稲と正月」が放送される。

一月七日　新村出宛てに、昨年一〇月からの咳をもちこして引き籠っていると葉書を書く。

一月一〇日　正月に遊びにきた平山敏治郎宛てに、楽しい正月を送ることができたと葉書を書き、そのなかで、三品の住所を尋ね、今年は、穀霊の問題を大きくしてみたいと述べる。

一月一一日　ＮＨＫの矢成政朋らと、音声保存事業の一つとして方言の録音について相談する。のちにこれが、「ＮＨＫ音のライブラリー」となる（定）［矢成の思い出は前年中とある］。

一月一三日　民俗学研究所第三四〇回談話会で、犀川碇吉の種子島報告、井之口章次の隠れ蓑笠の昔話の話を聞く。『方言辞典』の刊行を喜ぶ。

一月一六日　熱海に一泊旅行に出る（定）。

一月二〇日　第三一回女性民俗学研究会で、異類婚姻譚について話す。

一月二三日　天然色映画「教科書ができるまで」を書斎にて撮影する（定）。

一月二五日　大森義憲から第五次の沖縄採訪記録が届き、酒井卯作らにも読ませたいと礼の葉書を書く。

一月二八日　民俗学研究所第六九回例会で「出雲神魂神社の呼名について」を話し、「カモス」と、大森義憲の「先島採集」にある「カムズ」との関連を考えたいと述べる。

二月七日　牧田茂の『生活の古典』を読み終え、「もう一度読んで見て細かい点の批評をする」と書く。

二月一〇日　民俗学研究所第三四一回談話会で、川端豊彦の千葉県夷隅郡浪花村採集報告と北見俊夫の「外来者歓待」についての話を聞く。

二月一三日　大森義憲の「先島採集」の第六を受け取り、書き入れをしながら読み始める。

二月一六日　東京大学法文経三六番教室で開かれた、『全国方言辞典』刊行記念国語学会公開講演会で、「国語史のために」を講演する。

二月一七日　第三二回女性民俗学研究会で、加藤百合子の埼玉県秩父郡大河原村の紙つくりの報告と、在京の沖縄出身の女性からの採集資料の報告を聞き、「南島の祖霊の祀り」について話す。

二月二〇日　二八日まで、伊豆山に静養に行き、新嘗についてのカードを整理する（定）。

三月二日　伊豆の木村博宛てに、ミカンのお礼の葉書の中で、風邪を治すために伊豆山に行ったが、まだこんこんやっていると書く。

三月三日　ＮＨＫ放送文化研究所の「音のライブラリー」の委員を受諾する。

三月九日　民俗学研究所第三四二回談話会で、小林行雄の『日本考古学概説』（創元社、昭和二六年）の書評をした後、「考古学と民俗学」について話す。

三月一一日　沢田四郎作宛てに葉書を書き、『週刊朝日』から昔作った写真絵葉書を見せてほしいと頼まれたが、残っているのは少ないので、もし保存していたら知らせてほしいと頼む。
三月一九日　写真絵葉書を送ってきた沢田四郎作にお礼の葉書を書く。そのなかで、写真絵葉書は大体三五、六種だと思うが、自分は一枚も保存していなくて残念と述べ、高木誠一や水木直箭の所にもあるので集めて見たくなったと気持ちを伝える。
三月二〇日　この日から、毎週木曜日に「住居」についての講義をすることとし、五月一八日まで続ける（定）。京都大学自然史学会で稲の起源について発表した浜田秀男宛てに、奄美大島や沖縄などにインディカ米の種が伝わっていることをどう考えるのかと尋ねる手紙を書く。
三月二三日　民俗学研究所第七一回例会で、三笠宮の出席のなかで、稲の伝来について話す。
三月二八日　女子中学生二人が集めた方言集『村のことば』（上毛民俗ノート六）が、指導した都丸十九一から贈られてきたので、「小評」と今後の蒐集と観察が大事とお礼の葉書を書く。「小評」のなかで、「うっかり話もできない」と親たちに言わせないような配慮を先生たちにしてもらいたいと述べる。
四月　一年間、東京教育大学に内地留学する箱山貴太郎が長野から上京し、挨拶に来る。九学会連合の講演を原稿なしでするつもりなので、この一週間、頭のなかで想を練っていると話す。
四月二日　大森義憲から最終の沖縄採訪記録が届き、礼の葉書を書く。
四月四日　高藤武馬が北島葭江を連れてきて、円珠庵募金のための短冊を頼まれるが断る。
四月一三日　民俗学研究所第三四三回談話会で、『民間伝承』四月号の読後感を話した後、福島惣一郎と西垣晴次からの話題を聞く。
四月一四日　沢田四郎作宛てに、会の葉書で沢田の父親が亡くなったのを知ったと、悔みの手紙を書く。
四月二〇日　国立国語研究所で「奄美大島の会」を開き、半年間調査滞在をしてきたアメリカ人のハーリングのスライドを見る。
四月二二日　都立大学で行われた、新嘗研究会第八回例会で、「稲霊信仰」について発表する。
四月二七日　山口弥一郎が、三人の会津女子高校生を連れてきたので、民俗採集や女性問題の研究についての考えを話す。
四月二八日　民俗学研究所第七二回例会で、瀬川清子が「女性の地位についての民俗学的研究」の発表をする。
五月　このころ、『婦人公論』の企画で、和辻哲郎と緑陰対談として「若い女性に望むこと」を話し合う。記録は、同誌七月号に掲載される。
五月一〇日　一一日の両日、国立博物館大講堂にて第六回九学会連合大会が開かれる。
五月一一日　特別講演として、「海上交通の話」を講演する。和歌森太郎がテープにおさめ、箱山貴太郎が筆記をしたが、後日記録を見てこのままでは文章にならないと思い、九月に箱山宛てにその旨を手紙に書く。
五月一七日　第二四回南島研究会で、八重山出身の言語学者宮良当壮から沖縄に帰った時の話を聞く。宮良が持ち帰ってきた農具などを見る。
五月一八日　第三五回女性民俗学研究会で、「日本人のあの世」について話をする。また、江馬三枝子から越前石徹白の民俗、池田俊平から東山梨郡八幡村の年中行事の報告を聞く。
五月一九日　第二五回南島研究会で、三友国太郎からトカラ列島の宝島の話を聞く。
五月二四日　八重洲口にある中山文化研究所（中山太陽堂）において、同所主催の婦人文化講座で一時半から三時半まで「日本人のあの世」を講演する。
五月二五日　民俗学研究所第七三回例会で、関敬吾からヨーロッパでの昔話研究の動向についての話を聞く。
五月二七日　長岡博男から、森田柿園、石川県図書館協会編纂の『越中志徴』の上下巻（富山新聞社、上巻、昭和二六年、下巻、同二七年）が届いたので、礼の葉書を書く。
五月三一日　那覇の又吉市長が来るというので、関、比嘉、大間知、直江、和歌森、酒井らを集めて待つ。市長らが遅れたので、南島の研究の問題点について話し合い、のち市長と沖縄の現状などについて懇談する。
六月五日　『沖縄村内法解題』の三冊を通読し、朱の書き入れを終える。
六月七日　一〇月に大阪で開かれる民俗学会年会に来たついでに、出雲まで足を延ばして講演してほしいと言ってきた石塚尊俊に、大阪には行けそうにもないし、講演も引き受けることはできないと返事を書く。

六月八日　民俗学研究所第三四四回談話会で、平野孝国からの津軽岩木山麓の山の信仰の発表を聞く。
六月一三日　国民学術協会で河童の話をする（定）。
六月一五日　第三六回女性民俗学研究会で、丸山久子からの館山市船形町の採集報告を聞き、「昔話」の話をする。兵庫の浜田秀男に、東京でもやっと機運が熟し、研究会をするので、二回目以降に上京してほしいと葉書を書く。
六月一九日　藤沢市の藤沢小学校で、国語教育の話をする（定）。
六月二二日　民俗学研究所第七四回例会で、大藤時彦の「田植え神事と稲の信仰」の発表を聞く。
六月二五日　朝日新聞社社友会に出席する。中野重治宛てに手紙を書く。
六月二六日　東畑精一が所長を務める農林省農業総合研究所で、第一回稲作史研究会を開く。農業技術研究所長の盛永俊太郎、安藤広太郎、石黒忠篤、浜田秀男、小泉幸一らが集まるなかで、「いろいろの学問の総合がここで生まれそう」と期待を述べる。
六月二八日　農業総合研究所で開かれた稲作史研究会に、馬淵東一、松本信広、石黒忠篤、安藤広太郎らと参加する［二六日の説あり］。
七月一日　高藤武馬が訪ねてきて、筑摩書房から出す『中学生全集』の一冊として『なぞとことわざ』をまとめたいと言ってくる。「ことわざの話」を入れたアルスの日本児童文庫『歌・俳句・諺』を探すが見当たらない。
七月二日　折口信夫より沖縄の拓本三〇種を研究所に贈られる。

七月六日　新村出宛てに、贈呈を受けた『牡丹の園』のお礼の葉書を書く。
七月一二日　沢田四郎作宛てに、九学会で話をしたことと、『近畿民俗』八号の林宏論文を褒める。
七月一三日　民俗学研究所第三四五回談話会で、犀川碇吉の種子島、当麻成志の東京都西多摩郡、和田正洲の山梨県道志村の報告を聞く。
七月一四日　戦前から大東島などで硫黄の採掘調査をしていた林義三から各島の様子を聞き、貴重な写真の寄贈を受ける。また、沢田四郎作に、九学会の講演は『心』に出す予定で、また『自然と文化』にズズダマの話を書いたことを伝える葉書を書く。
七月一六日　一九日までの箱根旅行に発つ（定）。
七月二〇日　第三七回女性民俗学研究会で、加藤百合子の埼玉県小川町の紙漉きの報告を聞き、次に「近代女性の生活史の変遷」として酒の乱飲などの話をする。
七月二一日　民俗学研究所で開かれた南島研究会に出て、埼玉県鴻巣の農業試験場に出張中の琉球民政府で農業担当の藤岡保夫から、沖縄の稲作についての話を聞く。
七月二二日　高藤武馬が訪ねてきて、『なぞとことわざ』の内容構成を聞き、出版を認める。
七月二六日　高藤武馬が、『雪国の民俗』を借りに来る。
七月二七日　民俗学研究所第七五回例会で、桜田勝徳の全国の船名調査の報告を聞き、川の船よりも海の船についての問題を追いたいと述べる。また、長崎県五島から帰った井之口章次から民家の構造や風呂についての報告を聞く。また、両墓制研究の計画について相談する。
八月　安西勝の『民俗採集帳第一冊』に目を通し、感想と希望を書く。
八月四日　NHKラジオ放送で、石黒忠篤と対談をする。
八月一〇日　民俗学研究所第三四六回談話会に出席し、服部治則からカイトの報告を聞き、意見を述べる。また、川端豊彦から千葉湖北村の両墓制の報告を聞く。
八月一一日　農業総合研究所の小泉幸一が、稲作史研究会の次回の集まりを九月一五日以降にもち、松本信広に発表してもらうことになったと伝えに来る。兵庫の浜田秀男にこのことを伝え、対馬の赤米の籾が入手できたことを書く。
八月一七日　女性民俗学研究会で、石原綏代の「白鳥伝説」についての発表を聞き、次に女の会の今後のあり方についての激励をする。
八月二〇日　赤米には二種あるとの浜田からの便りに返事を書く。
八月二四日　民俗学研究所研究会を開くが、社会科教科書作りのため出席者が少なく散会する。
九月　この月、沢田四郎作宛てに手紙を書き、第四回年会の準備への労いと、会期中の予定を述べる。そのなかで、一年以上前から寒くなると気管支カタルが頭を擡げ、健康には自信がなくなっていると述べる。
九月九日　アエノコトの行事が近くでもやられていることを知らせてきた斎藤槻堂に、さらにいろいろなことがわかったらうれしいと返事を書く。
九月一一日　森山泰太郎宛てに、「女の名を記念した地名」が津軽にも多いというのは面白いので一度書いてみたらどうかと葉書を書く。
九月一四日　この日発行の『家庭朝日』掲載のインタビュー「やたらにあさるなベストセラーの本」のなかで、「私も後十年は生きるつもり」で本や資料を整理したいと述べる。
九月二〇日　第二回稲作史研究会に出席し、「稲と言語」について話す。
九月二四日　平山敏治郎宛てに、大阪での年会の準備を労う葉書を出し、三日から三、四泊を祇園の松園に泊まりたいので都合を聞いてほしいと頼む。
九月二八日　竹富島出身で那覇在住の与那国善三を囲んで南島研究会を開き、これからの沖縄研究は、言語学からやらなくてはならないと述べる。出席者は、金田一、服部、酒井らであった。
九月三〇日　朝、三笠宮が訪ねてきて、大阪での民俗学会に五日の一日だけ参加すると言ってくる。そのことを伝えるために、すぐに沢田宛てに電報を打ち、手紙も書く。そのなかで、三笠宮が四日の夜行で発ち、五日に大阪に着くので、そのお迎えと御休憩所と宿の手配を朝日新聞社と相談して決めてほしいと述べる。また、浜田秀男宛てに、正倉院の籾については三笠宮からも頼んであり、橿原神宮博物館にはグラウンド工事中に出土した籾類があるとのことなので出かけてみてはどうかと葉書を書き、一〇月六日には京都にいることを伝える。
一〇月二日　この日までに、いろいろな仕事を終え、多分この旅が、旅行を愛した自分の最終の旅となるだろうと、自分を慰めながら旅の準備をする。
一〇月三日　大阪で開かれる第四回日本民俗学会年会に出席するため、孝と共に京都に向かい、平山に頼んでいた祇園松園に滞在する。
一〇月四日　大阪朝日新聞社大講堂で開かれた第四回日本民俗学会年会で挨拶をした後、病気のため不参加となった折口の代わりに講演する。
一〇月五日　年会に三笠宮が参加し、倶楽部関西で昼食をとる。午後の発表を聞き、貴賓室で懇談をし、「新嘗の研究」について話す。
一〇月六日　午後一時から京都民生会館で開かれた民俗学講演会で、「近畿と民俗学」を講演した後、五来重の講演「両墓制と霊場崇拝」の講演を聞き、質問をする。松園に泊まり、久しぶりに新村出に会う。この間、大阪か京都で、三品彰英、柴田実、和歌森太郎と、座談会をする。記録は、一〇月三一日付けの『朝日新聞』に掲載される。
一〇月八日　「最後のいとま乞い」と、妻孝と共に辻川に帰る。三木家に立ち寄り、三木拙二と話し、同家の雅帖に、「をさな名を人に呼ばるるふるさとは　昔にかへるここちこそすれ」と歌を書く。辻川の田原小学校と福崎高等学校で講演し、ますやに宿泊する。福崎高校では、一〇〇〇人の高校生を前に「青二才について」を話す。「青二才」の「ニサイ」は、「ニイセ」で

「新しいセ」で、娶り得る者という意味であったと述べる。終了後、校長室で新聞部員のインタビューを受ける。北条にも立ち寄るが、大雨のため歩くことができない。

一〇月九日 城崎から天の橋立に回る（定）。

一〇月一三日 金沢から飛騨高山、木曽、下諏訪を経て、この日の夕方、へとへとに疲れて帰宅する。

一〇月一四日 鹿児島から来た永井龍一を囲んで、南島研究会を開き、八重山の古見との関係から奄美大島の西古見について興味があるので、西古見の歴史について知りたいと言う。

一〇月一五日 新村出宛てに、京都で会ってから帰京までの行程を書いた葉書を書く。

一〇月二三日 国立国語研究所において、所員有志に「日本語のふるさと」を語る。

一〇月二五日 斎藤槻堂宛てに、送られてきた「余土の民俗」を明後日の例会に出すつもりと葉書を書く。

一〇月二七日 石黒忠篤から贈られた沖縄の赤米を兵庫の浜田秀男に送る。例会に出席して、「余土の民俗」を紹介する。

一〇月二九日 国学院大学国語研究会発行の『国語研究』に載せるための談話をする。「実地の国語教育」と題して発表される。浜田秀男に、どの程度まで赤米を蒐集したらよいかと尋ねる葉書を書く。

一一月一日 兵庫の浜田秀男に、赤米の研究の成果を期待していると返事を書き、スマトラの焼畑作の稲穂も取り寄せたいと述べる。

一一月八日 朝日新聞社主催の開国百年記念会で、「明治史と国語教育」を講演する。この講演は、一〇日にＮＨＫ第二放送で放送される（定）。

一一月一〇日 森山泰太郎宛てに、「津軽と檜内地方との境の山へきっと興味ある地域」と述べ、そこに両墓制の痕跡があることも「一層ゆかしい」と葉書を書く。また、大森義憲から甲斐民俗叢書1『甲州年中行事』（山梨民俗の会、昭和二七年）が届き、すぐに三分の一ほど読んだと葉書を書く。

一一月一四日 日本芸術院会員として、宮中で開かれた「皇太子成年式・立太子の礼」に出席する。

一一月二一日 第三回稲作史研究会に出席し、「日本稲の祖型」の話をする。この日の閣議で、文化勲章受章者ならびに文化功労者に支給される文化功労年金の二七年度分の支給が決まり、年金五〇万円を受けることになる。

一一月二四日 新穀感謝のための講演会で、「米と日本人」を講演する（定）。

一一月二九日 『日暦』の同人に、明治中期の文壇について語る（定）。

一一月三〇日 序文を頼んできた大森義憲に、健康に自信がないので約束できないと述べ、自分で書いた方がよいと返事を書く。

一二月三日 丸善地階で開かれた座談会「洋書を中心として」に出席し、司会を務める。同席者は、長谷川如是閑、嘉治隆一、水島三一郎、岡田武松、浦松佐美太郎、司丸善社長で、記録は、『学燈』一月号に掲載される。

一二月四日　国府津の国府津館に七日まで滞在する（定）。
一二月一一日　国府津館で、金沢庄三郎の『地名の研究』（創元社、昭和二四年五月）を読み終える。
一二月二四日　国府津から自宅に戻る（定）。
一二月二五日　岩崎敏夫に、このところ以前ほどの元気がなく、国府津から帰ってきても、火にかじりついていると葉書を書く。仙台から堀一郎が来て、東北の話を聞く。また、この日から年末にかけての一日、『岩手日報』の伊東圭一郎顧問が訪ねてきて、「民俗学と岩手」のインタビューを受ける。記録は、一日から七日付けの同紙に六回にわたって連載される。
一二月二七日　斎藤槻堂宛てに、赤米の礼と、二種類の赤米がどのように分布しているかと香米（カバシネ）について知りたいので、心にかけていてほしいと葉書を書く。
一二月二八日　研究所での会で、小川五郎がメダカの方言調査を送ってきたことを受け、メダカにはどうしてこんなに異名が多いかをテーマにしてみるべきと話す。
一二月三〇日　森山泰太郎宛てに、りんごのお礼の葉書を書く。

昭和二八年（一九五三）　七八歳

一月二日　山口の小川五郎宛てに、送られてきたお菓子の礼の葉書を書く。
一月三日　石塚尊俊宛てに、餅のお礼の葉書を書き、そのなかで、民俗学研究所の事業は順調だが、雑誌『民間伝承』は行き詰まっているので改革に着手したと伝える。
一月五日　奄美大島大和村出身の長田すまを囲んで、南島研究会を開き、西古見や「コスガナシ」について質問する。
一月九日　避寒のため、国府津館に向かう。二月二日まで滞在し、この間、岸哲男や井之口章次が写真を撮る。
一月二一日　国府津館の前の海岸を散歩し、写真を撮る。
一月二五日　国府津館で、一月に刊行した創元文庫版の『日本の祭』に修正を書き入れる。
一月二九日　酒井卯作宛てに、雨でなければ、二日に帰る予定なので、荷物運搬のため、前日に泊まりに来てほしいと葉書を書く。
二月　この月、『神樹篇』の「まへがき」を書く。
二月二日　帰宅する。
二月一四日　都立大学で開かれた第四回稲作史研究会に出席し、「赤米について」を話す［定本年譜では、「倉稲魂神名考」］。
二月一五日　第四三回女性民俗学研究会で、大藤ゆきから『日本農民史』の解説、瀬川清子から能登時国家を例とした婚姻や村の変遷の話を聞き、「小豆と赤米」の話をする。
二月二四日　都立大学で行われた、にいなめ研究会第一四回例会で、「倉稲魂神名考」と題した発表をする。
二月二七日　国立国語研究所評議員会会長となる（定）。
二月二八日　文化財保存事業審議会委員となる（定）。
三月三日　岩崎敏夫に、『磐城年中行事』新刊のお礼と、相馬の神社の祭田などで、赤米や香米などを作っているところはないか注意してほしいと葉書を書く。

三月六日　世田谷区桜丘中学校で国語教育の話をする。

三月九日　石塚尊俊宛てに、最近は、何か書いてみたくても、衰えていて進まないと葉書を書き、四月から放送してみたいと告げる。そのなかで、憑き物の研究を始めた隠岐高校の教員小脇清が、挫折しないように激励を怠らないように望むと述べる。

三月一二日　学士院の帰りに、中田薫、神戸正雄、松本烝治と共に七七歳の記念に人形町京亭で会食する（定）。

三月一五日　第四四回女性民俗学研究会で、丸山久子からの「みるなの座敷」（鶯の一文銭）を例にした話を聞き、その後、民俗学について講義をする。

三月二五日　成城大学の第一回卒業式に出席する（定）。

四月　この月、「年中行事図説　序」を書く。また、安西勝の『民俗採集帳第二冊』に目を通し、感想と希望を書く。

四月八日　財団法人民俗学研究所を設立する。（実質は二二年四月）

四月一四日　孝と共に、三々会に参加し、国府津館に泊まる。この会が、第五三回となることを確認する。参加は、松本烝治夫妻と今村幸男、神戸正雄で色紙に署名する。

四月一七日　農業総合研究所で開かれた第五回稲作史研究会に出席し、永井威三郎から「朝鮮の稲作」についての報告を聞き、永井が持参した朝鮮の古文書や写真を見ながら安藤らと活発な議論をする。記録は、昭和三三年に刊行される『第三　稲の日本史』に収録される。

四月二〇日　孝を伴い、関西・北陸旅行に旅発つ（定）。

四月二二日　岸田定雄に依頼して予約していた吉野山の芳雲館に、孝と共に滞在し、桜を楽しむ。

四月二三日　岸田定雄とその次男篤彦と共に、四人で散策する。

四月二四日　吉野高等学校の教頭になったばかりの岸田定雄の案内で、同校を訪れ、高校生に「インテリという言葉」と題した講演をする。その後、岸田の案内で、宮滝遺跡や小学校の郷土室を見学し大和上市駅で別れる。五来重の待つ高野山に向かい、金剛峯寺奥殿に泊まる。

四月二五日　庭儀英霊法要を参拝した後、山内施設を見学する。午後二時から大師協会本部小講堂で講演し、丹生の話をする（定）。夜、金剛峯寺別殿で集まった若い僧侶たちと座談をする。高野山滞在中に、「永き世の後を見透す御ちからを　なほも頼みて行かんとぞ思ふ」などの歌を詠む。

四月二六日　早朝、若い僧侶たちに、「祖山の近世史を研究すべき」との談話を残し、孝と五来重と共に下山する。大阪の沢田家に立ち寄った後、京都に向かい西村旅館に滞在する。

四月二七日　「鼠の島渡り」について聞くために京都大学の動物学研究室を訪ねる。宿に桑原武夫らが訪ねてきて桑原の文学論に耳を傾ける。ＮＨＫ第二放送の文化人連続講話で、「農村青年と語る」第一回「樹木と水田」が放送される。この録音は、七月二七日まで合計一四回に分けて放送される（定）。

四月二八日　京都から金沢に向かい、金沢で五月二日まで滞在する。この間、「国語教育について」を講演する（定）。

五月 このころ、岩波書店の編集者岩崎勝海が来て、『文学』八月号に載せる「日本の笑い」の口述をする。またこの月、実業之日本社版の中学校用社会科教科書『社会』が、文部省の検定で不合格となる(伝)。

五月一日 加賀山代温泉で、大里武八郎の『鹿角方言考』の「序」を書く。

五月二日 自宅に戻る。

五月四日 NHK第二放送の文化人連続講話で、「農村青年と語る」第二回「祭に木を立てる」が放送される。テープは永久保存となる。

五月一一日 NHK第二放送の文化人連続講話で、「農村青年と語る」第三回「早乙女と桃」が放送される。

五月一六日 女性民俗学研究会の例会とは別に、この日から六月六日までの毎週土曜日の午後四回、女性民俗学研究会講座を成城学園で開くことにする。講師は柳田以外に、最上孝敬、和歌森太郎、直江広治ら男性陣と、石原、大藤、瀬川、能田など女性民俗学研究会のメンバーであった。柳田の題目は、「女性と民俗学」であった(後狩)。農業総合研究所で開かれた稲作史研究会で、「米作の変遷」(「稲と水」)について話す(定)。

五月一八日 NHK第二放送の文化人連続講話で、「農村青年と語る」第四回「稲妻と雷田」が放送される。

五月一九日 東京教育大学文学部依託生として内地留学することになった都丸十九一が挨拶に来たので、都丸の研究テーマである「しつけの民俗学的研究」に対して、「しつけ」や若者組の例を話す。共同通信の記者が、参議院議長に決まった河井彌八について取材にきたが、政治はごめんだなと言い、聞きに来る所を誤ったのではと述べる。

五月二三日 第二回女性民俗学研究会講座で「女性と民俗学」を話す。

五月二四日 研究所内での研究会で、ここでやるといつも出なくてはならないという「強制的精勤」を強いられるので、これからは出ても出なくてもよいという自由な立場にしてもらいたいと言う。原稿依頼も、あと二篇くらい書いたら止めたいと思っているとも述べ、みなにがんばってもらいたいと言う。

五月二五日 NHK第二放送の文化人連続講話で、「農村青年と語る」第五回「田の神の腰かけ」が放送される。

五月二六日 にいなめ研究会第一五回例会として、宮内庁関係資料の展示会を開く。

五月三〇日 第三回女性民俗学研究会講座で、「女性と民俗学」を話す。

六月一日 NHK第二放送の文化人連続講話で、「農村青年と語る」第六回「サンバイアゲと三把の苗」が放送される。

六月六日 第四回女性民俗学研究会講座で、「柳田先生を囲む座談会」に出る。

六月八日 NHK第二放送の文化人連続講話で、「農村青年と語る」第七回「農民の歴史について」が放送される。

六月一二日 国立国語研究所の地方委員協議会に出席する(定)。

六月一五日 NHK第二放送の文化人連続講話で、「農村青年と語る」第八回「家田・親田・三角田」が放送される。

六月一九日　石塚尊俊宛てに、出雲民俗の会の荒神研究と、石塚の憑き物研究に触れ、我々の研究が一般の理解を得てきた証拠と葉書を書く。

六月二〇日　この日のあと、先に口述した「日本の笑い」の速記ができなかったというので、岩崎の質問に再度答える。

六月二一日　第四七回女性民俗学研究会で、江馬三枝子の「農業と女の働き」の発表を聞き、その後、昔話について話す。昔話は非常な勢いで消えつつあるので、今は重大な時であると述べる。

六月二二日　ＮＨＫ第二放送の文化人連続講話で、「農村青年と語る」第九回「苗じるしと稲荷さま」が放送される。

六月二四日　国府津館に泊まり、二日間にわたって森直太郎のインタビューを受け、和歌について語る。のちに「旧派歌がたり」と題をつけ発表される。

六月二八日　民俗学研究所研究会で、民族学協会の人たちと懇談する（定）。

六月二九日　ＮＨＫ第二放送の文化人連続講話で、「農村青年と語る」第一〇回「狐と稲荷」が放送される。

七月一日　法政大学刊行の雑誌『法政』に載せるための鼎談「柳田国男先生を囲んで　ほんとうの歴史」に出て、中村哲、石母田正と話し合う。

七月四日　東京書籍の国語教科書編集関係者二五人を国府津館に招き、会食をして一泊する。

七月六日　ＮＨＫ第二放送の文化人連続講話で、「農村青年と語る」第一一回「田中のやしろ」が放送される。

七月一三日　ＮＨＫ第二放送の文化人連続講話で、「農村青年と語る」第一二回「寒施業ときつね村」が放送される。

七月一四日　鼎の長女文（古沢文）が亡くなる。享年六五。

七月一七日　「祖霊考」のカードを書く。

七月一九日　第四八回女性民俗学研究会で、鎌田久子の「女ことば」についての発表を聞いた後、稲の伝来と海上交通、宝貝の採取、穀霊思想の分布について話す。

七月二〇日　ＮＨＫ第二放送の文化人連続講話で、「農村青年と語る」第一三回「前代の幸福」が放送される。またこの日、『八重山戦記』（福祉春秋社、昭和二八年）を朱を入れながら読み終わり、送ってくれた著者の吉田久一宛てにお礼の葉書を書く。そのなかで、感想がうすれないうちに、お話に来てほしいと希望を述べる。

七月二二日　安間清宛てに、「早物語」研究のため、菅江真澄の足跡を訪ねるのであれば、秋田の奈良環之助、八戸の小井川父子、角館の富木友治を訪ねてみるといいと葉書を書く。

七月二六日　庄内民俗学会による水没する村の民俗調査報告書『八久和の民俗』（謄写版）が送られてきたので、戸川安章宛てにお礼と感想の葉書を書く。

七月二七日　国学院大学の万葉講座で、三笠宮崇仁、武田祐吉、久松潜一、森本治吉、西角井正慶らと新嘗の問題を話す。ＮＨＫ第二放送の文化人連続講話で、「農村青年と語る」第一四回

「家と稲作」が放送される。

七月三一日　安間清宛てに、三谷栄一の「物語文学史論」のなかに「早物語」についての言及があるので見ておくようにと葉書を書く。

八月　このころ、『文学界』企画の正宗白鳥との対談「三代文学談」をする。同誌一一月号に掲載される。また、このころ、山村民俗の会の羽賀正太郎から、道志村の村史編纂資料蒐集委員会が出す『道志七里』に序文を書いてほしいと頼まれ、明治四四年の調査記録を贈ることにする。

八月一日　この日付の安西勝からの手紙が届き、以前訪ねてきた時に頼んでいた『旅と伝説』に大島の民俗採集報告を発表した中里雅堂の消息についての返事がある。

八月一四日　東北調査旅行中の安間清が、秋田で出した手紙が届いたので、自宅宛てに返事を出す。

八月一五日　新村出宛てに、近況を伝える葉書を書く。

八月一六日　第四九回女性民俗学研究会で、三和礼子の高群逸枝著の『招婿婚』についての話を聞いた後、国語教育の話をする。

八月一八日　社会人類学の蒲生正男らが訪ねてくる。そのなかに山口昌男がいる。

八月二〇日　監修した実業之日本社版社会科教科書『日本の社会』が文部省の検定を通る。

八月二三日　民俗学研究所第八八回例会で、風俗という言葉について話す。

八月二六日　創元文庫の一冊として四日後に発行される、『妹の力』の見本刷りに、再版用の訂正を書き込む。

八月二八日　上田の安間清宛てに、一年前に『上小郷土叢書』の第四編として再刊された『東国古道記』の紙型が印刷所に残っているようだったら、あと数百部注文してもらえないかと葉書を書く。

九月二日　昭和二二年に刊行した『社会科の新構想』の再刊のために書き入れをし、「けふハ千枝子の誕生日ナリ」と亡くなった千枝子を偲ぶ。また、安間清からの紙型が残っていないとの返事を受け、残部の五〇部だけでも分けてもらえないかと葉書を書き、尽力してくれた市立図書館長の中村常雄にお礼を伝えてほしいと述べる。

九月三日　折口信夫が講義中に倒れ、急死したと岡野弘彦が知らせに来て、自分より早く死ぬということがあるものかと、悲しさのあまり全身の力が抜ける。

九月五日　折口信夫の葬儀に参列せず、終日家に籠って本を読む。研究所に残っている女性所員に、「家庭はやさしい束縛だが人間には必要。折口君も家庭があれば今少し長生きしたのでは」と語る。斎藤槻堂宛てに、毎号送られてくる『若越民俗』の礼状を書く。

九月八日　登戸の丸山教三世教主伊藤六郎兵衛（葦天）から本のお礼の葉書が届く。

九月一〇日　『東国古道記』を百部、半額にて分けると安間からの返事にお礼の葉書を書く。

九月一一日　折口が私財を投じて続けてきた郷土研究会を再興す

るために、国学院大学第一研究室で三〇年前の思い出や折口と自分の研究方法の違いなどを講義する。西角井正慶、高崎正秀、大場磐雄、藤野岩友や学生たちが集まる。折口の記念事業はこれから始まるが、一番簡単で、しかも影響力の大きいのはこの会の再興だとの談話を朝日新聞の記者に語る。

九月一二日　国学院大学折口研究室における折口信夫追悼祭（武田祐吉委員長、祭主西角井正慶）に参列する。神道宗教学会主催の追悼講演会で、「わがとこよびと」を講演する。その中で、折口と心ゆくまで死後の問題について語り得なかったことが心残りと語る。

九月二〇日　第五〇回女性民俗学研究会で、鎌田久子の「国語研究に於ける民俗学の領域」の発表を聞いた後、婚姻の問題を話す。

九月二一日　安間清宛てに、『東国古道記』の礼と、三谷栄一の『津軽民俗』第二号に載せた論文を見たかと葉書を書く。

九月二三日　国際連盟時代に一緒に仕事をした川西実三が、ＩＬＯのアジア地域会議に出席するために来日したスイス本部のフランス人ルイ・クレンジーを連れて訪ねてきて、懐かしい話にはずむ。雨の中、共に多磨墓地の新渡戸稲造の墓参りをする。

九月二四日　文化財保存事業審査会に出席し、渋沢敬三、長谷部言人、岡正雄らと、民俗博物館の件について話し合う（定）。

九月二九日　家庭裁判所調査官講習会に出席し、婚姻の話をする（定）。

一〇月　このころ、平凡社から刊行されている『万葉集大成』に載せるために、森本治吉と堀一郎と座談会「民謡性・その他」をもつ。この企画は、当初、折口信夫との座談であったが、折口が亡くなったため森本となった。

一〇月一日　鳴門のワカメを送ってきた徳島の後藤捷一に、歌一首を書いた葉書を書く。

一〇月三日　慶応大学新館講堂で開かれた、第五回日本民俗学会年会に四日と両日出席する。

一〇月五日　民俗学会年会終了後、出席の地方会員を自宅に招く。「アイヌ婦人の貞操帯」に関する調査報告をした北海道の早川昇に山形の例を話す。

一〇月七日　安間清から「ニソの杜」調査報告が届き、紀要の係に回すとの返事を書く。

一〇月一三日　この日の前後、一二日付の梅棹忠夫から礼と決意が書かれた手紙が届く。

一〇月一八日　第五一回女性民俗学研究会で、石原綏代から「キリスト教以前の信仰」、川端道子から「千葉県市原郡高滝村本郷矢尾止の採集報告」を聞く。今後、名も無き人たちが残した日記なども努めて目を通すようにと希望を述べる。

一〇月二六日　西谷勝也宛てに、『新嘗祭の研究』を来月の祭日前に刊行し、宮中にも差し上げるつもりと葉書を書く。

一〇月二八日　後藤捷一宛てに、柏常秋の「沖永良部島々誌」の出版について相談する葉書を書く。

一一月　速水保孝の『つきもの持ち迷信の歴史的考察―狐持ちの家に生れて』（柏林書房）の序文にするための談話をする。この月、日本学術会議員選挙にあたり、和歌森太郎と岡正雄を推薦することを印刷した葉書を会員宛に送る。

一一月二日　日本女子大学の学園祭の目白祭で開かれた講演会で、「耳の国文学」を講演する。

一一月五日　兵庫に住む余部博章宛てに、後藤捷一から話を聞き感動していると葉書を書く。

一一月九日　森山泰太郎が、民俗採訪資料一『砂子瀬の話』（謄写版、昭和二八年）を贈ってきたので、お礼の葉書を書く。そのなかで、今年は少し弱り、なかなか仕事がはかどらないと述べる。

一一月一〇日　森山泰太郎宛てに、『砂子瀬の話』を読み終えたが、庄内民俗学会の『八久和村の民俗』（謄写版、昭和二八年）と似ているので、戸川安章と連絡をとって交換して比較してみるとよいと葉書を書く。

一一月一一日　国学院大学国文学教室での再発足した郷土研究会で、「郷土研究会の思い出」を講演し、折口や郷土研究会の思い出を語る。

一一月一九日　第五二回女性民俗学研究会で、道志村村史『道志七里』の紹介をする。高知から来た桂井和雄から「憑神のこと」、瀬川清子から「杉並区史民俗編報告」を聞く。

一一月二六日　橋浦らに日本学術会議員選挙にあたり、和歌森太郎と岡正雄を推薦することを印刷した葉書を会員宛てに送る。

一一月二七日　国学院大学神道の会主催の折口信夫追悼会で、「根の国とニルヤのこと」を講演する（定）［他年譜では、神道宗教学会や追悼講演会の名で「わがとこよびと」とあり、九月一二日の会と混同している］。

一二月五日　新村出に、『新嘗の研究』を郵送で送る。

一二月八日　避寒のため国府津館に一五日まで滞在する（定）。

一二月一八日　国府津館に孝と共に滞在する。水木直箭が送って来た龍門村の調査報告書の礼の葉書を書く。また、石塚尊俊宛てに、『出雲民俗』二一号のお礼と、速水保孝の『つきもの持ち迷信の歴史的考察―狐持ちの家に生れて』の序文は、口述だったが、言わないことまで入っていると述べる。

一二月二七日　民俗学研究所第九二回例会で、南島の霊魂観念について話す。

一二月二九日　国府津館で、速水の本に書き入れをし、批判的な感想のあと「コレニハ民俗学徒ニモ責任アリ」と自戒の言葉を書く。

一二月三〇日　国府津館から沢田四郎作に葉書を書き、『近畿民俗』を楽しみに持参したところ、落丁があったのでもう一冊ここへ送ってほしいと頼む。

一二月三一日　国府津館から岩崎敏夫に葉書を出す。

昭和二九年（一九五四）　七九歳

一月一日　ラジオ日本文化放送で、「青年よ読書せよ」（読書人の自覚）が放送される。国府津館で新春の歌「くれなゐのけさの初日乃めでたさを　かたりつたへんすべの知らなく」を詠む。

一月五日　鈴木茂三郎が同宿する。

一月一二日　大森義憲宛てに、歳の暮れから国府津に来ているが、このところ一人できびしく考えごとをしていて、今後の計画をいつかみんなに話したいと葉書を書く。

一月一三日　一旦帰宅した孝から、自宅に石塚尊俊から餅が届いていたと電話で知らされる。

一月一四日　石塚尊俊に餅のお礼の葉書を書き、そのなかで、先日、岡村祐一という動物学者が訪ねてきて、天草のヤコ（イタチ）調査の話をしていったと告げる。

一月二三日　大森義憲からの手紙を読み、通信連句をやってみようと、迢空追善の「鶴に騎る人はるかなり春の雲」の発句を書いた葉書を出す。

一月二五日　滞在中の国府津館で行われた毎日新聞社から刊行する毎日ライブラリーの『日本人』に載せるための座談会に、大藤時彦、和歌森太郎、堀一郎、萩原龍夫、直江広治、最上孝敬ら執筆者全員と話し合う。

一月二六日　毎日新聞図書編集部の岸哲男を交えて、『日本人』の編集会議をする。

一月二七日　水木直箭宛てに、都介野の調査記録を読んでいると葉書を書く。

二月二日　大森義憲宛てに、発句の自分の字が読みづらく誤読があったようだと、もう一度書いた葉書を書く。

二月三日　ＮＨＫ第二放送で古島敏雄との対談が放送される（定）。

二月八日　大森義憲宛てに、まだ国府津にいることと、連句は二句までは追善の歌仙として、三句目を書いた葉書を出す。

二月一一日　四〇日におよぶ国府津館での滞在を終え、自宅に戻る。留守中、前年に刊行された『価値論』（牧口常三郎著、戸田城聖補訂、創価学会）が届く。

二月一四日　昔、富山旅行で詠んだ「我はこの射水の川のみなかみの」の歌を「旅中旧作」として色紙に書く。

二月一五日　大森義憲宛てに、追善連句は、少し時をおいて、三、四カ月のちにまた始めようと葉書を二枚書き、穂積忠が亡くなり力がぬけていると述べる。また、復刻される『八久和村の民俗』（庄内民俗学会編、謄写版、昭和二八年）に序文を書いてほしいとの戸川安章からの申し入れに、書いてみたいことはあるが、雑用が山積していて、待ってもらっても見込みがないと断りの葉書を書く。そのなかで、津軽の砂子瀬とあまりに似ているのが大きな印象だと述べる。

二月一六日　岩崎敏夫と大月松二に、一一日に国府津から帰り、たまった用事に没頭中と葉書を書く。

二月一八日　内田ハチ（内田武志の姉）宛てに、内田武志の菅江真澄の研究に対して敬意を表す手紙を書く。

二月二一日　第五五回女性民俗学研究会で、原明子、小船文子、中富さと子からそれぞれ報告を聞いた後、これからの女の会の課題や希望を話す。矢島せい子が初めて参加する。

三月五日　放送文化研究所で方言の録音を聞き、テープの価値を知る（定）。

三月九日　岩波書店発行の『世界』五月号口絵グラビア用の写真を丸山久子、鎌田久子、畔上美佐子らと撮る。撮影したのは、土門拳であった。

三月一一日　大阪に移った後藤捷一宛てに、柏常秋の「沖永良部島々誌稿」は三度書き直して立派なものになったと葉書を書く。

三月一四日　民俗学研究所第三六三回談話会に出席する。

三月一九日　大森義憲から連句の葉書が届き、少し凝りすぎなので、これはこれで別にしておいて、自由な発句をいくつか送ってほしいと葉書を書く。

三月二七日　鹿児島の村田熙宛てに、鶴丸高等学校地歴部の『地歴研究』第二輯の礼や、五月の九学会連合での話についての葉書を書く。

三月三〇日　堀一郎や国学院大学の院生や助手の平野孝国と一緒に自宅を出て、登戸の丸山教本庁に向かう。三世教主伊藤六郎兵衛の出迎えを受け、大教殿で開かれた丸山教祖六十天祭において、「世々の父母」と題し、死後の霊魂の行方について一時間、講演をする。講演は、録音テープに収められ、三〇年後の九十天祭に呼ばれた平野が、これを記念して文章化することになる［定本年譜では、前年で「日本人とあの世」とある］。

四月四日　芝白金の八芳園に親戚九〇人あまりが集まり、両親の法事を兼ねた八〇歳の祝賀会が開かれる。

四月八日　戸川安章宛てに、復刻された『八久和村の民俗』の残部があったら五冊ほど送ってほしいと葉書を書く。

四月一八日　第五七回女性民俗学研究会で、話をした後、瀬川清子の「織物の歴史」、加藤百合子の「服制」の発表を聞く。

五月一日　『伝説』に改版する時のための希望を書き入れる。

五月五日　福井県郷土叢書第一集として刊行する『拾椎雑話・稚狭考』の序文「県外一読者の喜びと願い」を書く。

五月八日　東京国立博物館大講堂で、八、九日の両日、九学会連合第八回大会が開かれる。担当学会は日本心理学会で、共同調査地は能登で、共通課題が移住であった。また、体調悪く上京できないと書いてきた新村出に、また別の機会をつくるので用心してくださいと返事を書く。

五月九日　日本民俗学会からの発表として、「海上の移住」について発表する。堀一郎が「奥能登の農耕儀礼について」、岩崎敏夫が、「宗教移民の同化について―福島県海岸地方の移住」をそれぞれ発表する。

五月一四日　大森義憲宛てに、葉書の通信連句は無理のようなので、一度、打ち合わせをしてみようと葉書を書く。

五月一六日　第五八回女性民俗学研究会で、「家の話・ウダツの上がった家」について話す。

五月一七日　国立国語研究所評議員会に出席する。放送文化研究所で開かれた「音のライブラリー」の会に出席する（定）。

五月一八日　宮内庁侍従の入江相政の努力で実現した、言語学研究会を御進講のかたちで開く会に、金田一京助、服部四郎、泉井久之助と共に出席する。

五月一九日　第二回の御進講の言語学研究会に出席し、金田一のアイヌ語の話を聞く。

五月二〇日　安西勝に、借りていた川尻村の採集記録三冊を読み終えたので、取りに来るように葉書を書き、そのなかで、このところ体調を崩していることや忙しいことを伝える。
五月二一日　第三回の御進講の言語学研究会に出席する。
五月二三日　八重山群島波照間島の調査をしてきた金関丈夫らからスライド写真を見ながら報告を聞き、天皇に見せなくてはと思う。すぐに宮内庁に連絡をとり、一〇月の予定で話を進める。
五月二四日　第四回の御進講の言語学研究会に出席し、服部四郎の琉球語と朝鮮語の比較の話を聞き、話し合う。終了後、神道談話会に出席する（定）。
五月二五日　最終回の御進講の言語学研究会に出席する。
五月二七日　群馬県の横野中学校に勤める都丸十九一宛てに、公民館への寄贈図書として古本をもう少し贈りたいと葉書を書く。また、大森義憲宛てに、鮒やワラビの礼状を書き、最近は気の張る公務が続き、疲れているので休養したいと述べる。
六月九日　御進講した三人と共に、当初予定されていた時枝誠記を加えた五人が宮中の午餐会に招かれ、出席する。
六月一二日　近代史談話会に出席し、貴族院時代の話をする（定）。後藤捷一宛てに、柏常秋の本の試し刷りを送ったがまだ返事がないので、そちらから連絡してほしいと鹿児島の住所を書いた葉書を出す。
六月一六日　伊豆湯ヶ島に行き、湯ヶ島館に一八日まで滞在する（定）。
六月一九日　後藤捷一宛てに、「綜合語彙」を出したあとのことを伝える葉書を書く。
六月二〇日　第五九回女性民俗学研究会で、「人が母を何と呼ぶか」の話をする。
六月二二日　国学院大学で講演をする。
六月二三日　東北への調査旅行に出かけるという安間清に、仙台、盛岡、秋田の図書館にはまだまだ見るべき本もあるが、短期間には探しだせないだろうから、その土地の研究者と話をするのがいいと述べ、庄内民俗学会は熱心なので会った方がよいと葉書を書く。
六月二九日　岩崎敏夫に、お茶のお礼の葉書を書く。その中で、家永三郎の本を読んだが、自分には今の歴史学者の弱点がわかるような感じがすると書く。
七月一日　高藤武馬が来たので、ミロク信仰のことなど二時間ほど話し、祖師谷駅まで散歩する。このところ、夜中に眼が覚めて睡眠不足になる。
七月五日　中央公論社に戻った藤田圭雄宛てに手紙を書く。
七月九日　後藤捷一宛てに、阿波のお蔭参りについてのノートを見せてあげてもよいと葉書を書く。
七月一五日　和辻哲郎宛てに、「百合若大臣」研究をするのであれば、山口麻太郎校訂の『百合若説経』（一誠社、昭和九年）を読んだ方がよいと葉書を書く。
七月一六日　樋口清之が同行し、千葉県野田市を訪れ、興風会館で「つく舞」について講演する。この講演は、戦争で中断していた野田市須賀神社のつく舞の復活を記念して行われ、野田市仲町の斉藤芳太郎らが訪ねてきて頼まれたことで実現した。中野栄三らと中根八幡前遺跡を見学する。
七月二〇日　第六〇回女性民俗学研究会で、「間取り・間仕切り」について話す。
七月二二日　内閣文庫長の岩倉規夫や、栗山内閣総理大臣官房総務課長が訪ねてきて、漢書目録作成のことなど一〇項目の質問事項をもとに、内閣文庫の思い出を語る。記録は、「内閣文庫の思い出―柳田国男先生座談筆記」として、没後の三九年一一月に発表される。
七月二三日　釜石市薬師町観音院内土曜会宛てに、寄贈を受けた『釜石郷土文化資料』第六集の礼状を書く。また、後藤捷一宛てにも、阿波のお菓子の礼と、ノートを書留にて送ると葉書を書く。
八月一五日　第六一回女性民俗学研究会で、「古代童神信仰について」と題して河童のことなどを話す。江馬三枝子から「葬送習俗の解説」、長田須磨から「奄美大島での洗骨体験」を聞く。
八月二〇日　孝と共に奥湯河原に行き、二六日まで滞在する(定)。
八月二五日　水木直箭宛てに『伝説』がようやく九月に刊行できるはずとの手紙を書く。
九月　佐渡から本間雅彦が上京して、昔話採集について相談する。本間に録音機を渡す。また、『明治文化史』に載せる第一章と第一四章を書き終える。
九月一〇日　このころ、和歌山中辺路町に住む樫山茂樹から地名について尋ねる手紙が来たので、地名とは根気よくひとつひとつ知るほかなくて、自分ですら一生かかっても百もわかっていないと葉書を書く。
九月一一日　沢田四郎作宛ての葉書に、送られてきた『五倍子雑筆』第一三号の「シベリヤ日記」をしみじみと読んだと書く。
九月一八日　都丸十九一宛てに、贈った本は、村の文庫事業のために役立ててもらいたいと葉書を書く。
九月一九日　第六二回女性民俗学研究会で、「寿司について」を話す。古市ふみ子、武田ふみ子、原明子らから盆行事など、鎌田久子から京都や兵庫県における産育習俗の報告を聞く。
九月二一日　東宮御所において、皇太子明仁親王に、『新撰姓氏録』を御進講し、祖先崇拝と「家永続の願い」への思いを述べる。
九月二九日　若狭地方の江戸時代の郷土誌『稚狭考』を読み赤字の書き入れをする(柳田直筆ではないが、書いたものを清書させたと考えられる)。
一〇月　『日本人』のあとがきを書く。この月、金関と国分が天皇にスライド写真をみせながら波照間調査の報告をする。終了後、報告に来る。
一〇月一日　後藤捷一宛てに、柏常秋の『沖永良部島民俗誌』(凌霄文庫刊行会、昭和二九年)が刊行されて何ともいえない悦びと述べ、「我々の学問ハやつと午前四時半頃」と葉書を書く。
一〇月二日　東京教育大学茗渓会館で開かれた第六回日本民俗学

会年会に出席する。石田英一郎が、「日本民俗学の将来」と題した公開講演のなかで、「日本民俗学は民族学的な文化人類学であるべき」と述べるのを聞き、のちに、だれも反対しないのかと怒る。この日、八〇歳の祝賀会が開かれる。

一〇月三日 年会二日目、茗渓会館ホールで、民俗学会主催の祝賀会に招待され、お礼のスピーチをする。川越叢書四『川越の民俗』(川越叢書刊行会、昭和二九年)を送ってきた山田勝利にお礼の葉書を書き、九州などでも同じような叢書の出版がはじまったので交流するようにと書く。

一〇月八日 松本烝治が亡くなる。享年七六。

一〇月九日 衆議院議長公舎における内閣文庫招待式で挨拶をする。

一〇月一七日 第六三回女性民俗学研究会で、子供が鬼ごっこの時に言う「カッチャン、カヅノコ、ニシンノコ」の「ニシンノコ」の題材から学問を論じる「二つの精進」の話をする。また、丸山久子の佐渡報告を受ける。函館の阿部龍夫宛てに、自分は歳をとり、あくせくと仕事をしているが、そちらは若く、周りにもよき同情者がいてうらやましいと葉書を書く。

一〇月二五日 昭和一六年に出した『豆の葉と太陽』の「校訂本一」への書き入れを終える。

一〇月二七日 九月に息子を亡くした都丸十九一に、慰めの葉書を書き、公民館が出来ればよいが、まだであれば本は都丸が管理していてほしいと葉書を書く。

一一月一日 「納戸神の一文」を『日本民俗学』に発表した石塚尊俊に、少し断定が早く、東日本の方も調査してから書き改めてみたらと葉書を書く。

一一月二日 NHKラジオ第一放送の「明るい茶の間」の時間に、「民俗学六十年」が放送される。

一一月四日 第六四回女性民俗学研究会で、「家刀自の話」をし、加藤百合子が筆記する。

一一月五日 今井善一郎が贈ってきた上毛民俗ノート7『粂翁譚—老奉公人の物語』(杉森聴泉筆録、昭和二九年)を読み、自分の話もテープにとっているが、「数々のわたくし心に妨げられ客観の体を保ち得ず」と葉書に書く。

一一月七日 南山大学田北耕也の、長崎県生月島の隠れキリシタンの調査レポートに目を通し、石塚尊俊に納戸神の一例として送ろうとメモする。

一一月一一日 松本烝治追悼会に出席する(定)。

一一月一二日 高知の桂井和雄が訪ねてきて、学士院会館まで車に一緒に乗り、話しながら行く。午後の学士院例会に出席する。

一一月二一日 第六五回女性民俗学研究会で、「入墨の話(1)紅差し指のこと」を話す。筆記を加藤百合子がする。

一一月二二日 納戸神の研究をしている石塚尊俊宛てに、全国各地の伝承を比較しようとしながら、一地方の事実だけに限る態度はよくないと葉書を書く。

一一月二五日 農業総合研究所で開かれた第九回稲作史研究会に出席し、安藤広太郎の「日本稲作の起源と発達」の話を聞き、盛永俊太郎、永井威三郎、松本信広、直良信夫、前川文夫、松尾孝嶺、浜田秀男、細野重雄らと話し合う。直良信夫が持参した多数の出土米や麦を見て、活発な議論となる。記録は、昭和三三年に刊行される『第三　稲の日本史』に収録される。

一一月三〇日　国学院大学の神道特別研究生らのために、自宅で第九回講義を開く。リンゴを贈ってきた大月松二にお礼の葉書を書き、抜き刷り類を送るので若い人たちに見せてほしいと述べる。

一二月　この月、四年前に亡くなった中瀬淳を偲んで、「狩の巻」の写本に「後狩詞記資料原本也　当時村長故中瀬淳氏自筆」と書き込む。またこの月、第六六回女性民俗学研究会で、「入墨の話（2）人差指の力」の話をする［五日か］。

一二月三日　『月曜通信』の「著者の言葉」を書く。

一二月九日　国府津館に到着し、大正三年に読んだ『川崎秀直漫筆』に再び目を通す。

一二月一〇日　滞在中の国府津館で、大正三年に羽柴雄輔が写した『蕉雨雑筆』に目を通し、『黒甜瑣語』とは別著かと書き、菅江真澄の著と見比べる必要があると書きこむ。

一二月一一日　大正三年に「校了」とした『雨夜談柄』を再び抄出する。

一二月一三日　国府津館から小田原に出て、長谷川如是閑を訪ねる（定）。

一二月一四日　『菅江真澄』の朱入り訂正本に「再校了」と書き入れる。

一二月一五日　『月曜通信』が出来上がってきたので、寄贈本の扉に「みみつくの昼のねさめのわひしさを　なくさめ顔のつはめむくとり」の歌を書く。巻末の近刊予告に『水曜手帖』を載せるが未刊となる。

一二月二一日　安間清から、調査項目を書いたアンケート用紙についての意見を求められ、「日本民俗学は大切な問題を自ら発見し又有りさうな処を自ら捜す」学問で、こんな荒っぽい楽な調査方法ではだめだと手紙を書く［この年か］。

一二月二五日　この日の前後から国府津館に滞在する。年末のある日、国語研究所の林大第一部長、中里重吉が訪ねてきて、翌年からの研究「聞くことの指導」についての相談を受ける。

昭和三〇年（一九五五）　八〇歳

一月一日　国府津館で新年を迎える。長岡博男宛てに、ここの元日は暖かく、静かに砺波の方言を見ていると葉書を書き、佐伯安一の『砺波民俗方言集稿』がほしいと頼む。

一月三日　山口の松岡利夫宛てに、クロモジのことを書いた手紙を送る。

一月四日　一旦自宅に戻る。

一月六日　大森義憲宛てに、これからも連句を続けようと葉書を書き、そのなかで、今は本ばかり読み、いろいろ考え事をしていると述べる。

一月一一日　岩崎敏夫に、送ってもらった牡蠣のお礼の葉書を書き、今年も寒さを怖れ、国府津に来ていると伝える。

一月一二日　皇居内表西の間で催された「歌会始の儀」に召人として参列し、勅題「泉」の召歌として「にひとしの清らわか水くみ上げて　さらにいづみのちからをぞおもふ」を詠む。

一月一六日　第六七回女性民俗学研究会で、「民俗学六十年」の放送録音を聞く。

二月一一日　『日本民俗図録』の序を書く。

二月一三日　国府津から帰宅する（定）。

二月二〇日　第六八回女性民俗学研究会で、「泉の話（水罰の話）」をする。大藤ゆきから本家・分家の主婦について質問があり、矢島せい子の『族制語彙』の解説を聞く。

二月二一日　『東筑摩教育会七十周年記念誌』に載せるために、「郷土研究と東筑摩教育会の思い出」をテープに吹き込む。

二月二四日　新村出宛てに、自分は人に小言を言うために生きているようで、我ながらうとましい限りと近況を伝える葉書を書く。

二月二七日　民俗学研究所第一〇五回例会で、研究所の停滞を憂い、民俗学の方法論を確立したいと述べる。このころ、研究所所員の間で、組合設立の動きが持ち上がり、悩まされる。その結果、家屋敷の登記を直平から為正名に移すことを決意する。

二月二八日　都丸が送ってきた「上毛民俗叢書　七」の『地蔵行事の概要とその和讃集』を読み、感想を書いた葉書を出す。また、兵庫の西谷勝也宛てに、送られてきた写真のお礼と、今後「ダイジョウゴウ」の比較研究を進めるようにと葉書を書く。

三月　唐木順三のインタビューを受け、田山花袋について話す。この月、伊藤幹治を自宅によび「根の国の話」を口述し、原稿にまとめさせる。

三月一日　研究所員を聞き役にして、「みさき神の話」をテープに吹き込む。これ以降、毎月定期的に、テープの会をもち、話を録音することにする。

三月二日　国立国語研究所評議員会会長に再選される。

三月三日　ローマから来日したシュッテ神父が訪ねてくる。

三月一二日　学士院の例会に出席し、小宮豊隆などと宮古島およびネフスキーの話をする（定）。

三月一八日　沖縄の仲宗根政善より島の言葉の問題を聞く。

三月二〇日　第六九回女性民俗学研究会で、かさどりの行事、稲作と信仰、お盆の霊迎え等同じような例があることを述べ、比較民俗学の必要性を説く。

三月三〇日　国立国語研究所の新庁舎開き記念祝賀会に参列し、「どの方向に向かって進んでいるのか、われわれだけが意識することができなくて世を去るのかと危ぶみ悲しんでいるが、とにかくおめでとう」と祝辞を述べる［二六日か］

四月二日　自宅で野鳥の会を開く（定）。

四月一一日　西谷勝也宛てに、昨秋から話題の山年神のことには、いよいよ興味をもってきたと手紙を書く。

四月一七日　第七〇回女性民俗学研究会で、「現今の国語教育について」を話す。丸山久子から「静岡県大瀬崎神社の祭と口承文芸の解説」を聞く。

四月一八日　和田正洲宛てに、「我々の学問も今の状態にてハ不本意ニ付一策を案出し相模を尻押して新なる展開を謀らん」と葉書を書く。
四月二〇日　丸ノ内ビルの学術協会の会に出席し、岡田要の蜜蜂の話を聞き、生態学の進歩を知る（定）。
五月一日　数日前に留守中に訪ねてきた後藤捷一に、お詫びの葉書を書き、『沖永良部島民俗誌』が大体売れ切ったことと、次は、石田外茂一の「越中五箇山覚書」を出したらどうかと葉書を書く。
五月二日　三月二二日に、五一歳で亡くなった奈良の辻本好孝の遺児、辻本宏宛てに、遺稿「和州祭礼こよみ」（辻本宏、昭和三〇年四月）を拝受したことと、亡くなったことを知ったのも二日前であったことで、どう弔慰を伝えようかと迷っていたところだったとお悔やみの葉書を書く。
五月三日　山口弥一郎が訪ねてきたので、山口のコバカマ・フシヌケの研究を評価し、稲作の北上との関係を説いた日本的な学問だと誉める。
五月五日　子どもの日のこの日、実業之日本社から刊行される『学年別　日本のむかし話』の「監修者のことば」を書く。
五月八日　民俗学研究所第三七五回談話会で、「南島文化研究の意義・方法」について話す。
五月一四日　東季彦と香道の会を参観する（定）。
五月一五日　第七一回女性民俗学研究会で、「民俗学という名称の起こりと、民俗学の歴史。外国の民俗学と日本の民俗学の比較。日本の民俗学の今後のあり方」について講義をする。また、馬場富子から「民謡」についての発表を聞く。
五月一七日　国学院大学に日本文化研究所が設立されることになり、第一回創立準備会に研究審議委員として出席する。他の委員は、石田幹之助、岸本英夫、金田一京助、坂本太郎、武田祐吉、久松潜一らであった。
六月　この月の初め、来日中のハーバード大学エリセーフ教授を連れて、登戸紀伊国屋に食事に行く。同行したのは松本信広、堀一郎で、店に着いてから、伊藤葦天を呼び出す。話のなかで、伊藤とエリセーフに共通の知人がいたことを知り、こんな愉快な邂逅はないと喜ぶ。終了後、教授を帝国ホテルまで送る。この月、『綜合日本民俗語彙』の序を書く。
六月九日　昔よく遊びに来ていて、その後、日本美術の研究者となり、京都、奈良を爆撃から救ったと言われていたラングドン・ウォーナー博士が亡くなったとの知らせを受ける。
六月一一日　農業総合研究所で開かれた第一〇回稲作史研究会に出席し、盛永俊太郎の「外国の稲」の話を聞き、石黒忠篤や安藤広太郎らと話し合う。石黒が盛永に贈った対馬の赤米を、試食する。この日の記録は、昭和三三年に刊行される『稲の日本史　第三』（盛永俊太郎編）に収録される。
六月一四日　高崎正秀との水神祭の話に花が咲き、島原茂之作の河童座禅の像を贈る。
六月一六日　正宗敦夫宛てに、久々の手紙をもらいうれしいと書くが、自分は弱ってしまって、旅行も音信も心もとなくなってしまったとも述べる。

六月一九日　第七一回、本来なら七二回女性民俗学研究会で、「何故片目片足の神様が作り上げられたか」について研究する必要があることを述べる。瀬川清子の「年中行事の解説」を聞く。

六月二〇日　沢田四郎作宛てに、『薩南民俗』を読み、国の端にはよい問題があると感じたと葉書に書く。

七月　この月、瀬川清子との共著『祭の話』の再刊本の「まえがき」を書く。『俳句』主催の座談会に出席し、加藤楸邨、山本健吉、角川源義と語り合い、野川の思い出を語る。記録は、「武蔵野を語る」と題して同誌九月号に掲載される。

七月一〇日　民俗学研究所第三七七回談話会で、「民俗学と隣接学科の成果の相違」について話す。その話のなかで佐野大和の論文「黄泉国以前」を紹介する［定本年譜は、七月一日］。

七月一七日　第七二回女性民俗学研究会で、民俗学という言葉の歴史について述べる。また、江馬三枝子から岐阜県大野郡白川村木谷の採集報告を聞く。

七月二五日　辻川の伊藤源二郎宛てに、三木家に手紙を出したが、まだ返事が無いが何もないのであればよいがと葉書を書く。

七月二六日　箱根仙石原に行き、二九日まで仙石楼に滞在する（定）。

七月三〇日　『国学院雑誌』の企画で、藤野岩友と「国学院の漢文学」について話し合う。記録は、平野孝国、小野和輝の分析で同誌二月号に掲載される。

八月六日　比嘉春潮らと写真を撮る。

八月一四日　民俗学研究所第三七八回談話会で、「将来に残された諸問題」を話し、日本民俗学会の課題を述べる。

八月二一日　第七三回女性民俗学研究会で、「祖谷山のイヤ」について話す。また、アメリカから帰国した数学者の花岡松枝から池田弘子の近況を聞く。

八月二六日　後藤捷一宛てに、「五箇山誌稿」の出版では、なるべくよいものにしていきたいと葉書に書く。

九月六日　橋本鉄男宛てに、橋本の研究が一点に集中し過ぎる傾向にあるので、もう少し、興味の範囲を広げたらよいと助言する葉書を書く。

九月七日　福島の高木誠一が亡くなる。享年六九。

九月八日　女性民俗学研究会で、「寄木を枕にした話―奄美大島昔話集について」を話す（川端道子が筆記する）。

九月九日　東京会館で催された朝日新聞社の二万五〇〇〇号祝賀会に招待される（定）。

九月一〇日　国学院大学日本文化研究所の会議に出席し、新嘗の話をする（定）。連句を書いて送って来た大森義憲に返事を書き、連句には良い悪いということではなく、守るべき法則があると述べる。

九月一四日　金沢の長岡博男宛てに、『加能民俗』を毎号見ていると葉書を書き、このごろは、本を読むより他に何もできないと述べる。

九月一八日　第七四回女性民俗学研究会で、自分の母たけの実家である尾芝家の歴史について話す。また、石原綏代から「イゴロット族の昔話集を中心にその歴史・生活の様相」の報告を聞く。

九月二〇日　大森義憲が、昔韮崎で食べたことがある煮貝を送ってきたので、この味が忘れがたくてもう一度食べたかったと礼の葉書を書く（煮貝の思い出は、韮崎小学校で行われた北巨摩教育会主催の講演会終了後、料亭八嶋楼で食べた時のこと）。

一〇月四日　この日の数日前、沢田四郎作が訪ねてきて、帰宅後魚を贈ってきたのでお礼の葉書を出す。

一〇月五日　修道社から、『年中行事覚書』を刊行する。

一〇月七日　工業クラブにおける松本烝治の一周忌追悼会に出席する（定）。

一〇月一三日　鹿児島の村田熙宛てに、『鹿児島民俗』七号の礼と、近畿や加賀の民俗会誌との交換をしているかと問う葉書を書く。

一〇月一六日　第七六回女性民俗学研究会で、「昔話の研究について」を話し、民話の再話運動との違いを述べる。瀬川清子の「竈と女性」について発表を聞く。この日の前後、島根の大庭良美から『石見日原村聞書』（常民文化研究七四、日本常民文化研究所、昭和三〇年）が届けられたので、お礼の返事を書く。

一〇月一八日　国学院大学日本文化研究所で開かれた座談会「日本文化研究所の使命」に出席し、岸本英夫、河野省三、武田祐吉らと話し合う。

一〇月一九日　成城大学の文化講演会で、「桶とチョンマゲと曲物」を講演する（定）。

一〇月二〇日　九月一四日の『朝日新聞』に載せた「月見の習俗」の反響から、第二の「女の会」を作り、第一回目の会をもち、民俗学がどうして私達の生活に必要なのかを説く。瀬川清子が着物の歴史にそいながら、民俗学と生活との関連を述べる。

一〇月二二日　民俗学研究所で、女性民俗学研究会を開き、「月見の行事」について講話する。その後、第一女の会と第二女の会をつくる。

一〇月二五日　この日あたり、大庭良美に宛てた葉書の続きを書く。

一一月一日　この日あたり、大庭良美にお礼として著書を送る。

一一月五日　法政大学で講演する（定）。

一一月一二日　漢文学会に出席し、永尾龍造の話を聞く。その後、「子の日」の話を紹介する（定）。

一一月一三日　民俗学研究所第三八〇回談話会で、「南島談話会」の司会をし、今後の沖縄調査について話す。

一一月二〇日　第七七回女性民俗学研究会で、「沖縄研究の経過とその重要性」について述べる。望月玲子と望月いく子から、幽霊や禁忌などについての調査報告を聞く。

一一月二四日　徳川夢声と対談し、共通語や話し言葉について述べる。この対談は、『週刊朝日』の徳川夢声連載対談「問答有用」の企画で、新年号に掲載される。

一二月　この月の初めの小春日和の日、一人で登戸まで散歩し、丸山教本部を訪れる。伊藤葦天と死後の魂の行方について語り合う。その中で、夜よく眠れなくて困るが何かいい方法がないか聞くと、五時間眠れればいい方、年をとるとそんなものと言われる。明治三五年と三六年に書いていた読書日記『困蟻功程』の綴りを読み、「ドノ本モ今チットモ記憶ニ残ツテキナイ」と書き込む。

一二月四日　登戸の紀伊国屋で開かれた民俗学研究所の理事と代議員を集めた会で、「無力な民俗学研究所は解散し、学会の発展に主力を注ぐべし」とする民俗学研究所解散の案を述べる。参加者は、瀬川、橋浦、和歌森、関、堀、桜田、最上、牧田、石田、萩原、能田、直江、大藤、桜井で、今野は病気のため欠席する。

一二月一七日　第七八回女性民俗学研究会で、これからの研究の仕方について注意をする。小森揺子の「漁村についての問題点」の発表を聞く。

一二月一八日　山本健吉編の『新俳句歳時記（一）』に載せる序文として「『新俳句歳時記』に寄せて」を書く。

一二月二一日　農業総合研究所における『稲の日本史』出版記念会に出る。出席者は、安藤広太郎、松本信広、永井威三郎、盛永俊太郎らであった。

一二月二四日　後藤捷一宛てに、叢書の計画はいいものだが、自分も気力がないし、沢田四郎作や大藤時彦も忙しいようで、石田外茂一の「五箇山誌稿」だけは何とかしたいと葉書を書く。また、沢田四郎作宛てにも、贈り物のお礼の葉書を出す。

一二月二五日　実質的な最後の談話会で、和歌森太郎の「歴史と民俗学」の報告を聞いた後、「民俗学は史学のうちか、うちではないのか」と発言する。

一二月三〇日　伊東の木村博宛てに、送られてきたミカンのお礼の葉書を書く。

昭和三一年（一九五六）　八一歳

一月一日　NHK放送で三笠宮崇仁と「米と正月」の対談をする。テープは永久保存となる。この日、修道社から、『新たなる太陽』を刊行する。

一月二日　大森義憲宛てに、暮れに送られてきた餅の礼の葉書を書く。

一月八日　民俗学研究所第三八二回談話会で、「木曜会回顧談」を話した後、この日をもってこれからの研究会や談話会の行事には一切参加しないと明言する（後狩）。

一月一六日　書斎の真南に建てていた隠居所が完成し、書斎の二階の部屋を引き払い、孝と共に移る。宮崎県の楢木ミチから、早くに亡くなった範行の遺児茂行が、高等学校を卒業する歳になったとの手紙が届き、鹿児島か宮崎の大学がよいかと思うと返事を書き、本人からの手紙を待っていると伝える。

一月二一日　第二女の会第四回研究会で、「日本人の霊魂観」について話す。鎌田久子が、東京近郊のドンドヤキの実例報告をする。

一月二二日　第七九回女性民俗学研究会で、「異民族の間に共通の昔話が何故あるのか」について話す。矢島せい子から栃木県野上村の採集報告、石原綏代から池田弘子の昔話に関する論文の紹介を聞く。

一月二八日　岩崎敏夫に、葉山権現の問題に深入りするつもりで、そのうち呼ぶことがあるかもしれないと葉書を書く。この日、緒方竹虎が急死する。享年六七。

二月三日　土橋里木に、隠居して静かな読書の日を求めていると葉書を書き、何か今少し人の役に立つことを言い残したいと述べる。

二月七日　伊那の向山雅重宛てに、『伊那』の寄稿文をまとめて本にしたらどうかと葉書を書く。

二月一二日　『朝鮮民俗』第三号（昭和一五年一〇月）に掲載した「学問と民族結合」の草稿「比較民俗学の問題」が出て来たので、丸山久子に読んでもらうためにメモをつけて渡す。

二月一三日　散歩しながら成城学園初等学校を訪れ、職員休憩室で庄司和晃と語り合う。その中で、子供の騒音のような声も採集すべきと述べる（定）。

二月一四日　この日開かれた民俗学研究所代議員会で、「改革案」が公表される（伝）。

二月一七日　研究所所員一同から「要望事項」が発表される（伝）。

二月一九日　第八〇回女性民俗学研究会で、「水罰の話（2）」を話す。また、大藤ゆきから、『分類農村語彙』の解説を聞く。

三月三日　放送文化研究所開設一〇周年記念の会に出席する（定）。

三月一〇日　沢田四郎作宛てに、「どうか学問を永続せしめ」たいと葉書に書く。

三月一二日　久しぶりに来た新村出からの便りに返事を書き、質問に答える。その中で、隠居所に移り、蔵書とも離れて不自由と述べる。

三月一七日　農業総合研究所で開かれた第一二稲作史研究会に出席し、早川孝太郎の「稲作の慣行」の報告を聞く［欠席の可能性もあり］。

三月二二日　体調を崩しているという新村出に、元気が出るようにとヤツメウナギのカプセル入り油を送り、自分は、もう半年近く飲み続けていて、腸の力が強くなったように感じていると述べる。

三月二九日　民俗学研究所の代議員会・理事会合同協議会が開かれるが、出席しない。この会で、一年後に研究所を解散または閉鎖することと、それにともなう事項が議決され、移管の第一候補として、東京教育大学が挙がり、準備を進めることとなる。

四月　このころ、柴沼直東京教育大学学長と朝永振一郎教授が民俗学研究所の教育大学への移管の願いに来る。

四月七日　岩崎敏夫に、明治三八年八月の福島県林野実状の手帳は差し上げるが、活字にはしないでほしいと葉書を書く。

四月一二日　蕎麦を送って来た大森義憲に、おいしくすべて頂戴したと礼状を書く。

四月一四日　三月の会に続く代議員・理事会合同協議会が開かれ、議決が再度確認される。この会も出席しない。

四月一五日　堀一郎や大藤時彦、高藤武馬が次々と訪ねてくる。高藤から句集『紅梅』をもらう。夕方、高藤を送りながら成城学園のなかを通り、祖師谷まで散歩する。

四月一八日　昭和一三年に亡くなった宮崎県の楢木範行の息子、茂行から大学進学の相談の手紙をもらい、「現在の東京は最も不愉快な、又君の為には悪い実状です」と返事を書き、鹿児島の高校の北見を紹介する約束をする。

四月二二日　甑島里村の梶原村長らが訪ねてくる。

四月二八日　国学院大学日本文化研究所創立記念講演会で、「次の世のために」を講演する。この演題は、「次の世の人々と共に」と変わる。また、研究所の常置委員である研究審議委員となる。

五月　この月、研究所の研究員らが、研究所の東京教育大学移管案に反対する声明を出す。

五月九日　岡山民俗の会の土井卓治から贈られた桜鯛浜焼きのお礼の葉書を書き、これからは止めてほしいと述べる。

五月一四日　女婿の堀一郎の学士院賞授賞式に出席する（定）。国立国語研究所で、佐佐木信綱、新村出、土岐善麿、岩淵悦太郎らと会談する。

五月二〇日　出席しない研究所代議員会で、東京教育大学移管案について、賛成、反対の議論となる。その後、所員有志による「財団法人民俗学研究所を東京教育大学付属研究所として移管する案に反対する声明書」が出される。

五月二一日　国学院雑誌の企画で、前年に引き続き、「国学院の漢文学（続）」を酒井忠夫、藤野岩友と話し合い、浅野通有、平野孝国の分析で、同誌一〇月号に掲載される。

五月二三日　イプセン没後五〇年を記念する国際文化会館での会に出席する（定）。

五月二九日　『相川音頭集成』（山本修之助編輯、佐渡郷土研究会、昭和三〇年一二月）を送ってくれた佐渡の山本修之助に礼状を書く。

六月一日　民俗学研究所名による「財団法人民俗学研究所の東京教育大学移管について」という文書が出回る。

六月一一日　民俗学研究所で女性民俗学研究会を開く。

六月一五日　目黒の羽田春埜宅で開かれた高山会（かぐやまかい）に出席し、三笠宮、金田一京助、高久雅行らと会食する。

六月二六日　一昨日大森義憲が持ってきた、大分県臼杵の採集記録を読み、大正九年の旅を思い出して、大森宛てに返事を書く。

七月　この月、『新版　毎日の言葉』の序を書く。

八月四日　朝、新村出に暑中見舞いの葉書を書き、ラジオ東京の放送が届かなかったら、原稿にしてお目にかけたいと伝える。

八月二〇日　ラジオ東京午前六時一五分からの「朝の談話室」において「藤村の椰子の実」と題した話を二一日と二二回に分けて放送する［定本年譜では、「椰子その他の寄物の話」］。

八月二九日　大阪の大学に進学したいと楢木茂行から知らせが来たので、大阪、京都には同志が多いのでよい人を紹介すると返事を書く。

九月　イギリスのスコットから手紙が届き、妻のエルスペット・

キースが亡くなったことを知り、娘の千津に、こちらでもみんな悲しんでいると英文の返事を書くように頼む。

九月五日　『先祖の話』に再び書き入れを入れ、「ナホシテ残シタクナツタ　此後ニ追加スベキ資料カ多クナツテキル」などと書く。

九月七日　沢田四郎作宛てに、昭和九年の富士山七合目での写真絵葉書に最後の一枚を記念に差し上げると書いて投函する。

九月三〇日　小池直太郎の十三回忌にあたるので、筑摩書房に遺稿集を出すよう働きかけていたものが、この日、『夜啼石の話　信濃民俗誌』として刊行される。

一〇月一四日　一三、一四日の両日、早稲田大学で開かれた日本民俗学会に参加した地方会員を自宅に招待する。後日、和歌森太郎が、年会の様子を知らせに訪ねてくる。

一〇月一五日　昨日訪ねてきた、今井善一郎宛てに、土産のお礼の葉書を書く。

一〇月一九日　菅江真澄の「ひなの一ふし」の再版に、誤字誤植の訂正を書き入れて、このままでは責任がもてないと書きこむ。

一〇月二四日　長野県川中島村の小池正宛てに、自分も一冊出すつもりと葉書を書く。

一〇月二七日　犀川が訪ねてくる。

一〇月二八日　鹿児島の村田熙宛てに、手紙と写真のお礼の葉書を書き、国学院大学日本文化研究所の一〇回講演がやっと五回までできたことを述べる。

一一月　日本学術会議会員選挙にあたり、和歌森太郎を推薦する葉書を印刷し、会員に送る。橋浦宛ては、二三日。

一一月三日　金沢から長岡博男が訪ねてくる。

一一月四日　村田熙宛てに、昨日長岡と話したと葉書を書く。

一一月一七日　浜松の飯尾哲爾『土のいろ』の存続を希望していることと、戦災で焼失した蔵書や資料の代わりに書物を提供したいことを鎌田久子を通じて伝える。この日、鎌田が浜松の自宅を訪れるが、留守で会えなかったため、家族に伝言を頼む。

一一月一九日　国学院大学日本文化研究所で、「わらべ墓を通してみた日本人の霊魂観念」について講演する。

一一月二一日　岩崎敏夫に、先日の来訪を喜ぶ葉書を書き、葉山権現研究を他の土地にも広げるように薦める。

一二月　この月、新編武蔵風土記稿刊行会発行の『新編武蔵風土記稿内容見本』に載せる推薦文「必要にして又完備した書物」を書く。『妖怪談義』の序を書き、幼少の頃からこの関心に無駄な時間を費やしてきたので、問題を限定したいと述べる。また、このころの雨の降る寒い日、飯島衛の斡旋で、登戸の紀伊国屋で開かれた『近代文学』の座談会に出席する。同席者は、司会の荒正人の他に本多秋五、山室静と遅れて参加した杉森久英で、記録は、「日本文化の伝統について―柳田国男氏を囲んで」と題し、三二年一月と二月の二回にわたって同誌に掲載される。

一二月一一日　沢田四郎作宛てに、鹿児島の楢木範行の遺児の茂行が大学受験のため、大阪に行くので春からでも一度会ってほしいと葉書を書く。

一二月二〇日　国立国語研究所創立八周年記念式に出席し、「国語研究者に望む」を講演する（定）。
一二月二五日　修道社から、『妖怪談義』を刊行する。
一二月二七日　森山泰太郎宛てに、寒い土地の稲作について、とくに外国の人にも知らせたいと思っていると葉書をかく。
一二月三一日　来客も無い静かな大晦日を過ごし、沢田四郎作宛てに、味噌漬けの礼と、楢木茂行をよろしく頼むと手紙を書く。

昭和三二年（一九五七）　八二歳

一月二日　大阪に下宿中の楢木範行の遺児、茂行に、沢田四郎作を訪ねていろいろ相談にのってもらいなさいと手紙を書く。
一月六日　中央公論社の藤田圭雄宛てに手紙を書く。
一月一〇日　NHKラジオ第一放送の「面影を偲ぶ　折口信夫」で、折口の思い出を語る。柳田以外の語る人は、折口和夫、金田一京助、鈴木金太郎、角川源義、三島由紀夫、池田弥三郎、佐藤春夫らであった。
一月一一日　『折口信夫全集』第二八巻月報に載せる「折口君の学問」を書く。
一月一七日　成城大学図書館増築落成式に参列し、「町と学問について」を話す。
一月二八日　学士会館で行われた座談会「木地屋の話」に出て、『史料としての伝説』改版本に載せるために西角井正慶、関敬吾、池田弥三郎、加藤守雄らに「木地屋の話」をする。

二月四日　国立国語研究所評議委員会会長を辞任し、あわせて評議員も辞す［後狩年譜では、三月四日］。
二月一四日　成城学園で、民俗学の話を沢柳政太郎の思い出話をまじえて話す（定）。
二月二一日　岩崎敏夫に、葉山研究が学問に大きな楽しみを与えてくれたが、時間が足りないと葉書で伝える。
二月二八日　岩崎敏夫に、三月の末ごろ上京できないかと葉書を出す。
三月　毎週木曜日の朝に放送される、NHKラジオの「国語講座方言の旅」の企画として、自宅で、金田一京助と対談をし、「生活と方言」と題されて放送される。この日、本田安次が訪ねてきて登戸から宿河原を歩く。
三月一三日　女性民俗学研究会で、「お米の話」をする。録音要旨として鎌田久子がまとめ、『稲の文化史』の「序」となる。
三月一七日　第九三回女性民俗学研究会で、日本人の再び家に生まれ替わるという思想について話をする。大藤ゆきが、柳田論文「女性と諺」を紹介し、坂口一雄が伊豆大島の話をする。
三月二二日　NHK放送文化賞を受賞し、授賞式に出席する。『富士北麓昔話集』（甲斐民俗叢書4）を送ってきた土橋里木にお礼の葉書を書き、自費出版は今後も続くつもりで世のために尽力してほしいと述べる。
三月二八日　NHKラジオ第二放送で「標準語のために」を放送する。
三月二九日　民俗学研究所代議員会と理事会名で、研究所同人に向け「民俗学研究所の状況について」という解散を伝える文書が発送される。
三月三一日　石塚尊俊宛てに、研究所はいろいろの事情から解散するが、民俗学会はみんなの共有のものなので期待していると書き、現在の実情を何らかの方法で公表するつもりだと述べる。
四月七日　民俗学研究所代議員会に出席する。和歌森、橋浦、瀬川、桜田、最上、石田、牧田、能田、関らが集まり、研究所の解散を決め、大藤時彦、萩原龍夫と桜井徳太郎が、解散のための管理者となる。経済的な理由であれば、解決策は他にあると牧田茂だけが解散に反対の票を投じる。
四月一三日　八芳園で開かれた折口信夫全集完結記念会に、佐藤春夫、久保田万太郎、金田一京助、武田祐吉らと共に出席する。
四月一四日　椿山荘で開かれた朝日新聞旧友会に出席して挨拶をする。
四月一九日　沢田四郎作宛てに、楢木茂行が奈良の大学に通うことになったので相談にのってほしいと葉書を書く。
四月二〇日　朝、『徳之島・喜界島誌』を再び読んでみる。農業総合研究所で開かれた第一三回稲作史研究会に出席する。
四月二三日　『連官史并各島村法』（謄写版）を読み終える。
四月二九日　日本地名学研究所から贈呈をうけた『地名学研究』第二号のお礼の葉書を書く。
五月　このころ、血圧が高く寝込むことが多くなる（定本年譜にも七月まで病臥とある）。
五月一四日　学士院賞授与式に参列する。はじめて渡辺一夫と会い言葉の話をする（定）。
六月六日　毎日新聞の夕刊に、「消える民俗学研究所」の記事が載る。
六月一一日　血圧が高く、横になって休んでいるところに、高藤武馬が戸隠の土産をもって訪ねてくる。一時間ほど、『少年と国語』の話などをする。
六月一七日　『少年と国語』の序にあたる「「少年」と「国語」」を書く。
六月二八日　大森義憲宛てに、研究所が無くなってますます研究の必要を感じるようになってきていて、一度相談したいので大騒ぎにならないように訪ねてきてもらいたいと葉書を書く。
七月八日　横浜に引っ越してきた、故倉田一郎の妻二三枝宛てに、何かあったら相談にのると葉書を書く。
七月一六日　成城大学で沖縄の話をする（定）。
七月一七日　岡山民俗の会の土井卓治宛てに、手紙の返事を出し、血圧が高いと書く。
七月一八日　午前中、高藤武馬が訪ねてきてお昼近くまで話す。研究所の解散許可が下りないので、まだ書物に手がつけられないが、沖縄研究を充実するためにはどうしたらよいかを相談する。
七月二〇日　成城大学で沖縄の話をする（定）。比嘉春潮宛てに、吉田久一の「八重山記事」を再読しているうちに会いたくなったと葉書を書き、そのなかで、仲原善忠の『おもろ新釈』（琉球文教図書、昭和三二年）が出たら、三部でも五部でも求めたいと述べる。
七月二三日　成城大学で沖縄の話をする（定）。
七月二六日　岩崎敏夫に、この頃少し血圧が高く、引き籠もっているが、地方からの来訪者には会うようにしていると葉書を書く。
八月五日　赤星平馬、石田英一郎立会いのもと、遺言になる公正証書を作成し、「一、蔵書一切を成城大学に遺贈する　一、ただし同大学ではこの図書を活用し、沖縄の研究に万全を期すことを条件とする」と書く。
八月六日　兵庫の西谷勝也が、淡路島のやまどしなどの民俗資料の原稿を持ってくる。
八月八日　文部省に提出する財団法人民俗学研究所解散の書類が整う（定）。
八月一五日　研究所から返還された蔵書を、成城大学に建築中の図書館に寄託することに同意する。
八月三一日　高藤武馬がフキを持ってくる。話しているところに、奈良の保仙純剛が訪ねてきたので一緒に昼食を食べる。
九月　この月、改版される『昔話覚書』のための序を書く。また、『史料としての伝説』の序を書き、「平地に住む人々の外に、山の中で暮すものゝ人生が曽てあった事に、もう一度注意をよびさまさうといふのが、この問題を次の時代に残さうとする理由」と述べる。
九月一日　遠野市穀町の鶴田屋菓子店の主人、鶴田馨一から「遠野物語」をヒントとして作ったお菓子が送られてきたので、お礼の葉書を書く。
九月二一日　このころよく散歩する。この日も、府中・小金井まで歩く（定）。
九月二六日　成城大学で、「沖縄航路の変遷」について講演する（定）。
九月二七日　蔵書を成城大学に移す引っ越し作業に入る。約二万冊の蔵書を三日間かかって運び込む。武蔵野玉川上水にかかる桜橋横に、国木田独歩没後五〇年の記念碑が完成したとの知らせを武蔵野新聞社社主の望月清次から受け、新聞社宛てにお祝いの手紙を出す。体調を崩しているので、『武蔵野新聞』への寄稿や式典への出席が出来ないと述べる。
九月二九日　土橋里木より出版する本の書名に「民話」と入れてよいかと手紙が来たので、自身が決めることと返事を書く。
一〇月一四日　ＮＨＫで、「明治期の女子教育について」を放送する（定）。
一〇月一五日　今井善一郎宛てに、岡山での民俗学会に行けない人たちを招待しようと思っていたが、計画通りにいかないで会えなくて残念だったと葉書を書く。また、竹田聴洲にも、恵贈を受けた、サーラ叢書八『祖先崇拝—民俗と歴史』（平楽寺書店、昭和三二年）のお礼の葉書を書き、春から身体の具合が悪く、この本のおかげで、自分の本は出さなくてもよいかもしれないと述べる。独歩碑の完成を祝う式典の出欠葉書に、早期の完成喜ばしいと書き、風邪をひきまだ引き籠もっているので欠席との返事を望月清次宛てに出す。

一〇月一九日　国学院大学大学院で講義をし、院生の伊藤幹治の質問に答える。
一〇月二二日　竹田聴洲宛てに、先に送った礼状のあと、表現が難しいので世をすくうためにも、もっと平常の言葉で書いてほしかったなどの感想を手紙に書く。そのなかで、出版社に頼んで三冊ほど送ってほしいと頼み、一緒に考えていく二、三人の若い者たちとじっくり読んでいくことをしなければ、夜も眠れないと心情を吐露する。
一〇月二七日　沢田四郎作宛てに、民俗学研究所の蔵書を成城大学に管理してもらったことを伝える葉書を書く。
一一月二日　成城学園の四〇周年記念行事に旧蔵書中の南島文献を陳列する。このころ、今井富士雄、池田昭らと柳田文庫前で写真を撮る。
一一月三日　成城学園で開催中の沖縄展に、比嘉春潮、市河三喜、仲原善忠、亀田純一郎らと訪れ、説明をする。
一一月五日　竹田聴洲の著書が三冊、平楽寺書店から送られてきたが、代金は竹田が負担したと知り、すぐに竹田宛てに「甚だ迷惑」と手紙を書く。そのなかで、研究所も失い、日本民俗学会も危うくて居てもたってもいられない時であり、自分の志を貫かせてほしいと述べ、それで納得しないのであれば、本を返却すると強い気持ちを示す。
一一月六日　大阪の菓子を送ってきた後藤捷一宛てに、礼状を書き、そのなかで、蔵書を成城大学に寄託したことと、今日まで南島文献の展覧会をして多くの参観者が来たことを伝える。

一一月八日　大島建彦宛てに、近いうちに遊びに来てもらいたいが、本を見たいようだったら文庫は大学にいっているので日曜以外に来るようにと葉書を書く。数日後、大島が遊びに来たので、一緒に蘆花公園まで散歩する。
一一月一二日　阿部龍夫宛てに、自分は世間に疲れ、学業の成果はあがらないが、どうにかして、誰もが楽しく読める月刊誌を出させたいと念じていると葉書を書く。
一一月一三日　岩倉市郎の『喜界島昔話集』（全国昔話記録、昭和一八年）を再読し、「世界的モチーフの発見　岩倉遺族ノ消息ヲキクベシ、遺子の為ニ何カシテヤリタシ　桜田君ニ問合セノ事」などと書き込む。
一一月一四日　成城大学で、「根の国とニルヤ」の話をする（定）。
一一月一八日　村田熙宛てに、手紙の礼と、亡くなった内藤を悔み、南島行きの日記のようなものが残っていないかと葉書を書く。
一一月一九日　国学院大学日本文化研究所で「わらべ墓を通してみた日本人の霊魂観念」の話をする（定）。
一二月一四日　『朝日新聞』に「柳田国男氏の近ごろ」が出る。八年前の約束通り、嘉治隆一が、神戸新聞の記者、宮崎修二朗ら二人を連れて昔のことを聞きにくる。この日から、翌年の三月二九日まで、毎週二回ずつ計二五日、一日三時間から五時間をかけて、嘉治らを聞き手として語り、鎌田久子が同席し、まとめられたものが『神戸新聞』に「故郷七十年」として連載される。この企画は、神戸新聞社六〇周年記念と市民参加事業として実現し、「のじぎく文庫」から刊行される。

一二月一八日　小井田幸哉宛てに、昭和三〇年に刊行した『川内村誌　第一集』（川内公民館、昭和三〇年）の続きの第二集以下はどうなっているかと葉書を書き、なんとか小井田の志に報いたいと述べる。

一二月一九日　成城大学文芸学部顧問に就任する（定）。

一二月二一日　森山泰太郎宛てに、りんごのお礼の葉書を書き、これからは返礼も心もとないので見合わせてほしいし、何かほしい時は、謎をかけるからと述べる。

一二月二二日　後藤捷一から、『三木文庫所蔵庶民史料目録』（第一輯阿波藍関係、第二輯、三木産業編、昭和三一年、三二年）が送られてきたので、礼の葉書を書く。

一二月二三日　木村博宛てに、ミカンのお礼と小田原の立木望隆の出す『郷土文化』を受け取ったと葉書に書く。

一二月二五日　沢田宛てに、魚のお礼と、幸い血圧が低くなってきたことを伝える葉書を書く。そのなかで、沢田の神経痛について心配しているとお見舞いの言葉を書く。

一二月三一日　日本地名学研究所に、贈呈を受けた鏡味完二の地名学選書『日本地名学　科学篇』（日本地名学研究所、昭和三二年）のお礼の葉書を書く。

この年の初冬、『俳句』の企画「俳句を愛する六人の意見」の取材を受ける。またこのころ、国立国語研究所の所長であった岩淵悦太郎が、柴田武を連れて訪ねてくる。

昭和三三年（一九五八）　八三歳

一月八日　『神戸新聞』で、「故郷七十年」の連載が始まるにあたっての「起筆の言葉」を書く。

一月一四日　故郷に残っているただひとりの血縁であった、従妹の藤原キクの訃報が届く。

一月一五日　この日付けの「故郷七十年」六回目の新聞が送られてきて、三木家の外壁の漆喰が剝がれおちている写真を見て、「こんな写真を使って」と叱る。

一月二八日　「故郷七十年」を読んでいると知らせてきた水木直箭宛てに、自分で書いているものでないので行き違いが多く思うようには出来ていないと返事を書く。そのなかで、明治四一年の九州旅行では日記を書かなかったので、そのころの自分が書いたものがあれば教えてほしいと述べる。

一月二九日　国学院大学日本文化研究所第一委員会に出席する（定）。

一月三一日　交詢社で開かれた芸術院賞審議会に出席する（定）。

二月四日　福吉町のあかはねで開かれた神戸新聞社『随想』同人懇親会に出席し、志賀直哉、長谷川如是閑、梅原龍三郎、辰野隆、升田幸三、中川一政、網野菊らと会食する。このころ、上京中の富田砕花が訪ねてきて、播磨の話をなつかしく語り合う。

二月七日　比嘉春潮宛てに、気管支カタルにまた罹ってしまって家に引き籠っていることと、『国学院雑誌』に二回にわたって掲載された座談会「国学院の漢文学」に誤記と誤植が多いので、朱を入れて直したものを読んでもらいたいと葉書を書く。
二月二三日　比嘉春潮宛てに、次の水曜日には、『神戸新聞』に連載している「故郷七十年」の口述でネフスキーや宮古島の話をするので来てみないかと葉書を書く。
三月九日　河本正義と古谷実三から、北条に来てほしいとの手紙が来たので、二七年に故郷に帰ったのが「最終のいとま乞い」だったので、考えていないとの返事を河本に頼む。
三月一七日　丸山久子宛てに、ローマ字会の原稿について問い合わせる葉書を書き、一九から二一日の間に一度来てほしいと頼む。
三月二二日　多磨霊園において映丘の二十五年祭が行われ、参列する［定本年譜では二日］。
三月二四日　甥の矢田部達郎が亡くなる。享年六六。
四月　このころ、筑摩書房の『講座現代倫理』の企画で、桑原武夫と「日本人の道徳意識」について対談し、六月に刊行される同講座第六巻に収録される。この月から『日本民俗学大系』（平凡社）が刊行されることになり、編者となった大間知篤三や岡正雄、桜田勝徳らの顔ぶれを見て、自分はまた孤立しているがよけいに勇気が湧いてくると思う。
四月七日　彫刻家西常雄のモデルになる（定）。村田熙宛てに、内藤家の人に話をしてくれた礼の葉書を出す。
四月一二日　学士院新入会員の歓迎会に出席する（定）。
四月二三日　『勢多郡誌』のお礼を今井善一郎宛てに書く。
五月　『心』に載せる「明治三十九年樺太紀行」の「はしがき」を書く。このころ、血圧が二〇〇近くになり、休むことが多くなる。
五月二日　『勢多郡誌』を壱岐の山口麻太郎に送ってほしいと、今井宛てに葉書を書く。
五月一〇日　成城大学図書館で、「民間伝承ということば」について話をする。
五月一二日　学士院での天皇臨席の会に出た後、西尾孝、金田一京助、新村出らと国立国語研究所に立ち寄る（定）。
五月一五日　沢田四郎作宛てに、病気見舞いの葉書を書き、自分も口は達者だが足はずいぶん弱くなったと伝える。
五月二七日　沢田四郎作宛てに、最近はすぐにくたびれてしまうけれど、近いうち一度会って近況を話し合いたいと葉書を書く。
五月二八日　日本文学美術協会発行の季刊雑誌『表象』の新井寛が訪ねてきて、「新旧文化の諸問題」についてのインタビューを受ける。対談「近代文芸の源流をたづねて」として創刊号に掲載される［第二号の企画として、新井と福田恆存との座談会「現代文学と国語問題」が予定されたが実現しなかったか］。橋本鉄男宛てに、橋本の木地屋調査についての感想の葉書を書き、採集した二人の故老の郷里や同族間の交流などを何とかして詳らかにしてもらいたいと激励の葉書を書く。
六月　この月、成城小学校で東京私立初等学校協会の研究発表が行われる。
六月二日　高藤武馬が来て、連句の話をする。

六月七日　芸術院総会に出席する（定）。
六月一〇日　若杉慧の写真集『野の仏』の題簽を書く（定）。
六月二七日　水沢謙一の『とんと一つあったてんがな―越後の昔話―第五集』（未來社、昭和三三年）を読み終える。
七月　この月の下旬、神戸に住む同郷の福渡竜が、「故郷七十年」を読み、懐かしがって会いに来る。
七月三日　石切橋の橋本鰻店で、中田薫、杉栄三郎と三人で三々会を開く（定）。
七月二〇日　このころ、早朝五時から七時まで散歩をする（定）。
八月一日　松浦辰男の四女島村千代に辰男没後五十年で、自分も八〇歳を超えた老人となったと嘆く葉書を書く。
八月三日　今井善一郎が送ってきた「上毛に於けるオサキ俗信資料」のお礼と感想を葉書に書く。
八月五日　成城大学柳田文庫で、「親」という語について話をする。その後も月に二回ほど、舟、手拭、稲作など沖縄の話をする（定）。
八月一二日　沢田四郎作宛てに、贈り物のお礼の葉書を書き、このごろは元気悪くただぶらぶらしているだけと伝える。
八月二六日　成城大学柳田文庫で、「米」について話す。
九月二日　成城大学柳田文庫で、「海上の道」や「稲」の話をする。
九月九日　伊予の森正史宛てに、明治四一年に伊予を訪れてからの思い出を葉書に書く。
九月一七日　村田熙宛てに、『鹿児島民俗』を早速読んだことと、小野論文への感想を書いた葉書を書く。
九月二四日　辰男五十年忌の法要の知らせを島村千代から受け、一〇月七日には自分だけでもお参りしたいと返事を書く。
九月二九日　西常雄作のブロンズ肖像が新制作派の展覧会に出品され、見に行く（定）。
一〇月三日　今井が送って来た『勢多郡誌』（勢多郡誌編纂委員会編、昭和三三年）を読み、神道集と曽我物語との関連から「甲賀三郎」について新たに岩波文学講座で頼まれているが断念したと返事を書く。四日五日と開かれる日本民俗学会年会で講演するために上京した竹田聴洲が、夜訪ねてきて、遅くまで話し込む。
一〇月四日　大月松二宛てに上京を促す葉書を書く。
一〇月七日　品川東海寺での辰男五十年忌の法要に参列する予定だったが、大雨のため断念し、名代として森直太郎に行ってもらう。年会参加のため上京した岡山の土井卓治が訪ねてきて、興居島の思い出話や備前の荒神信仰の研究の必要性を語る。
一〇月一〇日　沢田四郎作宛てに、送られて来たシンデレラの本のお礼の葉書を書く。
一〇月一二日　ローマ字の会に出席する（定）。
一〇月一四日　安藤広太郎が八八歳で亡くなる。一七日、青山斎場での葬儀に参列する。
一〇月二七日　賛助委員となっている日本文学美術協会表象の会の一〇月例会が、成城大学会議室で開かれたので出席する。この会は、「現代文学と国語の問題」の座談会を兼ねていた。同席者は、石田幹之助、井上靖、野田宇太郎、大野晋、矢野峰人と司会の荒井寛で、一般参加者も傍聴できる公開座談会で、八〇人近くが集まる。記録は、「現代文学と国語の問題」と題して、三四年六月に刊行される『表象』第二号に掲載される。
一一月 『炭焼日記』の序を書く。
一一月一五日 修道社から番号入り一五〇〇部の『炭焼日記』が刊行される。この後、何日かかけて日記に出てくる名前を書き出し、一二〇人以上の「炭焼日記送り先」のカードを作る。
一一月一七日 『炭焼日記』を一読し、誤植を五、六カ所見つける。「此本ハ永く残し、後ニ清彦に与へること」と書き入れる。
一一月二八日 国学院大学一〇五号教室で開かれた、国学院大学日本文化研究所の秋期公開学術講演会で「みてぐら考」を講演する。当日は、四〇〇人近くの聴衆が集まり、シカゴ大学の北川三夫の「国外から見た日本の文化と宗教」のあとに、四〇分ほど話す。
一一月二九日 雑誌『思想の科学』のために永井道雄と対談し、農政学の講義を始めたころの話をする（定）。
一二月五日 昭和二三年に刊行された柳田国男先生著作集第六冊『北国紀行』に修正箇所を書き入れ、この日、「一校了」とする。
一二月六日 ローマ字学会のために、子供の言葉、遊戯の変遷などについて話す（定）。
一二月一一日 阿部龍夫宛てに、自分の蔵書を成城大学図書館に寄託したら、急に読みにくる若い人たちが増えていると葉書を書く。
一二月一三日 『利根川図志』の赤松宗旦の布川の家を調べた木村博に、写真の家は別の家ではないかと思うと返事を書く。
一二月一四日 虎ノ門共済会館で開かれた、第一八回稲作史研究会に出席し、日本民族学協会の東南アジア稲作文化綜合調査団の調査報告を団長の松本信広や、浜田秀男、長重九から聞き、話し合う。この記録は、「インドシナの稲作」として三六年一一月に刊行される『第四　稲の日本史』に掲載される。
一二月一七日 木村博に、布川のことは分かっているつもりだが、新しい話題もありそうなので一度会って話をしたいと返事を書く。自分も春になったら一度布川に遊びにいくつもりとも述べる。
一二月二五日 沢田四郎作宛てに、『炭焼日記』は、一五〇〇部の限定出版なので、残り少なくなったが、水木直箭らが手に入れたかどうかそれとなく聞いてほしいと葉書を出す。
この年、『富士戒壇建立第六書』などを読む（定）。

昭和三四年（一九五九）　八四歳

一月一二日 愛媛民俗学会の森正史宛てに、『伊予路』第三号の礼と、森の著書『青島民俗誌』を読んでスコットと島に渡ったと思い出を書いた葉書を出す。
一月一三日 成城学園の池田昭と庄司和晃が訪ねてくる。月に二回、大藤時彦と鎌田久子を講師として同校職員の勉強会、教育と民俗学の研究会が開かれているが、近いうちに自分も話に行きたいと述べる。そのなかで、「庄司君が来るから子供の言葉についてだと思った」と聞き方教育についての話をする。木地師に興味をもって便りを寄こした秋田の宮崎進に返事を書き、各地で同じことに興味をもち研究している学徒がいることは楽しいことと思うと述べる。

一月二七日　『日本古典文学大系』の校注をしている岡見正雄が訪ねてきて『義経記』異本について話し、口述としてまとめられ、月報の原稿となる。

一月三〇日　成城大学図書館にて「舟の話」をする。小学校の庄司和晃らも聞きに来る。以後、亡くなる直前まで、成城大学でたびたび沖縄に関する話を続ける。

二月一日　成城学園小学校の先生たちに国語教育の話をする。

二月四日　昭和二五年に来日し、糸魚川の方言調査をしているベルギーの言語地理学者W・A・グロータースの三度目の訪問を受ける。ジュネーブ大学でのピタールの講義を思い出し、ドーザの『言語地理学』を原書で読んだことなどを話す。大阪の三陽社に移った矢倉年からの久しぶりの便りに返事を書き、「南勢雑記」の稿本をできるなら矢倉の手で出版できないかと希望を書く。

二月六日　芸術院恩賜賞審議会に出席する（定）。

二月九日　木村博にミカンのお礼と、布川の写真を見ていろいろ考えたと葉書を書く。

二月一〇日　高藤武馬が来て、三時間近く話す。そのなかで、五、六年前から舟について調べているが、これを究めなければ日本民族の渡来の研究は進まないと述べる。また、その他に、『日本の昔話』が一番売れていることや、大田蜀山人の「調布日記」を出してくれる出版社を探したいと話す。高藤に『炭焼日記』を贈る。

二月一八日　成城学園小学校で、聞き方教育について話す（定）。岩崎敏夫に、お餅のお礼と、最近老衰がひどく、仕事が進まないと葉書を書く。

二月二六日　成城学園小学校の教育と民俗学の研究会の前に、「イレズミの話」をする。

三月二日　鍼医からの帰り国領まで散歩し、桐朋学園をまわって帰宅する。足が弱くなるのを防ぐため、鍼の帰途は必ず歩く（定）。

三月四日　高藤武馬を訪ねるが留守だったので帰る。

三月二五日　相模民俗学会の和田正洲に、「子墓の話」の講演会の場所の希望を書き、日本地図を用意してほしいと葉書を書く。最初、鎌倉を希望していたが、好い場所がなければ、横浜の学校ならばよいと書くが、実際は、川崎になる。

三月二六日　朱で書き入れをした直良信夫の『子供の歳時記』（葦牙書房、昭和一七年）を古書店で購入したと送ってくれた木村博にお礼の返事を書く。赤松宗旦の家や布川の変化に対しても、「大よそ合点出来ました」と伝える。

三月二七日　便りをよこした小井田幸哉に、地名の研究はこのまま続けてほしいと返事を書き、自分にはもうこんな根気がないと述べる。高藤武馬が、北島と田村を連れてやってくる。なつかしくて、大和棟の話など三時間近く話し合う。

三月二八日　この日あたりから元気が出ず、臥せっていることが多くなる。

三月三〇日　肺炎のため、東京医科歯科大学付属病院に入院する（定）。

四月一日　退院し自宅に戻る。

四月一二日　沢田四郎作宛てに、贈り物のお礼の葉書を書き、今月はいつごろ上京するかと尋ねる。

四月一七日　安間清が、永年の虹と民間信仰の研究をまとめた論文を送ってきたので、これを全国の問題にしたいと返事を書き、自分は本を読む気力もなくなっているので他の人に紹介したいと述べる。

四月一九日　川崎駅ビルで開かれた、相模民俗学会の講演会で「子墓の話」をする。岡見正雄と今井富士雄が付き添ってくる。和田正洲が筆録する。

五月七日　比嘉春潮が出す予定の『沖縄の歴史』（沖縄タイムス社、昭和三四年六月）の「序」と、この本の題簽を書く。このところ体調がすぐれない。

五月八日　義理の姉、矢田部順が亡くなる。享年九一。一一日に葬儀を執り行う（定）。

五月二九日　郁文館学園七十年史編集委員会の編集担当の国語科教諭堀英雄と田中実が訪ねてきて、『郁文館学園七十年史』に載せる「在学中の思い出」の取材を受ける。校長の棚橋一郎や同級生たちの思い出を語る。

六月　この月、成城学園小学校の職員研究会で、「国語教育について」を講演する。

六月五日　長いこと音信がなかった大分の伊東東からの手紙が届き、昔をなつかしむ葉書を書く。

六月六日　岡崎に住む杉本舜一宛てに、水木や杉本の細かな索引の仕事への礼の葉書を二枚続けて書き、成城大学の図書館に寄贈した柳田文庫も増え続けているので一度見にきてほしいと述べる。

六月一九日　都丸十九一宛てに、鶏鳴選書『消え残る山村の風俗と暮し—群馬の山村民俗』（高城書店出版部、昭和三四年）のお礼と、柳田文庫に入れることを伝える葉書を書く。

七月　この月、神戸新聞の七〇周年記念事業として実施された家島群島の総合調査について話し合う座談会に出席し、調査団団長の三笠宮崇仁や京都大学の和島誠一から報告を聞く。嘉治隆一、鎌田久子が加わり、「島の話」として一一月に発行される『心』秋期特別号に掲載される［定本年譜では、九月二日］。

七月八日　国学院大学日本文化研究所で隠岐の話をする（定）。

七月一二日　成城大学図書館で開かれた、第一九回稲作史研究会に出席し、東南アジア稲作民族文化綜合調査団の二回目の報告を聞く。民族学博物館提供の写真パネルを陳列し、長重九のスライドによる説明がなされ、八重山の黒米、赤米、ガラシマイを回覧して話し合う。また、盛永俊太郎からも「ゲノム構成から見た稲の野生種の類縁」の報告もあり、記録は、「インドシナの稲作第一部」と「ゲノム構成」として三六年一一月に刊行される『第四　稲の日本史』に掲載される。
八月五日　沢田四郎作宛てに、贈り物のお礼の葉書を書き、そのなかで、二、三日前に誕生日を重ねてきたが、計画ばかりで少しも成果をあげられないと嘆く。
八月一四日　『甲斐の民話』と『ひじろ』創刊号を送ってきた土橋里木に、「文学に色つけられぬ民話ハ日本ニハ無いやうに候」と返事を書く。
八月二一日　岩崎敏夫に、論文「本邦小祠の研究―民間信仰の民俗学的研究」の原稿に目を通し、葉山信仰について多くを書き入れる。
九月一二日　芦屋に住む三木家の嫁、善子宛てに、拙二の様子を知らせてもらい、何ともうれしく思ったとお礼の葉書を書く。
一〇月三日　和田正洲宛てに、このごろ少し疲れが早くくるので困っていると葉書を書く。その中で、若い小島瓔禮には、あまりあせらないで古い物でも読んで休ませてあげたいと心配していることを伝える。
一〇月六日　高田十郎編の『大和の伝説（増補版）』（大和史蹟研究会発行、昭和三四年一一月五日）に載せる「序文」を書く。
一〇月一一日　早朝、『故郷七十年』の「序にかえて」の文章「母の思い出に」を三日かかって書きあげる。嘉治隆一宛てに、ちっとも序文になっていないので、扱いは任すが、もう一度他に書いてと言われても出来ない、「ツマリモウ書ケナイ」とメモを入れた手紙を書く。
一〇月一三日　森山泰太郎宛てに、こちらからは旅に行けないので、たまには上京してきてほしいと葉書を書く。
一〇月一四日　安藤広太郎の『日本古代稲作史研究』（財団法人農林協会、昭和三四年一一月一日）にのせる「序文」を書く。
一〇月一五日　成城大学柳田文庫で、「芸能」について話す。福島惣一郎が口述筆記でまとめ、「「童神論」について」として発表する。
一〇月二〇日　箱山貴太郎が訪ねてくる。
一〇月二一日　大月松二宛てに、会えなくて残念だったと葉書を書く。
一〇月二四日　成城大学図書館で開かれた、第二〇回稲作史研究会に出席し、天野元之助の「中国の稲作」の報告を聞き、北九州を中心とした発掘調査の成果について話し合う。この記録は、三六年一一月に刊行された『第四　稲の日本史』に掲載される。安藤広太郎の一周忌として、序文を書いた『日本古代稲作史研究』を霊前に供える。
一〇月二五日　前日に引き続き、稲作史研究会に出席して、浜田秀男から東南アジア調査の三回目の報告を聞く。記録は、「インドシナの稲作　第二部」として発表される。
一〇月二七日　橋本鉄男宛てに、大会に出てみようかと思ったが、四階へのエレベーターが無い所へは自信がなく見合わせたと葉書を書き、君ヶ畑のお茶の礼と、橋本の研究態度を褒める葉書を書く。
一〇月二九日　村田熙宛てに、『鹿児島民俗』の礼や、内藤夫人もさぞ喜ばれているだろうと葉書を書く。

一〇月三〇日　病気で入院中の今井善一郎に、お見舞いの葉書を書く。
一一月一〇日　農業総合研究所で開かれた稲作史研究会に出席し、稲作と国の歴史、新嘗の研究などについて話す（定）。
一一月一四日　虎ノ門共済会館で開かれた、木戸忠太郎追悼会に出席し、追憶談を述べる（定）。
一一月一九日　成城大学で舟の話をして、沖縄列島東岸の航路や勝連文化の特質などについて話す（定）。
一一月二五日　入院している桜井徳太郎宛てに、お見舞いの葉書を書く。
一二月　この月、古島敏雄と、地方史研究協議会がまとめた『日本産業史大系』の宣伝を兼ねた対談をし、記録が、一月一日付けの『図書新聞』の東京大学出版会PR頁に掲載される。また、出来たばかりの『故郷七十年』に、「重山先生請評」と書いて新村出宛てに郵便で送る。
一二月九日　『民謡覚書』の第八版（昭和二六年六月一五日）に朱で訂正を書きこむ。
一二月一二日　赤坂の都市センターホールで開かれた『故郷七十年』の出版記念会に招かれ、孝と共に出席する。参加した五〇人の人たちから、次々と感想やお祝いの言葉をもらう。福崎から来た山口直泰に祖母小鶴の墓の塀の修復を頼む。また、このころ、同書出版のお礼に、嘉治隆一に映丘の掛け軸「道成寺」を贈る。
一二月一三日　和田正洲宛てに、講演記録の「子墓の話」の文を直して年内には戻したいと葉書を書く。
一二月一四日　『朝日新聞』に、「柳田国男氏の近ごろ」の記事が載る。
一二月一七日　高田十郎編の『大和の伝説（増補版）』を読み、奥付に感想を書き込む。
一二月二四日　伊東の木村博が送って来た二種類のミカンのお礼の葉書を書く。

昭和三五年（一九六〇）　八五歳

一月一日　風邪をひき、正月を外に出ないで過ごす。
一月三日　海老を送ってくれた沢田四郎作にお礼の葉書を書く。
一月四日　NHKのラジオ放送で、「私の自叙伝　旅と私」を放送する（定）。テープは、永久保存版となる。
一月七日　岩崎敏夫に、暮れにいろいろ送ってもらったもののお礼と「本邦小祠の研究」の努力を労う葉書を書く。
一月一六日　「「無悪」考」を書いた福井県遠敷郡の永江秀雄が掲載誌の『解釈』第五巻第一一・一二号を年末に送ってきたものを読み、感想を書いた葉書を出す。
一月二七日　黒石高等学校に勤める津軽の鳴海助一宛てに、津軽の方言集を再度作るにあたっての注意などを記した手紙を書き、いくらかの金額を援助する。
二月一日　甲州名菓の「月の雫」を送ってきた土橋里木にお礼の葉書を書く。

二月二日　森直太郎の紹介で、相馬庸郎が訪ねてきて、いろいろ質問される。そのなかで、一高から大学に入る頃を思い出し、いろいろな不安に苦しんでいた時代と述べる。
二月一〇日　新村出宛てに、贈られてきた関口泰の『空のなごり　黙山関口泰遺歌文集』を読み、四〇年前を思い出していると葉書を書く。
二月一二日　伊那の今村良夫が贈ってきた『天竜峡』（下伊那短歌協会、昭和二七年）のお礼と、昭和一七年初秋に川下りをして以降、戦後は南信を訪れていなくて歴遊を想い起こしていると葉書を書く。
二月二〇日　成城大学で、「大和棟について」を講演する。終了後、卒業生送別宴に誘われ、登戸の紀伊国屋に行く（定）。
二月二五日　愛知吉良町の安井広が、「田中長嶺翁年譜」を送ってきたので、お礼の葉書を書き、自分も明治三〇年代の農商務省所蔵の本で興味をもっていたと述べる。
二月二八日　続けて安井広宛てに、田中長嶺先生の年譜を見て、同じ時代を生きていたのに一度も謦咳に接しなかったのが残念に思うと葉書を書く。書簡や日記などがあったら見てみたいと書き、いつかお会いしたいと述べる。
三月四日　福井の永江が調べているという「羽生」についての意見を葉書に書く。
三月一〇日　石黒忠篤が、心筋梗塞のために亡くなる。享年七六。
三月一七日　『小さき者の声』が秋に角川文庫から刊行予定となり、底本とするために書き入れと希望を書きこむ。
三月二四日　『俳句研究』編集部の取材を受け、高浜虚子特集号に載せるための思い出を語る。「俳談」となって掲載される。事前に丸山教三代教主で俳人の伊藤葦天から連絡を受ける。
三月三〇日　相馬庸郎宛てに、葉書を書く。
四月　『改訂版　日本の昔話』の序となる「昭和三十五年版の序」を書く。
四月三日　伊藤幹治からの沖縄調査の様子を伝える三月二九日付けの手紙の返事を書き、「あの世」と「ワラベ墓」について説いてみたいと述べる。
四月五日　新見吉治が訪ねてくる。成城大学で共通の旧知八人と歓談する（定）。
四月一〇日　久しぶりに便りが届いた橋本鉄男に返事を書き、イギリス人のボーナスという研究者が近江を調べに入りたいと言っていることと、「貴兄の一群の精励は誇るに足れり」と述べる。
四月一三日　『俳句研究』編集部の二回目の取材を受け、「俳談」の続きとしてロンドンの思い出や、『抒情詩』について語る。相馬庸郎宛てに、葉書を書く。
五月　四月に出たばかりの島尾敏雄の『離島の幸福・離島の不幸』（未來社、昭和三五年）を読み、この本の中のカタカナで表している言葉の語彙索引を作るべきと思う。
五月三日　伊藤源二郎が亡くなった知らせを受け、「親しき友をうしない　がっかりす」と電報をうつ。
五月七日　伊藤源二郎の遺族宛てに、お悔やみの手紙を出す。

五月九日　戸川安章から「羽黒山叢書一」『羽黒山二百話』(羽黒山史研究所、昭和三五年)が贈られてきたので、これは「大切な時代の正直な記録」と礼状を書く。

五月一一日　成城大学図書館で、「うだつの柱」について話し、テープに吹き込む(定)。

五月一三日　朝、川端豊彦と高橋在久が千葉県教育庁の公用車で迎えにきて、千葉に向かう。途中、稲毛の海気館で食事をして、講演場所の千葉市の公立学校共済組合の施設青雲閣に入る。房総民俗学会主催の講演会で、会長の鈴木正夫の挨拶のあと、「日本民俗学の頽廃を悲しむ」とのちに題をつけられた一時間ほどの講演をする。講演終了後、市内の牧野屋旅館で、川端夫妻、矢島せい子、菱田忠義と布佐から来た又甥の松岡祐之らと食事をして泊まる。山下重輔千葉県教育長が挨拶に来る。この講演は、高橋在久の努力で実現し、聴講した菱田忠義が記録をとる。

五月一四日　布佐の松岡家に立ち寄り、墓参をする予定であったが雨のため墓には行かずに家で文雄や祐之らと話をする。公用車で送ってもらう。

五月一五日　国学院大学教授を辞める。戸川宛てに、『羽黒山二百話』を繰り返し読んでみて、残部があれば何冊か譲り受けたいと手紙を書く。

五月一六日　房総民俗会の高橋在久宛てに、二日間世話になったお礼の手紙を書く。

五月一八日　学士院例会に出席したあと、新村出、市河三喜、金田一京助と国立国語研究所に行く(定)。

五月二〇日　伊那の阿南高等学校に勤める水野都沚生宛てに、『伊那』一一月号に水野が発表した「姿を消す飯田のうだつ」が、ちょうどこの問題を考えている時で、大いに参考になったと葉書を書き、その他に何か新しい発見があったら教えてほしいと述べる。

五月二二日　成城大学記念祭に行き、学生が作った田山花袋三〇年忌記念映画を観る(定)。

五月二三日　『俳句研究』編集部の三回目の取材を受け、「俳談」の続きとして松根東洋城や水原秋桜子などとのかかわりを語る。

五月三一日　孝と共に、仙台の堀一郎、三千の家を訪れる。夜、四人で孝の誕生日を祝う。

六月一日　NHK仙台放送局近くの旅館で、福室アナウンサーのインタビューを受ける。午後は、東北大学文学部の有志の教授たちとの懇親会に出る。

六月二日　東京から来た次女千枝の娘、赤星隆子と孝を連れて、盛岡経由で、小岩井牧場に向かう。隆子の父も祖父も小岩井農場長を勤めていたことなどを語る。宮良当壮との旅を思い出す。

六月四日　小岩井牧場から仙台に戻り、三千と共に秋保温泉に向かい、夜、堀一郎も合流する。

六月五日　仙台の堀家で、東北民俗の会が開かれ、二二名が集まる。遠野から佐々木喜善の息子広吉も参加し感激する。

六月六日　駅に向かう途中、青葉城址を散策し、別れを惜しむ。仙台駅で岡田照子など大勢に見送られ東京に帰る。岡田照子の小学二年になる子が、実業之日本社版の社会科の教科書『日本の社会』を持ってくる。

六月一六日　宮良当壮宛てに、『琉球文学』に「諸君の熱意に同情して少々寄付」したくなったと書き、また、「自分の研究計画とは方向を異にするが、もう自分には若い人たちとゆっくり話をしていく時間が無い」「船の問題をもっと明らかにしてもらいたい」と書いた手紙を出す。

八月一日　手紙が届いた斎藤槻堂に、『若越民俗語彙』（福井県立図書館、昭和三五年）を、遠方に住む同志に見せたいので、一〇冊ほど送ってほしいと葉書を書く。

八月三日　沢田四郎作宛てに、先日は久しぶりに会えたもののゆっくり話もできずに残念だったと葉書を書く。

八月六日　橋本鉄男宛てに、木地師の系統についての考えを述べた葉書を書く。

九月一〇日　一〇年間務めた、東京書籍の国語教科書監修を辞退する（定）。

九月一七日　飯倉照平から中国の少数民族の民話を載せた『柿の会月報』が送られて来たので、こうした消息がうれしいとお礼の葉書を書く。

九月二三日　『方言学講座　第一巻　概説』に載せるために、徳川宗賢らに方言研究の思い出を語る。「わたしの方言研究」として掲載される。

九月二四日　成城大学で、「沖縄の話」を講話し、南島旅行の話や船のことを話す（定）。

一〇月一日　千葉県立中央図書館に「柳田民俗文庫」が開設される（伝）。

一〇月一五日　農業総合研究所で開かれた、第二一回稲作史研究会に出席し、杉原荘介の「弥生時代と稲作」の報告を聞き、北九州を中心とした発掘調査の成果について話し合う。この記録は、三六年一一月に刊行された『第四　稲の日本史』に掲載される。

一〇月二二日　慶応義塾大学地人会で、「文学部史学科五十年に際して」の記念講演「島々の話」をする（定）。

一〇月三〇日　成城学園運動会を孝と共に見に行く。

一一月一日　丸山久子宛てに、時々話しておきたいことを思い出すが、すぐに忘れてしまうので、寒くならないうちに来てほしいと葉書を書く。

一一月一〇日　昭和二二年から引き受けてきた東京書籍の国語教科書『新しい国語』監修者の役を、高齢を理由に辞めることにしたことが認められる。この日、編集委員一同との、監修辞任の宴を催す（定）。大月松二宛てに、リンゴのお礼の葉書を書き、元気だが、活動力は制限されたと述べる。

一一月一九日　今井善一郎宛てに、群馬県民俗調査報告書第一集『片品の民俗』（群馬県教育委員会編、昭和三五年）のお礼と、幸田露伴の『縁外縁』を六〇年ぶりに思い出していると葉書を書く。

一二月　この月、京極純一と「日本人　その生き方と考え方」の対談をし、記録が一月一日付けの『京都新聞』や八日付けの

『河北新報』に掲載される。

一二月二三日　和田正洲宛てに、自分はもう一人で静かにいたいので、春になってから突然でよいので、ひとりで来てほしいと葉書を書く。

一二月二六日　今井善一郎宛てに、もう一度、思い立って「近国」を歩いてみたいと葉書を書く。

一二月三〇日　沢田四郎作に、贈られてきた伊勢の大海老のお礼と新年の賀辞を伝える葉書を書く。

前年かこの年、鶴見和子が、プリンストン大学のマリオン・リーヴィ教授を連れてくる。リーヴィに、外国の研究者は、四角い言葉を使う日本の研究者の話ばかりを聞いているから日本のことを理解できない。円い言葉を使う日本人にもっと積極的に会わなければいけないと述べる。

昭和三六年（一九六一）　八六歳

一月一日　沖縄の調査旅行から帰った鎌田久子が新年の挨拶に来て、琉球大学の中宗根政善の「『海南小記』以降の沖縄関係の論文をまとめて出版してほしい」という伝言を聞く。

一月七日　交詢社で開かれた朝日新聞旧友会の新年会に出席し、村山社長と語り合う。

一月一三日　芦屋市にいる三木拙二宛てに、送られてきた写真のお礼の葉書を書き、もう一回か二回くらいは、故郷に帰れたと残念に思っていると述べる。

一月一五日　成城学園素心寮で開かれた女性民俗学研究会に出る。これが女の会出席最後の日となる。丸山久子が、村の中の神社と寺の関係について話す。

一月二二日　岩崎敏夫に、ひどい寒さの折、毎日家の中での生活をしているが、近いうち会いたいと葉書を書く。

一月二三日　『大白神考』の初版本に、改訂を念頭に書き込みを入れる。

一月二七日　筑摩書房の古田晁社長が全集『柳田国男集』の刊行の相談に来る。

一月三〇日　高藤武馬が『柳田国男集』の刊行のことで訪ねてきたので、既刊のものをただ全集として出すのは不賛成など、八点に及ぶ意見を述べる。高藤からは、筑摩の古田晁が「一生の念願」として全集を出したいと言っているので、自分が「掃除人夫」の役を引き受けると言われる。

二月七日　高藤武馬、臼井吉見、松田寿が来て、『柳田国男集』の原案をもってくる。南島に関する本を出して、その結果によって考えてもよいと伝える。

二月一三日　筑摩書房との話し合いで、著者が生きている間に全集を出すものではないと言い、『定本柳田国男集』となる。その他に、日記をそのままで収録しないことや、大藤時彦を編集委員に加えることなどの希望を伝える。

二月一七日　成城大学の会議室で開かれた、賛助委員となっている日本文学美術協会の表象の会一〇月例会を兼ねた「現代文学と国語の問題」の座談会に出席する。同席者は、石田幹之助、井上靖、野田宇太郎、大野晋、矢野峰人と司会の荒井寛で、一般参加者も傍聴できる公開座談会で、八〇人近くが集まる。記録は、「現代文学と国語の問題」と題して、六月に刊行される『表象』第二号に掲載される。終了後、高藤武馬や大藤時彦、鎌田久子らと全集について話し合う。

二月二〇日　岩崎敏夫に、送ってもらったお餅のお礼の葉書を書く。

二月二二日　成城大学で、「沖縄の話」を講話する（後狩）。

三月一日　高藤武馬が来て、梅や川の話をする。昔、「境川の橋」という本を出したいと思ったことがあると話す。高藤から、それを全集に加えましょうと言われたので、日記のままだから無理と言う。

三月三日　高藤武馬と大藤時彦に、『定本柳田国男集』刊行のすべてを任せることに同意する（定）。

三月七日　東京テレビの「婦人ニュース」でインタビューの様子が放送される。初めてのテレビ放送となる。一時間のフィルムが一五分に編集され、「民俗学一すじに」とのタイトルがつけられる。

三月一四日　高知の桂井和雄から創刊された『土佐民俗』が送られてきたので、お礼と感想の葉書を書く。

三月一七日　池田勉と高藤武馬が訪ねてくる。

三月二三日　沢田四郎作から初物の筍が届き、お礼の葉書を書く。

三月二四日　このころ、二二日付けの、ヤツメウナギのお礼が書かれた新村出の葉書が届く。

四月　この月、丸山久子が代表として刊行した『遠藤民俗聞書』の序を書く。

四月五日　成城大学図書館で開かれた『海上の道』と『定本柳田国男集』の編集会議に途中から出席する。出席者は、唐木順三、臼井吉見、松田寿、藤江正通、高藤武馬と大藤、鎌田らであった。

四月一二日　四年前に生田の丘陵に出来たばかりの春秋苑を自分の墓所と決め、この日正式に契約をする。終了後、生田駅前で箕輪敏行に会い、墓を決めてきたと語る。

四月二四日　高藤武馬と創元選書から出す『島の人生』の打ち合わせをする。高藤に、昔書いた『朝日新聞』社説の切り抜き帳五冊を貸す。

四月二六日　成城大学で、「民俗学とは如何なる学問か」の講話をする。

五月　このころ、『中央公論』の編集部からの取材を受け、思い出を語り、記録が、「明治人の感想」と題して、同誌七月号に掲載される。

五月四日　新村出宛てに、五月の学士院例会に出るつもりはあるかと尋ねる葉書を書く。その中で、新村が出るのなら会いたいが、そうでないのなら、一人で行ってものを言う元気はないと述べる。

五月二一日　第二二回稲作史研究会に出席し、古野清人の「農耕儀礼と稲作について」の発表を聞く。これが、この会の出席の最後となる。

五月二四日　『定本柳田国男集』の第一回配本日が決まる。編集会議が開かれ、全三二巻の案が出されたが、これを拒否する。
五月二七日　唐木順三、松田寿、高藤武馬、池田昭が訪ねてきて、拒否した三二巻案の再考を求められる。
五月二八日　成城大学で開かれた東南アジアの留学生の集まりで話をする（定）。
六月六日　桜井徳太郎宛てに、桜井の「ノツゴ考」の感想を書いた葉書を出す。
六月八日　高藤武馬が、筑摩書房の編集者藤江正通を連れてくる。芭蕉の連句のことなどを話す。
六月一八日　女性民俗学研究会のメンバーたちが隠居所に訪ねてくる。
六月二〇日　辻川時代の竹馬の友、三木拙二が亡くなる。享年八九。知らせを受け、すぐに悔やみの電報を打つ。
六月二五日　辻川の三木庸一宛てに、拙二の死去を悼む手紙を出す。
七月　この月、『分類祭祀習俗語彙』の序を書く。
七月四日　高藤武馬が、『定本柳田国男集』刊行のことで相談に来たので、孝を証人役として同席させ話し合う。
七月一五日　筑摩書房から、『海上の道』が刊行される（「まへがき」は大藤時彦が書く）。
七月一七日　高藤武馬が、『定本柳田国男集』刊行のことで相談に来たので、『海上の道』の刊行を喜び、書目の決定のための打ち合わせを申し入れてもらうことにする。
七月一九日　赤坂福吉町のあかはねで、『海上の道』の出版祝賀会が開かれ、孝と共に招かれる。
七月二二日　高藤武馬と大藤時彦が訪ねてくる。『定本柳田国男集』収録の書目について細かく話し合い、承認する。
七月二四日　『朝日新聞』に「最近の柳田国男氏」の記事が載り、一日の過ごし方が紹介される。朝七時半起床、午前、午後読書。月曜と金曜の午前中は鍼治療に通う。昭和一九年ころから欠かしたことがないと述べる。夜、孝と二人で静かな食事をし、一〇時に就寝する［二五日か］。
七月二五日　民俗学会例会に参加するため上京した沢田四郎作、橋本鉄男、保仙純剛らが訪ねてきて、出かける準備をするが断念し、書斎や庭を案内する。この日から『朝日新聞』の連載「柳翁閑談」（談話筆記で記者森本哲郎がまとめた）が始まる。
八月三日　孝同席のもと、高藤武馬と『定本柳田国男集』を二三巻で刊行する案を認める。
八月一四日　辻川の三木家のまさゑ宛てに、昔の思い出と送られてきた拙二の遺品のお礼を葉書に書く。
八月二一日　古書通信社の八木福次郎が訪ねてきて、『日本古書通信』に載せる原稿を依頼されるが、必ず書くので締め切りを設けないでほしいと述べる。
九月一日　鎌田久子、高藤武馬と話しているところに、朝日新聞社の扇谷正造と森本哲郎が訪ねてきて、松岡静雄の思い出話などをする。
九月四日　筑摩書房と『定本柳田国男集』全二三巻別巻索引一冊

の出版許可の契約を結び、署名捺印する。
九月五日　沢田四郎作宛てに、贈り物のお礼と沢田の孫の成人を祝う葉書を書く。
九月八日　この日、四年前に、伊良湖の地に「詩碑が建てられるのはまことに結構」と認めた「椰子の実」の記念碑が除幕される。
九月九日　『言語生活』発刊一〇周年記念号のために、高藤武馬と筑摩の編集者大西に思い出話を語る。
九月一八日　成城大学図書館で開かれた、『定本柳田国男集』の編集会議に出席する。机上にあるたくさんの著作を見て、「さみしかったんだね」とつぶやく。
九月二一日　厚生年金会館の川西実三を孝と共に訪ね、建物を案内してもらう。
九月二七日　高藤武馬が訪ねてきて、筑摩書房との間に出版契約書を取り交わしておいた方がよいと言われる。
一〇月八日　七、八日の両日、立教大学において日本民俗学会第一三回年会が開かれ、終了後、和歌森太郎が報告にくる。また、堀田吉雄、田中義広らも訪ねてくる。
一〇月二一日　皇居に召されて上京した粉河寺管長の逸木盛照を、宇野脩平が連れてくる。逸木とは、『郷土研究』時代から文通していたが、対面するのは初めてで興奮する。自分が官吏をしながら学問をし続けたのは、南方熊楠の感化のおかげであり、日本民俗学最大の恩人と強調し、宇野に、未公開の南方の書簡があるので是非発表してほしいと頼む。タクシーで多摩川に出て夕暮れの景色を楽しみ、新宿に出て、中村屋で夕食を食べる。
一一月四日　上京した森口奈良吉が訪ねてきたので、丹生川上神社中社を参拝した思い出などを語る。昼食後、タクシーで多摩川を上流へと案内し、明治神宮に回り、別れる。
一一月一八日　奈良の森口奈良吉に、贈られた『吉野郡小川郷材木史』のお礼の絵葉書を出す。
一一月二三日　勤労感謝の日の朝、ＮＨＫラジオの「朝の訪問」で、鈴木健二アナウンサーのインタビューを受けながら、近況が放送される。
一二月三日　兵庫県立北条高校の教員が訪ねてきて、額の揮毫を頼まれるが、後日、河本正義宛てに断りの手紙を出す。
一二月五日　久しぶりに大勢集まってきたので、顔を出す。
一二月二三日　風邪気味で休んでいるところに、高藤武馬が来たので、アカメカシワの木のひこばえを持たせる。
この年、野田宇太郎に、鷗外さんのことは、君に話しておこうと約束する。

昭和三七年（一九六二）　八七歳

一月一日　昨年、贈られてきた松山義雄の『山国の神と人』（未來社、昭和三六年）を思い立って細読する。
一月三日　新年の挨拶にきた牧田茂に民俗学が学問として衰えていると嘆く。松山義雄に本を読みながら、昔の日を思い出したと葉書を書く。

一月一六日　ミカンを送ってくれた木村博に、このころ、引きこもりがちで伊豆の山里をなつかしく思い出している、いつか折をみて一度逍遥を試みたいとお礼の葉書を書く。

一月二五日　『定本柳田国男集』の第一回配本として第二巻が定価一一〇〇円、初版五〇〇〇部で刊行される。すぐに羽織袴姿で筑摩書房を訪ね、古田晁に礼を述べる。

一月二七日　筑摩書房の古田晁社長らが『定本柳田国男集』の出版祝いとして訪ねてきたので、ホワイトホースのボトルを開け歓待する。初版五〇〇〇部が直ぐに品切れとなり、二〇〇〇部増刷と聞く。

二月八日　写真を送ってくれた保仙純剛にお礼の便りを出す。

三月　この月、アラスカに行く岡正雄が訪ねてくる。

三月五日　高藤武馬が訪ねてくる。

三月二〇日　福崎町の町議会で、「名誉町民条例の制定」と「名誉町民の称号を柳田国男氏に贈る」の議案が可決され、名誉町民第一号となる。

三月二二日　ＮＨＫテレビ夜八時からの「ここに鐘は鳴る」（司会、八木治郎アナウンサー。カラー番組）のゲストとして出演する。椎葉村村長中瀬淳の息子中瀬泝をはじめ三谷隆信侍従長、松本信広、山口麻太郎、水木直箭、荒垣秀雄、伊馬春部、沢田四郎作、渡邊紳一郎、鈴木重光、長谷川一郎、今和次郎ら二七人と対面する。番組中に、故郷辻川が、カラースライドで紹介されたり、スコットからのビデオレターが披露されたりして喜ぶ。

三月二三日　水木直箭が訪ねてくる。

三月三〇日　桜井徳太郎が、出版された学位論文『講集団成立過程の研究』（吉川弘文館、昭和三七年）を持って訪ねてきたので、民俗学はこれからが大事な学問であると励ます。

四月一三日　数日前、高藤武馬宛てに、記念として三越から置時計を送る。昨日、自宅に届いたと高藤が礼を言いにやってくる。

四月一九日　牧田茂に、「民俗学という学問が、あるところでとまってしまった」と嘆く。

四月二〇日　東条操が訪ねてきて、一時間ほど楽しく語り合う。徳川宗賢が写真を撮る。

四月二二日　芝高輪の光輪閣で親戚九〇人ほどが集まって、米寿と孝の喜寿の祝いの会が開かれる。矢田部頸吉の挨拶と木越二郎の乾杯の発声で始まり、にぎやかな会となる。

五月一日　讃岐から武田明が訪ねてきて、二時間ばかり話す。

五月二日　中今信が訪ねてくる。小野重朗が写真を撮る。

五月三日　午前中、祝賀会に出席するために上京した長岡博男、沢田四郎作、桂井和雄、西谷勝也らが訪ねてくる。午後、成城大学で、日本民俗学会主催の米寿祝賀記念会が開かれ、喜寿を迎えた孝と為正夫婦とともに招かれる。二五〇人が集まり、松本信広の「古代の海上交通」など五人の記念講演のあと、学生ホールで祝賀パーティーが開かれ、金田一京助、梅原末治らからお祝いの言葉をもらい、謝辞を述べる。余興として、越後の綾子舞の披露があり、『定本柳田国男集』の印税を基金とした「柳田国男賞」の設定が発表される。志賀義雄などから祝電が届く。疲れてきたので、二度ほど車で自宅に帰り休む。参会者に、三〇年の「歌会始の儀」での召歌を複製した色紙を贈る。

五月一〇日　大阪から上京してきた雛人形作家の布士富美子と古川たまが、佐多稲子を誘って訪ねてくる。

五月一二日　秋田雨雀が亡くなる。享年八〇。

五月二七日　川西実三の厚生年金会館で、松岡家の親戚による米寿と孝の喜寿のお祝いの会が開かれる。この日の新聞が、悲劇的な死をとげたネフスキーの復権を報じ、レーニン賞受賞を伝える。

六月三日　『なぞとことわざ』を再読了する。

六月五日　筑摩書房の古田晁の招待で、『定本柳田国男集』編集者らと箱根に遊び、環翠楼に泊まる。テレビで東京六大学野球の優勝決定戦を見る。同行したのは、孝の他に、高藤武馬、大藤時彦、鎌田久子、臼井吉見、池田昭、藤江正通らであった。

六月六日　箱根美術館の古陶器展を見て、車二台に分乗して一時間ほどドライブをする。

六月一七日　白野夏雲の生家や菩提寺を調査してきた大森義憲が、写真などを持って報告にくる。沢田四郎作に、「皆様引つゞき御健勝ですか。私方も無事です。一ぺん何となく一ぱん話をしたいもの」と葉書を書く。

六月二二日　大阪朝日の上野精一から、手紙とお菓子のお礼の便りが届く。

七月六日　国学院大学日本文化研究所の研究審議委員全員会に出席する。

七月一三日　森直太郎が訪ねてきて、半日、和歌の歴史について語り合う。森に、熊代繁里の研究が終わったら、播州の歌人柳田美里の研究をしてみよと薦める。

七月一七日　古野清人を団長とする東京都立大学社会人類学教室の沖縄学術調査団の一行が柳田文庫に来たので、出かけていって「沖縄の話」をし、伊藤幹治らを激励する。

七月二三日　一人留守番をしているところに、高藤武馬が播州そうめんをもってやって来る。

七月二四日　松本に住む千葉徳爾宛てに、暑中見舞いの葉書を書く。

七月三〇日　喘息のような症状が起き、医者を呼ぶ。

七月三一日　昨夜の苦しさも忘れるくらいすっきりして、誕生日であることを一日忘れずに過ごす。筑摩書房の杉田がお祝いを兼ねて新しい企画をもってくる。五月三日の会の写真をもってきた牧田茂と話す。堀一郎や宮古島にいる鎌田久子からお祝いの電報が届く。日記の最後に「吉田国手来診、昨晩は苦しんだこと、但しもうさつぱり」と書き、この日の日記が絶筆となる。

八月八日　うだるような暑さのなか、午後一時二〇分、心臓衰弱のため、自宅で亡くなる。妻孝、為正夫婦、娘、孫たちに見送られる。知らせを聞いた、大藤時彦、和歌森太郎、金田一京助、最上孝敬、橋浦泰雄、牧田茂らが次々に弔問に訪れる。

八月九日　親族のみの通夜を執り行う。デスマスクが、新制作協会の彫刻家本郷新によって残される。この日の『朝日新聞』に臼井吉見、『毎日新聞』に新村出、『読売新聞』に藤沢衛彦などの追悼文が載る。

八月一〇日　『朝日新聞』の「天声人語」に荒垣秀雄の手による追悼文が載る。午後二時から読経が始まり、三時、青山斎場へ出棺し、通夜が執り行われる。この日の閣議で、正三位勲一等旭日大綬章が決まる。

八月一一日　天皇より御供物料が届く。自宅庭にテントをはり、通夜が行われる。

八月一二日　午後一時から、青山斎場にて仏式による日本民俗学会葬が執り行われる。戒名は、「永隆院殿顕誉常正明國大居士」。文部大臣荒木万寿夫、学士院院長柴田雄次、芸術院院長高橋誠一郎、日本学術会議議長和達清夫（代読）の弔辞のあと、病気療養中の日本民族学協会会長渋沢敬三の弔辞を関敬吾が代読し、最後に弟子総代最上孝敬がお別れの言葉を述べる。南原繁、小泉信三、久保田万太郎、土岐善麿、笠信太郎朝日新聞論説主幹や民俗学関係者三〇〇人が参列する。二時からの一般告別式には、三笠宮、志賀義雄、中野重治をはじめ二〇〇〇人もの人々が参列する。

九月一一日　三十五日にあたるこの日、川崎春秋苑の墓所に納骨される。その後、東京会館にて為正が招宴を催す。金田一京助、松本信広、柴田勝、瀬川清子の追憶の言葉が続く。

九月二〇日　柳田孝、為正の連名で、成城大学の高垣寅次郎学長に、改めて柳田全蔵書の寄附と、遺志として沖縄研究の継続と蔵書の公開を希望すると書かれた「寄附證書」が手渡される。

九月二五日　七十七日忌のこの日、三二年八月に書いた「一、蔵書一切を成城大学に遺贈する　一、ただし同大学ではこの図書を活用し、沖縄の研究に万全を期すことを条件とする」とした遺書（公正証書）が公開される（新）。

（作成・小田富英）

松岡家系図

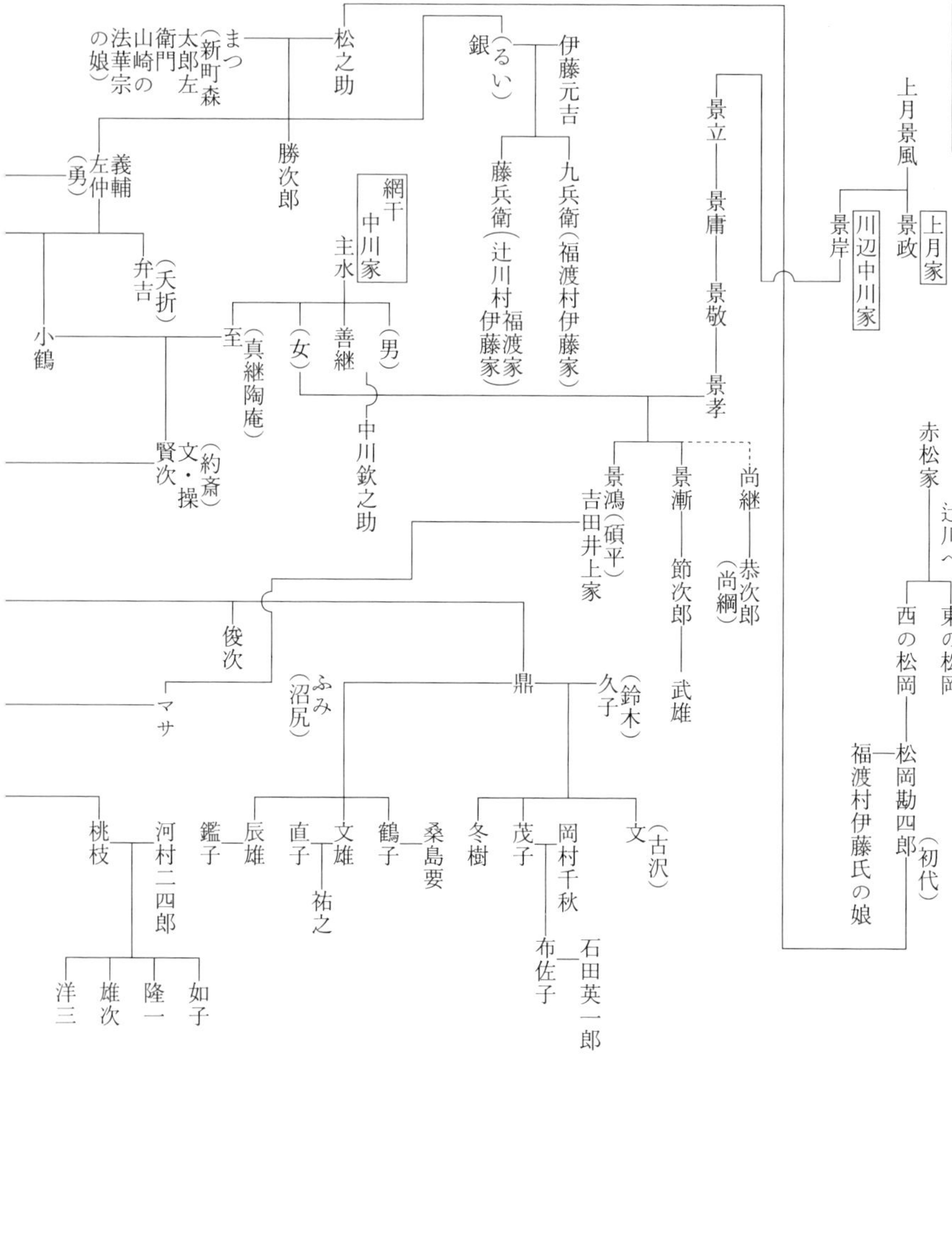

上月景風
上月家
景政
川辺中川家
景岸
赤松家
辻川へ
東の松岡
西の松岡
松岡勘四郎（初代）
福渡村伊藤氏の娘
景立
景庸
景敬
景孝
尚継
恭次郎（尚綱）
景漸
節次郎
武雄
景鴻（碩平）
吉田井上家
伊藤元吉
銀（るい）
九兵衛（福渡村伊藤家）
藤兵衛（辻川村福渡村伊藤家）
網干中川家
主水
（男）
善継
（女）
至（真継陶庵）
中川欽之助
松之助
まつ（新町森太郎左衛門山崎の法華宗の娘）
勝次郎
義輔（勇）
左仲
弁吉（夭折）
小鶴
文・操（約斎）
賢次
俊次
マサ
鼎
久子（鈴木）
ふみ（沼尻）
文（古沢）
岡村千秋
茂子
冬樹
石田英一郎
布佐子
桑島要
鶴子
文雄
直子
祐之
辰雄
鑑子
河村二四郎
桃枝
如子
隆一
雄次
洋三

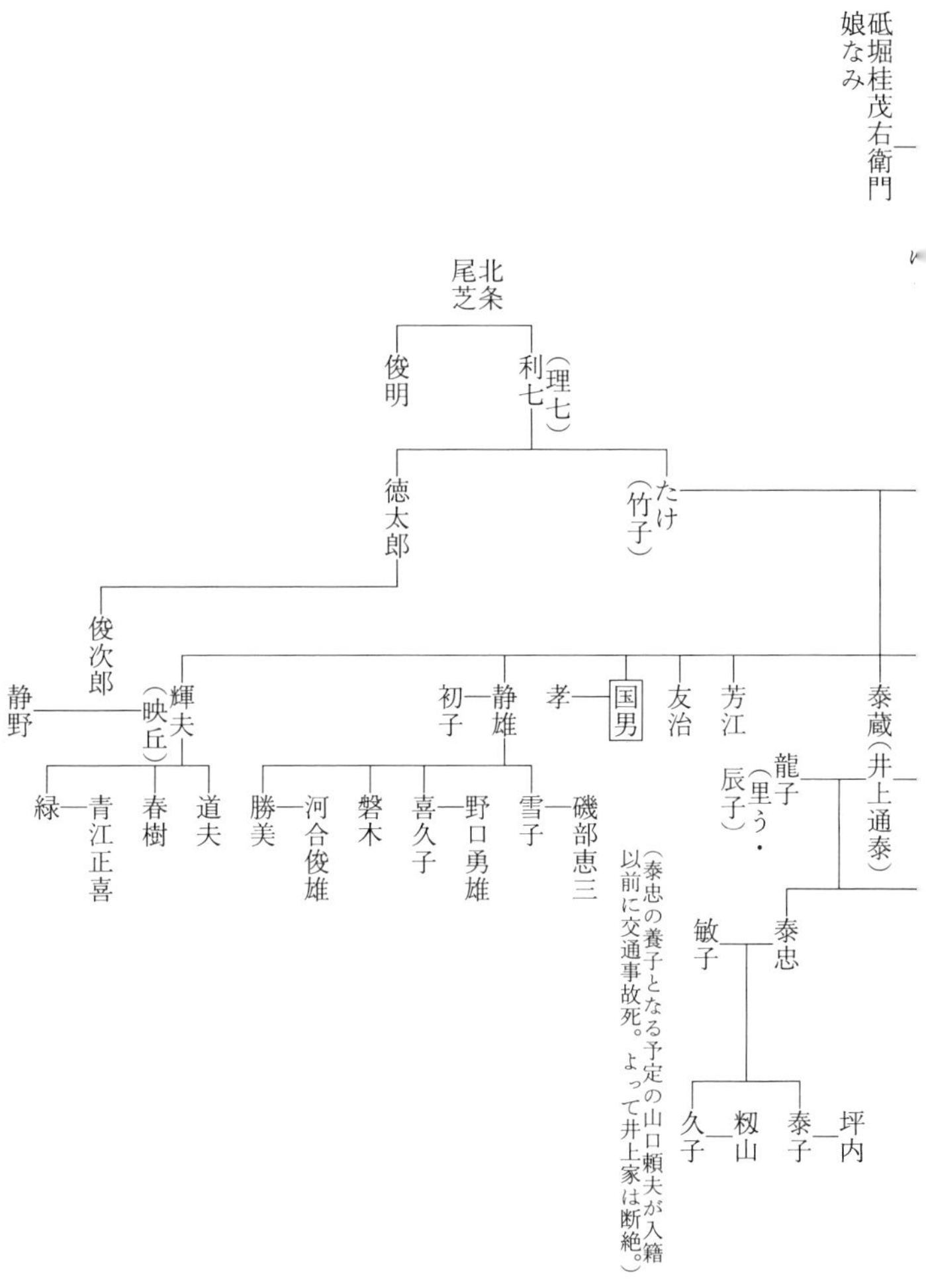

（伊藤源二郎、松岡房夫、福崎町柳田国男記念館資料をもとに作成）

柳田家系図

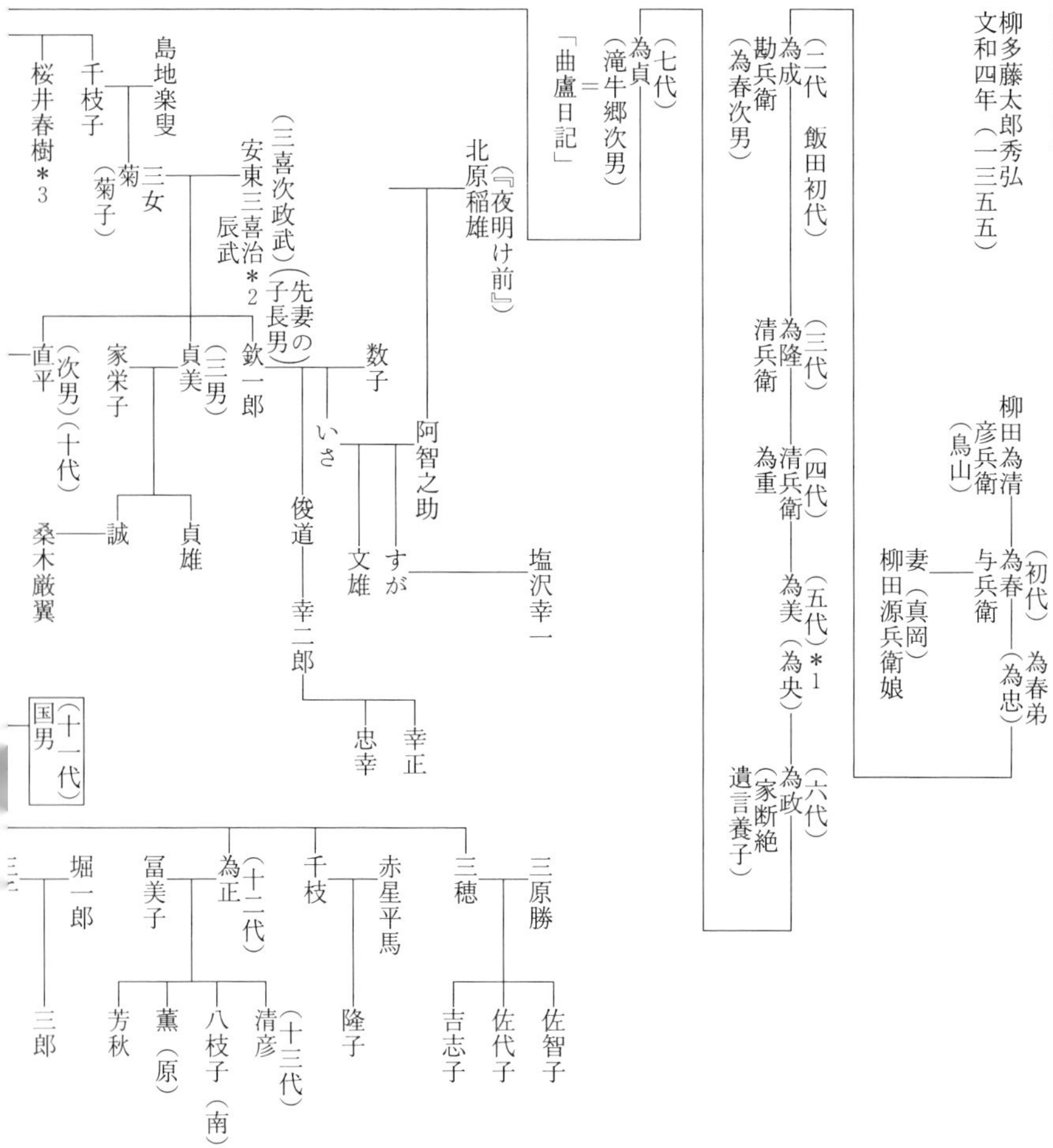

＊1　安藤菊子の歌日記「思出草」と来迎寺墓碑によると、「飯田初代　勘兵衛／二代　同／三代　同／四代　清兵衛／五代　同為重／六代　為美」とある。

＊2　三喜治辰武（三喜次政武）は、松本藩菅沼政治の三男として生まれ、飯田藩安東家の養子となる。

＊3　桜井春樹（景村）は、桂園派香川景樹十哲の一人で、妹の千枝子と飯田藩家老島地楽叟の間に生まれた菊子に影響を与えた。

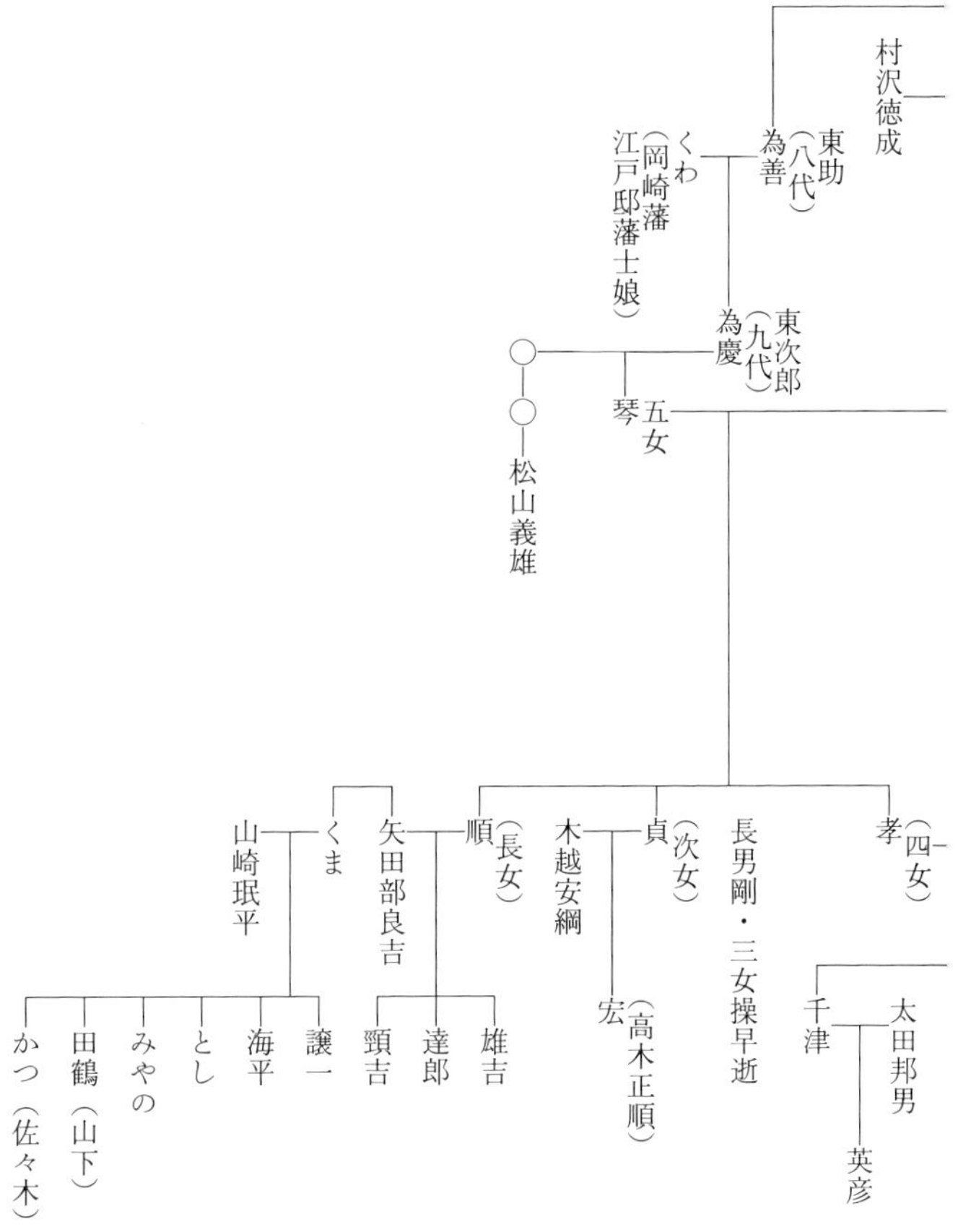

（柳田家十代までは「柳多氏ノコト」〔第三五巻収録〕、および「柳田家代々霊位法号」をもとに作成）

主要参考文献

□官報・履歴〔（ ）は年譜本文に示した略号である〕

（官）…官報

（履）…「履歴」（『枢密院高等官履歴』第八巻）

□新聞・雑誌〔年譜本文中に（ ）に略号で示したものは以下のとおりである〕

・（新）…『東京日日新聞』『朝日新聞』『読売新聞』『毎日新聞』『報知新聞』他、地方紙等を初出年代順に掲げる。

『信濃毎日新聞』『山陽新報』『福島民友』『福島民報』『新愛知』『北海タイムス』『山形新聞』『山形自由新聞』『河北新報』『秋田魁新報』『九州日日新聞』『福岡日日新聞』『九州日報』『鹿児島新聞』『鹿児島実業新聞』『芸備日日新聞』『中国新聞』『海南新聞』『土陽新聞』『徳島毎日新聞』『台湾日日新報』『北国新聞』『北陸政報』『北陸タイムス』『北陸毎日新聞』『香川新報』『山陰新聞』『京都日出新聞』『福井新聞』『岐阜日日新聞』『八重山新報』『旭川新聞』『横浜貿易新報』『沖縄タイムス』『岩手日報』『北海道新聞』『神戸新聞』等

・（農）…農会報、組合報等〔初出年代順に掲げる〕

『長野県農会報』『宮城県農会報』『中央農事報』『帝国農会史稿（資料編）』『日本産業組合史』『産業組合』『愛知県農会報』『新潟県農会報』『大日本農会報告』『福岡県農会報』『宮崎県農会報』『帝国農会報』『愛媛県農会事業報告』『島根県農会報』等

・（雑）…同人雑誌、研究会雑誌、学会誌、各地民俗学会誌等〔『郷土研究』『民族』『旅と伝説』『嶋』『民間伝承』等全集収録以外のもの〕

『明治三十七八年戦役捕獲審検誌』『国家学会雑誌』『同人』『国学院雑誌』『民俗芸術』『野鳥』『方言』『近畿民俗』『高志路』『ひだびと』『因伯民談』『近畿民俗』『はやと』『上毛民俗』『岡山民俗』『加能民俗研究』『阿賀路』『信州白樺』『信濃教育』『信濃』『伊那』『伝承文化』『女性と経験』『山陰民俗』『磐城民俗』『山形民俗』『神の光』（丸山教）『望遠郷』『隣人』『季刊　柳田国男研究』『日本民俗学』等

・各自治体刊行物及び各研究所研究紀要等

兵庫県福崎町『福崎町史』『福崎町文化』

同　柳田国男・松岡家記念館『辻川界隈』

千葉県我孫子市教育委員会『我孫子市史研究』

群馬県館林市田山花袋記念文学館『田山花袋記念館研究紀要』

遠野常民大学、遠野物語研究所『遠野常民』『遠野物語研究』『遠野文化誌』他

遠野市立遠野文化研究センター『遠野学』『遠野学叢書』

常民大学合同研究会、運営委員会『常民大学研究紀要』『柳

田学舎』
柳田国男の会『柳田国男研究論集』
柳田国男記念伊那民俗学研究所運営委員会『伊那民俗研究』『伊那民俗』他
成城大学民俗学研究所『民俗学研究所紀要』『諸国叢書』『民俗学研究所ニュース』『柳田文庫蔵書目録』他
成城大学大学院文学研究科『日本常民文化紀要』
成城学園教育研究所『成城学園教育研究所研究年報』
兵庫県朝来市生野書院
東京都武蔵野市ふるさと歴史館

□研究書（柳田国男自身の著作、対談、年譜を除く）

橋川文三「柳田国男——その人間と思想」『二十世紀を動かした人々　第一巻　世界の知識人』（一九六四年、講談社）
加藤守雄『わが師　折口信夫』（一九六七年、文芸春秋）
大西伍一『私の聞書き帖』（一九六八年、慶友社）
岡野弘彦『折口信夫の晩年』（一九六九年、中央公論社）
臼井吉見編『柳田国男回想』（一九七二年、筑摩書房）
牧田　茂『柳田国男』（一九七二年、中央公論社）
後藤総一郎編『人と思想　柳田国男』（一九七二年、三一書房）
神島二郎編『柳田国男研究』（一九七三年、筑摩書房）
神島二郎・伊藤幹治編『シンポジウム柳田国男』（一九七三年、日本放送出版協会）
岩崎敏夫『柳田先生と私の細道——東北の民俗文化』（一九七三年、錦正社）
嘉治隆一『人と心と旅——人物万華鏡後篇』（一九七三年、朝日新聞社）
岡　茂雄『本屋風情』（一九七四年、平凡社）
阿部正路『折口信夫そして闇的存在』（一九七四年、浪曼）
朝日新聞社東京本社企画部編『柳田国男展　日本民俗学の父　生誕百年記念』（一九七五年、同社）
読売新聞社編『民俗の旅——柳田国男の世界』（一九七五年、同社）
藤井隆至編『柳田国男農政論集』（一九七五年、法政大学出版局）
野口喜久子編『砂のいろ』（一九七五年、法政大学出版局）
守屋健輔『柳田国男と利根川——柳田学発生の周辺を歩く』（一九七五年、崙書房）
伊藤幹治・米山俊直編著『柳田国男の世界』（一九七六年、日本放送出版協会）
加藤九祚『天の蛇——ニコライ・ネフスキーの生涯』（一九七六年、河出書房新社）
岡谷公二『柳田国男の青春』（一九七七年、筑摩書房）
ロナルド・A・モース『近代化への挑戦——柳田国男の遺産』（岡田陽一・山野博史訳、一九七七年、日本放送出版協会）
宮崎修二朗『柳田国男　その原郷』（一九七八年、朝日新聞出版）
庄司和晃『柳田国男と教育——民間教育学序説』（一九七八年、

評論社）
牧田茂編『評伝　柳田国男』（一九七九年、日本書籍新社）
堀　三千『父との散歩』（一九八〇年、人文書院）
大藤時彦・柳田為正編『柳田国男写真集』（一九八一年、岩崎美術社）
岡谷公二『島の精神誌』（一九八一年、思索社）
来嶋靖生『森のふくろう——柳田国男の短歌』（一九八二年、河出書房新社）
橋浦泰雄『五塵録——民俗的自伝』（一九八二年、創樹社）
岩倉規夫『読書清興』（一九八二年、汲古書院）
内野吾郎『新国学論の展開——柳田・折口民俗学の行方』（一九八三年、創林社）
今野円助（円輔）『柳田国男随行記』（一九八三年、秋山書店）
岡谷公二『貴族院書記官長　柳田国男』（一九八五年、筑摩書房）
岩本由輝『論争する柳田国男——農政学から民俗学への視座』（一九八五年、御茶の水書房）
後藤総一郎編『柳田国男研究資料集成　第Ⅰ・Ⅱ期計二〇巻・別巻二冊』（一九八六—八七年、日本図書センター）
後藤総一郎『柳田国男論』（一九八七年、恒文社）
後藤総一郎監修、柳田国男研究会編著『柳田国男伝』（一九八八年、三一書房）
「第一章　原郷　風土」谷正人、「生家」荒井庸一、「第二章　兄弟　長兄松岡鼎」山内克之、「次兄井上通泰」永池健二、「次弟松岡静雄」柘植信行、「末弟松岡映丘」岩田玄二、「第三章　少年時代　少年の日々」小田富英、「貧しさの体験」長谷川邦男、「異郷の生活」山内克之、「第四章　青春」小田富英、「結婚」後藤総一郎、「第五章　官僚時代」山下紘一郎、「第六章　郷土研究」山下紘一郎・荒井庸一、「第七章　旅と学問」谷正人・山内克之、「第八章　国際連盟時代」長谷川邦男、「第九章　朝日新聞社時代」山下紘一郎、「第十章　日本民俗学の確立」永池健二・荒井庸一・戸塚ひろみ、「第十一章　戦時下の学問と生活」柘植信行、「第十二章　新しい国学を求めて」・「第十三章　次代の日本人に」杉本仁
千葉徳爾『福崎と柳田国男』（一九八九年、福崎町教育委員会）
大藤時彦『日本民俗学史話』（一九九〇年、三一書房）
永井早苗『井上通泰伝』（一九九〇年、姫路文学館）
木村　博編『柳田国男』（一九九一年、城ヶ崎文化資料館）
赤坂憲雄『山の精神史——柳田国男の発生』（一九九一年、小学館）
柳田国男ゆかりサミット準備委員会「柳田国男読本」出版部会『柳田国男と宮古——「柳田国男読本」』（一九九一年、平良市教育委員会）
船木　裕『柳田国男外伝——白足袋の思想』（一九九一年、日本エディタースクール出版部）
松本三喜夫『柳田国男と民俗の旅』（一九九二年、吉川弘文館）
岩本由輝『柳田民俗学と天皇制』（一九九二年、吉川弘文館）
遠野常民大学運営委員会編『柳田国男の遠野紀行——遠野フォー

クロア誕生のころ』（一九九二年、遠野常民大学運営委員会）
松岡房夫『柳田国男と『竹馬余事』』（一九九三年、自家版）
牛島盛光編著『日本民俗学の源流——柳田国男と椎葉村』（一九九三年、岩崎美術社）
相馬庸郎『柳田国男と文学』（一九九四年、洋々社）
来嶋靖生『柳田国男と短歌——続　森のふくろう』（一九九四年、河出書房新社）
兼清正徳『松浦辰男の生涯——桂園派最後の歌人』（一九九四年、作品社）
高見寛孝『柳田国男と世田谷——柳田国男のふるさと観を中心に』（一九九四年、世田谷区）
米山俊直『クニオとクマグス』（一九九五年、河出書房新社）
柳田国男研究会編『柳田国男・ジュネーブ以後』（一九九六年、三一書房）
松岡房夫『柳田国男と『約斎律詩』』（一九九五年、藤書房）
柳田為正『父　柳田国男を想う』（一九九六年、筑摩書房）
岡谷公二『殺された詩人——柳田国男の恋と学問』（一九九六年、新潮社）
谷川彰英『柳田国男　教育論の発生と継承——近代の学校教育批判と「世間」教育』（一九九六年、三一書房）
松岡房夫『原郷　播磨での足跡　小鶴女史遺稿・約斎律詩・竹馬余事』（一九九七年、藤書房）
野村純一他編『柳田国男事典』（一九九八年、勉誠出版）
柳田国男研究会編『柳田国男・ことばと郷土』（一九九八年、岩田書院）
鶴見太郎『柳田国男とその弟子たち——民俗学を学ぶマルクス主義者』（一九九八年、人文書院）
柳田国男研究会編『柳田国男・民俗の記述』（二〇〇〇年、岩田書院）
宮崎修二朗『柳田国男トレッキング』（二〇〇〇年、編集工房ノア）
小山　清『哲西町名誉町民　杉栄三郎伝』（二〇〇〇年、自家版）
石井正己『遠野物語の誕生』（二〇〇〇年、若草書房）
後藤総一郎監修　遠州常民文化談話会編『山中共古　見付次第／共古日録抄』（二〇〇〇年、パピルス）
鶴見太郎『橋浦泰雄伝——柳田学の大いなる伴走者』（二〇〇〇年、晶文社）
前橋松造『奄美の森に生きた人——柳田国男が訪ねた峠の主人・畠中三太郎』（二〇〇一年、南方新社）
小国喜弘『民俗学運動と学校教育——民俗の発見とその国民化』（二〇〇一年、東京大学出版会）
伊藤幹治『柳田国男と文化ナショナリズム』（二〇〇二年、岩波書店）
井出孫六『柳田国男を歩く——遠野物語にいたる道』（二〇〇二年、岩波書店）
高柳俊郎『柳田国男の遠野紀行——遠野フォークロア誕生の

頃』（二〇〇三年、三弥井書店）
桜井徳太郎『私説　柳田国男』（二〇〇三年、吉川弘文館）
飯田柳田国男研究会編『注釈　東国古道記』（二〇〇三年、柳田国男記念伊那民俗学研究所）
松本三喜夫『柳田国男と海の道――「海南小記」の原景』（二〇〇三年、吉川弘文館）
後藤総一郎監修　立川柳田国男を読む会編『柳田国男の武蔵野』（二〇〇三年、三交社）
鶴見太郎『民俗学の熱き日々――柳田国男とその後継者たち』（二〇〇四年、中央公論新社）
中山玳一『追憶の柳田国男―下野探訪の地を訪ねて』（二〇〇四年、随想舎）
胡桃沢友男『柳田国男と信州』（二〇〇四年、岩田書院）
伊藤純郎『柳田国男と信州地方史』（二〇〇四年、刀水書房）
大室幹雄『ふくろうと蝸牛――柳田国男の響きあう風景』（二〇〇四年、筑摩書房）
柳田国男研究会編『柳田国男・民俗誌の宇宙』（二〇〇五年、岩田書院）
高木昌史編『柳田国男とヨーロッパ――口承文芸の東西』（二〇〇六年、三交社）
柳田国男研究会編『柳田国男・同時代史としての「民俗学」』（二〇〇七年、岩田書院）
鶴田文史『天草　頼山陽・柳田国男物語』（二〇〇八年、近代文芸社）
江口　司『柳田国男を歩く――肥後・奥日向路の旅』（二〇〇八年、現代書館）
王　京『1930、40年代の日本民俗学と中国』（二〇〇八年、神奈川大学大学院歴史民俗資料学研究科）
柳田国男研究会編『柳田国男・主題としての「日本」』（二〇〇九年、梟社）
山下紘一郎『神樹と巫女と天皇――初期柳田国男を読み解く』（二〇〇九年、梟社）
高見寛孝『柳田国男と成城・沖縄・國學院――日本人へのメッセージ』（二〇一〇年、塙書房）
酒井卯作『柳田国男と琉球――『海南小記』をよむ』（二〇一〇年、森話社）
杉本　仁『柳田国男と学校教育――教科書をめぐる諸問題』（二〇一一年、梟社）
伊藤幹治『柳田国男と梅棹忠夫――自前の学問を求めて』（二〇一一年、岩波書店）
石井正己『柳田国男の見た菅江真澄』（二〇一〇年、三弥井書店）
畑中章宏『柳田国男と今和次郎――災害に向き合う民俗学』（二〇一一年、平凡社）
関口敏美『柳田国男の教育構想――国語教育・社会科教育への情熱』（二〇一二年、塙書房）
岡村民夫『柳田国男のスイス――渡欧体験と一国民俗学』（二〇一三年、森話社）

清水多吉『柳田国男の継承者　福本和夫――「コトバ」を追い求めた知られざる師弟の交遊抄』(二〇一四年、ミネルヴァ書房)
柳田国男研究会編『柳田国男の学問は変革の思想たりうるか』(二〇一四年、梟社)
佐藤健二『柳田国男の歴史社会学――続・読書空間の近代』(二〇一五年、せりか書房)
佐谷眞木人『民俗学・台湾・国際連盟　柳田国男と新渡戸稲造』(二〇一五年、講談社)
飯沢文夫編著『飯沢文夫書誌選集――地方史研究雑誌文献情報の編集と書誌調査にもとづく人物研究』(二〇一五年、金沢文圃閣)
岡田照子・刀根卓代編著『柳田国男の手帖「明治三十年伊勢海ノ資料」』(二〇一六年、岩田書院)
立川柳田国男を読む会編『柳田国男の歩いた武蔵野』(二〇一六年、けやき出版)
設楽博己他編著『柳田国男と考古学――なぜ柳田は考古資料を収集したのか』(二〇一六年、新泉社)
門　玲子『幕末の女医、松岡小鶴 1806―73――柳田国男の祖母の生涯とその作品　西尾市岩瀬文庫蔵「小鶴女史詩稿」全訳』(二〇一六年、藤原書店)
「創価教育の源流」編纂委員会編『評伝　牧口常三郎――創価教育の源流　第一部』(二〇一七年、第三文明社)
来嶋靖生『評註柳田国男全短歌』(二〇一八年、河出書房新社)
田沢晴子『吉野作造と柳田国男――大正デモクラシーが生んだ「在野の精神」』(二〇一八年、ミネルヴァ書房)

□周辺人物日記等〔個人全集収録日記は除外〕
「大下藤次郎日記」(島根県立石見美術館研究紀要)
『原敬日記』(原奎一郎編、一九六五年、福村出版)
『倉富勇三郎日記　第一巻』(倉富勇三郎日記研究会編、二〇一〇年、国書刊行会)
「河井弥八日記」(原口大輔「徳川家達と柳田国男――「河井弥八日記」から見る柳田辞職問題」〔『史淵』第一五三輯、二〇一六年〕)
『満川亀太郎日記』(福家崇洋他編、二〇一〇年、論創社)
『秋田雨雀日記』(尾崎宏次編、一九六五～六七年、未來社)
「早川昇ノート」(手稿)
「今井富士雄ノート」(手稿)
「白井禄郎ノート」(手稿)
「庄司和晃日記・覚書」(手稿)

□年譜〔「凡例」年譜を含む〕
「年譜」『柳田国男集』(『現代日本文学全集』第五八編、一九三一年、改造社)
「柳田国男先生年譜」『後狩詞記』(柳田国男先生喜寿記念会編、一九五一年、実業之日本社)
「年譜」『柳田国男・笠信太郎集』(『現代随想全集』第一巻、一九

五四年、創元社）
「年譜」『柳田国男集』（『現代日本文学全集』第一二巻、一九五五年、筑摩書房）
「年譜」（『遠野物語』他、角川文庫、一九五五年、角川書店）
「柳田国男年譜」『故郷七十年』（のじぎく文庫、一九五九年、神戸新聞社）
「年譜」『伝承文化』第三号（一九六二年、成城大学民俗学研究室）
「柳田国男年譜」『柳田国男』（益田勝実編集・解説『現代日本思想大系』第二九巻、一九六五年、筑摩書房）
「年譜」『柳田国男集』（『日本現代文学全集』第三六巻、一九六八年、講談社）
「年譜」『柳田国男集』（『現代日本文学大系』第二〇巻、一九六九年、筑摩書房）
「年譜」『柳田国男・斎藤茂吉・折口信夫』（『日本の文学』第二六巻、一九六九年、中央公論社）
「年譜」『定本柳田国男集』別巻五（一九七一年、筑摩書房）
「年譜」『新たなる太陽』（『柳田国男選集』第四巻、一九七二年、修道社）
「柳田国男作品対照年表」『シンポジウム柳田国男』（神島二郎・伊藤幹治編、一九七三年、日本放送出版協会）
「年譜」『柳田国男集』（『日本近代文学大系』第四五巻、一九七三年、角川書店）
「年譜」『柳田国男』（神島二郎編『日本の名著』第五〇巻、一九七四年、中央公論社）
「年譜」旺文社文庫（一九七五～一九七八年、旺文社）
「年譜」『柳田国男集』（鶴見和子編集・解説『近代日本思想大系』第一四巻、一九七五年、筑摩書房）
「年譜・著作一覧」『柳田国男の世界』（伊藤幹治・米山俊直編著、一九七六年、日本放送出版協会）
「柳田国男年譜」『柳田国男』（色川大吉『日本民俗文化大系』第一巻、一九七八年、講談社）
「略年譜」『海上の道』（『新編柳田国男集』第一二巻、一九七九年、筑摩書房）
「年譜　旅の足跡」『柳田国男写真集』（大藤時彦・柳田為正編、一九八一年、岩崎美術社）
「柳田国男の八十八年」『柳田国男著作・研究文献目録――柳田国男没後二〇周年記念』（柳田国男研究会編、一九八二年、日本地名研究所）
「年譜」『柳田国男伝』（後藤総一郎監修・柳田国男研究会編著、一九八八年、三一書房）
「柳田国男年譜」『柳田国男外伝』（船木裕、一九九一年、日本エディタースクール出版部）
「柳田国男年譜」（『遠野物語』他、集英社文庫、一九九一年、集英社）
「柳田国男の足跡とその時代」『戦後五〇年　柳田国男と日本の心』（成城大学民俗学研究所特別展解説・目録、一九九六年、成城大

学民俗学研究所)
「柳田国男交友関連略年表」『柳田国男の交友――日本民俗学創成の道程』(成城大学民俗学研究所特別展解説・目録、二〇〇九年、成城大学民俗学研究所)

□研究論文等

(本年譜は、先行する多くの評伝研究の蓄積と成果によるところが大きい。ただ、それぞれの事項の根拠資料および参照文献を示すのは厖大であるため紙数の関係上、割愛せざるをえなかった。ここに年譜作成の過程で、とりわけご協力をいただいた研究会の組織や個人の研究者の方々のお名前のみを掲げさせていただき、謝辞を表したい。(故人を含む。重複あり。敬称略))

・本年譜作成上の基礎文献である『柳田国男伝』を編集・執筆した柳田国男研究会会員
後藤総一郎、谷正人、荒井庸一、山内克之、永池健二、柘植信行、岩田玄二、長谷川邦男、山下紘一郎、戸塚ひろみ、杉本仁、(小田富英)
右の執筆者以外の柳田国男研究会会員
『伝』以前　ロナルド・A・モース、岡田陽一、谷川彰英、
『伝』以後　川島健二、高橋治、小野浩、井出幸男、小野寺節子、伊藤純郎、田中藤司、室井康成、曽原糸子、フレデリック・ルシーニュ(仏)

・本全集編集委員
宮田登、伊藤幹治、後藤総一郎、赤坂憲雄、佐藤健二、石井正己、(小田富英)

・柳田国男の会関係
川田稔、藤井隆至、福田アジオ、関口敏美、松本三喜夫、田中正明、鶴見太郎、中村生雄、三浦佑之、小国喜弘、中村治人、成田育男、福井直秀、伊藤敏、足立泰紀、菊地暁、高見寛孝、田沢晴子、六車由実、矢野敬一、王蘭、王京、高橋治、佐藤健二、石井正己、(小田富英)

・常民大学関係
小井口有、似内邦雄、荻野馨、高柳俊郎、佐藤誠輔、菊池健、大橋進(遠野常民大学)。横山喜重、舩山修、石原照盛、斎藤遥山、川島健二、稲葉泰子(於波良岐常民学舎)。山口茂記、檜山泰子、米田裕正、池谷匠、高橋昭男(立川柳田国男を読む会)。久保田宏、曽原糸子、松尾達彦、松村慶子、中野正人(鎌倉柳田学舎)。熊切正次、中山正典、名倉慎一郎(遠州常民文化談話会)。高橋寛治、桜井弘人、宮坂昌利、前沢奈緒子、塩沢一郎(飯田柳田国男研究会)。(小田富英)

・全面教育学研究会関係
庄司和晃、小林千枝子、三石初雄、植垣一彦、徳永忠雄、尾崎光弘、永野恒雄、張国生、(小田富英)

・その他、研究論文・取材などでお世話になった方々(五十音順。重複あり。)
網野善彦、安西勝、安藤礼二、飯沢文夫、磯沼重治、伊藤源吾、犬塚幹士、井之口章次、今井富士雄、浮葉正親、牛島盛光、王京、大島建彦、大藤ゆき、大森一樹、岡田照子、岡村民夫、岡谷公二、小椋俊司、小沢有作、兼清正徳、鎌田久子、

来嶋靖生、木呂子敏彦、木呂子真彦、隈部忠宗、ゲーラット・クリスチャン、礫川全次、小泉凡、小島瓔禮、駒形覐、近藤政次、桜井徳太郎、塩原将行、篠原徹、柴田巖、嶋田正義、白井禄郎、絓秀実、瀬川清子、高田賢、高橋在久、谷川健一、谷口貢、田村義也、千葉徳爾、鶴見太郎、遠山秀樹、戸川安章、刀根卓代、都丸十九一、中山珖一、中山岳彦、永井和、永井早苗、長浜功、野本寛一、波田尚大、早川佳郎、林洋平、原口大輔、平山和彦、平山敏治郎、古桑実、保坂達雄、堀越芳昭、牧野陽子、松浦道仁、松岡房夫、松本昭郎、丸山久子、馬渡博親、三谷栄一、南八枝子、箕輪敏行、宮崎修二朗、宮崎隆史、メレック・オータバシ、茂木明子、森山誠一、八木正、柳田清彦、柳田為正、柳田冨美子、山﨑祥一、山野博史、横山ゆか、ロナルド・A・モース

（作成　小田富英）

柳田國男全集は全36巻別巻2の予定で刊行してまいりましたが、編集・刊行上の諸事情により、巻構成を全35巻別巻4に変更いたしました。
読者の皆様にはご迷惑をおかけし、誠に申し訳ございません。何卒ご理解賜りたくお願い申し上げます。

（編集部）

柳田國男全集《やなぎたくにおぜんしゅう》　別巻一

二〇一九年三月二十五日　初版第一刷発行

編者　小田富英（柳田國男全集編集委員）
発行者　喜入冬子
発行所　筑摩書房
〒一一一―八七五五
東京都台東区蔵前二―五―三
電話〇三―五六八七―二六〇一（代表）

印刷所　株式会社精興社
製本所　株式会社積信堂

ISBN 978-4-480-75097-6　C 0339　Printed in Japan